Klaus Zimmermanns · Andrea C. Theil · Christoph Ulmer

Friaul und Triest

*Unter Markuslöwe und Doppeladler –
Reise zu den Kulturschätzen zwischen Adria und
Karnischen Alpen*

Die wichtigsten Orte auf einen Blick

★
Umweg lohnt

★★
keinesfalls versäumen

Inhalt

Vorwort

Einem Amphitheater gleich liegt das Friaul im äußersten Nordosten Italiens. Eingebettet zwischen den Karnischen und Julischen Alpen, fällt es in sanften Hügeln gegen Süden in eine Ebene ab. Der vom breiten, geröllhaltigen Flussbett des Tagliamento durchzogene flache Teil des Landes reicht bis hinunter zum Bogen der Adria. So kann man vormittags eine Bergwanderung machen und – wenn man will – am Nachmittag desselben Tages an den Stränden von Grado oder Lignano baden. Alpenfreunde kommen im Friaul ebenso auf ihre Kosten wie alle, die das Licht der Lagune lieben oder gerne auf den Hügeln wandern, auf denen einige der besten Weine Italiens wachsen. Botanisch Interessierte werden im Sommer das breite Flussbett des Tagliamento durchstreifen und dabei eine seltene und reiche Flora kennenlernen, ist doch der Tagliamento der einzige größere Fluss Europas, dessen ganzer Lauf im Urzustand belassen wurde.

Friaul-Julisch Venetien (ital. *Friuli-Venezia Giulia*) ist der offizielle Name der Region, durch die dieser Kunstreiseführer begleiten möchte. Verlag und Autoren konnten sich jedoch nicht entschließen, den umständlichen Namen auch als Titel des Buches zu wählen, sondern wir entschieden uns für »Friaul und Triest«, denn die Provinz Julisch Venetien besteht seit 1954 nur noch aus der Stadt Triest und dem schmalen istrischen Küstenstreifen bis Muggia. Der größere Teil des Gebietes, das man einst Julisch Venetien nannte, gehört heute zu Kroatien und Slowenien. Das Buch gliedert sich entsprechend der heutigen Einteilung nach Provinzen: Die größere Provinz Udine, die auch Palmanova, San Daniele, Cividale, Gemona, Tolmezzo und die Gebirgsregion Karnien (ital. *Carnia*) umfasst; die kleinere Provinz Pordenone, die im Westen zum Veneto vermittelt; dazu die Rumpf-Provinzen Gorizia und Triest im Osten. Als Ausnahme wurden jedoch die beiden historisch wie auch geografisch eng miteinander verbundenen Orte Aquileia und Grado an den Anfang der Reiserouten gestellt. Damit sollte die überragende Bedeutung Aquileias als der zuerst gegründeten Stadt des Friaul herausgestellt werden.

Für Hinweise zu verborgenen Kunstschätzen danke ich Maria Antonietta Cester Toso (Gonars), für ihre Gastfreundschaft Giannola und Benito Nonino (Percoto). Dem Verlag Magnus Edizioni (Fagagna/Udine) danke ich für die Überlassung von Abbildungen. Mein besonderer Dank gilt Dr. Andrea Theil für ihre umfangreichen Recherchen und die Verfassung von Texten der ursprünglichen Auflage. Es war sodann ein außerordentlicher Glücksfall, dass Dr. Christoph Ulmer sein breites Wissen über die Kunst seiner Wahlheimat Friaul, seine Vertrautheit mit dem Land, und seine Erfahrung in der Vermittlung von Kunst in die späteren Auflagen dieses Buchs eingebracht hat.

Klaus Zimmermanns

Natur – Kultur – Geschichte

Kulturland zwischen Alpen und Adria

»Alles gibt es in Friaul, sowohl Meer als auch Berge, Hügel, Ebenen, Seen, Flüsse und Ströme, Blumen aus den heißen Gegenden des Mezzogiorno und leuchtendes Edelweiß auf den Spitzen der schneebedeckten Hochgebirge.« Mit diesen Worten pries Arduino Burello im Jahre 1908 seine friulanische Heimat. Tatsächlich kann man hier glückliche Augenblicke erleben, wenn man beispielsweise an klaren Tagen von einem einzigen Aussichtspunkt – etwa dem Schloss von Udine – die Alpenketten, die Moränenhügel, die Ebene, die Lagunen und das Meer überblickt und wahrnimmt, wie in einem einzigen Panorama gegensätzliche Landschaftsformationen nebeneinander liegen wie sonst selten.

Landschaften des Friaul

Fast die Hälfte des Landes wird von den Bergregionen der Karnischen und Julischen Alpen eingenommen. Doch die wenigsten Reisenden widmen dem alpinen Teil Aufmerksamkeit, obwohl er nicht nur der Fläche nach von großer Bedeutung ist. Die Berge bilden den immer wieder beeindruckenden Hintergrund der friulanischen Landschaft und setzen dem umherschweifenden Blick in den weiten Ebenen eine Grenze.

Die ständige Präsenz der **Alpen** hat die Bevölkerung geprägt. Dies zeigt sich in den holzgeschnitzten Altären, den charakteristischen Laubengängen ebenso wie in der regionalen Küche und in den Wesenszügen der Friulaner, die sich nicht durch den offenen Charme der Südländer auszeichnen. Auch das Klima ist weitenteils alles andere als mediterran: Am Alpenrand gibt es Orte, die mit bis zu 5000 mm Regen im Jahr europäische Spitzenwerte einnehmen. Wenn es hier regnet, reicht die Sicht manchmal keine 50 m. Große Wassermassen ergießen sich dann in die breiten Flussbetten, die meistens zu Kieswüsten ausgetrocknet sind, doch dann schlagartig voll laufen, oft auch übervoll. Kaum 20 km südöstlich dieser breiten Flusstäler, auf dem Karst, ist das Klima dagegen fast immer trocken und die Niederschläge liegen unter 1000 mm. Der schnelle Wechsel der Klimazonen ist auch an der Vegetation ablesbar. Unterschiedlicher kann sich eine kleine Region kaum darbieten.

Täler, Berge und Küste

Wer von Norden her, die Alpen überquerend, ins Friaul reist, wird in den **Tälern Karniens** ein anderes, oft schon südliches Licht wahrnehmen. Eine ungewöhnlich reiche Pflanzenwelt überrascht den botanisch Interessierten, und die blaue Wulfenia oben auf dem Nassfeld ist nicht die einzige Rarität, die es hier zu entdecken gibt. Ein beson-

◁ *Cividale am Ufer des Natisone*

Blick über das friulanische Hügelland der Colli Orientali von der Abbazia di Rosazzo

deres Erlebnis ist es dann immer wieder, wenn man aus den tiefen Tälern kommend ganz unvermittelt einen weiten Ausblick auf die Ebene hat und etwas von dem Drang nachvollziehen kann, der so viele Völker des Nordens hier einfallen ließ. Von besonderem Reiz sind auch die engen, tief eingeschnittenen Schluchten, deren eindrucksvollste die Val Cellina bei Maniago ist, wo man eine nur vom Rauschen des Flusses erfüllte Schlucht erwandern kann.

Im Gegensatz zur Alpennordseite gibt es vor den **Karnischen Alpen** kein eigentliches Alpenvorland, die Ebene erstreckt sich fast bis an den Fuß des ersten Alpenkamms. Nur im Norden von Udine gibt es ein breites Hügelland, das als Relikt der Eiszeit wenig fruchtbar ist und wie eine weitläufige Parklandschaft erscheint, belebt von kleinen Ortschaften und unzähligen Burgen.

Ganz anders ist dagegen der Charakter der **Hügel im Osten**. Weitläufig und allmählich ansteigend erstrecken sie sich bis zu den Slowenischen Alpen. Diese Hügel bestehen aus einem sehr porösen Sedimentgestein, das den besten Untergrund für den Weinbau abgibt. Jener Teil, der samt seiner Weine als *Colli Orientali* bezeichnet wird, ist noch sanft gewellt; zu den weichen Linien der Rebenreihen gesellen sich Zypressen und Pinien, dazwischen Villen und Burgen, sodass jede romantische Italiensehnsucht hier ihre Erfüllung findet. Weiter südöstlich, im sogenannten *Collio,* der leider durch die wider jede Natur geführte Grenze zu Slowenien willkürlich zerteilt ist, sind die Hügel höher, es regnet bedeutend mehr und die Vegetation ist weniger italienisch als mitteleuropäisch. Auch sind diese Lagen weit stärker der Bora ausgesetzt – jenem kalten und heftigen Nordostwind, der manche Wintertage hier fast unerträglich macht.

Von ganz anderer Gestalt zeigt sich der südlich anschließende **Karst** Istriens, auf dessen kahlen Bergrücken die Bora im Winter ungehindert regiert und wo im Sommer kein Baum Schutz vor der sengenden Sonne bietet. Hier versickert das Wasser in der Tiefe des Gesteins, der Boden ist daher extrem trocken und wenig fruchtbar. Doch gibt es eine ganz eigentümliche Vegetation, die besonders im November mit leuchtendroter Färbung ihren Zauber entfaltet. Beeindruckend ist der Karst vor allem bei Duino, wo er unvermittelt ins Meer abbricht.

Den größten Teil der Küste bilden flache **Sandstrände und Sumpfgebiete**. Während die Sandstrände sich zu Touristenhochburgen entwickelten, kann man in den einsamen Sümpfen der Lagune und in den Küstengewässern eine reichhaltige Vogelwelt erkunden. Zum Landschaftsbild gehören hier die zahllosen schilfgesäumten Kanäle und die noch immer strohgedeckten Hütten.

Die Ebene und ihre Flora

Zwischen den Alpen und Hügeln auf der einen und dem Meer auf der anderen Seite aber liegt die weite **Ebene**, die sich ebenfalls durch landschaftliche Vielfalt auszeichnet. Im Gegensatz zu den endlosen Weiten der Po-Ebene zeigt sich die Ebene hier zergliederter, was zum Teil durch die zahllosen Wasserläufe bedingt wird, die in der südlichen Hälfte überall dem Boden entspringen. Aber nicht nur die Ufervegetation der Bäche gliedert diese Landschaft. Das Bild wird noch immer durch die knorrigen und regelmäßig geschnittenen Maulbeerbäume geprägt, die früher fast jedes Feld umgaben.

Seidenproduktion

Das Friaul war bis in die 60er-Jahre des 20. Jh. ein bedeutender Seidenproduzent, und viele Bauern hatten durch die Ernte der Maulbeerblätter eine wichtige Nebeneinnahme. Heute haben indische Importe diesen Wirtschaftszweig völlig vernichtet. Die Maulbeerbäume werden seltener, und die hohen, luftigen Speicher, in denen die Seidenraupen auf zu Gestellen gestapelten Lagen gezüchtet wurden, stehen leer.

Nicht nur für das östliche Hügelland, sondern auch für die Ebene ist der **Weinbau** von Bedeutung. Hier bringt der fruchtbare Boden allerdings eher große Mengen als eine außergewöhnliche Qualität hervor. Mit der herbstlichen Färbung der Rebstöcke kontrastiert der trockene, ganz hell gewordene **Mais** sehr schön, während in vielen Höfen die bereits geernteten Maiskolben hinter dünnen Gittern zu gelben Wänden hoch aufgeschichtet lagern.

Neben dem Mais- ist heute vor allem der **Sojaanbau** von Bedeutung, die Weizen- und Gerstenkultur dagegen ist stark zurückgegangen. Immer wieder sieht man Rübenfelder: Hier wird jene **Zuckerrübe** angebaut, die auch für die regionale Küche eine große Rolle spielt, wo sie – wie Sauerkraut verarbeitet – als *provada* auf den Tisch kommt.

Die fruchtbare Ebene wird immer wieder unterbrochen von den breiten, meist ausgetrockenen **Kiesbetten** der Flüsse, die nur selten, dann aber gewaltig anschwellen. Normalerweise versickert das Was-

Fast überall im Friaul sind die Alpen zu sehen; sie speisen die zahllosen Wasserläufe, die die Ebenen durchziehen

ser am Alpenrand, wo die gröbere, von den Flüssen zuerst abgelagerte Geröllschicht wasserdurchlässig ist, um dann erst in der südlichen Ebene, in der *Bassa Pianura*, wo der Boden feiner, lehmiger und damit wasserundurchlässig wird, wieder ans Licht zu treten. Man nennt diese wieder hervorquellenden Wasserläufe *Risorgive.*

Besonders eindrucksvoll sind die **Geröllwüsten** der Flüsse zwischen San Daniele und Spilimbergo, wo sie bis zu 10 km Breite erreichen und sich zu weiten, unbewohnbaren Landstrichen ausweiten. Aus ihren Kieselsteinen wurden die meisten Häuser des Landes gebaut, was zu sehr interessantem, manchmal mit Ziegelschichten durchsetzten Mauerwerk führte. Sichtbar ist dies freilich nur selten. In der Regel sind die breiten, wenig tiefen Häuser verputzt und wirken eher kahl

Seit alters her werden im Friaul Weine angebaut. Wegen ihrer Qualität werden sie in ganz Italien geschätzt. Die Böden und das Klima eignen sich für eine Vielzahl von weißen und roten Rebsorten

und abweisend. Zumeist stehen sie mit ihren Fassaden direkt an der Straße und bilden, dicht aneinandergebaut, allseitig geschlossene Ortschaften. In diesen ist kein Grün zu sehen, denn die Wirtschaftshöfe liegen hinter den Häusern. Solch umschlossene, fest gefügte Ortsbilder erinnern einmal mehr an die Alpen, die auch für heftige Stürme, große Regenfälle und beachtliche Tempaturunterschiede im Jahresverlauf sorgen.

Trotz oder gerade wegen dieser klimatischen Verhältnisse trifft man im Friaul auf Bäume und Pflanzen, die in anderen Teilen der norditalienischen Ebene nicht vorkommen und der Landschaft ein eher **mediterranes Aussehen** verleihen. So findet der Reisende neben Zypressen, Pinien und Zedern auch knorrige Oliven auf den Hängen und uralte Steineichen in den Parkanlagen der Villen, ansonsten eher ein Merkmal mittelitalienischer Gärten. Dass im Friaul trotz Bora und Schnee selbst Palmen wachsen, verdankt das Land der relativ großen Trockenheit im Winter. Hier ist nur selten der dichte Nebel der Po-Ebene anzutreffen, schon gar nicht bei starker Kälte.

Dieses Klima ist nicht zuletzt eine der Voraussetzungen für die außerordentliche Qualität friulanischer Weine (s. S. 63). Die geringe Luftfeuchtigkeit und die starken Winde gestatten es auch, dass der berühmte Schinken von San Daniele zu seiner unvergleichlichen Milde heranreift, indem beim Lufttrocknen das konservierende Salz auf ein Minimum reduziert werden kann (s. S. 62).

Sprachen und Kulturen des Friaul

So vielfältig wie die Landschaftsformationen sind auch die Kulturen des Friaul. Über den Traditionen oder Resten einer wohl nur teilweise romanisierten Urbevölkerung von Kelten, Venetern und Karnern, deren kulturelles Verhältnis zueinander unklar ist, entstand im Mittelalter durch Zuwanderung von Norden und Osten eine Sprachgrenze, die das Land zum ›Dreiländereck‹ der großen Kulturen Europas macht: Hier treffen **romanische, slawische und germanisch-deutsche Kulturen** aufeinander, ohne dass dies im Friaul übrigens je zu Spannungen geführt hätte.

Geschichte

Im Frühen Mittelalter kam es zu einer ersten **slawischen Landnahme** im Osten. Sie wurde im Hohen Mittelalter durch eine gezielte Ansiedlungspolitik der Landesherren noch ausgeweitet. In der dünn besiedelten Mitte des Friaul entstanden bis weit in den Westen hinein slawische Siedlungen, deren Ortsnamen bis heute von dieser Tradition künden: Gradisca, Gradiscutta, Lonca. Während diese kleineren Siedlungskerne im Laufe der Jahrhunderte vollständig romanisiert wurden, blieben die slawischen Sprachen am östlichen Rand der Region erhalten. Im waldreichen Hinterland von Cividale, von den Höhen der Berge bis vor die Tore der Stadt, spricht man bis heute einen slowenischen Dialekt.

Von Norden her erfolgte im Hohen Mittelalter auch eine **deutsche Landnahme**, in deren Folge Teile des friulanischen Alpenraumes mit Siedlern bayerischer Herkunft besetzt wurden. Das Tal von der Grenze bei Tarvisio bis zum Ort Pontebba, wo noch heute die alten Grenzsteine stehen, gehörte bis 1919 zu Kärnten, was an den Bauernhäusern und Kirchtürmen auf Anhieb erkennbar ist. Besonders eindrucksvoll ist das Vorhandensein von **mittel- und althochdeutschen Sprachinseln** in entlegenen Alpentälern. Das größte mittelhochdeutsche Sprachgebiet gehört zurzeit – und darüber wird permanent gestritten – zum Veneto. Bekanntester Ort ist Sappada (Bladen), der seine Traditionen, zum Beispiel im Karneval, besonders pflegt. Während man sich ins Mittelhochdeutsche von Sappada rasch einhört, bleibt das noch etwas ältere Idiom von Sauris (in den Karnischen Alpen) auch nach längerem Aufenthalt weitgehend unverständlich. Nur auf den Inschriften und Beschilderungen, die stets

Friulanische Namen

Im Laufe einer Reise wird man immer wieder mit friulanischen Familiennamen konfrontiert. Typisch friulanische Namen enden auf -ût, etwa Masût, Blazût oder Baudût; italienisiert ist die Endung als -utti wiederzufinden. Es gibt aber auch einsilbige Namen, die ihren Ursprung in friulanischen Ortsnamen haben, wie z. B. Mels. Dass eine Person einen Vor- und Nachnamen hat – für uns heute selbstverständlich – ist im nordöstlichen Italien seit dem 8. und 9. Jh., im deutschsprachigen Raum dagegen erst seit dem 12. Jh. üblich.

auch in Saurisch gehalten sind, liest man sich mit der Zeit in diese Mundart ein.

Abgesehen von diesen Alpentälern gibt es keine weiteren deutschen Sprachgebiete. Selbst in Görz und Triest, wo bis 1918 eine ununterbrochene Tradition aus dem mittelalterlichen Herrschaftssystem und in der Zugehörigkeit zur Habsburger Monarchie fortlebte, gibt es nur geringe **deutsche Minderheiten**, zumeist in der Oberschicht. Wie in Istrien oder Dalmatien sprach nur die adlige Oberschicht Deutsch. Bauer, Handwerker und Dienstboten waren Slawen und das städtische Bürgertum sprach Italienisch. Der deutschsprechende Anteil entsprach 1921 noch knapp 10 % der Bevölkerung. Heute ist er fast vollständig verschwunden und nur noch in manchen Familiennamen ablesbar.

Den größten Teil der Region umfassen die Gebiete der **romanischen Sprachen**. In einem schmalen Küstenstreifen und in Teilen des Westens werden venezianische Dialekte gesprochen, die sich allerdings von Triest über Grado, Marano bis Portogruaro stark unterscheiden.

Friulanisch

Bereits wenige Kilometer hinter der Küste beginnt das größte Sprachgebiet der Region. Das rätoromanische Friulanisch wird den mittelromanischen Sprachen zugeordnet und ist am engsten mit den romanischen Dialekten in den Dolomiten sowie im Engadin verwandt, was seine Zugehörigkeit zur rätoromanischen Sprachgruppe erklärt. Das Friulanische ist allerdings auch eng mit dem Provenzalischen, Katalanischen und selbst der Sprache auf Mallorca verwandt und ist daher für Franzosen leichter verständlich als für Italiener.

Auch wenn das Friulanische das wichtigste **kulturelle Identitätselement** der Region ist, besteht es aus einer Vielzahl recht unterschiedlicher Dialekte, die erst im 19. Jh. in einer sich an der Sprache von San Daniele orientierenden Kunstsprache eine ideale Form erhielten. Dieses offizielle Friulanisch ist heute – überall, wo es gewünscht wird – auch **Amts- und Schulsprache**; es gibt Zeitungen, Radio- und Fernsehprogramme und eine Fülle von Literatur. Im 19. Jh. wurde Friulanisch in der ›besseren Gesellschaft‹ vom Italienischen abgelöst. Ippolito Nievo schrieb exemplarisch seinen großen Friaul-Roman in der Sprache Manzonis, was damals dem nationalen Geist des Buches entsprach. In der einfachen Bevölkerung aber überlebten die Dialekte selbst den kulturellen Druck des Faschismus. Und spätestens seit dem Zweiten Weltkrieg ist Friulanisch in manchen Kreisen wieder modern. Heute haben etwa 600 000 Menschen Friulanisch zur Muttersprache.

Selbst wenn man kulturelle Kuriositäten wie beispielsweise die Kosaken weglässt, die als Ergebnis des Zweiten Weltkrieges noch in einigen Alpendörfern leben und dort ihre Sprache und Kultur pflegen, ergibt sich ein ungewöhnlich **buntes kulturelles Bild**. Und dieses bildet auch die Grundlage für die Kunst in diesem Lande. Dem besonderen Charakter dieser kulturellen Situation trägt heute die seit 1963 autonome Region Friaul-Julisch Venetien Rechnung, indem sie **offiziell viersprachig** ist, überdies lokale Sprachen als Amts- und Unterrichtssprachen zuließ und deren Erhalt nach Möglichkeit fördert.

Kunstdenkmäler

Als Schnittpunkt verschiedener Kulturen seit der Antike lädt das Friaul zu mannigfachen Ausflügen in eine lange, wechselvolle Geschichte ein. Über Jahrtausende hinweg zogen Menschen verschiedenster Herkunft durch das Land. Auf Kelten, Römer und Byzantiner folgten die Langobarden. Später regierten die Patriarchen von Aquileia das Land, bis es 1420–1797 größtenteils Venedig unterstand.

Bedeutenden künstlerischen Zeugnissen dieser Vergangenheit begegnen wir vor allem in vier Orten: in **Aquileia**, der Stadt der Römer und frühen Christen; in der Lagunenstadt **Grado**, dem Zufluchtsort während der Völkerwanderungszeit; in **Cividale**, der Stadt der Langobarden, und schließlich in **Udine**, das erst im späteren Mittelalter hervortrat und seine große Zeit vom 16. bis zum 18. Jh. erlebte.

Diese vier ganz unterschiedlichen Orte verbindet eine Gemeinsamkeit: Sie waren nacheinander, vorübergehend auch gleichzeitig, Sitz der **Patriarchen** von Aquileia. Die Geschichte des Friaul ist untrennbar mit diesen Patriarchen verbunden, die im Mittelalter auch zu Landesherren der Region aufstiegen. Ihr Herrschaftsgebiet umfasste den größten Teil des Friaul.

Vom Patriarchenstaat unabhängig machten sich die **Grafen von Görz** im Osten des Friaul. Die Grafschaft gehörte – als patriarchalisches Lehen – einem aus dem Lurngau und Pustertal stammenden Geschlecht, das sich nach seinem Hauptbesitz ›von Görz‹ nannte. Durch Vermächtnis gelangten die Stadt Görz (ital. Gorizia) und die Grafschaft im Jahre 1500 in den Besitz der Habsburger – wie auch die anderen Besitzungen des Tiroler Grafengeschlechtes.

Eine Kunstreise im Friaul sollte sich aber nicht nur auf die vier geschichtlich und kunstgeschichtlich herausragenden Orte beschränken. Es gibt eine Reihe interessanter kleinerer Landstädte wie **Spilimbergo, San Daniele, Tolmezzo** oder **Sacile**, aber auch **Gemona** und **Venzone**, die beide von den Erdbeben des Jahres 1976 fast vollständig zerstört und auf bewundernswerte Weise wiederaufgebaut wurden. Zu diesen Orten möchte man auch **Pordenone** mit seinem kleinen Zentrum zählen, die Hauptstadt einer wirtschaftlich aktiven Provinz.

Der Reiz einer Friaul-Reise liegt nicht zuletzt darin, dass man fast überall noch **unerwartete Entdeckungen** machen kann. In den Tälern Karniens überraschen äußerlich bescheidene Kirchen oder Kapellen mit spätgotischen Schnitzaltären und Netzgewölben, die an Kärnten oder Tirol denken lassen, während ihre Fresken meist italienischen Einfluss zeigen. Auf den Hügeln vor den Julischen Alpen laden kaum bekannte Votivkirchen und Burgruinen zu kleinen Wanderungen ein. Und immer wieder trifft man auf reich ausgestattete Villen und Burgen, die oft noch bewohnt werden, in der Regel vom alteingesessenen Adel.

Wenig bekannt ist der kunstgeschichtliche Reichtum des **westlichen Friaul**, des Gebietes jenseits des Tagliamento (der Provinz Pordenone), in der man sich auf die Spuren der Maler Gianfrancesco da Tolmezzo und Pordenone begeben kann.

Eine eigene Geschichte und Kultur hat das nicht mehr zum Friaul gehörende, vom Klassizismus geprägte **Triest**, das bereits 1382 in Besitz des Hauses Habsburg kam und 1719 auf Wunsch von Kaiser Karl VI. zum Freihafen erklärt und großzügig ausgebaut wurde. Diese vielseitige Stadt ist immer noch slawisch, österreichisch und italienisch zugleich und mehr ein Sonderfall am Rande Italiens als akzeptierte (wenngleich offizielle) Hauptstadt der Region.

Eine neue regionale Identität?

Der etwas umständliche heutige Name der Region, italienisch *Friuli-Venezia Giulia* (Friaul-Julisch Venetien) ist das Ergebnis der verwaltungstechnischen **Zusammenlegung von Gebieten mit unterschiedlicher Geschichte**. So wenig die Friulaner Triest als ihre Hauptstadt anerkennen, so gering ist auch das Interesse der Triestiner für die Belange des Friaul. Entsprechend erwarte man nicht die charakteristische Sprache der Friulaner, das Furlan (ein rätoromanisches Idiom), in Triest zu hören. Das Triestinische ist eine Variante des venezianischen Dialektes, in dem sich auch deutsche, slawische und friulanische Einflüsse finden. Historisch zum Friaul gehören auch die heute slowenischen Gebiete hinter Görz sowie das heute zur Region Veneto gehörende Gebiet um Portogruaro. Nicht zum historischen Friaul gehört dagegen der einst kärntnerische Norden von Tarvisio bis Pontebba.

Der Doppelname der Region *Friuli–Venezia Giulia* ist unglücklich gewählt. In beiden Namen, sowohl in *Friuli* (das sich von Forum Iulii, dem ursprünglichen Namen Cividales, ableitet) als auch in *Venezia Giulia* findet sich das lateinische *Iulius* wieder. **Iulius** (Julius) war der Name der *gens* Cäsars und Octavians, auf deren Veranlassung die Gebiete kolonisiert wurden. Der Name der Region ist zudem ideologisch befrachtet. Er wurde 1863 von dem Görzer Sprachforscher **Ascoli** erfunden, um darauf hinzuweisen, dass Istrien, Görz und Triest in ferner Vergangenheit römisch war und infolgedessen Italien diese Gebiete beanspruchen könne, obschon sie in ihrer langen eigenen Geschichte vom Mittelalter bis zum Ende des Ersten Weltkrieges habsburgisch waren.

Im Gegensatz zu der früheren Ansicht regionaler Historiker, wonach Venedig das Land aus unhaltbaren inneren Zuständen befreit hatte, beurteilt man die **venezianische Herrschaft** heute differenzierter und kritischer. Schließlich muss die Geschichtsschreibung nicht mehr

Zahlreiche prachtvolle Villen nach venezianischem Vorbild, oben die Villa Piccoli in Soleschiano bei Manzano, zeugen noch heute von der großen Rolle Venedigs in der Geschichte des Friaul

einer nationalistisch orientierten Politik Hilfestellung leisten, um durch das Bild einer glänzenden venezianischen Regierung auf der einen, einer tyrannischen österreichischen auf der anderen Seite die Italianità einer jahrhundertelang umkämpften Region zu untermauern. Im Lauf ihrer 370-jährigen Herrschaft zeigte die Republik von San Marco insgesamt ein äußerst geringes Interesse an den Geschicken des Landes. Im Grunde gewinnt man den Eindruck, die großen Familien am Canal Grande seien nur an einem breiten Puffer zu den feindlichen Mächten des Ostens interessiert gewesen und hätten darüber hinaus versucht, möglichst viel Geld aus dem Land zu ziehen. Wenn man heute dazu neigt, die **österreichische Herrschaft** positiver zu bewerten, fällt dies mit der allgemeinen Tendenz zur Stärkung regionalen Bewusstseins zusammen, das versucht, Abstand zum italienischen Nationalstaat zu gewinnen.

Der doppelte lateinische Namensanteil der Region erleichtert nicht gerade das Ringen der Friulaner um eine eigene Identität. Anders als vor dem Zweiten Weltkrieg denkt man heute weniger in nationalstaatlichen Dimensionen, sondern sieht sich mehr dem regionalen Gedanken und der eigenen Geschichte verbunden. Viele Bewohner der Region fühlen sich daher weniger als Italiener denn als Friulaner und Mitteleuropäer und besinnen sich darauf, dass ihre Region ein **Grenz- und Durchgangsland** ist, dem stets eine vermittelnde Funktion zwischen der mediterranen Kultur und jener des Alpenraumes und Zentraleuropas zufiel.

Blick in die Geschichte

Erste Siedler: Kelten, Karnier und Veneter

Die Kelten sind die ersten in historischen Zeugnissen bekannt gewordenen Zuwanderer der Region. Zuvor gab es steinzeitliche Höhlensiedler, Bewohner von Pfahlbauten und seit etwa 2000 v. Chr. weitere Siedler – wahrscheinlich die kulturell schwer bestimmbaren Veneter –, die in sogenannten *castellieri* lebten, den mit Wällen geschützten dörflichen Ansiedlungen auf den Höhen. Zu welchem Zeitpunkt die ersten Kelten in das Gebiet des Friaul einwanderten, wissen wir nicht mit Gewissheit. Die meisten Historiker geben die Zeit um 500 v. Chr. an, es gibt aber auch Stimmen, die von Einwanderungsströmen schon im 7. Jh. v. Chr. ausgehen. Die Kelten waren ein **Nomadenvolk**, dessen Ursprünge im Gebiet des heutigen Indien liegen. Von dort stießen sie allmählich nach Westen vor und ließen sich zunächst in heute tschechischen, deutschen und österreichischen Gebieten nieder. Schließlich drangen sie auch in friulanisches Land ein – zunächst über das Tal des Isonzo, dann verstärkt durch die nördlichen Gebirgstäler und auch von Westen her.

Wenn wir hier von ›den Kelten‹ sprechen, so darf dabei nicht übersehen werden, dass es sich keineswegs um eine einzige, einheitliche Volksgruppe handelte. Sie selbst nannten sich wohl ›Keltoi‹. Für die Römer waren es in Anlehnung an die bis in das heutige Frankreich vorgedrungene Keltengruppe ›Gallier‹, die sie in zwei Gruppen unterschieden: Als *galli carni*, als **Karnier**, bezeichneten sie die ersten Zuwanderer, die sich im friulanischen Hügelland niederließen. Nach diesen Karniern sind noch heute ganze Landstriche benannt, eben Karnien (ital. *Carnia*), das zu Slowenien gehörende Krain (ital. *Carniola*) und das österreichische Kärnten (ital. *Carinzia*). Die Karnier schufen auch das erste wichtige Siedlungszentrum im Lande: auf dem Hügel von San Pietro bei Zuglio.

Keltische Ortsnamen

Wenn man heute durch das Friaul fährt, begegnet man den letzten Anklängen an die Zeit der Kelten noch überall dort, wo die Ortsnamen auf -acco oder -icco enden (vom keltischen -acu, -icu), etwa in Montagnacco, Tavagnacco oder Bottenicco. Vor allem im nördlichen Friaul findet sich dieses Phänomen, also dort, wo sich der römische Einfluss niemals so stark durchsetzte wie in der friulanischen Ebene.

Die zweite große Gruppe der Kelten nannten die Römer *galli cisalpini*, **Gallier diesseits der Alpen**. Das waren jene später nachfolgenden Gruppen, die nur noch in der friulanischen Ebene Platz fanden. Mit ihnen sollte es im Jahr 183 v. Chr. zum ersten großen Konflikt von Seiten der Römer kommen, als letztere die bisherigen Herrschaftsverhältnisse in Norditalien durch das Vordringen der Kelten plötzlich gefährdet sahen.

Was wissen wir von der **Lebensweise** der Kelten im Friaul? Zunächst einmal waren sie ein grundsätzlich friedliebendes Volk, das knapp 180 Jahre lang ohne größere Auseinandersetzungen das friulanische Land besiedelte. Sie lebten von der Viehzucht, von der Jagd und vom Ackerbau, pflegten rege Handelsbeziehungen nicht nur mit den nordischen Nachbarn, sondern auch mit den Venetern. Sie ließen bereits eigene Münzen stanzen, von denen wir eine besonders reiche Zahl aus Funden in **Zuglio** besitzen. Als ein Markt- oder

Handelszentrum war Zuglio wichtige Station der schon damals existierenden großen, über den Plöckenpass weiter nach Norden führenden Straße.

Zehnte Region Venetien und Istrien - die Römer

Als 186 v. Chr. erneut 12 000 bewaffnete Kelten und mit ihnen mindestens 30 000 Frauen, Kinder und Bedienstete in die friulanische Ebene einzogen, war für die Römer der Zeitpunkt gekommen, ihre Herrschaftsansprüche auch in diesem Teil Italiens deutlich zu machen. Der Geschichtsschreiber Titus Livius (59 v. Chr.–17 n. Chr.) berichtete ausführlich über diese für die friulanische Geschichte so bedeutenden Ereignisse. 186 v. Chr. begannen demnach die neu zugewanderten keltischen Siedler ungeachtet römischer Drohungen nahe dem heutigen Aquileia mit dem Bau einer Siedlung. Der **römische Angriff** auf diese Gruppe von Kelten 183 v. Chr. sollte das nordische Volk ursprünglich zum Rückzug zwingen, doch das genügte Rom in diesem Augenblick nicht mehr. Der Senat beschloss daher 181 v. Chr. die Gründung einer Kolonialstadt, um eine bessere militärische Basis für spätere Angriffe, aber auch für eigene Herrschaftsansprüche im östlichen Oberitalien zu erlangen: Diese erste römische Kolonialgründung erhielt den Namen Aquileia.

Römische Ortsnamen

Ebenso wie die Kelten haben auch die Römer in verschiedenen Ortsnamen Zeichen ihrer Herrschaft hinterlassen. Da sind zum einen die Namen mit der Endung -ano, also etwa Magnano oder Cervignano, die auf einen Grundbesitzer schließen lassen (z. B. Magnano, ›Land des Magnius‹). Zum anderen benannte man Ortschaften nach den Charakteristika der Landschaft (z. B. Salt nach saltus, ›Waldweide‹). Daneben begegnet man aber auch Namen, die von Meilensteinen abgeleitet sind (etwa Terzo nach ad tertium lapidem, also ›beim dritten Stein‹ oder Sesto nach ad sextum lapidem) oder Namen, die ganz allgemein die Lage der Siedlung angaben, so Trasaghis nach trans aquas, ›jenseits des Wassers‹.

Städte und Straßen im Friaul zur Zeit der Römer
(Flüsse mit heutigen Namen)

Aquileia

Seitdem war die Geschichte der Römer eng mit dem Friaul verbunden. Durch die **Gründung Aquileias** war die Bedrohung durch keltische Angriffe gebannt. Aus der kleinen Kolonistensiedlung sollte sich im Laufe der kommenden Jahrzehnte eine blühende Stadt entwickeln, die zu den bedeutendsten nicht nur Italiens, sondern des gesamten Reiches zählte. Der Grund für diesen Aufstieg lag vorwiegend in der außergewöhnlich **günstigen strategischen Lage**. Die Stadt bildete den idealen Ausgangspunkt für militärische Eroberungszüge nach Norden und Nordosten, weshalb sie auch zum vorübergehenden Quartier von Julius Cäsar (58–56 v. Chr.) und mehreren römischen Kaisern wurde.

Von ebenso großer Bedeutung war Aquileia als **Handelszentrum**. Der Handel wurde über den Hafen und das inzwischen ausgebaute **römische Straßennetz** abgewickelt. Ab 148 v. Chr. verband die *Via Postumia* Aquileia mit Genua, 132 v. Chr. folgte der Anschluss der *Via Annia* an die bereits bestehende *Via Aemilia.* In Richtung Norden entstand die *Via Iulia Augusta* (von Aquileia bis in die Nähe des heutigen Lienz), nach Osten führte die *Via Gemina,* die von Aquileia aus bis zum heutigen Ljubljana (Laibach) verlief.

Im Jahre 115 v. Chr. war die **Romanisierung des Friaul** so weit fortgeschritten, dass eine wirtschaftliche und auch verwaltungstechnische Vereinigung der einzelnen Gebiete im Nordosten Italiens sinnvoll erschien. Mit Aquileia als Zentrum entstand so die *Decima Regio Venetia et Histria,* die zehnte Region Venetien und Istrien, die das gesamte Gebiet vom Livenza bis zum Isonzo und die istrische Halbinsel umfasste. Zu dessen wichtigsten Zentren neben Aquileia zählten im Osten *Forum Iulii,* das heutige Cividale, und im Norden *Iulium Carnicum,* das heutige Zuglio.

Römisches Marmorrelief mit dem Ritus einer Stadtgründung, ca. 1. Jh. v. Chr., Archäologisches Museum von Aquileia

Mitten hinein in das friedliche Leben und das wirtschaftliche Wohlergehen brachen im beginnenden 3. Jh. n. Chr. die **innenpolitischen Auseinandersetzungen**, die von den Soldatenkaisern ausgingen. Schlagartig wurde der Bevölkerung bewusst, wie stark auch das Schicksal Aquileias von der politischen Situation des Reiches abhing. Im Jahre 235 war der Heeresführer Maximinus Thrax (›der Thraker‹) zum Kaiser gewählt worden. Trotz des erfolgreichen Widerstandes gegen den Kaiserkandidaten des Heeres bangten die Bewohner von Aquileia um ihre Zukunft, und dies nicht unbegründet. Als nämlich drei Jahre später in Nordafrika Gordianus ebenfalls zum Kaiser ausgerufen und von Teilen des Senats bestätigt wurde, revoltierte Aquileia gegen den Thraker. Daraufhin belagerte er die Stadt, musste jedoch nach 22 Tagen aufgeben und wurde schließlich von seinen eigenen Soldaten ermordet. Diese dramatischen Ereignisse sind als *bellum aquileiense*, als **Aquileischer Krieg**, in die Geschichte eingegangen.

Maximinus Thrax, Bronzeporträt aus dem Archäologischen Museum von Aquileia

Zu der Frage, wieso das riesige Imperium Roms wirtschaftlich und kulturell zusammenbrechen konnte, haben die Historiker im Laufe der Jahrhunderte eine Vielzahl von Antworten gegeben. Für Aquileia, eine der glanzvollsten Städte der italienischen Halbinsel, die so gut wie ganz von der Oberfläche verschwand, lassen sich die Gründe für den Untergang bei einem Rundgang in den Ruinen der Stadt exemplarisch verdeutlichen. In den Jahrzehnten, die der Belagerung Aquileias durch kaiserliche Truppen folgten, kam es zu mehreren räuberischen Einfällen, was sich sofort auf den Handel auswirkte. Mit dem **Ausfall des Handels** aber war der Lebensnerv dieser Handelsstadt gegroffen.

Zum Untergang Aquileias führten jedoch nicht nur das Bandenwesen, das Land durchziehende Heereszüge und rivalisierende Kaiser. Der Druck der **Völkerwanderung** kam hinzu. Diesen bekam Aquileia am Eingang zu Italien am heftigsten zu spüren. Zu den schwersten Problemen der Zeit zählte die **Pest**. Seit der Regierungszeit Marc Aurels fiel die Pest in immer neuen Wellen über Italien her und halbierte stellenweise die Bevölkerungszahl. Heutige Historiker nehmen an, dass sich das Reich nie ganz von den menschlichen Verlusten erholte, und dass bereits im 2. Jh. der Höhepunkt an Bevölkerungszahl, wohl auch an Wirtschaftskraft überschritten wurde. Für die Umgebung von Aquileia lässt sich zu dieser Zeit ein zunehmender Mangel an Arbeitskräften nachweisen, der bald zur Aufgabe von Villen und Höfen führte.

Eine starke tektonische Unruhe war ein weiterer Grund. **Erdbeben** zerstörten die Gebäude und das ganze Land sank ab, stellenweise bis zu fünf Metern. Wohl erst damals entstanden die heutigen Lagunen. Weite Teile der einst fruchtbaren Ebenen versumpften. Die Reduzierung der Ackerflächen verknappte die Nahrungsmittel. In den versumpften Gebieten verbreitete sich die **Malaria** und beschleunigte die Dezimierung der Bevölkerung. Eine intensive Trockenlegung, wie sie erst in den letzten Jahrhunderten erfolgte, hätte dies verhindern können. Dazu standen jedoch nicht mehr genug Arbeitskräfte zur Verfügung und es fehlte wohl auch an einer fähigen Verwaltung.

Kampf um Macht und Glauben

Zur selben Zeit, als das Römische Reich wirtschaftlich, militärisch und kulturell allmählich zerfiel, verbreiteten sich **neue Religionen** und Kulte, insbesondere der orientalische Mysterienkult. Die durch die vielen Bedrohungen erschütterte Gesellschaft suchte Halt im Glauben. Das Christentum, anfangs einer von vielen neuen Kulten, konnte sich seit dem 3. Jh. immer mehr durchsetzen. Auch in Aquileia bildete sich eine Christengemeinde, und zwar noch bevor Kaiser Konstantin im Februar des Jahres 313 in Mailand das Toleranzedikt erließ, welches auch das Christentum als offizielle Religion anerkannte.

Der genaue Zeitpunkt der Gründung **einer christlichen Gemeinde** in **Aquileia** konnte nicht festgelegt werden. Der lokalen legendären Tradition zufolge entsandte Petrus den Evangelisten Markus zur Mission nach Aquileia, wo dieser sein Evangelium geschrieben und später seinen Schüler Hermagoras Petrus als Bischof präsentiert habe. Durch diese Überlieferung beanspruchte Aquileia, eines der ältesten Bistümer zu sein und begründete damit später den besonderen Anspruch, als Erzbischof von Aquileia den Titel eines Patriarchen zu führen. Vom **Kult um Markus** zeugt eine frühe Handschrift seines Evangeliums, die im Erzbistum wie eine Reliquie verehrt wurde.

Ob Markus tatsächlich in Aquileia war, lässt sich nicht erhärten. Es gibt weder urkundliche Nennungen noch eine Erwähnung in den Apostelbriefen oder in der Apostelgeschichte. Aquileia darf man daher sicherlich nicht mit den großen, frühen Gemeinden in den östlichen Mittelmeerländern vergleichen.

Im späten 3. Jh. scheint die christliche Gemeinde an Bedeutung zu gewinnen. Bezeichnend dafür war der Baubeginn (möglicherweise bereits um 300 n. Chr.) einer **Bischofskirche** unter Bischof Theodorus, der zentralen Figur der aufsteigenden jungen Christengemeinde. Die Kirche wuchs bald zu einer groß dimensionierten Anlage, die mehrere Gebäude umfasste. Die christliche Gemeinde wurde wohl dadurch unterstützt, dass sich **Kaiser Konstantin** (308–337) häufig in den Mauern der Stadt aufhielt. Konstantin kam zwar mit vorwiegend politischen und militärischen Zielen nach Aquileia, doch immerhin konnte sich die junge Christengemeinde gleichsam unter dem Schutzmantel desjenigen entwickeln, der das Edikt der Glaubensfreiheit verkündet hatte. Es kam zu Konvertierungen zahlreicher Heiden und Juden, die auch nach Konstantins Tod 337 nicht aufhörten. Davon zeugt neben weiteren Kirchenbauten auch ein Bericht des Bischofs von Alexandria, Athanasius, der während seines Exils in Aquileia im Jahr 345 an der Osterliturgie teilnahm.

Zahlreiche innere Konflikte um den ›richtigen‹ Glauben erschütterten in den folgenden Jahrhunderten immer wieder auch das Bistum von Aquileia, das meist mit den Lehren der östlichen Patriarchate sympathisierte. Viele Kirchenhistoriker sehen in diesem Anschluss an den Osten eine Bestätigung dafür, dass – wenn es nicht Markus selbst war – es doch wohl syrische Einflüsse waren, die zur Mission in Aquileia entscheidend beigetragen hatten. In einem typischen Zusammenspiel aus Glaubens- und Machtfragen entwickelte sich die Kirche von Aquileia jedenfalls in den folgenden Jahrhunderten zu einer eigenständigen Kraft, nicht nur zwischen der orthodoxen und römisch-katholischen Kirche, sondern auch zwischen politischen Ansprüchen Ost- und Westroms.

Im Februar 380 erließ Kaiser Theodosius ein Edikt, das ein verbindliches Glaubensbekenntnis für alle christlichen Untertanen vorschrieb. Daraufhin legte das zweite ökumenische Konzil von Konstantinopel das für die Christen noch heute gültige Bekenntnis fest. Dies bedeute für die Christen des römischen Reiches das Ende des Arianismus. Zu einem Verbot heidnischer Kulte kam es durch die von Theodosius erlassenen Gesetze von 391 und 392. Von da an war das **Christentum alleinige Staatsreligion**.

Zu dieser Zeit hatte die Diözese von Aquileia ihr Einflussgebiet bereits auf das ganze Friaul ausgedehnt, schließlich sogar über Venetien, Pannonien und die Gebiete nördlich der Alpen bis zur Donau. Unter den neu gegründeten Bischofssitzen finden wir jetzt auch Concordia und Iulium Carnicum (Zuglio), Triest und Cividale. Auch die Gerichtsbarkeit der Diözese gewann immer mehr an Bedeutung, bis Aquileia in der zweiten Hälfte des 6. Jh. **Zentrum der Rechtsprechung** über eine große Kirchenprovinz war, die außer der Provinz Venetia et Istria (die sich in Oberitalien bis zum Mincio erstreckte) auch Pannonien bis zum Plattensee und das heutige Bayern südlich der Donau (bis zur Iller) umfasste. Über das ganze Mittelalter hinweg kam der Diözese von Aquileia eine Sonderstellung zu. Die Voraussetzungen dazu lagen sowohl im Ansehen, das die aquileische Kirche bereits in frühchristlicher Zeit genoss, als auch in der einstigen großen Bedeutung der Stadt, die nicht nur Hauptstadt der Region, sondern auch Ausgangspunkt der Romanisierung, des Handels und schließlich der Christianisierung war.

Untergang des weströmischen Kaisertums

Der Untergang des weströmischen Kaisertums war derweil nicht mehr aufzuhalten: Zu den innenpolitischen Auseinandersetzungen, den wirtschaftlichen Schwierigkeiten, der administrativen Handlungsunfähigkeit sowie gleichzeitig einem maßlosen Gewinn- und Machtstreben der Herrscher kamen gegen Ende des 4. Jh. wieder erneute und vermehrte **Einfälle nordischer Völker**, der ›Barbaren‹. Für das Gebiet des Friaul drohte die Gefahr vor allem von Osten. Von dort fielen 401 erstmals die Westgoten unter Alarich ein, wurden jedoch von Stilicho geschlagen. Ihr zweiter Einfall 409 führte zur Eroberung Roms. Im Jahre 452 folgte der katastrophale Einfall der Hunnen unter Attila, der eine totale Zerstörung der antiken Stadt Aquileia bedeutete. Der Erzbischof floh rechtzeitig mit den Reliquien und einer unbekannten Anzahl an Einwohnern auf die Insel von Grado. Beinahe alle Zurückgebliebenen kamen ums Leben.

Nach der Teilung des Römischen Reiches 395 in Westrom (mit der Hauptstadt Mailand) und Ostrom (mit der Hauptstadt Konstantinopel) folgte 476 das Ende des selbstständigen weströmischen Reiches durch die Eroberung Odoakers. 489 fielen die **Ostgoten** im Friaul ein. Sie besiegten Odoaker ein erstes Mal am Isonzo. Nach dem Tod des Herrschers versuchten die **Byzantiner** unter Kaiser Justinian (527–565) Italien zurückzugewinnen. Dem General Narses gelang es, u. a. auch das Gebiet von Aquileia unter byzantinische Herrschaft zu bringen. Wie auch in anderen Gebieten Italiens kam es zu erbitterten Kämpfen zwischen den Goten und Byzantinern. Diese sogenannten Rückeroberungskriege hatten für das Land verheerende Folgen und bedeuteten den absoluten Tiefpunkt der nachantiken Geschichte Italiens, das wohl endgültige Ende der Antike.

Dreikapitelstreit und Schisma

Unter Kaiser Justinian kam es zum theologischen und kirchenpolitischen ›Dreikapitelstreit‹, auf den die Sonderstellung der Patriarchen von Aquileia zurückzuführen ist: Im syrischen Antiochia hatte sich die **Zweinaturenlehre** Gottes entwickelt, der zufolge Christus aus zwei Naturen, der göttlichen und menschlichen, bestehe. Diese Lehre hatte ihren Niederschlag in drei Texten, den sogenannten »Drei Kapiteln«, gefunden und wurde vom Konzil von Chalkedon geduldet. Eine Gruppe von Theologen, die Monophysiten (bzw. Miaphysiten), die an eine einzige Natur Christi glauben, widersetzte sich ihr jedoch. Um die zahlreichen Anhänger der Einnaturenlehre für sich zu gewinnen, ließ Kaiser Justinian kurzerhand die Zweinaturenlehre – ohne Rückendeckung durch ein Konzil – verurteilen. Sein Verdikt (544) wurde jedoch nicht von allen Teilen der Kirche mitgetragen, auch nicht vom römischen Papst. Justinian berief daher 553 ein neues Konzil nach Konstantinopel, das dann die Zweinaturenlehre verdammte, die Lehre von der einzigen Natur Christi dagegen als allein gültig hinstellte. Papst Pelagius I. entschloss sich nach langer Ablehnung schließlich, dies anzuerkennen, nicht jedoch der Bischof von Aquileia, Macedonius (539–557), und mit ihm alle weiteren Bischöfe der großen Kirchenprovinz. Sie hielten gemeinsam an ihrem Glauben an die zwei Naturen Christi fest, wie er in den »Drei Kapiteln« formuliert war.

Zum offenen Schisma kam es, als der Nachfolger des Macedonius, **Bischof Paulinus I.** (558–569), ein Konzil seiner Provinz zusammenrief (558), das die Zweinaturenlehre offiziell anerkannte und sich damit der päpstlichen Autorität widersetzte. Demonstrativ ließ sich

Frühchristliche Grabplatte mit der Ritzzeichnung eines Taufritus. Die Taube des Heiligen Geistes erinnert an die Taufe Christi durch Johannes. Übersetzt lautet die Inschrift: »Der unschuldigen Seele, die der Herr gerufen hat. Sie ruhe treu in Frieden. 7. September«

Paulinus als Patriarch anreden. Damit usurpierte er einen Titel, der in der westlichen Welt allein dem Bischof von Rom zukam.

Der ›Dreikapitelstreit‹ dauerte 130 Jahre, bis 699. Mit dem Schisma war zugleich ein weiterer Grundstein gelegt für die Sonderstellung der Bischöfe von Aquileia (die bis 1751 dauern sollte) und ihre spätere weltliche Macht im Patriarchenstaat (1077–1420). Für das Friaul aber begann während des Dreikapitelstreites eine neue Epoche.

Die Langobarden kommen

Mit den Langobarden beginnt ein neuer Abschnitt in der Geschichte des Friaul. Unser Bild von diesem germanischen Volk ist heute meist ein wenig verklärt. Wer denkt schon beim Besuch des Tempietto in Cividale daran, dass die Langobarden zunächst vor allem **Krieger** waren, die erobernd von einem Land zum anderen zogen, die mit Ausnahme der Metallverarbeitung kaum eine eigene Kultur entwickelt hatten, sodass selbst die keineswegs friedfertigen Römer sie als besonders roh und wild, eben ›barbarisch‹, bezeichneten? Dies mindert freilich nicht die Tatsache, dass heute noch eine ganze Region nach ihnen benannt ist – die Lombardei (lat. *Langobardia*, ital. *Lombardia*), und dass das **langobardische Recht** bis in das 12. Jh. in Italien Einfluss hatte.

Ein Blick auf die Anfänge des langobardischen Volkes zeigt, dass es vielleicht ursprünglich in Skandinavien beheimatet war. Der *Origo gentis langobardorum,* der langobardischen **Ursprungssage**, die im 7. Jh. nach mündlichen Überlieferungen aufgeschrieben wurde, kön-

Der Begriff ›Langobarden‹

Die Sage erzählt, dass der von den Vandalen verehrte Gott Wodan denjenigen den Sieg zugesprochen habe, die am Morgen des Kampfes zuerst vor ihm erschienen: Die Winniler schafften es (mit Hilfe eines Hinweises von Wodans Gattin Freia) und traten nach Freias Anweisung mit aufgelöstem Haar vor Wodan. Der fragte daraufhin: »Wer sind diese Langbärte?« Von nun an hießen die Winniler ›Langbärte‹, Langobarden. Historischen Forschungen zufolge hat sich der Namenswechsel natürlich nicht durch Wodans Worte ergeben, sondern entstand im Zuge eines Religionswechsels von vanischen Fruchtbarkeitsriten hin zur Wodan-Verehrung. Nach neuerer Forschung leitet sich der Name Langobarden von den ›langen Barden‹ (langen Beilen) ab, mit denen das nordische Volk kämpfte.

nen wir entnehmen, dass sie sich damals noch **Winniler** nannten. Wahrscheinlich war es Kampfeslust, die junge Langobarden Ende des 1. Jh. aufbrechen ließ, um neues Land zu entdecken. Der Sage nach zogen sie um ihre beiden Anführer Ibor und Agio geschart an die Niederelbe, wo sie in Konflikt mit den das östliche Mitteleuropa beherrschenden Vandalen gerieten.

In den folgenden Jahrhunderten drangen die Langobarden immer weiter nach Südosten vor. Um 490 besetzten sie das Rugierland in Niederösterreich, zu Beginn des 6. Jh. ließen sie sich schließlich in Pannonien nieder. In dieser Zeit hatten die Langobarden ein differenziertes **soziales System** entwickelt: An der Spitze des Soldatenvolks stand ein König. Ihm unterstanden die *duces*, Militärkommandierende, die nach der Besiedlung Italiens relativ selbstständig über eigene Gebiete, die *ducati*, regierten. Königliche Kontrolle fand jedoch in jedem *ducatus* vermittels eines Gastalden statt, der nur dem König verantwortlich war und in jeder Hauptstadt einen eigenen Palast bezog.

Im Jahr 568 kam es schließlich zum Zuge nach Italien. Anders als die Goten, Hunnen oder die Heruler Odoakers, die das Land plündernd und zerstörend durchzogen und infolgedessen keine bleibenden Zeugnisse hinterlassen hatten, verfolgten die Langobarden von Anfang an das Ziel, sich in dem eroberten Land niederzulassen. Zwar versetzte das riesige Langobardenheer dem schon mehrfach geplünderten, heruntergekommenen Land neue Schrecken, doch schon bald begann eine neue Phase der Besiedlung und Neugliederung, die am Ende der 206 Jahre währenden Herrschaft in Italien zu einer **kulturellen Blüte** führte.

Eroberung durch die Langobarden

Das Friaul war die erste italienische Region, die das germanische Volk in Besitz nahm. Die Eroberung erfolgte in kürzester Zeit und nahezu ohne Widerstand. Der byzantinische Feldherr hatte die Langobarden im Kampf gegen die Ostgoten zu Hilfe gerufen. Am Dienstag nach Ostern des Jahres 568 zogen die Langobarden unter ihrem Heerführer Alboin durch das Isonzo-Tal und über die (noch bestehende) römische Isonzo-Brücke südlich von Gorizia in das Friaul ein. Sie kamen nicht mehr als Alliierte, sondern als **Eroberer**. Die Byzantiner leisteten kurz Widerstand, zogen sich dann aber auf den Küstenstreifen zurück und gaben das übrige Land frei. Der Gründung des **ersten Herzogtums der Langobarden** in Italien mit der Hauptstadt Cividale stand nichts mehr im Wege.

In bilderreicher Sprache schildert Paulus den Einzug des langobardischen Heeres unter ihrem Führer Alboin I. und die anschließende Gründung des *Ducatus Foroiuliensis,* also eines Herzogtums mit der Hauptstadt Forum Iulii, dem heutigen Cividale. Warum die Wahl der Hauptstadt ausgerechnet auf Cividale fiel, ist leicht zu erklären: **Cividale** war eine befestigte byzantinische Stadt mit wahr-

Stuckrelief vom Tempietto Longobardo in Cividale, dem berühmtesten Bau aus der Langobardenzeit

scheinlich noch recht gut erhaltenen Festungsmauern. Es lag geografisch äußerst günstig im Natisone-Tal, zudem weit genug entfernt vom byzantinisch gebliebenen Küstenstreifen. Unter der langobardischen Herrschaft sollte diese Stadt eine ähnliche Bedeutung erlangen, wie sie einst Aquileia unter den Römern zukam.

Nachdem sich die neuen Eroberer in Cividale eingerichtet hatten, begannen sie mit der systematischen **Inbesitznahme des Landes**. Das Herrschaftsgebiet im Friaul war von beachtlicher Größe und umfasste vier römische Munizipien (nämlich Forum Iulii, Aquileia, Iulium Carnicum und Concordia). Um eine ausreichende Kontrolle sicherzustellen, wurden langobardische Adelsfamilien über die Region verteilt. Diese gaben ihr bisheriges Wanderdasein auf, um sich in den von den Byzantinern hinterlassenen unzerstörten Orten und ummauerten Städten niederzulassen. Ihre Gruppierung blieb dabei jedoch weiterhin die der *farae*, der typisch langobardischen Lebensgemeinschaften, die aus zumeist verwandtschaftlich verbundenen Kriegern, Frauen und Kindern sowie Unfreien bestanden (das Wort *fara* hat sich etwa im Ortsnamen Farra d'Isonzo erhalten).

Bevölkerung

Man darf nicht übersehen, dass die Langobarden nur einen verschwindend geringen Teil der Gesamtbevölkerung ausmachten. Die neuen Herren beanspruchten die schon unter den Römern übliche ›hospitalitas‹, nach der die alteingesessene Bevölkerung u. a. ein Drittel aller Erträge an die ›Gäste‹, also die Langobarden, zu liefern hatte, »die alle Schlüsselstellungen im Land für sich reservierten« (Jarnut).

Kriegerische Auseinandersetzungen

Die Gefahr feindlicher Angriffe war in den ersten Jahrzehnten der Herrschaft unvermindert groß. Von Osten her drohten Einfälle der Slawen, aber auch der Awaren, eines Reitervolks. Von der Lagune aus machten die Byzantiner Druck. Ein wirkungsvolles Verteidigungssystem war daher dringend notwendig. Um rasch handeln zu können, wurde dem Militärkommandierenden von Anfang an weitgehende Autonomie in den Belangen seines Gebiets zugebilligt. Man nannte diesen **Militärkommandanten** Dux, was im Deutschen – allerdings »nur höchst unvollkommen« – mit Herzog übersetzt wird. Er war »oberster Führer der ihm unterstellten Krieger, nicht nur in militärischer, sondern auch in juristischer und administrativer Hinsicht« (Jarnut). Nicht seinem Kommando, sondern dem nach Pavia weiterge-

Langobardische Fibel, Museum von Cividale

zogenen König *(Rex gentis langobardorum)* unterstanden allerdings die Arimannen, eine spezielle Einheit von Berufskriegern, die höher bezahlt und meist an den Grenzen eingesetzt wurde.

Zur Sicherung des Landes – so berichtet Paulus Diaconus – dienten **sieben befestigte Orte**: Cormons, Nimis, Osoppo, Artegna, Ragogna, Gemona und Invillino-Ibligo. Ihr Aufbau und ihre Erhaltung dürften beträchtliche finanzielle Mittel verschlungen haben; eine gesunde wirtschaftliche Entwicklung des Landes war daher dringend notwendig. Neben diesen genannten festen Orten gab es noch weitere kleine befestigte Dörfer, deren Wehrhaftigkeit allerdings meist nur aus der geografischen Lage resultierte. Typisch für die Zeit ist eine erste Besiedlung auf dem Hügel von Udine, einem herausragenden Felsen in fruchtbarer Gegend, der sich in der Folge zur Stadt entwickelte. Mit solchen Neugründungen wurden die Grundlagen für die Stabilität und spätere Blüte des Landes gelegt.

Trotz aller Sicherheitsvorkehrungen brachte das Jahr 601 den Langobarden schwere Verluste durch die **Awaren**, wenngleich eine endgültige Niederlage in letzter Minute verhindert werden konnte. In blutigen Gefechten wurde der damalige Herzog des Friaul, Gisulf II., getötet. Seine Gemahlin Romulda konnte mit ihren beiden Söhnen vom Schlachtfeld nach Cividale fliehen, wusste allerdings nichts Besseres zu tun, als dem Feind sogleich die Stadttore zu öffnen. Man glaubte – so erzählt Paulus Diaconus –, sie hätte aus Liebe zum Anführer der Awaren gehandelt. Unverhoffte Rettung kam in Gestalt des Langobardenkönigs **Agilulf**, der die Awaren vertrieb und Gisulfs Söhne Taso und Caco zu seinen Nachfolgern ernannte.

In den 20er- und 30er-Jahren des 7. Jh. standen erneut kriegerische Auseinandersetzungen mit den **Byzantinern** im Vordergrund. Die Langobarden waren immer weniger bereit, sich mit den beschränkten Rechten und Gebieten abzufinden, die ihnen einst zugewiesen worden waren und griffen nun auch auf alte byzantinische Gebiete aus. In diese Zeit fällt die Herrschaft König Rotharis (636–652), der Ligurien für das langobardische Reich eroberte, aber vor allem aus anderen Gründen in die Geschichte einging: Ihm haben wir die schriftliche Zusammenfassung und Neuordnung des langobardischen Rechts zu verdanken, das zuvor nur mündlich überliefert wurde. Am 22. November 643 legte **Rothari** das neue Gesetzbuch in Pavia, der damaligen Hauptstadt des Königreichs, zur Verabschiedung vor. Die Gesetze, die ausschließlich für den Gebrauch der Langobarden bestimmt waren, wurden wie alle schriftlichen Dokumente in lateinischer Sprache abgefasst – ein deutliches Zeichen für die Assimilierung der Langobarden an die spätantike Kultur.

Die **Religion** der Langobarden wandelte sich von der anfänglichen Wodan-Verehrung über die Annahme des arianischen Glaubens bis zum Katholizismus. Dabei spielten politische Interessen eine Rolle – Allianzen mit den arianischen Goten oder den katholischen Byzantinern –, später dann (im 7. Jh.) war es hauptsächlich der Einfluss der bayerischen Dynastie des Königshauses.

Das Friaul der Langobarden

Die im 7. Jh. immer noch wütenden Slaweneinfälle konnten um 700 endlich mit einem Friedensvertrag beendet werden. Im beginnenden 8. Jh. waren damit die Grenzen soweit gesichert, dass nicht mehr die Verteidigung im Mittelpunkt stand, sondern eine **Ausdehnung der langobardischen Herrschaft** angestrebt wurde.

Im Jahr 568, beim Einmarsch der Langobarden in das Friaul, war der Patriarch von Aquileia in höchster Eile auf die Insel Grado geflohen – eine Vorsichtsmaßnahme, die für die spätere Geschichte der Patriarchen nicht ohne Folgen bleiben sollte. Zunächst jedoch handelte es sich nur um einen Alleingang: Alle anderen Bischöfe und Geistlichen der Kirchenprovinz Aquileias blieben weiterhin auf dem Festland.

Nach anfänglichen Schwierigkeiten zeigte sich, dass die neuen langobardischen Landesherren dem Patriarchen gar nicht abgeneigt waren, da ihnen ihre antirömische und antibyzantinische Haltung gemeinsam war (bei den Langobarden aus machtpolitischen Gründen; die Patriarchen waren unerbittliche Anhänger der von Rom verdammten Zweinaturenlehre). Trotzdem blieben auch die Nachfolger des Patriarchen Paulinus auf **Grado**. Erst die Wahl eines romfreundlichen Patriarchen im Jahre 607 führte zu einem Konflikt. Aus theologischen, politischen und gleichzeitig kirchenpolitischen Interessen spaltete sich das Kapitel von Aquileia ab, protestierte gegen die Wahl in Grado und berief sich auf das eigene Recht des Ortes, den Patriarchen zu wählen. Das Kapitel von Aquileia wurde höchstwahrscheinlich in dieser Haltung von den Langobarden unterstützt, da ein Patriarch in Aquileia ein Patriarch im langobardischen Herrschaftsbereich und damit ›ihrer‹ war. Somit gab es plötzlich **zwei Bischöfe**, die den Titel »Patriarch von Aquileia« führten: den Rom nahestehenden und gleichzeitig Byzanz verbundenen Pariarchen Candidianus mit Sitz in Grado und den Patriarchen Johannes, der unter langobardischem Schutz stand und in Aquileia residierte.

Der Patriarch von Grado war Erzbischof der ›seevenezianischen‹, das heißt byzantinischen Diözesen. Der in Aquileia residierende **Patriarch Johannes** dagegen stand dem von den Langobarden besetzten Landesinneren der großen Kirchenprovinz vor, die von Aquileia bis Verona und Tirol, bis Kärnten und südlich der Drau bis Laibach reichte. Johannes wurde vom Langobardenkönig Agilulf (591–616) als der einzig rechtmäßige Patriarch anerkannt. Ihm wurden daher all jene kirchlichen Güter und Besitzungen zurückerstattet, die die Langobarden bei ihren Eroberungszügen der aquileischen Kirche abgenommen hatten.

Bekenntnis zum katholischen Glauben

In dieser Zeit waren die Langobarden dabei, den arianischen Glauben abzulegen. »Der Drei-Kapitel-Glaube wurde für sie zum nationalen Katholizismus« (Gian Carlo Menis). Damit war ein weiterer wichtiger Schritt hin zum **katholischen Bekenntnis** getan, nachdem Ende des 6. Jh. die bayerische Prinzessin Theodelinde, Gemahlin König Autharis und später Agilulfs, die Konvertierung vom arianischen zum katholischen Glauben vorbereitet hatte.

König Kunibert (688–700) gelang im Jahr 698 endlich auch die **Beilegung des Schismas**. Auf der von ihm einberufenen Synode in Pavia sagte sich die Kirche von Aquileia von der Zweinaturenlehre los, ohne dass es freilich zur Aufhebung eines der beiden Patriarchensitze kam.

Der Kaiser in Byzanz war seinerseits bemüht den eigenen Patriarchen zu fördern. So bekam er von Kaiser Heraklion die berühmte Kathedra des heiligen Markus geschenkt, womit dessen Stellung gestärkt werden sollte. Da sich der Patriarch in Aquileia auf die Tradition des Ortes berufen konnte, verwies der Patriarch von Grado auf den Besitz der Reliquien, der mit der Kathedra des Markus weiter aufgewertet wurde. Diese Reliquien wanderten später mit dem Patriarchentitel nach Venedig in den Markusdom. Anders als in Grado mangelte es in Aquileia an Reliquien. Dies brachte den machtvollen Patriarchen Poppo um 1025 dazu, in Grado nach den Gebeinen der Heiligen von Aquileia zu suchen, allerdings ohne Erfolg. Wo die Gebeine der Heiligen Hermagoras und Fortunatus verblieben sind, ist nicht bekannt. Vielleicht wurde der **Mangel an Reliquien** schließlich durch die besondere Verehrung der uralten Handschrift des Markusevangeliums behoben – nachweislich seit dem 13. Jh.

Es scheint, der Papst habe beide Patriarchen von Aquileia anerkannt – den in Grado, dem *Aquileia nova*, residierenden und den inzwischen von Aquileia nach Cormons übergesiedelten. Vereinfacht spricht man von den Patriarchen von Aquileia und den Patriarchen von Grado, obwohl beide den Titel »Patriarch von Aquileia« für sich beanspruchten.

Wirtschaftlicher und kultureller Aufschwung

Nach der Beilegung des Schismas 698 begann eine neue, glückliche Phase der langobardischen Herrschaft. Die in der ersten Hälfte des 7. Jh. noch überwiegend aus Kriegern bestehende langobardische Gesellschaft hatte sich inzwischen allmählich in eine komplexere, wenn auch instabilere Gesellschaft aus Händlern, Grundbesitzern und Bauern gewandelt, was zu einem **wirtschaftlichen Aufschwung** führte. Die Bemühungen des religiösen Königs Liutprand (712–744) um Stabilität im Reich und das Zusammenwachsen der langobardischen und romanischen Bevölkerung waren überaus erfolgreich und wurden in Gesetzen verankert. Der König, den Paulus Diaconus schwärmerisch als einen »Mann von großer Weisheit«, als scharfsinnig, fromm, friedliebend und großzügig beschreibt, gründete eine **Hofschule**, an der lateinische Kultur vermittelt wurde. Zum Kreis der Studierenden gehörten nicht nur die Königssöhne Ratchis und Aistulf, sondern auch

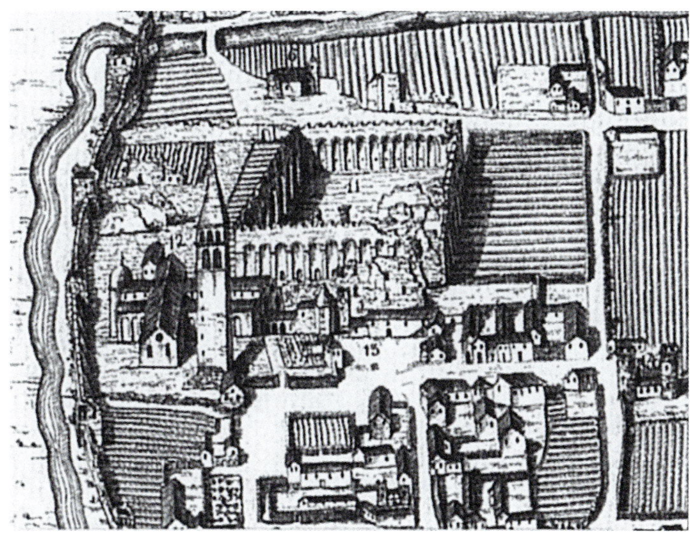

Das Zentrum von Aquileia mit dem Dom (Ziffer 12) und dem alten Patriarchen-Palast (Ziffer 11). Lithographie von Giovanni Righetti, Triest 1865 (nach älterer Vorlage)

zwei der bedeutendsten Langobarden überhaupt: der Geschichtsschreiber Paulus Diaconus (um 725/30–799, s. S. 50) und der Grammatiker und Dichter Paulinus (gestorben 802), den Karl der Große später zum Patriarchen von Aquileia ernannte.

Mit dem wirtschaftlichen Aufschwung wuchs auch das Repräsentationsbedürfnis der oberen Schichten und damit das Interesse an **Kunst.** Regelmäßig verkehrten Literaten und Künstler am Hofe des friulanischen Herzogs. So erlangte das Herzogtum Cividale innerhalb des Langobardenreiches nicht nur politisches und strategisches, sondern auch kulturelles Gewicht. In jenen Jahren der Herrschaft Liutprands – und später auch unter den friulanischen Duces und Königen Ratchis (744–49) und Aistulf (749–56) – kam es zu einer Blütezeit der bildenden Künste: Werke wie der Tempietto Longobardo oder das Callixtus-Baptisterium in Cividale (s. S. 207) gehören zum Eindrucksvollsten, das wir aus der Zeit der Langobarden kennen. »Liutprandische Renaissance« wurde diese Epoche später genannt.

Ende der langobardischen Herrschaft

Nach Liutprands Tod 744 und einer kurzen Phase der Herrschaft unter seinem Neffen Hildeprand folgte wiederum ein Herzog des Friaul auf den Königsthron: **Ratchis**. Er hatte eine vornehme Römerin geheiratet und war um eine rom- und byzanzfreundliche Politik bemüht. Er scheiterte jedoch am Widerstand der konservativen Langobarden und musste sich schließlich ins Kloster Montecassino zurückziehen. Sein anders gesinnter Bruder **Aistulf**, ebenfalls zuvor

Herzog des Friaul, trat 749 die Nachfolge an. Bald nach seiner Thronbesteigung verkündete er den Anspruch auf die byzantinischen Gebiete Italiens und rief in langobardischer Tradition zu neuen Eroberungen auf. Indem er alle Männer zum Kriegsdienst zwang, gelang es ihm zunächst tatsächlich, eine bedrohliche Vormachtstellung in Italien zu erringen, die er mit deutlichen Forderungen an Rom unterstrich. Doch damit hatte Aistulf bereits das Ende seines Reiches heraufbeschworen. Nach dem ergebnislosen Ausgang zahlreicher Verhandlungen rief Papst Stephan II. den Frankenkönig Pippin zu Hilfe. Zweimal (754 und 756) unterlag Aistulf dem Frankenheer, beide Male floh er nach Pavia, musste kapitulieren und zuletzt Bedingungen annehmen, die seinem Reich eindeutig eine untergeordnete Rolle in Italien zuwiesen.

Dessen ungeachtet strebte Aistulfs Nachfolger **Desiderius** (757–74) weiter nach einem ganz Italien umfassenden Langobardenreich. Er verbündete sich mit Byzanz (758) und eroberte erneut große Gebiete in Mittel- und Süditalien. Als es zu einem Friedensvertrag mit dem Papst gekommen war, glaubte er sich seinem Ziele nahe. Noch günstiger entwickelten sich die Dinge nach dem Tode Pippins 768, als einer seiner Söhne, der spätere **Karl der Große,** eine Tochter des Desiderius zur Frau nahm. Doch mit dem Aufstieg Karls zum König über das Frankenreich 771 änderte sich die Lage schlagartig. Die Bedrohung durch die Langobarden war auch Karl nicht entgangen, er entließ kurzerhand seine langobardische Gemahlin und erklärte Desiderius den Krieg. Als der Langobarde Rom angriff, rief Papst Hadrian erneut die Franken zu Hilfe. Desiderius verschanzte sich in Pavia, bis er nach sechs Monaten überwältigt wurde. Karl nahm den letzten langobardischen König gefangen und nannte sich selbst fortan ›König der Franken und Langobarden durch die Gnade Gottes‹ (*Gratia Dei rex francorum et langobardorum*). Damit war das Langobardenreich nach 206 Jahren fast an seinem Ende angelangt. Doch ein einziger langobardischer Herzog hatte seinen ducatus noch nicht aufgegeben: **Rotgaud**, der Herzog des Friaul. Zwei ganze Jahre stemmte er sich gegen die karolingische Übermacht im verzweifelten Versuch, das Langobardenreich wiedererstehen zu lassen und den Sohn des Desiderius, Adelchis, auf den Thron zu heben. Ein Aufstand gegen die Karolinger, zu dem Rotgaud sich mit den Herzögen von Treviso, Spoleto und Benevent sowie den Byzantinern und Bayern verbündete, scheiterte wegen Verrats. So konnte Karl 776 schließlich auch im Friaul einziehen und den Schlussstrich unter das Langobardenreich ziehen.

Aufstieg der Patriarchen

Karl der Große schenkte dem Friaul besondere Aufmerksamkeit. Vor allem wusste er die strategische Bedeutung der Region als ideale Ausgangsbasis für militärische Operationen gegen die Slawen und Awaren zu nutzen. Dabei konnte er sich auch hier auf eine Reihe von Männern verlassen, die sich auf seine Seite geschlagen hatten.

Zu ihnen gehörte der Grammatiker Paulinus, von dem wir vergleichsweise wenig wissen, der aber für die folgende friulanische Geschichte nicht unbedeutend war. **Paulinus** stieg bald zum Vertrauten Karls des Großen auf und wurde schließlich 786 zum Patriarchen von Aquileia ernannt. Da sich Karl bei seinen Unternehmungen auch der Unterstützung des Patriarchen sicher sein wollte, zeigte er sich der Diözese von Aquileia gegenüber betont großzügig: Er gab alle konfiszierten Besitztümer an sie zurück und stattete sie zusätzlich mit neuen Privilegien aus. Dadurch wurde die Bedeutung der Patriarchen, der einzigen Institution, die alle Veränderungen und Wirren der Völkerwanderungszeit überstanden hatte, zusätzlich gefestigt. Das hohe Amt, das Paulinus durch die Gunst des Frankenkönigs erhalten hatte, hatte zuletzt positive Folgen für das Land. Paulinus konnte in politische Entscheidungen Karls zugunsten seiner friulanischen Heimat eingreifen. 792 erhob Karl Paulinus schließlich zum *missus dominicus.* Als solcher war er u. a. **höchster Richter**, und seine Kompetenzen gingen weiter als die des Dux. Zusammen mit Herzog Heinrich, der 791–799 regierte, gelang es Paulinus allmählich, dem Friaul wieder Bedeutung und Größe zu verleihen. Bei seinem Tod (802) reichten die Grenzen im Osten bis zum Awarenreich.

Nach dem Tod Karls des Großen (814) war das Land plötzlich weniger stabil denn je. 828 kam es zu Verwüstungen durch Slawen. Erst Herzog Eberhard (836–866) gelang es in seinen letzten Regierungsjahren, Herr der Lage zu werden, und er erreichte, dass das Friaul zur **Mark**, d. h. zu einem Grenzgebiet zur Verteidigung des Reiches, bestimmt wurde. Am Hof des ersten friulanischen Markgrafen Eberhard lebte das kulturelle Leben wieder auf. Seine Hofschule (seit 825 bestehend) entwickelte sich zu einem der Zentren der karolingischen Renaissance.

Die Streitigkeiten unter den Nachkommen Karls und die damit verbundene Auflösung des Imperiums wurden bald auch im Friaul spürbar. Dem friulanischen Markgrafen Berengar (875–924) gelang es immerhin noch, eine Weile den Schein der Prosperität zu wahren, und er wurde 888 sogar zum ersten König Italiens gewählt.

Markgraf Berengar

Markgraf Berengar war es zu verdanken, dass das Friaul von den Raubzügen der ungarischen Reiterheere verschont blieb, die über Süddeutschland bis ins Rhône-Tal vordrangen und auch Teile Oberitaliens heimsuchten. Berengar nämlich schloss ein Abkommen mit den Ungarn, das ihnen sein Land friedlich öffnete. Sie konnten im Sommer weite Landstriche als Weideland nutzen und kehrten im Herbst wieder in ihre Heimat zurück.

Kaisertreue und Prosperität

Als König Otto I., der erste Sachsenkaiser (962), 951 über die Alpen kam und sich bald darauf selbst zum König Italiens ernannte, erhielt Ottos Bruder **Heinrich**, Graf von Bayern und Kärnten, neben der Mark Verona auch die Mark Friaul (Aquileia) einschließlich Istrien zugesprochen. Nach schwierigen Jahren folgte nun ein mühsamer, viele Jahrzehnte dauernder Aufbauprozess, der zu einer Zeit stattfand, als sich in anderen Gegenden Europas und Italiens bereits die ottonische und romanische Kultur vorbereiten konnte.

Auch die sächsischen Kaiser wussten die Patriarchen unvermindert als ›Fixpunkte‹ zu schätzen. Wie zuvor Karl der Große bedachten die Ottonen sie mit Schenkungen und **Privilegien**: Städte, Dörfer, befestigte Orte, ganze Landstriche mit Wäldern und Flüssen sprachen sie den Patriarchen zu. Damit war allerdings auch die Verantwortung für die Verteidigung und den Wiederaufbau der Gebiete verbunden. Die Patriarchen enttäuschten ihre Gönner nicht. Sie vergalten die Übertragung der Besitztümer und die ihnen zugestandenen, immer weitergehenden Rechte mit beharrlicher Kaisertreue und sorgten darüber hinaus für einen langsamen, aber stetigen wirtschaftlichen Aufschwung.

Von Cividale aus – wohin der Patriarchensitz 738 verlegt worden war – riefen die Patriarchen Slawen in die entvölkerten Gebiete. Von slawischen Siedlungen zeugen in der Ebene zwischen Udine und dem Tagliamento noch zahlreiche Ortsnamen wie Gradisca, Gradiscutta, Goricizza, Gorizzo und Belgrado. Die Patriarchen ließen Ortschaften neu befestigen und kümmerten sich um die verstärkte Sicherung gefährdeter Grenzzonen. Die Bedeutung des Patriarchates wuchs mit seinen herrscherlichen Aufgaben. Für die Kaiser war dieses wichtige Amt ein Schlüssel zu ihrer Italienpolitik. So wurden die Patriarchen aus dem nächsten Umfeld des Kaisers ernannt; mehrfach hintereinander gelangte des Kaisers Kanzler auf den Patriarchenstuhl. Der mächtigste unter ihnen war der einer Kärntner Grafenfamilie entstammende **Poppo** (1019–42). Ihm erfüllte 1024 Kaiser Konrad II. einen seit Generationen gehegten Wunsch: Er entzog dem Patriarchen von Grado dessen Diözese und sprach sie Aquileia zu. Der Papst in Rom bestätigte die Auflösung anlässlich des Romzugs von Kaiser und Patriarch. Doch schon 1044 erklärte Papst Benedikt IX. diese Anne-

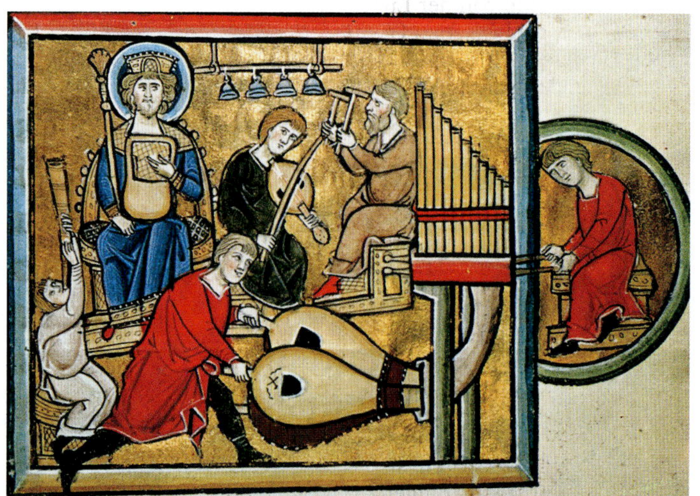

Miniatur aus dem Gebetbuch der hl. Elisabeth, um 1200, heute im Museum des Palazzo de' Nordis in Cividale

xion für ungültig, und die Patriarchen von Grado konnten unter venezianischem Schutz ihren eigenen Weg weitergehen.

Poppos Wirken war es zu verdanken, dass der Handel mit den Nachbarvölkern wieder auflebte. Der ehrgeizige und willensstarke Poppo war der erste deutschsprachige Patriarch von Aquileia. Dessen Familie herrschte im sogenannten Kroatengau und hatte in Treffen bei Villach ihre Residenz. Bis zum 13. Jh. sollten **deutsche Patriarchen**, denen Kaisertreue stets selbstverständlich war, das Schicksal des Friaul leiten. Bis zum Ende des 11. Jh. herrschten die Patriarchen über ein Gebiet, das zur größten Kirchenprovinz Europas geworden war. Ihre Rechte über die eigenen Besitztümer und ihre Befugnisse als Stellvertreter des Kaisers – ›Königsboten‹ (*missi dominici*) – überstiegen inzwischen bei Weitem die des Herzogs oder des Grafen mit ihren alten, landesherrlichen Rechten. Daher lag es nahe, auch diese nun ganz in der Hand des Patriarchen zu vereinen. Der Augenblick war gekommen, als **Patriarch Sigehard** Kaiser Heinrich IV. nach seinem Gang nach Canossa (1076) die Rückkehr über die Alpen ermöglichte (gegen die Politik des Kärntner Herzogs). Er schmuggelte ihn in seinem Gefolge in den Norden und wurde dafür am 3. August 1077 vom Kaiser in Pavia auch mit den formalen rechten des Grafen und Herzogs des Friaul ausgestattet. Damit war der Patriarchenstaat geboren, der für 343 Jahre bis zur Annexion durch Venedig 1420 bestehen sollte.

Sakrale und profane Macht

Im Patriarchenstaat als einem geistlichen Fürstentum bündelte sich sakrale und profane Macht in einer einzigen Person. Als Metropolit übte der Patriarch die Rechtsprechung über die Bischöfe der Kirchenprovinz von Venetien und Istrien aus. Als Bischof von Aquileia leitete er die Diözese. Als Fürst entschied er in sämtlichen innen- und außenpolitischen Angelegenheiten und war zugleich oberster Richter (Menis). So hing das Schicksal des Landes natürlich extrem stark von der Persönlichkeit des jeweiligen Patriarchen ab. Niedergang und Fall des Staates sollten sich dann auch aus einer Folge von Herrschern ergeben, die der Ämterhäufung nicht mehr gerecht zu werden verstanden.

Mit Gott und für den Kaiser – der Patriarchenstaat

Die Patriarchen regierten das Land nicht von Aquileia, sondern meist von Cividale und später von Udine aus. Der stets gleichbleibende Kern des Staates reichte von der Livenza im Westen bis zu den Julischen Voralpen und dem Karst im Osten, vom Adriatischen Meer bis nach Karnien. Diese Region hatte schon unter den Langobarden ein Herzogtum gebildet und wurde nach der Eroberung durch die Karolinger 774 *Forum Iulii* genannt. Der römische Name des heutigen Cividale wurde damals auf das gesamte, von hier beherrschte Herzogtum übertragen. Die alte Stadt selbst erhielt dagegen kurzerhand die Bezeichnung *Civitas Forum Juliensis* oder *Civitas Austriae*, **Stadt des Ostens**, aus Civitas aber wurde Cividale. Umstritten waren stets die Herrschaftsverhältnisse in den Randgebieten des Patriarchenstaates. Weder in Istrien noch in der Grafschaft Görz und in Triest konnte der Patriarch die landesherrlichen Rechte dauerhaft sichern.

Im eigentlichen Friaul gab es im Hohen Mittelalter kaum Widerstand gegen die Herrschaft des Patriarchen. Doch im 13. Jh. erwachte das Aufbegehren der Feudalherren. Wie in ganz Europa war die landesherrliche Macht auf die Treue der Vasallen und damit der Ritterschaft gestützt, die aber oft genug wenig verlässlich war. Ihre besondere Stellung demonstrierte sich auch in der Zusammensetzung des später sogenannten ›Parlaments‹, einer typisch mitteleuropäischen

Ständeversammlung. Sie bestand aus den Abgesandten der zwölf Städte und der fünf freien Gemeinden, den Domkapiteln von Aquileia, Concordia, Cividale und Udine, den drei großen Pfarreien Karniens, den Nonnen von Aquileia und Cividale, aber vor allem aus den drei großen Äbten von Rosazzo, Moggio und Sesto al Reghena sowie der weniger bedeutenden von Beligna und Sumaga. Diesen 31 Stimmen standen die 46 Burgherren gegenüber, die beständig um ihre Vorherrschaft im Lande stritten.

Dieses ›Parlament des Vaterlandes‹ entwickelte sich von einer einfachen, beratenden Versammlung am Hofe des Patriarchen im Laufe des 13. Jh. zu einer bedeutenden Organisation. Diese einzige Ständeversammlung auf italienischem Boden regelte laufende Angelegenheiten im Lande, kontrollierte den Patriarchen, hatte Einspruchsrecht bei dessen Entscheidungen und durfte sogar **Gesetze** erlassen. Diese vom Parlament verabschiedeten Gesetze wurden später in den *Constitutiones Patriae Foro Iuliensis* zusammengefasst und waren teilweise noch bis weit nach dem Ende des Patriarchenstaats 1420 gültig. Machtvolle Patriarchen verstanden es, die unterschiedlichen Interessen innerhalb der Mächte der Region geschickt gegeneinander auszuspielen, um dadurch selbst ›der starke Dritte‹ zu bleiben. Schwächere Figuren wurden von den widerstrebenden Kräften zerrieben.

Ende des 12. Jh. hatte sich das Friaul in einen stabilen, wirtschaftlich soliden und kulturell aufgeschlossenen Staat gewandelt. Die Patriarchen pflegten weiterhin intensive Beziehungen zum Kaiser und wussten die daraus erwachsenden Vorteile für ihr Land zu nutzen. Als Berthold von Andechs mit der endgültigen Niederlage der kaiserlichen Partei im Investiturstreit (1218–51) 1245 zum ersten Mal unter den **Guelfen**, den Befürwortern einer papstfreundlichen Politik, nach Verbündeten suchen musste, um Widerstand aus den eigenen Reihen zu bekämpfen, war die Zeit der kaisertreuen Patriarchen zu Ende.

Niedergang des Patriarchenstaates

Mit diesem Wechsel beginnt die Reihe der **italienischen Patriarchen**, die die lange Folge von deutschen Patriarchen ablöste. Gregorio da Montelongo (1251–69) war der erste dieser Männer, die sich als Guelfen von nun an bewusst politisch und kulturell nach Italien orientierten. Doch auch die italienischen Patriarchen konnten die wachsenden Ambitionen der Feudalherren nicht begrenzen. Ende des 13. Jh. war es zudem einzelnen Städten gelungen, trotz formeller Abhängigkeit von den Feudalherren (und des Patriarchen) größere Eigenständigkeit zu erlangen. **Städte und Bürger** waren jetzt eine ernstzunehmende dritte Kraft und längst nicht immer treue Verbündete des Patriarchen im Kampf um Ruhe und Ordnung im Lande – eigene Machtinteressen standen immer vorne an. Auch der **Druck von**

Außen nahm zu: Die Grafen Da Camino erhoben Ansprüche auf friulanisches Land, Venedig wollte Istrien für sich gewinnen und bedrohte Triest. Die Patriarchen reagierten zumeist mit schnellen Entscheidungen, deren Konsequenzen nicht bedacht waren. Der Patriarch Raimondo Della Torre (1273–99) versuchte noch einmal die Beziehungen zum Kaiser zu erneuern und die landesherrliche Gewalt durch gezielten Burgenbau zu stärken. Doch danach ging es weiter bergab bis sich Patriarch Ottobono Razzi (1302–13) im Jahr 1309 vor den Angriffen im eigenen Land nur noch durch Flucht retten konnte. Bei seiner Rückkehr beherrschten die Grafen von Görz das Land.

Siegel der Stadt Gorizia (Görz), das Graf Heinrich II. seiner Residenz im Jahr 1307 verlieh

Die **Görzer Grafen** nahmen als erstes demonstrativ Cividale, den lange bevorzugten Sitz der Patriarchen, unter Kontrolle. Der neu gewählte Patriarch Pagano Della Torre (1318–32) residierte dagegen (wie bereits Berthold von Andechs) vorwiegend in Udine, das allmählich zur bedeutenden Stadt des Landes aufstieg.

Letzte glückliche Phase des Staates

Während die Grafen von Görz mit neuen Eroberungen außerhalb des Friaul beschäftigt waren, konnte sie der Patriarch für eine Weile in ihre Schranken weisen. Derweil stiegen die **Herren von Savorgnan** zur wichtigsten Familie in Udine auf und betrieben aus dieser Position eine gezielte Machtpolitik, meist gegen den Patriarchen. Vier Patriarchen-Namen stehen für die letzte glückliche Phase des Staates, die 1334–81 währen sollte: Bertrand de Saint-Geniès, Nikolaus von Luxemburg, Ludovico Della Torre und Marquard von Randeck. Einer der erfolgreichsten Patriarchen war **Bertrand de Saint-Geniès** (1334–50). Er bestärkte die Stellung des Patriarchats gegenüber dem Adel, gewann 1347 das Cadore, Venzone und Cormons für seinen Staat zurück und schaffte gute Beziehungen zu Österreich und Venedig. Er belagerte Görz und zwang den Grafen von Görz zu einem Waffenstillstand. Darüber hinaus verwirklichte er Reformen und gründete die Universität von Cividale. Dem gesamten Land ging es wirtschaftlich so gut, dass das Parlament ein Gesetz gegen den »übertriebenen Überfluss des Schmucks sowohl bei den Männern als auch bei den Frauen« (Menis) erließ. Für neue Konflikte sorgten der Zorn der friulanischen Feudalherren gegen die bevorzugten Savorgnan und Eifersüchteleien von Cividale und Aquileia gegenüber der neuen Residenzstadt Udine. 1350 spitzte sich die Lage zu. Die Grafen von Görz zettelten eine **Verschwörung** gegen den Patriarchen an, an der auch die Bürgervertretung von Cividale teilnahm. Am 6. Juni wurde der 90-jährige Bertrand bei einem Ritt von Sacile nach Udine ermordet. Erst drei Jahre später setzte man seinen Leichnam im Dom zu Udine bei.

Der nachfolgende, ebenfalls direkt vom Papst eingesetzte Patriarch war **Nikolaus von Luxemburg** (1350–58), ein Bruder Kaiser Karls IV. Er rächte den Mord an seinem Vorgänger mit spektakulär inszenierten Hinrichtungen der Verantwortlichen (Vierteilung, Aufspießen der

Köpfe an den Toren von Udine etc.) und der Zerstörung ihrer Burgen. Der Effekt war beträchtlich. Umgehend gaben die Grafen von Görz das den Patriarchen entrissene Land zurück. Die zwischenzeitlich guten Beziehungen zu den Habsburgern endeten mit dem Tod von Nikolaus 1358. In habsburgischen Besitz waren bereits Teile von Istrien, Pordenone, vorübergehend auch Venzone (1351–65) gelangt. So zählten die **Habsburger** zu den Hauptgegnern des neuen Patriarchen Ludovico Della Torre (1359–65). Für dessen Nachfolger Marquard von Randeck (1365–81) war die größte Bedrohung indes **Venedig**. Die Markusrepublik hatte bereits mehrfach Triest erobert und beanspruchte das ganze istrische Küstengebiet. Mit Hilfe Marquards wurde Triest 1380 wieder befreit; nun aber unterstellte es sich dem Schutz der österreichischen Herzöge, weil es den Patriarchen für zu schwach hielt.

Sieg der Venezianer

40 Jahre sollten dem Patriarchenstaat noch vergönnt sein. Endlose Streitereien zwischen den nun zutiefst verfeindeten Städten Cividale und Udine, Machtkämpfe zwischen Adel und bürgerlichen Kommunen, Racheakte und Blutvergießen kennzeichnen diese Zeit. Eine Folge schwacher, richtungsloser Patriarchen (sechs in knapp 40 Jahren!), die wahllos Koalitionen schlossen und wieder lösten, verbesserten die Lage nicht. Allmählich machte sich auch noch Geldmangel bemerkbar. Um 1410 wurde das Friaul in die Auseinan-

Eine Tafel im Dommuseum von Udine zeigt die Ermordung des 90-jährigen Patriarchen Bertrand de Saint-Geniès

dersetzungen zwischen Venedig und dem **König von Ungarn** hineingezogen. Der ungarische König Sigismund, der kurz zuvor zum deutschen König gewählt und damit für die Kaiserkrönung bestimmt war, erhob Anspruch auf den Besitz von Dalmatien und den ehemaligen Besitz der Skaliger und Carraresen auf der venezianischen Terraferma (Verona und Padua). Die kaiserlichen Truppen Sigismunds besetzten im Dezember 1411 Udine und vertrieben den venedigfreundlichen Tristano Savorgnan. Kurz darauf fand am 12. Juli 1412 im Dom von Cividale die **Patriarcheninvestitur** durch den Grafen von Görz statt. Gegenpapst Johannes XXIII. hatte Ludwig von Teck (1412–39), den Vetter des kaiserlichen Vertreters im Friaul, zum Patriarchen erkoren. Damit wurde für Venedig deutlich, auf wessen Seite der Patriarchenstaat bei den ungarisch-venezianischen Auseinandersetzungen stehen würde.

Nach einem auf fünf Jahre befristeten Waffenstillstand entsandte Venedig 1418 Truppen in das Friaul. Die verzweifelten Versuche der Friulaner, eine diplomatische Lösung zu finden, scheiterten. Zentrum des Widerstands gegen Venedig war Cividale, das sich jedoch am 13. Juli 1419 freiwillig ergab und Venedig eine Allianz anbot. Ende 1421 brachen die Venezianer den Widerstand in den Burgen, zuletzt den der Strassoldos. Ein letzter Versuch des Patriarchen, Cividale zurückzugewinnen, blieb erfolglos. Über Udine eilte er nach Deutschland, um dort um Unterstützung zu bitten. Venedig triumphierte, als sich am 7. Juni 1420 endlich auch Udine ergab. Zuletzt wurde der Graf von Görz aufgrund alter Lehnsabhängigkeit vom Patriarchen zum Treueeid gegenüber Venedig genötigt.

Luogotenenti

Wie in allen Städten ihres Herrschaftsgebietes stellten die Venezianer auch in Udine Säulenmonumente mit dem Markuslöwen als ihrem Hoheitszeichen auf. Die französische Besatzung unter Napoleon zerstörte 1797 die Figur des Löwen, die 1883 durch eine Nachbildung ersetzt wurde

Wieder einmal mussten sich die Friulaner ab 1420 an einen neuen Herrscher gewöhnen. Ein *luogotenente,* ein **Statthalter,** der im ehemaligen Patriarchenpalast auf dem Burgberg von Udine residierte, vertrat Venedig. Doch auch unter der **venezianischen Herrschaft** erlebten die Friulaner Unruhen und Kämpfe. Der wichtigste Gegner Venedigs des 15. Jh. waren die Türken. Immer weiter drängte das Osmanische Reich nach Westen und Norden vor.

Die **Türken** bedrohten nicht nur die Dalmatinische Küste, sondern drangen auch mit plündernden Horden ins Friaul ein. Nach einem ersten Vorstoß in Slowenien (noch in der Zeit der Patriarchen, 1415) folgten Einfälle in den Jahren 1472–1479 und noch einmal 1499. Die Türken kamen stets unerwartet und schnell. Die Überraschungsüberfälle hinterließen zerstörte Ernten und niedergebrannte Dörfer. Die Türken raubten das Vieh, töteten oder versklavten die Bewohner. Allein 1478 sollen die Türken 8000 Friulaner entführt haben. Innerhalb weniger Jahre wurden große Gebiete der Friulaner Ebene bis jenseits des Tagliamento verwüstet. Befestigungen wie Monfalcone oder Gradisca, die in aller Eile ausgebaut wurden, brachten keine Abhilfe. Die Türken fielen nicht mehr durch das Wippach- und Isonzo-Tal ein, sondern durch das nördlichere Fella-Tal (über Tarvisio). Im Jahre 1500 wurde **Leonardo da Vinci** ins Friaul gerufen, um Projekte zur Abwehr der Türken zu entwickeln. Scheinbar plante Leonardo, durch Stauschwellen die Flüsse künstlich zu Hochwasser zu bringen. Am Ende konnte Venedig die Gefahr zwar abwenden, aber die Friulaner mussten wieder einmal Fremde rufen, um die Felder zu kultivieren und die zerstörten Dörfer mit Leben zu füllen.

Derweil hatte sich auch die Situation in Görz (Gorizia) wieder zugespitzt, nachdem Graf Leonhard 1490 verkündet hatte, dass er nach seinem Tod seine Ländereien dem Hause Habsburg vermachen würde. Kaiser Maximilian I. wie auch die Republik Venedig schickten beim Tod des Grafen, am 12. April 1500, umgehend Truppen. Als erste waren die Kaiserlichen zur Stelle. Doch die Venezianer wollten nicht auf ihre Ansprüche verzichten. 1508 kam es zum Krieg, bei dem es um mehr als den Besitz der Grafschaft ging. Maximilian wollte der Expansion der Großmacht Venedig Einhalt gebieten. Verbündete fand er im Papst und den Königen von Frankreich, Spanien und England, die sich mit Maximilian 1508 zur **Liga von Cambrai** zusammenschlossen. Trotz einzelner Siege blieben die Venezianer erfolglos. Die Liga war in der Übermacht. Am Ende des Krieges 1514 herrschten die Habsburger über die Grafschaft Görz und das verfallende Aquileia, während Venedig die alten Gebiete des Patriarchats westlich des Iudrio wieder sein eigen nennen konnte.

Der Friede zwischen Venedig und dem Kaiser wurde nach einem Jahrhundert durch den 1615 ausbrechenden **Krieg von Gradisca** unterbrochen. Er brachte aber nur Schäden und Verwüstungen, die Grenzen blieben unverändert; lediglich die kaiserliche Stadt Pordenone kam an Venedig. Bis zum Ende des 18. Jh. blieb es friedlich und es gab keine weiteren Gebietsveränderungen. Venedig hatte sich auf eine defensive Position zur Verteidigung seines Festlandbesitzes zurückgezogen und spezialisierte sich fortan auf die Diplomatie, für die sie in dieser Zeit berühmt war.

Der Stuhl des Patriarchen von Aquileia wurde seit dem 15. Jh. von venezianischen Patrizierfamilien besetzt. Da die Erzdiözese auch das habsburgische Gebiet von Görz und weite Teile Sloweniens und Kärntens umfasste, kam es immer wieder zu Konflikten mit dem Kaiser. 1751 kam daher der Papst den Forderungen Maria Theresias nach und teilte die Diözese von Aquileia in **zwei neue Erzbistümer** auf: das von Udine für die venezianischen Besitzungen und das von Görz für die habsburgischen Länder. Ein Versuch des Patriarchen Dolfin, zugunsten eines habsburgischen Kandidaten auf das Amt zu verzichten, scheiterte. So endete recht unrühmlich diese alte Institution des Patriarchats, ein Drama, das in den Fresken des Erzbischöflichen Palastes in Udine von Tiepolo dargestellt ist.

Zersplittertes Friaul

In allen Jahrhunderten der venezianischen Herrschaft im Friaul erwies sich die venezianische Regierung als nahezu untätig. Aus den schwierigen Machtverhältnissen zwischen Städten, Burgherren und Bauernschaft wollte sich Venedig offenbar möglichst heraushalten. So bestätigte es alle bestehenden Ordnungen, ließ die Feudalrechte und die Ständeversammlungen unangetastet, selbst wenn die Republik damit praktisch auf die Durchsetzung ihrer Herrschaft auf dem Land verzichtete und die kleinteilige Herrschaftsstruktur fortbestehen blieb. Vielfach förderte Venedig sogar noch die Zersplitterung in **kleinste Territorien** unterschiedlichen Rechts, was die Lage endgültig unübersichtlich machte: So behielt der Patriarch in San Daniele und in San Vito al Tagliamento sowie in vielen Dörfern die Herrschaftsrechte bei, in Udine residierte dagegen ein venezianischer Statthalter, der über weite Teile des Friaul herrschte, von dem aber sowohl das eifersüchtige Cividale wie das einst österreichische Pordenone unabhängig waren, da sie jeweils von eigenen Statthaltern regiert wurden. Selbst in den Festungen gab es weitere **regionale Machthaber,** auch wenn sie – wie im Falle Marano – nur eine symbolische Bedeutung hatten. In diesem verwickelten Chaos ist zu erkennen, wie wenig Venedig willens war, die Verhältnisse des Landes grundlegend zu ordnen. Unübertroffen anschaulich schilderte Ippolito Nievo in seinem Roman »Bekenntnisse eines Italieners« (1867) die politischen und sozialen Verhältnisse unter der zu Ende gehenden Herrschaft der Markusrepublik:

»Zu der Zeit, von der ich erzähle, lagen die Dinge noch so, wie die Natur sie angelegt und Attila sie hinterlassen hatten. Das Friaul gehorchte jedenfalls sechzig oder siebzig Familien, die von nördlich der Alpen stammend, durch Jahrhunderte der Ansässigkeit im Land hei-

»Die kurzen Überfälle der Türken gegen Ende des 15. Jahrhunderts hatten in dieser äußersten Provinz Italiens maßlose, fast abergläubische Furcht verbreitet; sodass die Übergabe an Venedig, die einstige Siegerin über die Türkenmacht, als Segen erschien. Doch die schlaue Unterhändlerin wusste, dass sie, um sich in dem neuen Gebiet ohne Waffengewalt halten zu können, auf die Unterstützung der Schlossherren und Kastellane angewiesen war, die zu neuer Macht gelangt waren, weil das Land sie während der letzten Türkenangriffe gebraucht hatte.«

Ippolito Nievo (1831–61)

misch geworden waren und in ihren verschiedenen Gebieten die Gerichtsbarkeit mit mehr oder minder unumschränkter Herrschaft ausübten; zusammen mit den Abgesandten der freien Gemeinden und des Bauernstands bildeten sie das **Parlament der Patria**, das einmal im Jahr mit beratender Stimme unter dem Statthalter in Udine zusammentrat, der von dorthin entsandt war. Ich habe wenige Unterlassungssünden auf dem Gewissen, aber eine der schwersten, die mich am meisten reut, ist, nicht an einer dieser Sitzungen teilgenommen zu haben. Das muss wirklich ein köstliches Schauspiel gewesen sein. Wenige der Gerichtsherren verstanden etwas vom Recht; und die Abgesandten aus dem Umland vermutlich ebenso wenig. Dass alle Toskanisch verstanden, glaube ich nicht; dass keiner es sprach ist hinlänglich bewiesen durch die Erlasse und Beschlüsse, in denen nach einer kurzen Präambel auf Latein alles in einem Kauderwelsch aus Italienisch, Friaulaner und Venezianer Dialekt untergeht, was gewiss nicht ohne Reiz ist, wenn man seinen Spaß haben will. Aus all dem geht hervor: Wenn das Hohe Parlament der Patria Seine Durchlaucht den Dogen um die Erlaubnis ersuchte, über eine bestimmte Materie beraten zu dürfen, war der Tenor des Urteils zwischen Seiner Exzellenz dem Statthalter und dem Durchlauchtigsten Rat der Zehn schon bis ins Kleinste abgestimmt. Dass bei diesen vorbereitenden Verhandlungen auch die Rechtsgelehrten vom Gerichtshof in Udine ein Wort mitzureden hatten, wage ich nicht zu bestreiten; insbesondere wenn diese Rechtsgelehrten die Klugheit besaßen, den Plänen und Absichten der Signoria entgegenzukommen. Es versteht sich, dass sämtliche Angelegenheiten des **Privat- und Feudalrechts** von diesem Verfahren ausgeschlossen blieben; weder hätten die Herren geduldet, dass diese angetastet wurden, noch hätte die Signoria, aus unerforschlichen Gründen, die häufig auf Angst hinausliefen, gewagt, sie ihnen streitig zu machen. Hatte das Allerhöchste Allgemeine Parlament die Erlaubnis erwirkt, über eine bestimmte Materie zu beratschlagen, schlug es vor, erörterte und beschloss es alles an einem einzigen Tag, was eben der 11. August war. Grund für solche Eile und für die Wahl eben dieses Tages war folgender: Damals fiel das Fest des heiligen Laurentius auf diesen Tag, und da war Jahrmarkt, was allen Stimmberechtigten im Parlament Gelegenheit bot, in Udine zusammenzukommen.«

Folgen venezianischer Herrschaft

Unter solchen Bedingungen verstärkten sich die schlimmen Folgen der verheerenden Türkeneinfälle des 15. Jh., der großen Epidemien und Naturkatastrophen, weshalb das im Grunde unregierte Land bis zum 17. Jh. fast zwei Drittel der Bevölkerungszahl, die es im Spätmittelalter hatte, einbüßte. Nach dem eher wohlhabenden Mittelalter, von dem die großen Dome und Burgen künden, folgte eine lange Zeit elender **Armut** und **wirtschaftlichen Niedergangs**, an dem die Republik Venedig erheblich mitschuldig war. Sie unterließ Maßnahmen zur Verbesserung und verschlechterte die Lebensumstände der Landbevölkerung, indem sie ihr hohe Steuern auferlegte. Besonders verheerend wirkte sich eine Maßnahme aus, die spitzfindige Juristen am Markusplatz ersonnen hatten: Das alte **Gemeindeland**, das oft ein Drittel des gesamten Bodens ausmachte, wurde zum Staatsbesitz erklärt und allmählich an reiche Stadtpatrizier verkauft. Da dieses Land die Grundlage der Tierhaltung war, verloren die Bauern die Möglichkeit einer Fleisch- und Milchproduktion und konnten kein schweres Zugtier mehr halten: Eine normale Bauernfamilie lebte jetzt oft von weniger als 2 ha Land, was nicht ausreichte, um genügend Heu für ein Pferd oder einen Ochsen zu erzeugen.

Von der venezianischen Herrschaft profitierten jeoch die Städte, besonders das Patriziat. Für die Städte wurden günstige wirtschaftliche Bedingungen geboten, sodass im ganzen 16. und 17. Jh. vor allem **lombardische Familien** nach Udine zuwanderten. Einige von ihnen stiegen schnell zu den führenden Familien des Landes auf. Ist die verhängnisvolle venezianische Herrschaft an der Armseligkeit der Dörfer ablesbar, so zeugen von Venedigs fördernden Maßnahmen die **prächtigen Stadtpaläste**, von denen es allein in Udine an die 100 gibt, sowie die vielen Villen städtischer Patrizier, die v. a. südlich der Stadt Udine einen dichten Villengürtel anlegten, wie er zum Teil auch südlich von Pordenone oder westlich von Cividale zu erkennen ist.

Die wirtschaftliche Situation normalisierte sich auf dem Lande erst im 18. Jh., als eine lange Friedenszeit für günstige Bedingungen sorgte, als **unternehmerische Persönlichkeiten** große Projekte der Urbarmachung von Ackerland angingen und als in Udine eine neu gegründete Landwirtschaftshochschule die Einführung der bedeutendsten Rebsorten des Landes aus Frankreich veranlasste. Das Wiedererstarken der Wirtschaftskraft, das in einer regen Bautätigkeit während des ganzen Jahrhunderts dokumentiert ist, ist das Ergebnis der Initiativen einzelner Personen. Der Staat – die Republik von San Marco – war dagegen in einen tiefen Schlaf verfallen und verfolgte gelähmt und kraftlos die weitere Entwicklung und ihr eigenes Ende.

Ländliche Armut

Die einst große Armut auf dem Land lässt sich noch heute an den Ortsbildern ablesen. Hier fehlen nicht nur wirklich alte Bauernhäuser, weil die Bauern noch bis ins 19. Jh. im Wesentlichen in Holz- und Strohhütten wohnten, es gibt auch keine Dorfkirchen aus dieser Zeit: Die schönsten Kapellen stammen aus dem Spätmittelalter oder bestenfalls aus dem 16. Jh. Die meisten Kirchen aber sind erst deutlich nach 1800 entstanden. Wer reiche Ortschaften mit prächtigen Kirchen und stattlichen Häusern sucht, muss daher in die östlichen Landesteile um Aiello, Romans oder Gradisca fahren, die unter österreichischer Herrschaft einen sehr viel günstigeren Wirtschaftsverlauf verzeichnen konnten.

Vom Fall Venedigs bis zur italienischen Region

Nach einer mehr als 150 Jahre dauernden Friedenszeit und wirtschaftlichen Erholung trafen im März 1797 erneut fremde Heere im Lande aufeinander. Es kam zu Auseinandersetzungen zwischen kaiserlichen Truppen und den Heeren Napoleons, was schließlich zum Ende der Republik von Venedig führte.

Wie überall, wo er auftrat, siegte **Napoleon** auch auf venezianischem Gebiet. Die venezianische Republik ergab sich kampflos und ihre feige Selbstauflösung, begleitet von unwürdigen Intrigen, trug ihr die Verachtung Napoleons ein. Dieser hielt sich jedoch nicht lange mit den venezianischen Problemen auf, sein Ziel war ein anderes: Er war einst vom Pariser Direktorium nach Italien entsandt

Nach dem Friedensschluss von Campoformido, der 1797 in der Villa Manin unterzeichnet wurde, gab Napoleon das Friedensdenkmal auf der Piazza Libertà in Udine in Auftrag. Die Figur des Friedens schuf der Bildhauer G. B. Comolli. Eingeweiht wurde das Denkmal erst 1819 durch Ferdinand von Habsburg, als das Friaul schon zu Österreich gehörte

worden, um möglichst viele kaiserliche Kräfte in Italien zu binden, um endlich Fortschritte an der Rheinfront zu machen. Doch Napoleons Erfolge übertrafen alle Erwartungen und seine Beute war so reich, dass der revolutionäre Staat finanziell von ihm abhängig wurde. Gepaart mit dem Ruf des Unschlagbaren, konnte Napoleon dies nun noch steigern, indem er das zentrale Ziel französischer Kriegspolitik erreichte: die Rheingrenze. So zog er gegen Wien, durchquerte Kärnten und schlug bei Judenburg die kaiserlichen Truppen so vernichtend, dass der Weg nach Wien frei war. Der verzweifelte Kaiser bat im Präliminarfrieden von Leoben um **Verhandlungen**, die schließlich im Friaul geführt wurden. Quartier nahm der Feldherr in der Villa Manin in Passariano (s. S. 178), dem Landsitz des letzten Dogen und fürstlichen Mittelpunkt der Region, symbolisch wohlgewählte Kulisse seiner neuen Machtposition. Die kaiserlichen Unterhändler demütigte er mehrfach, indem sie bei einem nicht legitimierten revolutionären General Frieden erbitten und in sein Quartier kommen mussten, wo ihnen die schändlichen Bedingungen diktiert wurden: Der Kaiser habe auf die linksrheinischen Territorien (die ihm allerdings nicht gehörten) zu verzichten, erhalte aber dafür Venetien und Friaul. Die Schande war für den Kaiser so groß, dass das Abkommen zunächst geheim blieb und dass man offiziell vorgab, das **Abkommen in Campoformido** abgeschlossen zu haben, auf halbem Wege zwischen dem Kaiserquartier in Udine und Napoleons Wohnsitz in der Villa Manin.

Der sogenannte ›Friede von Campoformido‹ bedeutet nicht nur die Neuordnung Italiens im 19. Jh., sondern de facto bereits die **Abdankung des Kaisers**, der älteste Kernlande des Reiches opfert, um die Hausmacht der Habsburger Dynastie zu retten und die eigenen Lande mit dem Veneto vorerst noch zu erweitern.

Ende der politischen Eigenständigkeit Friauls

Nach dem Wiener Kongress wurden, wie im Frieden von Campoformido festgelegt, alle venezianischen Territorien habsburgische Erbländer. Statt jedoch die historischen Strukturen zu achten, erfand man das Konstrukt des unbeliebten Königreichs Lombardo-Veneto. 1815 endet die politische Eigenständigkeit des Friaul, wie sie seit der Langobardenzeit bestanden hatte, und wie sie während der venezianischen Zeit wenigstens pro forma aufrecht gehalten wurde. Das friulanischsprachige Land teilte sich in **zwei Bevölkerungsgruppen**: in eine arme und wenig gebildete Mehrheit rätoromanischer Sprache und eine intellektuelle, städtisch geprägte Oberschicht, die die Sprache Manzonis als Symbol nationaler italienischer Einheit pflegte. Der um sich greifende Nationalismus hatte dort sein Zentrum, wo die bürgerlichen Schichten besonders zahlreich waren: in Triest.

Während die Lombardei und das Veneto rasch zu Italien kamen, ebenso Udine mit dem einst venezianischen Friaul (1866), blieben die **Grafschaft Görz** und **Triest** bis nach dem Ersten Weltkrieg habsburgisch. Die Grenze verlief mitten durch die Ebene, unterhalb von Palmanova, sodass Cormons, Aquileia, Grado, Monfalcone und Görz (Gorizia) zum habsburgischen Territorium zählten.

Im Literaten-Milieu von Triest entwickelte sich um so stärker die *Italia irredenta,* die Bewegung des unerlösten Italiens, die sich in den Schriften vieler Literaten spiegelt, bis hin zu so großen Geistern wie Italo Svevo. Das Großbürgertum tapezierte seine Häuser mit Markuslöwen als Zeichen der *italianità,* der **Zugehörigkeit zur italienischen Kultur**, und Archäologen suchten nach römischen Resten als nationalen Monumenten. Die habsburgische Regierung konnte dem wenig entgegensetzen: Die Befindlichkeit der Bevölkerung stand in keinem Verhältnis zur guten wirtschaftlichen Lage und selbst italienische Historiker gestehen heute ein, dass die Freiheitsrechte in Triest besser entwickelt waren als im national befreiten Mailand.

Der sich aufbauende Nationalismus entlud sich mit voller Wucht im **Ersten Weltkrieg**, der aufgrund der anfänglichen Neutralität Italiens hier erst 1915 begann. Dann aber wurden die Kämpfe um die Isonzofront mit solcher Verbissenheit geführt, dass das südliche Friaul zum schlimmsten Schlachtfeld des Krieges wurde. Der Friedhof von Redipuglia ist ein schauriges Denkmal dieser nationalen Gewalt. Im Oktober 1917 kam es nochmals zu einem kurzen Erfolg der deutsch-österreichischen Truppen, wobei eine württembergische Gebirgsjägerkompanie unter dem Oberbefehl des jungen Rommel im Alpental bei Caporetto die italienischen Linien durchbrach und mit der Erstürmung des Matajur einen Zusammenbruch der festgefahrenen Front herbeiführte, die sich erst mit englischer Hilfe an der Piave wieder neu festigen konnte. Die italienische Hasspropaganda hatte eine solche Furcht vor den barbarischen Heeren geweckt, dass weite Teile der Bevölkerung flohen und ein verödetes Land hinterließen. Die Wirtschaft erholte sich jahrelang nicht von dieser Brache, und das große Flüchtlingsproblem trug erheblich zum baldigen **wirtschaftlichen Zusammenbruch** des theoretisch siegreichen Italiens bei, was letztlich zur frühen Machtergreifung Mussolinis führte.

Nationalismus

Friaul, Südtirol und Venetien wurden im **faschistischen Triveneto** zusammengefasst, einem unglücklichen Begriff, der die regionalen Sonderheiten der Landesteile völlig ausschaltete. Venezianische und antik römische Kunst wurde in allen Landesteilen bewusst hervorgehoben, rekonstruiert oder zur Not erfunden: In Triest zeugen davon der falsche venezianische Saal auf der Burg und das wenig authentische römische Forum. In friulanischen Dörfern wurden barocke Kirchturmhauben gegen Zement-Campanili im Stile von San Marco in Venedig ersetzt, und selbst die Botanik wurde italianisiert, indem in Görz und Triest die alten Kastanien auf Betreiben Roms weitgehend durch Pinien ersetzt wurden. Die **nationale Euphorie** führte zur Unterdrückung der slawischen Bevölkerung und zur weitgehenden Eliminierung der friulanischen Kultur und Sprache im öffentlichen Bereich.

Im **Zweiten Weltkrieg** entlud sich der Hass in vielfältiger Weise, indem Deutsche, Italiener, Slowenen, Jugoslawen und Alliierte in unterschiedlichen Bündnissen gegeneinander kämpften, und auf italienischer Seite Faschisten und königliche Truppenteile sowie rechte und linke Partisanen sich gegenseitig verfolgten. Das allgemeine Morden fand auf dem Karst seinen Höhepunkt: Ausgerechnet in Triest, der Stadt der vielen Kulturen, stand das einzige Konzentrationslager Italiens und ganze Dörfer mit slowenischer Bevölkerung wurden hingemetzelt. Im Mai 1945 rächte sich Tito mit dem Blutbad an der italienischen Bevölkerung, indem er im besetzten Triest für einige Tage ein grauenvolles Regime führte, bis es schließlich von englischen Truppen befreit wurde und als Uno-Schutzzone bis 1955 verwaltet wurde. Im vorher italienischen Istrien verfolgte Tito die Italiener allerdings ungestört weiter, sodass sie größtenteils nach Triest flohen, während die Slawen zu einem großen Teil von Triest nach Jugoslawien auswanderten. Die Besonderheit von Triest als kosmopolitische Stadt war so spätestens 1945 beendet.

Die autonome Region Friaul-Julisch Venetien

Nach kleineren Unruhen erhielt 1963 die Region Friaul ihre Eigenständigkeit wieder und bekam als Doppelregion Friaul-Julisch Venetien das besondere Statut einer autonomen Region mit gewisser Selbstständigkeit in kulturellen Belangen. Seit einigen Jahren sind Italienisch, Slowenisch, Friulanisch und Deutsch offizielle Landessprachen und damit besteht Hoffnung, dass dieses Land wieder zu einem Herzland in Europa wird, zu einem völkerverbindenden Treffpunkt dreier großer Kulturgruppen Europas: der slawischen, der romanischen und der deutschen.

Ein wichtiger Schritt zur Überwindung der Folgen des Nationalismus und eine Rückkehr zur Einheit der alten, vielsprachigen Region bedeutete die **Öffnung der Grenzen zu Slowenien** zum Jahreswechsel 2007/2008. Das einst wider jede Natur zerteilte Hügelland ist heute wieder leicht zu bereisen, ohne dass man ständig an der Grenze aufgehalten wird. Für Görz hatte dies eine Wiedervereinigung der Stadt zur Folge, wobei heute versucht wird, eine kommunale Arbeit über die staatlichen Grenzen hinweg zu organisieren.

Daten zur Geschichte

Kelten dringen in die friulanische Ebene ein.	186 v. Chr.
Die Römer gründen Aquileia.	181
Die Römer unterwerfen die Histrer (die einem illyrischen Stamm angehören).	177/176
Die römische Via Postumia verbindet Aquileia mit Genua.	148
Aquileia wird Hauptstadt der neu gegründeten Zehnten Region Venetia et Histria.	115
Tergeste (Triest) wird zum ersten Mal erwähnt.	104
Julius Cäsar hält sich mehrmals in Aquileia auf.	58–56
Kaiser Maximinus Thrax belagert Aquileia.	238 n. Chr.
Erste Erwähnung des Christentums in Aquileia, das jedoch schon längere Zeit bestand. Die ersten frühchristlichen Kirchen Aquileias werden vollendet.	314
Tod Kaiser Konstantins, der sich oft in Aquileia aufhielt.	337
Einfall der Westgoten.	401
Die Kirchenprovinz des Bischofs von Aquileia wird erstmals erwähnt.	442
Einfall der Hunnen.	452
Die Ostgoten unter Theoderich schlagen am Isonzo Odoaker und ziehen in Italien ein.	489
Das von Kaiser Justinian berufene Konzil von Konstantinopel verdammt die Zweinaturenlehre des Konzils von Chalkedon.	553
Regionales Konzil von Aquileia, das die Zweinaturenlehre anerkennt. Paulinus, Bischof von Aquileia, nimmt den Patriarchentitel an. Beginn der Sonderstellung des Patriarchats von Aquileia	558
Tod von Kaiser Justinian, der durch General Narses das Friaul zurückerobern ließ.	565
Langobardeneinfall unter Alboin I. Patriarch Paulinus I. flieht mit dem Kirchenschatz nach Grado.	568
Der in Aquileia verbliebene Klerus lehnt den in Grado residierenden Patriarchen ab und wählt Abt Johannes (Giovanni) zum Gegenpatriarchen. Patriarchate von Aquileia und Aquileia nova (Grado).	606–607
Patriarch Callixtus von Aquileia (734–740) übersiedelt von Cormons nach Cividale. Cividale bleibt Patriarchenresidenz bis ca. 1238.	um 737/38
Tod Pippins. Karl der Große nimmt die Tochter des Langobardenkönigs Desiderius zur Frau.	768

774 Karl der Große besiegt den Langobardenkönig Desiderius in Pavia, erobert das Langobardenreich und zieht 776 im Friaul ein. Friaul wird fränkische Provinz.

787 Paulinus, *magister artis grammaticae* am Hofe Karls des Großen, erneuert als Patriarch von Aquileia (737–802) die Sonderstellung des Patriarchats.

814 Tod Karls des Großen.

828 Slawen verwüsten das Friaul.

um 860 Herzog Eberhard erhebt das Friaul zur Mark.

951 König Otto I. (der spätere Kaiser Otto I.) ernennt sich zum König Italiens. Ottos Bruder Graf Heinrich bekommt die Mark Friaul zugesprochen.

1001 Kaiser Otto III. schenkt dem Patriarchen Johannes IV. von Aquileia die ländliche Siedlung Görz.

1019–42 Patriarch Poppo von Treffen residiert zeitweise wieder in Aquileia und erneuert den Dom.

1027 Dem Patriarchat von Aquileia wird vorübergehend die Oberhoheit über Grado zuerkannt.

1077 Kaiser Heinrich IV. verleiht dem Patriarchen Sigehard, seinem vormaligem Kanzler, die Grafenwürde mit herzoglichen Befugnissen über das ganze Friaul. Beginn des Patriarchenstaates.

1105 Vorübergehende Übersiedlung des Gradeser Patriarchen Giovanni III. Gradenigo nach Venedig.

1122 Ein aus dem Lurngau und dem Pustertal stammendes Geschlecht nennt sich erstmals ›Grafen von Görz‹.

1156 Endgültige Verlegung der Patriarchenresidenz von Grado nach Venedig (Palast bei San Silvestro).

1236 Bischof Giovanni verkauft seine Rechte über Triest an die Bürger. Triest wird freie Kommune. Rivalitäten mit den Patriarchen von Aquileia, den Grafen von Görz und Venedig behindern den Aufstieg von Triest.

um 1238 Der Patriarch von Aquileia, Berthold von Andechs, bevorzugt Udine als Residenz.

1245 Kaiser Friedrich II. verleiht Udine Stadt- und Marktrechte.

1382 Triest unterstellt sich dem Haus Habsburg.

1420 Venedig dehnt seinen Machtbereich auf den Patriarchenstaat aus.

1451 Ende des Patriarchats von Grado. Erhebung des venezianischen Bischofssitzes von Olivolo (Castello) zur Würde des Patriarchats. Der Bischof von Castello, Lorenzo Giustinian, trägt als erster den Titel »Patriarch von Venedig«.

Türkische Reiterscharen fallen in die friulanische Ebene ein und verwüsten sie. Die Festungsstadt Gradisca wird angelegt.	**1472–99**
Nach dem Tod des letzten Grafen von Görz fällt die Grafschaft an das Haus Habsburg.	**1500**
Gegen die Vorherrschaft Venedigs in Oberitalien verbünden sich Kaiser, Papst, Frankreich, Spanien und mehrere italienische Staaten in der Liga von Cambrai. Nach einer totalen Niederlage gelingt es dem Dogen Loredan, auf diplomatischem Weg die Liga aufzulösen und die Terraferma zurückzugewinnen.	**1509–17**
Krieg von Gradisca.	**1615**
Kaiser Karl VI. von Habsburg erklärt Triest zum Freihafen.	**1719**
Ende des Patriarchats von Aquileia. Die Erzdiözese Aquileia wird aufgelöst. Es bilden sich die Erzdiözesen Udine und Görz.	**1751**
Ende der venezianischen Republik. Der letzte Doge, Luodovico Manin, dankt am 12. Mai ab. Einmarsch französischer Truppen, Kämpfe mit österreichischen Heeren	**1797**
Unter den Franzosen ist Friaul Teil des Regno Italico.	**1805–15**
Das Friaul wird mit dem Veneto und der Lombardei Teil der habsburgischen Erblande.	**1815**
Eine Eisenbahnlinie verbindet Wien mit Triest.	**1857**
Das Friaul wird Teil des Königreiches Italien, die Territorien von Görz und Triest bleiben habsburgisch.	**1866**
Görz und der Karst sind Hauptkriegsschauplatz zwischen Österreich und Italien.	**1915–17**
Im Versailler Vertrag wird Triest zusammen mit Görz (Gorizia) und Istrien Italien zugeschlagen.	**1918**
Die istrische Halbinsel mit Ausnahme Triests und des Küstenstreifens wird jugoslawisch.	**1947**
Triest und die Küstenzone kommen zu Italien.	**1954**
Gründung der Region *Friuli-Venezia Giulia* mit Triest als Hauptstadt.	**1963**
Zwei Erdbeben zerstören Venzone und Gemona.	**1976**
Die vormalige jugoslawische Teilrepublik Slowenien wird souverän.	**1991**
Die Grenze zu Slowenien wird geöffnet, das historische Friaul ist damit wieder grenzenlos zu bereisen und Slowenien erhält den Euro.	**2008**
Mit der Wiedererrichtung des Schlosses Colloredo beginnt das letzte Kapitel der Aufbauarbeiten nach dem Erbeben von 1976.	**2010**
Die UNESCO nimmt die langobardischen Gebäude Cividales in die Liste des Weltkulturerbes auf.	**2011**

Galerie bedeutender Persönlichkeiten

Paulus Diaconus (725/30–799)

Der langobardische Gelehrte und Mönch Paulus Diaconus ist eine Schlüsselfigur für unser heutiges Verständnis der Langobarden. Ohne die von ihm verfasste Geschichte der Langobarden, die *Historia Langobardorum,* wäre unser Wissen um das nordische Volk auf einige wenige Fakten beschränkt.

Paulus Diaconus lebte zwischen 725/30 und 799, in einer Zeit also, in der die langobardische Herrschaft in Oberitalien ihren Höhepunkt erreichte. Als Sohn der Teodolinda und des Warnefried in eine wahrscheinlich adelige Familie hineingeboren, verbrachte er seine Jugend **in Cividale,** der Hauptstadt des langobardischen Herzogtums im Nordosten Italiens. Schon früh begann er mit dem Studium der lateinischen Sprache, die ihm später den Kontakt mit dem übrigen Europa erleichtern sollte. Da zu seinen Studien auch Griechisch, Literatur und Metrik gehörten, entwickelte sich Paulus bald zu einem angesehenen Gelehrten, der mit den Herzögen in Cividale in enger Verbindung stand. Durch die freundschaftlichen Beziehungen, die den Historiker mit Dux Ratchis verbanden, wurde er schließlich von diesem an den **Hof in Pavia** gerufen, wo Ratchis als neuer König der Langobarden residierte. Paulus teilte zunächst nicht dessen tiefe Religiosität, während der Jahre am Hofe wurde er jedoch von ihr beeinflusst. Neben seinen klassischen Studien widmete er sich jetzt immer mehr der **Theologie,** bis er am Ende beschloss, die Weihen anzunehmen (751) und in das Kloster Montecassino zog (770). Sicherlich mag dabei auch die Tatsache eine Rolle gespielt haben, dass zu damaliger Zeit ein Kloster der ideale Ort für Studien war.

Der ausgezeichnete Ruf des Paulus Diaconus verbreitete sich allerdings bald bis an den Hof Karls des Großen, der zahlreiche Gelehrte um sich versammelt hatte. Als Paulus den künftigen Kaiser des Römischen Reiches um seiner Familie willen anschrieb, die in den Kämpfen zwischen Franken und Langobarden festgenommen worden war, berief ihn Karl umgehend an den **fränkischen Hof.** »Mihi palatium carcer est«, ›der Hof ist mir wie ein Gefängnis‹, schrieb der Mönch damals über die nächsten Jahre seines Aufenthaltes, da dem Langobarden wegen der fremden Sitten und Traditionen das fränkische Hofleben niemals wirklich vertraut wurde. Trotzdem wuchs eine intensive Freundschaft mit Karl dem Großen, die auch nach Paulus' glücklicher Rückkehr nach Montecassino andauerte. Zurück in Italien widmete sich Paulus nun endlich der **Geschichte** seines Volkes, die er in der *Historia Langobardorum* niederschrieb. Die meist in exzellentem Stil verfassten Kapitel zeigen ihn als eine seiner Herkunft eng verbundene Persönlichkeit. Mit Liebe und nicht selten auch Pathos sind die Ereignisse der langobardischen Geschichte festgehalten, ironisch angemerkt oder stolz nacherzählt. Sicherlich lassen sich viele Schwachstellen und Widersprüche aufzeigen, und Paulus' vereinfachende Sicht auf die Welt, in der einzig der Gläubige zählt, mag einer objektiven Schilderung häufig im Wege sein. Verglichen mit anderen Chroniken jener Zeit zeugt sein Werk jedoch vom kritischen Geist eines Autors, der seine Quellen prüfte. Für wie bedeutend es auch damals schon eingeschätzt wurde, zeigt sich nicht zuletzt an den über 100 Kopien der *Historia*, die es noch heute in den europäischen Bibliotheken gibt.

Gianfrancesco da Tolmezzo (um 1450–1510)

Die Frage, wer denn eigentlich der erste Renaissancemaler des Friaul war, wurde einige Jahre lang heftig von den lokalen Kunsthistorikern diskutiert. Inzwischen hat man sich darauf geeinigt, dass Gianfrancesco da Tolmezzo dieser Rang zukommt. Die beiden ebenfalls dis-

Fresken von Gianfrancesco da Tolmezzo in der Kirche San Lorenzo beim karnischen Forni di Sotto. Wie die vom Knaben unter dem Fenster gehaltene Signatur ausweist, wurden sie 1492 gemalt

kutierten Malerkollegen Dario da Treviso und Andrea Bellunello gelten nunmehr als Vorläufer, die zwar Anregungen der Renaissancekunst aufnahmen, sie jedoch nie so endgültig verarbeiteten, wie es Gianfrancesco tat. Bis heute wissen wir nur sehr wenig über das Leben dieses Friulaners, der 1482–1510 aktiv war. Geboren wurde er um 1450 in **Karnien** mit dem offiziellen Namen Giovanni Francesco dal Zotto. Erst später bildete sich der Name da Tolmezzo, der den Künstler als Mitglied der Gruppe von Tolmezzo kennzeichnete, welche eine ganze Reihe von nachfolgenden Künstlern prägte (unter den Malern etwa Pellegrino da San Daniele oder den weitaus bedeutenderen Pordenone) und als Schule von Tolmezzo in die Kunstgeschichte eingegangen ist.

Die Studien- und Lehrjahre müssen den karnischen Künstler recht bald nach Florenz oder zumindest Padua geführt haben. Hier wurde er wohl mit der Malerei des Andrea Mantegna bekannt, der die aufsehenerregenden Neuerungen der **Renaissance** (wie Perspektive und Plastizität der Figuren) nach Norditalien gebracht hatte. Gianfrancescos Œuvre zeigt denn auch durchweg das Ringen des Malers mit zwei Kunstströmungen (ein typisches Merkmal der Schule von Tolmezzo): Zum einen mit der traditionellen, eher dem nordischen Kulturraum zugewandten Malweise, wie er sie aus Stichen von Schongauer und wohl auch Dürer kannte, zum anderen mit den neuen Malprinzipien, wie sie unter anderem in Padua praktiziert wurden. So sind die frühen Arbeiten in Comelico und Barbeano noch stark linear und flächig gehalten. In den Fresken von Socchieve oder Forni di Sotto lässt sich dann bereits ein stärker monumental angelegter Figurenstil und das Bemühen um perspektivische Darstellung erkennen, wie es für die Renaissance typisch ist. Das Meisterwerk des Malers entstand jedoch 1496 in **Provesano.** Hier gelang Tolmezzo in der Freskenfolge der Apsis die eindrucksvolle Durchdringung nordischer und italienischer Einflüsse. In heftiger Dramatik wird dem Betrachter durch eine Fülle von Figuren und in großer (nordisch beeinflusster) Detailliebe das Leiden Jesu nahegebracht. Gleichzeitig arbeitet Gianfrancesco in stellenweise recht eindrucksvoller Monumentalität, in denen die Arbeiten eines Mantegna nachklingen. Interessant war die Entdeckung, dass dem Maler als Grundlage der Passionsszenen eine Stichfolge Martin Schongauers diente. Die im Detail übernommenen Kompositionen variierte er dabei in der weicheren Oberflächenbehandlung und einem neuen Ausdruck der Figuren. Das Ergebnis ist jene Mischung aus linearer Direktheit und italienischer Größe, die die Arbeiten in Provesano zu einem besonderen Rang erheben. Die späteren Werke, etwa in Castello di Aviano, zeigen nicht mehr jene Heftigkeit der Provesano-Fresken, hier offenbart sich die Hand eines reifen Meisters, der seine Malweise beherrscht, aber nicht mehr überrascht. Die eindrucksvollste Nachfolge fand Gianfrancesco in Giovanni Antonio da Pordenone, der Dramatik und Monumentalität in seinen Arbeiten auf das eindringlichste mit den Stilprinzipien des 16. Jh. zu verbinden verstand.

Giovanni Antonio de' Sacchis, genannt Il Pordenone (1483–1538)

Eine der interessantesten Künstlerpersönlichkeiten des Friaul ist Giovanni Antonio de' Sacchis. Er wurde in **Pordenone** geboren, wuchs im Friaul auf und wurde wahrscheinlich als Autodidakt zum Maler. Über den Menschen Pordenone gehen die Meinungen in den Quellen auseinander. Giorgio Vasari beginnt in seinen Lebensbeschreibungen italienischer Künstler das Porträt des Malers und Freskanten mit der Bemerkung, er sei schlagfertig, habe viele Freunde und liebe die Musik. Andere Quellen wollen von rüden Umgangsformen, Schlägereien und häufigen Rechtsstreitigkeiten wissen, in die Pordenone verwickelt war. Die bekannteste Anekdote überliefert, dass der Künstler in Venedig mit dem Degen in der Hand malte, um gegen einen Angriff seines Konkurrenten Tizian gewappnet zu sein.

Fest steht, dass Pordenone ein Mann mit Ambitionen war, der alles daran setzte, sich in den italienischen Kunstzentren seiner Zeit einen Namen zu machen. Nicht selten brach er neuen Verpflichtungen zuliebe alte Auftragsarbeiten halbfertig ab. Ein Blick auf das Œuvre des Malers macht aber auch deutlich, welch eindrucksvolle künstlerische Entwicklung der Friulaner durchlief. Die **Frühwerke** ab 1500, die vor allem im Friaul entstanden, zeigen Pordenone noch als bescheidenen Provinzkünstler, dessen Heiligenbilder – wie in Valeriano oder Vacile – von braver Zierfreude und der Verspieltheit der friulanischen Spätgotik geprägt sind, die den aktuellen Strömungen kräftig hinterherhinkte. Das Fresko des hl. Rochus im Dom von Pordenone, gemalt um 1515-18, lässt bereits eine große Sicherheit und guten Ausdruck in der Gestaltung der Figuren und einen ausgeprägten Sinn für Farbe spüren. Auch das Altargemälde *Madonna della Misericordia* (am selben Ort und etwa gleichzeitig gemalt) gehört zu dieser Entwicklungsstufe.

Um 1520 gelingt Pordenone dann der **Durchbruch** als ein Freskant, der mit seinem virtuosen und kraftvollen Stil den Betrachter in den Bann schlägt. Wie kein anderer jongliert er in seinen Werken mit heftigen Gebärden und scharfen Verkürzungen, mit überraschenden Bildideen und wie atemlos erscheinenden Darstellern. Die heiligen Geschichten befördert er auf ungekannte Weise in das Diesseits. Ab 1528 wünschen immer mehr Kirchen und Konvente **Venedigs** Pordenones Arbeiten, sogar im Dogenpalast darf der Künstler tätig werden. Sein ungewöhnliches Temperament kommt besonders eindrucksvoll im Freskenzyklus der Passionsszenen im Dom von Cremona zur Geltung, seinem Hauptwerk (entstanden ab 1520). Ein – wenn auch abgemilderter – Nachklang dieser Arbeiten sind die Orgelflügel in Spilimbergo (um 1524), die belegen, dass der Künstler nicht nur als Freskant, wie häufig behauptet wird, sondern auch als Maler auf Holz und Leinwand zu überzeugen wusste.

Dass der große Effekt stets mehr zählte als das Detail, und der impulsive Pinselstrich des Künstlers kaum Zeit ließ für saubere Linien

Hl. Rochus von Giovanni Antonio da Pordenone im Dom von Pordenone. Möglicherweise handelt es sich bei diesem Werk um ein Selbstporträt des Malers

oder präzise Komposition, tat dem Erfolg keinen Abbruch. Pordenones Neigung zum leidenschaftlichen, ja stürmischen Erzählen hob ihn von zeitgenössischen Künstlern ab und rief allenthalben Begeisterung hervor. Die zahllosen Reaktionen in seinem Werk auf ältere und zeitgleiche Künstler sorgten in der Forschung dafür, dass Pordenone einer langen Reihe von ›Vorbildern‹ zugeordnet wurde, zu denen Correggio, Giorgione, Palma il Vecchio, Sebastiano il Piombo und natürlich Tizian gehören. Es sind jedoch nie bloße Zitate, sondern eigenwillige und vor allem eigenständige Antworten, die der Maler in seiner unverwechselbaren Bildsprache fand. So konnte er auch dem großen Tizian zu einem bedrohlichen Konkurrenten werden. Wir wissen nicht, wie sich diese Situation entwickelt hätte – wäre Pordenone im Januar 1538 nicht überraschend in **Ferrara** gestorben, wo die Este ihn gerade erst an den Hof gerufen hatten. Die Unklarheiten, die für uns mit der Datierung vieler Werke, mit möglichen Reisen vor allem nach Mittelitalien und anderen Einzelheiten seines Lebens verbunden sind, enden auch beim Tode des Künstlers nicht: Es gab Stimmen, Pordenone sei ermordet worden, was jedoch nie aufgeklärt werden konnte.

Pellegrino da San Daniele (1467–1547)

›**Martino da Udine**‹ war der offizielle Name des Malers, der wohl 1467 in **Udine** geboren wurde. Von Kindheit an dürfte er durch seinen slawischen Vater, einen Maler und Holzschnitzer, mit Kunst vertraut gewesen sein. Nach dessen Tod 1484 folgt eine kurze Lehrzeit bei dem eher drittklassigen Maler Antonio da Firenze. 1488–91 nennen die Quellen Martino dann als Schüler des wesentlich bedeutenderen Domenico da Tolmezzo, dem wichtigsten Vertreter der friulanischen Bildhauerei des 15. Jh., der nebenher auch als Maler wirkte. Schon 1491 hören wir vom ersten selbstständigen Werk Martinos in Santa Maria von Villanova, deren Fresken heute leider verloren sind. Das früheste erhaltene Werk ist eine Tafel in Osoppo, die der Maler 1494 schuf und auf der schon grundlegende Züge seiner Malerei wie das Interesse für Architekturdarstellungen oder die Vorliebe für dekoratives Beiwerk deutlich werden. Auffallend ist aber auch ein ausgeprägter Eklektizismus, der sich im gesamten Lebenswerk des Malers zeigt. Martinos stilistischer Werdegang, der vom schlichten Provinzialismus in den Frühwerken bis zur Aneignung der jüngsten Stiltendenzen der venezianischen Renaissance des frühen 16. Jh. reicht, ist durchweg gekennzeichnet durch dieses Auswahlprinzip. So sind in seinem Werk die Einflüsse der Malschule Ferraras und der lombardischen Steinmetzkunst ebenso erkennbar wie die Kunst Bellinis, Girogiones, Pordenones und selbst Raffaels. Eine unverkennbar eigene Handschrift konnte Pellegrino freilich nicht entwickeln.

Martino da Udine ist einer der ersten **Renaissancemaler** des Friaul. Seine Tätigkeiten beschränkten sich auf friulanisches Gebiet, abgesehen von einigen Aufenthalten in Venedig, einer längeren Schaf-

»Anbetung der Könige«, Fresko von Pellegrino da San Daniele in der Kirche Sant'Antonio Abate in San Daniele, gemalt bald nach 1522

fenszeit in Ferrara sowie einer Arbeit in Assisi. Aus diesem Grund behauptet die Forschung heute nicht mehr, Martino hätte seinen Beinamen Pellegrino (ital. *pellegrino* bedeutet ›Pilger‹, ›Fremder‹, aber auch wie *peregrino* ›fremdartig‹, ›eigenartig‹), der seit 1491 in den Urkunden erscheint, aufgrund überaus zahlreicher Reisen erhalten. Vasari will wissen, dass der venezianische Maler Bellini den Beinamen im Sinne von ›eigenartig, hervorragend‹ als Qualitätsmerkmal eingeführt habe. Am wahrscheinlichsten ist wohl die Äußerung Morellis, dass Pellegrino aufgrund seines slawischen Ursprungs ›der Fremde‹ genannt wurde. Pellegrino da Udine nahm spätestens seit seiner Heirat mit Elena Portinerio aus San Daniele 1497 den bis heute bekannten Namen Pellegrino da San Daniele an, wo er bis zuletzt in der heutigen Via Umberto I seinen Wohnsitz hatte. In **San Daniele** entstand auch das Hauptwerk des Malers, der Freskenzyklus von Sant'Antonio Abate.

Giovanni Battista Tiepolo (1696–1770)

Schon 30-jährig galt Giovanni Battista (Giambattista) als *celebre pittor,* als ›berühmter Maler‹. Und so vertrauten ihm auch die Patriarchen von Aquileia die Ausmalung ihres Palastes in **Udine** an. Kein Venezianer seiner Zeit kam Tiepolo an Schaffenskraft gleich, keiner hat wie er die Kunst seines Jahrhunderts geprägt. Zu den Auftraggebern zählten die großen Familien Venedigs ebenso wie der Adel der Terraferma, Familien von Mailand und Bergamo, der Fürstbischof von Würzburg, die Könige von England, Frankreich, Sachsen und Spanien, die Kirchen von Venedig. Einen Auftrag des Königs von Schweden lehnte Tiepolo ab, da ihm die Bezahlung zu gering erschien. Zwei Jahrhunderte trennen Tiepolo von Tizian, Tintoretto und Veronese. Dennoch war vor allem die Kunst des letzteren ein großes Vorbild.

Fresko von Tiepolo in der Cappella del Sacramento im Dom von Udine, ein Frühwerk des grandiosen Malers. An wohl keinem anderen Ort ist der künstlerische Werdegang so vollständig und konzentriert zu studieren wie in den Fresken in Udine, die fast 40 Jahre seines Schaffens in bester Qualität umfassen

Man wird Tiepolo nicht gerecht, sieht man in ihm – wie es vielleicht scheinen mag – nur einen Maler mit ausgeprägtem Sinn für das Dekorative und die festlich-repräsentative Zurschaustellung. Eine Fülle von anderen Qualitäten vereinigte sich in seiner Künstlerpersönlichkeit: Leichtigkeit der Ausführung, eine sensibel-lebhafte Liniensprache, ein helles, transparentes Kolorit, Detailgenauigkeit, Illusionismus, Grazie und Witz, Freude am Komödiantischen, menschliche Anteilnahme und zu alledem ein großer Atem, der ihm ermöglichte, den Götterhimmel mit der fürstlichen Welt zu verbinden. Sein persönlicher Stil konnte eine ganze Epoche repräsentieren und blieb doch als Vorbild unerreicht.

Geboren wurde Giambattista 1696 in **Venedig** als Sohn eines Schiffsmaklers. Seine Lehrzeit verbrachte er in der Werkstatt des Gregorio Lazzarini; die Kunst Piazzettas und Sebastiano Riccis hatte zunächst großen Einfluss auf ihn. Von König Karl III. nach Madrid eingeladen, verbrachte Tiepolo die letzten acht Jahre seines Lebens in Spanien, wo er 1770 starb. Zu den Mitarbeitern zählten zwei seiner Söhne, von denen sich der 1727 in Venedig geborene, 1804 dort verstorbene Giovanni Domenico (Giandomenico) bald vom Stil des Vaters zu lösen vermochte. Zu den besten eigenständigen Werken des jungen Tiepolo gehören die Fresken in der Villa Valmarana bei Vicenza und die der väterlichen Villa in Zianigo, die abgenommen wurden und heute in der Ca' Rezzonico in Venedig zu sehen sind.

In Udine hinterließen Vater und Sohn Fresken aus vier Jahrzehnten ihres Schaffens. So gewinnt man hier einen einmaligen Überblick über die stilistische Entwicklung der Tiepolos.

Peter (Pietro) Nobile (1774–1854)

Der in Campestro im Tessin geborene Nobile war neben Matthäus Pertsch die bedeutendste Persönlichkeit des **Triestiner Klassizismus.** Seine Bauten zeichnen sich durch größte Klarheit in der Formgebung und teilweise pedantisch ausgearbeitete klassische Einzelformen aus. Die Stereometrie der Baukörper wird betont, sodass man zuweilen an moderne Stilrichtungen des 20. Jh. denkt. In seinen römischen Studienjahren (1801–06) studierte Nobile zunächst antike Werke. Die Freundschaft mit dem berühmtesten Bildhauer des Klassizismus, Canova, dürfte dem jungen Architekten entscheidende Anstöße gegeben haben. Bei aller Strenge mangelt es den Bauten Nobiles nicht an frischer Originalität. Man beachte etwa den Einsatz verschiedener Fensterformen bei der Casa Costanza oder die eigenwillige Kombination von Bauformen am Palazzo Carciotti (beide in Triest).

Pier Paolo Pasolini (1922–75)

Der oft nur als Filmregisseur bekannte Pasolini wurde zwar in Bologna geboren, doch wuchs er im Elternhaus seiner Mutter in **Casarsa della Delizia** auf, das heute ein sehenswertes Zentrum der Pasolini-Studien mit Materialien aus seinem Werk und Leben ist. Vielleicht angeregt durch das schlechte Verhältnis zum italienischen Vater und die große Liebe zur friulanischen Mutter und deren Schwester wurde er zum bedeutendsten Kämpfer für die Würde der friulanischen Sprache. Schon früh schrieb er friulanische Gedichte, die 1942 als »Pösia a Casarsa« erschienen.

Während des Krieges gründete er im Elternhaus mit Freunden eine kleine **friulanische Akademie** und beschäftigte sich mit Theaterstücken in Friulanisch. Seine Sympathie für den Kommunismus brachte ihn früh in Kontakt mit den Partisanen, doch überlebte er im Gegensatz zu seinem Bruder die faschistische Verfolgung. Nach dem Krieg war er intensiv mit dem Ideal eines neuen, linken und republikanischen Italien beschäftigt, schrieb Flugblätter und leitete zeitweise eine lokale Gruppe der Kommunistischen Partei. Sein Kampf gegen die angeblich christliche Demokratische Partei des Bürgertums machte ihn bei den Rechten ebenso unbeliebt, wie ihn sein eigenständiges linkes Denken aus der kommunistischen Partei vertrieb. Beiden Parteien gelang es, ihn wegen seiner Homosexualität aus Casarsa zu vertreiben. Besonders sein Eintreten für die Würde lokaler Kulturen und gegen die Entfremdung der Bauern aus ihren Traditionen machten ihn der Linken verdächtig. Heute sind gerade diese Schriften sein vielleicht eindrucksvollstes Erbe.

In Rom fand er bei seiner Tante Unterkunft und verarbeitete den Verlust seiner Heimat in dem radikal harten, schnörkellosen Italienisch seiner **neorealistischen Romane,** in denen er die Welt der Armen von Rom thematisierte. Seit 1961 schuf er auch **Filme,** mit denen er scharfe Kritik von Seiten der Konservativen, zugleich aber auch Weltruhm erfuhr, u. a. »Mamma Roma«, »Das 1. Evangelium – Matthäus« oder »Die 120 Tage von Sodom«. Um seinen Tod 1975 in Ostia ranken sich bis heute Spekulationen. War es ein politisches Attentat von rechten oder linken Gegnern oder doch ein wohl inszenierter Selbstmord eines bis in den Tod bedeutenden Dramatikers?

Aus Keller und Küche

Eine Reise im Friaul ist nicht zuletzt auch mit kulinarischen Genüssen verbunden. Die friulanische Küche ist äußerst abwechslungsreich. Sie ist offen für fremde Einflüsse (vor allem des Veneto) und kennt gleichzeitig eine Vielzahl von verschiedenen lokalen Traditionen, die sie bis heute zu wahren wusste, und die sich dank der landschaftlichen Vielfalt der Region entwickeln konnten.

In den **Ebenen** verwendet man die Produkte, die auf den fruchtbaren Böden angebaut werden: Mais, Getreide, Obst und Gemüse. In den ärmeren **Bergregionen Karniens** entstand eine sehr eigenständige Kochtradition. Auch sie beruht auf den Grundprodukten dieser Landschaft, zu denen Milch, Käse, Wild und Pilze zählen. An der **Küste** isst man dagegen naturgemäß häufig Fisch und Wildgeflügel. Ein wichtiges Zentrum mit einer autonomen Küchenkultur ist die **Region von Triest.** In der Blütezeit der Habsburgerherrschaft wurden hier Rezepte Österreichs, Ungarns und des Balkans in die heimischen Kochtraditionen aufgenommen. Bis heute haben sich diese Einflüsse erhalten und finden sich in Gerichten wie *risotto al greco,* Gulasch, Böhmischer Hase, Leberknödel oder Strudel. Fremde Rezepte wurden aber meistens abgewandelt und in die lokale mediterrane Küche integriert.

Trotz dieser Vielseitigkeit gibt es einige, in der ganzen Region beliebte **Grundprodukte.** Neben Mais, der vor allem für die *polenta* verwendet wird, sind es Reis, Gerste, Kartoffeln, Bohnen, Kraut und Kürbis. An **Gewürzen** werden in den Bergregionen vor allem Wildkräuter und Wildpflanzen verwendet, z. B. Löwenzahn, Brennnessel oder Majoran. In der Nähe des Meeres und in der Ebene werden orientalische Würzmischungen unter Verwendung von Zimt, Ingwer oder Safran bevorzugt.

Eine Eigenart des Friaul ist die Vorliebe für Nüsse, Früchte und Kürbis, und dies nicht nur bei den Nachspeisen, sondern bereits bei den *primi*: in den Füllungen und Soßen der Nudel- oder Gnocchi-Gerichte. Diese fast mittelalterlich anmutende Vorliebe für **salzig-süße** Kombinationen kennt man im übrigen Italien nicht, wohl dagegen zuweilen in den Alpenländern. Insgesamt gesehen stellt die Küche des Friaul einen **deftigen Akzent** in der Küchenlandschaft Italiens dar. Neben den Nudelgerichten treten gleichberechtigt Suppen und vielfältige Variationen der weißen und gelben Polenta auf.

Typische Gerichte

Zu den typisch friulanischen **Vorspeisen,** den *antipasti,* gehört das *affetato misto,* bei dem neben luftgetrocknetem Schinken aus San Daniele meist Wurst und Speck (*speck* heißt im Italienischen ›geräucherter Schinken‹) gereicht werden. Die beliebteste Wurstsorte ist die *sopressa,* eine grobe, kräftige Salami.

Polenta

Die Polenta aus Maismehl gibt es sowohl in flüssiger und breiförmiger als auch in halbfester bis fester Form. Sie wird vielfach abgewandelt, von der Vorspeise bis hin zur süßen Nachspeise.

Der *frico* ist eine aus geschmolzenem Montasio-Käse ausgebackene Vorspeise. Erkaltet wird er mit einer Scheibe Polenta gegessen. Im ganzen Friaul verbreitet sind die *cialzons* (dt. *ciargnei*): Teigtaschen mit Kräuterfüllungen in ungewohnt aparter Zusammenstellung aus Minze, Salbei, Majoran, Basilikum und Pilzen. Gewöhnlich werden sie in Butter abgeschmolzen und meist nicht mit Parmesan, sondern mit der *riccotta affumicata* (geräucherter Ricotta) angerichtet.

Wie die *gnocchi* (aus Kartoffeln) mit Ricotta oder Kürbis gehören auch die *risotti* zu den verbreiteten friulanischen **Primi.** Am Meer gibt es sie mit Fischen, Muscheln und anderen Meeresfrüchten, in den Bergen wechseln die Zutaten mit den Jahreszeiten. Im Frühling sind es Wildkräuter, wilder Spargel oder Brennnessel, im Sommer Gemüse (z. B. *radicchio*), im Herbst Pilze.

Zu den im Friaul beliebten **Suppen** zählt die *jota,* eine Bohnensuppe aus Gerste, Maismehl und Milch. In Triest wird diese heiße Köstlichkeit mit Kartoffeln, Weißkraut und Geräuchertem abgewandelt. Die *paparot* ist eine Spinatsuppe mit Maismehl, Butter und Knoblauch. Unbedingt probieren sollte man die *zuppa di orzo e verdura:* Suppe mit Graupen und Bohnen. In Meeresnähe beliebt ist der *brodetto Gradesano,* eine Fischsuppe aus Grado mit weißer Polenta, oder der *brodetto alla Triestina* mit Meerestieren und Tomaten.

Die **Secondi** bestehen wie meist in Italien aus gegrilltem Fleisch oder geschmortem Braten (*arrosto*), *spezzatino* (eine Art Gulasch) oder dem *bollito misto* (gemischtes gekochtes Fleisch), wobei die Wildsaison im Herbst die kulinarisch interessanteste Jahreszeit ist. In Küstennähe und in der Lagune von Grado basiert die Küche wesentlich auf Fischgerichten. *Sepie in tegame* ist eine Gradeser Spezialität – die Sepien (eine Tintenfischart) werden hier in Öl, Butter und Milch gedünstet.

Auch am Abschluss eines friulanischen Essens stehen **dolci,** die Süßspeisen. Hier zeigt sich in Triest und in Gorizia besonders der habsburgische Einfluss, so in den *strucoli* (Strudeln), die in unzähligen Variationen vorkommen, oder den *krapfern alla Triestina.* Beliebt sind auch die Palatschinken (die man hier *palaschinke* nennt) mit Nuss- und Marillenfüllung, im Herbst auch mit Kastanienfüllungen, der *cuguluf* (Guglhupf) und der *presnitz,* eine Mandeltorte.

Schinken von San Daniele

Weltberühmt wurde der luftgetrocknete Schinken von San Daniele, der noch zarter und milder ist als der ebenfalls luftgetrocknete *prosciutto di Parma.* Das Geheimnis ist der besonderen geografischen und klimatischen Situation geschuldet: San Daniele liegt auf einem Hügel, an dem es zu einem idealen Austausch von Alpen- und Meerwinden kommt, durch die der Schinken sein Aroma bekommt. Seine Qualität ist von einer gleichmäßigen Reifung während der immerhin 18 Monate abhängig. Die nicht zu hohen Temperaturen im Sommer und der milde Winter sind ebenso Voraussetzungen wie die geringe Luftfeuchtigkeit, die Schimmel verhindert.

Man kommt in San Daniele mit sehr wenig Salz, dem Konservierungsstoff, aus. Pro Kilo Fleisch rechnet man einen Tag Lagerung unter Salz, dabei wird der Schinken auf 4° C gekühlt. Anschließend wird er gereinigt und die Schnittstelle der Hüfte wird mit einer Mischung aus Mehl und Schmalz abgedichtet – anders als beim Parmaschinken lässt man den Fuß aber dran. An diesem wird er nun aufgehängt und allmählich wärmeren Temperaturen ausgesetzt. Der Beginn der Fermentation lässt sich sofort an einem starken Geruch erkennen. Der Schinken wird nun gepresst, bis er die klassische **Gitarrenform** erhält. In den folgenden Monaten verliert er die Hälfte seines Gewichts und wird mit etwa 7 kg verkauft. Wegen der Hängung gibt es den Schinken in unterschiedlichen Partien. Der unterste Teil ist relativ mager, eher trocken und salzig, weil die Feuchtigkeit nach oben steigt, das Salz eher absinkt. Die schönsten und besten Scheiben kommen aus der oberen Mitte, während nahe am Knochen der Schinken so zart und weich ist, dass er sich kaum noch schneiden lässt.

Ein Besuch in einer der zahlreichen **Schinkenfabriken** ist für kulinarisch Interessierte lohnend. Es ist offensichtlich, dass die großen Fabriken in der Ebene nicht die hohe Qualität der kleinen Produzenten am Hügel erreichen und entsprechend preiswerter sind.

Schinkenfuß

In Parma – so spöttelt man im Friaul – wird der Fuß am Schinken abgehackt, damit das Schwein nicht nach San Daniele laufen kann. In San Daniele dagegen kann der Fuß dranbleiben, denn kein friulanisches Schwein käme auf die Idee, nach Parma zu laufen.

Weine des Friaul

Besuche in den Weingütern haben im Friaul ihren eigenen Reiz. Keine andere Landschaft Italiens kann sich solch einer **großen Sortenvielfalt** rühmen. Beim Anbau wird jedoch weniger an verwöhnte Kenner gedacht. Vielmehr soll das Risiko von Krankheiten und eines ungünstigen Witterungsverlaufs gemindert werden. Heute ist der Anbau mehrerer Rebsorten Voraussetzung auch dafür, wenigstens einen Spitzenwein im Jahr zu erzeugen. Der Rotwein überwiegt im Friaul. Doch den Ruhm, eine der ersten Weinlandschaften Europas zu sein, verdankt die Region ihren Weißweinen – besonders aus den kleinen Anbaugebieten des Collio, der Colli Orientali und des Isonzo.

Da die Hügel und die Ebene vor den rauhen Winden des Nordens durch die Alpenketten abgeschirmt werden, profitiert ein Großteil des Friaul noch vom **milden Klima** des Mittelmeeres.

Bis in die Bronzezeit lässt sich der Weinbau in dieser Landschaft nachweisen. Erste Zeugnisse einer Weinkultur gibt es seit römischer Zeit. Bei der Belagerung Aquileias ließ Kaiser Maximinus eine Holzbrücke über den Isonzo bauen, für die er die Fässer des Collio benutzt haben soll. Mit dem Niedergang des römischen Reiches verwilderte das Land, erst im Mittelalter kam es zur Erneuerung der Weinkultur.

Moderne **Kellereimethoden** trugen dazu bei, dass den früher wenig bekannten friulanischen Weinen in den 1960er-Jahren die internationale Anerkennung zuteil wurde. Um die natürlichen Aromastoffe

Enotheken
Will man sich jeweils vor Ort einen Überblick über die Weine des Friaul verschaffen, braucht man sehr viel Zeit. Daher sei besonders der Besuch der beiden größeren Enotheken in Gradisca und in Cormons empfohlen (s. Kapitel Gorizia und seine Provinz).

zu erhalten, wurden die alten Holzfässer durch Zementbottiche, später auch durch Stahltanks ersetzt. Außerdem wurde die Fermentation durch temperaturgesteuerte Gärung verzögert und der Sauerstoff bei Kelterung und Ausbau des Weines verringert. Eine wesentliche Qualitätsverbesserung brachte sodann die Reduzierung des Ertrages. Man begrenzte das Wachstum durch stärkeren Beschnitt der Reben.

DOC-Anbaugebiete

Sieben Anbaugebiete wurden im Friaul als DOC-Gebiete klassifiziert. Weine, die aus mehreren Rebsorten gekeltert, und Sorten, die in einem bestimmten Gebiet nicht anerkannt wurden, dürfen nicht als DOC-Weine deklariert werden. So gilt z. B. *Riesling renano* im Collio nicht als DOC-Wein, obschon er in der Qualität den zugelassenen Weinen meist ebenbürtig ist.

An erster Stelle muss ein kleineres Anbaugebiet genannt werden: der **Collio,** den man eigentlich Collio Goriziano nennt (s. S. 330). Die Weine des Collio genießen größtes Renommee, speziell die **Weißweine**. Um das DOC-Prädikat zu erhalten, muss der Wein an den Hängen angebaut werden. Die Hügel des Collio wie auch der Colli Orientali haben einen steinigen Untergrund, den Flysch, den man im Friaul *ponca* (friul. *poncé*) nennt. Er entspricht dem *galestro* der Toscana. Dieser besondere Boden ist reich an Mineralien, die zum Bouquet des Weins beitragen.

Die **Colli Orientali** schließen sich im Norden an den Collio an. Das Gebiet reicht von Buttrio und Corno di Rosazzo über Cividale und Faedis bis über Tarcento hinaus. Die Witterung, vor allem im nördlichen Teil, ist hier etwas feuchter als im Collio, die Temperaturen sind etwas niedriger. Dennoch sind die Weine der beiden Anbaugegiete oft ähnlichen Charakters. In den Colli Orientali gibt es neben wenigen größeren Betrieben eine Fülle von mittleren und kleinen Weinbauern, die auf Qualität und Sortenvielfalt bedacht sind. Gerade ausgefallene traditionelle Rebsorten wie die roten *Schoppetino* und *Tazzelenghe* oder die Dessertweine *Piccolit* und *Verduzzo di Ramandolo* werden hier angebaut.

Als **Grave** bezeichnet man das größte Anbaugebiet des Friaul, auf das 75 % der Gesamtproduktion entfallen. Es reicht von Sacile im Westen bis vor Cividale im Osten, von den Ausläufern der Karnischen Alpen bis an die DOC-Gebiete Aquileia und Latisana. Es umfasst Hügel und große Teile der Ebene links und rechts des Tagliamento. Die weiter von der Küste entfernt liegenden Böden sind unter der Humusschicht kies- und sandhaltig. Die Weine erreichen hier im allgemeinen bessere Qualitäten als in dem niedrigeren Teil der Ebene, der sich ans Meer zieht. Hier sind die Böden nährstoffreicher, fruchtbarer und ertragreicher. Die Weine geraten leichter, sind weniger gehaltvoll und werden oft als Massenware produziert.

DOC
Denominazione d'origine controllata, ist eine Auszeichnung für Weine mit kontrollierter Herkunftsbezeichnung.

Leicht und von meist geringer Säure sind auch die Weine der beiden flachen Anbaugebiete **Aquileia** und **Latisana,** die sich südlich bis

Der Collio von Gorizia ist ein berühmtes altes Weinanbaugebiet

zur Küste anschließen. In den klimatischen Bedingungen wie auch in der Bodenbeschaffenheit unterscheiden sie sich kaum. Auch hier sind die Erträge meist sehr hoch und verführen zur Massenproduktion.

Von sehr unterschiedlicher Qualität sind die Weine des **Isonzo,** je nachdem, wo sie angebaut werden. »Der höher gelegene, nördliche Teil der Zone bringt nervige, schlanke Kreszenzen hervor, die mit einem feinen Bouquet ausgestattet sind ...« (Priewe)

Selbst das karge Kalksteinplateau des Karstes wird zum Weinbau genutzt und erhielt 1985 die Anerkennung als DOC-Gebiet unter der Bezeichnung **Carso.** Die Produktionsbedingungen werden durch den porösen Kalkstein, in dem das Wasser versickert, erschwert und sind dementsprechend kostenintensiv, was die kleinen Erträge erklärt. Die charakteristische rote Rebsorte des Carso ist der *Terrano* (aus der Refosco-Rebe). Weitere Sorten sind die roten *Pinot nero* und *Refosco* sowie die *Malvasia.*

Lesetipp

Empfehlenswerte Literatur zu den Friulaner Weinen: Herbert Voglmayr, »Auf historischen Spuren zu großen Weinen«, Friaul/Wien 2005. Jährlich neu erscheinen die Weinführer Luigi Veronellis und »Vini d'Italia« von Gambero Rosso.

Weiße Rebsorten

Der Tocai ist der Wein des Friaul und hier von allen Weißweinreben am meisten verbreitet. Mit dem süßen ungarischen Tokayer ist er we-

Wein des Friedens

Cantina Produttori Cormons, Via Vino della Pace, 31, 34071 Cormons

Über 400 Rebsorten der ganzen Erde baut die Cantina Produttori in Cormons an und produziert daraus den ›Vino della Pace‹. Namhafte Künstler entwerfen die Etiketten. Je zwei Flaschen werden an alle Staatsoberhäupter der Welt gesandt.

der verwandt noch im Charakter zu verwechseln. Seit 2008 wird er nicht mehr *Tocai friulano,* sondern nur noch *Friulano* genannt. Der **Friulano** ist ein trockener strohfarbener, leicht grünlich schimmernder Wein von besonders reichem, würzigen Charakter. Die **Tocai-Rebe** ist sehr ertragreich und wird daher in der Ebene als preiswerter Massenwein angebaut.

Etwas im Schatten der Tocai-Rebe steht eine ebenfalls seit Jahrhunderten im Friaul heimische Weißweinrebe: die *Ribolla gialla,* kurz *Ribolla* genannt. Sie wird im Gegensatz zum Tocai nur auf den Hügeln angebaut. Der Duft des Weins ist zurückhaltend, seine Fruchtaromen äußern sich meist nur in Nuancen, was Kenner zu schätzen wissen.

Der **Pinot bianco** ist nach dem Tocai der am meisten angebaute Weißwein im Friaul. Er ist im Burgund zu Hause, wo er ähnliche Klima- und Bodenbedingungen findet. Erst in der Mitte des 19. Jh. wurde er ins Friaul importiert und zählt hier oft zu den hochwertigsten Weinen eines Jahrgangs. Aus Burgund stammt auch die Rebe des **Pinot grigio,** der im Duft stark an Äpfel erinnert und sich in den letzten Jahren besonderer Beliebtheit erfreute.

Ein intensives Bouquet entfalten der **Sauvignon** und der **Chardonnay,** beide fruchtig, körperreich und französischen Ursprungs. Im Burgund werden aus dem Chardonnay u. a. die Chablis-Weine erzeugt. Im Friaul kann er gelegentlich überreich an Duftaromen sein.

Der wohl aus dem Rheinland stammende **Riesling renano** wird im Friaul oft nur *Riesling* genannt und zählt zu den edelsten Weißweinsorten. Das Aroma erinnert an Muskat und Ginster.

Die **Malvasia** ist die traditionelle Rebe des istrischen Karstes, aus der jahrhundertelang der Wein für die Venezianer erzeugt wurde. Aber auch im Karst bei Gorizia und im Collio wird die Malvasia angebaut. Der Wein ist im allgemeinen wenig parfümiert und wird daher gerne zu Fisch getrunken.

Rote Rebsorten

Der sehr beliebte **Merlot** wird vor allem auf dem Kiesgrund der Ebenen angebaut. Im Grave ist er ein ausgesprochener Massenwein. Doch findet man ihn in hoher Qualität auch im Gebiet des Isonzo und auf den Hügeln, wo er ein reiches Bouquet entfaltet und gute Reifungsmöglichkeiten hat.

Nicht sonderlich ertragreich ist der **Cabernet franc,** der besonders gut in der Ebene des Isonzo gedeiht. Sein würziges Aroma kann man als grasig bezeichnen. Noch weniger Ertrag bringt der pflegeintensive **Cabernet Sauvignon,** der mindestens zwei Jahre lagern sollte. Im Friaul wird häufig eine Mischung von Cabernet franc und Cabernet Sauvignon angeboten.

Der **Pinot nero** spielt in der Produktion nur eine geringe Rolle, da er sehr empfindlich ist. Er blüht früh und ist deshalb durch Nachtfröste gefährdet. Schon sehr bald entwickelt er ein weiniges Parfüm.

Ein weiterer guter Rotwein ist auch der **Franconia** (Blaufränkisch), der im Friaul kurz vor dem Aussterben war, doch seit einigen Jahren wieder stärkere Beachtung findet.

Der **Refosco del peduncolo rosso** (›Refosco des roten Stils‹, oft auch nur *Refosco* etikettiert) ist ein charaktervoller herber Rotwein mit intensivem Veilchenduft, der sehr gut altern kann. Mit dem Refosco verwandt und aus derselben Traube gekeltert ist der wenig ertragreiche, nach Himbeeren duftende **Terrano,** ein interessanter Rotwein des Carso. Bei Kellertemperatur trinkt man ihn im Friaul gern zu fettem Fisch.

Wenig verbreitet sind drei autochthone Reben, die nur noch von wenigen Winzern in den Colli Orientali angebaut werden, die jedoch die Rotweinpalette um eigenwillige Gewächse bereichern. Hoch gelobt wird der rubinrote **Schioppettino** (auch *Ribolla nera* genannt) mit geringem Alkoholgehalt, doch ausgeprägter Säure. Ein besonderer Rotwein ist der **Tazzelenghe.** Jung getrunken ist er wild, ungestüm und von beißender Schärfe, was ihm auch seinen Namen (›Beißt die Zunge‹) gegeben hat. Ein einzigartiger Wein ist der hellrote **Pignolo,** dessen Rebe beinahe ausgestorben war und heute nur noch in wenigen Dörfern der Colli Orientali angebaut wird. Er liefert nur geringe Mengen und ist entsprechend teuer.

Dessertweine und Destillate

Der halbtrockene **Picolit** wird oft mit dem Sauternes vom Chateau d'Yquem verglichen und war schon zu Zeiten der Römer im Friaul bekannt. Diese Rebe neigt zum Verrieseln, da ein großer Teil der weiblichen Blüten nicht befruchtet wird. So werden nur wenige Beeren ausgebildet. Sein Zuckergehalt ist nach Abschluss der Gärung noch beträchtlich (bis zu 9 g), doch herrscht im Geschmack nicht die Süße vor.

Der zweite Dessertwein ist der weniger bekannte **Verduzzo,** der fast ausschließlich auf den Hügeln von Cividale und Tarcento wächst. Er wird 6 Wochen später gelesen und ist körperreicher als der Picolit, dem er in der Qualität nicht nachsteht. Zart süß ist sein nach Akazien und Honig duftendes Aroma.

Der Aufstieg des **Grappa,** des Tresterschnapses, von einem einfachen Bauernschnaps zu einem kostbaren Destillat ist vor allem den Friulanern Benito und Giannola Nonino zu verdanken. Sie haben die Destillationstechnik verbessert und 1973 als Erste Grappa aus einer einzigen Rebsorte destilliert. Sie wählten dazu den *Picolit,* später auch andere autochthone Sorten wie *Schioppettino, Pignolo, Tazzelenghe* und sogar den als Wein offiziell nicht zugelassenen *Fragolino* und trugen so zur Aufwertung und damit auch zum Überleben einiger nahezu ausgestorbener Rebsorten bei. Später brannten die Nonino zum ersten Mal Schnäpse aus Trauben. Auch hierzu wählten sie jeweils nur eine einzige Rebsorte (*Verduzzo, Gewürztraminer* etc.). Viele Destillerien sind dem Beispiel der Nonino gefolgt; hervorzuheben ist etwa Domenis in Cividale.

Destilleria Nonino

Via Aquileia, 104
Frazione Percoto
33050 Pavia di Udine
Tel. 04 32 67 63 31
www.nonino.it
Die seit 1897 bestehende Destillerie Nonino hat 1977 auch einen international bekannten Literaturpreis, den Premio Nonino, gestiftet.

Distilleria Domenis

Via Darnazzacco, 30
33043 Cividale del Friuli
Tel. 04 32 73 10 23,
www.domenis.com

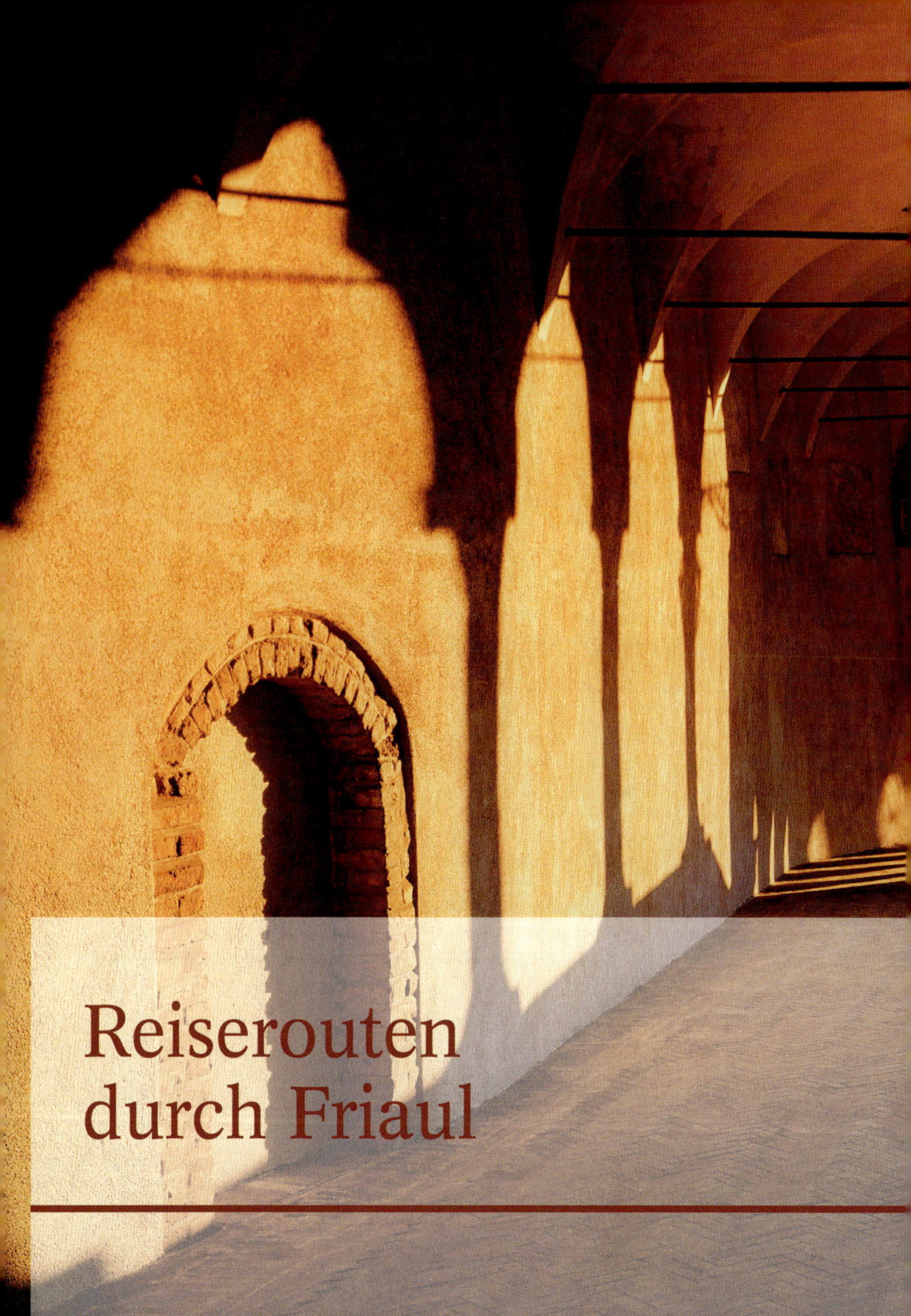

Reiserouten durch Friaul

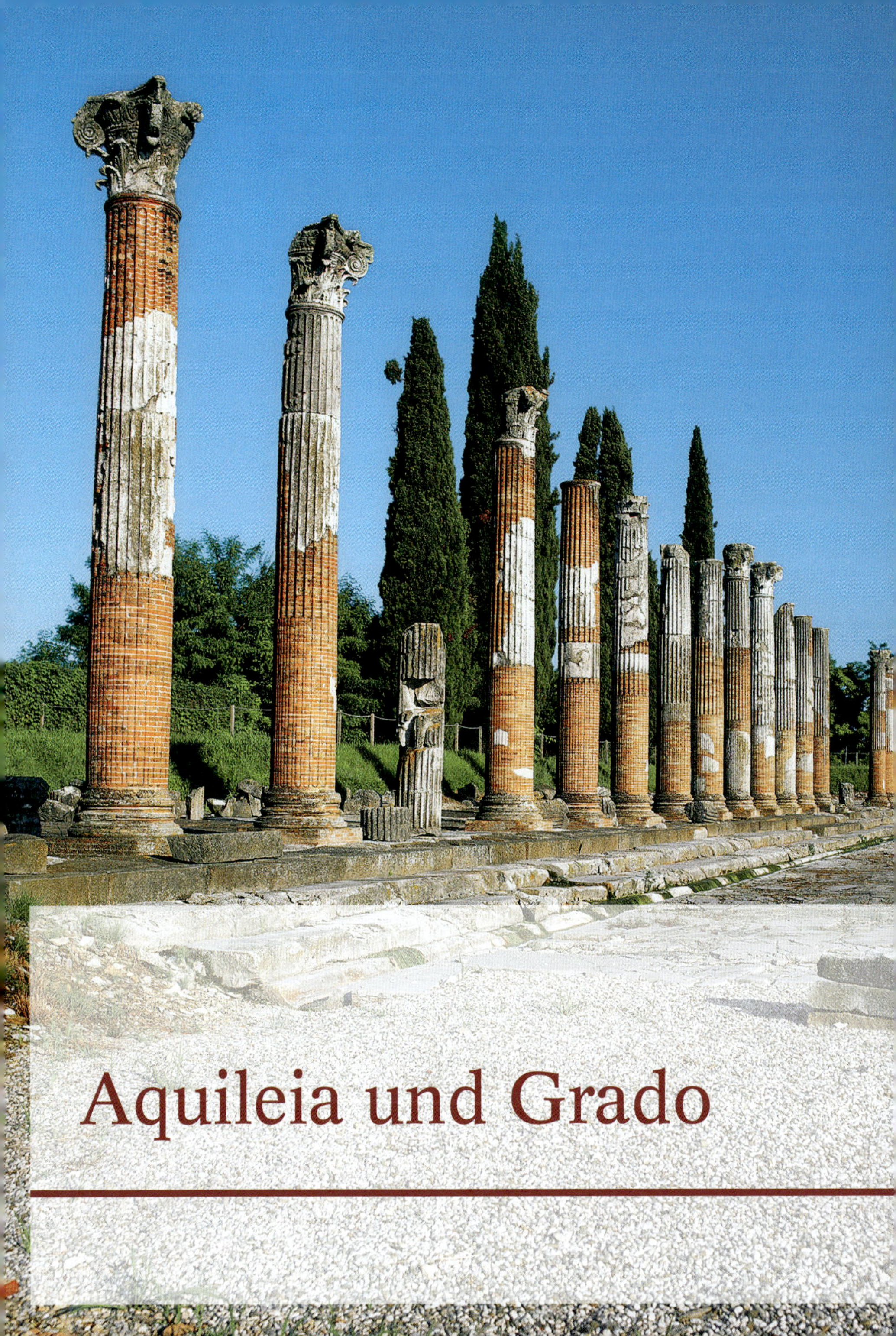

Aquileia und Grado

Aquileia

Cityplan Aquileia S. 97,
Cityplan Grado S. 110

Geschichte

Wer heute Aquileia besucht, ahnt kaum, dass dieser einsame Ort einst eine lebhafte römische Handelsstadt war und zu den bedeutendsten Römerstädten der Apenninhalbinsel zählte. Jahrhundertelang saß auf der Kathedra des Doms ein Bischof, der zu den höchsten Würdenträgern der katholischen Kirche zählte: der Patriarch von Aquileia. Dieser Patriarch übte zudem für Jahrhunderte auch die weltliche Herrschaft über das Friaul aus (1077–1420).

Kaum eine andere Stadt des römischen Imperiums wurde indes in der Völkerwanderungszeit so gründlich zerstört und derart von Naturkatastrophen getroffen. Das hatte zur Folge, dass die Bevölkerung immer geringer wurde und selbst die Patriarchen sich immer seltener in Aquileia aufhielten. Das unbedeutende Dorf fungierte schließlich nur noch nominell als Residenz der Kirchenfürsten. Stand auch der Bischofsstuhl die meiste Zeit leer, ließen es sich die Patriarchen nicht nehmen, den Dom immer wieder zu erneuern. Was dann seit dem 19. Jh. die Ausgrabungen an Gebäuden und Fundstücken aus römischer Zeit zutage brachten, übt in dieser ländlichen Umgebung eine große Faszination aus. In keiner anderen Stadt – mit Ausnahme Roms – ist das frühe Christentum gegenwärtig wie hier.

Aquileia ★★
Besonders sehenswert:
Dom,
Cripta degli Scavi,
Römische Häuser am Fondo Cossar,
Flusshafen,
Museo Paleocristiano,
Römische Nekropole,
Museo Archeologico Nazionale

Fremdenverkehrsamt von Grado und Aquileia
Viale Dante Alighieri, 72
34073 Grado
Tel. 04 31 87 71 11
www.aquileia.net

Römische Kolonialstadt

Unter den Städten des Friaul ist Aquileia die älteste. Gegründet wurde sie 181 v. Chr. als römische Kolonialstadt. Bei der Wahl des Orts waren außer ökonomischen vor allem strategische Gesichtspunkte entscheidend. Aquileia sollte Bollwerk sein gegen die Kelten (s. S. 20), zugleich strategische Ausgangsbasis für die Erweiterung der Herrschaft nach Norden und Osten. Von Aquileia aus unternahmen die Römer dann auch Feldzüge gegen die Histrer, Japyden und Taurisker. Die hier anfangs angesiedelten Kolonisten waren daher – anders als etwa in Florenz – nicht (oder nur in der Minderzahl) Veteranen, die den ager bewirtschafteten, sondern aktive Krieger. Ihre ursprüngliche Zahl von etwa 3000 wurde zwölf Jahre später durch die Ankunft neuer Truppen auf etwa 4500 verstärkt.

War Aquileia anfangs strategische Basis und Garnisonsstadt, entwickelte es sich zu einer **Handels- und Hafenstadt.** Der Flusshafen zählte bald zu den wichtigsten Häfen des römischen Reiches. Aus der heutigen geografischen Situation lässt sich die Existenz eines Flusshafens freilich nicht mehr verstehen. Aquileia lag in der Antike – wie Plinius d. Ä. erwähnte – bei der Mündung des Torre in den Natisone, 60 Stadien (etwa 10,8 km) vor der Küste. Beide Flüsse veränderten jedoch im 4. Jh. n. Chr. ihren Lauf; sie münden jetzt beide in den Isonzo. Aus der Antike geblieben ist nur ein (von Plinius nicht erwähnter) drit-

◁ Römisches Forum von Aquileia

◁◁ Kolonnade Lippomano, Aufgang zum Castello in Udine

Aquileia in der Römerzeit

1 Amphitheater
2–4 heute bekannte Häuser und Oratorien
5 Hafen
6 Forum
7 Circus
8 Nekropole
9 Märkte
10 Große Thermen

(moderner Cityplan s. S. 97)

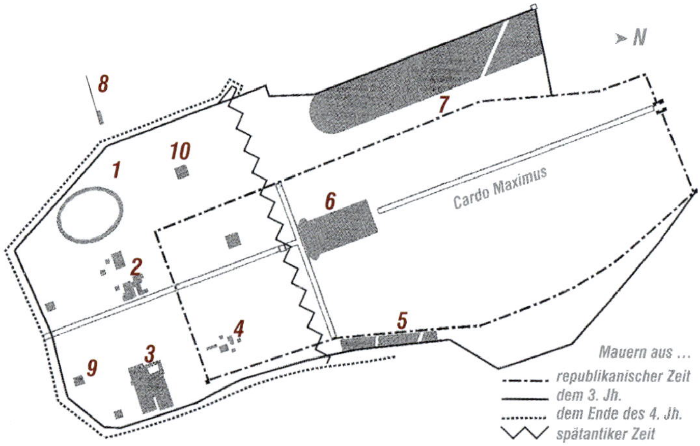

Mauerringe

Durch die rasche Zunahme der Bevölkerung reichte schon im 1. Jh. v. Chr. die vom ersten Mauerring aus republikanischer Zeit umschlossene Fläche nicht mehr aus. So baute man außerhalb der Mauern neue Wohnhäuser und Villen. Als 238 n. Chr. Maximinus Thrax die Stadt bedrohte, legte man eine neue Mauer an, die jetzt auch die Vorstädte und den Hafen schützte. Unter Kaiser Theodosius wurde dieser an drei Seiten eine Mauer vorgebaut. Im 5. oder 6. Jh. entstand ein zickzackförmiger Mauerzug, der das Stadtgebiet auf Höhe des Forums durchschnitt. Diese Verkleinerung der Stadt dokumentiert den Bevölkerungsverlust zur Zeit der Germaneneinfälle.

ter Wasserlauf, der Natissa, der jetzt das Bett des Natisone einnimmt, doch weniger Wasser führt und daher nicht mehr schiffbar ist.
Unter Kaiser Augustus erhielt die Stadt eine weitere administrative Funktion: Sie wurde Hauptstadt der zehnten Region *Venetia et Histria,* eines ausgedehnten Verwaltungsbezirks, zu dem neben dem heutigen Veneto und dem Friaul auch Teile der Lombardei, Sloweniens und Istriens gehörten.

Wie in fast allen römischen Städten von Bedeutung gab es in Aquileia ein Theater und ein Amphitheater, ein Stadion *(Circus)* und Thermen. Als **Hauptstadt** der Region besaß Aquileia darüber hinaus eine Münzprägestätte und einen kaiserlichen Palast, in dem sich Konstantin der Große wiederholt aufhielt und auch seine Vermählung mit Fausta feierte. Keiner dieser Großbauten hat freilich die Zerstörungen während der Völkerwanderungszeit überdauert oder ist von Plünderungen des Baumaterials verschont geblieben. Da es in der weiten Ebene weder Steinbrüche noch schiffbare Flüsse gab, bediente sich das weite Umland des Baumaterials von Aquileia. Die Geschichte des Verlustes der antiken Stadt dauert, ähnlich wie in Rom, bis in die neueste Zeit. Noch im 18. Jh. standen bedeutende Reste des gewaltigen antiken Kornspeichers neben dem heutigen Dom, existierten noch spätantike Kirchen, die heute völlig verschwunden sind, oder standen Reste des Amphitheaters, von dem heute nicht einmal mehr ausreichende Fundamentreste zeugen, um seine Lage mit Sicherheit bestimmen zu können.

Über die Bedeutung Aquileias als Handelszentrum berichtet Herodianus im 3. Jh. n. Chr.: »Aquileia, nahe beim adriatischen Meer gelegen, diente Italien als Hafen; im übrigen hatte es Kontakte mit Illyrien. Sein Emporium ermöglichte es den Seefahrern, Waren aus Ländern des Kontinents zu erwerben, die hierher auf dem Land- oder Flussweg gelangten, und schickte in jene Länder Produkte, die über das Meer hierher kamen. Daher wohnte in Aquileia eine große Menschenmenge, die nicht nur aus Bürgern der Stadt bestand, sondern auch aus Eingewanderten und Kaufleuten.«

Ein großer Teil der eingewanderten Kaufleute und Sklaven stammte aus dem Orient. Sie brachten ihre Sprachen und ihre Religionen mit. Auf diese Weise wurde, spätestens im 3. Jh., auch das **Christentum** in Aquileia eingeführt. Nach der Legende soll der Apostel Petrus den hl. Markus zur Mission nach Aquileia geschickt haben, wo dieser schließlich vor der Rückkehr nach Alexandria den heiligen Hermagoras als Bischof erwählte und ihn durch Petrus weihen ließ. In den Dokumenten belegt ist das Christentum jedoch erst seit dem Jahre 314, als der damalige Bischof Theodorus am Konzil von Arles teilnahm. Theodorus war es auch, der die beiden unter und neben dem heutigen Dom ausgegrabenen Kirchengebäude mit den großen Bodenmosaiken vollenden ließ (und dies wahrscheinlich noch vor dem Toleranzedikt Kaiser Konstantins von 313).

Die Größe der beiden frühchristlichen Kirchen, ihre mehrmaligen Erweiterungen und die Errichtung weiterer Kirchenbauten spiegelt die stetig wachsende Bedeutung der Gemeinde wieder. An einem 381 in Aquileia abgehaltenen **Konzil,** das den Arianismus bekämpfte, nahm Bischof Ambrosius von Mailand teil. Schon bald erlangte Aquileia eine kirchenpolitische Sonderstellung. Der Bischof von Aquileia übernahm organisatorische Aufgaben auch in anderen Diözesen der Region Venetia et Histria und konnte sein Gebiet schließlich im Osten bis zum Mincio, im Norden bis zur Iller und Donau, im Nordosten bis zum Plattensee erweitern. Während das römische Reich auseinanderfiel, übernahm das Christentum eine verbindende und einigende Funktion, und das Ansehen der Kirche von Aquileia in der Antike wurde die Grundlage ihrer späteren weltlichen Herrschaftsbefugnisse im Friaul (Menis).

Man kann sich die Stadt der Kaiserzeit wohl kaum prachtvoll genug vorstellen. Der Dichter Ausonius (um 310–93/94) rühmte Aquileia: »[...] als neunte unter den glanzvollen Städten wirst du [...] betrachtet, berühmt für deine Mauern und deinen Hafen.« Wie nur acht weitere Städte des gesamten Reiches – so Thessalonike und Nicea – wird Aquileia auf der Tabula Peutingeriana (einer Karte des 4. Jh., die verloren ging, von der jedoch die Wiener Nationalbibliothek eine mittelalterliche Kopie bewahrt) durch eine Vignette ausgezeichnet. Von dieser Glanzzeit zeugen die vielen kunstvollen Fußbodenmosaiken der römischen Häuser

Eroberungslegende
Prokopios erzählt, Attila habe für einen Moment erwogen, die Belagerung aufzugeben, wodurch die Stadt noch einmal gerettet worden wäre. Ein Schwarm auffliegender Störche wurde jedoch von dem Hunnenführer richtig als ein Zeichen für die aufgebrauchten Lebensmittelvorräte verstanden. Daraufhin rief er erneut zum Angriff und stürmte die Mauern.

Rundgang
Für einen ausführlichen Rundgang, wie hier beschrieben, ist ein Tag etwas knapp. Doch gewinnt man bereits einen guten Eindruck, wenn man sich auf Folgendes konzentriert: Nach einer ausführlichen Dombesichtigung (1), geht man zu den nahegelegenen römischen Häuserresten am Fondo Cossar (2) und weiter zum antiken Flusshafen (3). Der Rückweg führt vorbei am Forum (5) und am Mausoleum (6). Zuletzt kann man noch einige Exponate des Archäologischen Museums betrachten (9).

Niedergang

Seit dem **3. Jh.** büßte Aquileia seine wirtschaftliche Bedeutung allmählich ein. Pestepidemien des 2. Jh. und besonders des 3. Jh. reduzierten die Bevölkerungszahl. Im 4. Jh. führten schließlich die Veränderungen der Flussläufe dazu, dass der Hafen für größere Schiffe nicht mehr erreichbar war. Mit dem Zerfall des römischen Reiches im Donauraum verlor der Handel jede Bedeutung. In der neuen Bedrohung durch Invasoren entstand ein Bedarf an militärischer Abwehr. Die offene und exponierte Lage der Stadt in der Ebene, unweit der leicht überschreitbaren Pässe der Julischen Alpen, erwies sich jetzt als nachteilig. Aquileia war stets das erste Angriffsziel der Invasoren, die immer von Nordosten in Italien einfielen. Dementsprechend verheerend waren die Zerstörungen. Zunächst wurde die Stadt von rebellierenden Generälen belagert, dann wurde sie Beutestück von eingewanderten ›Barbaren‹-Völkern.

Die schlimmste Belagerung und Zerstörung kamen durch Attilas **Hunnen,** die 452 die Stadt plünderten und anschließend in Brand setzten. Als sie anmarschierten, floh Bischof Secundus mit den Heiligenreliquien auf die Insel **Grado,** kehrte jedoch nach Abzug der Truppen in die Stadt zurück: ein Vorgang, der sich mehrmals wiederholen sollte, wann immer ein feindliches Heer sich der Stadt näherte, so auch im Jahre 489, als die Goten unter Theoderich anrückten. Als die Langobarden kamen und sich auf Dauer im Friaul niederließen, verblieb der Bischof, der sich jetzt als »Patriarch« anreden ließ, auf Grado, wo er unter dem Schutz von Byzanz stand.

Aquileia war eine sterbende Stadt. Auch die Versumpfung des Umlandes, der damit verbundene Verlust an Ackerland und die sich in der Folge ausbreitende Malaria taten das Ihre. Eine Weiterexistenz der Stadt war langfristig unmöglich. Daher wählten die **Langobarden** nicht Aquileia, die einstige Hauptstadt der Provinz Venetien und Istrien, sondern das höher gelegene Cividale am Alpenrand als Sitz ihres Dux. Auch der in Aquileia gewählte zweite Patriarch (s. S. 31, 110) blieb nicht in Aquileia, sondern floh vor den Awaren nach Cormons und ging dann nach Cividale. Damit verlor die Region endgültig ihr bisheriges politisches, wirtschaftliches und religiöses Zentrum.

Nachdem **Karl der Große** das Langobardenreich besiegt hatte, versuchte er, der verfallenen Stadt Ende des 8. Jh. etwas von ihrer Bedeutung zurückzugeben: Dem Patriarchen Maxentius (811–842) ließ er Mittel zum Wiederaufbau der Kirche zukommen (811). Zwei Jahrhunderte später setzte der bedeutende **Patriarch Poppo** (1019–42) alles daran, Aquileia wiederzubeleben. Er ließ den Dom ein weiteres Mal wiederaufbauen und einen neuen Bischofspalast errichten, in dem er zeitweise residierte. Doch den alten Glanz konnte auch dieser große Kirchenfürst nicht wieder heraufbeschwören. Seine Nachfolger – inzwischen zu weltlichen Herren über das Friaul aufgestiegen – zogen wieder Cividale vor und nahmen später, ab etwa 1238,

Der vom Patriarchen Poppo (1019–42) erneuerte Dom von Aquileia war einst Metropolitankirche einer großen Kirchenprovinz. Heute ist er vom Rang her eine einfache Pfarrkirche, trägt jedoch den Titel Basilika

ihre Residenz in Udine. Mit der Aufhebung des Patriarchats 1751 verlor Aquileia schließlich auch seine nominelle Bedeutung.

Dom und frühchristliche Kultanlagen

Der **Dom von Aquileia (1;** Cityplan s. S. 97) ist das geschichtlich und künstlerisch bedeutendste Monument der gesamten Region. Er stellt allerdings besondere Anforderungen an den Besucher, denn man besichtigt nicht nur den heutigen Dom mit seiner reichen Ausstattung, sondern auch die frühchristliche Doppelkirchenanlage mit ihren Mosaiken. Nach Betreten des Doms sollte man zunächst die frühchristlichen Ausgrabungen in der sogenannten Cripta degli Scavi (Zugang links vom Hauptportal) und das im Dom freigelegte große Bodenmosaik besichtigen, um sich anschließend dem Dom in seiner heutigen Gestalt mit seinen Vorbauten, dem Baptisterium und der reichen Innenausstattung zu widmen. Zuletzt kann man noch den Campanile besteigen, der bei guter Sicht einen großartigen Blick auf die Lagune von Grado bietet.

Wer durch das Eingangsportal des Doms getreten ist, wird sich wohl kaum der Pracht des großen Bodenmosaiks, kaum der besonderen Wirkung dieses Raumbildes entziehen können. Zweifellos zählt der Dom von Aquileia zu den herausragenden Sakralbauten des Mittelalters. Seine historische und kunstgeschichtliche Bedeutung ist kaum zu überschätzen.

Dom, Krypta und Ausgrabungen der Nordhalle (Cripta degli Scavi)

April–Sept. tgl. 9–19 (März und Okt. bis 18), Nov.–Febr. Mo–Fr 9–16.30, Sa, So/Fei 9–17 Uhr

Frühchristliche Domanlage

Das große Bodenmosaik gehört nicht zum jetzigen (im Wesentlichen aus dem 9., 11. und 14. Jh. stammenden) Bau, sondern zu einer der beiden frühchristlichen Kirchenanlagen aus der Zeit vor 314 (sogenannter Südsaal). Es war ein einfacher rechteckiger Saal ohne Apsis. Schlanke Stützenpaare trugen den flachen Dachstuhl, ohne dass wie bei einer christlichen Basilika ein breiteres und höheres Mittelschiff ausgebildet war.

Die Besichtitung beginnt man sinnvollerweise in der **Cripta degli Scavi,** ›Krypta der Ausgrabungen‹, deren Zugang im linken Seitenschiff des Doms liegt. Man kommt zunächst in den Bereich des rechteckigen Verbindungssaals (C). Der erste Eindruck ist verwirrend. Man sieht mehrere Bodenschichten auf verschieden hohen Ebenen und dazu das Mauerwerk des romanischen Campanile-Fundaments, das man bei den Ausgrabungen natürlich nicht abtragen konnte. Außerdem erkennt man die Säulenbasen einer frühchristlichen Kirche (der nachtheodorianischen Kirche, nach 360) und die Reste eines Taufbeckens (rechts vom Eingang). Man sollte zunächst versuchen, die drei übereinanderliegenden Mosaikschichten zu unterscheiden. Die mittlere Schicht ist mit rotem Cocciopesto bedeckt und gehört zu dem erwähnten Verbindungssaal. Etwa einen Meter tiefer liegt eine Schicht mit schwarz-weiß gemusterten Bodenmosaiken, die zu einem römischen Privathaus gehörten. Offensichtlich wurde die Kirchenanlage über einem römischen Haus errichtet, dessen Räume um ein Peristyl angeordnet waren. Die dritte und oberste der drei Schichten, ca. 1,20 m höher, gehört zur Kirche aus dem späten 4. Jh. Die hier ablesbare Situation ist typisch für die allermeisten frühchristlichen Kirchen. Wie schon in den Apostelbriefen erwähnt, gingen sie aus römischen Wohnhäusern hervor, in denen sich die ersten Christen trafen. Durch Schenkung kamen die Häuser an die Gemeinden, die sie zu Hauskirchen adaptierten und schließlich mit großen Kirchen überbauten. Daher stehen frühe Kirchen fast immer über reichen Privathäusern – in den besten Wohngebieten der antiken Städte.

Vom Verbindungssaal (C) gelangt man durch die ursprüngliche Eingangstür in den nördlichen Kirchensaal (N). Die Mosaiken sind hier sehr unterschiedlich. Vorne, in den beiden ersten Feldern, sieht man sehr grobe Arbeiten. Sechsecke, Achtecke und Kreuze verschränken sich. In den Achtecken erscheinen geometrische, pflanzliche und tierische Motive. Am äußersten, rechten Rand findet man die Reste einer Inschrift: (Theod)ORE FELIX HIC CREVISTI HIC FELIX (was bedeuten könnte: ›Glückseliger Theodor, hier wuchst du auf, hier warst du glückselig‹). Der hier erwähnte Theodorus war wahrscheinlich der zweite nachweisbare Bischof von Aquileia, der um das Jahr 319 verstarb. Die Inschrift könnte belegen, dass Theodorus in dem erwähnten römischen Haus aufgewachsen sei, oder auch, dass er in dieser Kirche sein Priesteramt begann. Auch im zweiten Joch findet sich eine Inschrift, die allerdings nur zur Hälfte erhalten blieb: »Januarius hat

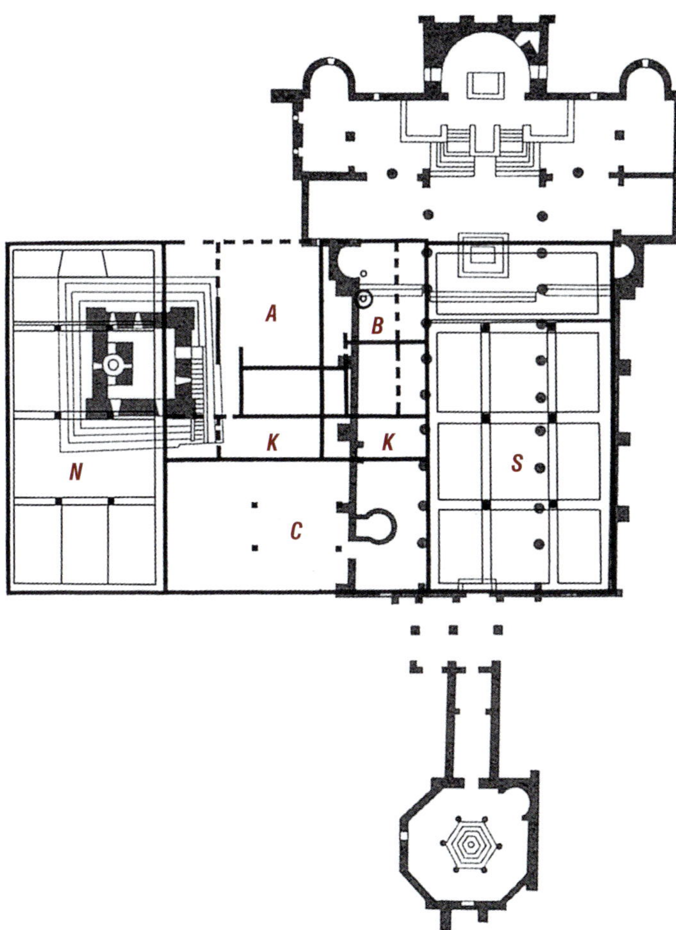

Grundriss der frühchristlichen Kirchenanlage Aquileias aus dem frühen 4. Jh.

Sie umfasste einen Südsaal (S), einen parallel zu ihm verlaufenden, etwa 3 m schmaleren Nordsaal (N) und einen dritten, der wahrscheinlich als Saal der Firmung (Consignatorium, C) diente. Die drei Säle waren durch Korridore (K) verbunden und bildeten eine U-förmige Anlage. Zwischen ihnen, im ›Hof‹, gab es einen weiteren Raum mit dem Taufbecken, das Baptisterium (B). Die 2500 m² umfassende Anlage wurde vom Hafen aus durch das Atrium (A) betreten.

diese Votivgabe von 880 Quadratfuß Paviment mit den Gaben Gottes gemacht«. Gemeint ist wohl: Mit Hilfe Gottes stiftete Januarius 880 Quadratfuß Mosaik (ca. 261 m^2). Diese Fläche entspricht dem künstlerisch schwachen Teil des Fußbodens in der vorderen Hälfte des Raumes. Der Stil verweist in die Zeit des 4. Jh. Die Gestaltung ist so schematisch, dass es sich um eine Arbeit einer (im Sinne Riegls) spätrömischen Kunstindustrie gehandelt haben dürfte.

Ganz anders ist dagegen der hintere, leider vom Turm weitgehend zerstörte Teil des Bodens. Hier sind die Mosaiken von höchster Qualität. Kreise und gekurvte Linien bilden die Ornamente, in denen sich eine bunte Tierwelt tummelt: Zicklein, Lamm, Esel, Tintenfisch, Steinbock, Stier, Papageien, verschiedene Vogel- und Hühnerarten mit ih-

Stilistisch gehören die Mosaiken des Nordsaals noch in die spätantike Kultur, die ihre Wurzeln im Hellenismus hatte. Es ist eine reiche, sinnliche Sicht der Welt. Detailgenaue, naturalistische Wiedergabe verbindet sich mit einer bunten Farbpalette. Diese Farbenfreude und die genaue Naturbeobachtung waren charakteristisch für das 3. Jh., nicht mehr jedoch für das frühe 4. Jh., die Zeit Kaiser Konstantins. Man möchte daher annehmen, ein Meister der älteren Generation sei hier am Werk gewesen. Tatsächlich neigen einige Forscher dazu, diese Mosaiken in die Zeit vor Konstantin zu datieren

ren Nestern und Jungen, daneben stilisierte Bäume. Bewegt, plastisch und zugleich farbenfreudig ist die Gestaltung. Dieser Teil muss noch aus dem 3. Jh. stammen, weshalb man hier an einen älteren Bauteil gedacht hat. Die Bauforschung konnte jedoch nachweisen, dass die noch sichtbaren Außenwände der Halle in einem Zug errichtet wurden. Es fragt sich, was diese Tier- und Pflanzenwelt in einem kirchlichen Raum soll. Liegt ihnen eine symbolische Bedeutung zugrunde? Bei den meisten Motiven wohl keine spezifische, die sich auf ein bestimmtes Tier bezieht. Auffallen muss jedoch, dass einige Tiere sich in ungewohnter Umgebung aufhalten. Sollte man hier an das friedliche Nebeneinander des Paradiesgartens denken, oder ist es nur Spielerei einer Spätkultur? Vielleicht ist es beides, vielleicht auch der Versuch, wie bereits in der römischen Katakombenmalerei, die überlieferten Bilder mit christlichem Sinn zu erfüllen. So könnte man in den stilisierten Sträuchern mit paarweise angeordneten Vögeln Lebensbäume sehen, in den Rebhühnern, die ihre Jungen ernähren, ein Sinnbild der fürsorgenden Mutter Kirche. Doch derartige Deutungen bleiben Spekulation.

Eine Darstellung, deren symbolische Bedeutung naheliegt, ist der Hahn im Kampf mit der Schildkröte: Es ist der Kampf des Lichtes (der Hahn kräht morgens) mit der Finsternis, mit dem Bedeckten, Erdhaften, das durch den Panzer der Schildkröte symbolisiert wird. Gemeint ist wohl die Auseinandersetzung Christi mit dem Herrn der Finsternis, mit Satan, oder aber die Konfrontation des rechten Glaubens mit der Häresie, dem Arianismus, der in jener Zeit die Christen verunsicherte.

In der Mitte des letzten Joches, hinter dem Campanile-Fundament, ist im Mosaikornament eine trapezförmige Fläche ausgespart. Hier ist das Muster einfacher. Vielleicht stand dort der Bischofsstuhl, eventuell auf einem kostbaren Teppich. Die so ausgegrenzte Fläche hatte die Funktion einer Apsis. Der Bereich des Presbyteriums war durch Chorschranken vom Laienraum abgegrenzt. Diese Schranken sind nicht erhalten, wohl aber eine etwa 10 cm breite Rille, in der sie eingelassen waren (zum Schutz bedeckten die Restauratoren diese mit roten Steinplatten).

Auf dem Rückweg werfe man noch einmal einen Blick auf die Mosaiken der ersten beiden Felder. Die Mosaikkünstler, die hier arbeiteten, besaßen nicht mehr die extrem verfeinerte malerische Kultur. Die Umrisslinien sind gröber, geben die Körperformen weniger organisch wieder, tendieren zur Vereinfachung. Diese ›ärmeren‹ stilistischen Mittel finden sich auch in der offiziellen Staatskunst dieser Zeit, etwa in den Reliefs des Konstantinbogens oder, als ein Beispiel der Mosaikkunst, bei den Fußböden der Villa del Casale bei Piazza Armerina auf Sizilien.

Die Zeit, zu der das Christentum offizielle Anerkennung fand, war ein Wendepunkt nicht nur in der Religions- und Geistesgeschichte, sondern auch in der Geschichte der künstlerischen Form – ein Wendepunkt, der sich vielleicht an keinem Ort deutlicher zeigen lässt als in dieser frühen christlichen Kirche. Das Bemerkenswerte an dieser künstlerischen Revolution: Sie wurde nicht durch die neue Lehre des Christentums ausgelöst. Die vergröberte Formensprache war ein Phänomen der Zeit, eine Eigentümlichkeit auch der Profankunst, und nicht zuletzt Ausdruck einer materiellen Verarmung. Selbst in Rom konnte man sich damals eine kostspielige, üppig-sinnliche Darstellungsweise einfach nicht mehr leisten.

Bevor man in den Dom zurückkehrt, sei noch darauf hingewiesen, dass die Wände der Nordhalle wie auch der Verbindungshalle bis zu einer Höhe von 1 m mit Fresken dekoriert waren, die aus konservatorischen Gründen jedoch größtenteils abgenommen wurden, doch auf Nachfrage am Eingang zur Krypta besichtig werden können.

Die drei Kirchenräume

Im Dom sei zunächst die Gesamtanlage der frühchristlichen Kirchen erläutert (vgl. Grundriss S. 77). Wie kam es zum Bau von gleich drei Sälen? Welche Funktion hatten sie? Möglicherweise war einer der beiden parallel zueinander verlaufenden Säle – wahrscheinlich der Nordsaal (N) – der Feier der Liturgie, dem Messopfer, vorbehalten war. Es wäre die eigentliche *ecclesia,* zu der nur die Priester und die Getauften Zugang hatten, und die man deshalb auch die Gemeindekirche nennt. Den Katechumenen hingegen, denjenigen also, die sich auf den Taufakt vorbereiteten und noch im Evangelium unterwiesen wurden, wäre der zweite der beiden parallel verlaufenden Säle vorbehalten – wahrscheinlich der Südsaal (S). Der quer verlaufende, rechteckige Saal (C) hätte dann zur Firmung nach der Taufe gedient.

Für diese Deutung muss aber angesichts anderer Kirchen im Erzbistum von Aquileia Zweifel angemeldet werden: In Grado, Pa-

Taufritual

Bei den frühen Christen wurden nur Erwachsene getauft und in die Kirchengemeinschaft aufgenommen, und zwar nach Abschluss der biblischen Unterweisungen: Sie wandten sich dazu im Saal der Unterweisungen (N) nach Westen, in Richtung der untergehenden Sonne, um dem bisherigen Leben zu entsagen. Anschließend wandten sie sich mit erhobenen Armen nach Osten, dem neuen Licht entgegen. In der Osternacht verließen die Katechumenen in einer feierlichen Prozession ihren Saal, legten ihre Kleider ab und begaben sich in das angrenzende Baptisterium (B), um durch Untertauchen im Wasser das christliche Initiationsritual der Taufe zu vollziehen. Anschließend traten die Neugetauften in das Consignatorium (C), wo sie das Sakrament der Firmung erhielten. Erst jetzt durften sie den Saal der Gemeindekirche (S) betreten und zum ersten Mal an der Eucharistiefeier teilnehmen.

Das Innere des Doms von Aquileia. Durch die Freilegung des frühchristlichen Mosaiks Ende des 19. Jh. liegt der Fußboden jetzt ca. 1 m tiefer als im Mittelalter

renzo/Poreč Triest und Concordia, ja selbst auf dem Hemmaberg in Kärnten bestanden auch noch im Frühen Mittelalter stets mehrere Kirchenräume nebeneinander. Es waren sogenannte Kirchenfamilien, ohne dass zu dieser Zeit die Zahl der Katechumenen noch so groß gewesen sein kann, dass ihnen derart weite Räume zur Verfügung gestellt werden mussten. Da aber auch keine der anderen Deutungen – als Kirche für Männer und Frauen, als Gemeinde und Bischofskirche oder bereits als Räume für unterschiedliche Glaubensideen – überzeugen kann, muss diese Frage letztlich offen bleiben.

Die Mosaikböden und damit die beiden ältesten Kirchenräume lassen sich zeitlich recht genau bestimmen. In beiden Sälen ist nämlich der Auftraggeber der Mosaiken genannt worden: der erwähnte Bischof Theodorus. Er war laut einem von ihm unterzeichneten Dokument in den Jahren um 314 Bischof von Aquileia (also in der Zeit von Kaiser Konstantin). Theodorus starb um 319, nach ihm wird die dreiteilige Anlage auch theodorianische Kirche genannt.

Das große **Bodenmosaik** der ehemaligen Südkirche ist stilistisch verwandt mit den jüngeren Mosaiken des Nordsaals (N) in der Cripta degli Scavi. Mit seiner Fläche von ca. 750 m^2 ist es das größte Mosaik aus frühchristlicher Zeit. Es ist in zehn teppichartige Felder eingeteilt, von denen neun etwa gleich große, durch Rankenornamentstreifen getrenne Rechtecke bilden. Das sehr große zehnte Feld verläuft quer zu diesen und nimmt die Stelle des Presbyteriums ein. Wenn auch in der Ausführung von besserer Qualität als die dortigen Manufakturarbeiten, ist auch hier die Naturwiedergabe einfacher, weniger detailreich als in den älteren qualitätvollen Mosaiken im Bereich des Campanile. Der neue Stil nimmt den Figuren ihre Vitalität, er tendiert zum Abstrakten und Zeichenhaften. Die vereinfachende Formensprache könnte als künstlerischer Verlust gedeutet werden. Doch gerade die Vereinfachung konnte die neuen christlichen Ideale und die Glaubensinhalte adäquater zum Ausdruck bringen als eine naturalistische Naturerfassung, die in der hellenistischen Tradition wurzelt.

Betrachten wir – vom Eingang kommend – zunächst die drei Felder des ersten Joches. Das mittlere ist fast ausschließlich durch Ornamente bestimmt. Lediglich neben der ersten Säule rechts findet sich eine figürliche Darstellung, die wahrscheinlich nachträglich eingefügt wurde: Ein Hahn und eine Schildkröte stehen sich miteinander kämpfend gegenüber. Ein Motiv, dem wir schon im Nordsaal begegneten, und das auch hier den Kampf des Lichtes mit der Finsternis bedeuten könnte. Auf dem Säulenstumpf steht der Siegespreis: ein Sack, dessen Wert mit den Zahlen ∞CCC angegeben wurde. Die Zahl in alter Schreibweise ist als 1300 zu lesen, wurde aber auch als Zeichen der unendlichen Dreifaltigkeit gedeutet.

Während das Mosaik des rechten Feldes rein ornamental gestaltet ist (mit Ausnahme eines einzigen fratzenhaften Profils), finden sich im nördlichen Feld außer verflochtenen Bändern und stilisierten Pflanzen auch Bildnisse, Vögel, Fische, Sepien und Reusen. Im beschädigten mittleren Rechteck erkennt man Reste einer Fischfangszene.

Im zweiten Streifen zeigt das mittlere Feld sieben Bildnisse und Fische in Medaillons. In den Bildnissen (ein jugendlicher Mann, eine verschleierte Frau und drei Mädchen) möchte man Porträts von Mitgliedern der Stifterfamilie vermuten (Abb. s. S. 1). Ihre Tuniken mit kostbaren Bordüren waren höheren Ständen vorbehalten. Man hat sogar vermutet, hier seien Kaiser Konstantin und seine Familie dargestellt. In zweien der Medaillon-Bildnisse sieht man hingegen Personifikationen der (ursprünglich vier) Jahreszeiten. Diese Mosaiken zeugen von hoher Qualität, die Bildnisse wirken zeitgemäß. Im völlig neuartigen, expressiven Umgang mit den farbigen Steinen weisen sie auf die späteren Wandmosaiken in Rom und Ravenna. Insbesondere beim Männerkopf begegnet man zum ersten Mal der Gestaltung mit orangefarbenen, hier als Dreieck gelegten Steinen. Zu sehen sind sehr lebendige Gesichtszüge, allerdings nur aus einer gewissen Entfernung. Der Künstler hatte wohl Erfahrungen mit großen Wand- oder

Christus als Hirte

Schon die heidnische Kunst der Griechen und Römer kannte die Gestalt des Schafträgers als Sinnbild der Menschenliebe. Die Christen übernahmen den ›Guten Hirten‹ in der Katakombenmalerei, sahen ihn aber nicht nur als eine Verkörperung der Menschenliebe, sondern auch als Symbol der Errettung der Menschheit durch Christus. »Ich bin der Gute Hirt, ich kenne meine Schafe, und sie kennen mich, so wie der Vater mich kennt, und ich ihn. Ich bin bereit für sie zu sterben.« (Joh. 10,14–15)

Apsismosaiken. Ebenfalls von höchster Qualität sind die Farbigkeit und Vielfalt von Ornamenten und Fischen. Bei den vielen Fischen handelt es sich nicht um das verbreitete Symbol des Namens Christi (ICHTHYS), sondern lediglich um ein dekoratives Programm.

Im mittleren Achteck des rechten Seitenschiff-Feldes findet sich die Darstellung eines Hirten mit Panflöte, der ein Schaf auf der Schulter trägt: Es ist ein antikes Symbol der *pietas*, das vermutlich noch nicht zur Entstehungszeit, doch bald als ein Sinnbild Christi als ›guter Hirte‹ gedeutet wurde. Die tastende Behutsamkeit, mit der christliche Inhalte hier über den Umweg überlieferter Bilder der alten Kultur zur Darstellung kommen, lässt sich darauf zurückführen, dass die ersten Christen noch ganz auf bildliche Darstellungen von Menschen verzichtet hatten.

Das mittlere Feld des dritten Joches zeigt im Zentrum eine junge geflügelte weibliche Figur, die in der Rechten einen Lorbeerkranz, in der linken einen Palmzweig hält. Es ist Victoria, die Siegesgöttin, die die Siegespalme und den Kranz reicht. Fraglich bleibt, ob mit den Siegern die über das Böse siegenden Christen gemeint sind. Die Siegergaben stehen bereit: ein Korb mit Brot (einem eucharistischen Symbol) und ein Gefäß, das wahrscheinlich Trauben enthielt (Wein als eucharistisches Symbol des Blutes Christi). In den umgebenden Achteckfeldern sind neben Vögeln auch Jünglinge und Mädchen mit Brot, Trauben, Blumen, Vögeln sowie mit über einen Stab gezogenen Kringeln dargestellt. Möglicherweise personifizieren die Gestalten nach den Jahreszeiten im vorhergehenden Feld nun die Monate.

Das zehnte große Mosaikfeld läuft quer zur Längsrichtung des Kirchenraums, an der Stelle, an der sich wohl das **Presbyterium** befand. Es zeigt eine ausführliche Darstellung der Meereswelt und des Fischfangs, wobei geflügelte Kinder (Eroten) mit Angeln und Netzen Fische fangen. Nachträglich wurde ein Teil des Mosaiks in die Geschichte des Propheten Jonas verändert, und zwar in drei im Mosaikfeld weit auseinander liegenden Episoden. Links wird der Prophet aus dem Schiff ins Meer geworfen und von einem Meeresungeheuer verschlungen (eine ältere, sehr zierliche Arbeit). Rechts speit das Ungeheuer Jonas nach drei Tagen am Strand aus. Anschließend sehen wir Jonas, wie er sich unter einer Kürbislaube ausruht. Die Jonasgeschichte ist die wohl bekannteste Präfiguration zu Christi Grablegung und Auferstehung. »So wie Jonas drei Tage und drei Nächte im Bauch des Seeungeheuers war, so wird auch der Menschensohn drei Tage und drei Nächte in der Tiefe der Erde verborgen sein«, heißt es bei Matthäus 12,40.

Mit der nachträglichen Veränderung der profanen Meeresszene in die Jonas-Geschichte konnten auch die Eroten christlich umgedeutet werden: Die ›Kinder‹ als Fischer spielen auf die Apostel an, die durch ihre Predigt Menschen für den neuen Glauben gewinnen wollen. In der Mitte des Bildfeldes findet sich in einer Kreisform eine Widmungsinschrift: THEODORE FELI(X)... (›Seliger Theodorus, mit Hilfe des allmächtigen Gottes und der Herde, die dir vom Himmel anvertraut ist, hast du selig dieses Bauwerk vollenden und glorreich Gott weihen können.‹). Die Inschrift nennt Theodorus eindeutig als Vollender, nicht als Stifter der Anlage und bestätigt damit eine frühere Datierung des Baus und der ersten Mosaiken.

Zusammenfassend sei festgehalten: Die frühen Mosaiken unter dem Dom und in der Cirpta degli Scavi zählen nicht nur zu den bedeutendsten Zeugnissen frühchristlicher Kunst, gerade in der vorsichtigen Annäherung an neue Inhalte. Sie überliefern auch die Umrisse der wohl ältesten Kirche der Christenheit, des einzig erhaltenen Beispiels eines großen Kirchenbaus vor der Entscheidung Konstantins, für die christliche Kirche die Form einer Basilika festzulegen.

Mittelalterlicher Dom

Angesichts der Mosaiken wird der mittelalterliche Dom in seiner Gestalt und Ausstattung oft verkannt. Dabei gehört er zu den herausragendsten Bauten des Frühen und Hohen Mittelalters. Der **Innenraum** präsentiert sich als eine dreischiffige Basilika mit ausladendem Querschiff und erhöhtem Presbyterium über einer Krypta. Der Raum verdankt sein Aussehen im Wesentlichen der Wiederherstellung durch den Patriarchen Poppo (1019–42). Aus dieser Zeit stammen auch die Granit- und Kalksteinsäulen sowie die Basen und stark antikisierenden Kapitelle korinthischen Typs. Aus gotischer Zeit (ca. 1365–81) sind hingegen die spitzbogigen Arkaden mitsamt den Abakusplatten, das Mauerwerk des Mittelschiffs, die reichen Blatt- und Figurenkapitelle der Vierungspfeiler und auch der Dachstuhl. Wie bei einem gemauerten Gewölbe ist er aus Halb- und Vierteltonnen zusammengesetzt. Im Querschnitt ist dieses hölzerne ›Gewölbe‹ fünfpassförmig.

Um zu verstehen, wie nach mehreren Umbauten und Zerstörungen aus den frühchristlichen Kirchensälen der heutige Dom wurde, muss man die mehr als tausendjährige Baugeschichte verfolgen: Der Nordsaal aus der Zeit des Theodorus (in der Cripta degli Scavi, vgl. Grundriss S. 66) wurde bereits um 360 n. Chr. um das Dreieinhalbfache vergrößert. Aus ihm wurde wahrscheinlich die Kirche des Messopfers für die inzwischen angewachsene Gemeinde. Man betrat ihn nicht mehr vom Hafen aus über den Hof, sondern wie heute vom Westen her, über ein im Bodenbelag markiertes, riesiges Atrium und einen breit lagernden Narthex als Vorhalle. In einem Nebenraum im Süden stand ein sechseckiges Taufbecken, dessen Reste in der Cripta degli Scavi erhalten sind. Der Südsaal blieb zunächst unverändert. Diese alte Anlage wurde wahrscheinlich von den Hunnen Attilas 452 zerstört. Danach wurde im 5. oder 6. Jh. die Südhalle, dessen Bodenmosaik erhalten blieb, durch einen Neubau abgelöst. Die Grundmauern und Säulenbasen dieses Neubaus sind bereits weitgehend identisch mit denen des jetzigen Doms. Es war allerdings – nach lokaler Tradition – ein noch apsisloser, rechteckiger Bau.

Nach dem Einfall der Langobarden und der Verlegung des Patriarchensitzes nach Grado, bzw. Cormons und später Cividale kam es erst wieder durch eine Stiftung Karls des Großen zu einem Umbau und einer Erweiterung: Patriarch Paulinus, vor allem aber Patriarch Maxentius (811–842) ließen das Querschiff, die innere Rundung der nach außen rechteckigen Apsis, die Krypta, die sogenannte Kirche der Heiden (Chiesa dei Pagani, s. S. 78) sowie die Vorhalle des Domes anlegen. Nachdem ein Erdbeben 998 den Dom schwer beschädigt hatte, musste Patriarch Poppo (1019–42) ihn erneuern und ließ bei dieser Gelegenheit auch einen Campanile unter Verwendung von Baumaterial des römischen Amphitheaters errichten. Im Jahr 1348 ließ Patriarch Marquard von Randeck den durch ein Erdbeben erneut stark beschädigten Bau restaurieren. Dabei erhielt der Innenraum die heutige Gestalt mit den gotischen Arkaden und dem Dachstuhl in Form eines Schiffskörpers. Da dem Bau eine umfassende Barockisierung und damit auch eine puristische Restaurierung im 19. Jh. erspart blieben, besitzt er heute eine sehr gut erhaltene Innenausstattung mit Werken auch aus dem frühen Mittelalter.

Außenbau des Doms und Nebenbauten

Auch am Außenbau lässt sich die lange Baugeschichte ablesen. Der untere Teil der Fassade dürfte noch auf frühchristliche Zeit zurückdatieren. Man erkennt Brandspuren, die wohl auf die Zerstörungen durch die Hunnen zurückgehen. Darüber der Bau aus dem Jahre 500, der nach einem schweren Erdbeben 998 erneuert werden musste. An den Seitenflanken erkennt man, dass der Obergaden mit regelmäßigem Ziegelmauerwerk sowie mit spitzbogigen Fenstern und Bogenfriesen dem 14. Jh. angehört, während die Querschiffe romanische Fenster behielten. Eine Baunaht, über der die Steine heller werden, markiert die Erhöhung des Doms im 14. Jh. Aus dieser Zeit sind auch die kräftigen Strebepfeiler des linken Seitenschiffs.

Beim **Baptisterium** handelt sich um einen im Grunde noch spätantiken Bau, der ursprünglich über quadratischem Grundriss errichtet wurde. Vier wie Apsiden ausgebildete Nischen in den Ecken machten ihn im Inneren zum Achteck, das als solches im Obergeschoss auch außen erkennbar war, bevor es von einer Kuppel abgeschlossen wurde, die leider 1790 einstürzte. Der Raum wurde auf beiden Seiten von Doppelbögen erschlossen. An der südlichen Seite öffnete sich der Zugang zum großen, rechteckigen Raum (es war wahrscheinlich der Vorraum), dessen spätantik-frühmittelalterlicher Mosaikboden erhalten ist.

In der Mitte des Baptisteriums steht ein großes, sechseckiges **Taufbecken,** das allerdings in dieser Form rekonstruiert und wohl zu hoch geraten ist. Die Sechsecksform im Achteck entspricht der lokalen Tradition und findet sich ebenfalls in Grado oder Poreč. Man war offensichtlich um Zahlensymbolik bemüht. Das Baptisterium ist wohl in karolingischer Zeit bereits auf den heutigen Grundriss mit nur einer Apsis reduziert worden. Erst in die Zeit Poppos fällt wahrscheinlich der Einbau der sechs mächtigen Säulen. Sie trugen einst über Kapitellen einen Architrav, auf dem ein Umgang ruhte. Die Bogenansätze dazu sind in der Wand noch ablesbar. Diese ungewöhnliche Bauform zitiert das Vorbild des konstantinischen Baptisteriums am Lateran. Anlässlich seiner Romreise mit Kaiser Konrad dürfte Poppo dieses Lateransbaptisterium gesehen haben. So findet sich hier im Baptisterium der Auftakt zu betont **kaiserlichen Formen,** die Poppo dem ganzen Dom verleihen wird.

Durch eine nachträglich eingelassene Türöffnung von noch deutlich spätantiken Proportionen, die dennoch karolingisch ist, betritt man heute die sogenannte ›Kirche der Heiden‹, **Chiesa dei Pagani.** Die merkwürdige Bezeichnung mag daher rühren, dass in dieser Kirche in karolingischer Zeit die noch nicht Getauften in den christlichen Glauben eingewiesen wurden. Die Vorhalle hat zwei unterschiedliche Raumteile, einen tieferen, mit ausgerundeten Wandnischen, die vor allem wandgliedernde Bedeutung hatten, und einen mit neueren Kreuzgratgewölben aus romanischer Zeit. Der höher gelegene Teil dürfte einheitlich karolingisch sein, auch mit seinem gekuppelten Gewölbe. Das nahezu identische Obergeschoss ist weitgehend zerstört.

Über dem Eingang an der heutigen Außenwand liest man eine bemerkenswerte Inschrift, die auf eine letzte Renovierung durch Kaiser Karl VI. hinweist. Der Kaiser betont hier, schon durch seinen Titel als römischer Kaiser »semper Augustus«, die antiken Traditionen und fühlt sich verpflichtet, diesen Bau zu renovieren, von dem er annimmt, er stamme aus der Zeit Konstantins des Großen. Man verstand damals offensichtlich das Zitat der im Baptisterium eingestellten Säulen und der Kaiser fühlte sich – typisch für sein imperial betontes Bauprogram – berufen, das Baptisterium zu erneuern. Es ist eines der Beispiele für die **Restaurierung eines kirchlichen Raums,** der keine praktische Funktion mehr hatte, dessen monumentaler und symbolischer Wert aber zur Legitimierung alter Ansprüche eingesetzt wurde.

Von hoher Bedeutung sind auch die leider kaum eindrucksvollen Reste der **Vorhalle** des Domes. Hier stehen noch, über eindeutig karolingischen Kapitellen wilder Antikenrezeption zwei von ursprünglich drei Jochen. Vom dritten blieben nur noch ein Säulenrest und die Wandvorlagen. Im Bereich des heutigen Dachansatzes sind im Inneren vermauerte Balkenlöcher sichtbar, die sich an der Fassade des Mittelschiffes über die Breite des verlorenen dritten Jochs fortsetzen, bevor sie fast einen Meter tiefer und deutlich kleiner bis zum Rand der Fassade weiterlaufen. Hier befindet sich eine vermauerte Tür, die einst den Zugang zu einem großen Raum im Obergeschoss der Vorhalle bildete. Diese wurde in Urkunden der Neuzeit als Katharinenkapelle, im Mittelalter aber stets als Palatium bezeichnet. Es handelt sich hier um ein bedeutendes Beispiel eines ehemals mächtigen, karolingischen Westwerks, in dessen Obergeschoss bei feierlichen Hochämtern der Kaiser der Messe folgte. Dies mag der Grund für das übermäßig große Biforienfenster der heutigen Fassade sein.

Innenraum und Ausstattung

Beim Betreten des Doms muss man sich die einstigen Proportionen vorstellen. Bevor man den **Mosaikfußboden** ausgrub, lag ein romanischer Fußboden aus buntem Marmor auf der Höhe der heutigen Glasbrücken. Auch im Bereich der Decke hat der Bau an Höhe gewonnen, seitdem das Mittelschiff in der Gotik um mindestens einen Meter erhöht wurde und die hölzernen Gewölbetonnen die flachen Deckenbalken ablösten. Die ursprüngliche Wirkung der Kirche war damit alles andere als romanisch: Sie hatte keinen Höhenzug und war breitlagernd wie eine antike Basilika.

Diese auf den Bau des 5. oder 6. Jh. zurückgehende Proportion behielt Patriarch Poppo bei seinem **Neubau** offensichtlich bei. Fraglich bleibt, wann der Dom die heutigen Säulen erhielt. Diese wirken nicht frühmittelalterlich oder romanisch. In karolingischer Zeit wäre eine Pfeilerbasilika zu erwarten gewesen, später dann eine Basilika mit Stützenwechsel. Auch die korinthischen Kapitelle wirken nicht wie aus der Zeit des Frühen oder Hohen Mittelalters, schon allein wegen ihrer zu dieser Zeit ungewöhnlichen Einheitlichkeit. Ein im rechten Querschiff eingebautes antikes, korinthisches Kapitell scheint das Vorbild gewesen zu sein.

Bei diesem aufwendigen, hochrepräsentativen Bau gibt es keine Gewölbe, ›nur‹ einen **offenen Dachstuhl.** Gemäß der längst nicht mehr aufrecht haltbaren Dekadenztheorie war die Spätantike zu einer Wölbungskunst nicht mehr fähig, und erst im 11. Jh. wäre sie mühsam wieder zurückgewonnen worden. Der Grund, warum Poppo auf einen Gewölbebau verzichtete, ist ein anderer: Er liegt in der tradierten Form der christlichen Basilika. Als Konstantin die ersten christlichen Basiliken stiftete, legte er damit ein für fast 1000 Jahre verbindliches Modell fest. Die Basiliken befolgten – wohl aus überwiegend politischen Gründen – dem Vorbild der Kaiser- und Palastbasilika. Anders als die Marktbasiliken war sie auf eine Apsis hin ausgerichtet, in der des Herrschers Thron stand. Indem Konstantin Christus auf den Platz des Kaisers wies, ihm den Thronsaal überließ und unter dem Baldachin seinen Opferaltar stellte, übergab er ihm die äußeren Formeln kaiserlicher Würde. Damit aber gab er zugleich der Bildenden Kunst die zukünftige Möglichkeit, für Christus eine Darstellungsform zu finden, die in Gewandung und Habitus dem Kaiser entsprach.

Während aber die von Konstantin gleichzeitig vollendete Kaiserbasilika in Rom, die sogenannte Maxentiusbasilika, eine der größten Wölbungen der Architekturgeschichte erhielt, verzichtete Konstantin bei der christlichen Kirche ganz auf die Wölbung, und dies gewiss nicht aus mangelndem technischen Können. Zu einfach wäre es dem Kaiser zu unterstellen, dass er für sich selbst die reichere und würdevollere, für den Christengott aber die ärmere Architektur wählte. Wölbung ist nämlich aus der Antike keineswegs als Würdeform bekannt: Die wichtigsten profanen und sakralen Innenräume besaßen offene Dachstühle, während Badesäle überkuppelt oder gewölbt waren.

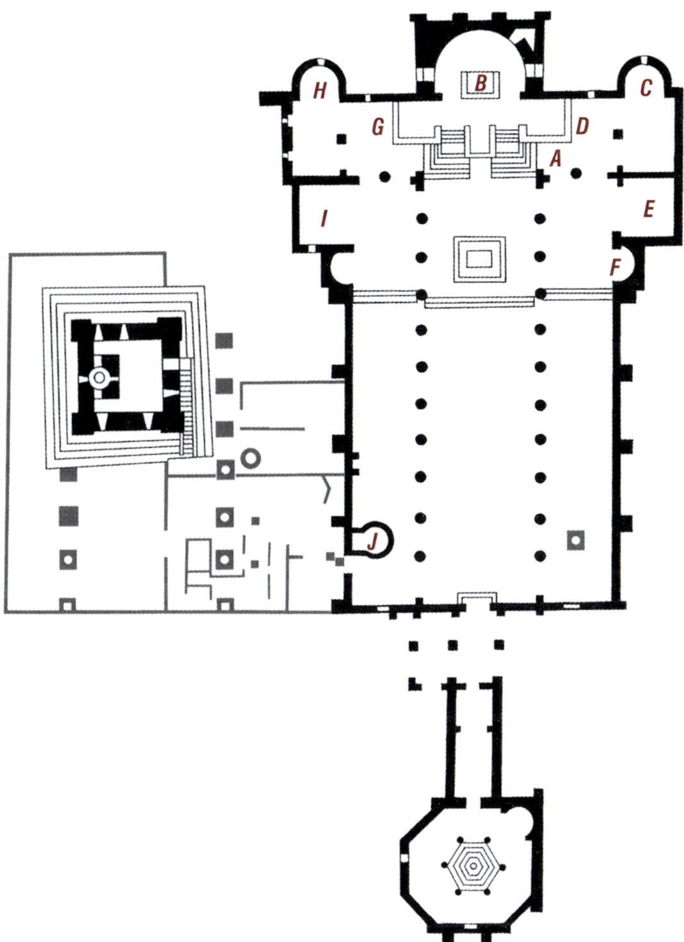

Grundriss des Doms von Aquileia über dem Plan der frühchristlichen Anlage (in Grau)

A Krypta
B Presbyterium
C Cappella di San Pietro
D Sarkophag, um 1330
E Cappella di Sant'Ambrogio
F Vesperbild aus Sandstein, frühes 15. Jh.
G Altarantependium, 2. Hälfte 14. Jh.
H Kapelle des hl. Hilarius
I Rosenkranzkapelle
J Heiliges Grab

Schon bei den Cellaräumen der griechischen und etruskischen Tempel waren die Dachstühle farbig gefasst, und eine farbige Fassung kehrt in den großen, auch für Senatssitzungen geeigneten Versammlungsräumen der Tempel Roms wieder. Eine farbige Fassung in Blau, Rot und Gold ist u.a. auch für Alt-St.-Peter bezeugt. So liegt es nahe anzunehmen, Konstantin habe – der Tradition gemäß – die offene Dachform bewusst als sakrale, auf heidnische Tempel zurückgehende Form gewählt, um sie mit der profanen Grundrissform (Baukörper) der Kaiserbasilika zu kombinieren. Wölbungen wurden somit entbehrlich, und zwar im Westen, nicht aber im Osten. Von dort wurde sie – vermittelt durch die Kreuzzüge – als Würdeform wieder importiert und im großen Baukrieg der Romanik um die prachtvollsten Kirchen als Ausdruck weltlichen Anspruchs wieder eingesetzt. Da aufwendige Gewölbe nicht dem Armutsideal entsprachen, wurden sie auch sehr bald von Bettelorden, insbesondere den Franziskanern, als weltlich angesehen und weitgehend verboten.

Apsis und Querhaus

Von welcher politischen Bedeutung der Bau war, zeigt auch die **Malerei der Apsis,** die fast die gesamte Breite des Mittelschiffs einnimmt. In ihrer Grundform wurde sie wahrscheinlich schon im 9. Jh. zur Zeit des Patriarchen Maxentius angelegt. Über einer Sockelzone mit gemalter antikisierender Marmorinkrustation, die an Vorbilder aus Ravenna erinnert, erscheint eine lange **Inschrift,** die den Neubau Poppos unter Kaiser Konrad dokumentiert. Sie wurde für das erste große heilige Jahr der Kirchengeschichte, der Tausendjahrfeier der Erlösung der Menschheit, errichtet. Genannt werden namentlich alle Bischöfe, die als Repräsentanten des großen Erzbistums zur Weihe 1031 nach Aquileia gekommen waren. In der Mitte der Inschrift, über einem ebenfalls antikisierenden Fries mit Akanthusranken (mit außergewöhnlichen Figürchen zwischen den Ranken), folgt eine Versammlung lokal bedeutender Heiliger in romanisch-byzantinischem Stil. Über einem zweiten Fries darüber (mit herzförmigen Medaillons, erstaunlichen Köpfen und Pelikandarstellungen als Symbole des Opfers Christi) folgt die große Apsiswölbung.

Die Mitte der **Apsiswölbung** nimmt die thronende Muttergottes in der Mandorla ein. Umgeben wird sie von den vier Evangelistensymbolen (eine seltene Darstellungsform, die von der Maiestas Domini übernommen wurde). Die umstehenden Heiligen genossen in Aquileia besondere Verehrung: links von der Mitte aus Markus, Hilarius (zweiter Bischof von Aquileia) und dessen Diakon Tatian, rechts Hermagoras, Fortunatus und Euphemia. Es sind die antiarianischen Heiligen des gerade aufgelösten Doms von Grado, dessen Tradition hier übernommen wird. Die wesentlich kleiner dargestellten Figuren in der vorderen Reihe bezeugen die enge Verbindung zwischen Patriarchat und dem Kaiserhaus: links ist der Patriarch Poppo (durch den eckigen Nimbus der Lebenden ausgezeichnet) zu sehen, wie er als Stifter der Madonna das Kirchenmodell darbringt und vor ihm eine im Lauf der Jahrhunderte fast verloren gegangene Figur in betont antikisierender (d. h. imperialer) Gewandung. Diese Figur wurde in einer nicht mehr erhaltenen Inschrift als Heinrich bezeichnet. Wenn ein solch machtbewusster Patriarch anderen deutlich den Vortritt lässt, ist es wahrscheinlich, in diesem Heinrich den verstorbenen Kaiser Heinrich II. zu erkennen, der Poppo einst nach Aquileia gesandt hatte. Auf der rechten Seite erscheinen Kaiser Konrad II., seine Gemahlin Gisela und zuvorderst ihr Sohn Heinrich (der spätere Kaiser Heinrich III.) in jugendlichem Alter. Heinrich ist direkt unter der Mandorla dem Schutz der Muttergottes unterstellt.

Trotz der schlechten Erhaltung, die vor allem auf eine barocke Übermalung und deren Entfernung im 19. Jh. zurückzuführen ist, stellt dieses Fresko eines der großen Werke der Malerei der Romanik dar. Deutlich zu sehen sind die eleganten Linien der byzantinischen Tradition, exemplarisch bei den überlängten Fingern der Madonna oder beim Engel als Evangelistensymbol. Gleichzeitig aber ist ein für diese Zeit verblüffender Realitätssinn in den Porträts erkennbar, besonders in dem von Kaiser Konrad, dessen Figur ausgezeichnet erhalten ist. Fehlstellen (u.a. weite Teile des Kaiser Heinrich II., der Madonna und des Christuskindes) sind zeichnerische Ergänzungen des 19. Jh., die dazu dienen sollten, einen Gesamteindruck von einem der erstaunlichsten politischen Bilder der Zeit zu ermöglichen. Den Pilgern des heiligen Jahres, die auf dem Weg nach Rom waren, wurde in diesem Fresko die untrennbare Einheit von deutschem Kaisertum und dem Patriarchat von Aquileia vor Augen geführt.

Von der Apsis fällt der Blick ins **Querhaus,** das erst in karolingischer Zeit angebaut wurde. Der karolingischen Reform entsprechend entstand nun ein größerer Bedarf nach Reliquienverehrung, weshalb nicht nur die Krypta angelegt wurde, sondern – dem Vorbild von Alt-St.-Peter folgend – das Presbyterium seitlich erweitert wurde, und zwar durch Kapellen mit eigenen Apsiden. Das Grab der Märtyrer rückte dadurch an zentrale Stelle. Diese seitlichen, niedrigen Kapellen mit ihren Apsiden führten zum typisch karolingischen Grundriss. Erst im 11. Jh. erweiterte Poppo diese Anlage zu einem echten Querhaus. Dabei blieben wohl aus statischen Überlegungen die Säulen und Bögen, auf denen das Dach ruhte, stehen und die auch dem Vorbild von Alt-St.-Peter folgen.

Ebenfalls zum karolingischen Bestand gehören Teile der schönen **Chorschranke** im südlichen Querschiff, die eine ungebrochene ornamentale Tradition aus Spätantike und Langobardenzeit verdeutlichen. Die helleren Platten an der Seite zur Mittelapsis, deren antiker Charakter einem romanischen Figurenbild gewichen ist, stammen dagegen erst aus dem 11. Jh.

Krypta

Die Krypta (A) kennt in Europa nicht ihresgleichen. Dieser einzigartige Raum geht in unserer Sicht auf die karolingische Zeit zurück, was für Säulen und Kapitelle stets akzeptiert wurde, während das Gewölbe und die Dimensionen bisher später datiert wurden. Da aber das eingestellte Rund der Apsis sicher karolingisch ist (wodurch in den Ecken kleine Anräume entstanden, die man mit engen Durchgängen nutzbar machte), muss eine immer wieder genannte nachträgliche Erweiterung im Sinne einer romanischen Hallenkrypta abgelehnt werden. Die Säulen wären sonst erneuert worden, und ein modernes Kreuzgratgewölbe hätte die hier noch vorhandenen komplexen Gebilde aus sich kreuzenden Tonnen ersetzt. Auch hätten die Anräume nicht nachträglich aufgebrochen werden müssen. Das mag unbedeutend klingen, doch nimmt die Krypta wegen des geringen noch erhaltenen Bestandes an wirklich karolingischer Architektur einen besonderen Platz in der Architekturgeschichte ein. Und dies gilt ebenso für die Anlage des Doms in seinem Kernbestand wie auch für das Baptisterium und seine Vorhalle.

Die Krypta war der Aufbewahrungsort von Reliquien, ohne dass wir allerdings wüssten, was davon hier in karolingischer Zeit noch vorhanden war. Um auch vom Kirchenraum aus an der Verehrung der Märtyrer teilhaben zu können, gab es zwischen dem Presbyterium und der Krypta ein spezielles Verbindungsfenster, die *fenestrella confessionis.* Von der Bedeutung der Heiligen von Aquileia zeugen die bedeutenden **Fresken** der Krypta. Sie zählen zu den wichtigsten Freskenzyklen der italienischen Romanik. Gemalt wurden sie im späten 12. oder spätestens im frühen 13. Jh. Im Zentrum des Gewölbes erscheint die thronende Madonna zwischen den Evangelistensymbolen. In 18 Bildfeldern des Gewölbes und auf einem der Wandfelder (C) sind Szenen der Gründungslegende der Kirche von Aquileia und dabei vor allem aus dem Leben der hll. Hermagoras und Fortunatus dargestellt. Deutlich wird hier die Gründung des Bistums durch

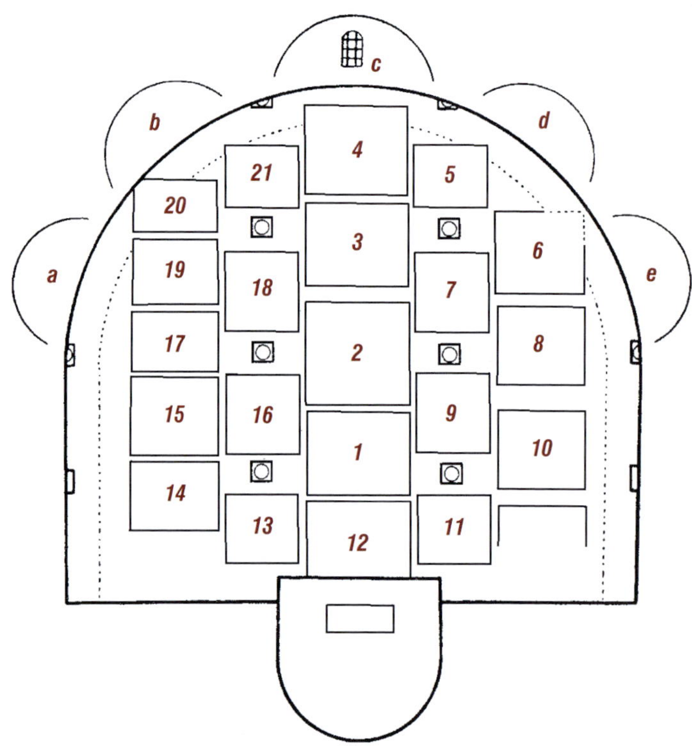

Petrus und Markus betont. Es erstaunt allerdings, dass ein Bild fehlt, auf dem Markus das Evangeliums niederschreibt. Diese Handschrift des Evangeliums wurde als Reliquie verehrt und war zum Selbstverständnis von Aquieias Sonderstellung von hoher Bedeutung. Das Fehlen dieser Szene stützt daher eine frühe Datierung der Fresken in die Zeit vor der ersten sicheren Nennung dieser Tradition (im 13. Jh.). In den Zwickeln und Restflächen finden sich Darstellungen von Heiligen, Aposteln und Engeln. Antiken Vorbildern verpflichtet sind die dekorativen Motive. Es ist eines der zahlreichen Beispiele dafür, dass man im Mittellalter Kenntnisse von antiker Kunst hatte.

An den Wandfeldern der Außenwand finden sich ausgezeichnete **Passionsdarstellungen** stark byzantinischer Tradition. Besonders in der Kreuzabnahme erkennt man jene Schönlinigkeit, die für die europäische Gotik zur Vorbildfunktion wurde. Während die Gestalt des Christus noch bei Cimabue um 1300 nachwirkt, stellen Figuren wie die linke Gruppe der trauernden Frauen das Vorbild für die Gewändefiguren in Chartres dar. Vergleicht man die Heiligenfiguren in den Gewölbezwickeln und die Passionsszenen mit den Bildern der lokalen Markus- und Hermagoras-Tradition, so fällt eine deutliche Abkehr von den byzantinischen Vorbildern auf. Letztere sind plastischer und im Gegensatz zu den auf einer abstrakten Fläche aufgereihten Figuren der Passion in eine räumlich definierte Bühne gestellt, weshalb

Wand- und Gewölbefresken in der Krypta

Lünettenbilder:

- *a Tod Mariae*
- *b Kreuzigung Christi*
- *c Hl. Markus heilt und tauft Hermagoras und Fortunatus*
- *d Kreuzabnahme (darunter: Ritter verfolgt Bogenschützen)*
- *e Beweinung Christi (darunter ritterliche Szene)*

Im Gewölbe:

- *1 Christus zwischen zwei Engeln*
- *2 Thronende Muttergottes zwischen Evangelistensymbolen*
- *3 Hl. Hermagoras umgeben von den hll. Fortunatus und Syrus*
- *4 Petrus entsendet den Evangelisten Markus nach Aquileia*
- *5 Markus wird in Aquileia empfangen*
- *6 Die Bewohner Aquileias stellen Hermagoras dem hl. Markus vor*
- *7 Hermagoras wird nach Rom eingeladen*
- *8 Petrus weiht Hermagoras in Anwesenheit des Markus zum Bischof*
- *9 Hermagoras wird als Bischof von den Bürgern von Aquileia empfangen*
- *10 Predigt des Hermagoras*
- *11 Hermagoras vor dem Richter*
- *12 Geißelung des Hermagoras*
- *13 Kreuzigung des Hermagoras*
- *14 Hermagoras predigt vom Gefängnis aus und bekehrt den Kerkermeister Pontianus*
- *15 Hermagoras heilt den besessenen Sohn des Pontianus in Anwesenheit des hl. Markus*
- *16 Die Priesterschaft vor dem Gefängnis des Hermagoras und Taufe des Pontianus*
- *17 Hermagoras tauft Gregorius und seine Familie*
- *18 Hermagoras erwählt Fortunatus zu seinem Diakon und heilt Alexandra von ihrer Blindheit*
- *19 Hermagoras tauft Alexandra*
- *20 Hermagoras und Fortunatus werden enthauptet*
- *21 Begräbnis der beiden Heiligen und Leichenfeier in Anwesenheit von Alexandra, Gregorius und Pontianus*

»Kreuzabnahme« in der Krypta des Doms, um 1200 entstanden. Die ikonografischen Grundmuster und der Malstil der Passionsszenen sind durch byzantinische Vorbilder geprägt. Bei den Heiligenszenen erkennt man dagegen nur bei einzelnen Figuren und Figurengruppen byzantinische bzw. veneto-byzantinische Anklänge, so bei den Aposteln in den Gewölbezwickeln des Mittelschiffs, »die genau nach den Mosaikfiguren der Apsis von San Giusto in Triest kopiert sind. Sonst aber mischen sich unter die byzantinischen Formen ausgesprochen romanische Details, ja sogar Typen« (Otto Demus). Robert Oertel bemerkte, dass gegenüber der byzantinischen Malerei hier »alles noch etwas spröder und härter« ist, dass die »pathetischen Züge« gesteigert sind und einige Szenen, für die es keine Vorbilder gab, in der Komposition recht unbeholfen wirken

man hier einen anderen Maler vermuten muss, einen Meister, der am Beginn einer sich entwickelnden, eigenständigen italienischen Malerei steht, die zu Giotto führt.

Gänzlich anderen Stils, doch wohl derselben Zeit angehörig, sind die **ritterlichen Szenen** auf fingierten Wandbehängen in der Sockelzone, wie sie in dieser Zeit beliebt waren. Sie entstammen ebenfalls antiken Vorbildern und stehen in deutlichem Zusammenhang mit dem einzigen Beispiel eines Wandteppichs dieser Zeit in Bayeux. Gut erhalten sind der Kampf des guten, christlichen Ritters in der zeittypischen Bewaffnung gegen den heidnischen Bogenschützen sowie rechts davon eine Darstellung, die wohl als Hoftag gelesen werden darf: Ein imperial gewandeter Herrscher auf ebensolchem Thron mit Fußschemel, der höchsten Form des herrscherlichen Sitzes, empfängt die Huldigung deutlich anders gekleideter Männer und den Mundschenkdienst. Dabei ist weniger an eine bestimmte historische Szene zu denken als vielmehr an ein Gesamtprogramm, das die irdische Sphäre im Gegensatz zum heiligen Programm darüber zeigt. Hier wird bereits Gutes und Böses gegenübergestellt, wobei sich die Darstellung des Bösen (kaum noch erhalten) nur noch in Ungeheuern ablesen lässt. Diese Szenen erscheinen erstaunlich realitätsbezogen und demonstrieren, wie jedem Inhalt ein angemessener Stil zugeordnet wurde. Das Heilige erscheint im byzantinischen, zeichenhaften, flächigen Stil, das Weltliche in höchst lebendiger, wirklichkeitsnaher Abbildung und für das Ornament darf die Antike als Vorbild dienen. Für das Heiligenbild wäre die Antike gänzlich unangemessen. Gerade diese stilistische Vielfalt verdeutlicht, über welche künstlerischen Möglichkeiten diese Zeit verfügte. Daher ist die Bedeutung dieser Krypta als Zeugnis des europäischen Mittelalters kaum zu überschätzen.

Weitere Ausstattung des Doms

Zur Zeit der Renaissance, seit den 90er-Jahren des 15. Jh, erhielt das **Presbyterium** (B; Plan s. S. 87) die harmonischen, stilistisch einheitlichen Marmorwerke: das Ziborium (das ursprünglich in der Mitte über dem Altar stand), die Balustraden, das Fenster zur Krypta. Unter der Leitung von Domenico de' Maffei wirkte der Bildhauer Bernardino da Bissone mit, der u. a. das Relief der *Pietà* am Sakramentsaltar schuf. Die zierlichsten ornamentalen Steinmetzarbeiten finden sich an den Balustraden der ›Tribüne‹ in der Mitte des Presbyteriums. Eine ähnlich kostbare Marmorausstattung eines Presbyteriums findet sich nur in Santa Maria dei Miracoli in Venedig. Das Ziborium auf der linken Seite, in das eine Orgel eingebaut wurde, ist eine Nachbildung von 1898.

Für dieses neugefasste Presbyterium schuf Pellegrino da San Daniele 1503 das Polyptychon des Altars, das heute in der **Cappella di San Pietro** (C) mit den schönen Chorschranken steht. Es zeigt den friulanischen Maler unter dem Einfluss der venezianischen Schule, vor allem Giovanni Bellinis. In der rundbogenförmig schließenden Tafel der auferstandene Christus, auf der mittleren Tafel die Apostelfürsten Petrus und Paulus, links Hermagoras und Fortunatus (die in Aquileia und Grado verehrten Heiligen), rechts Theodorus und Hieronymus. In den Predellentafeln Szenen aus dem Leben der Heiligen Markus und Hermagoras. Das Polyptychon wurde um 1900 unfachgemäß restauriert, sodass die obere Farbschicht stark beschädigt wurde.

Das aus dem 14. Jh. stammende Fresko in der Apsis dahinter ist eine freie Wiedergabe des *Volto Santo*, jener berühmten Holzskulptur im Dom von Lucca, die Christus lebend mit ausgebreiteten Armen

Heiligenlegende

Nach der »Legenda aurea« sandte Petrus den Evangelisten Markus von Rom in die Region Venetia et Istria. In Aquileia predigte Markus, gründete eine christliche Gemeinschaft und bekehrte viele Menschen zum neuen Glauben. Sogar ein weiteres Evangelium soll er hier verfasst haben. Unter den von Markus Getauften zeichnete sich Hermagoras durch Glaubensstärke aus. Daher führte Markus ihn nach Rom, wo Petrus ihn zum Bischof von Aquileia weihte. Während einer Christenverfolgung wurde Hermagoras gefangen genommen und gefoltert. Aber auch im Kerker setzte er seine Bekehrungen fort und weihte einen Mitgefangenen, Fortunatus, zum Diakon. Gemeinsam wurden Hermagoras und Fortunatus enthauptet.

und mit einer Tunika bekleidet vor dem Kreuz schwebend zeigt. Aus derselben Zeit das Kalottenfresko mit dem thronenden Christus, umgeben von vier Evangelisten.

Der auf vier Säulen stehende, um 1330 entstandene **Sarkophag** (D) venezianischer Gotik zeigt auf der Vorderseite, wie der hl. Hermagoras vier in Aquileia verehrte heilige Jungfrauen (Euphemia, Dorothea, Thekla und Erasma) segnet. Auf der Rückseite erscheint Christus zwischen zwei Gläubigen.

Baptisterium

Vom Innern des Baptisterium aus kann man direkt auf den Hauptaltar des Doms schauen. Dies ist eine der eindrucksvollsten monumentalen Achsen aus frühchristlicher und frühmittelalterlicher Zeit. In der achteckigen Taufkirche umstehen sechs mächtige Säulen das sechseckige Taufbecken; sie trugen einst die noch in Ansätzen erkennbaren Bögen einer umlaufenden Galerie, von der die Taufzeremonie verfolgt werden konnte. Dieser Bautypus geht auf das konstantinische Baptisterium von San Giovanni in Laterano zurück und zeugt – wie auch der anspruchsvolle Dombau – von der engen Verbindung der Patriarchen zum römisch-deutschen Kaiserhaus. In diesem Sinne muss auch die Inschrift über dem Eingang verstanden werden: Karl VI. (1711–40) feiert als römischer Kaiser seine Renovierung des Bauwerks »aus der Zeit Konstantins« und stellt sich somit in dessen direkte Nachfolge.

Die **Cappella di Sant'Ambrogio** (E), die sich gleich im südlichen Seitenschiff befindet, war die Begräbniskapelle der Familie Della Torre, die vor den Visconti aus Mailand ins Friaul geflüchtet war. Die ›Torriani‹ brachten vier Patriarchen hervor, von denen drei in dieser Kapelle begraben sind; der vierte erhielt in Santa Croce in Florenz ein prunkvolles Grabmal. Errichtet wurde die Kapelle vom Patriarchen Raimondo della Torre, der in dem ersten der beiden Sarkophage aus Veroneser Marmor (links) bestattet wurde. An der Vorderseite des Sarkophags erscheinen die Wappentürme der Della Torre und das mystische Lamm.

Das sogenannte **Vesperbild** (F), weiter vorne im südlichen Seitenschiff, ist ein Sandsteinbildwerk der Muttergottes mit dem toten Christus auf dem Schoß und stammt aus dem frühen 15. Jh. Es ist ein charakteristisches Werk des ›Weichen Stils‹, wahrscheinlich ein Importstück, das in Süddeutschland entstand.

Rechts von der Apsis befindet sich ein auf Säulen stehendes marmornes **Altarantependium** (G) aus der zweiten Hälfte des 14. Jh. Möglicherweise handelt es sich auch um die Vorderseite eines Sarkophags. Inmitten von Heiligen steht im Zentrum eine Figur, die als Christus, aber auch als Hermagoras gedeutet wurde.

In der Apsis der **Kapelle des hl. Hilarius** (H) im nördlichen Querhaus blieb ein Freskenfragment des 12. Jh. mit den Heiligen Hilarius, Tatian und wahrscheinlich Largius (Diakon des Hilarius) erhalten. Darunter monochromer Freskendekor aus der Zeit des Patriarchen Maxentius (811–842). An der linken Frontwand des Seitenschiffs Fresken des 14. Jh. Eine Reliefplatte, laut Inschrift Teil einer Altartafel mit Christus, Petrus und Thomas Beckett, entstand bald nach der Heiligsprechung (1173) des 1170 ermordeten Bischofs von Canterbury. Die hier ausgestellte farbig gefasste Steinskulptur »Muttergottes mit Kind« dürfte aus dem späten 13. Jh. stammen.

In der **Rosenkranzkapelle** (I) an der rechten Außenwand das Fragment eines Freskos des späten 14. Jh. mit der »Krönung Mariens«. Auf der Brüstung steht die Skulpturengruppe einer Verkündigung eines pisanischen Bildhauers aus der ersten Hälfte des 14. Jh. Vom Altar aus kann man ein gut erhaltenes Stück der karolingischen Außenwand sehen, deren Gliederung mit Rundbögen und Lisenen auch an der nördlichen Seitenschiffwand teilweise erhalten ist.

Der **Rundbau** (J) im vorderen Teil des Seitenschiffs ist eine Nachbildung des Heiligen Grabes und der Anastasis-Kirche in Jerusalem aus der Zeit des Patriarchen Poppo.

Vor dem Verlassen der Kirche kann man die Heiliggrabrotunde gegenüber und damit unter dem seitlichen Eingang und der Glasbrücke noch Reste der gemalten Marmorinkrustation sehen, die einst den Verbindungsbau zwischen den frühchristlichen Hallen schmückte.

Campanile
April–Sept. tgl. 9.30–13.30 und 15.30–18.30 Uhr, Okt. nur Sa/So; Nov.–März geschl.

Glockenturm

Der 73 m hohe **Campanile** wurde nachweislich Anfang des 11. Jh. unter dem Patriarchen Poppo erbaut und ist ein seltenes, frühes Beispiel eines freistehenden Glockenturms. Glockentürme sind Würdeformen, repräsentative Bestandteile eines Bauprogramms, das den Kirchenbau zum Ausdruck weltlicher Macht nutzt (und das im Bauwettstreit zwischen Cluny und Speyer seinen Höhepunkt fand). Der Campanile bestätigt daher die monumentale Bedeutung des Dombaus des Poppo. Wie der gesamte Kirchenbau verkündet er die kaiserliche Macht in Italien.

Solche ambitionierten Bauprojekte, wie sie auch der Papst und die römische Kirche in jener Zeit realisierten, sind Vorboten für einen Machtstreit, der sich im Investiturstreit heftig entzündete. Im Gegensatz zu den etwa gleichzeitig errichteten Türmen in Venedig, Torcello und Murano wurde der Turm von Aquileia aus Hausteinen erbaut. Die rundbogigen Fenster der Glockenstuben, der oktogonale Aufsatz sowie der kegelförmige Abschluss wurden wohl im 16. Jh. hinzugefügt.

Römische Häuser am Fondo Cossar

Derzeit sind zwei Ausgrabungszonen mit römischen Häusern zugänglich. Erhalten blieben lediglich Teile der Fundamente und Fußböden, sodass sich keine konkreten Vorstellungen vom Aufbau der Häuser gewinnen lassen. Selbst Grundriss, Ausdehnung und Haustypus sind nicht immer genau zu bestimmen.

Die **Häusergruppe am Fondo Cossar (2;** Cityplan s. S. 97) ist die ältere. Sie reicht bis ins 1. Jh. v. Chr. zurück. Hier wurden besonders schöne Mosaiken ausgegraben, die jetzt im Archäologischen Museum ausgestellt sind. Andere blieben an Ort und Stelle. Dabei ist zu beachten, dass im Laufe der Jahrhunderte häufig zwei oder noch mehr Pavimente übereinandergelegt wurden. Um auch die unteren Mosaikböden sichtbar zu machen, wurden die darüberliegenden abgelöst und erhöht auf einem Postament angebracht.

In einem Raum des ersten Hauses zeigt ein quadratisches Mosaik des 3. Jh. n. Chr. einen Hirsch, der von einem Hund angebellt wird. Ein größerer Raum war wahrscheinlich das Tablinum, über dessen schlichten, weißen Boden im 4. Jh. (als man den Raum möglicherweise in ein privates Oratorium umgewandelte) ein stark gegliedertes Mosaik gelegt wurde, das an das Bodenmosaik des Doms erinnert (es wird auf einer höheren Ebene gezeigt). Im Zentrum dieses Mosaiks

Das Mosaik des Guten Hirten: In der heidnischen Symbolik verkörperte der Hirte die ›pietas‹ (Menschenliebe). Erst bei der Restaurierung, als man die rechte Hand veränderte, wurde ihm der christliche Sinn der Errettung zugedacht und durch den Predigergestus verdeutlicht. Ob diese Restaurierung in frühchristlicher Zeit – im 5. Jh. – erfolgte (wie man bisher annahm) oder erst nach der Ausgrabung im frühen 20. Jh., sei infrage gestellt. Sollten Nimbus und Redegestus ein Werk neueren Datums sein, wäre auch die These hinfällig, dass der zuvor als Tablinum benutzte Raum in ein frühchristliches Oratorium verwandelt wurde

fangen Eroten von ihren Barken aus Fische. Wie im freigelegten Jonas-Mosaik des Doms wurde dem Bildthema eine christliche Symbolik aufgelegt. Fischen bedeutet, Menschen für den christlichen Glauben zu gewinnen.

Via Sacra und Flusshafen

Auf zwei Wegen gelangt man zum römischen Flusshafen. Entweder direkt von den römischen Häusern aus, oder man wählt den längeren Weg, indem man rechts am Dom vorbeigeht, wo man zwei hohe Säulen sieht – die einzigen Überreste des spätantiken Getreidelagers, in das der Patriarch Poppo im 11. Jh. seinen Palast einbaute. Dessen Fundamente wurden ausgegraben und bei der Neugestaltung der Grünflächen im Boden sichtbar gemacht. Der hier beginnende, von Zypressen gesäumte Weg, den man – wenig sinnvoll – **Via Sacra** nennt, führt zum römischen Flusshafen. Einige Gedenksteine und Architekturfragmente sind am Weg ausgestellt, die als Baumaterial bei den Verteidigungsanlagen des 3. und 4. Jh. wiederverwendet wurden. Darunter befindet sich ein Marmorgebälk aus der Zeit Kaiser Trajans. Die Via Sacra wurde übrigens mit dem Erdmaterial angelegt, das bei den Ausgrabungen des Flusshafens (1923–32) anfiel. Dieser Hafen lag außerhalb der älteren, republikanischen Stadtmauer, deren Verlauf die Pinienreihe linker Hand bezeichnet.

Der **Flusshafen (3)** diente der Versorgung der Stadt. Angelegt wurde er wohl schon bald nach der Stadtgründung (181 v. Chr.). Unter Kaiser Claudius (41–54 n. Chr.) wurde er ausgebaut und in der Folgezeit mehrfach verändert. Das Hafenbecken – das auf 48 m verbreiterte Flussbett – war 350 m lang. Erbaut wurden die Kais aus dem wasserresistenten istrischen Gestein (das auch in Venedig verwendet wird). Sichtbar ist nur der westliche (linke) Kai zur Stadt hin. Der gegenüberliegende war bescheidener aus Ziegeln errichtet und wurde nach den Ausgrabungen wieder zugeschüttet.

Die Hafenanlage wurde im 3. Jh. wesentlich verändert, was heute die Rekonstruktion der Anlagen erschwert. Als Maximinus Thrax 238 n. Chr. Aquileia bedrohte, musste in großer Eile eine neue Stadtmauer errichtet werden, die auch die Lagerhäuser des Hafens einschloss. Man erbaute den neuen Mauertrakt im Hafengebiet kurzerhand an der Kante des oberen Kais. Als dann nach Beendigung der Belagerung der Hafen wieder funktionsfähig werden sollte, entschied man sich dazu, die Mauer nicht abzureißen, sondern die freie Fläche zwischen den Lagerräumen und der neuen Mauer als zusätzliche Maga-

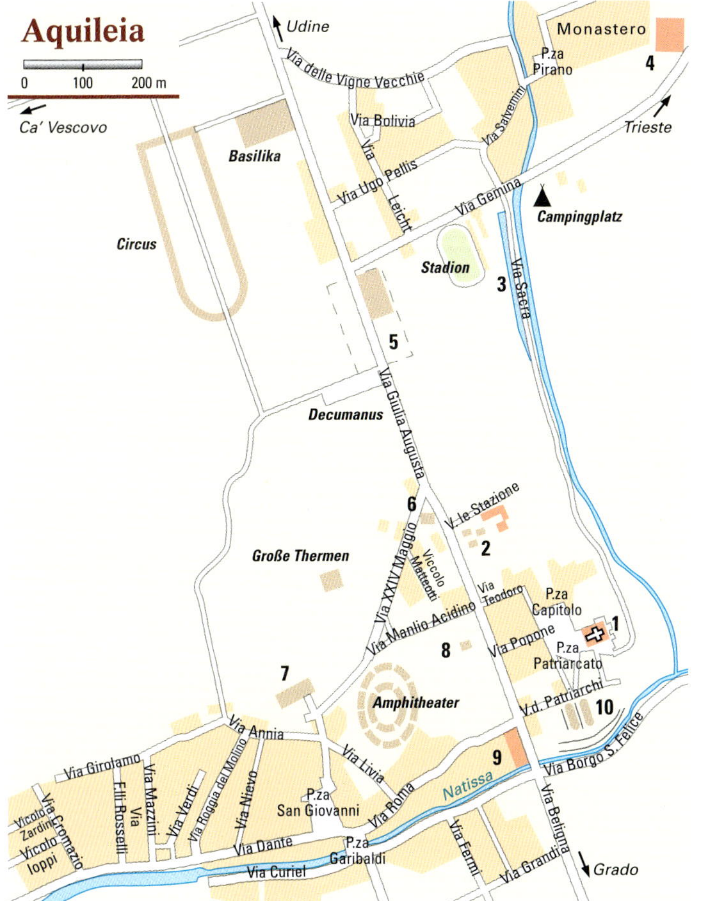

Aquileia

1 Dom und Cripta degli Scavi
2 Römische Häuser am Fondo Cossar
3 Flusshafen
4 Museo Paleocristiano
5 Forum
6 Mausoleum
7 Nekropole
8 Frühchristliche Oratorien
9 Archäologisches Museum
10 Römische Märkte

Wie die Rekonstruktion veranschaulicht, wurde die Verlade-Einrichtung auf zwei Ebenen angelegt: In der Tiefe ein einfacher flacher Kai, der bei tiefem Wasserstand (bei Ebbe) und vorwiegend für kleinere Schiffe benutzt wurde (er liegt jetzt gewöhnlich unter Wasser). Rampen führten zum oberen Kai und zu den drei Lagerhallen. Diese waren an die republikanischen Stadtmauern angelehnt und dementsprechend sehr lang gestreckt. Zwischen den Lagerhallen führten Straßen direkt vom unteren Kai ins Stadtzentrum. Zum Befestigen der Taue dienten an der oberen Kaimauer vorstehende durchbohrte Platten. Sie waren im regelmäßigen Abstand von 18 m angebracht und sind in größerer Zahl erhalten. Am unteren Kai fanden sich hingegen kleinere, vertikale Halteringe

zinräume auszubauen. Dazu wurden neue monumentale Eingänge geschaffen, zu denen die noch heute sichtbaren Stufen direkt von der Wasseroberfläche hoch führten. Die Treppenanlage wurde von rechteckigen Türmen flankiert. Die unteren Kaimauern konnten für kleinere Schiffe weiter benutzt werden.

So sieht man heute Reste vom Unterbau der Stadtmauer und der Türme, die in aller Eile vorwiegend in Bruchstein und bereits verwendetem Baumaterial errichtet wurden. Nur die Treppenanlage ist aus istrischem Stein. Die den rechteckigen Türmen, bzw. Turmbasen vorgebauten runden Türme wurden zur Verstärkung errichtet, als ein Überfall durch Kaiser Julianus Apostata drohte. Um vom Hafen aus die Stadt anzugreifen, ließ dieser die Flüsse Natisone und Torre umleiten. Sie münden heute in den Isonzo (etwa 6 km östlich von Aquileia). Der Flusshafen scheint zu dieser Zeit aufgegeben oder zumindest stark eingeschränkt worden zu sein; er hatte seine Bedeutung bereits verloren.

Museo Paleocristiano

Museo Paleocristiano

www.museoarcheo-aquileia.it/museo_paleo/intro.htm
tgl. 8.30–14 Uhr

Vom Flusshafen erreicht man in wenigen Minuten das altchristliche Museum, das **Museo Paleocristiano (4)** im Ortsteil Monastero. Dieser erhielt seinen Namen nach einem seit 811 bezeugten Benediktinerinnenkloster, das 1782 aufgelöst und in ein landwirtschaftliches Gut umgewandelt wurde. Das Museum befindet sich in den Speichern des 18. Jh. über der ehemaligen Abteikirche, die an der Stelle einer frühchristlichen Kirche erbaut wurde. Das 1949–50 ausgegrabene große Bodenmosaik dieser Kirche war nun Anlass, in diesem Gutsgebäude ein Museum für frühchristliche Kunst einzurichten.

Im großen Saal des **Erdgeschosses** sind im vorderen Bereich Bodenmosaiken aus anderen frühchristlichen Kirchen oder Häusern ausgestellt. Das größte dieser Mosaiken mit ausschließlich geometrischen Mustern wurde zusammen mit einer Altarmensa nördlich des Friedhofes gefunden. Die ebenfalls hier ausgestellte Mensa ist von seltener Form. Sie ist nicht rechteckig, sondern halboval. Im leicht erhöhten, breiten Rand sind zwölf runde sowie eine einzige kleinere rechteckige Ausbuchtung eingelassen (wohl in Anspielung auf das letzte Abendmahl Christi). Der vorwiegend im Orient verbreitete Mensatypus wird ›koptische Mensa‹ oder auch *mensa a sigma* (nach der Form des griechischen Buchstabens) genannt. Die von einer Schranke geschützten Bodenplatten gehörten zur Pflasterung des Vorplatzes der frühchristlichen Kirche von Monastero. Ein Mosaik an der linken Wand zeigt einen Phönix in einem Kreis.

Grabinschrift aus dem Museo Paleocristiano

Der Bereich der Vorhalle (Narthex) diente später der Gemeinde als Begräbnisstätte. Von den drei Portalen, die vom Narthex in den Kirchenraum führten, blieben die Türschwellen aus Spolien erhalten. Im hinteren Teil des Erdgeschosses sieht man das freigelegte frühchristliche Bodenmosaik. Auch wenn der Raum den Charakter einer Kirche verloren hat, entsprechen doch die Ausmaße und auch das Mauerwerk (bis etwa 1–3 m) dem frühchristlichen Kirchengebäude. Auf figürliche Darstellungen wurde bei diesem Paviment verzichtet. Teile des Mosaiks sind ergänzt, wobei man das Erneuerte absichtlich heller gehalten und durch eine rote Linie vom originalen Teil abgesetzt hat. Inschriften geben genau an, wer für wieviel Mosaikfläche Gelder stiftete, z. B. »Constantinus und Maximella gaben für 100 Fuß«, »Festus und Ursa gaben mit ihren Familienangehörigen die Summe, um 100 Fuß zu mosaizieren«.

Nach der Zerstörung durch die Hunnen unter Attila (452) wurde die Kirche mittels sechs Stützenpaaren in drei Schiffe unterteilt. Nur der letzte Pfeiler rechts wurde wieder aufgerichtet. Damals wurde auch das Presbyterium erhöht und mit einem neuen Mosaikpaviment belegt. Reste dieses Mosaiks hängen an der hinteren Schmalwand. Das Fresko an der linken Wand stellt Papst Gregor den Großen dar (14. Jh.).

Das **erste Obergeschoss** wird fast vollständig von zwei großen, 1894 entdeckten Bodenmosaiken eingenommen. Sie fanden sich in einer größeren (53,50 m langen) frühchristlichen Kirche in der Ortschaft Beligna (1 km südlich von Aquileia, nahe der Straße nach Grado), und zwar im Bereich der Apsis, die die gesamte Breite des Mittelschiffs (25 m) einnahm (vgl. den ausgestellten rekonstruierten Plan). Auf beiden Mosaiken finden sich verschlungene Weinranken, die von Akanthuskelchen ausgehen. Weinranken waren bereits in römisch-heidnischer Kunst ein beliebtes Dekorationsmotiv. Hier wurden sie wohl eingesetzt in Anspielung auf die Worte Jesu: »Ich bin der Weinstock, ihr seid die Reben« (Joh. 15,5). Zwischen den Ranken finden außer verschiedenartigen Vögeln und einem Pfau zwölf Schafe Platz. Die Schafe stehen in der Obhut des Guten Hirten. Die Zwölfzahl spielt auf die zwölf Apostel an. Der Pfau, dessen Fleisch nicht verwesen soll, gilt – laut Augustinus – als Symbol der Unsterblichkeit. Das Mosaik wird unterschiedlich datiert, häufig in die Zeit um 410–30.

Folgende weitere Exponate verdienen besondere Beachtung: ein unvollendetes Steinrelief, auf dem gerne die Apostelfürsten Petrus und Paulus erkannt werden (um 400?) und eine marmorne Grabplatte eines jungen Mädchens. Sie zeigt den frühchristlichen Taufritus: Wir sehen das Mädchen in einer Wanne stehen; links der Taufende mit Nimbus, rechts der Pate. Vor dem Wasser, das aus einer mit Sternen übersäten Scheibe quillt, erscheint die Taube des hl. Geistes. Die Inschrift lautet: »Der unschuldigen Seele, die der Herr gerufen hat. Sie ruhe treu in Frieden. Zehn Tage vor dem Monat September«, nennt also weder den Namen der Verstorbenen noch ihr Todesjahr. Zahlreiche weitere Grabinschriften, sogenannte *tituli,* finden sich auf der Galerie.

Römisches Forum

Der Rückweg führt zunächst zum **Forum (5),** dem großen repräsentativen Platz der Römerstadt, der bisher nur zum Teil ausgegraben wurde. Das Forum lag, wie in römischen Kolonialstädten üblich, bei der Kreuzung der beiden Hauptverkehrsstraßen, des Decumanus maximus mit dem Cardo maximus. Dem Cardo maximus entspricht die heutige Via Giulia Augusta. Daher wird das Forum bis heute von der Hauptverkehrsstraße durchschnitten. Seine noch ablesbare architektonische Gestaltung fand das Forum im 2. Jh. n. Chr. Es hatte ein Ausmaß von 130 x 70 m. Gepflastert war es mit Platten aus Karstgestein, von denen ein Teil erhalten blieb. An allen vier Seiten war der Platz von Portiken umgeben, unter denen sich Läden, Tavernen und öffentliche Gebäude öffneten. Die Portiken lagen drei Stufen, 60 cm, erhöht. Vor den Stufen des Portikus erkennt man eine Rinne zum Ableiten des Regenwassers. Unter den Portiken war der Boden mit rotem Veroneser Marmor belegt. Die Portikus-Säulen waren alle in dieselbe Richtung umgefallen, was nur durch ein Erdbeben erklärbar ist. Einige Säulen sind wieder aufgerichtet, wobei Fehlstellen in Ziegelstein ergänzt wurden.

Im Bereich des Forums sind zahlreiche Gebälkstücke und Säulenpodeste gefunden worden. Auf den hier verbliebenen Gebälkstücken tragen Adler und Eroten Fruchtgirlanden. Auf den Säulenpostamenten finden sich u. a. Medusenhäupter sowie Jupiter-Ammon-Köpfe. Wir kennen die Funktion dieser Architekturstücke nicht. Vielleicht gehörten sie zu einem Tempel, vielleicht auch zur Attika oder zu Balkonen im Obergeschoss der Portiken.

Von den öffentlichen Gebäuden des Forums sind allein die Reste der **Basilika** erhalten: Es war eine Halle mit einer Grundfläche von 2250 m². In solchen Basiliken fanden Gerichtsverhandlungen und politische Versammlungen statt, sie standen aber auch Geldgeschäften und dem Handel mit kostbaren Waren offen. Die Basilika von Aquileia besaß nicht nur eine, sondern zwei Apsiden (Exedren) an den beiden Schmalseiten und war, wie bei diesem Typus üblich, an allen vier Seiten – ähnlich wie die Portiken des Forums – innen ringsum von einem Umgang umgeben.

An einer der Breitseiten grenzte die Basilika an einen Decumanus, von dem noch ein größerer Abschnitt der Trachytpflasterung erhalten blieb. Man nennt ihn ›Decumanus der Aratria Galla‹, denn eine reiche Matrone dieses Namens hatte im 2. Jh. n. Chr. die Pflasterung gestiftet (Inschriftenstein im Archäologischen Museum).

Das imponierende, 17 m hohe **römische Mausoleum (6)** südlich des Forums wurde 1956 aus Fragmenten rekonstruiert. Die einzelnen

Das Mausoleum an der Via Julia im Süden des Forums. Den Namen des Auftraggebers kennen wir zwar nicht, doch muss es ein hoher Beamter gewesen sein (vielleicht ein für den Kaiserkult verantwortlicher Augustale). Darauf weisen einige Attribute hin: die Toga der Porträtstatue, das sogenannte ›scrinium‹ (Behälter zum Aufbewahren von Schriftrollen) zu seinen Füßen, das Bündel mit Ruten (›fasces‹) sowie – in den Relieffragmenten des unteren Teiles des Cella-Kubus – der nur hohen Würdenträgern vorbehaltene Sessel aus Elfenbein. Nach dem Baustil kann das Mausoleum in die augusteische Zeit datiert werden

Teile fand man nicht in Aquileia, sondern einige Kilometer östlich in der Ortschaft Roncolon di Fiumicello an der ehemaligen Römerstraße nach Tergeste (Triest). Die aufgefundenen Originalteile waren jedoch zu spärlich, als dass eine Rekonstruktion möglich gewesen wäre, die von der Forschung vorbehaltlos hätte akzeptiert werden können. Umstritten sind nicht nur einige Details, sondern auch Aufbau und Proportion des Monuments.

Römische Nekropole

Das Hinweisschild ›Sepolcreto‹ führt zur 1938–42 freigelegten römischen **Nekropole (7),** die allerdings stark verwahrlost ist und zurzeit nur sehr interessierten Besuchern empfohlen werden kann. Sie gibt eine gute Vorstellung von antiken Begräbnisstätten, von denen es in Aquileia wie in allen größeren Römerstädten zahlreiche gab. Sie lagen – wie es das Gesetz vorschrieb – außerhalb der Mauern, gewöhnlich entlang der Ausfallstraßen. In den ersten Jahrhunderten überwog die Aschenbestattung, die Leichenbestattung wurde erst im 2. Jh. n. Chr. üblich. Für beide Bestattungsarten bietet diese gut erhaltene Anlage Beispiele. Sie gehört zu einer größeren Nekropole an der südwestlichen Ausfallstraße.

Das erste umfriedete Feld gehörte der Kaufmannsfamilie der **Statii.** Einige Extravaganzen wie die kleinen, schräg gestellten Pfeiler der vorderen Umfriedung oder der üppige Dekor lassen an eine Entstehungszeit unter den flavischen Kaisern denken. Die an den Eckpfeilern dargestellten Gefäße fanden im Ritus der Verbrennung Verwendung. Wie bei den anderen Gräbern sind die niedrigen Ziegelsteinmauern durch abgerundete Lagen aus Naturstein geschützt. Das Grab des Familienoberhauptes wurde weitgehend rekonstruiert; original ist der größerenteils reich mit Palmetten verzierte, gestufte Sockel. In dem pyramidenförmig bedeckten Grabmal wurde ein Mädchen aus einer anderen Familie beigesetzt: die 17-jährige Fabricia Severina (darauf weist eine Inschrift am Hauptmonument hin). In dem kleinen Sarkophag links wurde ein Kind bestattet (bei Kindern war die Leichenbestattung üblich). Die Urnen aller Grabanlagen gelangten ins Archäologische Museum.

Die zweite Grabanlage ist die kleinste und bescheidenste. Die Urnen tragen keine Inschriften. Bei der dritten Anlage, die der **Iulii,** nennt eine Inschrift an der Vorderseite der Umfriedung die Maße: 23 Fuß (ca. 7 m) an der Front, 30 Fuß (ca. 9 m) an den Seiten. Eine bemerkenswerte Inschrift an dem kleineren Grab besagt, dass Caius Iulius Trophimus das Momument dem Venustus, einem Sklaven mit seltenen Eigenschaften, errichtete: VENUSTO SER(VO) RARISSIMO C(AIUS) IULIUS TROPHIMUS. Die spitze Bedachung des größeren Grabmals trägt an der Vorderseite ein Relief mit Delfinen, die um den Dreizack des Neptun geschlungen sind. Es sind Symbole des Jenseits, anspielend auf die Reise der Toten.

In der vierten Anlage, die der **Trebi,** fand man außer Urnen auf einer höheren Ebene auch Sarkophage. Die Anlage wurde als einzige wahrscheinlich noch im 3. Jh. benutzt. Eine Skulpturengruppe zeigt eine sitzende Frau mit einem geflügelten Mädchen, vielleicht die Verstorbene mit ihrer Seele (Kopie, Original im Archäologischen Museum, Saal 3). Die fünfte Anlage gehörte den **Cestii.** Ein Cippus trägt eine Inschrift, die besagt, dass L. Cestius Potius ihn der Aemilia Primitiva errichtete, die durch ihr ehrenhaftes Leben Verdienst erlangte.

Römische Häuser an der Via Popone

Zwischen Via Giulia Augusta und den (zugeschütteten) Resten des hier vermuteten Amphitheaters können weitere römische Häuser besichtigt werden (Eingang gegenüber der zum Dom führenden Via Popone). Die Häuser lagen außerhalb der älteren, republikanischen Stadtmauer und entstanden später als die Bauten am Fondo Cossar (s. S. 95), wahrscheinlich in der Zeit von Kaiser Augustus. Die freigelegten Fundamente, die unteren Mauerteile und Bodenmosaiken gehören zu drei verschiedenen Anlagen. In den beiden Häusern nahe der Straße wurden im 4. Jh. neue Räume eingebaut, die gerne als **frühchristliche Oratorien (8)** gedeutet werden, ohne dass es dafür stichhaltige Beweise gäbe. Es wären neben der Anlage von Duro Europos (Syrien), die sich heute in der Yale Universität befindet, die einzig erhaltenen Beispiele für frühe Hauskirchen überhaupt. Im sogenannten Oratorium des ersten (südlichen) öffnet sich eine große halbrunde Apsis mit Resten eines rein ornamentalen Mosaiks. Das Oratorium des nördlichen Hauses besitzt ein großes farbiges Mosaik eines Hirten in ruhender Haltung, mit Krummstab und Hirtenflöte, umgeben von Lämmern, Fischen und Delfinen, von Pfauen, Vögeln, Wildenten und Schwänen. Lämmer, Fische und Pfauen können auch als christliche Symbole verstanden werden (s. S. 78, 82). Ob auch dem Delfin in frühchristlichen Darstellungen eine Symbolik zugrunde liegt, ist umstritten.

Die spärlichen Reste, die auf ein Amphitheater schließen lassen, wurden nach der Ausgrabung wieder zugeschüttet und können daher nicht besichtigt werden. Zurzeit werden die weiter nördlich gelegenen **Thermen** ausgegraben, aus denen schon früher Mosaiken mit Athleten entfernt und im Lapidarium des Archäologischen Museums ausgestellt wurden.

Museo Archeologico Nazionale

Museo Archeologico Nazionale
www.museoarcheo-aquileia.it
Mo 8.30–14, Di–So 8.30–19.30 Uhr

Das **Archäologische Museum (9)** gehört zu den interessantesten regionalen Antikenmuseen Italiens. Mit der Fülle des Materials gibt es einen guten Einblick in die lokale kunsthandwerkliche Produktion des antiken Aquileia und in das tägliche Leben einer Römerstadt.

Porträt des jungen Octavian, des späteren Kaisers Augustus

Während die Skulpturensammlung Stücke von provinzieller Qualität enthält, gibt der reiche Bestand an Mosaikfußböden einen guten Überblick über die stilistische Entwicklung bis zur Spätantike und erleichtert damit das Verständnis der Mosaike im Dom. Von großer Bedeutung ist die Sammlung römischer Gläser, der Kameen und Gemmen. Gegründet wurde das Museum 1882 vom österreichischen Staat. Untergebracht wurde es in einer von der Familie von Ritter erworbenen Villa des 18. Jh.

Erdgeschoss

Saal 1: Römische Porträts aus spätrepublikanischer Zeit bis ins 5. Jh. Sie sind von links nach rechts chronologisch geordnet. Zu beachten ist vor allem das Porträt eines Alten mit abstehenden Ohren (Nase ergänzt) aus spätrepublikanischer Zeit (Nr. 3). Ein Marmorrelief zwischen den Fenstern zeigt den Ritus einer römischen Stadtgründung: Ochsen ziehen einen Pflug. Dabei bezeichnet die aufgeworfene Erde den Verlauf der künftigen Mauer (s. S. 22). Von einem Ehrenmonument stammt die Inschrift darunter, die einen der Triumvirn nennt, die 181 v. Chr. mit der Gründung von Aquileia beauftragt waren: L. Manlius Acidinus. Rechts vom Durchgang in den nächsten Raum: Von den Bürgern Aquileias gestifteter Votivaltar nach der überstandenen Belagerung durch Maximinus Thrax (238 n. Chr.) für die kapitolinischen Gottheiten (Jupiter, Juno, Minerva) und Mars. Das seitliche Relief zeigt eine Personifikation Aquileias (mit Adler), die kniend Rom um Beistand bittet.

Saal 2: Porträtstatuen. Die Togastatue eines Priesters (rechts vom Durchgang zu Saal 3) mit bedecktem Haupt ist entweder ein posthumes Bildnis des Octavian-Augustus oder seines Nachfolgers Tiberius. Rechts davon Kaiser Claudius (41–54 n. Chr.) als Triumphator in militärischer Gewandung. Dazwischen der Kopf des jungen Octavian (Augustus). Er stammt von einer Statue, die nach der Schlacht von Actium (31 v. Chr.) aufgestellt wurde. Die kopflose, halbnackte Statue in der Ecke rechts galt einem Befehlshaber zur See (Schiffsschnäbel an der Basis). Die beiden Grabstatuen eines Ehepaares an der Eingangswand sind lokaler Provenienz und wohl aus augusteischer Zeit. Der Mann trägt die Toga, die Frau dagegen Stola und Palla (ein rechteckiges Tuch). Ihre Frisur gleicht der der Livia, der Gemahlin des Augustus. Ein Relief des 4. Jh. n. Chr. (zwischen Fenster und Außentür) zeigt eine sakrale Prozession: Zwei Beamte des Magistrats sitzen in einem Wagen; Männer tragen ein Tabernakel mit der Gottheit. Voran gehen zwei Liktoren.

Saal 3: Zeugnisse zum Totenkult. Grabmonumente und Stelen illustrieren die Tätigkeiten verschiedener Berufe (Metzger, Schmied, Feldmesser, Wagner, Zimmermann, Steuereinnehmer) oder ihr handwerkliches Gerät. Die freistehende plastische Gruppe einer Frau mit geflügeltem Kind stellt vielleicht die Verstorbene mit Psyche dar. Die Gruppe stammt von der römischen Begräbnisanlage der Trebi

Mithras-Darstellung im Archäologischen Museum von Aquileia. Der persische Lichtgott stößt dem Urstier einen Dolch in den Hals. Aus dem Blut und dem Schwanz sprießen Ähren und Weinreben. Ein Hund und eine Schlange lecken am Blut, um der Lebenskraft des Stieres teilhaftig zu werden. Ein Skorpion beißt dem Stier in die Hoden, um den Samen zu verderben. Doch der Samen wurde in die Mondsphäre erhoben, dort gereinigt und konnte vielfältige Tierarten hervorbringen. So ist Mithras ein lebensspendender Gott, der begleitet wird von Cautes und Cautopates, Sinnbildern der aufgehenden und untergehenden Sonne. Der Mithras-Kult war bei den römischen Legionären im gesamten Reich beliebt

(s. S. 103). In der Mitte des Saales steht auf einem Säulenstumpf eine Aschenurne aus Karstgestein mit der Darstellung eines Banketts bei einer Totenfeier, 1. Jh. n. Chr. Zwei Männer richten das Zeichen des Gehörnten gegeneinander, womit sie wahrscheinlich Unheil abwenden wollen.

Saal 4: Griechisch-römische, orientalische und lokale Gottheiten. Die großen Medaillons von einem öffentlichen Gebäude stellen dar: Merkur, Vulkan, Juno (?), Jupiter, Mars, die Göttin Roma, Mithras (?) und andere. Auf einer Metope findet sich eine Personifikation des Winters. Sie trägt ein Wildschwein, Hasen und eine Wildente. Ein Relief zeigt den Genius von Aquileia mit dem Flussgott des Natisone. In der mittleren Nische steht ein Torso der Venus vom Typ Medici in römischer Kopie. Besondere Beachtung verdient das Mithras-Relief.

Erstes Obergeschoss

Saal 5: Römische Grabbeigaben wie Schmuck- und Toilettenartikel, Geschirr und andere Gegenstände des täglichen Gebrauchs. Reich ist das Museum an Erzeugnissen der Steinschneidekunst, insbesondere Gemmen. Auffallend häufig sind die Erzeugnisse aus Bernstein, u. a. als Stäbe, deren Funktion nicht genau bestimmbar ist. Aquileia war ein Zentrum der Bernsteinbearbeitung. Das versteinerte Harz wurde über die Alpenpässe von der Ostsee importiert. Dem ›Gold des Nordens‹ wurden Unheil abweisende Kräfte zugeschrieben.

Saal 6: Im Saal der Kulte besticht ein großer Bronzeleuchter vom Typ Polycandilon oder Jerusalem. Er beleuchtete die Verbindungshalle der posttheodorianischen Kirche und dem Bischofspalast und

dürfte daher in die zweite Hälfte des 4. Jh. zu datieren sein. Ausgegraben wurde er 1970. Der obere Reifen und die Ketten wurden rekonstruiert.
Saal 7: Terrakotten aus Aquileia, Arezzo und andernorts, Öllampen, Geschirr, Urnen, Schreibgerät. Bildnisse des Sokrates, angeblich auch des Pythagoras und des Vergil.
Saal 8: Bronzearbeiten wie Spiegel, Lampen, Fibeln etc.
Saal 9: Überaus reiche Sammlung römischen Glases, gefunden als Grabbeigaben. Schon im 1. Jh. v. Chr. brachten Händler orientalische Glaserzeugnisse (vor allem aus Syrien) nach Aquileia und bald wurde diese Hafenstadt ein bedeutendes Produktionszentrum. Es scheint, dass die Technik der Glaserzeugung in der Völkerwanderungszeit über Altinum nach Venedig und Murano vermittelt wurde. Während die einfarbigen Gläser, speziell die blauen und gelben, transparent gehalten wurden, sind die mehrfarbigen zumeist opak, um farbige Steine oder Marmor zu imitieren.

Zweites Obergeschoss

Im zweiten Obergeschoss sind im **Treppenhaus** frühgeschichtliche Funde von der Steinzeit bis in die Bronzezeit ausgestellt.
Saal 10: Neue Funde vom Forum, darunter Holzverschlüsse von der Wasserleitung mit Jupiter-Ammon und Widderköpfen.
Saal 11: Die rechte Vitrine zeigt Kleidung und Waffen römischer Krieger aus der späten Kaiserzeit und der der Langobarden. Der in der mittleren Vitrine ausgestellte, vergoldete Bronzekopf wurde 1990 beim Eingang zur Basilika am Forum gefunden. Er stellt wahrscheinlich einen Kaiser dar, möglicherweise Maximinus Thrax, der in Aquileia ermordet wurde. Das Bronzerelief eines Kopfes mit Faunsohren wurde 1988 in einem Brunnenschacht des Forums gefunden, zusammen mit Material aus dem 3. Jh. Das Werk steht noch in der hellenistischen Tradition und wurde wahrscheinlich im 1. Jh. v. Chr. gegossen. Bronzestücke wurden niemals als Abfall weggeworfen. So kann man annehmen, dass man das Relief im 3. Jh. in den Brunnen warf, um es vor einer Plünderung zu retten. Die linke Vitrine zeigt Schmuck- und Kleidungsstücke der Frau in spätantiker, gotischer und langobardischer Zeit. Bemerkenswert ist ganz rechts in der Vitrine ein Schleier mit goldenen Fliegen (das Netz erneuert).
Saal 12: Münzsammlung, u. a. mit in Aquileia geprägten römischen Münzen.
Das Museum besitzt weitere **frühchristliche Kunsthandwerkserzeugnisse,** darunter ein Gefäßboden (Glas mit Goldeinlagen) mit Darstellung von Moses Quellwunder. Dazu gehört auch das berühmte kleine Marmorbildnis, das lange als Darstellung Livias galt, jetzt aber als Porträt Sabinas gedeutet wird, der Gemahlin Kaiser Hadrians. Auch die zum Museum gehörenden ägyptischen Gegenstände wurden in Aquileia gefunden.

Lapidarium

Im Garten des Museums ist das **Lapidarium** untergebracht. Hier finden sich Fragmente von Bauwerken und zahlreiche Inschriften. In der Mitte des Gartens steht das rekonstruierte Grabmal der gens Curia, 1. Jh. n. Chr.: Die Bildnisstatue der Curia Marcella steht unter einer merkwürdigen dreisäuligen Ädikula mit geschwungenem pyramidenförmigen Aufsatz. In einem gesonderten Saal ist an der rechten Seite der Rumpf eines römischen Schiffes ausgestellt, der bei San Giovanni in Tuba gefunden wurde. Interessant auch die Dokumentation

Unter den Mosaiken im Lapidarium fällt dieses besonders auf: Es zeigt eine Nereide auf einem Stier (1. Jh. n. Chr.). Aus derselben Zeit sind die mit einer Schleife verbundenen Efeu- und Weinranken, deren Modellierung und Farbnuancierung von stupender Detailgenauigkeit ist. Eine Kuriosität ist das Mosaik aus einem Speisezimmer (triclinium), das einen ungefegten Fußboden zeigt (sog. asaroton). Liegen geblieben sind die Abfälle vom Tisch eines vornehmen Hauses: Weinblätter, Fischköpfe, Gräten, Krustentiere, Sepien, Obst, Eier- und Nussschalen (1. Jh. v. Chr.). Aus dem 3. Jh. n. Chr. sind die in gröberer Technik ausgeführten Bildnisse von Athleten. Sie stammen aus den Thermen, die mit einer Palästra (Sporthof) verbunden waren

Römisches Mosaik mit Fischen und Meerestieren im Archäologischen Museum von Aquileia

zur Bergung des Schiffes. Ein Mosaik zeigt Fische und Meerestiere des Mittelmeeres, die größtenteils noch heute gefangen werden und daher ohne große Mühe identifizierbar sind.

Im hinteren Teil des Gartens sind die besten Mosaiken ausgestellt, die außerhalb des Domes gefunden wurden. Sie reichen von noch ganz hellenistisch abbildenden Beispielen mit kleinsten Steinchen bis zu den derben Darstellungen der Gladiatoren des 4. Jh. Dazwischen gibt es schöne, ornamentale Flächen aus dem 2. bis 5. Jh.

Jenseits der Via Giulia Augusta

Zwischen dem Archäologischen Museum und der Piazza Patriarcato, jenseits der Via Giulia Augusta, wurden die **Ruinen römischer Märkte (10)** ausgegraben. Es handelt sich um zwei rechteckige Plätze, die von Markthallen umgeben waren. Bei der Pflasterung wurden z. T. Grabsteine wieder verwendet.

Südlich davon sieht man zwei Abschnitte der beiden letzten parallel verlaufenden **Stadtmauern** aus kaiserlicher Zeit, zunächst die 238 n. Chr. gegen Maximinus Thrax errichtete, sodann die ab 379 von Kaiser Theodosius vorgebaute Mauer. Diese besitzt zwar eine Stärke von nur 1,40 m, ist jedoch im Gegensatz zur älteren Mauer auf solide Fundamente gebaut.

Reisen & Genießen

Hotels

An der Hauptstraße gelegen, befindet sich das einfache, aber einladende Hotel Aquila Nera. Auf der Speisekarte des angeschlossenen Restaurants stehen friulanische Fleisch- und Fischgerichte.

Aquila Nera
Piazza Garibaldi, 5
33051 Aquileia
Tel./Fax 043 19 10 45
www.hotelaquilanera.com
DZ 60 €

Von den Zimmern des anspruchsvollen Hotels Patrarchi aus, seit 1990 im Besitz der Familie Mattiussi und im Zentrum gelegen, genießt man den Blick auf den Dom.

Patriarchi
Via G. Augusta, 12
33051 Aquileia
Tel. 04 31 91 95 95
www.hotelpatriarchi.it
DZ 44–48 €

Restaurant

Das elegante Restaurant der Familie Aizza bietet seinen Gästen eine große Auswahl an hausgemachten Nudel-, Fleisch- und Fischgerichten. (Mo geschl.)

La Colombara
Via Zilli, 34
Tel. 043 19 15 13
www.lacolombara.it
mittlere Preisklasse

Grado

Cityplan Grado S. 110

Grado ist keine Laguneninsel, sondern eine Halbinsel zwischen der Lagune und dem offenen Meer – eine Nehrung also, wie der Lido von Venedig. Und gerade diese Lage macht den Reiz Grados aus: auf der einen Seite die Sandstrände und das offene Meer, auf der anderen Seite die naturbelassene Lagune, die vielfältiger als die von Venedig ist.

Die ausgedehnte moderne Touristenstadt schließt ein winziges Fischerdorf, die Città vecchia, ein. Vieles in dieser Altstadt erinnert an Venedig: die Gassen *(calli)*, die Durchgänge *(sottoportici)* und kleinen Plätze *(campielli)*, die Häuser mit ihren Außentreppen und Außenkaminen, auch wenn die Bauweise hier natürlich sehr viel bescheidener ist. Die Bewohner Grados lebten früher ausschließlich vom Fischfang. Sie fühlen sich nicht als Friulaner und sprechen auch nicht Friulanisch, sondern einen alten Dialekt, der eng mit dem Venezianischen verwandt ist.

Grado ★★
Besonders sehenswert: Sant'Eufemia, Baptisterium, Santa Maria delle Grazie, Basilika San Giovanni, Marano

Fremdenverkehrsamt
Viale Dante Alighieri, 72
Tel. 04 31 89 91
www.aptgrado.com

Geschichte

Grado – so liest man immer wieder – soll der Seehafen von Aquileia gewesen sein. Diese alte Behauptung ist weder durch archäologische Funde noch Dokumente zu belegen. Auch fehlte es in Grado an geografischen Voraussetzungen für einen natürlichen Hafen. Lediglich aus dem Namen wurde auf die Existenz eines Hafens geschlossen: Grado, von lat. *gradus,* heißt ›Stufe‹, was wie das Wort *scala* (›Treppe‹) oft im Sinn von ›Hafen‹ gebraucht wurde, hier aber wohl eher die Bedeutung von ›Ufer‹ hatte.

Bewohnt war das Gebiet der heutigen Halbinsel schon in römischer Zeit. Davon zeugen die Grundmauern eines römischen Gebäudes unter einer der altchristlichen Kirchen (an der Piazza Vittoria), aber auch römische Sarkophage, die heute beim Zugang zum Baptisterium stehen. Damals war die **geografische Situation** noch anders, denn der Boden des heutigen Lagunengebietes hat sich im Laufe der Jahrhunderte durch das Phänomen des Bradiseismus (griech. ›langsames Beben‹, d. h. langsame Hebungen und Senkungen des Bodens) im Zuge oft schwerer Erdbeben gesenkt. In Grado lag das Bodenniveau in römischer Zeit ca. 2 m höher; das Gelände wurde von dem verzweigten Mündungsgebiet des Natisone und zusätzlich von Entwässerungskanälen durchzogen. In der Spätantike verfielen die Entwässerungsanlagen, das Gebiet versumpfte und entwickelte sich allmählich zur Lagune.

Immer dann, wenn in der Spätantike auf dem Festland Gefahr drohte, war der feste Lido von Grado **Zufluchtsort** für die Bewohner von Aquileia. Hier war man praktisch unangreifbar: Auf der Seeseite lagen die flachen Sandstrände, an denen kein Schiff anlegen konnte, auf der anderen Seite Sümpfe oder die sehr flache, nur mit kiellosen Booten befahrbare Lagune. Das war ganz ähnlich wie in der Lagune

Ursprung des Namens
Das lateinische Wort ›gradus‹, von dem sich der Name der Insel Grado ableitet, findet sich noch an zwei weiteren Orten, und zwar dort, wo Flüsse ins Meer münden: in San Piero a Grado bei der Arno-Mündung nahe Pisa und in Gradus in Südfrankreich bei der Rhône-Mündung. Das Wort ›gradus‹ führte in der Nachantike ein vereinzeltes Dasein im Gegensatz zum Synonym ›piera‹, aus dem das englische ›peer‹ und das deutsche ›Pier‹ wurden.

von Venedig. Wer sich in diese Gewässer wagte, musste den Verlauf der natürlichen Kanäle kennen, die sich durch die Strömung bildeten und denen noch heute die Kähne der Fischer folgen.

Wir wissen nicht genau, wann die Aquileier zum ersten Mal auf Grado Zuflucht suchten. Wahrscheinlich war es bereits beim Anmarsch der Westgoten unter Alarich (401 und 407). Als sich dann 452 die Hunnen Attilas näherten, als 489 Theoderich mit seinen Ostgoten die Stadt bedrohte, flohen die Bewohner jedesmal auf die Insel. War die Gefahr überstanden, kehrte ein Teil von ihnen aufs Festland zurück. Einige der Flüchtlinge blieben jedoch auf Grado. Dies lässt sich durch Namen von Stifterinschriften nachweisen, die sich identisch auch in Aquileia finden.

Schon bevor Attila Aquileia angriff, gab es auf Grado **christliche Kirchen.** Die beiden ältesten gehen auf das späte 4. oder frühe 5. Jh. zurück. Wie Ausgrabungen der Basilika San Giovanni und des Vorgängerbaus von Sant'Eufemia zeigen, wurden diese Kirchen inmitten von Gräberfeldern erbaut. Im 5. Jh. wurde die kleine Ortschaft Grado mit Schutzmauern versehen und zu einem **castrum** ausgebaut. Es war der Form der Insel entsprechend ein sehr lang gestrecktes Rechteck, das 320 x 90 m maß. Seine Mauern blieben, wenn auch überbaut, streckenweise bis heute erhalten. Recht gut erkennbar sind sie in der Häuserzeile der Via Garengo oder im Lapidarium von Sant'Eufemia. So konnte man die Ausdehnung des Castrums und auch seine späteren Erweiterungen recht gut rekonstruieren.

Als die **Langobarden** 568 im Friaul einfielen, floh Bischof Paulinus von Aquileia, der erstmals den Patriarchentitel für sich bean-

spruchte, mit seiner Gemeinde, den Reliquien und dem Kirchenschatz nach Grado. Diesmal schien die Flucht für viele endgültig gewesen zu sein. Der Bischof jedenfalls blieb in Grado, wo ihn die Byzantiner unterstützten und ihm Schutz vor den Langobarden gewährten. Er führte den Titel des Patriarchen von Aquileia auch dann noch, als der auf dem Festland gebliebene Klerus einen Gegenpatriarchen gewählt hatte. An der Wahl des dezidiert anti-arianischen und anti-monophysitischen Patronats der hl. Eufemia (der Schutzpatronin des Konzils von Chalkedon) für den neuen Dom ist bis heute die Bekenntnis zur Zweinaturenlehre und zu Byzanz, zugleich auch die Ablehnung der langobardischen Herrschaft ablesbar. Die Rechte auf die Kirchen seiner Provinz musste der in Grado residierende Patriarch allerdings auf die Bistümer der adriatischen Küste und Istriens beschränken (zum kirchenpolitischen Hintergrund s. S. 30).

Während die einst reiche Handelsstadt Aquileia allmählich verfiel, erlebte Grado seine **Blütezeit,** die allerdings schon im 10. Jh. endete. Vor den einfallenden Völkern war Grado durch seine Insellage geschützt, nicht jedoch vor der Gewalt der **Sturmfluten,** die den Boden der Insel buchstäblich verschlangen. Gefährdete Kirchen- und Klostergebäude mussten verlegt werden, da ihr Grund zu unsicher wurde. Viele Bewohner wanderten auf die Inselgruppe am Rialto aus, in das aufblühende Venedig. Die Rivalität des nahen **Venedigs,** das den Patriarchen fest an sich band und seine Residenz auch formal 1156 an den Rialto verlegte, markiert das Ende eines allmählichen Bedeutungsverlustes des Ortes – der Sitz des Erzbischofs degradierte zum Fischerdorf. Das junge Venedig ohne historische Tradition usurpierte rücksichtslos fremde Traditionen, sei es durch die Plünderung Konstantinopels, sei es durch die schrittweise Übernahme der Traditionen Aquileias. Venedig raubte nicht nur die Reliquien des hl. Markus in Alexandria. Unter dem Vorwand der Sicherstellung wurden auch die Reliquien von Grado entwendet, nach denen Poppo später vergeblich suchte.

Das Leben auf der Insel wurde von Jahr zu Jahr beschwerlicher, in den Sumpfgebieten drohte bald die Malaria. Schließlich wurde 1451 der längst anachronistisch gewordene Bischofssitz von Grado auch formal aufgehoben. Die Patriarchenwürde ging an den venezianischen Bischof von Olivolo (Castello) über. Dieser nannte sich nunmehr Patriarch von Venedig.

Politisch unterstand Grado – wie das übrige Friaul – schon seit 1420 der Serenissima. Ein für sechs, später für zwölf Monate bestellter venezianischer Gouverneur, den man ›Conte di Grado‹ oder ›Principe‹ nannte, regierte die Insel »nach den Gebräuchen dieses Ortes, wo diese aber fehlen, nach gutem Gewissen«, so die Statuten. Die Zahl der Bewohner schrumpfte zeitweise auf unter 2000.

Eine neue Zeit begann für die Insel, die 1815–1918 zu **Österreich** gehörte, mit der Entdeckung der Heilkraft des Seeklimas und der Eröffnung der **See- und Kurbäder** zunächst für kranke Kinder (1872),

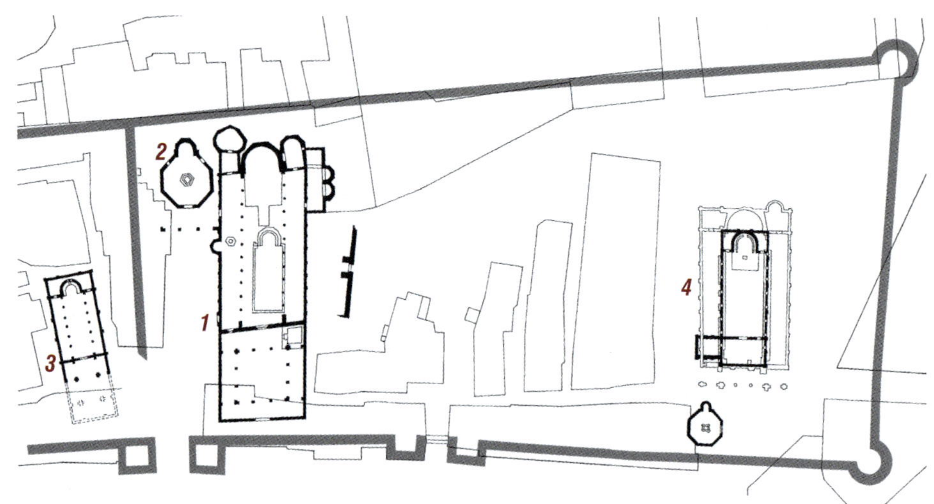

Der südliche Teil des Castrum von Grado

(Mit den frühchristlichen Kirchen, deren Vorhallen rekonstruiert wurden)

1 *Sant'Eufemia mit Vorgängerkirche des 4. oder 5. Jh.*
2 *Baptisterium*
3 *Santa Maria delle Grazie*
4 *San Giovanni, Ruine einer frühchristlichen Basilika*

seit dem späten 19. Jh. im großen Stil auch für ein internationales Publikum. Für die neuen Hotelbauten und Wohnhäuser, für die Kur- und Parkanlagen reichte die vorhandene Inselfläche nicht mehr aus. Während die See jahrhundertelang der Insel Land entrissen hatte, erweiterte man jetzt das Inselgebiet durch Aufschütten der Lagune. Schließlich kam es zum Bau des Verbindungsdamms zum Festland: ein Zeichen dafür, dass Grado aus seiner langen Isolation herausgefunden hat.

Grados Kirchenbauten liegen dicht beieinander in der noch sehr romantischen **Altstadt.** Sie stammen aus einer Zeit, als die Insel nach dem Untergang von Aquileia und vor dem Aufblühen Venedigs ihre kurze große Epoche erlebte. Bauherr der beiden Hauptkirchen, Sant'Eufemia und Santa Maria delle Grazie, war Patriarch Elias, der sie wohl unmittelbar nach dem Einfall der Langobarden im Friaul (568) errichten ließ.

Dom Sant'Eufemia

Sant'Eufemia

Piazza dei Patriarchi
Mai–Sept. 8–19 (Okt.–April bis 18) Uhr

Der 579 geweihte Dom **Sant'Eufemia (1)** ist die ehemalige Bischofskirche Grados, war also Sitz des Patriarchen von Grado, der sich genau wie sein Rivale auf dem Festland offiziell ›Patriarch von Aquileia‹ nannte. In ihrem guten Originalzustand ist diese uralte Kirche ein herausragendes Monument, das in der Tradition der frühchristlichen und ravennatischen Basiliken steht. Mit diesen teilt es eine besondere Raumwirkung, die man leichter und lichter erlebt als die der späteren romanischen Kirchen in ihrer Schwere und Verschlossenheit.

Es handelt sich um eine dreischiffige **Säulenbasilika** ohne Querhaus. Die Säulen tragen, wie in der Zeit üblich, nicht mehr das gerade Gebälk, sondern bereits Bögen, allerdings ohne den Kämpferblock, der an das Gebälk erinnern sollte. Typisch für Basiliken der spätantiken Tradition ist die reiche Durchfensterung mit breiten rundbogigen Fenstern, die ursprünglich sicherlich mit dünnen Alabasterscheiben inmitten einer filigranen Steinrahmung verschlossen waren. Gerade in der breiten, lichtdurchfluteten Raumwirkung hat der Bau ein durch und durch antikes Gepräge. Wie die etwas älteren Basiliken von Ravenna, etwa der beträchtlich größere Bau von Sant'Apollinare in Classe, besitzt sie eine innen halbrunde, außen kantig gebrochene Mittelapsis, und wie dort sind an der Stirn der beiden Seitenschiffe Nebenräume ausgebildet, die sogenannten Pastophorien. Im Unterschied jedoch zu den ravennatischen Bauten und auch zu den frühchristlichen Kirchen Roms sind bei Sant'Eufemia die Wände des Mittelschiffs durch flache **Lisenen** unterteilt,

Der Dom Sant'Eufemia von Grado, ein seltenes, noch weitgehend intaktes Beispiel einer Kirche der Völkerwanderungszeit. Seit den Restaurierungsarbeiten von 1949 ist Sant' Eufemia von barocken Zutaten befreit und trägt wie zur Entstehungszeit wieder einen (erneuerten) offenen Dachstuhl

Vorgängerbau Hl. Euphemia

Zwei Inschriften im Fußbodenmosaik besagen, dass Patriarch Elias eine Vorgängerkirche erneuerte und sie am 3. November 579 der hl. Euphemia weihte. Euphemia ist nicht zufällig die Titelheilige: Sie war die Patronin des Konzils von Chalkedon, das die vom Papst verdammte Zweinaturenlehre proklamierte (s. S. 26).
Der Vorgängerbau, errichtet wohl bald nach Zerstörung Aquileias durch die Hunnen (451), war bereits dreischiffig und von den heutigen Ausmaßen, sodass seine Grundmauern übernommen werden konnten.

und zwar sowohl am Außenbau wie auch im Inneren. Wie hier die Wände durch plastisch hervortretende Elemente strukturiert werden, weist voraus auf hochmittelalterlich-romanische Architektur. Innen findet man diese Lisenen über jeder zweiten (ursprünglich durch dunklen Marmor akzentuierten) Säule. Es ist interessant, die unterschiedlichen Kapitelle zu betrachten: Einige wurden von römischen Gebäuden des 3. und 4. Jh. übernommen. Nur ein Kapitelltypus korinthischer Ordnung kehrt mehrmals wieder (an der 2., 5. und 9. Säule rechts und an der 2. Säule links). Er ist seit der ersten Hälfte des 5. Jh. bekannt und stammt wahrscheinlich von einem Vorgängerbau.

Leider ging die originale Wanddekoration im Dom völlig verloren, in der benachbarten Marienkirche ist sie indes noch zu rekonstruieren. Der Schmuck konzentriert sich heute auf das große, ca. 700 m^2 umfassende **Bodenmosaik** mit geometrischen und vegetabilen Ornamenten, das zum Teil 1946–48 in schwächeren Farbtönen ergänzt wurde. Besondere Beachtung verdient ein wellenförmiges Ornament. Etwa 30 Weihinschriften geben die Namen der Stifter an.

Durch zwei Bodenöffnungen im mittleren und linken Schiff blickt man auf 1 m tiefer liegende Mosaikreste. Sie gehörten zum ersten Vorgängerbau des 4. oder frühen 5. Jh. Diese kleine, einschiffige Kirche ist ein wichtiges Zeugnis dafür, dass Grado bereits vor dem Hunneneinfall bewohnt wurde. Eine Inschrift erwähnt die Ruhestätte eines Petrus, der als einziges Mitglied der jüdischen Gemeinde zum Christentum konvertierte.

Als Weihwasserbecken dient ein großes Kapitell aus augusteischer Zeit. Stilistisch wenig einheitlich ist die im Grundriss sechspassförmige **Kanzel,** die im späten 13. oder frühen 14. Jh. entstanden sein dürfte. Ihre Säulen und Kapitelle sind möglicherweise spätantike Spolien des 5.–6. Jh. Bei dem orientalisch anmutenden Baldachin tragen geschweifte Bögen (wie sie sich auch an San Marco in Venedig finden) eine Kuppel.

Die ursprünglichen **Chorschranken** gingen verloren. Die jetzigen wurden 1949 aus Marmorplatten des 6. Jh. verschiedener Herkunft zusammengesetzt. Im **Presbyterium** zeigt das moderne Fußbodenmosaik (1950) eine rekonstruierende Ansicht des Castrum von Grado. Das schlecht erhaltene Fresko in der Apsis-Kalotte mit Christus in der Mandorla, den Evangelistensymbolen, der Muttergottes und Heiligen dürfte auf das 12. oder 13. Jh. zurückgehen, wurde jedoch um 1400 übermalt. Die vergoldete Silberpala hinter dem Altar ist eine venezianische Arbeit in einem volkstümlichen gotischen Stil. Sie wurde 1372 von dem Venezianer Donato Mazzalorsa gestiftet.

Nebenräume und Domschatz

Die **Nebenräume der Kirche** liegen auf einem ca. 1 m tieferen Niveau. Dennoch erhielten sie, wie die in den Pavimenten eingelassenen Monogramme des Patriarchen Elias bezeugen, gleichzeitig mit

Blick in den Innenraum von Sant'Eufemia

der übrigen Kirche ihren Mosaikschmuck. Die sich rechts und links vom Presbyterium öffnenden Räume entsprechen den üblichen Pastophorien, dem Diakonikon zur Aufbewahrung von Kirchengerät, und Prothesis zur Vorbereitung des Messopfers. Hier dienten diese Räume jedoch als Begräbniskapelle und Martyrium.

Nach einer Inschrift war der linke Nebenraum spätestens seit 807 dem hl. Markus geweiht. Demnach war der Markuskult in Grado um einige Jahre älter als in Venedig. Die Reliquien des hl. Markus wurden erst 828 von den Venezianern in Alexandria geraubt. Patriarch Johannes hatte im Jahre 807 Reliquien der Märtyrer Hermagoras und Fortunatus in die dem Markus geweihte Kapelle überführen lassen, damit sie hier, im neuen Aquileia, eine neue Verehrungsstätte finden sollten. Von dieser Kapelle blickt man in einen Raum mit drei kleeblattförmig angeordneten Apsiden, die wellenförmig ineinander übergehen (Wände und Decke wurden rekonstruiert).

Der rechte Nebenraum schließt – wie das Presbyterium – mit einer innen runden, außen eckigen Apsis, die auf dem originalen Fundament rekonstruierend wieder aufgebaut wurde. Die hier aufgehängten fünf Tafeln eines geschnitzten Polyptychons stammen wahrscheinlich von einem deutschen Meister des 16. Jh. Rechts erinnert eine Inschrift an den hier beigesetzten Bischof Marcianus. Er blieb 40 Jahre seiner Kirche für die ›Sache des Glaubens‹ (*perigrinatus est pro causa fidei*) fern. Vermutlich wurde in der Apsis dieser Kapelle auch Patriarch Elias bestattet.

Runde Reliquienkapsel aus dem Domschatz von Sant' Eufemia, wohl eine byzantinische Arbeit aus dem 6. Jh. Der Deckel zeigt die Muttergottes mit Kind auf einem Thron mit geschweifter Rückenlehne. In der Kapsel fand man Lametten mit den Namen von Märtyrern und andere kleine Gegenstände sowie Reliquien

Der Panzerschrank mit dem **Domschatz** in diesem Raum bleibt dem fragenden Besucher unter wechselnden Begründungen meist verschlossen. Rechts vom Seitenschiff öffnet sich ein ebenfalls tiefer liegender, mit Fußbodenmosaiken geschmückter Raum, der als **Empfangsraum des Bischofs** gedeutet wird (Salutarium), da sein Palast rechts neben der Kirche lag. Im zentralen kleinen Kreis wird das Monogramm des Bischofs Elias wiederholt. Die ringsum laufende Inschrift nennt Elias als Stifter: SERVUS IE(S)U CHRI(STI) HELIAS EP(I)S(COPUS) S(AN)C(T)AE AQUIL(EIENSIAE) ECCL(ESIAE) TIBI SERVIENS FEC(IT). (›Elias, Diener Jesu Christi, Bischof der hl. Kirche von Aquileia, hat [dies] dir dienend gemacht‹). Weitere Stifternamen von bischöflichen Schreibern *(notarii)*, Diakonen und Lektoren finden sich in den verschlungenen kleineren Kreisen und den Quadraten des benachbarten Feldes. Formelhaft wiederholen sich die Worte: VOTUM SOLVIT (›löste das Gelübde ein‹).

Der hier aufgestellte Bischofsstuhl ist eine Kopie nach dem Original in der Schatzkammer von San Marco in Venedig. Es heißt, diese Kathedra sei der (in Dokumenten erwähnte) ›Stuhl des hl. Markus‹, der in Alexandria von Byzantinern gestohlen wurde und nach Konstantinopel kam, und den dann Kaiser Heraklius im Jahr 630 dem Patriarchen von Grado schenkte. Hier stand er so lange, bis das Patriarchat von Grado 1451 aufgelöst wurde und die Venezianer den Stuhl als Symbol des Patriarchats und zugleich als Reliquie des hl. Markus nach Venedig holten. So glaubwürdig diese Geschichte um den Thron auch sein mag: Diese Kathedra kann nicht der ›Stuhl des hl. Markus‹ sein, denn dieser war mit Elfenbeintafeln geschmückt (von denen einige wahrscheinlich noch in verschiedenen Sammlungen erhalten sind). Es handelt sich wahrscheinlich um ein Reliquiar, einen symbolischen Thron für einen Märtyrer, dessen Reliquien man durch die seitlichen Öffnungen sehen konnte. Der Patriarch von Grado bekam den Thron als Geschenk von Byzanz, das ihn dadurch mit weiteren Reliquien gegen Aquileia auszeichnen wollte. Im Übrigen ist der Thron für die praktische Nutzung als Bischofsstuhl zu klein.

Im **Lapidarium** sind außer frühchristlichen Denkmälern auch in Grado aufgefundene römische Sarkophage, Inschriften und Altäre versammelt. Sie stammen vielfach aus dem vom Meer verschlungenen Ortsteil San Giorgio. Vom Lapidarium aus hat man auch einen guten Blick auf die Folge der Apsiden von Sant'Eufemia, auf das Baptisterium und auf Reste der Stadtmauer.

Außenbau

Wieder auf dem Vorplatz der Kirche, betrachten wir den Außenbau. Mit ähnlichen Mitteln wie das Innere wird auch die **Fassade** der Kirche gegliedert. Hier sind es stärker hervortretende, strebepfeilerartig wirkende Lisenen, die zur Strukturierung der Front beitragen. Die Türstürze der beiden Portale werden von Entlastungsbögen umfangen: ein Motiv, das sich auch beim benachbarten Baptisterium und bei der Kirche Santa Maria delle Grazie findet. Die ursprüngliche Wirkung des Komplexes war, verglichen mit der heutigen, eine völlig andere. Der Turm fehlte, an seiner Stelle war der Fassade ein breiter Narthex vorgebaut, dessen Ausmaße dem heutigen Plateau vor der Kirche entsprechen. An den Stufen wurden in dunklerem Stein die ergrabenen Pfeiler sichtbar gemacht. In halber Höhe ist auch noch ein Streifen von Dachziegeln erkennbar, der einst den Ansatz der Vorhalle bildete. Da das Castrum sehr schmal war, bestand hier keine Möglichkeit, den Bischofskomplex wie in Aquileia oder Poreč-Parenzo durch das Baptisterium gegenüber der Kirche zu vervollständigen. Die Stadtmauer folgte unmittelbar hinter dem Atrium, das dem Narthex vorgebaut war und das heute mit hellen Steinen in der Pflasterung eingezeichnet ist.

Links des Domes steht die kleinere Marienkirche (s. S. 118). Wie in der frühchristlichen Anlage von Aquileia, aber auch wie in Triest oder Poreč entstand also eine ganze Kirchenfamilie, ohne dass die Funktion der einzelnen Bauten festgelegt worden wäre. Zwischen beiden, von vorgelagerten Atrien verlängerten Kirchen lag der ursprüngliche Platz. Seine dritte Seite wurde von der Stadtmauer, seine vierte von dem ebenfalls sehr gut erhaltenen Baptisterium eingenommen. Durch Abriss der Atrien, die Errichtung des Campanile und den Bau eines kleinen Häuserkomplexes zwischen Marienkirche und Baptisterium bekam der Platz seine heutige, mittelalterliche Wirkung.

Der **Campanile** wurde erst Mitte des 15. Jh. errichtet. Auf seinem spitz zulaufenden Dach trägt er eine Bronzefigur des Erzengels Michael, die sich mit dem Winde dreht. Der *anzolo*, wie die Gradeser ihn nennen, wurde 1462 in Venedig gegossen.

Sarkophage

Der kurze, vom Dom zum Baptisterium führende Weg wird von römischen Sarkophagen begleitet, die 1860 in Grado ausgegraben wurden. Die Inschrift auf dem Sarkophag eines Ehepaares besagt, dass das Paar 23 Jahre ohne irgendwelchen Streit zusammengelebt habe (›in se sine ulla querella annis XXIII‹).

Baptisterium

Das Baptisterium von Sant'Eufemia

Das **Baptisterium (2)** liegt in Grado nicht wie üblich vor, sondern neben der Domkirche. Das Mauerwerk ist noch nicht durch Lisenen gegliedert. Die glatten Außen- und Innenwände, die regelmäßig einfache, achteckige Form und die verhältnismäßig großen Rundbogenfenster stehen noch deutlich unter dem Einfluss der Spätantike, wie wir sie auch in Ravenna finden. Sie sind ein Indiz dafür, dass das Baptisterium älter ist als der jetzige Dombau von Sant'Eufemia. Es könnte aus der Zeit des Bischofs Niceas (454–485) stammen, der wahrscheinlich auch die Vorgängerkirche errichtete. Für diese frühere Bauzeit spricht, dass das Mosaikpaviment im Baptisterium über 1 m tiefer liegt als das des Doms, etwa auf gleicher Ebene mit dessen älteren Nebenräumen. Von einer Vorhalle, die etwa im 9. Jh. errichtet wurde, blieben lediglich die Fundamente erhalten.

Der hohe **Innenraum** wird von einem (ebenfalls erneuerten) offenen Dachstuhl bedeckt. Seine Höhe von ca. 12 m entspricht den Diagonalen des nicht ganz regelmäßigen Oktogons. Indem auf jede Gliederung etwa in Form von Lisenen oder Gesimsen verzichtet wird, kommt die Raumgestalt eindrucksvoll zur Geltung. Dem Eingang gegenüber öffnet sich eine weite runde Apsis, die außen wiederum polygonal schließt. Die erstaunlich schlanken Apsiden-Fenster wurden zwar rekonstruiert, dürften jedoch der ursprünglichen Form entsprechen. Eine freie Rekonstruktion sind hingegen die Chorschranken und die Mensa, für die die Restauratoren verschiedene, im Schutt aufgefundene Platten verwendeten. An der Vorderplatte des Altars findet sich auf dem Kreuz das Monogramm des Patriarchen Probinus (569–571), des Vorläufers Elias'.

Das **Taufbecken** steht, wie in frühen Baptisterien üblich, im Zentrum des Raumes. Es ist von sechseckiger Form, nimmt also keinen Bezug auf den oktogonalen Grundriss des Baus. Das gestufte Becken wurde mit zum Teil alten Marmorfragmenten rekonstruiert. Doch konnte man sich im Grundriss auf geringe Reste des ursprünglichen Beckens stützen.

Santa Maria delle Grazie

Die Kirche **Santa Maria delle Grazie (3)** entstand etwa gleichzeitig mit der Domkirche Sant'Eufemia. Sie wurde im 18. Jh. barockisiert. Bei den umfangreichen, 1927 abgeschlossenen Restaurierungsarbeiten entschied man sich, so weit wie möglich den Bau des 6. Jh. freizulegen. Wie bei Sant'Eufemia war wahrscheinlich Patriarch Elias (571–586) der Bauherr. Ähnlich wie dort gliedern auch hier Lisenen die **Fassade** in drei Abschnitte, die den drei Schiffen entsprechen; auch hier finden sich über den geraden Türstürzen Rundbögen, die die Last der Mauer ableiten (der Türbalken des rechten Portals ist ein Fragment einer römischen Grabtafel eines Ehepaares). Statt der drei

Fassadenfenster findet sich hier indes ein einziges dreigeteiltes Fenster, ein Triforium. Schon darin zeigt der Bau im Verglich zu der eher klassischen Bischofskirche einen stärker mittelalterlichen Charakter, was durch die steileren Proportionen aller Bauteile verstärkt wird. Die Kirche ist wiederum eine querschifflose **Basilika,** in der abermals ältere Säulen und Kapitelle eingebaut wurden, und wo ebenfalls Lisenen die Wände des Mittelschiffs gliedern. Doch ist das Langhaus beträchtlich steiler proportioniert.

Santa Maria delle Grazie

Auch Santa Maria delle Grazie hatte zumindest eine **Vorgängerkirche,** wohl aus der ersten Hälfte des 5. Jh. Deren ca. 1,10 m tiefer liegender Mosaikboden wurde bei Grabungen im rechten Seitenschiff

Mosaik

In dem ornamentalen Mosaik von Santa Maria delle Grazie finden sich (wiederum) zahlreiche Stifterinschriften, hier jedoch ohne Titel. Zwei der Namen sind auch in der nur fragmentarisch erhaltenen Kirche San Felice in Aquileia, ebenfalls aus dem frühen 5. Jh., als Stifterpaar genannt, nämlich Malchus und Euphemia. Daraus schließt man, dass die ersten Kirchen in Grado von Aquileia aus gegründet wurden, und zwar bereits vor dem Einfall der Hunnen im Jahr 452.

freigelegt, während man im Mittelschiff und im linken Seitenschiff kleine Reste vom alten Paviment fand.

Die Vorgängerkirche war mit der jetzigen im Grundriss weitgehend identisch, doch hat man bei der Erneuerung im 6. Jh. die Zahl der Säulenpaare von zwölf auf zehn reduziert und dadurch dem Raum einen anderen Rhythmus gegeben. Unverändert blieb der Bereich der Apsis. Der Fußboden wie auch die Priesterbank mit dem Bischofsstuhl und den Apsidenfenstern wurden übernommen und liegen deshalb ca. 1,10 m tiefer. Das ursprüngliche Platten-Paviment des Presbyteriums wurde jedoch aus praktischen Gründen bei der Restaurierung 1927 auf das Bodenniveau der Kirche des 6. Jh. angehoben. So ist es heute sichtbar, ohne die Benutzbarkeit als Kultraum zu beeinträchtigen.

Eine Besonderheit von Santa Maria delle Grazie gegenüber Sant' Eufemia zeigt der **Grundriss** (s. S. 112). Die Apsis tritt nicht nach außen hervor, sondern wird von einem zweigeteilten, mit Mosaiken ausgestatteten Raum umfangen, der wie Pastophorien zur Vorbereitung des Messopfers und der Aufbewahrung von kirchlichem Gerät diente. Diese sogenannte ›syrische‹ Lösung geht – wie die gesamte Anlage der Kirche – auf den Bau des frühen 5. Jh. zurück. Ob in dieser Lösung eine Vorform des Chorumgangs, die Prozessionen um den Altar ermöglichen sollte, oder eine Vorstufe zur Raumlösung hinter der Ikonostase erkennbar ist, bleibt umstritten.

Die **Schranken des Presbyteriums** wurde 1927 aus altem Material rekonstruiert. Auf der linken vorderen Platte u. a. ein Kantharos, auf der rechten ein griechisches Kreuz mit Tauben und Pfauen. Wahrscheinlich war jedoch der Balken der Ikonostasis ursprünglich aus Stein und öffnete sich in der Mitte in einem Bogen. Vor der Apsis »sieht man sowohl Basen der vier Säulen, die das Ziborium trugen, wie auch die Basis eines großes Altars mit den Stümpfen von fünf kleinen, in die Basis eingelassenen Säulen; auch die Basis selbst ist ein wiederverwendeter Altartisch« (Tavano). Am oberen Apsisfenster finden sich noch Reste vom originalen Stuckornament des 6. Jh., an der linken Wand des Seitenschiffs Fragmente von zwei Ziborien des frühen 9. Jh.

Im Gegensatz zum Dom lässt sich hier die ursprüngliche **Raumfassung** rekonstruieren. Am oberen Apsisfenster finden sich noch Reste vom Stuckornament des 6. Jh., ein sehr grober Blattfries mit Resten der originalen Farbigkeit. Die Position entspricht der üblichen entscheidenden Zäsur im Wandaufbau und trennt im Kämpferbereich die Sockelzone, die stets von der oberen Zone als dem Ort des heiligen Bildes marmorinkrustiert war. Die Wandinkrustation wird nur aufgemalt gewesen sein, die Bogenlaibungen waren wohl auch hier mit Stuck verkleidet. Darüber werden sich farbige Bilder befunden haben, von denen eine nur noch schemenhaft erhaltene Heiligenfigur in der Bogenlaibung des Apsisfensters übrig blieb. Durch die Mode um 1900, steinsichtige Innenräume zu produzieren, wurden im ganzen Raum alle Malschichten zerstört. Mit Sicherheit ist für alle Bauten innen wie außen von einem Verputz auszugehen, da die schlechte Qualität der Mauerung, bei der unterschiedlichste Materialien verwendet wurden, nichts mit dem Sichtmauerwerk aus Backstein zu tun hat, wie wir es in der Spätantike immer wieder finden.

Basilika San Giovanni

Eine dritte **frühchristliche Basilika (4)** besaß Grado im Süden des Castrum, an der heutigen Piazza Bicigio Marin. Sie ist für die frühe Geschichte der Insel aufschlussreich, jedoch nur in Resten erhalten, die beim Abtragen der Stadtmauern 1905 zutage kamen und weiter ausgegraben wurden.

Fußbodenmosaik mit Stifterinschrift in der Kirchenruine San Giovanni, entstanden vermutlich im späten 4. Jh.

Die dem Evangelisten Johannes geweihte Kirche entstand zunächst – im späten 4. Jh. – in kleinerer, einschiffiger Form, und zwar über einem römischen Gebäude bei einer Nekropole (von der mehrere Sarkophage erhalten blieben). Wie Santa Maria delle Grazie besaß sie eine nach außen nicht in Erscheinung tretende ›syrische‹ Apsis. Ein Teil des Fußbodenmosaiks mit Stifterinschriften blieb erhalten. Bei dieser Kirche fand sich nun auch ein achteckiges Baptisterium. Die Existenz eines Bischofsstuhls und dieses zweiten Baptisteriums auf Grado lässt sich nur dadurch erklären, dass es sich hier um eine **zweite Bischofskirche** handelte, die wahrscheinlich arianischen Christen zur Verfügung stand. Dies führte zur Vermutung, dass auch auf Grado – wie an vielen Orten der Küste – eine Garnison der Goten stationiert war.

Zur dreischiffigen Basilika umgebaut wurde die Kirche unter Bischof Macedonius (539–557). Das neue Mittelschiff nahm jetzt die Breite der Vorgängerkirche ein. Diese Basilika musste unter dem Patriarchen Fortunatus zwischen 810–824 grundlegend erneuert werden, scheint jedoch am Ende des Jahrhunderts bereits aufgegeben worden zu sein.

Lagune von Grado

Während sich die Touristenströme auf dem schmalen Verbindungsdamm zu den Sandständen von Grado drängen, kann man in aller Ruhe und zumeist völlig allein die Lagune erkunden, die eine Landschaft ganz eigener Art darstellt. Das flache Wasser, das nur an den von der Strömung ausgewaschenen Kanälen etwas tiefer ist, erreicht meist eine Tiefe von kaum 1 m und wird folglich von ausgedehnten Flächen von Schilf und anderen Sumpfpflanzen eingefasst. In einer solchen Landschaft entstand vor über 1000 Jahren Venedig, das vermutlich aus einer Fischersiedlung hervorgegangen ist. Auch die Bewohner der Lagune von Grado lebten früher ausschließlich vom Fischfang, und ihre einfachen aber sehr malerischen Strohhütten stehen auf winzigen Inselchen.

Flache Lagune

Zur Zeit der byzantinischen Herrschaft über die Küstenzone war die Lagune von Grado noch sehr flach. Paulus Diaconus berichtet, dass man im Jahr 663, als der byzantinische Kaiser Konstans II. in Italien landete, zu Pferde durch die Lagune nach Grado reiten konnte.

Eine Bootsfahrt von Grado oder Lignano ist die beste Möglichkeit, diese Landschaft mit ihrer reichen Tier- und Pflanzenwelt kennenzulernen, die vor allem auch unter Vogelkundlern berühmt ist. Besonders schön ist eine Fahrt zu der Mündung des Isonzo, wo das Nebeineinander von Salz und Süßwasser die Artenvielfalt zusätzlich erhöht.

Santa Maria di Barbana

Bei schönem Wetter lohnt es sich, das Boot zu besteigen und zu Santa Maria di Barbana, der beliebtesten Wallfahrtskirche des Landes, zu fahren, die sich auf einer kleinen Insel östlich der Zufahrt nach Grado unübersehbar aus der flachen Umgebung erhebt.

Nach der Legende soll hier im Jahr 582 – zur Zeit des Patriarchen Elias – ein heftiger Sturm eine hölzerne Marienstatue angeschwemmt haben, die bis heute verehrt wird. Sicher aber steht die Kirche Santa Maria an der Stelle eines sehr alten Benediktinerklosters, das spätestens seit 730 nachweisbar ist, das aber, wie viele andere kleine Klöster, infolge von Bodensenkungen und der Ausweitung der Lagune verlassen werden musste. An der Stelle, wo das Marienbild aufgefunden wurde, erhebt sich heute eine kleine Kapelle über achteckigem Grundriss aus dem 19. Jh., die 1860 ausgemalt wurde.

Der Kirchenbau selbst ist ein Neubau, der 1911–1924 über Vorgängerbauten errichtet wurde. Inwieweit er ältere Teile einbezog, ist schwer zu sagen. Jedenfalls finden sich neben typischen Dekorationen der Zeit, die unverkennbar einen Wiener Einfluss zeigen, auch noch barocke, venezianisch geprägte Ausstattungsstücke. Den Hochaltar des 17. Jh. krönt die Marienstatue, die trotz späterer Übermalung und Veränderungen als ein Werk aus dem Umkreis des Domenico da Tolmezzo vom Ende des 15. Jh. angesehen wird.

Fährt man mit dem Boot durch Grados Lagune, sieht man zahlreiche kleinere und größere Inseln, auf denen die Fischer ihre ›casoni‹, strohgedeckte Hütten, erbauten. Die meisten Inseln sind in Privatbesitz. Es wären ideale Refugien, gäbe es nicht die lästigen Mücken

Marano

Fischmarkt

Eine besondere Attraktion von Marano ist der tägliche Fischmarkt, der heute als bedeutendster an der nördlichen Adria gilt. Ständig legen neue Schiffe an, die mit Fischen, Krabben und Muscheln aus der Lagune zurückkehren und ihre Waren direkt an wartende Händler mit ihren kleinen Lastwagen weiterverkaufen. Entsprechend reichhaltig ist auch das Angebot an guten Fischrestaurants, die mit ihrem ungewöhnlich frischen Fisch in der Region sehr beliebt sind.

Westlich von Grado, auf einer heute mit dem Festland verbundenen ehemaligen Insel in der Lagune, liegt die alte **Festungsstadt** Marano.

Ihre **Entstehung** ist zeitgleich mit anderen Siedlungen in der Lagune im Zuge der Völkerwanderung anzusetzen. Bereits 589–90 fand hier ein Konzil statt, auf dem alle wichtigen kirchlichen Vertreter des Nordostens anwesend waren. Da der Ort damals noch als ›villa‹ bezeichnet wird, kann er noch nicht befestigt gewesen sein; wahrscheinlich entstanden daher die ersten Stadtmauern erst im Mittelalter, als auch Marano einen gewissen Wohlstand durch den **Handel** erreichte und damit den Neid der Konkurrenz vor allem aus Venedig zu befürchten hatte. Bereits 1287 plünderten Venezianer die Stadt, doch danach wird uns von vier vergeblichen Eroberungsversuchen im 14. Jh. berichtet, was auf eine inzwischen zumindest erheblich verbesserte Ummauerung schließen lässt. Obwohl ein Blick auf die Karte zeigt, dass die Stadt keine strategische Bedeutung haben konnte, bemühte sich Venedig bis ins 16. Jh., sie zu erobern, was erst 1543 durch Verrat gelang. Die neuen Herren befestigten nun den im Grunde ziemlich wertlosen Besitz mit mächtigen Festungsmauern, von denen nur im Bereich des Hafen eine Bastion als Fundament einer Fabrik erhalten blieb.

Der Besucher findet heute in Marano ein verschlafenes kleines Städtchen mit ganz unfriulanischen Straßenzügen, die an istrische Orte erinnern. Am **Hauptplatz** stehen immer noch sehr kleine, aber wenigstens etwas herrschaftlichere Bauten, die über und über mit den Büsten und Ehrentafeln venezianischer Statthalter bestückt sind. Deren Pomp steht in einem grotesken Verhältnis zu der bescheidenen Umgebung dieser winzigen venezianischen Herrschaft.

Reisen & Genießen

Hotels

In Grado kann man gleichzeitig Strandleben und Kunst genießen. Viele der zahlreichen Hotels sind jedoch in den Wintermonaten geschlossen. Einige Hotels können über Grado Promhotels reserviert werden:
Tel. 043 18 29 29
Fax 043 18 49 80
www.promhotelsgrado.com

Vornehm ausgestattet sind die fünf Gründerzeitvillen im Schönbrunner Gelb aus der Anfangszeit des Badeurlaubs.

Ville Bianchi
Viale Dante Alighieri, 50
34073 Grado
Tel. 043 18 01 69
www.villebianchi.it
DZ 110–130 €

Die Aussicht auf das Meer, gute Lage, freundliche Atmosphäre und ein reichhaltiges Frühstücksbüfett kompensieren den fehlenden Luxus dieses Familienbetriebs. Wer also sein Budget für die Übernachtung schonen möchte, ist in dem Hotel Villa Marin bestens untergebracht.

Villa Marin
Via dei Provveditori, 20
34073 Grado
Tel. 043 18 07 89
DZ 76–97 €

Ein größeres, nobles Haus aus dem frühen 20. Jh. ist das Grand Hotel Astoria, das den Gästen exquisite Küche, Außenpool und Wellness-Bereich bietet.

Grand Hotel Astoria
Largo S. Grisogono, 3
34073 Grado
Tel. 043 18 35 50
www.hotelastoria.it
DZ 46–65 €

Camping

Der komfortable Campingplatz Tenuta Primero mit seinen 890 Stellplätzen und 40 gut ausgestatteten Bungalows hat sich in den letzten Jahren zu einem der modernsten Feriendörfer der oberen Adria entwickelt und ist das ganze Jahr hindurch geöffnet.

Tenuta Primero
Via Monfalcone, 14
34073 Grado
Tel. 04 31 89 69 00
www.tenuta-primero.com

Restaurants

Unter Grados zahlreichen Lokalen sind zwei für Fischgenießer besonders empfehlenswert: Die Trattoria De Toni und die Tavernetta All'Androna.

In der Trattoria De Toni, 1954 von der Familie Gaddi eröffnet und in der zweiten Generation geführt, sind Goldbrassenfilet mit Tomaten und Basilikum, Seebarsch in Salzkruste oder Risotto mit Grundeln die beliebtesten Gerichte, zu denen der Sommelier regionale und nationale Weine empfiehlt. (Im Winter Mi geschl.)

Trattoria De Toni
Piazza Duca d'Aosta, 37
Tel. 043 18 01 04
www.trattoriadetoni.it
obere Preisklasse

Seit drei Generationen bereits gelingt es der Familie Tarlao in der Tavernetta All'Androna, die Gäste mit ihren sowohl traditionellen als auch innovativen Fischspezialitäten zu verwöhnen. Empfehlenswert sind der Risotto mit Scampi und die Suppe aus Krustentieren mit Polentaklößchen. (Außerhalb der Saison Di geschl.)

Tavernetta All'Androna
Calle Porta Piccola, 6
Tel. 043 18 09 50
www.androna.it
obere Preisklasse

In der Umgebung von Grado, wo man generell preiswerter speisen kann, ist die Trattoria Alla Buona Vite in der Ortschaft Boscat einen Besuch wert. Sie ist zudem dem landwirtschaftlichen Betrieb der Familie Girardi mit Übernachtungsmöglichkeit, auch für Reisende mit Handicap, angeschlossen. (Außerhalb der Saison Do geschl.)

Alla Buona Vite
Via Dossi, 15
Ortschaft Boscat
Tel. 043 18 80 90
www.girardi-boscat.it
mittlere bis obere Preisklasse

Udine und Umgebung

Udine

Cityplan Udine S. 128

Udine repräsentiert die städtische Kultur des Friaul. Man bummelt durch das historische Zentrum und erlebt ein Stadtbild, das durch die lange Herrschaft Venedigs, aber auch durch die Nähe zu den Alpen geprägt ist, mit belebten Gasthäusern und Weinschenken, Straßencafés, täglichem Markt, eleganten Geschäften und stattlichen Palästen. Hinzu kommen reich ausgestattete Kirchen von der Romanik bis in die Barockzeit, mehrere Museen, das Schloss auf dem Stadtberg und der mit Fresken Tiepolos ausgestattete Palazzo Patriarcale. Udine hat noch nicht den Charakter einer Großstadt, ist auch nicht Hauptstadt der Region, doch Hauptstadt der Provinz Udine und Universitätsstadt. Sie ist das wirtschaftliche Zentrum und die einzige größere Stadt der Friulaner Ebene und daher als Einkaufsstadt auch für das weite Umland beliebt.

Udine ★★
Besonders sehenswert: Piazza Libertà, Castello/Musei Civici, Santa Maria di Castello, Palazzo Patriarcale, Dom, Oratorio della Purità, Piazza Matteotti

Fremdenverkehrsamt
Piazza 1° Maggio, 7
Tel. 04 32 29 59 72
www.comune.udine.it

Geschichte

Geschichtlich trat Udine wesentlich später in Erscheinung als Aquileia oder Cividale. Erstmals urkundlich erwähnt wird die Stadt im Jahre 983: Kaiser Otto II. bestätigt dem Patriarchen von Aquileia den Besitz von fünf Ortschaften, nämlich Fagagna, Buia, Gruagno, Braitan und eben Udine, hier noch *Castrum Utini* genannt. Zu einiger Bedeutung gelangte der Ort erst im 14. Jh.

Bis ins 13. Jh. bestand er nur aus der Burg auf dem Hügel und einer kleinen Ansiedlung zu dessen Füßen. In der Burg residierte ein vom Patriarchen bestellter Statthalter, hier wohnten auch einige zur Verteidigung verpflichtete Familien (*habitatores*). In der kleinen Ortschaft unterhalb lebten Bauern und Handwerker. Diese Siedlung war ebenfalls befestigt, war ein *borgo castellato,* der außer von einer Mauer auch von einem breiten Graben umgeben war. An seiner Stelle verläuft die heutige breite Via del Mercatovecchio.

Die Entwicklung zur **Stadt** wurde dadurch gefördert, dass Patriarch Berthold von Andechs (1218–51) nur noch selten in Cividale residierte, statt dessen die Burg von Udine zu seinem bevorzugten, fast ständigen Wohn- und Amtssitz machte. Um 1245 verlieh Kaiser Friedrich II. Udine Stadt- und Marktrecht, ebenso auch Steuerfreiheit. Ausgestattet mit diesen Rechten avancierte die kleine Ortschaft zum kirchlichen, politischen und wirtschaftlichen Zentrum der gesamten Patria del Friuli. Damit übernahm Udine die Funktion, die zuvor Cividale und ursprünglich Aquileia innehatte. Bald nach der Verleihung der Stadtrechte wurde der Markt an jene Stelle verlegt, an der noch heute vormittags Gemüse und Obst verkauft wird: an den Mercato Nuovo, die heutige Piazza Matteotti.

Der **Markt** von Udine zog Kaufleute und Bankiers aus den Städten des Veneto, der Lombardei und der Toscana an. Um den neuen Markt-

◁ *Torre dell'Orologio auf der Piazza Libertà*

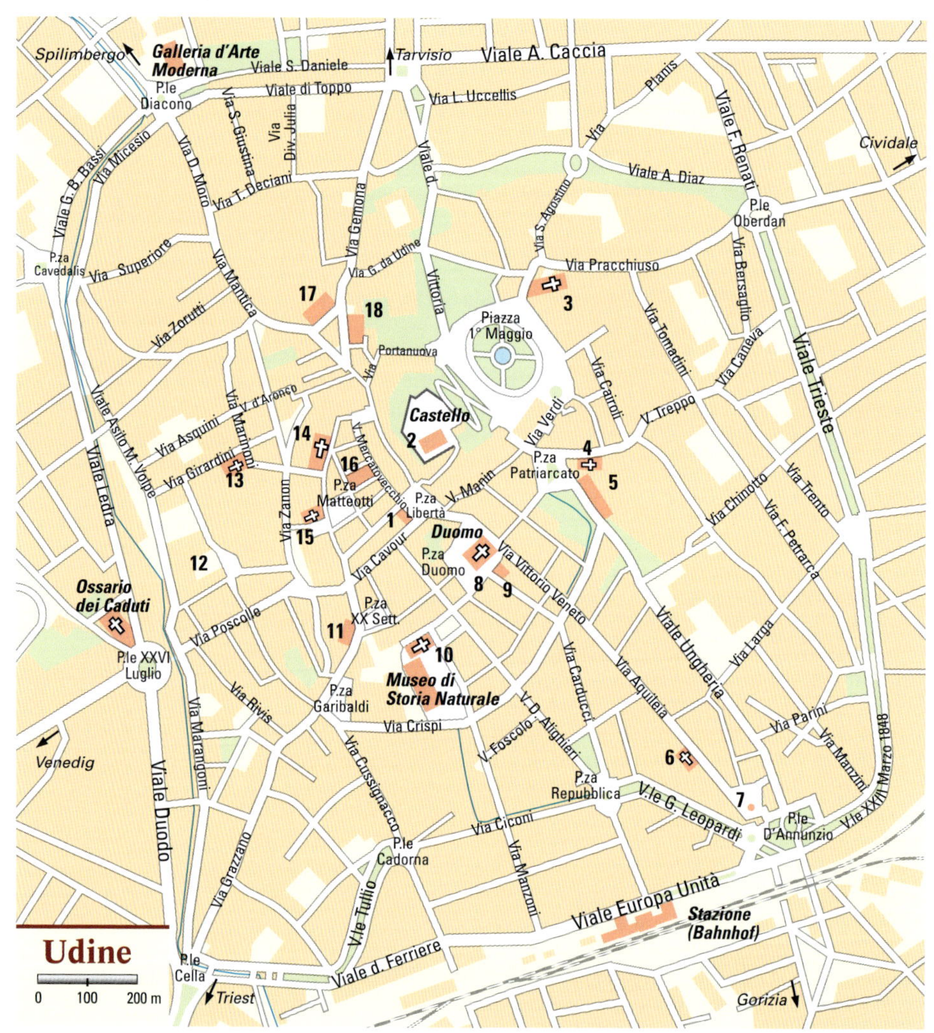

Udine

1 Loggia del Lionello
2 Castello
3 Basilica Madonna delle Grazie
4 Sant'Antonio Abate
5 Palazzo Patriarcale
6 Madonna del Carmine
7 Porta d'Aquileia
8 Dom S. Maria Annunziata
9 Oratorio della Purità
10 San Francesco
11 Palazzo Antivari-Kechler
12 Palazzo Gorgo Maniago
13 Cappella Manin
14 San Pietro Martire
15 San Giacomo
16 Palazzo Monte di Pietà
17 Palazzo Antonini-Cernazai (Universität)
18 Palazzo Antonini

platz bildete sich rasch eine Vorstadt, die noch im Laufe des 13. Jh. von einem Mauerkreis und einem Grabenkanal umschlossen wurde. Während die Mauer im 19. Jh. abgetragen wurde, hat der Kanal bis heute seinen Lauf beibehalten und zeigt daher die Stadtausdehnung des 13. Jh. Über lange Strecken verläuft der Kanal allerdings heute unterirdisch. Zutage tritt er nur an wenigen Stellen, so an der Via Zanon.

Udine blieb es nicht erspart, mehrmals von verschiedenen Feudalherren belagert und angegriffen zu werden (1299, 1309, 1313 etc.). Die ständig drohende Gefahr mag die Patriarchen bewogen haben, den Kreis der Mauern noch zweimal zu vergrößern, sodass am Ende des 14. Jh. nun auch die Dörfer und Äcker der näheren Umgebung von den Mauern umschlossen waren. Die Namen der eingemeindeten Dörfer wie Poscolle und Grazzano leben heute als Straßennamen weiter. Die ummauerte Fläche war damals so weit bemessen, dass sie bis ins 20. Jh. hinein ausreichte. Dieser letzte Mauerring wurde im 19. Jh. abgerissen. Stehengeblieben sind nur noch die Porta d'Aquileia (von 1373) und die Porta Villalta (von 1480).

1420 fiel Udine wie das übrige Friaul unter die **Herrschaft Venedigs.** Bald danach zeichnete sich eine wirtschaftliche Krise ab, die u. a. daher rührte, dass der Handel mit dem Norden seinen Weg nun nicht mehr über Udine, sondern über San Daniele nahm, um von dort aus die Flusshäfen von Pordenone und Portogruaro zu erreichen. Immerhin verlieh die Bindung an die Großmacht Venedig der Hauptstadt der Patria del Friuli besonderen Glanz. Udine war Sitz der Statthalter, der *luogotenenti,* und deren Prestigebedürfnis ist es zu verdanken, dass die Piazza Libertà zu Füßen des Stadthügels mit Repräsentationsbauten ausgestattet wurde, die auch Venedigs würdig gewesen wären. Die Präsenz Venedigs an dieser exponierten Stelle lässt freilich leicht übersehen, dass Udine nicht nur ein venezianisches, sondern auch ein gewisses alpenländisches Gepräge hat (was noch deutlicher war, bevor im Laufe des 20. Jh. die bescheidenen Häuser der eingemeindeten Dörfer anonymen Neubauten weichen mussten).

Eine besonders glückliche Zeit für die Künste war das 17. und 18. Jh., als friulanische **Adelsfamilien** wie die Savorgnan und vor allem die Manin mit den Patriarchen im Ausbau ihrer Paläste wetteiferten. Damals wurden aus Venedig der Architekt Domenico Rossi und der Bildhauer Giuseppe Torretti, aus Paris der Maler Louis Dorigny nach Udine verpflichtet, und der junge, noch wenig bekannte Giovanni Battista Tiepolo schuf im Patriarchenpalast und im Dom seine ersten Fresken, in denen sein unverwechselbarer Stil schon ganz ausgeprägt ist.

Anfänge auf dem Schlossberg

Die Ursprünge Udines liegen auf dem Schlossberg, der unvermittelt in der Ebene aufragt. Die Krieger Attilas sollen diesen isoliert dastehenden Hügel mit ihren Helmen angehäuft haben, um von hier aus den Brand Aquileias zu sehen. Geologen erklären, der Berg bestehe aus Fluss- und Gletscherkonglomeraten, sei der Rest einer Endmoräne. Da die Römer ihre Militärlager stets in der Ebene errichteten, fand sich keine einzige Spur einer römischen Bebauung. Erst die Langobarden scheinen diesen Hügel befestigt zu haben.

Piazza Libertà

Venezianisch geprägt ist die **Piazza Libertà.** Nachdem 1420 Udine mit dem gesamten Friaul der Markusrepublik unterstellt worden war, sollte auf dieser repräsentativen Piazza Venedig gegenwärtig sein. Und so wurde sie bereits als ›schönster venezianischer Platz auf der Terraferma‹ gepriesen. Tatsächlich erinnern die Loggia mit dem Uhrturm und der Kommunalpalast an die venezianischen Vorbilder (Prokuratien, Uhrturm, Dogenpalast). Im Mittelalter war er Versammlungsort der Bürger und Warenumschlagplatz. Man nannte ihn ›Piazza del comun‹ (Gemeindeplatz) oder auch ›Piazza del vino‹ (Platz des Weines). 1481, unter dem venezianischen Statthalter Girolamo Contarini, wurde er das erste Mal gepflastert.

Um 1530 erhielt die Piazza ihr heutiges Erscheinungsbild. Nach dem schweren Erdbeben von 1511 waren an der Nordseite Neubauten notwendig. Zunächst wurde – unter der Leitung von Giovanni da Udine – an der Stelle eines mittelalterlichen Turmes der Stadtmauer der Uhrturm errichtet, die **Torre dell'Orologio,** wobei bewusst die Ähnlichkeit mit dem venezianischen Vorbild gesucht wurde (Abb. s. S. 126). Der ihn zierende Markuslöwe war ursprünglich vergoldet, die beiden Bronzefiguren, die die Glocke schlagen, schuf Vincenzo Luccardi. Als nächstes sollte der Platz an dieser Seite abgeschlossen werden, wobei es galt, den Uhrturm einzubeziehen. Der Lombarde Bernardino da Morcote entwarf daraufhin die ausgedehnte **Loggia** mit einer zentralen großen Bogenöffnung, hinter der sich die Kuppel der **Cappella di San Giovanni** erhebt. Mit dieser leichten und horizontal orientierten Loggia setzte der Architekt ein Gegengewicht zum blockhaft-kräftigen, vertikal orientierten Uhrturm. Erst in neuerer Zeit wurde die Cappella di San Giovanni zu einer Gedächtnisstätte für Gefallene.

Der **Brunnen** an der südlichen Schmalseite des Platzes wurde 1542 als einer der beiden Endpunkte eines Aquädukts errichtet (den anderen finden wir auf der Piazza Matteotti). Für die künstlerische Gestaltung des Brunnens wurde wiederum Giovanni da Udine verpflichtet. Dem Brunnen gegenüber steht auf der linken Platzseite seit 1819 ein **Friedensdenkmal,** das Napoleon nach dem Friedensschluss von Campoformido 1797 in Auftrag gegeben hatte, doch erst 1819 durch Ferdinand von Habsburg eingeweiht wurde (Figur des »Friedens« von G. B. Comolli). Die beiden Barockstatuen des Herkules und Kakus von Angelo de' Putti aus dem späten 17. Jh. versetzte man erst 1717 auf die Piazza. Sie stammen aus dem Palazzo Torri, der abgerissen und dessen Besitzer zum Tode verurteilt worden war. Die Statuen stehen zwischen zwei Monumentalsäulen. Die rechte ist von 1490 (und wurde nach Zerstörung durch Napoleons Truppen 1883 erneuert); sie trägt den Markuslöwen, das Zeichen der venezianischen Herrschaft. Die andere wurde erst 1612 errichtet, sie trägt die Statue der Gerechtigkeit.

Der freistehende, harmonische Bau der **Loggia del Lionello (1),** auch Palazzo Comunale oder Palazzo Pubblico genannt, ist das älteste Monument an der Piazza (begonnen 1448–57 unter der Leitung von Bartolomeo delle Cisterne). In seinen ausgewogenen Proportionen, mit der gleichmäßigen Folge der Spitzbögen und den zierlichen

Die Loggia del Lionello. Dass ein Goldschmied, Nicolò Lionello, die Pläne lieferte, mag man der Eleganz des Baus ansehen, der durchaus etwas von einem Schmuckkästchen hat

Fensteröffnungen ist er ein Meisterwerk venezianischer Gotik. Die jetzige Gestalt erhielt er nach Plänen des Goldschmieds Nicolò Lionello.

Nicht anders als beim Dogenpalast in Venedig scheint das dekorative, in rosafarbenen und weißen Streifen gefügte Mauerwerk über den Arkaden zu schweben. Die pastellfarbenen, durch verschiedene Steinarten farbig belebten Wände verbinden sich mit den Arkaden- und Fensteröffnungen zu einem Hell-Dunkel-Spiel. Für die Anordnung der Fenster war weniger der Dogenpalast als das Fassadenschema der venezianischen Familienpaläste Vorbild. Wie dort ist die Front dreigeteilt, wobei die Mitte durch eine mehrteilige Fenstergruppe eingenommen wird. Der ebenfalls zum venezianischen Palasttyp gehörende Balkon wurde im 19. Jh. verändert, die Treppen an den Schmalseiten sind eine Ergänzung von 1549. Nachdem ein riesiger Brand 1876 den Großteil des Baus zerstörte, wurde er weitgehend originalgetreu wieder aufgebaut.

Im Innern der Loggia nimmt man ein schlichtes, in den Palast führendes Marmorportal wahr. Es wurde 1556 nach einem Entwurf Palladios gestaltet. Rechts daneben die Kopie des beim Brand beschädigten

Freskos von Pordenone. »Madonna mit Kind und Engeln«, 1516 (Original in den Musei Civici des Castello). An der Fenstergruppe der Nordfront finden sich Tonden bzw. Halbtonden mit Reliefs der vier Evangelisten sowie Maria und der Engel der Verkündigung. An der rechten Kante zur Piazza hin »Madonna mit Kind und Modell des Udineser Schlosses«, von Bartolomeo Bon, nach 1448. Das Gegenstück an der linken Kante zeigt eine Personifikation der Patria del Friuli von 1876.

Hinter der Loggia steht der **Palazzo d'Aronco,** das heutige Rathaus, 1910–32 von Raimondo d'Aronco errichtet. Neben historisierendem Formengut gibt es auch Formen des Jugendstils. An einer Ecke wurde eine Glocke von 1470 in den Bau miteinbezogen.

Auf dem Weg zum Castello auf dem Schlossberg geht man durch den **Arco Bollani.** Die Pläne zu diesem Triumphbogen aus roh behauenen Quadern lieferte Andrea Palladio; errichtet wurde er 1556 zu Ehren des venezianischen Statthalters Domenico Bollani. Auf dem Bogen steht seit 1953 wieder ein Löwe, nachdem unter den Franzosen 1797 der ursprüngliche Markuslöwe als Wahrzeichen der venezianischen Herrschaft entfernt worden war. Hinter dem Bogen beginnt ein Laubengang, der **Portico Lippomano,** angelegt 1486–87 in gotischen Stilformen unter dem Statthalter Tommaso Lippomano (sein Wappen zu Beginn und am Ende des Ganges).

Castello

Am 3. April 1517 begann man mit dem Bau des heutigen Schlosses, des **Castello (2).** Nach dem Plan des venezianischen Architekten Giovanni Fontana sollte eine Vierflügelanlage entstehen, die Arbeiten gingen jedoch nur sehr schleppend voran; nur ein einziger Flügel wurde errichtet. So fügte der 1547 neu berufene Architekt Giovanni da Udine dem bereits begonnenen Flügel ein weiteres Stockwerk und auf der Rückseite, zur Piazzale del Castello, eine monumentale Eingangstreppe hinzu (vollendet 1595). Die Hauptfront zur Stadtseite wird durch eine dreiachsige triumphbogenartige Eingangsgestaltung hervorgehoben.

Durch den Portikus der Hauptfassade gelangt man in die **Musei Civici.** Die städtischen Museen bestehen aus mehreren Abteilungen: Im **Museo Archeologico** des Erd- und Untergeschosses sind vor- und frühgeschichtliche Funde und eine Keramiksammlung zu besichtigen. Ein Rundgang durch das Obergeschoss führt in die 1993 neu eröffnete **Galleria d'Arte Antica** und in die **Sala del Parlamento.** Wir nennen die wichtigsten Werke.

Musei Civici
Museo Archeologico
Galleria d'Arte Antica
Gabinetto dei Disegni e delle Stampe
Museo della Fotografia

Piazzale del Castello
Mai–Sept. Di–So 10.30–19 (Okt.–April bis 17) Uhr

Musei Civici

Vorraum: Abgenommene Fresken von 1364 mit Begebenheiten aus dem Kampf um Troja. Die Fresken wurden im Palazzo Manin entdeckt, stammen jedoch aus einer kommunalen Loggia (Vorgängerbau der Loggia del Lionello).

Saal I: Fresken emilianischer und friulanischer Meister des 14. Jh.
Saal II: Tafelbilder des 14. und 15. Jh., u. a. kleine Tafel der hl. Katharina von Alexandria von einem Meister des Veneto; frei aufgestellt ein Altarflügel eines deutschen Meisters aus dem späten 15. Jh.
Saal III: Rechts eine 1479 datierte Altartafel von Domenico da Tolmezzo, der vor allem als Holzschnitzer hervortrat; die »Blutspende Christi« (umgeben von Engeln mit den Passionswerkzeugen) von Vittore Carpaccio, 1496; zwei Lünettenbilder von Giovanni Martini, darunter »Hl. Dominikus« von 1507.
Saal IV: Das große Gemälde »Letztes Abendmahl« von Pomponio Amalteo, 1574; »Verkündigung« von Pellegrino da San Daniele, 1519; Orgelflügel »Übergabe des Bischofsstabes an den hl. Hermagoras« und auf der Rückseite »Vier Kirchenväter« von Pellegrino da San Daniele, 1521.
Saal V: Porträt des Grafen Cicala von einem oberitalienischen Maler im Umkreis Monronis, 16. Jh.; »Madonna mit Kind und Engeln«, abgelöstes Fresko von Pordenone aus der Loggia del Lionello, 1516 (bei einem Brand schwer beschädigt).
Saal VI: »Hl. Markus stellt Udine unter den Schutz des hl. Hermagoras« (mit Darstellung der Piazza Libertà und des Schlosses von Udine) von Palma dem Jüngeren, 1595.

Der befestigte Hügel von Udine war einst Sitz der Patriarchen, ab 1420 der Statthalter der Republik Venedig. 1483–1797 tagte hier das friulanische Parlament. Die Hofseite des Schlossbaus, die man hier sieht, ist ein Beispiel manieristischer Fassadengestaltung. Der Glockenturm der Kirche Santa Maria in Castello mit der 1777 aufgesetzten Figur des Erzengels Gabriel, der die Windrichtung anzeigt, wurde zum Wahrzeichen Udines und des Friaul

Saal VII: »Extase des hl. Franziskus«, wahrscheinlich Replik nach einem verlorenen Original von Caravaggio, 1594; »Landschaft mit der Begegnung Jesu und zwei Jüngern auf dem Weg nach Emmaus« von Paulus Bril (1554–1626).

Der große Saal war während der venezianischen Herrschaft der Tagungsort des Parlaments, daher wird er Sala del Parlamento genannt. Die Szenen an den Wänden und der Decke bilden ein Programm, das der Bestimmung des Saales im 16. Jh. entspricht (vermutlich nach einer Idee des venezianischen Statthalters Filippo Bragadin). Die Ausführung lag hauptsächlich bei den Malern Pomponio Amalteo und Giovanni Battista Grassi. Grundgedanke ist die Glorifizierung der Republik Venedig, der Stadt Udine und des Friaul: ein **politisches Programm,** das den Vorstellungen eines venezianischen Statthalters in Udine entsprach. Mit einer Palette von Darstellungen der christlichen und weltlichen Tugenden wurde an die Moral der Abgeordneten appelliert, die hier einmal jährlich zusammenfanden. Der nördliche Teil des Saals ist Szenen der Antike vorbehalten. An der Nordwest-Wand die Legende vom »Freitod des Marcus Curtius«, der sich auf einem Pferd in eine Schlucht stürzt und »Freitod des Cato Uticensis, der sich mit dem Schwert tötet«, gemalt von Grassi. Es sind Anspielungen auf die vorbildhafte Haltung dieser Männer, die so weit ging, dass sie sich selbst für ihre Prinzipien und ihren Staat opferten. An der Wand gegenüber symbolisiert die »Belagerung Aquileias durch Maximinus Thrax« (s. S. 23) von Amalteo das Selbstverständnis Udines als ›neues Aquileia‹.

Die Wände des südlichen Teils, wo der Statthalter seinen Platz hatte, haben zeitgenössische Ereignisse zum Thema. An dessen Westwand ließ sich Filippo Bragadin 1568 in seinem von Pomponio Amalteo gemalten »Sieg über die Türken bei Malgariti« feiern (links davon: »Aufbruch der christlichen Flotte« und »Victoria«), während an der gegenüberliegenden Wand sein Nachfolger, der Statthalter Venier, 1569 Grassis »Allegorien der Liebe« (in Anspielung an seinen der Liebesgöttin Venus ähnelnden Namen Venier – Venerius) in Auftrag gab. »Liebe und Justiz ziehen die Ungerechtigkeit in Ketten hinter sich«, »Großzügigkeit Venedigs gegenüber den Armen durch die Liebe«. Unterhalb der Decke sind in einem Fries die Wappen von 272 venezianischen Statthaltern aufgereiht, die 1420–1797 das Friaul regierten. Die Decke ist das Ergebnis mehrerer Übermalungen und zeigt Allegorien der Tugenden und Künste. In den 20er-Jahren des 18. Jh. wurde Tiepolo zu Restaurierungen in den Salone gerufen. An den Wänden der beiden Schmalseiten gestaltete er einige Szenen neu. Von seiner Hand und noch gut erkennbar sind u. a. über den querliegenden Fenstern die kleinen Putten mit Medaillons.

Saal VIII: »Vagabund« und »Meditation« von dem Friulaner Antonio Carneo (1637–92). Zwei großformatige Votivbilder zeigen venezianische Statthalter und die friulanischen Abgeordneten in der Verehrung der hl. Familie.

Saal IX: Ein Gemälde von Bernardo Strozzi, 1620, zeigt Berenike, die nach der glücklichen Rückkehr ihres Gemahls, Königs Ptolemaios III., ihre Locken opferte.
Saal X: »Ansicht von Udine aus der Vogelschau« von dem Udinesen Luca Carlevaris (1663–1730), dem Begründer der venezianischen Vedutenmalerei. Werke von G. B. Tiepolo: »Schutzengel«, ca. 1730–35; im Auftrag des Patriarchen Daniele Dolfin: »Consilium in Arena« (Graf Antonio Montegnacco erscheint vor dem großen Rat des Malteserordens, um die Aufnahme eines Udineser Adligen im Orden zu erreichen), 1749; Deckenbild »Stärke und Weisheit« (deren Ruhm Fama verkündet, während der Neid zu Boden stürzt), aus dem Palazzo Caiselli (weitere Fassung in der Cà Rezzonico, Venedig), ca. 1740–43.
Saal XI: »Orientale« von Giovanni Battista Piazzetta; Landschaft von Marco und Sebastiano Ricci; »Enthauptung der hl. Eurosia« von Francesco Cappella, einem Schüler Piazzettas.
Saal XII: Gemälde des Friulaner Barockmalers Nicola Grassi (1662–1748): u. a. »Anbetung der Könige«, 1740, und »Jakob und Rahel«, etwa 1735–40.
Saal XIII: Gemälde von Odorico Politi (1785–1846), der sich bei den Porträts an Ingres, bei den historischen Szenen an Delacroix orientiert.

Santa Maria di Castello

Gleich rechts neben dem Schloss liegt die Kirche Santa Maria di Castello. Sie ist die älteste Kirchengründung Udines. Bereits im 6. Jh. stand an dieser Stelle eine christliche Kapelle. Die Langobarden bauten im 8. Jh. das Kirchlein um, im 12. und 13. Jh. wurde es erweitert. 1263 führte das große Domprojekt in der Unterstadt zur Ablösung von Santa Maria di Castello als Stadtpfarrkirche. Während der Restaurierungen 1929–31 wurde die Ausmalung des 18. Jh. entfernt und der Zustand des 13. Jh. annähernd wiederhergestellt. Man beließ nur die Fassade, die 1526 nach Plänen Gaspare Negros dem Bau vorgeblendet worden war. Hinter der schlichten, zweistöckigen Renaissancefassade der Kirche öffnet sich das dreischiffige Innere, das ursprünglich etwas kürzer war (vgl. die im Boden sichtbaren Markierungen). Zwei Pfeilerreihen mit weiten, glatt geschnittenen Bögen gliedern die Schiffe, die jeweils mit einer Apsis schließen. Auf den dicken, nur von kleinen Fenstern geöffneten Wänden des Mittelschiffs ruht ein teilweise erneuerter offener Dachstuhl.

Zur Belebung trugen ehemals die farbigen Fresken bei, die sich heute nur noch im Bereich der Apsiden erhalten haben. Die ältesten, etwa aus der Mitte des 13. Jh., finden wir in der rechten Nebenapsis. Dargestellt sind die »Kreuzabnahme Christi« (in der Kalotte) und die zwölf Apostel, an der linken Wand »Tod Mariens« und »Taufe Christi«. Wie ein Teil der etwa gleichzeitigen Fresken in der Domkrypta von Aquileia gehen sie auf byzantinische Vorbilder zurück, wenngleich sich hier kraftvollere und volkstümlichere Züge zeigen.

Santa Maria di Castello
Mo, Fr, Sa 10.30–12, So 16–18 Uhr

Aus derselben Werkstatt wohl auch die Freskenreste in der linken Apsis, während die Hauptapsis später ausgemalt wurde, und zwar im 14. Jh. und noch einmal 1502–04 durch Girolamo da Padova. Dem 14. Jh. gehören die »Krönung Mariens« in der Kalotte an (das Gesicht der Muttergottes wurde übermalt) sowie die Apostelreihe und die Heiligengestalten (darunter die von den deutschen Patriarchen verehrte hl. Elisabeth, Landgräfin von Thüringen).

Das Holzkruzifix am Hochaltar ist aus dem 16. Jh. Im linken Seitenschiff in einer Renaissancenische eine durch Übermalung entstellte Holzfigur einer Madonna mit Kind des späten 15. Jh. aus dem Umkreis des Domenico da Tolmezzo. An der linken Wand, nahe beim Eingang, u. a. ein Steinfragment mit der Inschrift ... O LIUT ..., die wahrscheinlich auf den Langobardenkönig Liutprand (712–744) hindeutet. Es lag mit anderen Fragmenten aus langobardischer Zeit unter der Kirche und unter dem benachbarten Friedhof.

Von Gaspare Negro, dem Architekten der Fassade von Santa Maria di Castello, stammt auch der Entwurf zum **Campanile** (1515–40). Nach venezianischen Vorbildern trägt ein quadratischer, von Lisenen gegliederter Unterbau einen offenen Glockenstuhl. Darüber ein oktogonaler Tambour und eine Kuppel.

Casa della Confraternità

Auf den großen Schlossplatz gelangt man durch einen Bogen, der ursprünglich 1522 in der Unterstadt errichtet worden war und später hierher versetzt wurde. Daran schließt die gotische, ehemals verputzte Casa della Confraternità an, das ›Haus der Bruderschaft‹, das erst 1929 unter Verbauungen wiederentdeckt und zu einem großen Teil durch ergänzende Restaurierungen wiedergewonnen wurde. Das Haus diente einer Bruderschaft, der Adelige und Künstler wie etwa der Maler Giovanni Martini angehörten. Nach dem Erdbeben von 1511 tagte hier vorübergehend das Friulaner Parlament, da der Palast der Statthalter zerstört war.

Der heutige Eindruck des weitläufigen Platzes mit parkähnlicher Gestaltung ist das Ergebnis einer grundlegenden Umgestaltung zu Anfang des 20. Jh. Die weite Fläche war im Mittelalter das Zentrum des alten Udine, hier standen drei Kirchen, zwei Paläste der Patriarchen sowie zahlreiche Wohnhäuser, in denen nicht nur die Bediensteten und Funktionsträger einer bedeutenden hochmittelalterlichen Residenz lebten. Hier waren auch die *habitatores* ansässig, Bewohner, die ein sogenanntes *feodo d'abitanza* besaßen, ein ›Wohn-Lehen‹, das sie zum Bau eines Hauses innerhalb der Mauern ermächtigte, das jedoch mit Verpflichtungen zum Schutz der Anlage verbunden war. Man hat das *feodo d'abitanza* häufig einer untersten Form ritterlicher Würde gleichgesetzt.

Die ursprünglich dichte Bebauung ist seit dem Mittelalter allmählich verlorengegangen: Die Bewohner zogen hinunter in die Stadt, der

Die Casa della Contadinanza, ein Bau des frühen 16. Jh., der ursprünglich in der Unterstadt stand, in den 20er-Jahren des 20. Jh. aber auf dem Schlosshügel wieder aufgebaut wurde. Bei der Contadinanza handelte es sich um eine politische Institution, die zu Beginn des 16. Jh. unter der venezianischen Herrschaft entstanden war. Sie vertrat die 800 Kommunen des Friaul und vor allem die Interessen der Bauern; sie übte u. a. auch die Steueraufsicht und die Verwaltung der Waffen aus

Patriarchenpalast wurde nach dem Erdbeben 1511 großzügig neu errichtet. Noch um 1830 aber war der gesamte hintere Bereich des Plateaus mit Wohnbauten gesäumt, und es erscheint heute absurd, dass man hier historisch erhaltene Bausubstanz beseitigte, fast gleichzeitig aber historisierende Neubauten errichtete oder alte Bauteile aus der Stadt hierher übertrug.

Casa della Contadinanza

Ein typisches Beispiel dafür ist die Casa della Contadinanza. Sie stand ehemals in der Unterstadt (Kreuzung Via Vittorio Veneto/Via Rauscedo), wurde aber 1928–1931 auf dem Schlosshügel wieder aufgebaut, jedoch mit einigen Veränderungen: Statt der ursprünglich drei Stockwerke hat sie heute nur noch zwei. Einzelne Elemente wurden original wiederverwendet, während die Fresken aus verschiedenen Udineser Häusern stammen.

Basilica Madonna delle Grazie

Hinter der Casa della Contadinanza kann man zur Piazza Primo Maggio hinuntersteigen. Von hier sieht man die drei romanischen Apsiden der Kirche Santa Maria del Castello. Die **Basilica Madonna delle Grazie (3),** an der nordöstlichen Seite der Piazza, ist eine Wallfahrtskirche des Servitenordens, die auf das 15. Jh. zurückgeht. Ihre heutige Gestalt stammt jedoch aus dem 18. Jh. 1730 schuf Giorgio Massari die Fassade, die im 19. Jh. um den Säulenportikus im palladianischen Stil ergänzt wurde.

Im reich ausgestatteten Saalraum findet sich links in der **Cappella della Madonna** das wundertätige Madonnenbild, ein angeblich byzantinisches Werk, das ein osmanischer Sultan Giovanni Emo geschenkt haben soll. In Wirklichkeit dürfte es erst im 15. Jh. von einem westlichen Maler mit Perspektivenkenntnis in einem altertümelnden Stil ausgeführt worden sein. An den Seitenwänden der Kapelle zwei Bilder von Giuseppe Diziani: »Esther vor König Ahasver«, »Judith und Holofernes« (nach 1770), am Hauptaltar »Madonna mit Kind und Heiligen« (1522) des 22-jährigen Luca Monteverde aus Udine. Vasari hat die Figuren dieses Giorgione nahestehenden Malers, der mit ca. 25 Jahren starb, gelobt: Sie »zeigen, wie herrlich ihr Meister bei längerem Leben geworden wäre«. Gleich rechts neben der Kirche der Zugang zum Kreuzgang von 1478.

Sant'Antonio Abate

An der Piazza Patriarcato liegt etwas zurückversetzt die Kirche **Sant'Antonio Abate (4).** Für die im 14. Jh. gegründete, im 18. Jh. völlig umgebaute Kirche entwarf Giorgio Massari 1731 eine neue **Fassade.** Angelehnt an Entwürfe Palladios (vgl. etwa San Giorgio Maggiore in Venedig), gliederte Massari die Front mittels vier hoch aufgesockelter Säulen, die einen Dreiecksgiebel tragen: Es ist das Bild einer antiken Tempelfront. Wie auch bei Palladio (und nur ausnahmsweise in der antiken Tempelarchitektur) ist die Mittelachse erweitert. Charakteristisch für die Zeit des Spätbarock ist hingegen die programmatische Nutzung der Fassade als ein Ehrenmal für den in der Kirche begrabenen Patriarchen Dionisio Dolfin: Seine Büste (von Johann Maria Morlaiter, 1737) erscheint in der Mittelachse. Zum Fassadenprogramm gehören auch die Personifikationen der Caritas (linke Achse) und der Justitia (rechte Achse), die Giebelstatuen des Kirchenpatrons Antonius Abt, der Heiligen der Diözese Aquileia, Hermagoras und Fortunatus, sowie das von Putten getragene Wappen der Dolfin im Tympanon.

Reste des gotischen Baus sind noch an der Apsis erkennbar. Im **Inneren** neben dem Grabmal des Dionisio Dolfin weitere Patriarchengrabmäler und eine Skulptur des hl. Antonius Abbas von Morlaiter, 1737.

Sant'Antonio Abate mit einer palladianischen Fassade in Form einer antiken Tempelfront, entworfen von Giorgio Massari

Wer einen charakteristischen Udineser Adelspalast des 17. Jh. sehen möchte, geht links von der Kirche Sant'Antonio Abate in die Via Treppo. Dort steht der weiß verputzte **Palazzo Della Porta-Masier** (Haus Nr. 7) von 1655–85 mit rustiziertem Eingangsportal und Serliana (heute Sitz der erzbischöflichen Kurie).

Palazzo Patriarcale

Der Sitz der Patriarchen befand sich bis 1420 auf dem Schlossberg. Als die Venezianer die Herrschaft übernahmen, musste der Patriarch fliehen und die Burg wurde Sitz des neuen Statthalters. Auch nach

Palazzo Patriarcale
Mi–So 10–12 und 15.30–18.30 Uhr

Ausschmückung der Räume

Zur Ausschmückung der zu Beginn des 18. Jh. neu errichteten Räume des Palazzo Patriarcale setzte Patriarch Dolfin auch Künstler ein, die bereits im Dom tätig gewesen waren. Zu ihnen gehörten der Franzose Dorigny und der junge Giovanni Battista Tiepolo, der hier seinen ersten größeren Freskenzyklus malen sollte.

dem Ausgleich mit Venedig durften die Patriarchen nicht in die Stadt zurückkehren, weshalb sie mit Vorliebe in ihrem eigenen Herrschaftsbereich San Daniele oder San Vito al Tagliamento residierten. Als Keimzelle des heutigen **Palazzo Patriarcale (5)** entstand erst ab 1523 wieder ein neuer Sitz in Udine, der allerdings wegen der weiter gespannten Verhältnisse mit den neuen Machthabern außerhalb der Stadtmauern erbaut werden musste. Aus diesem Grunde steht der Palast nicht dort, wo man ihn erwarten würde, am Domplatz, sondern etwas abseits, einer Parkanlage gegenüber, die auf frei gewordenem Gelände der alten Befestigungen angelegt worden ist.

Architektonische Gestaltung

Der ursprüngliche Palast war kleiner. Er wurde wohl von zwei turmartigen Risaliten flankiert und wird etwas mehr als die Hälfte der heutigen Fassadenbreite eingenommen haben. Das von Giovanni da Udine 1558–60 ausgestattete Zimmer sowie einige Wanddekorationen im ersten Stock und im heutigen Eingang sind von diesem ersten Bau erhalten geblieben.

Die heutige **Hauptfront** (1707–08) geht auf Pläne Domenico Rossis zurück. Dieser verlängerte den Bau soweit, dass er mit der zurückversetzten Kirche zu einer Einheit wurde, und fügte den über dem Eingang liegenden Mittelsaal sowie das große Treppenhaus an. Die Symmetrie der Fassade wurde wiederhergestellt, indem die venezianischen Saalfenster rechts eine Entsprechung erhielten; dadurch wird die enorme Breite spannungsvoll zusammengehalten.

Von größter Bedeutung für die Geschichte der venezianischen und friulanischen Palastbauten war die Neugestaltung im Inneren mit dem damals völlig neuen Typus eines **offenen Treppenhauses.** Während venezianische Paläste eher enge und oft sehr steile Treppenläufe seitlich des Mittelsaals aufweisen, übernahm der Neubau hier die Idee eines wirklichen Treppenhauses und damit eines dynamisch gestalteten, sehr barocken Raums, wie er in der französischen und mitteleuropäischen Architektur stets im Zentrum des Schlossbaus stand. Für das Gebiet der venezianischen Terraferma war die Lösung neu, und der Bauherr vermerkte stolz in einem Brief, dass er hier etwas errichtet habe, wovon alle Welt sprechen werde. Heutigen Besuchern erscheint der große Stolz des Bauherren etwas übertrieben, doch steht dieses Treppenhaus tatsächlich am Anfang einer ganzen Reihe von Umbauten, durch die ältere Paläste nachträglich erweitert und spätbarock aufgewertet wurden, bis hin zur Ca'Rezzonico in Venedig, die ab 1750 ihr schönes, doch ganz unvenezianisches Treppenhaus erhielt.

Domenico Rossi stand bei seinem Umbau vor dem Problem, dass er neben der Modernisierung durch bisher nicht bekannte Architekturelemente auf große, bereits vorhandene Bauteile Rücksicht nehmen musste. Dies löste er geschickt, indem er das Treppenhaus in den Anschluss eines echt venezianischen Mittelsaals stellte, der das Haus, wie in Venedig üblich, der Länge nach durchzieht, dabei die gesamte Höhe der beiden obersten Geschosse einnimmt und eine reich verzierte Balustrade aufweist. Dennoch aber liegt das Treppenhaus – wie in der französischen und süddeutschen Architektur üblich – in der Achse des Saales, wodurch eine direkte und dynamische Anbindung der Räume entsteht, wie man sie in Venedig nicht kannte. Somit zeigt der Palast, wie im 18. Jh. die künstlerischen Vorbilder aus Venedig langsam an Bedeutung verlieren und statt dessen andere Bauformen verwendet werden und bis nach Venedig vordringen. Dem Friaul fällt dabei eine wichtige Mittlerstellung zu, für die gerade dieser, im allgemeinen nur wegen seiner Fresken bekannte Palast ein glänzendes Beispiel ist.

Im **Atrium** haben sich Tugenddarstellungen aus dem 15. Jh. sowie (in den Lünetten) eine »Kreuzigung« und Heiligenfiguren aus dem 17. Jh. erhalten. Das Fresko Tiepolos im Treppenhaus sieht man am besten vom oberen Treppenlauf am Ende des Rundgangs.

Fresken von Giovanni Battista Tiepolo

Seinen Ruhm verdankt der Palast vor allem der Freskenausstattung durch Giovanni Battista Tiepolo. Nach Udine gerufen wurde er wohl 1726, nachdem er für die Familie Dolfin bereits in deren Palast in Venedig tätig war. Der frühen Förderung durch die Familie verdanken wir es, dass Tiepolo immer wieder für die Patriarchen aus dem Hause Dolfin zur Ausführung von Fresken nach Udine kam, auch nachdem er längst ein berühmter und fast unbezahlbarer Maler geworden war.

Im großen **Treppenhaus** sieht man an der Decke Tiepolos »Engelssturz«. In diesem frühen Werk (entstanden wohl 1726) erleben wir Tiepolos Kunst noch weitgehend in der Tradition der Barockmalerei. Eine Szenerie unter freiem Himmel wird uns hier suggeriert. Die Knäuel der Teufelsleiber in betonter Hell-Dunkel-Malerei sind nicht ohne die Chiaroscuro-Malerei eines Piazzetta oder Bencovich denkbar, während die extremen Verkürzungen an die Perspektivmalerei des römischen Barock erinnern (Andrea Pozzo). Man beachte den in Stuck ausgeführten Arm (unten links) und den Fuß (rechts): ein beliebter Effekt spätbarocker Dekorationskunst. Der gute Engel in seinem flatternden, hellblauen Gewand ist die modernste Figur, die in ihrer Leichtigkeit bereits den späteren Stil vorwegnimmt. Rechteckig gerahmt ist die Bildfläche vom erstaunlich manierierten Stuckwerk des Girolamo Mengozzi, das sich vom leichten Rokoko der Malerei und der übrigen Stuckornamente im Treppenhaus deutlich abhebt.

Begibt man sich nun in den **zweiten Stock,** wo, wie in Venedig üblich, der Piano Nobile mit den repräsentativen Räumen liegt, kann man das Freskos aus der Nähe betrachten. Auch sieht man hier Tiepolos schöne fingierte Reliefs, sogenannte Grisaillen, mit Darstellungen des irdischen Sündenfalls, die den himmlischen Sündenfall rahmen.

Es empfielt sich, die Besichtigung nun in den großen Sälen zu beginnen. Zuerst gelangt man in die **Sala del trono** (der Thron- bzw. Empfangssaal), den Patriarch Dionisio Dolfin 1729 neu gestalten ließ. Tiepolo erneuerte hier einige der Patriarchenporträts in der rechten, vorderen Ecke. Warum Tiepolo nicht vertragsgemäß den ganzen Zyklus erneuerte und warum er nicht selber die wichtigsten Bilder mit Markus sowie Hermagor und Fortunatus ausführte, ist nicht bekannt. Von ihm sind wohl auch die Rundbilder über den Türen mit den vier Kardinaltugenden und dem göttlichen Gesetz.

Die Ahnengalerie der Patriarchen weist bereits auf das Leitmotiv der gesamten Innenausstattung hin: die Verteidigung der Würde des Patriarchates in seiner uralten Tradition, und dies in Zeiten, in denen diesem immer wieder die Auflösung drohte.

Galleria del Tiepolo

An der rechten Seite liegt hinter einem massiv gerahmten Portal ein als Kapelle genutzter Raum. Ursprünglich muss hier eine venezianische Treppe zumindest geplant gewesen sein. Die hintere Tür der rechten Wand führt in die Galleria del Tiepolo, einem der schönsten Räume im Werk Tiepolos, der Anfang der 30er-Jahre des 18. Jh. entstanden sein dürfte. Rahmenwerk und Scheinarchitektur stammen von Girolamo Mengozzi (gen. Colonna), dem Spezialisten in der sogenannten Quadraturmalerei. Der Raum entstand durch den Bau der heutigen Fassade als schmaler Gang, der aber nirgends hinführt. Der Patriarch ließ ihn, der Mode der Zeit folgend, als Galerie ausstatten, allerdings nicht mit beweglichen Gemälden, Statuen und Reliefs. Diese wurden vielmehr illusionistisch an die Wand gemalt.

Die figürlichen Szenen sind den **alttestamentarischen Geschichten** der Patriarchen des Alten Bundes entnommen, eine leicht verständliche Parallele zum Patriarchat von Aquileia, das wie diese unter dem Segen Gottes zu stehen vorgibt. Die Verkündigung dieses Segens rahmt daher auch den Raum: So zeigt gleich das erste Fresko der rechten Wand, wie ein älterer Mann sich vor drei Engeln anbetend und mit geschlossenen Augen verneigt. Es ist Abraham, dem im Hain Mamre drei Männer erscheinen, die er bewirten wird (sie werden als Hinweis auf die göttliche Dreifaltigkeit gedeutet, Gen. 18,1–8).

Das große **Fresko an der Wandmitte** zeigt eine fast nie dargestellte Szene: Laban sucht nach den Götterbildern, die ihm seine Tochter Rahel gestohlen hat. Er betritt mit Jakob das Zelt Rahels, doch diese hält die Bildwerke unter ihrem Lager versteckt, während sie vorgibt, sich nicht erheben zu können, da es ihr »nach der Frauen Weise« ergehe (Gen. 31,19–35). Es zeugt vom Raffinement einer Spätzeit, wenn das alttestamentarische Geschehen in die Bühnenwelt des Spätbarock transponiert wird. Die Zeltbahn wird zum Bühnenvorhang, der Vordergrund mit dem Strohlager der Protagonistin zum Proszenium. Rachels Gewandung und Habitus entsprechen einer venezianischen Patrizierin, kleiden hier jedoch die Tochter eines orientalischen Viehzüchters. Einfacher gekleidet mit einem Turban und Umhängen ist die von einer Kinderschar umgebene Frau rechts. Sie stellt Lea dar, die Schwester Rahels, und Jakobs erste Frau, die dieser nicht schätzte und deren »Augen ohne Glanz waren«. Für das ländliche und orientali-

»Laban sucht nach den Götterbildern«, Fresko von Tiepolo im Palazzo Patriarcale in Udine

sche Ambiente sorgen die Hintergrundkulisse der Landschaft, die Schäferidylle und die Kamele mit ihren Treibern. Dass das Bühnenspiel auch des Zuschauers bedarf, wird deutlich bei Jakobs Augen, die den Betrachter fixieren. Wohl zu Recht gilt das Gesicht dieses Mannes genau in der Bildmitte als ein Selbstbildnis des etwa 35-jährigen Tiepolo.

Die Wahl dieses ungewöhnlichen Stoffes als zentrales Bildmotiv hat mehrere Gründe: Es geht um den Segen auf dem Hause Jakobs, den dieser an Josef, den Sohn der geliebten zweiten Frau Rahel weitergeben möchte, während die erste Frau Lea mit den älteren Kindern ganz in den Hintergrund gedrängt wird. In den beiden Frauenbildnissen sind Allegorien für die Patriarchate in Grado und Aquileia zu sehen: für das jüngere Patriarchat von Grado und Venedig, das sich gerade im Glanz der Gunst sonnen kann, und das in den Hintergrund gedrängte, ältere und damit legitime Aquileia, das sich durch die vielen Kinder (= Suffraganbistümer) als das wirklich Gesegnete auszeichnet, da Rahel lange unfruchtbar blieb. Diese aber hat, um sich den Segen der Ahnen zu sichern, die Götzenbilder mitgenommen, ähnlich wie das Patirarchat von Grado, das einst die Reliquien raubte und sich nun durch deren Besitz legitimiert wähnt. Ganz im Sinne des im Barock beliebten Grundsatzes, die Zeit bringe die Wahrheit ans Licht, wartet

Lea (im Gegensatz zum Bibeltext hier sehr positiv gezeichnet) auf ihre große Stunde, die dann kommen wird, wenn Josef den Segen des Vaters verliert und dieser auf Leas Sohn Judas übergeht.

Das Fresko wird flankiert von **Grisaillemalereien.** Rechts: Jakob kämpft eine Nacht lang mit einem Mann, der wie üblich in der Gestalt eines Engels wiedergegeben wird (Gen. 32,23–30). Links erscheint die Versöhnung Jakobs mit seinem Bruder Esau, den er um das Erstgeburtsrecht gebracht hatte (Gen. 33). Diese Bilder gehören alle ebenso zum Patriarchenprogramm wie die **Deckenbilder** mit weiteren Szenen aus dem Leben Abrahams: Nachdem Sarah dem Abraham endlich einen Sohn, Isaak, geboren hatte, verlangte sie, dass Hagar mit ihrem Sohn Ismael (den Abraham gezeugt hatte) nunmehr aus dem Haus geschickt werde. Sie gehen also in die Wüste, dort erscheint ihnen ein Engel und rettet sie vor dem Verdursten (Gen. 21,14–19). Ein weiteres Mal erscheint ein Engel, um Gottes Willen kundzutun: in der Szene »Abraham opfert Isaak«. Engel finden sich auch im letzten Deckenfresko mit »Jakobs Traum von der Himmelsleiter«, wo die Engel Gottes die Leiter auf- und niedersteigen (Gen. 28,10).

Auf dem letzten farbigen **Bild der rechten Wand** sehen wir eine alte Frau, die vor einem Engel kniet (s. hintere Umschlagklappe). Es ist die Fortsetzung des ersten Freskos: Die Männer, die Abraham besuchten, prophezeiten ihm, dass seine Frau Sarah trotz ihres Alters einen Sohn gebären werde. Sarah hörte dies, »lachte bei sich selbst und sprach: Nun da ich alt bin, soll ich noch der Liebe pflegen, und mein Herr ist auch alt« (Gen. 18,10–15). Es entbehrt nicht der Komik, wenn in der Tür des zerfallenden Bretterschlags eine Figur ihren Auftritt hat, deren vornehme Kleidung einer anderen Welt zugehört als das Gesicht. Es ist eine Frau vom Lande mit karikaturhaft herausgestellten Falten und einer Zahnlücke. Die Inszenierung lebt vom Zusammentreffen der Gegensätze, die Heilsgeschichte wird dargestellt mit den Mitteln des Komödientheaters.

Höhepunkt dieser wenig christlichen Komik ist die Auffassung des Engels. Mit seinen Blößen und der lasziven Haltung wirkt er kaum wie ein vorbildlicher Engel. Das Bühnenhafte wird noch dadurch betont, dass selbst der Engel einen Schatten wirft – undenkbar für eine materienlose Lichtgestalt, die in der christlichen Bildkunst oft selbst die Lichtquelle war. Gerade an der Schatten werfenden Engelsgestalt zeigt sich, dass Tiepolos Jahrhundert nicht nur das eines verfeinerten gesellschaftlichen Lebens, sondern auch das der Aufklärung war. Wie kann ein in Begriffen von Wirklichkeit und Vernunft denkender Mensch, mit Kenntnis der Werke von Newton und Leibnitz noch einen materiefreien Engel malen? Das Dilemma wird gelöst, in dem die Figuren gewissermaßen durch Schauspieler vertreten werden. Und so werfen die Engel auch einen Schatten. Goya ging so weit, dass er die Engel in Sant'Antonio de la Florida in Madrid ins Rampenlicht setzte, sodass der Kunsthistoriker Theodor Hetzer von ›Kinoengeln‹ sprach. Typisch für die Zeit der frühen Aufklärung ist die grenzenlose Bereitschaft, über alles zu spotten und alles infrage zu stellen, vorausgesetzt der Vortrag bleibt geistreich. So wird hier aus dem an sich materielosen Engelwesen eine höchst leibliche, sinnliche Gestalt, die einer längst vertrockneten Alten die Fruchtbarkeit verkündet. Dazu wäre aber anschaulich nur ihr eigener junger Körper fähig. Mohnblumen, das alte Fruchtbarkeitssymbol, ranken sich prall und üppig am Engel hoch, bei Sarah dagegen sprießt kein einziges Hälmchen aus dem trockenen Boden.

Kehrt man zum Eingang zurück, so wird das – vorsichtig formuliert – Androgyne der Engel durch die Darstellung der Verkündigung an Abraham noch deutlicher. Nun wird dem Betrachter bewusst, warum die Figuren sich so merkwürdig gebärden: die Erscheinung der Engel verrät wenig über ihre heilsgeschichtliche Mission. In Haltung und Gewandung zeigen sie sich vielmehr wie Lustknaben der Zeit. Der alte Abraham dagegen ist wie ein von Monstern versuchter heiliger Antonius aufgefasst, der den Verlockungen zu widerstehen versucht. Ob ihm dies gelingt? Der mittels der Überschneidung durch die Wolke zum Ziegenfuß gewordene Baumstumpf weist auf die Nähe des Teufels und lässt wenig Hoffnung aufkommen.

Ein solches **Kunstprogramm** entstand immer unter engsten Vorgaben des Auftraggebers, dessen Vorliebe zu jungen Männern vielleicht ebensolchen Neigungen bei Tiepolo entsprach (wie in neuerer Forschung diskutiert wurde). In solchem Zusammenhang wurde auch der rätselhafte Zyklus der fingierten Statuen als frauenfeindliches Programm gedeutet: Hier werden sechs Prophetinnen erfunden, die es nie gab, und die deshalb sogar mit Bibelstellen belegt werden, deren Haltung und Ausdruck aber dümmlichen Gartenstatuen entsprechen. Wären sie von einem Provinzmaler erfunden, man könnte sie einfach missglückt nennen. Hier, im Rahmen eines derart symbolbeladenen Programms und in der Qualität der malerischen Ausführung, dürften sie eine klare Absicht verfolgen.

In dieser Galerie realisierte der junge Tiepolo einen seiner ersten größeren Freskenzyklen, bei denen seine malerischen Möglichkeiten sich in ihrem ganzen Reichtum entfalten konnten. Schon hier zeigen sich jene Eigenschaften, die isoliert auch bei anderen Malern der Zeit auftraten, die Tiepolo jedoch auf einzigartige Weise zu verbinden wusste: Helligkeit und Transparenz der Farben, eine bewegt-nervöse Liniensprache, prachtvolle Zurschaustellung und dennoch menschliche Anteilnahme, Leichtigkeit der Ausführung und der Sinn für das Dekorative, Detailgenauigkeit und stupender Illusionismus. Elemente, die offensichtlich teilweise dem genauen Studium der Werke Veroneses zu verdanken sind. Hinzu kommen Komödiantentum und Freude am Volkstümlichen, Grazie, Witz und kritische Distanz sowie der große Atem, der den Götterhimmel mit der irdischen Welt zu verbinden weiß. Der Stil dieser Fresken ist der unverwechselbare Stil eines einzelnen, der zugleich eine ganze Epoche präsentiert und als Vorbild unerreicht blieb. Gleichzeitig gehören die Malereien zu den frühesten Darstellungen einer neuen Epoche des ungebundenen, zügellosen Geistes der Aufklärung.

Zu den Hauptwerken des Museo Diocesano zählt eine farbig gefasste Figur der hl. Euphemia von eleganter Linienführung, wohl Mitte 14. Jh. Obschon es im Friaul keine weiteren Beispiele dieser Qualität gibt und ein Forscher bereits an einen Bildhauer aus Siena oder Umbrien dachte, scheint ein Friulaner Holzschnitzer das Werk geschaffen zu haben

Thronsaal, Sala rossa, gialla und azzurra

Wieder im **Thronsaal** ist das Deckenbild zu sehen, das ein frommer Pfarrer des 19. Jh. malen ließ, und das abermals reine Engel und Heilige zeigt. In ihrer vordergründigen, naiven Schönheit und Reinheit wirken sie nicht mehr glaubwürdig. Und dies ist bekanntlich beileibe kein Einzelfall seit dem 19. Jh. Von der Entzauberung des Engels, von dem Verlust der Unschuld, wie er bei Tiepolo und Goya stattfand, hat sich die christliche Kunst nie wieder erholt.

Nach dem Thronsaal folgt die **Sala rossa,** Sitz des kirchlichen Gerichts. Die Deckenmalerei von Giovanni Battista Tiepolo erscheint hier viel reifer und nähert sich bereits den Werken in Würzburg an, entstand aber sicher noch vor 1740. Die zentrale Szene mit dem »Urteil Salomos« entspricht der einstigen Bestimmung dieses Raums als kirchlichem Gerichtssaal. Die Weisheit Salomos verhinderte, dass der Streit der Frauen um das Kind zu dessen Zweiteilung führte. Möglicherweise war das Thema eine Anspielung auf die päpstlichen Pläne, die Diözese des Patriarchats in ein venezianisches und ein österreichisches Bistum aufzuteilen (was 1751 dann auch geschah). Die vier Gemälde an den Ecken der Decke (ebenfalls von Tiepolo) zeigen die Propheten Jesaias, Jeremias, Ezechiel und Daniel.

Durch die **Sala gialla** (Sala dei stucchi) gelangt man in die nach der blauen Wandbespannung benannte **Sala azzurra.** Sie wird auch auch Sala di Giovanni da Udine genannat, und zwar nach dem Raffael-Schüler, der 1558–60 die Malereien mit Grotesken (seiner Spezialität) und künstlerisch nur schwachen Darstellungen biblischer und allegorischer Themen ausführt haben soll. Da sie aber nachweislich erst nach dessen Tod entstanden, kommt er nur als Vorbild, nicht aber als Maler dieser im Detail auch nicht erstklassigen Bilder infrage. Die vier seitlichen Deckengemälde wurden in späterer Zeit erneuert. Das zentrale Deckenfresko mit der »Schlüsselübergabe an Petrus« wurde von Giovanni Battista Canal 1807 neu gemalt.

Bibliothek

Einen weiteren Höhepunkt bildet die nun folgende, unter dem Patriarchen Dionisio Dolfin realisierte große Bibliothek. Deren Ruhm liegt nicht so sehr in der Schönheit des Raumes als vielmehr in der Auswahl der Bücher, die bereits 1740 alle damals bedeutenden Werke der **Aufklärung** umfasste und damit eindrucksvoll belegt, wes Geistes Kind der Auftraggeber der Fresken der Galerie war. Als vorbildlicher Aufklärer erwies er sich auch durch die Öffnung dieser Bibliothek für die Öffentlichkeit, ein damals ungeheurer Akt, der selbst in Versailles diskutiert wurde. Ludwig XIV. schickte einige Bücher mit dem handschriftlichen Vermerk, er wünsche dem Experiment viel Glück. Dies war umso gewagter, als manche hier frei zugänglichen Bücher keineswegs der kirchlichen Lehrmeinung entsprachen. Den für die Zeit typischen Spagat zwischen eigenem Denken und der nach außen hin zu vertretenden Lehrmeinung zeigt dann auch das konservative **Bildprogramm** der Bibliothek: Im zentralen Deckenbild von Nicolò Bambini (1710) erscheint im Zentrum der »Triumph der christlichen Wahrheit«. Die Wahrheit trägt einen Helm wie die Göttin Pallas Athena, doch auf ihrem Schild erscheint die Taube des Heiligen Geistes und in der Linken hält sie das Buch der Sieben Siegel mit dem Lamm Gottes. Umgeben wird sie von den vier Evangelistensymbolen als Verkörperung der göttlichen Offenbarung und in weitem Abstand erscheinen darunter die Personifikationen der Wissenschaften (der freien Künste, aber auch der Schiffahrtskunde, der Geschichte und der Geografie). In den Gemälden über den Türen (Supraporten) triumphieren der Glaube über die Idolatrie, die Lehre über die Unwissenheit, die Wahrheit über die Lüge und die katholische Orthodoxie über die Häresie.

Museo Diocesano
Piazza Patriarcato, 1
www.musdioc-tiepolo.it
Mi–So 10–12 und 15.30–18.30 Uhr

Museo Diocesano

Im darunter liegenden ersten Obergeschoss wurde 1995 das Museo Diocesano eingerichtet, das man von hinten auch über eine kleine Wendeltreppe erreichen kann. Es zeigt die Entwicklung der friulanischen Holzskulptur vom 13.–18. Jh. Den großen Schnitzaltar in Saal 2 (aus der Kirche Santa Maria Maddalena in Invillino) vollendete um 1488 Domenico da Tolmezzo. Während beim Schrein die spätgotischen Zierformen dominieren, zeigen sich bei den Figuren – im Standmotiv, aber auch in der Ebenmäßigkeit der Erscheinung und der Kopfformen – bereits Stilideale der Frührenaissance. Höhepunkt der Sammlung ist aber die im ersten (oder bei Benutzung der Wendeltreppe im letztem) Raum stehende Skulptur der hl. Eufemia, ein wunderbares lokales Werk der byzantinisch beeinflussten schönlinigen Gotik des 14. Jh.

Vom Palazzo Patriarcale zum Dom

Rechts vom Palazzo Patriarcale steht der **Palazzo della Provincia** (ehemals **Palazzo Antonini-Belgrado**) aus der zweiten Hälfte des 17. Jh., einer der vielen für die Familie Antonini in Udine errichteten Paläste. Es handelt sich in seiner Struktur um einen sehr venezianisch geprägten Bau, der im ersten Stock eine reiche Innenausstattung von Giulio Quaglio von 1698 besitzt. Die Räume sind schöne Beispiele für den schweren und voluminösen Stil vor Tiepolo und dienen der Provinz als Repräsentationsräume. Häufig ist das Tor offen, und man kann einfach hinaufgehen, sonst lohnt es sich, im rechts gelegenen Verwaltungsgebäude zu fragen. Zu den berühmten Gästen dieses Palazzo zählten Papst Pius VI., Napoleon und Kaiser Franz I. von Österreich.

Der Weg zum Dom führt direkt durch die Via Lovaria oder durch die repräsentativere Via Manin, an deren Beginn die **Porta San Bartolomeo** steht, die zu Beginn des 13. Jh. als Teil der dritten Stadtmauer Udines errichtet wurde (heute verändert). Gleich danach rechter Hand (Nr. 18r) der **Palazzo Mantica** aus dem 16. Jh. Die Fassade zeigt im Zentrum eine Gruppe von fünf Bogenfenstern und zwei kleine Balkone im Stil der venezianischen Frührenaissance. Die schmiedeeisernen Fenstergitter im Erdgeschoss sind eine barocke Hinzufügung. Das kleine Relief »Madonna mit Kind« schuf Carlo da Carona um 1520.

Vor der Piazza Libertà zweigt links die Via Vittorio Veneto ab. Nr. 22: **Palazzo Strassoldo-Manin,** heute Sitz der Banca del Friuli. Als Mittelmotiv drei gekoppelte Bogenfenster mit Kopfschlusssteinen, darunter Balustrade. Dem Palast wurde in späterer Zeit links ein zusätzliches Joch angefügt.

Abstecher Richtung Porta d'Aquileia

Folgt man der Via Vittorio Veneto südöstlich, wechselt sie bald den Namen zu Via Aquileia. Diese lange Straße wird zu beiden Seiten von Palästen aus dem 16.–18. Jh. flankiert. Ziemlich am Ende steht rechts die Kirche **Madonna del Carmine (6).** Hinter einer schlichten Fassade (die Marienskulptur stammt aus dem 18. Jh.) öffnet sich der Saalraum der Kirche, die 1503–25 von den Karmelitern errichtet wurde. Das von ihnen mitgebrachte Gnadenbild der »Madonna del Carmine« (im Presbyterium) gab der Kirche ihren Namen. An der Decke des Hauptraumes Fresko mit virtuos gemalter Architektur und der »Jungfrau in der Glorie, die dem hl. Simone Stock das Ordensgewand reicht«, von Giulio Cesare Begni, 1620: ein Hauptwerk der barocken Perspektivmalerei im Friaul.

In der Kapelle links vor dem barocken Hauptaltar Sarkophag des Beato Odorico Mattiussi da Pordenone (1286–1331), eines Franziskanermissionars, der die Erlebnisse seiner Missionsreise nach Indien, China und Japan (1318) in einem Buch veröffentlichte. Der von vier Säulchen getragene Sarkophag, ein Werk des Venezianers Filippo de Sanctis (1331–32), zählt zu den besten Grabmalarbeiten des Trecento im Veneto und im Friaul. Ungewöhnlich die Darstellung, wie der Verstorbene in das Grab versenkt wird. Anwesend sind u. a. der Patriarch von Aquileia, Pagano Della Torre.

Die Via Aquileia endet bei der **Porta d'Aquileia (7),** einem Torturm, der zum fünften und letzten Mauerkreis aus dem späten 14. Jh. gehört (von den drei Spitzbogenfenstern ist nur das erste am Turm original).

Dom Santa Maria Annunziata

Dom Santa Maria Annunziata
Schließt gewöhnlich werktags von 12 Uhr bis in den frühen Nachmittag

Hauptkirche Udines war bis in das 14. Jh. Santa Maria di Castello. Erst nachdem Patriarch Berthold von Andechs 1238 seine Residenz von Cividale nach Udine verlegt hatte, wurde (um 1245) mit dem Bau des neuen **Doms (8)** begonnen. Er war zunächst kleiner geplant als die heutige Kirche. Von der alten Bausubstanz aus dem 13. Jh. blieben lediglich die mittlere und die linke Chorkapelle sowie das Querschiff (1251–79) erhalten. Ihre heutigen Ausmaße erhielt die Kirche etwa 1334–50 durch den Bau des Langhauses unter Patriarch Bertrand von Saint-Geniès, der die ursprünglich dem hl. Ulrich geweihte Kirche der Maria der Verkündigung (Annunziata) weihte und zur Domkirche erhob. Nach der Ermordung des Patriarchen (1350) wurden die Bauarbeiten erst nach 1368 wieder aufgegriffen und um 1400 abgeschlossen.

Fassade

Wenig harmonisch ist die Fassade des Doms. Sie wurde im frühen 20. Jh. stark überarbeitet. Der untere Teil ist aus dem 14. Jh., während der obere Teil mit den eingerahmten Rundfenstern und den sich überschneidenden Blendbögen erst aus der Zeit der venezianischen Herrschaft (ab 1420) stammt. Die Skulpturen am Tympanon des Hauptportals entstanden im späten 14. Jh., wahrscheinlich durch einen nordischen Meister. Das Vordach ist eine falsche Rekonstruktion von 1926.

Ausdrücklich als das Werk eines ›deutschen Meisters‹ (*magister theutonicus*) bezeichnet ist das linke Seitenportal neben dem Baptisterium, die **Porta dell'Incoronazione** von 1395–96. Es zeigt im Tympanon die »Krönung Mariens«, am Portalsturz die »Geburt Christi«, die »Anbetung der Könige« und den »Bethlehemitischen Kindermord«. Rechts daneben ein Portal aus dem 18. Jh. von Domenico Rossi (?), 1909 von der Hauptfront hierher versetzt. Der Glocken-

Die Porta dell'Incoronazione, das Seitenportal des Udineser Doms. Die Steinmetzarbeiten schuf ein deutscher Meister Ende des 14. Jh.

Udine, Fassade des Doms

turm über dem achteckigen Baptisterium wurde 1441–50 durch den Mailänder Baumeister Cristoforo errichtet, blieb jedoch aus statischen Gründen unvollendet.

Innenraum

Das Innere zeigt im wesentlichen die Struktur des 14. Jh., doch wurden nach 1420 die hohen Achteckpfeiler eingesetzt, die Seitenschiffe gewölbt und mit je einer Reihe von Kapellen erweitert. Zu größeren Veränderungen kam es im 18. Jh., als zunächst die mächtige Familie Manin den Chor und die Nebenkapellen barockisieren ließ. Anschließend, von 1714 bis nach 1735, ließ dann die Gemeinde Udine nach Plänen des Venezianers Domenico Rossi das dreischiffige Langhaus umbauen und einwölben und die Seitenkapellen umgestalten. Dabei wurde das hohe, saalartige Langhaus wenig verändert. Seit der im Jahre 2009 vollendeten umfassenden Restaurierung trägt der Raum wieder seine klassisch anmutende, ganz in Weiß gehaltene Farbfassung des 18. Jh, deren schnörkellose Strenge zu einer vom Trientiner Konzil angestrebten Konzentration auf das bühnenhaft aufgebaute Presbyterium führt. Dieses ist dadurch von ausgeprägt barocker Wirkung: Mit fingierten Draperien, Stuckfiguren (von Abbondio Stazio da Como, der auch die Planung übernommen hatte) und Malereien (von Louis Dorigny) wurden Altarraum und Querschiff geradezu überladen. Die Lichtführung ist dagegen auf ein höchst ungenügendes Maß reduziert. Der Eindruck von zuviel an Details und zuwenig an einheitlicher Raumgestaltung überwiegt.Aufmerksamkeit verdienen vor allem die Altarbilder und Fresken Giovanni Battista Tiepolos. Die Seitenaltäre entwarf G. Massari um 1720. Das Altarbild **»Heilige Dreifaltigkeit« (B)** schuf Giovanni Battista Tiepolo, 1738. An der rechten Wand zwei ehemalige Orgelflügel mit »Christus heilt den Besessenen« und »Christus am Teiche Bethesda« von Pomponio Amalteo, 1535. Die Deckenfresken malte 1749 Andrea Urbani.

Das Altarbild **»Die Heiligen Hermagoras und Fortunatus« (C)** aus dem Jahre 1737 ist ebenfalls von Tiepolo. Im Gewölbe Architekturperspektiven von Andrea Urbani. Die Kanzel aus dem Jahre 1737 (D) ist aus Stein imitierendem Holz; lediglich die Stützen sind aus Marmor. In der Mitte »Predigt des hl. Hermagoras«, links »Hl. Hermagoras tauft die Jungfrauen aus Aquileia«, rechts »Martyrium der hll. Hermagoras und Fortunatus« (zur Legende der Heiligen s. S. 75).

Die **Cappella del Sacramento (E)** wurde 1717 über einem polygonalen Grundriss angebaut. Für die Freskenausmalung wurde 1726 der junge Tiepolo verpflichtet, der kurz zuvor mit den Arbeiten im Palazzo Patriarcale begonnen hatte. Auf Wolken tummeln sich singende Engel und Putten, in Seiten- und Unterlicht effektvoll beleuchtet. Für die schmalen Schrägseiten entschied sich Tiepolo für Grisaillemalereien mit zwei Szenen aus dem Leben Abrahams: die »Opferung Isaaks« (rechts) und die »Erscheinung des Engels«.

Ebenfalls von Tiepolo ist das kleine Bild der »Auferstehung Christi« am Altar. Links die Außenseiten der erwähnten Orgelflügel mit der »Vertreibung der Händler aus dem Tempel« von Pomponio Amalteo, signiert und datiert 1535. Die Marmorengel neben dem Altar schuf Giuseppe Torretti. Die in der linken Lünette gemalte Nischenfigur, eine Personifikation des Glaubens, und die Engelsglorie über der Vierpassöffnung an der Decke stammen von Andrea Urbani, 1749.

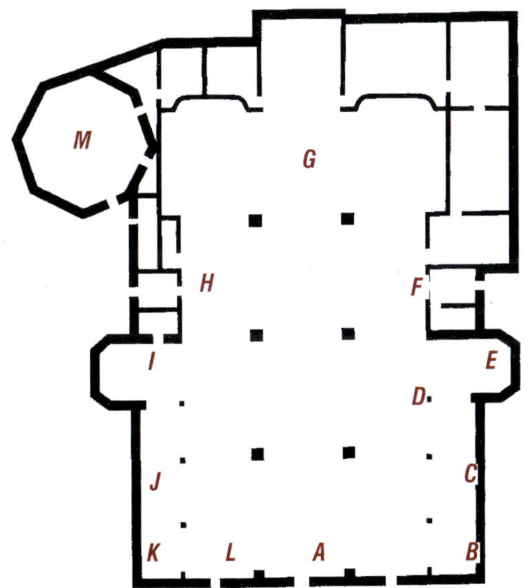

Dom von Udine, Grundriss

- A *Reitermonument für Graf Daniele Antonioni, 1617*
- B *»Heilige Dreifaltigkeit« von G. B. Tiepolo, 1738*
- C *»Die Heiligen Hermagoras und Fortunatus« von G. B. Tiepolo, 1737*
- D *Kanzel*
- E *Cappella del Sacramento*
- F *Orgel*
- G *Presbyterium*
- H *Orgel von Columbi*
- I *Reliquienkapelle der seligen Elena Valentinis*
- J *»Hl. Joseph mit dem Jesuskind und Johannes« von Pellegrino da San Daniele, 1500*
- K *Altarbild von Giovanni Martini, 1501*
- L *Weihwasserbecken von Bernardino da Bissone, 1497*
- M *Baptisterium (Museo del Duomo)*

Die **Orgel (F)** im rechten Seitenschiff ist aus dem Jahr 1745. Die Tafeln der Orgelbrüstung mit Szenen aus dem Leben der Heiligen Hermagoras und Fortunatus malte Pordenone 1528.

Prunkvoll ist die Ausstattung des **Presbyteriums (G).** An den Seitenwänden ließ die Familie Manin monumentale Grabmäler errichten und finanzierte darüber hinaus die Barockausstattung des gesamten Ostteils des Doms. Das reiche Figurenprogramm spielt auf den Triumph der Manin und der venezianischen Herrschaft an. Höchst ungewöhnlich die in Stein gehauenen Löwenfelle als Inschriftenträger. Die qualitätvolle, stark bewegte Figurengruppe »Mariae Verkündigung« am Hochaltar ebenso wie die Engel, die Leuchter tragen, schuf 1718 Giuseppe Torretti.

Die **Orgel (H)** von Vincenzo de Columbi wurde 1549 gefertigt und 1758 überarbeitet.

Die 1714 erbaute **Kapelle (I)** ist ein Pendant zur gegenüberliegenden Sakramentskapelle. Die Fresken »Hl. Dreifaltigkeit« und »Schutzheilige der Kirche von Aquileia« stammen von Pietro Antonio Novelli. Rechts ein großes Holzkruzifix von Bartolomeo dall'Occhio, 1473, umgeben mit barockem Stuckdekor.

Pellegrino da San Daniele malte 1500 das Altarbild **»Hl. Joseph mit dem Jesuskind und Johannes« (J).** Der Knabe links unten gilt als Selbstbildnis Pellegrinos. In der Predella im Detail liebevoll ausgeführte Szenen mit der »Anbetung der Hirten« und »Flucht nach Ägypten«. Unter der Altarmensa ruhen heute die Gebeine des 1350 ermordeten Patriarchen Bertrand de Saint-Geniès.

Ein Jahr später, 1501, schuf Giovanni Martini das Altarbild **»Hl. Markus mit Johannes dem Täufer, Sebastian, Antonius, Bertrand, Hermagoras und Hieronymus« (K).** Unten in der Bildmitte kann man bei Betrachtung von der Seite eine eigenartige Inschrift erkennen: »Giovanni aus Udine hat dies mit bescheidenem Genius gemacht« *(Johannes Utinensis hoc parvo ingenio fecit)*. Es ist das wichtigste Gemälde des Friulaner Malers und Holzschnitzers. Zeitgenossen kritisierten an den Zügen des hl. Markus, dass sie eher einem Soldaten als einem Heiligen entsprechen.

Museo del Duomo (M)

Im Baptisterium neben dem Dom und in den alten Seitenkapellen des linken Querschiffs wurde ein Dommuseum eingerichtet. Es ist dem Andenken des sel. Patriarchen Bertand de Saint-Geniès gewidmet (Zugang durch eine Außentür des Baptisteriums, das über dem Campanile erbaut wurde).

Museo del Duomo
Piazza Duomo
www.cattedrale udine.it/news-dal-museo
Mo–Sa 10–12, 16–18, So 16–18 Uhr

Ein hohes, achtgeteiltes Rippengewölbe verleiht der ehemaligen **Taufkapelle** eine besondere Raumwirkung. Den **Marmorsarkophag** gab Patriarch Bertrand de Saint-Geniès 1343 in Auftrag für die Reliquien von Hermagoras und Fortunatus. Die Reliefs an den Sarkophagwänden schildern das Leben der Heiligen, beginnend an der Rückseite, wo im Zentrum der hl. Markus den Hermagoras dem Petrus vorstellt. Die Szenenfolge verläuft von hier links um den Sarkophag herum, zeigt die Predigt des Hermagoras, die Taufe der Familie des Gregorius, das Martyrium des Heiligen am Kreuz und durch Geißelung, die Heilung des Sohnes des Kerkermeisters von bösen Geistern, die Enthauptung Hermagoras und seines Diakons Fortunatus und schließlich die Bestattung der beiden Heiligen, wobei Körper und Häupter getrennt präsentiert werden. In diesem Sarkophag wurden

Sarkophag des Patriarchen Saint-Geniès. Der 1250 in Frankreich (Diözese Cahors) geborene Bertrand de Saint-Geniès war seit 1334 Patriarch von Aquileia. Er verteidigte den Patriarchenstaat gegen die Feudalherren und unterstütze die Armen. Ermordet wurde er auf Betreiben des Grafen von Görz und einiger Bürger von Cividale, und zwar bei einem Ritt des 90-Jährigen am 6. Juni 1350 von Sacile nach Udine (s. S. 40). Bertrand hatte den Neubau des Doms begonnen, er plante auch den Bau des Baptisteriums, das dann unter seinen Nachfolgern aufgeführt wurde, und verpflichtete schließlich auch den Maler Vitale da Bologna. Da der Bau des Baptisteriums und die Exponate mit der Person Bertrands eng verbunden sind, nennt man das Museum Museo Bertrand de Saint-Geniès

jedoch nicht die beiden Diözesanheiligen, sondern der ermordete Patriarch selbst beigesetzt. Die fünf Gestalten, die den Sarkophag tragen, wurden als die vier heiligen Jungfrauen Aquileias mit ihrem Vater gedeutet, aber auch als Berengar, Graf der Provence, mit seinen vier Töchtern, die alle mit Landesfürsten vermählt wurden (mit König Ludwig IX. von Frankreich, König Heinrich III. von England, Richard von Cornwall und König Karl von Anjou). Bis zur Einrichtung des Museums 1965 stand der Sarkophag in der Hauptchorkapelle der Kirche, aus der auch die abgelösten Fresken (u. a. Passionsszenen, »Rückkehr des Tobias«, »Susanna im Bade«) stammen, die ein Nachfolger des Vitale da Bologna und Tomaso da Modena zwischen 1350 und 1360 malte. Neben wertvollen Paramenten birgt der Raum auch Reliquien des Bertrand, darunter seinen Bischofsstab aus Elfenbein, seine Mithra, sein Totentuch und das Schwert, mit dem er 1350 ermordet wurde.

In der **ersten Kapelle** des Doms zeigen breitformatige Tafelgemälde die Almosenspende und den Tod des Bertrand (Abb. S. 40). Diese Tafeln eines unbekannten Malers gehörten wahrscheinlich zum Holzsarkophag des seligen Bertrand, der in den Steinsarkophag eingesetzt wurde. Die Datierung ist umstritten.

In der **zweiten Kapelle** wurden Fresken von Vitale da Bologna mit Szenen aus dem Leben des hl. Nikolaus von Bari (1348–50) freigelegt. Im Lünettenfeld das »Begräbnis der Heiligen«, das linke Bildfeld darunter zeigt, wie der Bischof von Myra ein ertrunkenes Kind lebend seinen Eltern zurückgibt, das rechte, wie er Kinder zum Leben erweckt, die ein Metzger zerstückelt und in einem Fass eingepökelt hatte. Darunter, auf zwei Szenen verteilt, die Geschichte eines betrügerischen Bauern, der einem Juden einen geliehenen Schatz nicht zurückerstattet. Auch wenn vom rechten Bildfeld nur wenig erhalten ist, sei die Geschichte hier zu Ende erzählt, denn sie ist ein seltenes Beispiel dafür, dass Juden in einer christlichen Kirche im Mittelalter nicht diskriminiert werden. Der falsche Richter spricht den Bauern frei, den Gott jedoch mit dem Tod bestraft. Der Jude findet den Schatz wieder und bittet den hl. Nikolaus, den Bauern wiederzuerwecken. Als man die Fresken 1961 ablöste, fand man darunter eine ältere Freskenschicht, die man ebenfalls ablöste und an der gegenüberliegenden Kapellenwand anbrachte. Das Altarbild mit dem hl. Nikolaus und Szenen aus seinem Leben stammt von einem Nachfolger des Vitale da Bologna.

Oratorio della Purità

Oratorio della Purità
Mo–Fr 10–12 und 16–18, Sa 10–12, So 16–18 Uhr

An der Stelle des **Oratorio della Purità (9)** stand seit dem 17. Jh. ein Theater, welches von der Familie Mantica erbaut worden war. In ihm fanden unter anderem die Komödien Carlo Goldonis Beifall. 1754 wurde den Schauspielen ein Ende bereitet, als Patriarch Daniele Dolfin das völlig konträre Projekt eines Oratoriums zur Unterweisung junger Mädchen in die christliche Lehre verwirklichte. Der Umbau wurde nach den Plänen Luca Andriolis bis 1757 durchgeführt. Die schlichte Fassade ist zweistöckig. Blickfang sind vor allem die reich verzierten Fenstergitter des Erdgeschosses. In der Kartusche über dem Portal erkennt man das Wappen der Familie Dolfin (drei Delfine).

Für die **Ausstattung** wurde der inzwischen hochberühmte Giovanni Battista Tiepolo gewonnen. In weniger als einem Monat führte er zusammen mit seinem Sohn Domenico den großen Freskenzyklus aus. Der Vater gestaltete die Decke mit der »Himmelfahrt Mariens« und den sie umgebenden Engeln. Es ist eines der schönsten Werke der Spätzeit. Ebenfalls vom Vater ist das der jungfräulichen Maria gewidmete Altargemälde.

Dem Pinsel des Sohnes entstammen die Ton in Ton gehaltenen acht belehrenden Szenen an den Wänden. Die alt- und neutestamentarischen Themen sollten nach Wunsch des Patriarchen Dolfin von Kindern handeln. Links »Die den Propheten Elias verspottenden Knaben werden von Bären zerrissen«, »Einzug Christi in Jerusalem« (der Patriarch hatte das Thema wohl wegen der Kinder gewählt, die üblicherweise Palmzweige brechen, doch ausgerechnet diese versäumte D. Tiepolo auszuführen), »Jakob segnet sterbend seine Söhne«, »Jesus als Knabe unter den Schriftgelehrten«. Rechts davon »König Nebukadnezar schickt die drei Jünglinge in den Feuertod«, »David und die Kinder Israels«, »Die sieben makkabäischen Brüder werden von Antiochus IV. verurteilt«, »Christus segnet die Kinder«.

San Francesco

Mit Zustimmung des Patriarchen Gregorio da Montelongo, des ersten italienischen Patriarchen von Aquileia, konnten die Franziskaner 1259 eine ihrer ersten Ordenskirchen im Friaul errichten. Die Kirche **San Francesco (10)** wurde nach dem Schema der kleineren Bettelordenskirchen als einschiffiger Raum mit drei platt geschlossenen Kapellen erbaut. Sie ist im Osten jedoch um ein Querschiff erweitert.

Bereits 1266 weihte man den noch nicht vollendeten Bau (nur Apsis und Querschiff standen), den Campanile 1291. Im 15. Jh. fügte man zu beiden Seiten des Langhauses Kapellen an; 17. und 18. Jh. brachten weitere Veränderungen. Nach den Zerstörungen des Zweiten Weltkriegs und einem anschließenden Brand wurde der Bau in seiner ursprünglichen Struktur weitgehend wiederhergestellt. Einfache, aber in ihrer Schlichtheit kraftvoll wirkende Baukuben gliedern den Außenbau. Einziger Schmuck sind ein Blendbogenfries unterhalb der Dachtraufe und die Fensteröffnungen, die in ihrem Rhythmus dem Abschluss der Kirche im Osten sein Gesicht verleihen.

Im **Inneren** empfängt den Besucher ein weiter und hoher Raum, der mit einem offenen Dachstuhl schließt. Reste der originalen Freskierung haben sich u. a. in der mittleren Chorkapelle erhalten. An der Nordwand des Langhauses sind die abgelösten Fresken des frühen

15. Jh. mit den Szenen aus dem Leben des ermordeten Patriarchen Bertrand de Saint-Geniès zu sehen. An der Südwand des Langhauses wurden Fresken aus anderen Kirchen außerhalb Udines angebracht. Die Kirche dient heute als Ausstellungsraum.

Von der Piazza XX Settembre zur Piazza Matteotti

Die **Piazza XX Settembre** war früher der Marktplatz für Getreide, Geflügel und Fisch. Erst später kaufte die Familie Della Torre das Gelände und ließ sich ihren Familienpalast darauf errichten. Im Jahre 1717 wurde Graf Lucio Della Torre zum Tode verurteilt, was die Kommune zum Anlass nahm, den Palazzo der Della Torre niederzureißen (die Skulpturen des Herkules und Kakus stehen heute auf der Piazza Libertà). Die gotische **Casa Veneziana** wurde 1929 von der Via Rialto hierher versetzt. Fenster und Fenstergruppen gliedern die sonst glatte Wand. An der gegenüberliegenden Schmalseite der Piazza befindet sich der **Palazzo Antivari-Kechler (11),** erbaut 1832 nach Plänen von Giuseppe Japelli, dem Architekten des klassizistischen Café Pedrocchi in Padua.

An der Piazza Garibaldi steht rechts der **Palazzo Mangilli-Del Torso,** ein im 18. Jh. erweiterter Bau des 16. Jh. Ähnlich wie beim Palazzo Patriarcale verdoppelte man das Motiv der Saalfenster und fügte dem Saal ein prächtiges, offenes Treppenhaus an. Die Haupträume und das Treppenhaus weisen gute Malereien und Stuckaturen auf. Dieser typische Adelspalast des 18. Jh. mit seiner eigentümlichen Mischung aus venezianischen, mitteleuropäischen und französischen Architekturformen sowie einer trotz aller Feinheit alpin-friulanischen Fassade lohnt einen Besuch. Hier sitzt heute ein Wirtschaftsinstitut, das den Palast für Tagungen nutzt. Das Personal ist zu Besuchern stets freundlich.

Der gegenüberliegende **Palazzo degli Studi** wurde 1821 durch Valentino Presani im klassizistischen Stil errichtet.

Ein anderes schönes Beispiel Udineser Palastarchitektur ist der **Palazzo Gorgo Maniago (12)** in der Via Viola, in dem das Museo delle Arti e Tradizioni Popolari untergebracht war, das vermutlich endgültig geschlossen wurde. Der rechte Teil des Palastes besteht aus dem kubischen Hauptgebäude, das im hinteren Bereich von typisch alpinen Arkaden fortgeführt wird. Der Bau zeigt keinerlei venezianische Einflüsse. Der architektonisch anspruchsvolle Bereich liegt links neben dem Hauptgebäude: Hinter einem von einer Art Zinnenmauer abgeschlossenen Hof liegt ein langer Flügel, in dem ein schönes Treppenhaus den Haupteingang zu den Wohnräumen bildet. Es wurde Mitte des 18. Jh. von einem Görzer Architekten entworfen und stellt zusammen mit der daran anschließenden barocken Raumflucht einen Höhepunkt in der Palastarchitektur Udines dar, die überwiegend durch österreichische, mitteleuropäische und französische Einflüsse geprägt ist. Links neben diesem Bau steht die reiche Fassade des ehemaligen Pferdestalls mit der Loggia. Trotz der Renaissanceformen stammt sie aus dem späten 17. Jh.

Von hier geht es weiter durch die kurze Via Muratti zur **Via Zanon** mit zahlreichen Palästen. Entlang dieser Straße fließt einer der ansonsten meist unterirdisch verlaufenden Kanäle, die ehemals die erste Stadtmauer umgaben.

Entlang dieses älteren Stadtgrabens entstanden im 16. und 17. Jh. große Adelspaläste, wie der **Palazzo Lovaria** mit seiner typisch venezianischen Fassadengliederung und den ungewöhnlich rustizierten Fensterrahmungen. Der Palast ist heute Sitz der Denkmalschutzbehörde und wurde dennoch wenig rücksichtsvoll renoviert. Trotzdem lohnt sich ein Gang in die große Durchfahrt, in den dahinter gelegenen Hof mit Pferdestall und Nebengebäuden sowie über die typischen engen Treppen in den großen Mittelsaal.

Am Ende der Straße steht links die zur Stadtmauer von 1295 gehörende **Porta di Santa Maria,** die nach ihren ehemaligen Besitzern, den Grafen Thurn, auch als Torre dei Torriani bezeichnet wird. Direkt hinter dem Tor hatten die Thurn ihren mächtigen Stadtpalast. Der schwere Bau weist zwar das venezianische Fassadenschema auf, doch zeigt er weniger städtisch-venezianischen Charakter als vielmehr eine alpin-feudale Trutzigkeit. Hinter dem Palast schließt sich – wie bei vielen Udineser Palästen – ein größerer Garten an. Da die jüngste Stadtmauer eine ausreichend große Fläche umschloss, konnte man sich bis in die Neuzeit solche großen Grünflächen leisten. Gartenkunst war im Friaul im 17. und 18. Jh. noch nicht auf die Villen, sondern fast ausschließlich auf städtische Gärten konzentriert.

Direkt dahinter führt links die Via dei Torriani mit dem Palazzo Torriani-Manin aus dem 17. Jh. zur **Cappella Manin (13).** Diese kleine, spätbarocke Kapelle ist ein charakteristisches Beispiel für die Udineser Kunst im 18. Jh. Auch hier war wieder eine Adelsfamilie Auftraggeber, die Familie Manin, deren Palast in unmittelbarer Nachbarschaft stand (der heutige Palazzo Torriani). Dieses barocke Kleinod auf sechseckigem Grundriss entstand 1718–1735. Architekt war wahrscheinlich Domenico Rossi. Einer der Seiten ist eine schmale, qualitätvolle Schaufassade vorgeblendet. Im Inneren, das durch eine Kuppel Licht erhält, erlebt man einen prachtvoll ausgestatteten, gut proportionierten Kapellenraum. Charakteristisch für Domenico Rossi sind die rosafarbenen und grünen Marmoreinlagen an den Pilastern und am Fries. Die Reliefs zwischen den Pilastern unter den hohen Rundbogen schuf Giuseppe Torretti. Die Hauptszenerie findet in Augenhöhe des Betrachters statt, darüber perspektivische Architekturdarstellungen, ganz oben füllen Engel den leeren Raum. In der Apsis eine sitzende Marmormadonna mit Kind, ebenfalls von Torretti.

Die Dominikanerkirche **San Pietro Martire (14)** besitzt von ihrem Ursprungsbau von 1285 nur mehr das rechte Seitenportal und den Glockenturm. Das übrige ist das Ergebnis von Veränderungen, die zwischen dem 15. und dem 19. Jh. vorgenommen wurden. Die De-

Cappella Manin

Bei seinen Reliefs in der Cappella Manin hat Torretti das von Donatello erfundene ›relievo schiacciato‹ virtuos und auf extreme Weise angewandt: unten die nahezu vollplastischen Hauptfiguren, über ihnen fast übergangslos das Flachrelief mit perspektivischen Effekten. Torretti bietet überraschend naturgetreue Details bis hin zum geöffneten Sattelgürtel eines Esels. Doch dominiert der Eindruck einer erstarrten Handlung, und es wird nicht deutlich, was zum Verständnis des Inhaltes wichtig ist.

Cappella Manin

Largo Torriani
Tel. 04 32 50 28 72
Besichtigung auf Anfrage, Schlüssel sind beim Pfarrer erhältlich.

Piazza Matteotti mit der Kirche San Giacomo. Nachdem Udine das Marktrecht besaß, verlegte man um 1248 den Hauptmarkt, der bisher auf der Via Mercatovecchio abgehalten worden war, auf diese Piazza, die man ursprünglich Mercato nuovo, in den Dokumenten Forum novum, später Piazza San Giacomo nannte, der jedoch in der Volkssprache einfach Plazze hieß. Heute wird hier nur noch vormittags der Obst- und Gemüsemarkt abgehalten

ckenfresken malten 1745 Andrea Urbani und Nicoletto Baldassini: »Hl. Dominikus in Verehrung der Jungfrau, die ihm den Rosenkranz überreicht« und »Triumph des hl. Dominikus über die Ungläubigen«. Am zweiten Altar links unter einer Madonnenstatue ein Marmorantependium von Torretti. Der dritte Altar für den hl. Antonius von Padua stammt aus der ehemaligen Familienkapelle des Palastes der Torriani (an der heutigen Piazza XX Settembre), die Figur des Heiligen ist ebenfalls ein Werk Torrettis. Qualitätvoll die *Sacra Conversazione* von Luca Monteverde, etwa 1520–25. Hoch oben an der Chorwand »Tod des hl. Petrus Martyr« von Pomponio Amalteo, 1578, das letzte Bild dieses Friulaner Malers. Schräg gegenüber der Kirche befindet sich der **Mercato del Pesce,** der Fischmarkt von 1927.

Die **Piazza Matteotti** öffnet sich großzügig inmitten schmaler Straßen und Gassen. Hier stehen wir auf einer Piazza, die dem Besucher trotz ihrer Größe ein Gefühl von Geschlossenheit vermittelt. Rundherum reihen sich dicht aneinander schmale Häuserfassaden, die verschiedenen Fensterformen scheinen einfach unregelmäßig verteilt zu sein. Hier und dort fängt ein kleiner Balkon den Blick auf, der dann wieder von der bewegten Silhouette der Dächer oder vom Rhythmus der rings umlaufenden Arkaden angezogen wird. Auf der Säule der Piazza steht eine 1487 geschaffene Marienstatue.

Der römisch wirkende Brunnen stammt von Giovanni da Udine, 1543. Er ist als Endpunkt einer Wasserleitung das etwas kleinere Pen-

dant zum Brunnen auf der Piazza Libertà. Erst 1607 wurde er vom Rand ins Zentrum der Piazza versetzt. Bevor der Brunnen erbaut wurde, diente eine Zisterne zur Wasserversorgung. Sie blieb auf der Piazzetta links der Kirche erhalten und ist auf 1486 datiert. In ihrer Form erinnert sie an eine Laterne, man nennt sie ›Laterne des Diogenes‹. Der eigentümliche Name entstand durch sprachliche Verschleifung der ehemaligen Bezeichnung *lanterna di Demostene* (wegen ihrer angeblichen Ähnlichkeit zum Lysikrates-Denkmal in Athen). Die Piazzetta hieß ehemals *Campo di Giustizia* (Gerichtsfeld), denn auf ihr wurden Gerichtsurteile gefällt.

Die nach dem Vorbild venezianischer Plätze L-förmige Einbindung der kleinen Piazzetta in die Gesamtanlage der Piazza Matteotti geht auf die Initiative des Statthalters Tommaso Lippomano zurück. Er ließ 1486 mittels einer einheitlichen Pflasterung und kleinen Stufen zwischen den Plätzen eine Umstrukturierung durchführen. Den Hausbesitzern machte er zur Auflage, die Fassaden zu bemalen. Leider hat sich von der Bemalung heute kaum noch etwas erhalten.

Von den um den Platz führenden Fassaden heben sich die Schauseiten der Kirche San Giacomo und des an sie grenzenden Oratorio della Madonna del Suffragio (Cappella delle Anime) ab.

1398 legte man den Grundstein für die Kirche **San Giacomo (15),** eine Gründung der Pelzhändlerzunft. Die jetzige Schaufront in der Art der venezianischen Fassaden der Lombardi wurde jedoch erst zwischen 1525 und 1533 nach Plänen des Bernardino da Morcote vorgeblendet. Charakteristisch für den Entwurf ist der kleine Glockenturm mit integrierter Uhr, die seitlich von Voluten mit der Muschel, dem Attribut des Titelheiligen, flankiert wird. Das rechts direkt anschließende, im Inneren mit der Kirche verbundene **Oratorium** entstand im 18. Jh., wobei sich der Architekt Simone Perretti bei der Gestaltung der Fassade nahe an das Vorbild von San Giacomo hielt, ohne jedoch nur zu kopieren. Die stärkere Zurückhaltung in der Fläche und die filigranen Formen lassen durchaus die Epoche der Entstehung erkennen. Die Architekten Francesco und Luca Andrioli zeichneten für die Planung des Oratoriums verantwortlich, dessen Inneres erst 1912 neu ausgeschmückt wurde. Der Saalraum der Kirche ist überreich mit Gemälden aus dem 17. und 18. Jh. ausgestattet (Erläuterungen rechts vom Eingang).

Von der Piazza Matteotti zum Palazzo Antonini

Von der Piazza Matteotti führt uns das kleine Sträßchen Via del Monte zur **Via Mercatovecchio.** Sie ist einer der ältesten Straßenzüge der Stadt; an seiner Stelle zog sich zuvor ein tiefer, etwa 40 m breiter Graben um den Schlossberg und die wenigen Häuser des **Borgo castellato.** Im Zuge der ersten Stadterweiterung im 13. Jh. wurde der Graben zugeschüttet, und es entstand die ungewöhnlich breite Straße, die zum wichtigsten Handelsplatz wurde. Auch die Verlegung des

Palazzo Monte di Pietà an der Via Mercatovecchio

Hauptmarktes zur Piazza di San Giacomo bzw. die Entstehung weiterer Märkte in den folgenden Jahrhunderten konnte die Bedeutung der Via Mercatovecchio nicht schmälern.

Das ehemalige Pfandhaus, der **Palazzo Monte di Pietà (16),** gehört heute der Sparkasse (Cassa di Risparmio). Der hintere Teil des Gebäudes wurde 1596 nach Plänen Francesco Floreanis begonnen, die zur Via Mercatovecchio zeigenden Räume und die Fassade konnten erst 1690 von Bartolomeo Rava beendet werden. Charakteristisch für die Schauseite sind die mit Rustika verkleidete Loggia mit sehr weiten Bögen und die ungewöhnliche Anordnung der beiden großen Dreierfenstergruppen im Obergeschoss. Deren gesprengte Giebel überschneiden sich mit den Fenstern des Mezzaningeschosses. In der Rustika des Erdgeschosses (unter der Loggia) ist ein Nachklang an die Architektur Giulio Romanos und Palladios spürbar, doch ist der Bau insgesamt von ganz unpalladianischen Proportionen. An den vier Ecken des Palastes wurden im 17. Jh. vergleichsweise winzige Pietà-Darstellungen angebracht.

Via Mercatovecchio

In den großen, prächtig ausgestatteten Palästen, die sich zu beiden Seiten der breiten Via Mercatovecchio hinziehen, ließen sich im Laufe der Zeit neben dem Adel auch wichtige Institutionen wie die Münze (im 14. Jh.), die Staatskanzlei (im 16. Jh.) und – an der Südseite – das Pfandhaus im ausladenden Palazzo Monte di Pietà nieder (s. o.).

Im Zentrum des Palazzo blickt man in die **Cappella del Monte di Pietà.** 1694 wurde sie vollständig mit Stuck, Fresken und Skulpturen ausgestattet. Die *Pietà* auf dem Altar stammt von dem Deutsch-Venezianer Heinrich Meiring: zwischen vier Engeln eine von Trauer tief bewegte Madonna in der Manier Berninis, während der Leichnam Christi an den frühen Michelangelo erinnert. Als Antependium schuf Giacomo Comini ein Marmorrelief mit der »Kreuztragung Christi«. Gerahmt von den schweren Stuckarbeiten sind die 1694 datierten Fresken des Comasken Giulio Quaglio. Unterhalb der Passionsszenen finden sich täuschend echt gemalte Imitationen von Wandteppichen.

Die Via Mercatovecchio mündet in die Piazza Marconi, an der auf Nr. 8 seit der zweiten Hälfte des 17. Jh. der **Palazzo Bartolini** steht (mit dem Familienwappen an der Fassade, seit 1866 Sitz der Stadtbibliothek). Linker Hand führt uns die Via Bartolini weiter zur Kirche **San Cristoforo.** Der kleine, 1358 von der Bruderschaft des hl. Christophorus gegründete Bau wurde 1498 erneuert und vergrößert. Die gotischen Fensterrahmungen wurden freigelegt. Die Kirche besitzt ein schmuckvolles Renaissanceportal von Bernardino da Bissone, 1518.

Kurz nach der Kirche links, in der Via Palladio, steht der **Palazzo Florio** von 1763, der erneut die unvenezianischen Architektureinflüsse in der Stadt verkörpert. Hier entstand weder ein venezianischer Kubus noch ein italienischer Palazzo mit Innenhof, vielmehr folgt der Bau dem französischen Typ des Hôtel: eine Dreiflügelanlage mit vorgelagertem Ehrenhof. Der mächtige Bau zeigt allerdings im Mittelteil wieder eine venezianische Fenstergruppe, hinter der dann wie üblich der venezianische Mittelsaal liegt. Der Palazzo war Ort der Vorverhandlungen zum Vertrag von Campoformido zwischen Napoleon und den Österreichern.

An der Ecke Via Prospero Antonini/Via Mazzini hat sich ein kleines, liebevoll restauriertes Haus aus dem 14. Jh. erhalten, das zu den ältesten erhaltenen Privathäusern des Friaul gehört und früher von einer Handwerkerfamilie bewohnt wurde.

In der Via Prospero Antonini steht links der **Palazzo Antonini Cernazai (17),** heute Hauptsitz der Universität von Udine. Die strenge Fassade dieses Palastes aus dem 17. Jh. erfährt eine gewisse Auflockerung im ungewöhnlichen Rustikasockel. Der Palast war in dem weitläufigen Gebiet der Stadterweiterung des 16. Jh. errichtet worden und lag damit außerhalb der eigentlichen, dicht bebauten Stadt. Sie verfügt daher, wie der Palazzo Antonini, über einen ausgedehnten Garten.

In der Via Gemona, der Fortsetzung der Via Prospero Antonini, steht der von Andrea Palladio errichtete **Palazzo Antonini (18).** Im Jahre 1556 wurde der damals 48-jährige Palladio von Floriano Antonini nach Udine gerufen. Als Auftrag erwartete ihn das Projekt einer *villa suburbana,* eines Palastes am Stadtrand, dessen Bau er nur zu Beginn verfolgen konnte. Dies hatte die bedauerliche Folge, dass man sich bei der Ausführung so weit von den ursprünglichen Plänen entfernte, dass heute nur noch die Grundidee Palladios nachvollziehbar ist: Dabei handelt es sich an der Straßen- und Gartenseite jeweils um eine zentrale, zweigeschossige Loggia, die von schmaleren Wandabschnitten flankiert wird – ein Muster also, das der Architekt auch schon bei der in vielerlei Hinsicht vergleichbaren Villa Pisani in Montagnana (Veneto) entwickelt hat.

Die entgegen Palladios Vorstellung rustizierten Halbsäulen der Eingangsloggia oder auch die im 17. Jh. angebrachten Fensterdetails verleihen der Fassade einen ehemals nicht beabsichtigten Zug ins Wuchtige. An der Gartenseite erhält die Fassade durch freistehende Säulen einen offenen und luftigen Charakter. Die offene Loggia bildet den

Fassade des Palazzo Antonini

Im Vergleich des ausgeführten Palazzo Antonini mit Palladios Originalplan wird man feststellen, dass vor allem durch das Fehlen des abschließenden Dreiecksgiebels die Gesamtwirkung der Fassade zur Straße einfacher geriet. Der im Plan repräsentativen, stolz aufgerichteten Loggia, die zur Straßenseite dem ansonsten festen Mauerverband vorgeblendet ist, wurde durch das Kappen des Giebels ihre vertikale Betonung genommen. Daher wirkt der Palazzo heute schwer und breit gelagert statt ausgewogen wie in der Originalzeichnung.

stärksten Kontrast zu der geschlossenen Straßenfront und ihren schweren Formen der Rustika. Doch auch hier ist durch den Dachüberhang statt des geplanten Giebels viel von der intendierten Wirkung verlorengegangen. Im Inneren, das nicht zugänglich ist, gruppieren sich um einen großzügigen zentralen Viersäulensaal die weiteren Räume, deren Höhe und Größe variiert.

Ebenfalls an der Via Gemona steht in Nr. 15-17 das ehemalige Wohnhaus des Malers und Bildhauers Giovanni da Udine mit freskierter Fassade von 1535, von der sich noch Reste erhalten haben.

In der rechts abzweigenden Via Giovanni da Udine befindet sich in Nr. 20 das **Collegio Nazionale femminile Uccellis,** ein Mädchenpensionat, das seit dem 15. Jh. existiert und seit 1685 in den Räumen des ehemaligen Klarissenklosters untergebracht ist (Portier in der Wohnung rechts vom Eingangstor). Im früheren Refektorium haben sich zwei Fresken aus dem 14. Jh. erhalten. Die angeschlossene Kirche Santa Chiara, deren Fassade auf die Via Gemona zeigt, wurde im 17. Jh. errichtet. Im Inneren Grabmäler für Ludovico Uccellis, der 1431 die Gründung des Pensionats testamentarisch verfügte, sowie für Uccellutto Uccellis, der um 1300 die erste Kirche von **Santa Chiara** und das Konvent erbauen ließ. Beachtung verdient die Barockdekoration um ein Marienbild (1690) von Giulio Quaglio und seiner Werkstatt sowie die Stuckaturen.

Reisen & Genießen

Hotels

Nur wer sich länger als ein paar Stunden in Udine aufhält, erfährt die besondere Atmosphäre dieser zugleich venezianisch und alpenländisch geprägten Stadt. Die Einfahrt in die Stadt ist nicht schwierig – man lässt sein Fahrzeug am besten auf der großen Piazza 1° Maggio oder in der Hotelgarage. An einem zentralen Platz der verkehrsberuhigten Altstadt befindet sich das noble und besonders angenehme Astoria Hotel Italia.

Astoria Hotel Italia
Piazza XX Settembre, 24
33100 Udine
Tel. 04 32 50 50 91
www.hotelastoria.udine.it
DZ 117–212 €

Mehrere Dreisterne-Hotels liegen direkt am Altstadtring oder jenseits des Rings. Unsere Empfehlung:

Hotel San Giorgio
Piazzale Cella, 2
33100 Udine
Tel. 04 32 50 55 77
www.hotelsangiorgioudine.it
DZ 75 €

Restaurants

Ein kleiner Hunger zwischendurch oder ein Mittagsimbiss sind in den italienischen Städten kein Problem. Dazu gibt es Stehcafés und Bars, die meist mehr als Getränke anbieten. Im Friaul kommen noch die Weinschenken hinzu: die traditionellen Osterien, in denen man sich ein Gläschen

Wein genehmigt und dabei leicht ins Gespräch kommt. Zum *tajut,* wie die Friulaner ihr Glas Wein nennen, stehen Appetithappen *(stuzzichini)* bereit, oft in Hülle und Fülle. So kann man auf feine Weise seinem Appetit nachgeben – im Stehen, oder auch im Sitzen.

Wer sich Außergewöhnliches wünscht, wird wohl die etwas längere Anfahrt (5 km) zu dem Restaurant Agli Amici der Familie Scarello nicht scheuen. Es ist berühmt für seine innovativen Rezepte, auch auf Fisch- und Meerestierbasis. Die hochgelobte Küche und das elegante, moderne Ambiente sind natürlich mit höheren, doch nicht überhöhten Preisen verbunden. (So abends bis Di mittags geschl.)
Agli Amici
Via Liguria, 250,
Godia bei Udine
Tel. 04 32 56 54 11
www.agliamici.it
obere Preisklasse

Für besondere kulinarische Genüsse muss man sich in Italien oft außerhalb der Stadtzentren begeben. Dies gilt auch für das elegante und anspruchsvolle, seit vielen Generationen von der Familie Marini geführte Restaurant Il Fogolar, das dem angenehmen Hotel Best Western Hotel Là di Moret angeschlossen ist. (So abends und Mo mittags geschl.)
Il Fogolar
Viale Tricesimo, 276
Tel. 04 32 54 50 96
www.ladimoret.it
mittlere bis obere Preisklasse

Unter den traditionellen Osterien bietet die einfache, aber extrem charmante Osteria Al Capello von Monica Toniut eine große Auswahl an Weinen sowie kalten und warmen Köstlichkeiten, und an den Tischen auch komplette Gerichte. Wer im Innern keinen Sitz- oder Stehplatz findet, trinkt sein Glas auf der Straße (und entgeht dabei dem strikten Rauchverbot). Außerdem stehen den Gästen in dem spätmittelalterlichen Haus sechs dekorativ gestaltete Zimmer mit modernen Bädern zur Verfügung. Es ist eine romantische Unterkunft mitten im Herzen der Altstadt. (So nachmittags und Mo geschl.)
Al Cappello
Via Paolo Sarpi, 5
Tel. 04 32 29 93 27
www.osteriaalcappello.it
untere Preisklasse

In Udine gibt es eine Reihe volkstümlicher Gaststätten, in denen man einfach und preiswert essen kann. In dem urigen Lokal Al Vecchio Stallo mit seinem stimmungsvollen Innenhof lernt man friulanische Spezialitäten kennen und fühlt sich trotz oder gerade wegen des Gedränges wohl. (Mi geschl.)
Al Vecchio Stallo
Via Viola, 7
Tel. 043 22 12 96
untere Preisklasse

Fließend sind die Übergänge von den volkstümlichen Weinbars zu den *enoteche* (Vinotheken). Diese sprechen eine neue Klientel mit verfeinerter Nase an, die markenbewusst nach besonderen ›Etiketten‹ fragt. Wegen ihrer riesigen Auswahl an Weinen ist die Speziaria Pei Sani besonders beliebt.
Speziaria Pei Sani
Via Poscolle, 13
Tel. 04 32 50 50 61
So geschl.

Karte Umgebung von Cividale S. 232

Villen südlich von Udine

Die Vielfalt der Landhäuser des Adels im Friaul ist beeindruckend. Es gibt mittelalterliche Burgen, venezianische Villen, österreichische Landschlösser und ganz eigene friulanische Herrenhäuser. Typisch venezianisch sind die Villen des Stadtadels von Pordenone sowie einiger venezianischer Familien südlich davon. Die ehemaligen Burgen in der Ebene von Gorizia sind zu eher mitteleuropäischen Schlössern ausgebaut. Im Umland von Udine wiederum errichtete der dortige Stadtadel Häuser, die eine Assimilation der verschiedenen kulturellen Anregungen aufweisen, wie man sie auch bei den Stadtpalästen antrifft. Wer sich für diese Landsitze interessiert, kann im Süden von Udine entlang einer nur wenige Kilometer langen Route ihre Vielfalt kennenlernen. Leider ist mit Ausnahme der Villa Agricola-Strassoldo in Tissano (am Schluss unserer Route) das Innere dieser Villen nicht zu besichtigen.

Lovaria

An der Staatsstraße von Udine nach Gorizia und Triest (SS 56) liegt etwa 2 km vor Buttrio rechter Hand das Dorf Lovaria. Schon von Weitem erkennt man den hohen, von kleinen Rundtürmchen flankierten Giebel der lang gestreckten **Villa Giacomelli,** deren Fassade zum Platz zeigt. Der Bau entstand im 16. Jh. als Landsitz eines Udineser Arztes und hat in dem merkwürdigen, turmartigen Bau zum Garten eine für die Gegend ungewöhnliche, offene Loggia. Ansonsten ist die Anlage ein typisches Beispiel der einfachen Form friulanischer Herrenhäuser.

Die typisch friulanische Villa steht wie die umliegenden Häuser direkt an der Straße, ist dreigeschossig, sehr lang gestreckt und hat wenig Tiefe. Im Erdgeschoss hat sie nur sehr kleine Fenster, denn dort liegen Keller- und Wirtschaftsräume; das Piano nobile im ersten Stock ist mit großen Fenstern als Wohngeschoss gekennzeichnet, während unter dem Dach nur noch Speicher sind. Wegen der Lage an der Straße und des Brauchs, die Häuser in geschlossenen Straßenzügen direkt aneinander zu bauen, konnte der Wirtschaftshof nur hinter dem Haus liegen. Deshalb haben die meisten Häuser in der Mitte eine Durchfahrt in Form eines großen, oft mit schwerer Rustika gerahmten Bogens, wie man dies bei den seitlichen Nebengebäuden gut erkennen kann. Folgt man der Straße weiter nach Süden, folgen einige weitere Häuser dieses Typs.

Der große Kubus auf der rechten Seite zeigt, wie die Form einer venezianischen Villa noch im 19. Jh. Nachfolge fand. Die große Zahl herrschaftlicher Häuser in Lovaria wie auch in den folgenden Dörfern hat mehrere Gründe: Die Häuser lagen nahe zur Stadt und waren damit schnell erreichbar, der Boden in diesem Gebiet ist über-

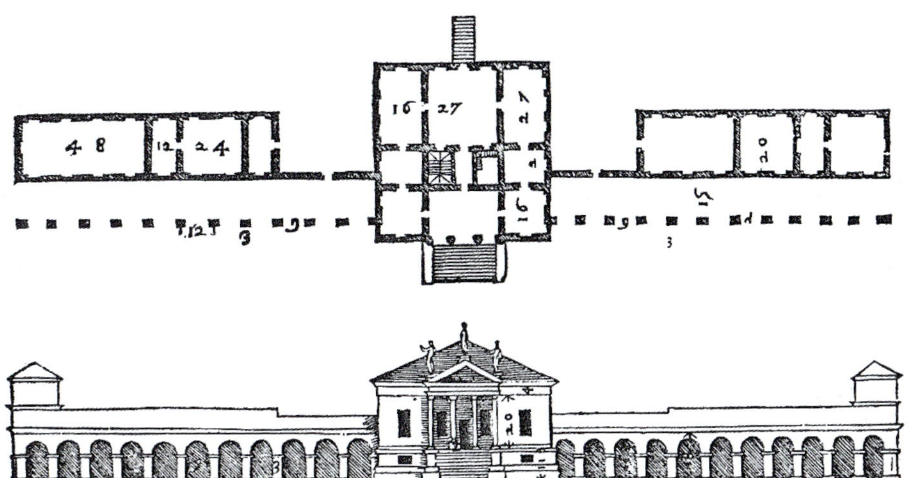

Die typische venezianische Villa – wie sie nicht selten auch im Friaul anzutreffen ist – besteht aus einem Kubus als Herrenhaus, das zu den Seiten von Wirtschaftsgebäuden flankiert wird. Dies zeigt u. a. Palladios Villa Emo bei Treviso (Veneto), die Palladio selbst in seinen »Quattro Libri« veröffentlichte. Die traditionelle friulanische Villa dagegen ist nicht kubischer Form, sondern lang gestreckt

durchschnittlich fruchtbar, und schließlich waren diese Dörfer nicht im Besitz eines adligen Feudalherrn. Vielmehr lagen die Herrschaftsrechte beim Patriarchen. Wer hier baute oder sich zeitweilig niederließ, lief damit nicht Gefahr, der oft willkürlichen Herrschaft eines Verwandten ausgesetzt zu sein, der nicht selten die Bauern mit angeblich gerechtfertigten Feudalleistungen von der Feldarbeit wegholte.

Pavia di Udine

Die meisten Villen stehen in Pavia di Udine. Von Lovaria kommend, hält man sich rechts und folgt einer langen Gartenmauer, deren Zinnen anzeigen, dass hier eine adlige Familie wohnt.

Hält man sich an der Kreuzung links, so steht wenige Schritte entfernt an der Via Udine (schräg gegenüber der Kirche) die **Villa Lovaria.** Der mächtige Bau des 16. Jh. zeigt eine merkwürdige Unentschlossenheit zwischen dem venezianischen und dem friulanischem Baustil: Einerseits handelt es sich um einen tiefen Bau mit durchgehendem, venezianischem Mittelsaal, der an seinen Seiten von je zwei quadratischen Räumen flankiert wird. Andererseits ist das Gebäude breiter als der typisch venezianische Kubus und zeigt im Verzicht auf venezianische Fensterrahmungen auch in der Fassadengestaltung friulanische Einfachheit. Wahrscheinlich stand das Herrenhaus einst an einem offenen Platz, der erst später zur Straße durch eine Mauer abgetrennt wurde.

Auf der gleichen Seite der Straße, am anderen Ende des Kirchplatzes, befindet sich die **Villa Mantica** aus dem 16. Jh. Hinter einem schönen schmiedeeisernen Tor mit dem Wappen des Kardinals Mantica

Villa Mantica bei Pavia di Udine

öffnet sich ein Garten, in dem das Herrenhaus steht. Es wird auf beiden Seiten von gleichhohen, turmartigen Bauten gerahmt, zu denen Verbindungsbauten mit den charakteristischen Durchfahrten vermitteln. Typologisch ist dieses Haus ein Unikum: Einerseits handelt es sich – wie bei venezianischen Villen – um einen Kubus, doch fehlt ihm der Mittelsaal (weshalb der Bau auch nur vier Fensterachsen aufweist). Seitlich folgen – wie bei Palladio – kleinere Flügel, die von turmartigen Eckrisaliten abgeschlossen werden. Auch diese werden als Wohnungen genutzt, denn die Wirtschaftsgebäude liegen im Friaul üblicherweise hinter dem Haus. So konnte das Hauptgebäude mitsamt seinen Flügeln eine in ganzer Länge durchlaufende Zimmerflucht aufnehmen, wie sie ebenfalls friulanischer Tradition entspricht. Aufgrund der ungewöhnlichen Formen ist anzunehmen, dass hier kein geschulter Baumeister am Werk war, vielmehr der Bauherr selbst, der wahrscheinlich mit Palladio vertraut war und dessen Architektur in einer sehr eigenwilligen, in jedem Fall aber sehr friulanischen Weise umsetzte.

Lauzacco

Von Pavia di Udine fährt man rechts aus dem Dorf hinaus nach Lauzacco, wo am Hauptplatz drei einfache Herrenhäuser stehen, deren mittleres heute als Rathaus dient. Alle zeigen wieder die typischen Merkmale friulanischer Villen (Lage direkt an der Straße, kleine Erdgeschossfenster, Durchfahrt in den Wirtschaftshof).

Verlässt man den Platz, folgt rechts die Pfarrkirche und geradeaus nach 100 m links die **Villa Beretta.** Der schöne, herrschaftliche Bau ist ein prächtiges Beispiel einer Udineser Villa. Kern der Anlage ist wiederum ein Kubus nach venezianischem Vorbild, der bei seiner Entstehung nach 1696 noch in einer begrünten Umgebung stand.

Einer venezianischen Villa entspricht auch die bescheidene Lage an einer untergeordneten Straße, obwohl sie der bedeutendsten Familie des Ortes gehörte, die zudem gewisse Privilegien besaß. Der private Charakter des Wohnsitzes kommt auch dadurch zum Ausdruck, dass der Bau nicht achsial auf die Ortsmitte ausgerichtet ist, wie es bei Burgen oder Schlössern als Zentren feudaler Herrschaft die Regel ist.

Im späten 18. Jh. wurde die Villa umgebaut: Die Wirtschaftsgebäude wurden in symmetrische Flügel eingebaut, seitliche Anbauten verbinden den zentralen Kubus mit den Wirtschaftsgebäuden, sodass aus dem grünen Vorgarten der venezianischen Villa ein mitteleuropäisch-aristokratischer Ehrenhof wurde. Landwirtschaftliche Funktionen verbannte man in zwei seitliche Höfe.

Typisch venezianisch blieben die hohen Kamine über der Hauptfassade, die Gliederung der Fassade mit den rhythmischen Fassadenachsen sowie die Lage der Kapelle, die den vorderen Bereich des rechten Wirtschaftsflügels einnimmt.

Aristokratisches Leben

Im 18. Jh. wurden die Hauptgebäude der friulanischen Villen erweitert, eine Entwicklung, die den gesellschaftlichen und kulturellen Wandel ab Mitte des 18. Jh., aber auch den Wechsel der politischen Machtverhältnisse widerspiegelt. Statt des kleineren Bautypus mit einem von Flügeln flankierten Kubus bevorzugte man nun breitgelagerte Fronten, hinter denen sich aristokratisches Leben in weiträumigen, typisch mitteleuropäischen Appartements mit Raumfluchten von mindesten drei Sälen abspielen konnte.

Persereano

Fährt man die Straße wieder bis zur Kreuzung zurück, verlässt man das Dorf an der Kirche Richtung Süden und gelangt schließlich in das 2 km entfernte Persereano. Der Ort ist ein gut erhaltenes Beispiel für die traditionelle Dorfstruktur im Friaul. Die Mitte des Ortes bildet jedoch die unfriulanische **Villa Florio.** Sie ist eines der schönsten Beispiele venezianischer Architektur des 17. Jh. in dieser Region.

Die Anlage mit Garten beherrscht das kompakte Herrenhaus mit den davon abgesetzten Wirtschaftsflügeln. Die elegante Fassade deutet den typischen dreigeteilten Grundriss mit Mittelsaal an. Der übliche Kubus des Stadthauses ist hier jedoch zugunsten der Wohnlichkeit im Landhaus verändert worden: Er ist weniger tief als sonst, d. h. alle Räume sind kleiner; das Erdgeschoss ist in der Art eines Sockels halb versenkt, wodurch das Piano nobile über eine Treppe direkt an den Garten angeschlossen ist. Rechts vom Herrenhaus schließt noch ein Flügel für Wirtschaftsräume und Personal an, der zur Straße hin wieder mit einer Kapelle abschließt.

Tissano

Das letzte Beispiel unserer Villentour erreicht man, wenn man vom Dorfplatz von Persereano nach Südwesten fährt. Nach wenigen Kilometern biegt man nach links auf die Staatsstraße Richtung Palmanova (SS 252) ab, um diese in Santo Stefano Udinese an der Ampel sogleich wieder nach rechts zu verlassen. Nach nur 2 km stößt man am zweiten Platz von Tissano auf die **Villa Agricola-Strassoldo.**

Villa Agricola-Strassoldo

www.villaditissano.it Die Villa ist über das darin eingerichtete Hotel zugänglich (s. u.).

Bei diesem Haus handelt es sich um eine herrschaftliche Variante eines typisch friulanischen Herrenhauses: Ein breitgelagerter, wenig tiefer Bau mit Mittelrisalit schließt den Dorfplatz nach Westen ab. Typisch friulanisch sind die kleinen, vergitterten Fenster, die ursprünglich das ganze, als Keller genutzte Erdgeschoss aufwies. Über dem Piano nobile mit seinen Fensterrahmungen sitzt der niedrige zweite Stock, der einst als Speicher zum Trocknen und Lagern von Mais und Tabak diente.

Keimzelle des Hauses war ein Herrenhaus des 16. Jh., das in der rechten Hälfte des Hauptgebäudes sowie im rechten Seitenflügel noch zu erkennen ist. Im 18. Jh. wurde die Villa zum heutigen herrschaftlichen Landsitz erweitert. Der feudale, schlossartige Charakter dieser Anlage ist unvenezianisch, ebenso die zentrale, den Ort beherrschende Lage des Hauses, die nach der Abschaffung des Feudalrechts 1797 durch die Anlage des Vorhofes gemildert wurde. Der zentrale Saal im Inneren ist reich mit barocken Stuckaturen ausgestattet.

◁ Villa Agricola-Strassoldo

Reisen & Genießen

Hotel

Das Hotel Villa di Tissano verzichtet bewusst auf modernen Komfort, bietet jedoch dafür ein stimmiges Ambiente und einen schönen, ruhigen Park mit kleinem Swimmingpool. Die Zimmer sind einfach, doch geschmackvoll eingerichtet. Sie sind auf die verschiedenen Trakte dieser typisch friulanischen Villa des 18. Jh. verteilt und variieren sehr in Größe und Preis. Von hier aus lassen sich in Tagesausflügen das gesamte Friaul und Teile Istriens erkunden.

Villa di Tissano
(Villa Agricola-Strassoldo)
Piazza Caimo, 4
33050 Tissano (bei Santa Maria la Longa)
Tel. 04 32 99 03 99
www.villaditissano.it
DZ 105–170 €

Palmanova und die friulanische Ebene

Südlich von Udine

Karte Friulanische Ebene S. 174

Palmanova und die friulanische Ebene

Besonders sehenswert: Palmanova, Mortegliano, Villa Manin

Die Orte des Gebiets südlich von Udine sind hier zu einer Exkursion zusammengefasst, die von Palmanova im Nordwesten aus bis Passariano und dann nach Latisana im Süden führt. Sehenswert sind vor allem Palmanova und die großartige Villa Manin in Passariano, in der häufig Ausstellungen stattfinden. In Mortegliano erwartet den Reisenden der reichste spätgotische Schnitzaltar des Friaul. Liebhaber der Kunst Pordenones werden auch die Altartafel in der Pfarrkirche von Varmo sehen wollen.

Palmanova

Palmanova ★

Besonders sehenswert: Festungsarchitektur

Die berühmteste Festungsstadt aus der Zeit der Spätrenaissance, Palmanova, entspricht in ihrer radialen Anlage bereits den Festungsstädten des Barock. Erbaut wurde sie ab 1593 von der Republik Venedig, um die östliche Grenze zu schützen: gegen die Habsburger, denen der östliche Teil des Friaul gehörte, und gegen die Türken, die in der Vergangenheit mehrmals ins Friaul eingefallen waren. Eine ähnliche Funktion als Bollwerk hatte ein Jahrhundert zuvor Gradisca eingenommen, doch war diese Stadt durch die Kriege zwischen Venedig und der Liga von Cambrai österreichisch geworden.

Geschichte

So planten die Venezianer seit 1585 den Bau einer neuen Festungsstadt. Zahlreiche Baumeister reichten Pläne ein. Zur Begutachtung wurde eine Kommission bestimmt, der Marcantonio Barbaro, Prokurator von San Marco und Freund Palladios, vorstand. Die Bauleitung übernahm Giulio Savorgnan, der in der gesamten Republik – auch im östlichen Mittelmeer – die Befestigungsarbeiten leitete.

Die **Grundsteinlegung** fand am 7. Oktober 1593 statt, dem 22. Jahrestag des Seesieges über die Türken bei Lepanto. Die Bauarbeiten schritten rasch voran, es fanden sich aber nur wenige Bürger, die bereit waren, in der neuen Stadt zu wohnen. Um Siedler zu gewinnen, war die venezianische Regierung sogar darauf angewiesen, Verurteilten Straffreiheit zu gewähren und ihnen in Palmanova ein Baugrundstück zur Verfügung zu stellen. Auf 20 000 Bewohner war die Stadt projektiert, erreicht wurde nur ein Viertel dieser Zahl.

Mit der Neugründung Palmanovas wurde erstmals die Möglichkeit tatsächlich genutzt und ausgeführt, den **Idealplan** einer Stadt zu realisieren, wie sie Renaissancearchitekten wie Filarete seit ca. 1460 entworfen hatten. Die Besonderheit von Palmanova erschließt sich allerdings nicht durch eine Stadtbesichtigung. Man muss Pläne und Luftaufnahmen zur Hand nehmen, um eine Vorstellung von der durchrationalisierten, geometrisch perfekten Anlage zu bekommen. Palma-

◁ Dom von Palmanova

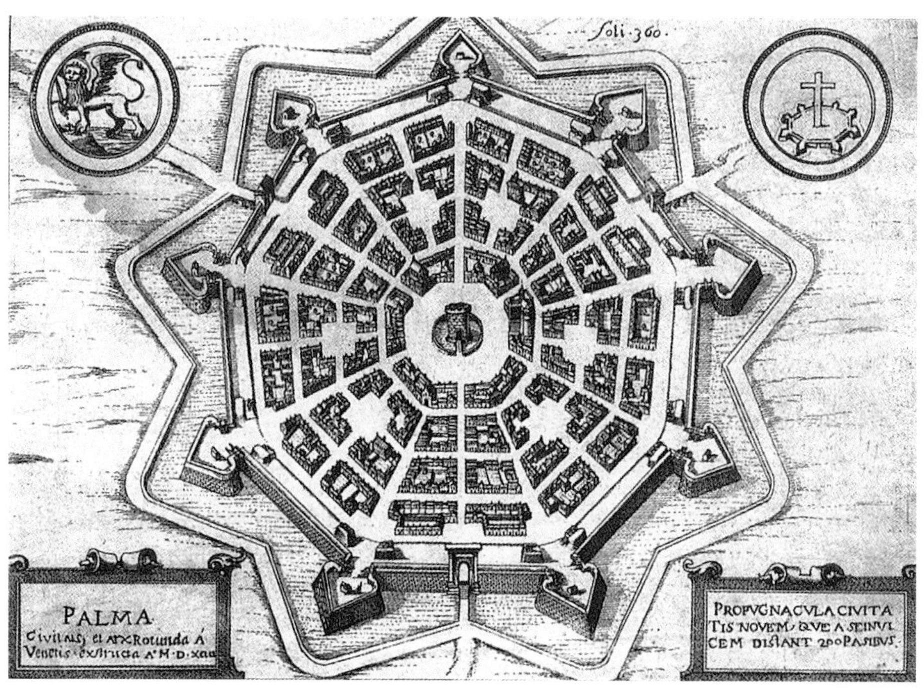

Kupferstich von 1626 mit dem Plan von Palmanova, aus: Jesse de Hondt, Nova et accurata Italiae Hodiernae descripto, Amsterdam

nova ist eine Radialstadt, d. h. die Hauptstraßen gehen wie die Radien eines Kreises vom Zentrum, der Piazza Grande, aus. Dieser Platz ist sechseckig, und sechs Straßen nehmen von ihm aus ihren Anfang. Drei davon führen zu den drei Stadttoren (Porta Aquileia, Porta Udine, Porta Cividale), die drei anderen führen zu drei Bastionen. Insgesamt gibt es **neun Bastionen,** und zwar an jeder Ecke der Umfassungsmauer eine. Der Mauer liegt nämlich im Gegensatz zum Sechseck der zentralen Piazza ein Neuneck zugrunde. Die Straßen, die in die übrigen sechs Bastionen münden, gehen daher nicht von der zentralen Piazza aus, sondern vom ersten Straßenring, der – wie die anderen Ringe und die Umfassungsmauer – ebenfalls neuneckig angelegt ist.

Man sieht, der Plan ist komplizierter als es zunächst den Anschein hat: Die Zahlen, die ihm zugrundeliegen, sind drei und ein Mehrfaches von drei, nämlich sechs und neun. So gibt es auch drei innere Straßenringe. Am mittleren der drei Ringe liegen sechs weitere Plätze, einer für jedes der Stadtsechstel. Die Gliederung der Stadt in Sechstel folgt bewusst dem Vorbild Venedigs.

Die Festungsstadt Palmanova galt als uneinnehmbar, sie war allerdings jahrhundertelang keiner Belagerung ausgesetzt. Während der französischen Herrschaft ließ Napoleon einen zusätzlichen, weit ins Land vorgerückten, sternförmigen Ring von Bastionen hinzufügen, der gegen Stärke und Schussweite der neuen Kanonen ausgelegt war.

Rundgang

Bei der Besichtigung von Palmanova beginnt man am besten auf der **Piazza Grande:** Hier steht der 1615 begonnene **Dom,** der früher als ein Werk Vincenzo Scamozzis galt. Angesichts der wenig inspirierten Architektur setzt sich heute die Auffassung durch, die Pläne seien im venezianischen Amt für das Befestigungswesen erstellt worden. Die Bauarbeiten und die Altarausstattung zogen sich bis in die zweite Hälfte des 17. Jh. hin. Der Dom ist eine einfache Saalkirche nach dem Vorbild von Santi Cosma e Damiano in Venedig. Die Fassade wird durch zwei Säulenordnungen in zwei Geschosse und drei Travéen gegliedert. Wenig spannungsvoll (und mit der Meisterschaft Scamozzis kaum zu verbinden) sind die Proportionsverhältnisse.

Gegenüber steht der **Palazzo dei Provveditori,** der Palast der venezianischen Statthalter, jetzt Rathaus (erbaut 1598). Der **Brunnen** (1602) mit dem Fahnenmast steht an der Stelle eines ursprünglichen Festungsbaus. Seine Form nimmt das Sechseck der Piazza wieder auf. Seine drei Nischen entsprechen den drei Hauptstraßen, die zu den Toren führen.

Bei den **Stadttoren** ist die Autorenschaft von Vincenzo Scamozzi, dem Palladio-Nachfolger aus Vicenza, wahrscheinlich. Beim Einsatz der Rustika und der toscanischen Ordnung dürfte sich Scamozzi an Sanmichelis Stadttore in Verona erinnert haben. Die Porta di Udine besitzt noch die Zugvorrichtung für die Grabenbrücke. Am Ende des Borgo Aquileia steht links der **Palazzo d'Arsenale** von 1626, in dem

Porta Udine, eines der Stadttore des Mauerrings von Palmanova

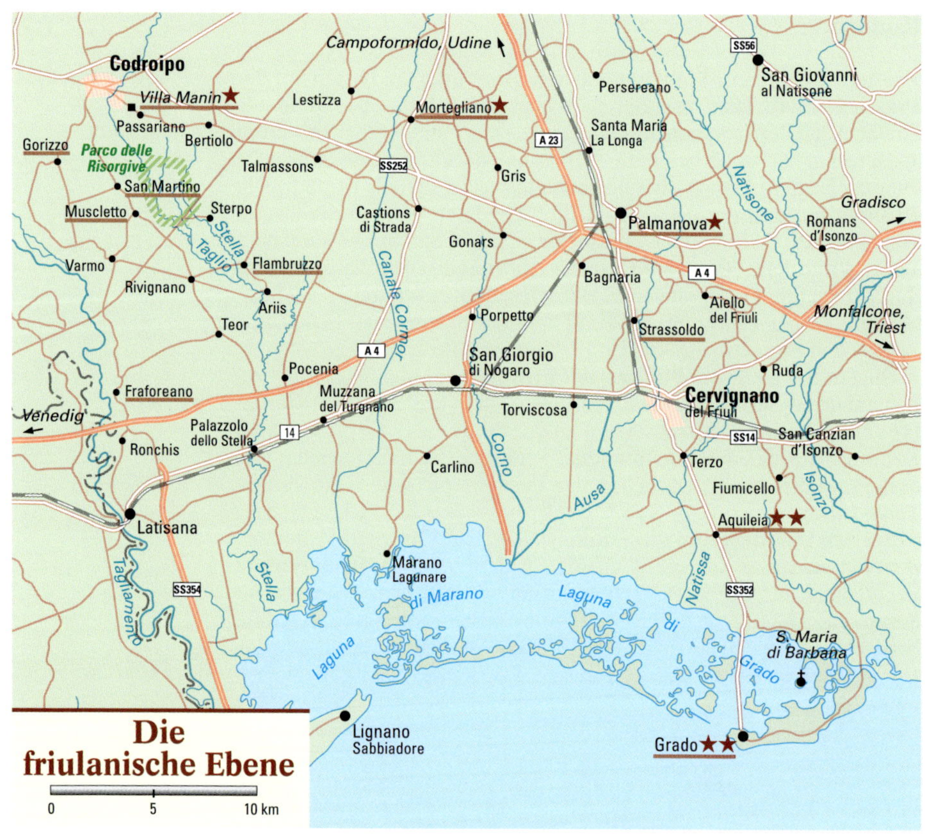

Waffen und Munition aufbewahrt wurden. In der Nähe der Umfassungsmauer stehen noch die ehemaligen Kasernen.

Eine Möglichkeit zur Besichtigung der Festungsanlagen bietet ein gut beschilderter Weg, der von der **Porta Cividale** im Nordosten über Wälle und Gräben bis ganz nach außen zum jüngsten Ring der Bastionen aus dem 19. Jh. führt.

Links neben dem inneren Tor, in dem ein **Museo Storico Militare** untergebracht ist, kann man rechts auf eine Terrasse steigen, von wo man einen guten Ausblick über die Anlagen hat. Die geradewegs auf das Tor zuführende Straße ist erst in diesem Jahrhundert durch die Wälle geschnitten worden, der ursprüngliche Zugangsweg bog nach links ab und führte zu einem seitlichen Tor, das noch gut erkennbar ist. Im Gegensatz zur Burg, die durch eine erhöhte Lage danach strebte, weithin sichtbar zu sein, wollten sich Festungen möglichst verbergen, um den Gegner in weitestgehender Ungewissheit über Art und Größe der Anlage zu lassen. Vom Umland aus sollte man daher

Museo Storico Militare
Piazza Grande, 21
Tel. 04 32 92 81 75
Mo–Do 9–12 und 14–16, Fr–So und Fei 9–12 Uhr

außer Erdwällen nichts sehen, und kein Gebäude der Stadt durfte die Grasnarben der Wälle überragen.

Vom Tor aus erkennt man auch die beiden Wälle, die sich um die Stadt legen, und blickt bis zu den halbmondförmigen Bauten der napoleonischen Zeit. Schön zu sehen sind von hier auch Form und Ausmaße der innersten Bastionen, die mit ihren Ziegelmauern aus dem inneren Graben heraus ansteigen. Wegweisend für zukünftige Festungen war der Rücksprung der Bastionen vor der eigentlichen Mauer. Der bei älteren Festungen hier auftretende stumpfe Winkel war immer ein Problem, das man nun elegant löste: Im Schutze der hohen Bastionen standen Kanonen, die die ganze Flanke bestreichen konnten, vom Gegner erst spät wahrgenommen wurden und von keiner Stelle aus zu beschießen waren.

Folgt man vom Tor weiter dem beschilderten Weg, kommt man zu den Kasematten und durch einen Stollen hinunter in den Graben. Hier kann man die Fülle kleiner Tunnels unter dem nächsten Wall erkennen, die der raschen und geschützten Verbindung mit den vorderen Linien dienten. Auf dem Wall passiert man zahlreiche kleine, gemauerte und von Erde geschützte Lagerräume für Schießpulver. Nach einem guten Stück des Weges gelangt man zu den eindrucksvollen Bauten der Zeit um 1800. Die Architekturformen im perfekten Steinschnitt verweisen auf die ›Revolutionsarchitektur‹ in Frankreich und erscheinen in ihrer kubistischen Reinheit ausgesprochen modern.

Reisen & Genießen

Restaurants

In den schönen Räumen des Restaurants Al Convento, mitten in Palmanova, genießt man traditionelle friulanische Küche und Weine der Region. (So geschl.)

Al Convento
Borgo Aquileia, 10
33057 Palmanova
Tel. 04 32 92 30 42
www.ristorantealconvento.it
mittlere Preisklasse

Südöstlich von Palmanova lohnt ein Lokal einen Ausflug. In der winzigen Ortschaft Cortona in der Nähe von Ruda (nahe von Isonzo, erreichbar über die SS 14 von Cervignano aus Richtung Ronchi dei Legionari) eröffneten der Patron Guido Lanzellotti und Alessio Devidè als Koch die Osteria Altran, die zu einer kulinarischen Pilgerstätte mit mehreren renommierten Auszeichnungen und einem familiären, stimmungsvollen Ambiente wurde. Der Koch interpretiert die typischen Gerichte jener Gegend auf innovative, leichte Art. (Mo, Di geschl. Mi–Fr nur abends geöffnet)

Osteria Altran
Cortona, 19
33050 Ruda
Tel. 04 31 96 94 02
obere Preisklasse

Orte der friulanischen Ebene

Strassoldo

Das Örtchen lag einst am Knotenpunkt dreier großer römischer Straßenachsen, der Via Augusta, Via Postumia und Via Anna. Der ursprüngliche Name Straso oder Strassau setzt sich zusammen aus dem deutschen ›straß‹ und ›au‹ (Insel, Land an Wasser), was soviel bedeutete wie Insel an der Straße. Dass ›Straßau‹ schon bald in ›Straßolt‹ umgewandelt wurde, lässt an ›Halt‹ und damit an eine Burg als Straßensperre denken. Der Name taucht kurz vor 1200 erstmals auf, als die Herren von Lavariano ihren Namen de Lavarino in Urkunden in de Strassau änderten. Damit ist die Entstehung einer typischen mittelalterlichen Adelsburg angedeutet, wie sie in jener Zeit in ganz Europa häufig nachweisbar ist. Ihre Lage in den Sümpfen auf zwei festen Flussinseln bot ideale Voraussetzungen. Die Burganlage ist bis heute eines der schönsten und typischsten Beispiele dieser Art im Friaul. Die Höfe mit ihren malerischen Winkeln sind frei zugänglich.

Das Innere des Herrenhauses der oberen Burg von Strassoldo ist ein liebevoll gehaltenes, noch bewohntes Museum seiner selbst, in dem die lange Familiengeschichte lebendig wird – bis zur Hochzeit des Feldmarschalls Radetzky mit einer Strassoldo in der Burgkapelle und den Erinnerungen an deren Bruder Michael Strassoldo, der als Vizekönig von Lombardo-Veneto in Mailand residierte

Im **Castello di Sopra,** der ›oberen Burg‹, steht die große Familienkirche im Zentrum. Das typisch friulanische Herrenhaus ist schmal und lang gezogen und bezieht einen Teil der mittelalterlichen Ringmauer ein. Die heutige Fassade ist das Ergebnis eines Umbaus im 18. Jh., bei dem ältere Teile zusammengefasst wurden.

Hinter der Kirche stehen die Wirtschaftsgebäude, die Stallungen und die Kanzlei. Der ältester Bauteil ist der im 19. Jh. gestutzte Turm, der an Stelle eines älteren aus Holz nach 1330 errichtet worden war.

Über eine kleine Brücke, vorbei an einer der drei Reismühlen der Burganlage, gelangt man in das **Castello di Sotto,** die ›untere Burg‹, die einen ganz anderen Charakter hat. Rechts liegt der heute zum Wohnhaus umgebaute Pferdestall. Das mächtige, villenartige Herrenhaus öffnet sich auf einen großen Park, der mit seinen Wasserläufen zu den schönsten des Friaul zählt. Der rechte Teil der Fassade zum Platz mit dem niedrigen Eingang ist noch spätmittelalterlich. Man verlässt den Hof durch ein kleines Tor mit einem Obelisken. Diese Obelisken waren auf Venedigs Palästen Würdezeichen hoher Staatsbeamter und wurden vom friulanischen Feudaladel leidenschaftlich kopiert, um dadurch einen Anspruch auf Ebenbürtigkeit zu demonstrieren. Außerhalb des Tores sieht man links die im 18. Jh. erweiterte Kapelle, hinter der eine kleine, alte Mühle am Bachlauf steht. Hinter der Brücke schließt sich der alte ›Borgo‹ an, in dem Handwerker und Bauern wohnten und der nach außen durch ein Tor abgeschlossen war, von dem nur noch die seitlichen Mauern erhalten blieben. Die Burganlage ist ein schönes Beispiel für eine jahrhundertelang bewohnte Residenz einer Feudalfamilie, die ihren Stammsitz gerade auch in der Zeit der venezianischen Herrschaft pflegte und erhielt.

Gris und Castions di Strada

Westlich von Palmanova kann man eine kleinere Kirche besichtigen, die um 1534 vollständig mit Fresken ausgemalt wurde: **Sant'Andrea** in **Gris** (auf der SS 252 ca. 6 km rechts abzweigend, Ortschaft Gris oder Griis, zur Gemeinde Bicinicco gehörend). Die Malereien stammen aus der Zeit der Hochrenaissance und des Manierismus, sind allerdings sehr volkstümlich und von bescheidenem künstlerischen Anspruch. Diese ›Bilderbibel‹ stellt an den beiden Seitenwänden das Alte Testament (Schöpfungsgeschichte, Geschichten Noahs) dem Neuen Testament (Leben Jesu) gegenüber. Das »Jüngste Gericht« (mit Paradies und Hölle) findet sich wie üblich an der Eingangswand. Die Chorkapelle zeigt das Leben des hl. Andreas sowie Bildnisse der anderen Apostel, der Evangelisten und Kirchenväter. Die populären Heiligen wurden dargestellt, wo sich noch Platz fand, u. a. an der rechten Wand. Als Malernamen werden Gaspare und Arsenio Negro, Nachfolger Giorgiones und Pellegrinos, genannt.

Sant'Andrea
Für Schlüssel bei Frau Gregoratt anmelden: Tel. 04 32 99 05 30

In **Castions di Strada** befindet sich in der im 15./16. Jh. erbauten Kirche Santa Maria delle Grazie im Mittelschiff das Hauptwerk des Venezianers Gaspare Negro, der 1534 entstandene letzte Freskenzyklus des Malers. Links sieht man Szenen aus dem Leben des hl. Blasius sowie die »Fußwaschung«, rechts Begebenheiten aus dem Neuen Testament (darunter der »Tod Mariens«) und Darstellungen aus dem Leben der hl. Magdalena.

Schnitzaltar von Giovanni Martini in der Kirche von Mortegliano, Detail mit »Beweinung Christi«

Mortegliano

Mortegliano ★

Der größte und wohl auch künstlerisch bedeutendste Schnitzaltar des Friaul findet sich in einer neogotischen Kirche, einem 1864 begonnenen Zentralbau in Mortegliano, der wie seine Vorgängerkirche den Aposteln Petrus und Paulus geweiht ist. Nachdem der große Kirchenraum 1955 vollendet war, hatte die Gemeinde den Ehrgeiz, nicht nur den größten Zentralbau und schönsten Altar zu besitzen, sondern auch den höchsten **Campanile** weit und breit. Man ließ daher einen Stahlbetonbau errichten, der mit einer Höhe von 113 m nun wirklich alle anderen Kirchtürme des Friaul überragt, sich aber auch – betrachtet man etwa den Übergang vom Turm zur Spitze – durch seltene Hässlichkeit auszeichnet.

Den **Schnitzaltar** vollendete Giovanni Martini 1525. Er war sein letztes und reichstes Werk. Das Retabel ist nicht mehr – wie etwa in Prodolone (s. S. 317) – in einzelne Nischen unterteilt. Es wird vielmehr in drei von Säulen getragene Geschosse gegliedert und von einem kräftigen Gesims und einer rechteckig gerahmten Lünette abgeschlossen. Im Zentrum stehen vier Szenen aus dem Leben Mariens. Von unten aufsteigend: »Beweinung Christi«, »Tod Mariens« (im Beisein des Titelheiligen Petrus mit der Papstmitra und den anderen Aposteln), »Himmelfahrt« und »Aufnahme im Himmel«.

Gerahmt werden diese Szenen von den mannigfaltig variierten Säulen und Heiligenfiguren. Dass Martini sich keineswegs von gotischen Formvorstellungen gelöst hat, zeigen nicht nur die vorwiegend in Gold gefassten Gewandfiguren mit ihrem reichen Faltenwurf, sondern auch die dekorative Art, in der die Figuren dem Rahmenwerk untergeordnet sind. Die Funktion von aufgerolltem Blattwerk, wie es bei gotischen Altären die Form auflockert, übernehmen hier die in kleinerem Maßstab wiedergegebenen vier Kirchenväter. An gotische Fialen und Wimperge erinnern die Figuren auf den Schlussgesimsen: der sitzende Paulus (einer der beiden Titelheiligen der Petrus und Paulus geweihten Kirche) wie auch die Engel und die Ritterheiligen Georg und Martin. Ja, man gewinnt den Eindruck, dass selbst bei der Auswahl der Heiligen Georg und Martin mit ihren Pferden kompositionelle Gesichtspunkte entscheidend waren.

Villa Manin in Passariano

Villa Manin ★

Die riesige Villa Manin in Passariano, Ende des 18. Jh. Landsitz des letzten Dogen von Venedig, Ludovico Manin, ist als Gesamtanlage und mit ihren enormen Ausmaßen nur mit der Villa Contarini Simes in Piazzola sul Brenta (Provinz Padua) vergleichbar, die allerdings nie vollendet wurde. Nach der Gründung von Palmanova wurden im 17. Jh. weite Gebiete der sumpfigen Friulaner Ebene mit Kanälen durchzogen und trockengelegt. Hier besaß auch die aus Fiesole in der Toscana stammende, seit dem späten 13. Jh. in Udine ansässige Familie Manin Ländereien. Wie in Oberitalien üblich, war diese Villa also Mittelpunkt eines landwirtschaftlichen Besitzes. Das Hauptgebäude – das Herrenhaus – wurde mitsamt Barchessen schon in der Mitte des 17. Jh. begonnen, wahrscheinlich unter Mitwirkung des Bauherren, Ludovico Manin (er trug den gleichen Namen wie der letzte Doge), der sich 1652 mit einer »großzügigen Spende von 100 000 Dukaten« ins venezianische Patriziat eingekauft hatte.

Das ursprüngliche **Herrenhaus** blieb der Kern der weitläufigen Anlage. Es bestand zunächst nur aus dem neunachsigen Mittelteil und den beiden vorspringenden zwei Achsen (den Risaliten). Erst im 18. Jh. wurden die abschließenden seitlichen Teile hinzugefügt, die neue Treppenhäuser aufnahmen. Dem nun in den Augen eines beratenden Architekten ›zu lang‹ und ›zu flach gedrückten‹ Bau musste als Ausgleich in der Mittelachse ein Dachaufbau aufgesetzt werden. Er ist nur eine Attrappe mit rein ästhetischer Funktion, entworfen von Massari. Die große, drei Geschosse einnehmende Sala reicht nicht in diesen Aufbau hinein, denn sie liegt unüblicherweise nicht im Piano nobile, sondern im Erdgeschoss.

Dem Herrenhaus sind als vorspringende Flügel Wirtschaftsgebäude, sogenannte **Barchessen,** vorgesetzt, sodass sich ein Ehrenhof bildet. Die Barchessen bestanden schon seit dem 17. Jh., wurden jedoch verlängert, wobei man die Arkaden zu der jetzigen schwächlich proportionierten Gestalt erhöhte. Unbefriedigend ist auch ihr Dachabschluss. Das Gebälk ist viel zu mager, und die Figuren auf dem Dach stehen in keinem Zusammenhang mit den Arkaden.

Hinter der rechten Barchesse liegt die zum Dorf hin orientierte **Kapelle.** Üblicherweise standen im Friaul die Privatkapellen der Villen auch der Landbevölkerung offen, wenn diese über kein eigenes Gotteshaus verfügte. Die Familie Manin erwirkte dagegen das Recht, die alte Dorfkirche abzureißen, um die Bevölkerung zu zwingen, die herrschaftliche Hauskapelle zu benutzen. In ihrer oktogonalen Form und der kleinen palladianischen Giebelfront ist die Kapelle weitaus qualitätvoller durchgestaltet als die Arkade. Ihr Architekt war vermutlich Domenico Rossi, ›Hausarchitekt‹ der Manin, der ihre Bauten in Venedig (Santa Maria dei Gesuati) und Udine leitete.

Rossi hat vielleicht auch die etwas zurückversetzten seitlichen **Torbauten** entworfen, die den anschließenden riesigen Rundhof, die Exedra, an den Ehrenhof anbinden. Diese originellen Tore haben wenig praktische Funktion, denn sie führen in unbedeutende Bauernhöfe. Die wirklichen Durchfahrten liegen neben den Torbauten. Im Gesamtzusammenhang wirken die pompösen Tore wie Kulissenarchitektur, und man würde sie eher mitteleuropäischen Schlössern als einer venezianisch geprägten Villa des Friaul zuordnen.

Die zuletzt errichtete große **Exedra** gleicht einem riesigen Platz, und man denkt unwillkürlich an Berninis Piazza San Pietro in Rom. Solche umfangenden Arme finden sich jedoch auch in der Villenarchitektur (die erwähnte Villa Contarini Simes in Piazzola di Brenta oder Villa Badoer Marcello in Badoere, Provinz Treviso) und gehen

Villa Manin

*www.villamanin-eventi.it
Juli–Sept. Di–So 10–20, Okt.–Juni Di–Fr 9–18, Sa/So 10–20 Uhr*

Garten der Villa Manin

Der Garten der Villa Manin gehörte im Barock zu den »Wundern Italiens«, über 60 Attraktionen machten ihn zum bedeutendsten Erlebnispark Norditaliens: Arena, Theater, Wasserspiele, Labyrinthe, Laubengänge und grüne Festsäle, Tiergarten, Festungsbauwerke und allegorische Statuenprogramme einer neuplatonischen Weltdeutung. Fast nichts ist davon geblieben, nur die große Gartenmauer und ein paar recht einsam herumstehende Figuren, die sich in dem heutigen Garten ebenso verloren fühlen, wie der kunstsinnige Besucher, der keinerlei Gestaltungswillen finden kann. Landschaftsgarten oder Englischer Garten sind jedenfalls Begriffe, die für diese grüne Unordnung mehr als schmeichelhaft wären.

letztlich auf Palladio zurück (Villa Badoer in Fratta Polesine). Die Arkaden (von strenger Formgebung, für deren Autorenschaft Giorgio Massari vorgeschlagen sei) haben hier rein dekorative Funktion, denn keine Tür führt zu den dahinterliegenden Wirtschaftsgebäuden, deren beeindruckende Speicher der Seidenproduktion dienten.

Den Eingang zu diesem überdimensionierten Platz bildet eine Brücke, die über ein **Wasserbecken** führt, das man ebensowenig wie die Becken vor dem inneren Ehrenhof als Fischteiche bezeichnen kann. Diese Becken kann man vielmehr als Zitat des Wassergrabens einer Burganlage verstehen. So wird denn auch das Eingangstor von zwei Türmen flankiert, die mittelalterliche Wehrarchitektur evozieren. Wie bei den alten Burgen des Feudaladels bildet eine lange Allee die Zufahrt und zugleich die Mittelachse der gesamten Anlage – was nur höchst selten bei Villen vorkommt.

Von hoher Qualität sind die Skulpturen auf der Attika, im Park, im Treppenhaus, in der Kapelle und der Sakristei. Sie stammen von Giuseppe Torretti, der uns bereits im Dom von Udine begegnete und dem

Napoleon bezeichnete die Villa Manin, sein Hauptquartier nach dem Waffenstillstand mit Österreich, als zu groß für einen Grafen, jedoch zu klein für einen König. In der Nacht zum 18. Oktober 1797 unterzeichnete er hier den Friedensvertrag zwischen Frankreich und Österreich (nach dem benachbarten Ort Friede von Campoformido genannt), der das gesamte Friaul mit Istrien Österreich zusprach. Die Villa verfiel seit dem Ersten Weltkrieg, bis sie in den 1960er-Jahren von der Region Friaul-Julisch Venetien restauriert wurde. Seit 2006 ist die Villa Sitz des Centro d'Arte Contemporanea, das in den Villenräumen Ausstellungen zur modernen Kunst veranstaltet

auch hier bewährte Mitarbeiter zur Verfügung standen. Torretti gilt zu Recht als bedeutendster venezianischer Bildhauer des 18. Jh. Der Hauptaltar der Kapelle wird jedoch in neuerer Forschung der Werkstatt der Marinali zugeschrieben.

Gewinnt man bei der Betrachtung der äußeren Anlage den Eindruck, hier verbänden sich heterogene Elemente zu einem nicht immer überzeugenden Ganzen, so wiederholt sich dieser Eindruck beim Betreten des Inneren. Mit einem für das Friaul ungewöhnlichen Aufwand hat man die Ausstattung geschaffen, ohne dass ein einziger wirklich schöner Raum entstanden wäre.

Die farblich schrillen Fresken im **Eingangsbereich** stammen von dem französischen Maler Louis Dorigny, der ebenfalls in Udine wirkte und auch Palladios Villa ›La Rotonda‹ freskiert hat. Künstlerisch schwach und handwerklich schlampig gerieten die Fresken der ohnehin hässlichen Treppenhäuser. Die schwache Qualität der Ausstattung und Architektur erklärt sich wohl dadurch, dass die Villa zwar für prachtvolle Feste, nicht aber als ständige Residenz diente.

Villen und Gärten im Gebiet der Risorgive

Ursprünglich war die ganze südliche Hälfte der friulanischen Ebene von plötzlich auftauchenden Wasserläufen, den Risorgive (s. S. 13), durchzogen. In den dazwischenliegenden, weiten und feuchten Wäldern lebten kaum Menschen. Erst mit den Urbarmachungen des 16. Jh. änderte sich hier das Landschaftsbild und heute ist der ursprüngliche Zustand nur an wenigen Stellen erhalten geblieben. Dazu gehört einer der schönsten Naturparks des Friaul, der **Parco delle Risorgive,** den man von der Villa Manin aus nach nur wenigen Kilometern südlich von Codroipo erreicht.

Villen

Die Urbarmachung vernichtete zwar das unberührte Sumpfland, schuf aber dafür große Landgüter, auf denen stattliche Villen stehen. Etwa 3 km südwestlich der Villa Manin, in **Gorizzo,** liegt die **Villa Colloredo-Mels.** Hier besaß die Familie Colloredo-Mels von alters her Feudalrechte und erbaute über mittelalterlichen Resten in der Mitte des 17. Jh. das heutige Herrenhaus, ein besonders eindrucksvolles Beispiel eines feudalen Landsitzes. Der Bau bildet die Mitte des Dorfes; eine kilometerlange Allee führt von Codroipo direkt auf das Haus zu, das hinter einem riesigen halbkreisförmigen Vorplatz liegt. Den Eingang markieren zwei überdimensionierte gemauerte Obelisken als Symbol der feudalen Stellung. Das kubische Herrenhaus steht hinter einem Wassergraben, den eine steinerne Brücke überspannt, zu der sich ein breiter Torbogen als Eingang öffnet. Die insgesamt sehr verschlossene, alpin wirkende Fassade wird aufgelockert durch die Fenstergruppe im ersten Stock: eine giebelbekrönte, ins Barocke transponierte Serliana, das den dahinterliegenden, eher gangartig schmalen Mittelsaal andeutet. Selbst wenn das Haus gewisse Parallelen, z. B. die Kubusform und den Mittelsaal, mit venezianischen Villen aufweist, so ist doch alles unternommen worden, damit der Bau nicht das Aussehen eines Patrizierhauses am Canal Grande hat, vielmehr die Sonderstellung eines lokalen Feudalherren wiedergibt.

Wenig südlich der Villa Manin findet man in **San Martino** die **Villa Kechler,** die das Muster einer venezianischen Villa darstellt: Der mächtige Kubus des Hauptgebäudes mit der charakteristischen Fassadengliederung, die den durchgehenden Mittelsaal mit drei großen Rundbogenfenstern andeutet, steht inmitten eines weitläufigen Gartens, der seitlich von langen Wirtschaftsgebäuden symmetrisch gerahmt wird. Typisch auch wieder das unbestimmte Verhältnis zwischen der Villa und dem danebenliegenden Dorf.

Im nächsten Ort, in **Muscletto,** steht eine weitere Villa der Grafen Colloredo-Mels, ein ganz andersartiger Bau, dem man es sofort ansieht, dass die Bauherren ihre feudale Tradition verkünden wollten. Das lang gezogene Hauptgebäude wird hier von zwei Seitenflügeln

Villa Kechler in San Martino, ein Bau nach typisch venezianischem Muster

zu einer Dreiflügelanlage erweitert, wobei die Flügel scheinbar nicht landwirtschaftlichen Zwecken dienen, sondern wie bei den französischen Vorbildern ausschließlich Wohnfunktion haben. Die Landwirtschaft wurde in seitliche Nebenhöfe verbannt. Das herrschaftliche Element wird durch zwei Türme verstärkt, die an den Ecken des Hofes über das Dach hervortreten und sowohl als Burgtürme wie als Taubenschläge gelesen werden können. Auch letztere Möglichkeit wäre ein eindeutiges Symbol für den sozialen Rang des Besitzers, denn Taubenhaltung war ein adliges Privileg. Der Schlosscharakter wird noch durch das barock geschwungene Gitter mit großem Tor und die darauf zuführende Allee verstärkt. Schließlich finden wir in der Mitte des Hofes einen Ziehbrunnen, der ebenfalls die malerische Erinnerung an eine Burg wachhält. Die heutige Anlage entstand wohl erst im 18. Jh. aus einem einfachen friulanischen Herrenhaus, das bis heute mit seiner geringen Tiefe die Mitte der Anlage bildet.

Auf der Fahrt zu den Villen im Gebiet der Risorgive lohnt auch ein kurzer Abstecher zu der **Pfarrkirche von Varmo,** denn sie besitzt ein qualitätvolles Altarbild von Pordenone, das 1526 nach genauen Vorgaben der Bürger des Ortes, der Auftraggeber, entstand. Sie wünschten ein Triptychon – eine für die 20er-Jahre des 16. Jh. recht konservative Altarform (man denke an Giovanni Bellinis Triptychon von 1488 in der Frari-Kirche von Venedig, das Vorbild für diesen Altar in mehrfacher Hinsicht), dessen Form eine ›Zwiesprache‹ zwischen den Heiligen erschwert. Eine helle Lichtquelle von rechts hebt die sehr farbig gehaltenen Figuren, die in enge Räume gezwängt wurden, hervor. Die Madonna, deren Knie stark hervortreten, ist durch starkes Volumen gekennzeichnet. Ihrer Expressivität antwortet rechts der in annähernd denselben Farben gehaltene, lässig den Drachen tötende Erzengel Michael. Die Körpermasse des bewegungslosen Laurentius links dagegen erhält durch das in starker Verkürzung aus dem Bild ›herausragende‹ Buch einen willkommenen Akzent. Pordenone hat das Rahmenwerk selbst entworfen.

Gärten

Gartenkultur entwickelte sich im Friaul bis ins 18. Jh. eigentlich nur in Udine, während auf dem Land keine größeren Gärten nachzuweisen sind. Die große Welle von Gartenanlagen kam erst um 1800 über das Land, als viele Villen großzügige Landschaftsgärten mit Ruinen und Wasserspielen, Skulpturen und botanischen Raritäten erhielten. Der erste größere Garten war daher vielleicht der Park der Villa Manin, der die Mode vorgab, sehr wahrscheinlich aber noch ganz barocken Vorstellungen verbunden war. Um 1800 entstand der Park der Villa Piccoli in Soleschiano (s. S. 236) und in der Folge eine ganze Reihe von Gärten, von denen sich südlich der Villa Manin zwei besonders schöne Beispiele finden:

Der Garten der **Villa Kechler** in **Fraforeano** wurde von dem bedeutendsten Gartenarchitekten der Region, Antonio Japelli, in der zweiten Hälfte des 19. Jh. angelegt und lässt trotz seines ungepflegten Zustandes noch heute die einfallsreiche Gesamtanlage erkennen.

Ganz anders ist der Garten der **Villa Rota-Badoglio** in **Flambruzzo:** Schon das aus dem 17. Jh. stammende Herrenhaus erhebt sich gleich einem Wasserschloss inmitten breiter Wasserläufe, die auch zum Thema des Gartens wurden. Sanft geschwungene Rasenflächen wechseln hier mit unzähligen kleinen und größeren Wasserläufen ab, über die sich immer wieder stark gebogene Brücken spannen, die dem Ganzen einen ostasiatischen Reiz geben (Gruppenbesichtigung auf Anfrage über Consorzio Castelli, s. S. 388).

Die Wasserläufe des Gartens von Flambruzzo sind ein Charakteristikum der ganzen Gegend: Auch in Sterpo oder Ariis finden sich alte, aus Burgen entstandene Herrenhäuser inmitten der Risorgive.

Von Fraforeano sind es nur wenige Kilometer bis **Latisana,** in dessen Pfarrkirche San Giovanni Battista ein gutes Werk des venezianischen Malers Paolo Veronese hängt, das 1567 vollendete Tafelbild der Taufe Christi.

Reisen & Genießen

Hotels

In der Ebene selbst mangelt es an empfehlenswerten Hotels. Erst jenseits des Tagliamento, in der Provinz Pordenone, findet man wieder Hotels, die zum längeren Verweilen einladen. Eine ruhige Unterkunftsmöglichkeit im Zentrum von Latisana ist das Hotel Bella Venezia.

Hotel Bella Venezia
Via del Marinaio, 3
33053 Latisana
Tel. 043 15 96 47
www.hotelbellavenezia.it
DZ 85 €

Restaurants

Östlich von Fraforeano, wenige Kilometer von der Autobahnausfahrt San Giorgio di Nogaro, befindet sich in der Ortschaft Paradiso di Pocenia die Trattoria Paradiso (Abb. s. S. 384). Das Wortspiel mit dem Orts- und Lokalnamen mag trivial sein, den Gast erwarten jedoch in der Tat eine exquisite Küche und eine einzigartige Atmosphäre des Lokals der Familie Cengarle.

Trattoria Paradiso
Via S. Ermacora, 1
33050 Paradiso di Pocenia
Tel. 04 32 77 70 00
www.trattoriaparadiso.it
obere Preisklasse

Eine wegen ihrer Qualität und der beachtlichen Essensmengen sehr beliebte Adresse mit 12 000 Flaschen Wein in den Kellern ist das Restaurant Da Nando, das seit Kurzem auch 12 komfortable Gästezimmer bietet. (So abends geschl.)

Da Nando
Via Divisione Julia, 14
33050 Mortegliano
Tel. 04 32 76 01 87 (Restaurant)
Tel. 04 32 82 67 46 (Hotel)
www.danando.it
mittlere bis obere Preisklasse

In dem anspruchsvollen, oft gerühmten Restaurant Al Feraùt in Rivignano, seit Jahrzehnten von der Familie Tonizzo geführt, erwarten die Gäste raffiniere Fischgerichte und eine große Auswahl an Weinen. (Di abends und Mi geschl.)

Al Feraùt
Via Cavour, 34
33050 Rivignano
Tel. 04 32 77 50 39
mittlere bis obere Preisklasse

Beim Besuch der Villa Manin sollte man sich die Gelegenheit nicht entgehen lassen, in der linken Barchesse der Villa in dem Restaurant Del Doge stilvoll und gut zu essen – besonders an wärmeren Tagen, wenn unter den Arkaden serviert wird. (Mo und im Aug. geschl.)

Del Doge
Via dei Dogi, 2
33033 Codroipo – Passariano
Tel. 04 32 90 48 29
mittlere Preisklasse

Eine Empfehlung für verfeinerte traditionelle Küche in der Risorgive-Landschaft ist die Trattoria Da Toni der Familie Morassutti in der Ortschaft Gradiscutta di Varmo. Im Sommer speist man auf der Terrasse mit Blick auf den romantischen, das Lokal umgebenden Park. (Mo geschl.)

Da Toni
Via Sentinis, 1
33033 Gradiscutta di Varmo
Tel. 04 32 77 80 03
mittlere Preisklasse

San Daniele und das Burgenland

San Daniele

Cityplan San Daniele S. 188
Karte Zentrales Hügelland S. 200

Dieser Ausflug führt in das sanft gewellte Hügelland im Herzen des Friaul. Geologen bezeichnen es als ›moränisches Amphitheater‹, und tatsächlich sind hier Endmoränen in drei mehr oder weniger halbkreisförmigen Ringen gebildet, die den Rängen eines Theaters gleichen. Faszinierend kann eine Auto- oder Fahrradtour in diesem Hügelland an klaren Tagen werden, wenn die Karnischen und Julischen Alpen die Kulisse bilden und an den Aussichtspunkten das Panorama von der Alpenkette bis zu den Lagunen der adriatischen Küste reicht. Für diese Fahrt, die man mit dem Auto bequem an einem Tag unternehmen kann, verlässt man Udine in nordwestlicher Richtung auf der Staatsstraße 464. San Daniele ist das kulturell interessanteste Städtchen in dieser Region.

San Daniele ★
Besonders sehenswert: Kirche Sant'Antonio Abate, Villa Colloredo in Susans

Geschichte der Sadt

Das in aller Welt durch seinen Schinken bekannte Städtchen kann auf eine lange **Handelstradition** zurückblicken. Seine geografische Lage im Zentrum der Moränenhügel erwies sich als besonders günstig durch die Nähe zu den Ufern des Tagliamento, aber auch durch die Lage an einer wichtigen Verbindungsstraße zwischen der Adria und dem Norden. Die Namen der zahlreichen kleinen Plätze des Ortes zeugen von den verschiedenen Märkten, die einst in San Daniele abgehalten wurden, nachdem es 1139 durch den Patriarchen zum Markt ernannt worden war und damit für Jahrhunderte ein bedeutender Umschlagplatz wurde.

Die Ursprünge des Ortes reichen weit zurück. Auf dem seit vorchristlichen Zeiten besiedelten **Colle Massimo,** dem ›höchsten Hügel‹, errichteten die Römer wohl im 5. Jh. eine befestigte Anlage, die die Langobarden später erweiterten. 1420 fiel San Daniele mit dem übrigen Friaul an Venedig, gelangte aber 1445 zusammen mit Aquileia und San Vito al Tagliamento wieder in den Besitz der Patriarchen, die es bis zum Tode des letzten Patriarchen von Aquileia, Daniele Delfin, 1762 behalten konnten. Venedig, das von da an die Herrschaft übernahm, beließ der Stadt weiterhin ihre seit dem 12. Jh. ausgeübten Rechte als freie Kommune, ebenso auch das Privileg, Vertreter in das Parlament der Patria del Friuli zu senden.

Dom San Michele Arcangelo

An der Piazza Vittorio Emanuele II steht erhöht der **Dom San Michele Arcangelo (1),** dessen heutige Gestalt zwischen 1700 und 1806 entstand. Vor allem wegen des drückenden Abgabenzwangs der venezianischen Herrschaft konnte man in San Daniele das Geld für den

◁ Castello di Tricesimo

aufwendigen Neubau, durch den die kleinere gotische Pfarrkirche aus dem 14. Jh. ersetzt wurde, nur nach und nach aufbringen.

Der venezianische Architekt Domenico Rossi entwarf die Fassade, die 1703 begonnen wurde. Nach Vorbildern Palladios in Venedig (San Giorgio Maggiore, Il Redentore) tragen vier hoch aufgesockelte Kolossalsäulen Gebälk und Giebel und bilden ein Motiv, das an griechische Tempelfronten erinnert. Der Entstehungszeit entsprechend ›barock‹ sind an Rossis Fassade nur Einzelformen wie die bewegten dekorativen Figurengruppen und der gesprengte Giebel über dem Hauptportal. Die beiden seitlich ergänzten Wandabschnitte aus dem 19. Jh. stören leider die Proportionen. Der lichte Innenraum ist nach dem Schema venezianischer Kreuzkuppelkirchen (mit zwei Kuppeln) konstruiert. Die Pläne lieferten Carlo Corbellini und Luca Andrioli.

In der **linken Seitenkapelle** steht ein Taufbecken mit Putten und der Figur Johannes' des Täufers von Carlo da Carona, 1510. Im Stil ähnelt das Becken den fein gemeißelten Werken des bekannteren Renaissancesteinmetzen Pilacorte.

Am links folgenden ersten **Altar** hängt eine Kopie aus dem 19. Jh. von Pordenones berühmter »Heiliger Dreifaltigkeit«, 1534. Das Original ist im Museo del Territorio. Auch die im Besitz des Doms befindlichen drei Ölskizzen Tiepolos mit »Mariae Himmelfahrt«, »Almosenspende des hl. Johannes« und »Enthauptung Johannes' des Täufers«, 1730–35, werden aus Sicherheitsgründen nicht mehr im Original gezeigt. Im linken Querschiff hängen jetzt fotografische Repro-

San Daniele

1 *Dom San Michele Arcangelo*
2 *Palazzo del Monte di Pietà*
3 *Palazzo del Municipio und Civica Biblioteca Guarneriana*
4 *Palazzo Astemio*
5 *Bürgerhaus des 14. Jh.*
6 *Santa Maria della Fratta*
7 *Sant'Antonio Abate*
8 *Porta Gemona*
9 *Casa Portunerio*
10 *Palazzo Masetti-De' Concina*
11 *San Daniele in Castello*
12 *Museo Civico del Territorio*

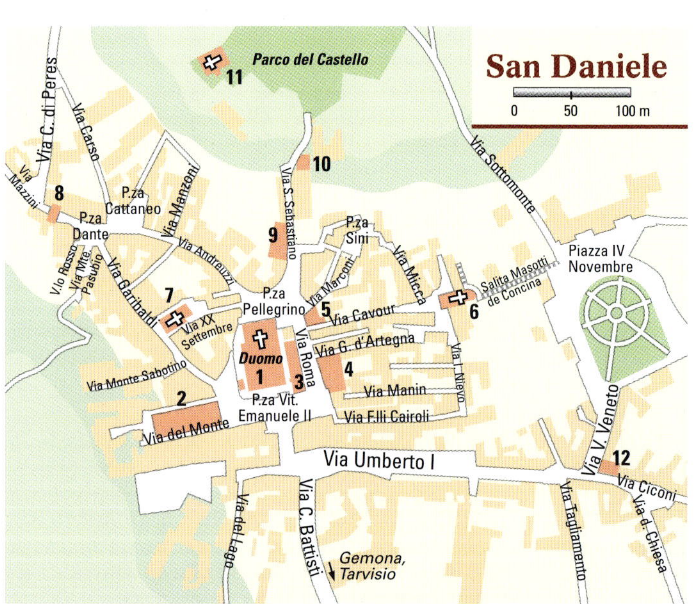

San Daniele, Dom und Palazzo del Municipio (rechts). Die Längsseite des Palazzo del Municipio zeigt auf die Via Roma. Die breite Straße wurde einst Piazza della Cisterna genannt, da unter venezianischer Herrschaft in einer riesigen unterirdischen Zisterne Wasser für Zeiten der Belagerungen und Dürren gespeichert wurden. Nach einem Umbau befindet sich hier auch heute noch das Wasserreservoir der Stadt

duktionen. Der **Hochaltar** ist von Francesco Fosconi, 1725, die Figuren stammen von Francesco Andrioli. Das Chorgestühl mit Intarsien schufen die Brüder Rizzani da Cividale, 1741.

An den Wänden hängen sechs Gemälde, die von Orgelflügeln stammen. Die beiden mittleren mit der »Vermählung Mariae« und »Beschneidung Christi« sind von Pomponio Amalteo, 1569. Die übrigen Tafeln mit alttestamentarischen Themen malte Girolamo Lugaro (1625). Zu Ostern und Pfingsten zeigt man in der Kirche ein großes silbernes Prozessionskreuz aus dem 14. Jh., das Patriarch Bertrand de Saint-Geniès (1334–50) dem Dom geschenkt hat und das dort in der Schatzkammer aufbewahrt wird.

Paläste im Stadtzentrum

Links vom Dom steht der **Palazzo del Monte di Pietà (2)** von Matteo Lucchesi. Über einem Rustikageschoss ist die Mitte betont durch ein repräsentatives, doppeltes Rundbogenfenster (eine Konzession an den venezianischen Palasttypus).

Rechts schließt sich direkt an den Dom, also in städtebaulich besonders ausgezeichneter Lage, der **Palazzo del Municipio (3),** das ehemalige Rathaus mit Loggia, an. Die als Schaufront gestaltete, schmale Fassade zur Piazza entstand 1740–41. Der kleine eiserne Ring diente dazu, säumig gebliebene Schuldner anzubinden und über mehrere Tage hinweg dem Volk als Mahnung zur Schau zu stellen – die Loggia war u. a. Ort der Rechtsprechung.

Biblioteca Guarneriana
Via Roma, 1
www.guarneriana.it
Besichtigung n. V. (40-minütige Führung)

Heute beherbergt der Palazzo del Municipio das Archivio Comunale (mit Urkunden und Schriften zur Stadtgeschichte) sowie die bedeutende **Biblioteca Guarneriana,** die älteste öffentliche Bibliothek des Friaul, der eine moderne Sammlung angeschlossen ist. Die Guarneriana hat ihren Namen nach dem Humanisten Guarnerio D'Artegna (gest. 1466), dessen Schriftensammlung von etwa 160 Werken den Grundstock der Bibliothek bildete. 1724 wurde der Bestand durch die Schenkung des Erzbischofs Giusto Fontanini vergrößert. Nach ihm benannte man auch den berühmten, 1739 mit Holzregalen ausgestatteten historischen Saal des Palastes ›Fontaniniana‹. Berühmt ist die Guarneriana vor allem wegen der hier aufbewahrten byzantinischen Codices (u. a. eine Bibel aus Jerusalem aus dem 12. Jh.), einer Teilausgabe von Dantes »Göttlicher Komödie« aus dem späten 14. Jh. (darin enthalten das »Inferno« und die ersten drei Teile des »Purgatorio«), den illustrierten Ausgaben des »Canzoniere« und der »Trionfi« Petrarcas aus dem 16. Jh. und dem »Missale Romanum« aus dem 15. Jh.

An der Via Roma 6 steht der **Albergo Italia,** der einstige **Palazzo Astemio (4),** der im frühen 16. Jh. verändert wurde und einen Laubengang erhielt. Die Kommune erwarb den Palast im späten 16. Jh., um ihn dem Patriarchen bei seinen Aufenthalten in San Daniele zur Verfügung zu stellen. Das Haus wurde 1781 Locanda (›Alle Due Spade Dello Scudo di Francia‹). Kaiser Joseph II. nannte es das beste Hotel zwischen Padua und Klagenfurt.

Eines der seltenen erhalten gebliebenen Beispiele für ein typisches **Bürgerhaus des 14. Jh. (5)** sieht man in Nr. 18 der Via Roma. Nach den Erdbebenschäden von 1976 wurde es originalgetreu restauriert.

Zur Kirche Santa Maria della Fratta führt die rechts von der Via Roma abzweigende **Via Cavour.** Entlang dieser Straße verlief einst die Befestigungsmauer der Langobarden, deren Verlängerung quer durch das heutige Zentrum mit dem Dom bis in die Via Monte Sabotino reichte. Erst nördlich dieser Mauer begann das langobardische Kastell. Die Häuser Nr. 6 und 8 der Via Cavour sind die ehemaligen **Domenicali,** Häuser der Adelsfamilie Pittani, die sich hier sonntags zur Ruhe zurückzog.

Blickpunkt am Ende der schmalen Via Cavour bildet die schlichte Fassade der Kirche **Santa Maria della Fratta (6),** begonnen 1350. Der Name der Kirche lässt sich auf den Standort in der Nähe des steil abfallenden Hangs zurückführen (*fratta* = ›steil abfallender, unzugänglicher Ort‹). Gebaut wurde die 1469 vollendete Fassade der Kirche Santa Maria della Fratta in gotischer Formensprache und von derselben Werkstatt, die auch für Sant'Antonio Abate, ferner in Muggia und Maniago tätig war. Nur die fein skulptierten Arabesken-Reliefs an der Portallaibung verweisen auf die Renaissance. Im Tympanon Relief »Thronende Madonna mit Kind und zwei Engeln« von dem Comasker Meister Giorgio da Carona, 1476. Im Inneren links ein Fresko aus dem 15. Jh. mit einer Falkenjagd. Der polygonale Grundriss der Apsis erklärt sich aus der Tatsache, dass ein achteckiger Turm der alten Stadtmauer in den Bau einbezogen wurde.

Portal der Kirche Santa Maria della Fratta. Im Inneren wird eine Glocke aufbewahrt mit der Inschrift eines Glockengießers aus Villach: »Ambros Pasler mein Leben und mein Ent stet alles in Gotes Hendt.«

Nun zurück zur Via Roma, an deren Ende man die **Piazza Pellegrino** erreicht, den zweiten großen Platz in San Daniele. Seinen früheren Namen, Piazza della legna (Platz des Holzes), hatte er wegen seiner Funktion als Umschlagplatz für Holz aus Karnien erhalten, das bis Ende des 19. Jh. entlang dem Tagliamento aus den Bergen Richtung Meer befördert wurde.

Sant'Antonio Abate

Nach wenigen Schritten in die Via XX Settembre erreicht man die Kirche **Sant'Antonio Abate (7).** Nach dem Erdbeben von 1348 entschied sich die für die Kirche zuständige Bruderschaft, eine ältere,

1308 geweihte Kirche zu erneuern und zu erweitern, während der Patriarch den Abriss vorschlug. 1441 waren Chor und Sakristei vollendet. 1470 war auch die Fassade beendet. Der unbekannte Baumeister entwarf (evtl. mit zwei weiteren) eine eher unmoderne Front mit noch gotischen Spitzbögen. Der Reiz der Hausteinfassade ist allerdings nicht zu leugnen. Die Proportionen sind harmonisch, der Kontrast zwischen massiver, glatter Wand und fein verzierten Öffnungen ist wirkungsvoll und doch behutsam konzipiert. Den Höhepunkt bildet die formschöne Fensterrose mit Maria und dem Kind im Zentrum.

Die Besonderheit der Kirche, die nicht mehr zu liturgischen Zwecken dient, findet sich jedoch im **Inneren.** Durch das Portal (mit der Figur Johannes' des Täufers zwischen den Heiligen Antonius Abbas und Antonius von Padua im Tympanon, 1470) gelangt man in einen Saalraum. Neben unbedeutenderen Arbeiten aus der zweiten Hälfte des 14. Jh. und dem frühen 15. Jh. sehen wir hier ein Hauptwerk des **Pellegrino da San Daniele,** der eigentlich Martino da Udine hieß. Mit Hilfe seiner Werkstatt schuf dieser Maler zwischen 1497 und 1522 in mehreren Phasen einen großen Freskenzyklus, der es ermöglicht, die künstlerische Entwicklung dieses Malers nachzuvollziehen.

Die ältesten Malereien (1498) sind die in den Gewölbekappen der Apsis: Christus, Evangelisten, Propheten und Engel sowie der obere Teil mit den drei Gekreuzigten der großen Kreuzigungsszene. Pellegrino zeigt sich hier als Schüler des Bildhauers und Malers Domenico da Tolmezzo (s. S. 57), den wir vor allem von Schnitzaltären in Karnien (Forni di Sopra, Ovaro) kennen, dessen harte Linienführung und wenig nuanciertes Kolorit er übernimmt.

In der nächsten Arbeitsperiode entstanden zwischen 1513 und 1522 alle übrigen Fresken: Der untere Teil der großen Kreuzigungsszene, die vier Kirchenväter im Kreuzgewölbe der Chorkapelle, die Grisaillemalereien am Sockel mit Szenen aus dem Leben Jesu, die Szenen an den Seitenwänden der Chorkapelle: In den Lünetten Begebenheiten aus dem Leben des hl. Antonius Abbas, des Titelheiligen der Kirche (»Versuchung und Tod des Heiligen«), darunter »Fußwaschung Petri«. Rechts, in den Lünetten: »Hl. Antonius von Padua erweckt ein Kind vom Tode, damit es die Unschuld seiner Mutter bezeuge«, darunter »Christus in der Vorhölle«, um die dort Wartenden (beginnend mit Adam und Eva) zu befreien.

Nach der Chorkapelle wurde wohl die Triumphbogenwand bemalt. Oben links: »Anbetung der Hirten«, darunter Heilige und Engel neben einer gemalten Nische. Rechts oben: »Die Anbetung der Könige«, darunter die Heiligen Sebastian, Hiob und Rochus, wiederum darunter die Heiligen Jakobus und Leonhard neben einer fingierten Nische. Wahrscheinlich folgten darauf die Fresken an den Wänden des Laienraumes. Linke Wand oben »Hl. Sebastian und Erzengel Michael«, darunter »Der auf seinem Abtstuhl sitzende Antonius segnet seine Bruderschaft«. An der rechten Wand der hl. Florian, darunter der hl. Christophorus.

Fresko von Pellegrino da San Daniele in der Kirche Sant'Antonio Abate: »Die Heiligen Sebastian, Hiob und Rochus« sowie (unten) Jakobus und Leonhard, 1513–22 gemalt

Diese späteren Arbeiten sind von sehr unterschiedlicher Qualität, da sie teilweise von Mitarbeitern ausgeführt wurden. Pellegrino löste sich von seiner früheren spröden Darstellung und stand eine Zeitlang unter dem Einfluss der zeitgenössischen römischen Malerei Raffaels und Michelangelos (bei der »Fußwaschung Petri« und »Christus in der Vorhölle«). Die vermutlich letzten Fresken sind jene an der Chorwand und an den Seitenwänden des Laienraumes. Pellegrino ist hier stark von Giorgione und dem jungen Tizian beeinflusst und findet zu bewegten und fließenderen Gestalten. Herausragend in ihrer weichen Ausarbeitung sind die drei Heiligen rechts an der Triumphbogenwand, die auffallend an Arbeiten Pordenones erinnern. Ein weiteres Fresko Pellegrinos zeigt den hl. Antonius bei der Predigt im Nussbaum (rechte Seitenwand).

Der Kirche gegenüber in der Via Garibaldi 23 befindet sich das heutige **Rathaus.** 1378–1869 gab es hier ein weit über die Stadt hinaus bekanntes Hospital, das Ospedale San Daniele. Hier wurden außer Armen und Kranken der Stadt auch Kaufleute und Pilger betreut, die über San Daniele nach Rom und ins Heilige Land reisten. Viele der hier Aufgenommenen machten dem Hospital Stiftungen, sodass nach bescheidenen Anfängen im Laufe der Jahrhunderte die Bedeutung der Institution wuchs.

Die unregelmäßige **Piazza Dante** geht in die Piazza Cattaneo über, das ehemalige Zentrum des jüdischen Viertels der Stadt. Von der Piazza Dante aus sieht man die Rückseite der **Porta Gemona (8),** deren Außenseite in toscanisch-dorischer Ordnung auf Wunsch des Patriarchen 1579 von Andrea Palladio entworfen wurde. Palladio sandte dazu allerdings lediglich seinen Entwurf für den Arco Bollani in Udine ein, den er nur in winzigen Details überarbeitet hatte und mit anderen Maßen versah. Hinter dem Torturm, den man in Cividale ›Portonat‹ nennt, öffnet sich die Via Mazzini (der frühere Borgo Gemona). Haus Nr. 5–7 ist die **Casa Sini** aus dem 16. Jh., ein Beispiel für die zahlreichen Herrenhäuser des 16. Jh. an dieser Straße.

Am Weg zum Schlossberg

Kirche San Daniele in Castello

Grabungen im Inneren der Kirche San Daniele in Castello wurden nach dem Erdbeben von 1976 begonnen. Dabei konnten Fundstücke aus keltischer Zeit freigelegt werden, die auf einen sakralen Ort schließen lassen. Ebenso entdeckte man Reste eines römischen Hauses, einer karolingischen Chorschranke und die Fundamente von drei Apsiden einer romanischen Kirche, die weiterhin sichtbar sind.

Von der Piazza Pellegrino führt die Via San Sebastiano zum Museo Civico del Territorio und zum ehemaligen Kastell hinauf. Auf der linken Seite steht die **Casa Portunerio (9)** aus dem 15. Jh., die lange als das schönste Haus der Stadt gerühmt wurde. In Nr. 2–6 befindet sich ein besonders stattlicher Adelspalast des 18. Jh., der **Palazzo Masetti-De' Concina (10).**

Man folgt der Via San Sebastiano. Im Bereich des großen Privatparks stand in römischer Zeit ein Castrum, von dem aus die Straßen Richtung Norden und Süden kontrolliert werden konnten, später war hier die Burg der Patriarchen von Aquileia, von der noch ein Turm erhalten blieb. Die auf dem Gipfel des Colle Massimo stehende Kirche **San Daniele in Castello (11)** war bis ins 15. Jh. Pfarrkirche der Stadt und gab dem Ort auch den Namen. Der Legende nach wurde sie im frühen 10. Jh. vom Langobardenherzog Rodoald als Zeichen der Sühne für die Ermordung des Patriarchen Leo gegründet.

Der heutige Bau entstand 1750, doch wurden einzelne frühere Teile in das neue Bauwerk eingegliedert, so an der Außenseite des Chors ein Relief mit der »Anbetung der Magier«, etwa 12. Jh., ebenso das

Seitenportal, das vom früheren Dom hierher versetzt wurde. Es ist ein Werk von Carlo da Carona, 1510. Dieser aus der Gegend von Bergamo stammende Renaissancebildhauer fertigte 1512 auch das Steinretabel des linken Altars für den Vorgängerbau von San Daniele. Nur das Triptychon mit der Muttergottes, Sebastian und Rochus sowie der Pietà-Gruppe ist original. Die äußere Rahmung ist barock, das Christuskind eine moderne Ergänzung. Der Campanile der Kirche, ehemals Teil der Stadtmauer und heute Wahrzeichen der Stadt, erhielt 1486 seine heutige Gestalt.

Museo Civico del Territorio

Im **Museo Civico del Territorio (12)** werden Kunstgegenstände und Fresken aus San Danieles Kirchen und der weiteren Umgebung gezeigt, die zum Teil nach dem Erdbeben nicht mehr untergebracht werden konnten. Hier hängt auch das Leinwandbild von Pordenone mit der »Trinität«, 1535, dessen Kopie sich im Dom befindet.

Zu den sehenswerten Stücken gehört ein **Schnitzaltar** aus der Mitte des 15. Jh., der ursprünglich für den Dom bestimmt war. Es ist ein reich dekorierter Altar, der im Aufbau an die Polyptychen der Vivarini oder an das vielfigurige Steinretabel in der venezianischen Frari-Kirche erinnert. Er gilt als Werk der Venezianer Paolo di Amedeo und Michele Bono, könnte jedoch auch von einem Friulaner Meister stammen, der Domenico da Tolmezzo beeinflusste. Jedenfalls ist dieses Retabel in seinem Aufbau ein Prototyp der Schnitzaltäre im Friaul (die erst seit den 80er-Jahren des 15. Jh. und vor allem in der ersten Hälfte des 16. Jh. zahlreicher wurden).

Die Gruppe der **»Beweinung Christi«** gehört zu einem Altarwerk, das laut Inschrift 1488 von Leonhard Thanner (einem im Friaul tätigen Schnitzer aus dem bayerischen Landshut) geschaffen wurde. Bei dieser Beweinung wird das Vesperbild um die knienden und stehenden Heiligen erweitert. In der zu dieser Gruppe gehörenden Predella waren die fünf gemalten Halbfiguren der Heiligen Helena, Michael, Daniel, Ludwig und Antonius Abbas. Zu sehen sind ferner eine »Madonna mit Kind« von Francesco da Milano (bekannt 1502–42), archäologische Fundstücke und Kunsthandwerk.

Museo Civico del Territorio

www.museosandaniele.it
Juni–Sept. Fr/Sa 9.30–12.30, So 10–12.30, 14.30–18 Uhr; Okt.–Mai Fr/Sa 9.30–12.30, So 15–18 Uhr

Umgebung von San Daniele

In großartiger Lage über dem Tagliamento liegen die Ruinen der **Burg von Ragogna.** Ebenfalls sehr schön gelegen, aber nicht unbedingt sehenswert, ist die kleine Kirche San Giovanni bei **Muris** auf dem Monte di Ragogna, der sich isoliert im Tagliamento-Tal erhebt und entsprechend interessante Ausblicke gewährt. Die Kirche wurde im Ersten Weltkrieg zerstört, doch wieder aufgebaut und dient der Alpendivision »Julia« als Gedenkstätte.

Villa Colloredo in Susans

Villa Colloredo
Susans
Für Besichtigungen frage man in dem Restaurantbetrieb an, der allerdings meist nur an Wochenenden für Hochzeiten geöffnet ist.

Schon von Weitem sichtbar steht auf einem Hügel die **Villa Colloredo von Susans** aus der ersten Hälfte des 17. Jh. In ihrer klaren Formgebung und mit ihren vier quadratischen Ecktürmen erinnert sie an toscanische Villen und Burgen. Dies mag sich dadurch erklären, dass der Bauherr, Fabrizio Colloredo, als Minister im Dienst der Medici-Großherzöge der Toscana stand. Andererseits sind bereits seit dem 16. Jh. mit der Roca Bernarda im Friaul und an vielen Orten in Kärnten und besonders in Krain eine große Zahl ähnlicher Bauten entstanden, die dem friulanischen Feudaladel offensichtlich mehr entsprachen als die venezianische Villa mit ihrem städtisch-bürgerlichen Vokabular.

Wie viele andere Bauherren im Lande auch entschied sich der stolze Graf von Colloredo daher für einen Villentypus, der an die Tradition der Feudalburgen erinnert und verpflichtete für die Pläne wahrscheinlich den Florentiner Matteo Nigetti. Dessen ungeachtet zeigen einige Details Eigentümlichkeiten der venezianischen Architektur: die ungleichen Fensterabstände in Rücksicht auf die Kamine oder das

Gebälk über den Fenstern mit konvex gewölbtem Fries, wie es zum ersten Mal Palladio einsetzte.

Auf dem Hügel, auf dem heute die Villa Colloredo steht, erhob sich im Mittelalter eine Burg. Das stolze Gebäude von Susans, das man im Deutschen als Schloss bezeichnen würde, gehört damit im Grunde schon zu den zahlreichen Bauten des Burgengürtels, der sich in weitem Halbkreis im Norden von Udine entdecken lässt.

Reisen & Genießen

Hotels

Geruhsam und im Grünen wohnt man auf dem Stadthügel Picaron. In dieser herrlichen Panoramalage entstand das moderne Hotel Al Picaron mit einem guten Restaurant.

Al Picaron
Via S. Andrat, 3
33038 San Daniele del Friuli
Tel. 04 32 94 06 88
www.alpicaron.it
DZ 115,50 €

Auf dem Stadthügel, im Zentrum von San Daniele, ist man gut in dem modern eingerichteten Hotel alla Torre untergebracht.

Hotel alla Torre
Via del Lago, 1
33038 San Daniele del Friuli
Tel. 04 32 95 45 62
www.hotelallatorrefvg.it
DZ 100 €

Restaurants

Den berühmten Schinken von San Daniele kann man natürlich in allen Restaurants, Trattorien und Bars von San Daniele genießen, und dies meist in einer so vorzüglichen Qualität, wie man sie anderenorts nur in exzellenten Restaurants und Osterien findet. In der Bar Al Paradiso ist der hausgemachte Schinken besonders mild und aromatisch. (So geschl.)

Al Paradiso
Via Cesare Battisti, 28
(am Fuße des Stadthügels)
Tel. 04 32 95 72 52
mittlere Preisklasse

Zum Schinkenessen und zu anderen einfachen Gerichten passt das rustikale Ambiente der Trattoria Ai Bintars, eines lebendigen Lokals, in dem sich Jung und Alt trifft. (Mi nachmittags, Do und im Juli geschl.)

Ai Bintars
Viale Trento e Trieste, 63
Tel. 04 32 95 73 22
mittlere Preisklasse

In der familiär gebliebenen Osteria Al Ponte erwarten den Gast typische Gerichte der traditionellen friulianischen Küche, kreativ zubereitet und in einer einladenden Atmosphäre. (Mo geschl.)

Al Ponte
Via Tagliamento, 11
Tel. 04 32 95 49 09
mittlere Preisklasse

Einkaufen

Der Schinken, den man im Al Paradiso genießen kann, lässt sich auch in eingeschweißten Stücken direkt beim Hersteller Dante Bagatto in seinem Prosciuttificio erwerben.

Karte Zentrales Hügelland S. 198

Burgen des zentralen Hügellandes

Die besondere geschichtliche Stellung des Friaul, seine kulturelle Selbstständigkeit, ja selbst seine heutige Autonomie innerhalb Italiens stehen in einem direkten Zusammenhang mit der mittelalterlichen Herrschaft, die bis heute von zahlreichen Burgen in Erinnerung gehalten wird.

Das Friaul ist die einzige Region Italiens, die ein mitteleuropäisches Feudalsystem besaß. Das heißt, dass es hier keine Stadtherrschaft über das Land gab, sondern vielmehr das Stadtrecht an den Mauern endete. Die Grundlagen zu diesem System wurden bereits in der Zeit der Langobarden gelegt, danach aber unter den Patriarchen als Herzögen erheblich erweitert: Bis zum Ende des Investiturstreits wurden die Patriarchen aus dem Reichsadel erwählt. Sie brachten ihre engsten Gefolgsleute mit ins Land, wo sie mit Burgen und kleinen Herrschaften belehnt wurden. In dieser Zeit kamen fast alle späteren Feudalfamilien ins Friaul, und ihre Burgnamen zeugen deutlich von ihrer Herkunft: Aus Spengenberg wurde Spilimbergo, aus Schönberg

Leben auf der Burg

Villalta, das als besterhaltene mittelalterliche Burg des Friaul bezeichnet wird, erweist sich größtenteils als Produkt des 16. Jh., wie auch viele andere Burgen Europas erst damals ihr uns so vertrautes Gepräge bekamen. Dieses romantische Bild geht freilich von falschen Voraussetzungen aus: Das Hügelland zwischen San Daniele und Udine zeigt, wie dicht nebeneinander Burgen oft lagen, weshalb die Herrschaft oft nicht mehr als ein Dorf umfasste. Auf mittelalterlichen Adelsburgen wohnten daher meist nur wenige Menschen, und die Zahl der Bewaffneten als dauerhafter Besatzung war gering. Auch war der Burgherr mitsamt seiner Familie am Kampf ums tägliche Überleben in der Regel selbst beteiligt, was die bescheidenen Dimensionen des tatsächlich mittelalterlichen Bestandes in Villalta gut veranschaulichen.

Burg von Arcano

Solimbergo, aus Scharfenberg Soffumbergo. Grünberg wurde zu Gronumbergo, Pramberg zu Prampero, und der Familienname Colloredo klingt auch nur deshalb italienisch, weil sich die Grafen von Waldsee im 14. Jh. nach ihrem neuen Stammsitz Colloredo nannten.

Ganz unitalienisch sind auch die allermeisten Burgen des Friaul: Statt der großen, rechtwinkligen Anlagen, wie man sie im Westen des Friaul findet, zum Beispiel in Zoppola oder Porcìa, stehen die meisten Burgen im Zentrum oder im Osten des Landes über einem annähernd runden Grundriss, wie ihn normalerweise auch die Burgen in Mitteleuropa bis ins 14. Jh. aufweisen.

Castello d'Arcano

Ein sehr malerisches Beispiel, die Burg von Arcano, liegt in den besonders hübschen Hügeln zwischen San Daniele und Fagagna. Der Bau krönt einen winzigen Hügel und zeigt mit seinen Ringmauern die typische, der Geländeform folgende Anlage. Die Herren der Burg gehörten im 12. und frühen 13. Jh. zu den mächtigsten Familien des Landes, was ihnen den Bau einer Burg ermöglichte, die nicht Lehen des Patriarchen war. In der Mitte steht ein sehr lang gezogener Palas mit romanischen Biforen unter dem Dach, doch zeigt eine genauere Betrachtung, dass hier nur einige Teile wirklich mittelalterlich sind. Einen Palas dieser Größe hätte sich damals kein Feudalherr leisten können.

Die Burg ist besonders gut erhalten, weil auch die Herren von Arcano seit der Eroberung des Landes einen sozialen Verteidigungskampf um ihre Stellung gegen das aufstrebende Patriziat führten, wobei angestammte Rechte und Würden die einzige Waffe waren. Daher wurde die Burg bewusst konserviert, als Symbol ihrer selbst, und in den Archiven finden sich aus allen Jahrhunderten Zahlungsbelege für die Restaurierung der Ringmauern, der Zinnen und Türmchen.

Castello di Villalta

Das bedeutendste Symbol des Widerstandes der Feudalherren gegen die Patrizier aus Venedig, von denen man bestenfalls als ›die vom Kanal‹ sprach, oder in der barocken Variante von denen, ›die ins Wasser scheißen‹ (Ippolito Nievo), stellt zweifellos die Burg von Villalta kurz hinter Fagagna dar. Die Burg gehörte ursprünglich freien Herren, die sich in den politischen Kämpfen mit konsequenter Ungeschicklichkeit auf die falsche Seite schlugen, weshalb ihr Wohnsitz innerhalb eines Jahrhunderts mindestens dreimal zerstört wurde. Dies konnte keine Herrschaft wirtschaftlich verkraften, weshalb die Familie Villalta bei den mächtigen Grafen Thurn in Schulden geriet, die dann in kurzer Zeit die Burg in ihren Besitz brachten.

Die Grafen, Anführer der kaiserfreundlichen, antivenezianischen Herren, erweiterten nun den ringförmigen Kern der alten Burg, von dem heute noch der zierliche Turm, ein winziger Palas sowie ein bastionsartig vorgeschobener Eckbau stammen. Die den alten Teil umschließende, fast kreisrunde Ringmauer dagegen ist nicht mehr mittelalterlich.

Ende des 15. Jh. entstand über der mittelalterlichen Mauer zwischen Vorhof und Kernburg der stattliche **Palast,** welcher aber schon beim Bauernaufstand 1511 wie die ganze Burg stark beschädigt wurde. Der Wiederaufbau erfolgte schnell und die Bauern mussten zur Strafe dabei Frondienste leisten. Zwar rekonstruierte man dabei größtenteils die mittelalterliche Anlage, doch erhielt der Palast nun kräftige, manieristisch gerahmte Fenster und eine breite Terrasse, die an beiden Ecken bastionsartig zugeschnitten ist; damit präsentiert sich die alte Burg zum Dorf hin nun als moderne Festung, als ein Zeichen dafür, dass fortan Widerstand gegen die Herrschaft zwecklos sei.

Castello di Villalta
Die noch bewohnte Burg von Villalta steht für Empfänge, Bankette, Seminare und Kongresse zur Verfügung, während die Wirtschaftsgebäude als Hotel genutzt werden. Besichtigung der Innenräume für Gruppen n. V., Tel. 04 32 80 01 71, www.castellodivillalta.com

Gegen Ende des 16. Jh. entstand unterhalb der Burg ein neuer **Wirtschaftshof,** der die herrschaftlichen Ernteerträge fassen sollte: schließlich diente Villalta trotz der mittelalterlichen Silhouette längst als Villa. Der neue Wirtschaftshof wurde nun aber ganz unmodern mit mittelalterlich wirkenden Mauern umgeben. Zierliche zylindrische Türme schmücken die Ecken, und Zinnen treten vor allem dort auf, wo sie auch zur Geltung kommen, ohne dass dahinter je ein Wehrgang gewesen wäre. Das obligate Tor mit der Zugbrücke war in der Zeit der Planung von Palmanova kaum mehr wert als das an ihm befestigte Wappen: Das Haus Thurn verkündet hier, am Höhepunkt der Kämpfe

zwischen Kaiser und Venedig, seine Herrschaftsansprüche über das Land und seine mittelalterlichen Rechte, die mit Renovierungen lebendig erhalten wurden.

Eindrucksvoll führt eine schnurgerade Allee kilometerlang bergauf-bergab auf den Torturm der Burg von Colloredo di Monte Albano zu. Die Burg war früher zweifellos die großartigste und touristisch interessanteste Anlage des Friaul. Sie wurde bei den Beben von 1976 jedoch schwer beschädigt. Dennoch entschieden sich die Besitzer für den Wiederaufbau. Allerdings wurde bisher nur ein Trakt realisiert

Moruzzo

Über eine landschaftlich schöne Straße gelangt man nach Moruzzo, wo die erhöht gelegene Kirche einen weiten Rundblick bietet. Die noch von einer doppelten Mauer umgebene Burg mit einem streng gegliederten, dreigeschossigen Hauptgebäude wurde 1161 zum ersten Mal erwähnt, musste jedoch nach Brandschatzung durch die Türken 1477 erneuert werden. Wie fast alle Burgen dieser Gegend wurde auch Moruzzo 1511 bei den Auseinandersetzungen zwischen den venedigtreuen Zambarlani und den kaisertreuen Strumieri erneut geplündert und teilweise zerstört.

Auf der Piazza von Moruzzo, zwischen Kirche und Borgo, steht eine über 700 Jahre alte Linde, unter der sich im Mittelalter die Dorfältesten trafen. Tatsächlich erwähnt ein Dokument vom 20. November 1301 eine solche Versammlung unter der Linde (»sub tileo in cortina Murucii«).

Colloredo di Monte Albano

Wiederaufbau

Mit der Wiedererrichtung der Burg Colloredo wurde 2010 begonnen.

Von Moruzzo geht die Fahrt weiter zur Burg von Colloredo di Monte Albano, dem Stammschloss der Familie Colloredo. Von dem mächtigen Bau ist heute leider nur ein kleiner Teil zu sehen, weil drei Viertel seit dem Erdbeben in Trümmern liegen. Doch ahnt man noch die beherrschende Rolle, die dieser Bau für das Land im Norden Udines hatte. Die bedeutende Burg ging aus einer erst nach 1300 begonnenen Anlage hervor, die über die Jahrhunderte allmählich erweitert wurde. Da im Friaul stets Erbteilung betrieben wurde, teilte sich der Besitz zwischen den Geschwistern und ihren Nachfahren, die sich nach Möglichkeit immer neue Paläste im Bereich der Burg erbauten. Im Grunde wurde im 16. und 17. Jh. aus der mittelalterlichen Burg eine Versammlung zusammengebauter Paläste, die im Detail ganz moderne Bauten waren und lediglich mit dem Torturm ein mittelalterlich-burgartiges Element bewahrten.

Zu den Bewohnern dieses Anwesens zählte auch Ippolito Nievo, der hier einen großen Teil seiner »Confessioni di un italiano« verfasste (s. S. 43). Westlich der Burg, auf der Straße nach Caporiacco, bei der Abzweigung nach Carnia und Osoppo, liegt auf der rechten Seite erhöht die kleine Kirche **San Pietro** (falls geschlossen, Schlüssel in der Trattoria Peres). Sie ist mit Fresken aus dem späten 14. Jh. ausgestattet. An der mittleren Presbyteriumswand: »Thronende Muttergottes mit Kind«, »Kreuzigung Christi« und ein Freskenrest. An der rechten Seite wurde das Petrus-Fresko durch die Öffnung des Fensters teilweise zerstört. An der linken Wand: »Petrus und eine Gruppe von Gläubigen« sowie ein Fresko aus dem 16. Jh. mit einer »Thronenden Muttergottes mit Kind«.

Castello di Tricesimo

Von Colloredo aus sollte man unbedingt auch nach **Tricesimo** fahren, wo eine der bedeutendsten Burganlagen des Landes steht. Hoch auf dem Berg erhebt sich der quadratische Palast der Burg, den man nach ihren früheren Besitzern auch ›Villa Valentinis‹ nennt. Bei den letzten Restaurierungen hat der Bau ein durch und durch mittelalterliches Mauerwerk freigegeben, das mit seinen schönen gotischen Fenstern in die Zeit um 1300 datiert werden kann. Hier handelt es sich also nicht wie in Villalta um eine Burg, die weniger mittelalterlich ist, als sie erscheint, sondern umgekehrt, um einen Bau, den man für einen barocken Palast gehalten hatte, der sich dann als bedeutende hochmittelalterliche Anlage entpuppte.

Tricesimo war im Mittelalter ein Besitz der Landesherren, das heißt der Patriarchen. Besonders Patriarch Raimondo della Torre (= Thurn), dem diese einmalige Anlage wohl zuzuschreiben ist, legte größten Wert darauf, diesen Besitz gegen den aufbegehrenden Feudaladel zu behaupten. Mit ihren klaren, rationalen Formen folgt die

Burg dem neuen Trend, der seit der Mitte des 13. Jh. im Burgenbau herrscht. Es entstand ein mächtiger, weithin sichtbarer Kubus über einer Grundfläche von 20 x 20 m, dem ein rechtwinkliger Hof mit Rundtürmen an der Stirnseite vorgelagert war.

Ein mächtiger Bau dieser Größe zeigt, wie landesherrliche Architektur der Zeit und wahrscheinlich auch das Kastell in Udine damals aussah. Dabei kamen Mittel zum Einsatz, die sich normale Burgherrn nicht hätten leisten können. Tricesimo kann daher im Zusammenhang mit den berühmten Bauten Friedrichs II. in Apulien oder den mächtigen Burgen ähnlich geometrischer Form in Frankreich gesehen werden. Allen Bauten ist gemeinsam, dass die militärische Festigkeit allmählich zugunsten der weithin sichtbaren, herrschaftlichen Wirkung aufgegeben wird, womit die Umwandlung zum modernen Schloss bereits einsetzt.

Im 16. Jh. wurde die mittelalterliche Anlage allmählich modernisiert, die Fenster wurden erweitert und neue gebrochen, und es entstand im Inneren ein Grundriss nach venezianischem Schema, dem im 17. Jh. die Familie Valentinis mit dem dreiteiligen Mittelfenster auch in der Fassade folgte.

Castello di Tricesimo

Die Burg wird von einer kirchlichen Institution genutzt und ist auf Anfrage zu besichtigen. Tel. 04 32 85 11 17

Die mit Fresken des 16. Jh. geschmückte Kapelle der Burg von Tricesimo

Besonders schön ist auch die Kapelle, deren Fresken im Untergeschoss in einer Landschaftsdarstellung die Burg von Tricesimo im Zustand des 16. Jh. wiedergeben, nachdem damals ein Herr von Montegnacco die Anlage renoviert hatte. Der Bau wird heute von der Kirche genutzt und ist in der Regel auf Anfrage vor Ort zu besichtigen.

Burg von Cassacco

Nordwestlich von Tricesimo, nahe Montegnacco, liegt die Burg von Cassacco. Auch wenn es immer heißt, das Kastell sei aus dem Umbau eines mittelalterlichen Wehrbaus hervorgegangen, muss man bei der heutigen Anlage mit ihren dünnen Mauern eher von einem Neubau des 16. Jh. ausgehen. Die Anlage ist im Grunde sehr einfach: Einen Portikus mit großen renaissancehaften Rundbögen rahmen zwei turmartige Risaliten. Die Türme schließen oben mit großen, rechteckigen Fenstern unter dem Dach ab, was aus der Ferne den Eindruck von Zinnen erweckt – ein damals in ganz Italien beliebtes Motiv, das sich unter anderem auch bei den zeitgleichen Villenbauten der Medici findet.

Montegnacco

In Montegnacco selbst besaß die Familie Montegnacco wohl nur ein sehr einfaches Haus, von dem wir keine Spuren mehr finden können. Das herrschaftlichste Haus des Ortes ist die **Villa Gallici-Deciani,** die

Villa Gallici-Deciani in Montegnacco. Typisch venezianisch ist die kubische Form des im 17. Jh. angefügten Bautraktes auf der rechten Seite

mit ihrer bewegten Fassade den Hügelrücken weithin sichtbar bekrönt. Keimzelle der Villa war ein langer, schmaler Flügel, der in dieser einfachen Form für den Beginn der Villegiatura im 16. Jh. ebenso typisch ist wie die Errichtung eines kleinen Turmes, der seit jeher zum Merkmal eines herrschaftlichen Hauses auf dem Land gehört hatte.

Im 17. Jh. hatte das Repräsentationsbedürfnis erheblich zugenommen, und die Familie erweiterte den Bau um einen venezianischen Kubus, zu dessen Piano nobile eine Freitreppe führt, während das ganze Erdgeschoss noch – typisch friulanisch – als Lagerraum diente. Ungewöhnlich die beträchtliche Höhe des Sockels, der seine Dimensionen durch eine unterschiedliche Behandlung seiner Oberfläche etwas kaschieren wollte. Diese Höhe war aber dadurch vorgegeben, dass man im Inneren die neuen Räume an die vorgegebene Raumflucht des alten Herrenhauses anschließen wollte. Im 18. Jh. erhielt die Villa einen Giebelaufsatz, der wie bei anderen Beispielen, man denke nur an die Villa Manin in Passariano (s. S. 178), im Inneren keinen Sinn gibt, da hinter den Fenstern nur ein schlecht zugänglicher Dachboden liegt. Die Überhöhung der Fassade geschah allein aus der für die Villenarchitektur des Barock bezeichnenden Absicht, der Fassade mehr Schwung und Wirkung zu verleihen.

Die schönen Innenräume gehören unter den friulanischen Villen zu den ganz seltenen Beispielen einer reichen Innenausstattung, die von den Besitzern in bewundernswerter Weise hergerichtet worden ist (Besichtigungsmöglichkeit für Gruppen).

Reisen & Genießen

Restaurants

Für Gourmets lohnt sich eine Fahrt zu dem Lokal La Taverna nach Colloredo di Monte Albano (östlich von San Daniele). Anders als der Name vermuten lässt, handelt es sich bei der Schlosstaverne um ein hochelegantes Restaurant, das schon seit vielen Jahren zu den allerbesten Restaurants der Region gehört. Zur ausgezeichneten Küche im stilvollen Ambiente genießt man den herrlichen Ausblick von der Terrasse. (Mi und So abends geschl.)

La Taverna
Piazza Castello, 2
33010 Colloredo di Monte Albano
Tel. 04 32 88 90 45
www.ristorantelataverna.it
obere Preisklasse

Mit La Taverna konkurriert in dem benachbarten Ort Mels das ebenfalls sehr gute Restaurant Là di Petros. Hier erfreuen sich die Gäste der besonderen, raffinierten Küche mit Degustationsmenüs auf Fisch- oder Fleischbasis, offeriert in schönem, etwas rustikalerem Ambiente oder auf der schönen Terrasse. (Di und Mi mittags geschl.)

Là di Petros
Piazza del Tiglio, 14
33030 Mels – Colloredo di Monte Albano
Tel. 04 32 88 96 26
obere Preisklasse

Cividale und Umgebung

Cividale

Geschichte

Cividale ist die Stadt der Langobarden. An keinem anderen Ort finden sich ihre Kunstdenkmäler so konzentriert, in so zahlreichen und bedeutenden Zeugnissen. Vom Ursprung her ist Cividale jedoch **römisch, gegründet** – wie auch Iulium Carnicum (das heutige Zuglio) – zwischen 56 und 50 v. Chr. durch Julius Cäsar. Nach seinem Gründer wurde die kleine Handelsstadt dann auch Forum Iulii genannt. Die Stadtmauern hatten die von den Römern bevorzugte Form eines Rechtecks. Ihr Verlauf ist heute noch zwischen dem Natisone im Süden, der Via Ristori und der Piazza Paolo Diacono im Norden nachweisbar. Das Forum lag an der heutigen Piazza del Duomo, wie üblich an der Kreuzung der beiden Hauptachsen, des Decumanus maximus (Verlauf etwa wie der heutige Corso Mazzini) und des Cardo maximus (der heutige Largo Boiani).

Die Bedeutung des Ortes wuchs nach der Zerstörung Aquileias, er wurde sogar Hauptstadt Venetiens, *caput Venetiae,* genannt. Als die **Langobarden** 568 im Friaul einfielen, nahmen sie Cividale zuerst ein und machten es zur Hauptstadt ihres ersten Herzogtums auf italienischem Boden. Der Name Forum Iulii wurde dabei auf das ganze von ihnen besetzte östliche Oberitalien übertragen. Aus Forum Iulii wurde so später das italienische Friuli, zu deutsch Friaul.

Unter den Langobarden wurde die Stadt erweitert. Im tiefer gelegenen Südosten, nahe beim Natisone, entstand eine Zone, die man *valle* (›Tal‹) nannte. Hier stand der Palast des Gastalden, des Stellvertreters des Königs, während der Palast des Herzogs weiter nördlich bei Santa Maria del Corte vermutet wird. In der Valle errichtete man im 6. oder 7 Jh. die Johannes dem Täufer geweihte, ursprünglich für den arianischen Kult bestimmte Kirche San Giovanni in Valle und ein Nonnenkloster, zu dem wahrscheinlich der berühmte Tempietto Longobardo gehörte.

Nachdem Cividale 610 durch die Avaren zerstört worden war, folgte ein langsamer Wiederaufstieg. 737 verlegte Callixtus, der **Patriarch von Aquileia,** seine Residenz von Cormons in das besser geschützte Cividale. Das hatte eine indirekte Konsequenz für die Langobardenherrscher: Wie Paulus Diaconus berichtet, residierte bei der Ankunft des Callixtus in Cividale schon der ihm untergeordnete Bischof von *Iulium Carnicum,* denn diese Stadt war bei einem Barbareneinfall zerstört worden. Diesen Bischof aber wollte Callixtus jetzt verbannen. Dem wollte der Dux von Cividale, Pemmo, nicht tatenlos zusehen, weshalb er Callixtus im Kastell von Duino einkerkern ließ, »um ihn von dort ins Meer werfen zu lassen« (Paulus Diaconus). In diesem Moment sah der langobardische König Liutprand (712–44) die Stunde gekommen, um Pemmo seines Amtes zu verweisen und dessen Sohn Ratchis als Dux von Cividale einzusetzen.

Cityplan Cividale S. 209
Karte Umgebung von Cividale S. 232

Cividale ★★

Besonders sehenswert:
Dom Santa Maria Assunta,
Museo Cristiano,
Museo Archeologico,
Tempietto Longobardo

Touristen-information

Piazza Paolo Diacono, 9
Tel. 04 32 71 04 60
www.cividale.net
Mo, Fr–So 9.30–12, 15.30–18 Uhr

Welterbe

2011 nimmt die UNESCO die langobardischen Gebäude Cividales in die Liste des Welterbes auf.

◁ Das Ufer des Natisone in Cividale mit der Kirche San Francesco

Stadtname

Der heutige Name Cividale leitet sich von civitas (›Stadt‹) ab. Civitas Forum Iulii hieß die Stadt zur Zeit der Langobarden, Civitas Austriae, Stadt des Ostens, zur Zeit der Karolinger, die im Jahr 774 die Nachfolge der Langobarden antraten.

Für fünf Jahrhunderte blieben die Patriarchen hier, bis sie ab 1238 Udine bevorzugten. Von der kleinen Stadt am Natisone wurden nicht nur die Metropolitanrechte über die ausgedehnte Kirchenprovinz ausgeübt, Cividale wurde gleichzeitig die **Residenz** des Landesherren, hatte doch Kaiser Heinrich IV. die Patriarchen mit Grafenrechten über das Friaul ausgestattet. Begünstigt durch die Präsenz der Patriarchen und der Kurie genoss Cividale während des frühen und hohen Mittelalters eine ökonomische und kulturelle Vorrangstellung, die es erst im 14. Jh. an Udine verlor.

Was ist langobardische Kunst?

Obwohl man mit den Schriften über die Langobarden eine kleine Bibliothek füllen könnte, sind heute noch viele Fragen nach der Kunst dieses kriegerischen Volkes offen oder zumindest umstritten. Eines weiß man inzwischen aber mit Sicherheit: Die Kunst zur Zeit der Langobardenherrschaft wurde zwar von den neuen Herrschern in Auftrag gegeben, jedoch nur zu einem sehr kleinen Teil von den Langobarden selbst geschaffen. Der Begriff ›langobardische Kunst‹, in der Frühphase der Forschungen vergeben, ist daher irreführend und bedarf einer genaueren Erläuterung.

Wie es für nordische Völker typisch war, hatten auch die Langobarden in der **Metallverarbeitung,** heute als ›Kleinkunst‹ bezeichnet, eine Tradition entwickelt. Wir kennen sie durch zahlreiche Gräberfunde, vor allem um Cividale, wo zum Teil überaus kostbare Grabbeigaben in Form von Schwertern, Fibeln, Gürtelschnallen, aber auch Goldkreuzen entdeckt wurden. **Abstrakt-stilisierende Motive** und **fließende Ornamente** mit einem Hang zum *horror vacui* zeichnen diese Arbeiten aus, die langobardische Künstler zum Teil schon vor ihrem Einzug in das Friaul geschaffen hatten.

Bewahrung langobardischer Kunstschätze

Die geringe Bedeutung Cividales seit dem 14. Jh. ist der Hauptgrund für den ungewöhnlich reichen Bestand an langobardischen Kunstschätzen. Während in den blühenden Städten vor der Pest von 1348 ein Bauboom fast alle früheren Zeugnisse beseitigte, stagnierte Cividale und konservierte die langobardischen Monumente als Zeugnisse einer großen Vergangenheit, die den Anspruch auf die eingeforderte Hauptstadtfunktion untermauern sollten. Ähnlich wie beispielsweise in Aachen kam es dadurch zur Bewahrung der historischen Bausubstanz.

Nach dem Einzug in Italien wurden die Langobarden mit der Kunst und Architektur der alten ›mediterranen‹ Welt konfrontiert, der sie als Nomadenvolk nichts entgegenzusetzen hatten. Für die neuen Aufgaben, die sich vor allem stellten, nachdem sich die Oberschicht zum Katholizismus bekehrt hatte, nämlich die Errichtung von Palästen und Kirchen und deren Ausstattung, griff man auf ortsansässige Architekten, Steinmetzen und Künstler zurück. In den wenigen und meist fragmentarisch erhaltenen Bauten und größeren Ausstattungsstücken stoßen wir daher auf spätantike und frühchristliche Einflüsse, auf symmetrisch-ausgewogene Kompositionen und naturalistische Motive. Dazu kommen noch außerklassische Tendenzen, also byzantinisches, sassanidisches oder auch arabisches Formengut. Östliche Künstler hatten es mitgebracht, welche vor allem zu Beginn des 8. Jh. vor den Arabern und dem Ikonoklasmus, den bilderfeindlichen Strömungen im byzantinischen Reich, nach Westen geflohen waren und jetzt ebenfalls für die langobardischen Herrscher tätig wurden. Deren Werke zeichnen sich durch Linienspiel sowie die zoomorphen und floralen Motive aus.

Wenn man also von ›langobardischer Kunst‹ spricht, so sind die verschiedenen Stilströmungen und das **multikulturelle Klima** gemeint, in denen das Kunstschaffen westlicher und östlicher Künstler unter langobardischer Herrschaft seinen Ausdruck fand. Eine »zwanglose Kombination von Symbolen, Figuren und Ornamenten«, die »rhythmische Füllung der Fläche ohne reale Größenrelationen« (Hermann Fillitz) kann als **Charakteristikum** dieser Kunst gelten.

Als wichtigstes Stichwort im Rahmen der Stildiskussion sei der Begriff der **›liutprandischen Renaissance‹** angeführt. Mit ihm bezeichnet man die Phase der langobardischen Kunst in der ersten Hälfte des 8. Jh. (zur Zeit König Liutprands), die sich durch besonders starke klassische Tendenzen auszeichnet (wichtigstes Beispiel ist das Taufbecken des Callixtus im Museo Cristiano von Cividale). Hervorgehoben sei hier der Begriff der ›Tierstile‹, d. h. zweier unterschiedlicher Arten stilisierender **Tierornamentik:** Ein zeitlich früherer Tierstil I, der noch in der Tradition der vor dem Einfall nach Italien entstandenen langobardischen Arbeiten steht, und ein späterer Tierstil II, den bereits die Übernahme neuer Motive kennzeichnet.

Als Wahrzeichen Cividales gilt zwar der Ponte del Diavolo, die Teufelsbrücke. Im Mittelpunkt der Besichtigung stehen indes die Denkmäler der Langobarden: der sogenannte Tempietto Longobardo, das dem Dom angeschlossene Museo Cristiano sowie die langobardischen Exponate im Archäologischen Nationalmuseum. Dieses Museum bietet eine anschauliche Einführung in die Kultur und Kunst dieses germanischen Volkes.

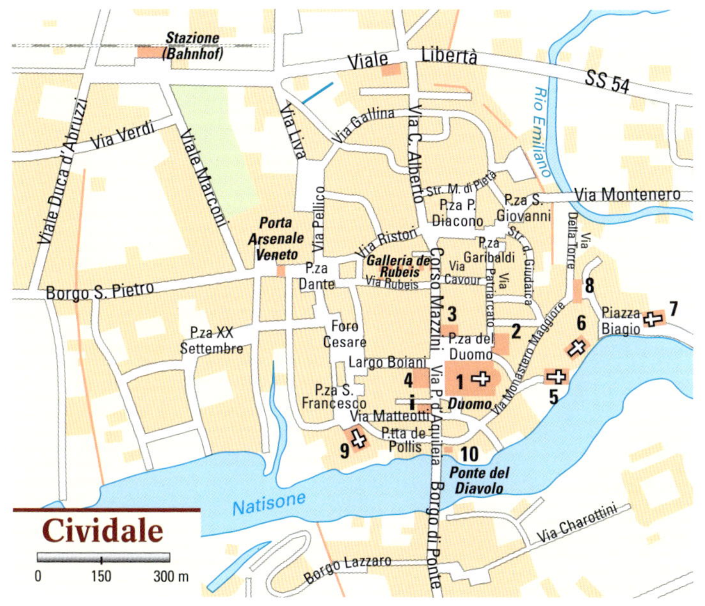

Cividale

1 *Dom/Museo Cristiano*
2 *Palazzo dei Rettori/Museo Archeologico Nazionale*
3 *Palazzo de' Nordis*
4 *Palazzo Comunale*
5 *Santa Maria in Valle*
6 *Tempietto Longobardo*
7 *SS. Pietro e Biagio*
8 *Porta Patriarcale*
9 *San Francesco*
10 *Keltisches Hypogäum*

Dom Santa Maria Assunta und Museo Cristiano

Das Zentrum von Cividale bildet die Piazza del Duomo, an deren rechter Langseite sich der **Dom Santa Maria Assunta (1)** erhebt. Er wurde im wesentlichen im 15. und 16. Jh. errichtet, doch führen uns seine Vorgängerbauten bis in die Zeit der Langobardenherrschaft zurück. Nachdem Patriarch Callixtus von Cormons um 738 hierher übergesiedelt war, ließ er eine dem Ansehen des Patriarchats würdige Kirche errichten: eine Säulenbasilika von der Form, wie man sie aus Ravenna oder auch Grado kennt. Die Kirche musste wegen Brand- und Erdbebenschäden mehrmals erneuert werden. Das jetzige Gebäude begann 1457 der Baumeister Bartolomeo delle Cisterne. Doch der Baustelle war wenig Glück beschieden (bescheidene finanzielle Mittel, Pest von 1466–67, Türkeninvasionen 1479 und 1480, Tod des Baumeisters 1480, Einsturz eines Teils des Mittelschiffgewölbes 1502). So fiel Pietro Lombardo und seinen Söhnen Antonio und Tullio die schwierige Aufgabe zu, ein Projekt zu entwickeln, das möglichst viel von den bereits begonnenen Bauteilen beibehalten, gleichzeitig aber auch den neuen ästhetischen Vorstellungen der Renaissance entsprechen sollte. An der **Fassade** sind die beiden Bauphasen des 15. und 16. Jh. gut ablesbar: Der untere Abschnitt mit den spitzbogigen Portalen und den hochsitzenden Rundfenstern gehört noch dem gotischen Bau des 15. Jh. an. Das mittlere Portal schuf 1467 Jacopo da Venezia. Der obere Abschnitt mit Dreiecksgiebel und Voluten hingegen gehört zum Renaissancebau (die drei Rundbogenfenster mit vorgelegten Halbsäulen wurden erst 1535 hinzugefügt).

Cividale, Dom, Grundriss

A Vesperbild, 1. Hälfte 15. Jh.
B Kirchenfahne von 1536
C »Verkündigung« von Pomponio Amalteo, 1546
D Eingang zur Krypta
E Hochaltar
F Gemälde von Palma d. J., 1606
G Hölzernes Kruzifix
H Altarbild von Sebastiano Secante d. A., 1537
I Grabmal des Patriarchen Nicolò Donato
M Museo Cristiano

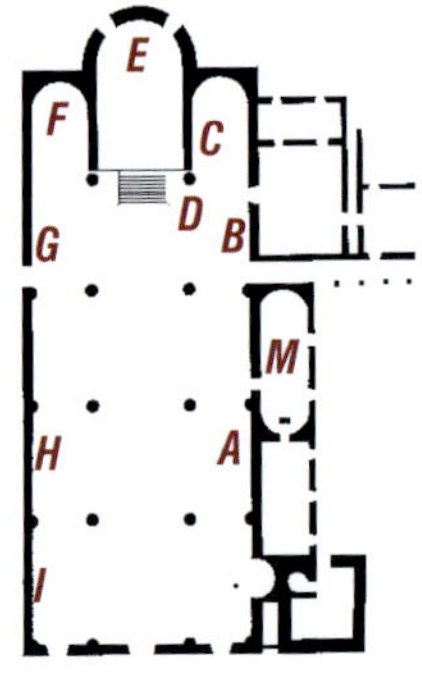

Innenraum

Im Inneren umfängt den Besucher heute ein dreischiffiger Raum, dessen Weite an die gotischen Bettelordenskirchen des Veneto erinnert (etwa Santi Giovanni e Paolo in Venedig), der jedoch ein Renaissancebau ist, und zwar der erste des Friaul. Pietro Lombardo ließ über den alten Pfeilerfundamenten des 15. Jh. statt der ursprünglich vorgesehenen polygonalen Stützen säulenartige Rundpfeiler setzen. Er behielt also den ursprünglichen Grundriss bei. Das Mittelschiff schloss er mit einer Halbtonne, die drei Chorkapellen mit Kuppeln. Die Gewölbe der Seitenschiffe jedoch (in denen bereits die stützenden Vorlagen angelegt waren) führte er in gotischen Kreuzrippengewölben aus, also im Sinne des 15. Jh. Ein Erbe Florentiner Gotik sind die Tondofenster in den Lünetten. Der Gesamteindruck des Dominneren ist wesentlich durch die kühle Zweifarbigkeit geprägt. Ähnlich der Architektur Brunelleschis wird die Raumstruktur betont, indem Stützen, Bögen und Profilierungen in Grau vor hellem Grund erscheinen. Einen Blickfang bildet die Hauptapsis, deren Wand durch flache Pilaster in einzelne Felder unterteilt ist.

Neben der recht gut beleuchteten Chorgruppe wirkt das Langhaus geradezu düster, denn es gibt weder Mittel- noch Seitenschifffenster.

Der Dom von Cividale und die Arkaden des Palazzo Comunale. Das moderne Bronzestandbild (rechts) zeigt Julius Cäsar, der die Stadt unter dem Namen Forum Iulii gründete

Die von Pietro Lombardo geplante große Fensterrose konnte nicht verwirklicht werden. Zu deutlichen Veränderungen und Erneuerungen kam es im 18. Jh. Giorgio Massari, der wohl bedeutendste Vertreter des palladianischen Klassizismus in Venetien, ließ die Mittelschifftonne erneuern, sah Rundfenster vor (die nicht alle realisiert wurden) und entwarf die Barockaltäre (von denen fünf ausgeführt wurden) sowie eine neue Treppe zum Presbyterium. Der Campanile entstand in dem langen Zeitraum zwischen 1631 und 1771.

Ausstattung

An der rechten Langschiffwand steht ein **Vesperbild (A)** aus Sandstein, das in der ersten Hälfte des 15. Jh. im ›weichen Stil‹ vermutlich in Südostdeutschland entstand. Sanfte Gesichtszüge und ein fließendes Gewand kennzeichnen die Madonna, während im Gegensatz dazu der Leib Christi kantig vor die Muttergottes gelegt ist.

Etwas weiter der Rest einer **Kirchenfahne (B)** mit einer gemalten und gestickten »Verkündigung« von Giovanni da Udine, 1536 (MCDLIX). In der rechten **Chorkapelle** folgen eine **»Verkündigung« (C)** von Pomponio Amalteo, 1546, und der Eingang zur **Krypta (D).** Am Altar der Sarkophag des 802 verstorbenen Patriarchen Paulinus.

Im Zentrum des barocken **Hochaltars (E)** steht eine große Silberschmiedearbeit aus der Zeit um 1200. Die Einzelheiten erkennt man am besten auf der großformatigen Fotografie, die an der rechten Chorwand ausgestellt ist. Im mittleren Feld unter Arkaden thront die Muttergottes mit dem Kind auf dem Schoß. Die Erzengel Michael und Gabriel haben sich dem Thron genähert, mit bedeckten Händen Gefäße haltend. Auf den Nebenfeldern sind in drei Reihen 25 namentlich genannte Apostel und Heilige dargestellt. Der Rand besteht aus Rankenwerk und Medaillons, in denen wiederum Apostel erscheinen und außerdem Propheten. Die drei Medaillons über der Muttergottes sind als Deesis gestaltet: Christus mit den fürbittenden Maria und Johannes dem Täufer. Gestiftet wurde diese Silberschmiedearbeit von Pellegrinus II., dem in Cividale gebürtigen Patriarchen von Aquileia. Er erscheint kniend, in bittender Haltung unter den Füßen der Madonna. Die Inschrift lautet: PELLEGRINUS PATRIARCHA – MATER DEI MISERERE MEI (›Pellegrinus Patriarch – Erbarme Dich meiner, Muttergottes‹). Pellegrinus erscheint in einem rechteckigen Feld, denn er ist hier der einzige Nichtheilige und daher nicht durch die Glorie ausgezeichnet. So ist wohl nicht richtig, wenn man in dem Medaillon rechts von Johannes dem Täufer Kaiser Heinrich VI. sehen will, den Förderer des Patriarchats von Aquileia und Freund des Stifters.

Diese kostbare, in Silber getriebene und feuervergoldete Arbeit war ursprünglich ein Antependium, war also vor einer Altarmensa angebracht. Man sucht die Meister dieses bedeutenden Werkes unter Friulaner Goldschmieden, die venezianische und byzantinische Vorbilder vor Augen hatten (Mutinelli), diese jedoch in einen kraftvolleren und massigeren, nunmehr romanischen Stil umsetzten. Das Astkreuz ist eine getreue Kopie nach dem Original, das zur Silberplatte gehört und jetzt über dem neuen Altar hängt.

An den Seitenwänden der linken Chorkapelle Gemälde von Palma d. J., 1606: **»Letztes Abendmahl« und »Steinigung des hl. Stephanus« (F).** Marmoraltar und Ziborium stammen aus dem 16. Jh.

Bemerkenswert an der linken Langschiffwand ist das hölzerne **Kruzifix (G),** wohl aus der ersten Hälfte des 13. Jh. Der Moment nach dem Eintreten des Todes ist hier festgehalten: Der Körper scheint vor unseren Augen zusammenzusacken, der Kopf zur Seite zu sinken. Über dem reliefhaften, in sanft fließendem Schwung gebildeten Körper sitzt das zur Seite geneigte – wie üblich vollplastisch gebildete – Haupt. Im Gegensatz zu der plastischen Durchbildung des Körpers steht die grafisch-lineare Zeichnung der Rippen und des Lendentuches. Einen anderen Kontrast zum Massigen des Rumpfes bilden die überlängten, dürren Gliedmaßen: Nicht nur die starke Stilisierung zeichnet dieses überlebensgroße Kruzifix aus, sondern auch sein expressiv-herber Realismus, der sich außer in den Armen und Beinen besonders in den Gesichtszügen zeigt. Der zugleich verhaltene und expressive Ausdruck erinnert an die romanischen Holzkruzifixe nördlich der Alpen, doch eine Zuordnung zu deutschen Bildhauern lässt sich ebenso wenig fassen wie zu französischen oder italienischen (etwa aus dem Umkreis Antelamis).

Das **Altarbild (H)** von Sebastiano Secante d. A. zeigt »Die Heiligen Josef, Rochus und Sebastian mit dem Jesuskind«, 1537. Das **Grabmal (I)** des Patriarchen Nicolò Donato (gest. 1497) vom lombardischen Bildhauer Giovanni Antonio da Carona, 1513–15, ist das einzige von einst acht Patriarchengrabmälern, das in Cividale erhalten blieb.

Museo Cristiano del Duomo

Tel. 04 32 73 04 03 Frühling und Sommer Mi–So (sonst nur Sa/So) 10–13 und 15–18 Uhr; außerhalb dieser Öffnungszeiten Besuch für Gruppen und Kleingruppen ab 5 Pers. n. V.

Museo Cristiano (M)

Verlässt man den Dom und begibt sich links (beim Blick auf die Fassade: rechts) in die kleine Via Candotti, ist auf Hausnummer 1a der Eingang zum Museo Cristiano, in dem auch der Kirchenschatz gezeigt wird.

Das oktogonale **Taufbecken** wurde von Callixtus, dem ersten in Cividale residierenden Patriarchen von Aquileia (737–56), in Auftrag gegeben. Am oberen Rande befindet sich eine ringsum laufende Widmungsschrift. Das Becken befand sich einst in einer Taufkirche vor

Das Taufbecken des Callixtus im Museo Cristiano von Cividale. Ursprünglich stand das Taufbecken im ebenfalls unter Callixtus erbauten Baptisterium, das zum Vorgängerbau des Domes gehörte und dessen achteckige Grundmauern 1906 im Bereich der heutigen Domfassade entdeckt wurden

dem heutigen Campanile, wurde dann in den Dom versetzt und schließlich für Jahrhunderte in einer Seitenkapelle aufbewahrt, ein für die Zeit ganz ungewöhnlicher Umgang mit historischen Stücken.

Das erst 1940 neu zusammengesetzte, innen gestufte Becken trägt einen Aufsatz in Form eines Ziboriums. Als oberen Abschluss muss man sich ein pyramidenförmiges Dach vorstellen. Die acht Säulchen mit den korinthischen Kapitellen sind aus griechischem Marmor. Leider wissen wir nicht, ob sie aus der Spätantike stammen oder nach antiken Vorbildern neu gearbeitet wurden. Genauere Betrachtung verdient die Dekoration der Bögen und der Zwickel: Ranken mit Trauben und Weinblättern, Perlstäbe, Flechtwerk, Palmblätter und paarweise angeordnete Tiergestalten (Pfauen, Löwen, Hirsche, Lämmer, Seeungeheuer und Mischwesen). Obschon extrem flach gearbeitet, liegt ihnen dennoch eine genaue Naturbeobachtung zugrunde. Eine solche Verbindung von rein ornamentalen (oft dem spätantiken Formenrepertoire entnommenen) und mehr oder weniger naturalistisch aufgefassten pflanzlichen oder tierischen Motiven (nach ravennatischen Vorbildern) ist charakteristisch für die ›liutprandische Renaissance‹. Unverkennbar ist, dass die Künstler nach einer dichten, symmetrisch-ausgewogenen Flächenfüllung streben.

Einem ganz anderen Stil gehören die beiden Reliefplatten am unteren Beckenrand an. Auf der **Sigwaldplatte** (rechts) sehen wir eine befremdend anmutende Darstellung der vier himmlischen Wesen der Apokalypse. Sie erscheinen in Rankenbändern, die sich zur Ziffer 8 gewunden haben. Ausgerichtet sind sie auf das Kreuz (oben) und den Lebensbaum (unten). Das Kreuz wird umgeben von Palmetten, Rosetten und Kandelabern, der Lebensbaum von Greifen und Vögeln, wobei zwei der Blätter in Löwenköpfen enden. Hier herrscht eine äußerst vereinfachte, stark ornamentale Darstellungsweise vor,

Sigwaldplatte vom Taufbecken des Callixtus

die ihre motivische und stilistische Anregung in orientalisch-sassanidischer Kunst fand. Diese Reliefplatte entstand erst unter dem Nachfolger des Callixtus, Patriarch Sigwald (756–86). Die Inschrift besagt, dass Sigwald die Platte Johannes dem Täufer ›wiedergab‹ – wohl nach einer Beschädigung: HOC TIBI RESTITVIT SIGVALD BAPTESTA JOHANNES. Die vier kürzelhaft mit Unterkörpern als Voluten dargestellten apokalyptischen Wesen sind als Evangelistensymbole aufgefasst. Darauf weisen die von ihnen gehaltenen Schrifttafeln eigens hin (Distychen aus dem »Carmen Paschale« des Sedulius Caelius, 5. Jh.). So liest man auf der Tafel beim Adler oben links: »Johannes, der wie ein Adler fliegt, wendet sich mit dem Wort zu den Sternen«.

Nur fragmentarisch erhalten blieb das zweite Relief, die **Paulinusplatte** (links). Benannt ist sie nach dem Patriarchen Paulinus, in dessen Amtszeit (787–802) während der Karolingerherrschaft sie wegen ihres Stils datiert wird. Noch stärker betont sind hier die geometrische Flächenaufteilung und die Dichte der Komposition. Das Fragment zeigt den geflügelten Stier und den Adler (ebenfalls mit Versen aus dem »Carmen Paschale«) sowie Teile des Lebensbaumes. Wegen ihrer gleichen Thematik ist es kaum denkbar, dass beide Platten ursprünglich zugleich zum Taufbecken gehörten. Die Paulinusplatte ist beidseitig bearbeitet. Von der wahrscheinlich schon im 7. Jh. bearbeiteten Rückseite (u. a. mit Schlangen) wurde an der Eingangswand des Museums ein Gipsabguss ausgestellt.

Hochberühmt ist der **Ratchis-Altar,** laut Inschrift vom Langobardenherzog Ratchis im Andenken an seinen Vater Pemmo für eine Kirche San Giovanni gestiftet. Der Altar dürfte zwischen 737 und 744 entstanden sein, bevor Ratchis in Pavia zum König gewählt wurde. Die Vorderseite zeigt die »Himmelfahrt Christi«: Vier Engel tragen den in einer Palmblätter-Mandorla thronenden, von zwei Cherubim begleiteten Christus zum Himmel. Die Hand Gottes weist auf das Haupt Christi. Die linke Seite zeigt die »Heimsuchung«: die Begegnung zwischen Elisabeth und Maria (mit Kreuzeszeichen auf der Stirn), die sich umarmen. Auf der rechten Seite die »Anbetung der Könige«: Ein Engel zeigt auf das Christuskind, das auf dem Schoß der thronenden Muttergottes sitzt. Schwer deutbar ist die kleine Gestalt hinter ihr: Ist es Joseph oder eine Dienerin oder der Prophet Balaam, der auf den Stern von Bethlehem hinwies? Die Nische auf der Rückseite dient dem Aufbewahren von Reliquien.

Ausgeprägt ist der *horror vacui,* die Furcht vor der Leere: Jede Fläche wird ausgefüllt – ob thematisch motiviert oder nicht: mit Sternen, Blüten, Bögen, Akanthusblättern, Palmetten etc. Sicherlich von der Holzschnitzkunst angeregt sind die parallel verlaufenden Linien, die gerne löffelförmig enden und wie Einkerbungen im Holz wirken. Sie erscheinen als Falten, als Gefieder oder als Haare. Eine gewisse stilistische Verwandtschaft besteht zur Sigwaldplatte. Hier wie dort fallen die merkwürdigen birnenförmigen Kopfformen auf. Die Reliefs, die heute noch Farbspuren tragen, muss man sich stark farbig bemalt vorstellen. Wie bei Goldschmiedearbeiten waren zudem die

Langobardische Reliefs

In den langobardischen Reliefs verbindet sich eine dekorative Flächenfüllung mit einer naiven Sicht des Gegenständlichen und einem starken Willen zum Expressiven. Wie sehr Naivität und Ausdruckskraft über die rationale Wirklichkeitserfassung dominieren, zeigt der freie Umgang mit den menschlichen Proportionen. Überlängt sind die Arme der Engel in der Maiestas Domini am Ratchis-Altar, groß die Hände, auffallend klein dagegen die Füße. Unbekümmert weichen die Säulen in der »Heimsuchung« von der Vertikalen ab.

Ratchis-Altar mit der Himmelfahrt Christi. In dieser frühen Form geht die Himmelfahrt-Darstellung auf spätantike Apotheose-Darstellungen auf Sarkophagen zurück, bei denen das Bildnis des Verstorbenen in einem Clipeus von Genien getragen wird

Augenhöhlen, Borten und das Gefieder der Engelsflügel mit Edelsteinen besetzt.

Dieser Altar zählt ebenso wie das Taufbecken oder die Sigwaldplatte zu den charakteristischen Werken der frühmittelalterlichen Kultur, in der sich Stileinflüsse aus Spätantike, Byzanz (bzw. Ravenna) und dem Orient verbinden. Byzantinisch sind vor allem die Themenauffassung und ihre bildliche Anordnung. Obwohl im Auftrage eines Langobardenherzogs entstanden, kann man dieses Werk nur unter Vorbehalt als ›langobardisch‹ bezeichnen. Der Ratchis-Altar ist ein ausgeprägtes Beispiel für die Umsetzung einer hochentwickelten Kunst in eine volkstümlichere Variante, wie sie nicht nur im Herrschaftsbereich der Langobarden, sondern auch in anderen Gebieten Europas zu finden ist. Zur byzantinischen Hofkunst verhält sich ein solches Werk wie das *volgare* zum klassischen Latein. Zweitrangig ist dabei die Frage nach der mehr oder weniger zufälligen nationalen Zugehörigkeit der Werksleute.

Die **Fresken** an den Wänden aus dem 11.–14. Jh. stammen aus dem Tempietto Longobardo. Gleich rechts vom Eingang in den Kassenraum finden sich in einem alten Panzerschrank Faksimileausgaben der beiden berühmtesten Handschriften Cividales, des Egbertpsalters aus dem 10. Jh. und des sogenannten Gebetbuchs der heiligen Elisabeth (um 1200); die Originale werden aus konservatorischen Gründen nicht mehr gezeigt.

Im nächsten Raum fällt der Blick auf den aus dem Dom stammenden **Bischofsthron.** Er war für den in Cividale residierenden Patriarchen von Aquileia bestimmt und wurde wahrscheinlich bereits im 11. Jh. unter Verwendung älterer Teile zusammengesetzt. In den Vitrinen sind wertvolle Stücke des Domschatzes ausgestellt. Besonders verwiesen sei auf einen kleinen vergoldeten Silberkelch in der ersten Vitrine, mit wunderbar gearbeiteten Figuren an den kleinen Henkeln aus dem frühen 11. Jh. In der zweiten Vitrine finden sich wertvolle Reliquienbehälter: aus der Zeit um 800 der älteste mit Kreuz, darunter ein später eingesetztes Oval und seitlich Heiligendarstellungen. Auf der Rückseite eine »Geburt Christi« und darüber eine segnende Figur, auf den Seiten vier Heilige. Trotz der etwas primitiven Figurendarstellungen hat das Ganze eine elegante Wirkung, die einen spätantiken Einfluss deutlich macht. Etwa 100 Jahre jünger ist der kleine Schrein daneben, reich mit Kameen und Glasschmelzarbeiten besetzt. 12 Figuren sind dargestellt: Christus, Maria, die Heiligen Petrus und Paulus sowie wahrscheinlich weitere Apostel. Hier ist ein byzantinischer Einfluss unverkennbar, trotz des wieder stark stilisierenden Figurenstils.

In der vierten Vitrine das Zeremonialschwert des Marquardt von Randeck, das beim traditionellen Einzug des Patriarchen nach Cividale am 6. Januar und in der zugehörigen Schwertmesse noch immer zum Einsatz kommt. Trotz der auf Marquardt verweisenden Inschrift handelt es sich um eine Kopie des 15. Jh, das Original war wohl verloren gegangen.

Im ersten Stock sind einige Bilder aus dem Besitz des Domes ausgestellt, unter denen das Altarbild von Pordenone »Noli me tangere« das mit Abstand bedeutendste Stück ist. Es stammt aus dem Jahr 1539, dem Todesjahr Pordenones. Herausragend ist vor allem die Darstellung der Landschaft im Hintergrund der sehr bewegt gegebenen Figuren. Märchenhaft die Darstellung der wachenden Engel in einer Grabhöhle mit einem sauber zurechtgemachten Bett. Im vierten Raum Paramente aus dem 14. bis 19. Jh., darunter die sogenannte Mitra di San Paolino, reich bestickt mit Gold und Edelsteinen, aus dem 14. Jh.

Museo Archeologico Nazionale

An der Piazza del Duomo kreuzten sich in römischer Zeit der Decumanus maximus und der Cardo maximus, an dieser Stelle befand sich also das Forum. Über die Jahrhunderte hinweg hat sich diese Piazza als Zentrum Cividales behauptet. An ihrer östlichen Schmalseite, wo heute der **Palazzo dei Provveditori,** der Sitz des **Museo Archeologico Nazionale (2),** steht, muss man sich die von den Avaren zerstörte römische Basilika vorstellen. Später stand hier der Palast des Patriarchen Callixtus. Nachdem dieser durch ein Erdbeben 1511 zerstört worden war, ließ die Serenissima dort bis 1559 den Palast ihres ständigen Vertreters in Cividale zu errichten. Dieser war ein *rettore* (kein *provveditore* wie in größeren Städten). Daher müsste der Palast eigentlich **Palazzo dei Rettori** heißen (und nicht Palazzo dei Provveditori, wie er meist genannt wird). Als venezianischer Staatsarchitekt hat Andrea Palladio ihn entworfen und – so berichtete Vasari – reiste dazu eigens nach Cividale. Der Grundstein wurde 1565 gelegt; erst 1596, 16 Jahre nach Palladios Tod, wurden die Arbeiten abgeschlossen. In Anlehnung an einen schon früher in Vicenza entwickelten Palasttypus entwarf Palladio eine zweistöckige Front mit neun schma-

Museo Archeologico Nazionale (Palazzo dei Rettori)

Piazza Duomo, 1, Mo 9–14, Di–So/Fei 8.30–19.30 Uhr

Palazzo dei Rettori in Cividale, entworfen von Palladio. Die Bossierung der Arkadenpfeiler evoziert das Felsgestein, auf dem Cividale erbaut wurde, und gibt dem Palast sein ›Lokalkolorit‹. Zusammen mit den ebenfalls dunkler gehaltenen Gesimsen und Kämpfern, den Sockeln und Kapitellen der Pilaster entsteht so ein kontrastreiches und vielfältiges Gesamtbild. Dieser Eindruck ist allerdings durch die barocke Gestaltung der inneren Portikuswand beeinträchtigt worden

len, offenen Arkaden im Erdgeschoss und den entsprechenden, von Pilastern gegliederten Achsen im Obergeschoss. Die optische Verbindung der beiden Geschosse schafft das Wiederaufgreifen der Arkadenbögen in den drei zentralen Fenstern im ersten Stock. Diese sind eine Referenz an den venezianischen Palasttypus und werden durch Einsatz der Plattenrustika zusätzlich von den Seitenteilen abgehoben. Mit der offenen Loggia schuf Palladio eine Verbindung zwischen zwei Straßen, die seitlich auf den Palast zuliefen, wodurch ein durchgehender Straßenzug entstand. Heute ist diese städtebauliche Situtation durch die Erweiterung des Doms nicht mehr deutlich.

Beginn des Rundgangs

Unser Rundgang durch das Museum beginnt im **zweiten Geschoss,** das die **Kultur der Langobarden** in Cividale und anderen Orten des Herzogtums dokumentiert. Die Gebrauchsgegenstände, Schmuckstücke und Waffen stammen aus langobardischen Gräbern aus der Umgebung von Cividale und dem übrigen Friaul.

Im großen **Mittelsaal** (eine *sala del portego* nach venezianischem Typus) finden sich an der Schmalwand **Bronzefunde** aus Zuglio (dem antiken Iulium Carnicum). Der große Clipeus (Durchmesser 1,84 m) aus dem 1. Jh. n. Chr. gehörte wahrscheinlich zu einem Gebäude des Forums. Der Bronzekopf wird sehr unterschiedlich vom 1. Jh. v. Chr. bis ins 4. Jh. nach Chr. datiert, wobei neueste Forschung zur Datierung in die spätrepublikanische Zeit (1. Jh. v. Chr.) tendiert. Er stellt wahrscheinlich weder Kaiser Trajan noch Kaiser Konstantin dar (wie man früher annahm), sondern eine lokale Persönlichkeit von Rang, etwa den Duovir Gaius Bebius Atticus, dem die ausgestellte Bronzetafel gewidmet ist.

An den Wänden veranschaulichen Karten den Wanderweg der Langobarden, die langobardischen Zentren in Italien, die Fundorte langobardischer Zeugnisse im Friaul und schließlich einen schematischen Plan von Cividale mit den wichtigsten Grabfeldern im direkten Umkreis. In der Mitte des Raumes sind zwei exemplarische Gräber des 6. Jh. ausgestellt. Hier treten bereits die meisten typischen **Grabbeigaben** auf. Dabei handelt es sich nicht immer um Gebrauchsgegenstände, vieles wurde auch speziell für die Beerdigungszeremonie hergestellt, so auch die ausgerechnet hier fehlenden, aber oft gefundenen sehr dünnen Goldkreuze, die auf das Totengewand aufgenäht waren. Die Grabbeigaben gehörten immer der Oberschicht an, weshalb hier kein Einblick in die Altagswelt der Langobarden geboten wird, sondern höchstens ein enger Ausschnitt aus der Welt der Oberschicht.

Im Damengrab findet man die typischen Fibeln in S-Form mit Glasschmelz, die das Gewand zusammenhielten, sowie ganz andersartige Fibeln, die an langen Lederschnüren am Gürtel hingen. Sie sind in der ganzen Germanischen Welt verbreitet und haben bei langobardischen Stücken immer einen halbrunden Abschluss. An der anderen Seite findet sich immer ein reptilienähnlicher Kopf. Diese Fibeln waren wohl Schmuck, Statussymbol und Talisman. Oft findet man Kämme, Haarnadeln und Scheren, dazu Gürtelschnallen und manchmal Reste des Totengewandes. Der freie Mann war ein wehrhafter Krieger, darum dominieren hier die Waffen: das lange Schwert, Pfeil oder Lanzenspitzen, darunter der Rest der langen Barde, die dem Volk den Namen gab. Vornehme Krieger ritten zu Pferd, das, wie hier ausgestellt, manchmal sogar mit ins Grab gegeben wurde. So finden sich auch Gebissstück und allerlei Schnallen vom Zaumzeug, manchmal sogar Sporen. Immer wieder findet man die wie zu kleine Helme aussehenden Schildbuckel mit Griff, auf die mit Knöpfen ein lederner Schild montiert war. Die wertvollsten, vergoldeten Stücke haben sich besonders gut erhalten.

Saal 1

Der chronologisch geordnete Rundgang beginnt rechts mit den ältesten Gräbern. Saal 1 zeigt **Grabbeigaben der ältesten Nekropolen von Cividale,** aus der Zeit, kurz nachdem die Langobarden die Alpen überquert und sich hier niedergelassen hatten. Diese ältesten Gräber hat man im Vorort San Giovanni (nordöstlich von Cividale) gefunden, wo bis ca. 630 bestattet wurde (Vitrine 6 und 7, sowie Vitrinen in der Mitte des Raumes). Danach wurde die Nekropole von Cella benutzt. Zum Verständnis der Funktion der einzelnen Gegenstände ist ein Blick auf die Transparente über den Vitrinen hilfreich. In den ersten beiden Sälen beschränken sich unsere Hinweise auf die Vitrinen an den Wänden, beginnend mit der ersten Vitrine rechts vom Eingang.

Vitrine 1: Armreife und Haarnadeln aus den frühesten Gräbern des 6. Jh. Die meisten Stücke sind römisch und belegen die Kontinuität der Grabstätten.

Vitrine 2: Grab eines berittenen Kriegers um 600. Ungewöhnlichstes Stück ist eine Gürtelschnalle mit spiegelverkehrter Inschrift SABASTANE. Besonders schön ist eine Goldscheibe mit wilder Ornamentik im Rand und einem bewaffneten Reiter in der Mitte.

Vitrine 5: Das hier ausgestellte Hermiarium ist das einzige Beispiel eines medizinischen Gerätes der Zeit.

Vitrine 6: Grabbeigaben der Nekropole San Giovanni, in der auch einheimische Bevölkerung bestattet wurde. Zwei Münzen tragen das Bildnis des byzantinischen Kaisers Justinian I. Es sind keine echten byzantinischen Prägungen, sondern langobardische Imitationen.

Vitrine 7 (gegenüberliegende Wand): Weitere Grabbeigaben aus der Nekropole San Giovanni. Bemerkenswert ist die Fibel in Form einer Silberscheibe mit dem Bildnis der Lucilla, der Gemahlin des römischen Kaisers Lucius Verus. Es ist die langobardische Imitation einer römischen Münze aus dem Jahre 189 n. Chr.

Vitrine 8: Byzantinische Münzen und langobardische Imitationen. Münze 10 ist eine Imitation der originalen byzantinischen Münze 9. Erst unter König Aripert gab es langobardische Münzen im eigentlichen Sinne. Nach einem unter König Rothari erlassenen Gesetz wurde Münzfälschung mit dem Abschlagen einer Hand bestraft.

Vitrine 9: Vorwiegend langobardische Münzimitationen, die oft als Halsschmuck verwendet wurden. Bemerkenswert ist eine unter Kunibert geprägte Münze mit dem Bild des Erzengels Michael. Die Langobarden ersetzten das traditionelle Kaiserbildnis durch die Gestalt ihres kämpferischen Schutzpatrons.

Vitrine 10: Grab eines Kriegers, der gleichzeitig das Handwerk des Goldschmieds ausübte. Man fand in diesem Grab Instrumente für die Metallverarbeitung.

Saal 2

Saal 2 zeigt **Metallgegenstände und Keramik.**

Vitrine 1: Funde aus einem Kriegergrab der Nekropole San Gallo, zweite Hälfte des 6. Jh. Selten finden sich in langobardischen Gräbern keramische Gefäße (mit Stempeldruck) oder Gläser. Die Glasgefäße waren immer römischen Ursprungs.

Vitrine 2: Die Bronzebecken kamen aus koptischen Werkstätten in Alexandria (Ägypten). Sie gelangten über verschiedene Handelsstützpunkte nach Ravenna, von dort in das Langobardenreich und weiter bis in das Gebiet von Kent; es kann sich aber auch um lokale Kopien handeln.

Vitrine 3: Angriffswaffen. Die Langobarden kannten ein zweischneidiges Schwert *(spatha)*. Es wurde durch die Technik des Damaszierens widerstandsfähiger.

Vitrine 4: Die typische Waffe des Berittenen war die *scramasax:* ein Langdolch. Schwert und Dolch wurden in einem oft dekorierten Futteral aus Leder oder Holz getragen. Verbreitet war die Lanze (mit Spitze auf Holzstab aufgesteckt).

Vitrine 5: Verteidigungswaffen. Die Schilde hatten eine Art Nabel aus Eisen im Zentrum. Helme und Panzer waren selten, sie waren den Rittern von hohem Rang vorbehalten.

Vitrine 6: Das Pferd. Schmuck des Zaumzeugs und Trensen.

Vitrine 7: Am Gürtel des Ritters hingen silberne Schmuckstücke, die von der byzantinischen Mode inspiriert waren.

Saal 3

Saal 3 präsentiert in den ersten fünf Vitrinen **Fundstücke** aus zwei großen, besonders reich ausgestatteten **Gräbern der Nekropole San Gallo,** und zwar aus denen eines Kriegers und einer Frau. Paulus Diaconus hat die Kleidung der Langobarden beschrieben: Sie war weit geschnitten und bestand aus Leinen mit Bändern verschiedener Farbe. Die Schuhe waren unten offen und wurden mit Lederriemen zusammengehalten. Später kamen Gamaschen und Stiefel in Gebrauch. Die Krieger übernahmen von den Römern das Tragen von Stoffschuhen und die um die Beine gewickelten Binden.

Vitrine 1 (links vom Eingang): Grab eines Kriegers der Nekropole San Gallo, mit Spielsteinen aus Elfenbein und Knochen. Anfang 7. Jh.

Vitrine 2: Auffallend ein besonders kostbar verzierter Schildbuckel mit vergoldeten und deshalb gut erhaltenen Teilen.

Vitrine 3: In der vom Gürtel herabhängenden Tasche bewahrte die Frau Gebrauchsgegenstände und Schmuckstücke auf, darunter die Kette mit Goldscheiben und die übliche Fibel in vergoldetem Silber. Ein Knochen wurde als Aufbewahrungsbehälter benutzt. Auffallend sind zwei Ketten mit bunten Glasschmelzperlen.

Vitrine 4: Zum Weben benutzte die Frau eine Art Schwert, das Webschwert. Die Muscheln waren Amulette als Fruchtbarkeitssymbole.

Vitrine 5: Aberglaube und Amulette. Wie viele Völker glaubten auch die Langobarden an die apotropäische (Übel abweisende) Wirkung von Bernstein, Bergkristall und anderen kostbaren Materialien.

Saal 4

Saal 4 zeigt den **angeblichen Sarkophag des ersten Langobardenherzogs von Cividale, Gisulf I.,** der 1874 unter der Piazza Paolo Diacono ausgegraben wurde. Der Steinsarkophag hat die Form eines

Leere Gräber

Um die Krieger zu ehren, die fern von ihrer Heimat starben, gab es auch Gräber ohne Toten (Kenotaphe). Auf diese leeren Gräber wurde – auf einer Stange – eine Holztaube gesetzt. Als Symbol der Überbrückung von Entfernungen war sie in die Richtung des Ortes gewandt, an dem der Krieger verstorben war. Nach dieser Stange (ital. pertica) heißt noch heute eine Ortschaft bei Cividale San Stefano in Pertica. Hier entdeckte man tatsächlich eine ausgedehnte langobardische Nekropole, in der besonders wertvolle Grabbeigaben gefunden wurden.

Hauses. Auf dem rechten Dach in der Mitte die Inschrift CISUL (die jedoch als nicht authentisch angezweifelt wird). Die Vitrine zeigt die Grabbeigaben, darunter das kostbare Goldkreuz: eine Treibarbeit aus Goldblech mit acht gleichen, birnenförmigen Köpfen, besetzt mit neun Edelsteinen (ein Granat, vier Lapislazulisteine, vier Aquamarine). Beachtenswert auch die viereckige, gerahmte Reliquienkapsel mit der Darstellung einer Taube in Zellenschmelz (man fand in ihr Zähne und Knochenreste), der goldverzierte Buckel eines Paradeschildes, der Goldring mit einer Münze des Kaisers Tiberius, eine Glasflasche, die beim Fund noch das Votivwasser enthielt. Außerdem fand man Sporen sowie die Reste des Brokatgewandes und der Lederschuhe.

Säle 5 und 6

Die **Grabbeigaben der Nekropole von San Stefano in Pertica** stammen aus der Zeit von 550 bis 650: Das traditionelle langobardische Kunsthandwerk wurde jetzt bereits durch verfeinerte byzantinische Techniken und bildliche Darstellungen bereichert. Auffallend in den ersten Vitrinen die Goldfäden des Totengewandes, die zum Teil sogar die Form der Bordüre behalten haben. Ein Kreuz in der vierten Vitrine (Tomba 11) zeigt im Zentrum einen Hirsch, der aus einem Gefäß trinkt. Er gilt als Symbol eines orthodoxen Christen, der sich vom arianischen Glauben abgekehrt hat. Ein weiteres Kreuz mit einem Hirsch in der Vitrine 7. Ein anderes Kreuz (Vitrine 5) bildet einen Frauenkopf ab, der sich (allerdings nur bei sehr genauem Hinsehen) als Darstellung einer Orantin erweist. Neben dem Kopf lassen sich tatsächlich die erhobenen Hände erkennen. In der Vitrine 9 eine große Silberfibel aus der Nekropole von San Stefano in Pertica. Sie gilt als ein »Unicum im ersten germanischen Tierstil«, Ende 6./Anfang 7. Jh. In der ersten Vitrine an der Fensterwand zwei besonders kostbare, mit Edelsteinen und Grubenschmelz besetzte Fibeln.

Im hinteren Teil des Saales (und im anschließenden **Saal 6**) werden **Funde der langobardischen Garnisonslager** an den Straßen nach Aquileia, Oderzo und zur königlichen Residenzstadt Pavia präsentiert. In diesen Nekropolen (u. a. bei Romans d'Isonzo) wurden gleichzeitig alteingesessene Römer und Langobarden bestattet. In der Vitrine 8 ein großes Bronzekreuz (um 800) aus dem Castrum von Invillino bei Tolmezzo.

Saal 7

In den ersten beiden Vitrinen **Stücke einer romanisierten Bevölkerung bei Belluno** (um 600), darunter einfache Bronzefibeln. In den Vitrinen 3, 4 und 5 eine Sammlung von **Münzen,** die die gesamte Entwicklung in langobardischer Zeit wiedergeben: von der dekorativen Funktion in Ketten über nachgemachte, byzantinische Münzen bis zu den wirklich langobardischen Münzen seit Kunibert (688–700).

Ein bedeutendes Stück, das aber zurzeit durch die Sammlungen wandert, und dessen Aufbewahrung unsicher ist, stellt die stilistisch bereits zur karolingischen Kunst gehörende **Pax des Herzogs Ursus** dar. Sie war ursprünglich wohl ein Buchdeckel, wurde dann in eine Pax umgewandelt, die während religiöser Feiern den Gläubigen zum Kuss gereicht wurde. Die geschnitzte Elfenbeintafel zeigt die Kreuzigung mit Sol und Luna. Zweimal erscheint der Name des Auftraggebers: URSUS DUX FIERI FECIT. Es handelt sich wahrscheinlich um Herzog Ursus von Céneda (Stadtteil des heutigen Vittorio Veneto).

Pax des Herzogs Ursus

Erdgeschoss

Im Erdgeschoss befindet sich das **Lapidarium.** Eingangshalle: Reste eines zweifarbigen **römischen Mosaikfußbodens** (Nr. 2), 2. Jh. n. Chr. Aus derselben Zeit rechts (Nr. 14) ein Mosaikfußboden der römischen Thermen mit dem perspektivisch dargestellten Kopf des Gottes Oceanus. Überrest eines weiteren mehrfarbigen Mosaikfußbodens (Nr. 16), 1. Jh. n. Chr.

Man überquert rechter Hand den schmalen Korridor und gelangt rechts in Saal 4: An Wand B: Schrankenplatte mit Christogramm und zwei Kreuzen (Nr. 25) aus der Basilika Santa Maria Assunta, 6. Jh. n. Chr. Im folgenden Saal 5 an Wand C eine weitere Platte aus derselben Basilika mit Flechtwerk und pickenden Vögeln (Nr. 21), erste Hälfte des 9. Jh. Rückwand eines Bischofsstuhls mit einem von Rosetten, Lilien und einem Dekorband umrahmten Kreuz (Nr. 25), frühes 8. Jh. In Saal 6 Arbeiten aus dem 12. und 13. Jh. Neben dem Fenster eine Steinplatte mit Darstellung einer Sirene, wohl aus dem 12. oder 13. Jh.

Zurück im **Korridor** beachte man rechts neben dem Ausgang das Steinrelief mit einer Madonna vom Typus Hodegetria (Nr. 43), entstanden zwischen dem 12. und 14. Jh.

An der Piazza del Duomo

Der **Palazzo de' Nordis (3)** gegenüber der linken Domflanke entstand im 16. oder frühen 17. Jh. Verunstaltende Restaurierungen erfolgten 1947. Der Palast soll in der Zukunft als Museum mittelalterlicher und neuzeitlicher Kunst genutzt werden. Wir geben Hinweise zu den wichtigsten Werken.

Das große silberne Prozessionskreuz aus dem Kloster Santa Maria in Valle geht auf das 9. oder 10. Jh. zurück. Der sogenannte ›Schleier‹ der sel. Benvenuta Boiani ist eine Stickerei auf dünnem Leinen, wohl eine aus Ländern nördlich der Alpen importierte Arbeit des späten 14. Jh. Wegen des großen Formats (4,76 x 1,48 m) kann es sich nicht um ein Antependium handeln. Wahrscheinlich hing das Tuch über der Altarmensa, ersetzte also ein Altarbild. Nach der Legende hat die sel. Benvenuta Boiani, Vorsteherin des Domenikanerinnenklosters

Ottonische Buchmalerei

Unter den etwa 150 im Museum des Palazzo de' Nordis verwahrten Codices aus der Dombibliothek findet sich ein mit Miniaturen versehenes Psalterium für den Erzbischof Egbert von Trier (977–993), ein wichtiges Werk ottonischer Buchmalerei. Das sog. Gebetbuch der hl. Elisabeth (ebenfalls mit Miniaturen, s. S. 36) wurde für den Landgrafen Hermann von Thüringen (1190–1217) gefertigt.

Santa Maria in Cella (1254–96), den ›Schleier‹ mit Hilfe von Engeln in einer Mondnacht selbst gestickt.

Die beiden farbig gefassten Skulpturen Maria und Johannes waren Assistenzfiguren eines nicht erhaltenen Kruzifixes. Sie standen auf dem Chorbalken des Tempietto Longobardo. Anscheinend sind sie Mitte des 13. Jh. im Friaul unter dem Einfluss der Kunst des Antelami entstanden, doch ist die Zuordnung zu einer Bildhauerschule äußerst schwierig. Ein dreigeteilter Schnitzaltar in Form einer Tempelfront stammt von den Brüdern Francesco und Pietro Floreani, 1538.

Das Altar-Triptychon von Pellegrino da San Daniele entstand zwischen 1525 und 1529 unter Mitarbeit von Sebastiano Florigerio. Dargestellt sind die thronende Muttergottes und Heilige, darunter der hl. Donatus, der ein Stadtmodell von Cividale hält. Von Giovanni Antonio da Pordenone besitzt das Museum ein spätes Altarblatt mit dem Thema *Noli me tangere* (1539).

An der Piazza del Duomo, Ecke Largo Boiani/Via Porta D'Aquileia steht auch der **Palazzo Comunale (4),** der bei der Restaurierung 1936 wieder die Gestalt erhielt, die er im 15. Jh. hatte. Gegründet wurde er jedoch schon im 14. Jh. als Zeichen der wirtschaftlichen Bedeutung des mittelalterlichen Cividale. 1968–72 erhielt der auf mittelalterliche Weise noch völlig ungegliederte Palazzo mit seinen spitzbogigen Arkaden einen modernen Anbau.

Vor dem Palazzo steht heute eine Statue Caesars, des Gründers des Forum Iulii. Direkt neben dem Rathaus schließt der **Palazzo Attimis Minissini** aus dem 16. Jh. an (mehrfach restauriert), gegenüber besitzt der **Palazzo Boiani Meroi** im Stil der Renaissance einen von kleinen Köpfen verzierten Balkon.

Tempietto Longobardo und Monastero Maggiore

Über die Via G. B. Candotti rechts vom Dom und dann weiter die Via Monastero Maggiore entlang führt der Weg zum **Monastero Maggiore.** Bei diesem großen Klosterkomplex handelt es sich wohl um eine königliche Stiftung des 8. Jh. Durch ein Renaissanceportal von den Brüdern Astori di Dossena, 1521, blickt man auf den barock-geschweiften Narthex der Kirche **Santa Maria in Valle (5,** in der jetzigen Gestalt 18. Jh.). In langobardischer Zeit trug sie als arianische Pfarrkirche den Namen San Giovanni in Valle. Sie stand in unmittelbarer Nähe zum Palast des königlichen Gastalden, dessen Reste sich in den Umfassungsmauern des Klosterkomplexes erhalten haben dürften. Zu diesem Palast gehörte wahrscheinlich auch der sogenannte Tempietto Longobardo, der nach der Schenkung des Palastbereiches an das Kloster von diesem als Kapelle weiterbenutzt wurde und dadurch erhalten blieb. Der ganze Klosterbereich wird allmählich zugänglich gemacht und soll auch zu einem zentralen Ort der langobardischen Geschichte und ihrer Zeugnisse werden.

Nach der Kasse kommt man in den weitläufigen Innenhof, der als Kreuzgang diente, und von dem sich das Refektorium und andere Räume des Klosters öffnen. An der gegenüberliegenden Seite öffnet sich der berühmte **Tempietto Longobardo (6)** mit einem schmalen architravierten Portal frühmittelalterlicher Herkunft. Auch wenn man den Raum von hier nicht betreten darf, bietet sich doch ein erster Blick auf die Anlage, so wie sie ursprünglich gedacht war. Die heutige Besichtigung erfolgt vom Altarraum, was das Raumgefühl völlig verändert. Vom ›richtigen‹ Eingang aus sieht man die Anlage des quadratischen Gemeinderaumes, der sich mit drei Bögen zu einem Presbyterium öffnet. Die Wand hat dadurch Ähnlichkeiten mit einem Triumphbogen und zeigt im oberen Teil noch Reste von Fresken, wohl Christus als Pantokrator darstellend. Diese Architekturformen werden orientalische Wurzeln gehabt haben; sie erscheinen in der Grundidee noch in venezianischen Bauten wie Santa Fosca auf Torcello.

Rechts weiter gelangt man in einen kleinen Hof hinter der Apsis der Kirche. Hier sind ausgegrabene Reste der Vorgängerbauten zu sehen. Man erkennt die Form des einst sechseckigen Taufbeckens. Durch eine unscheinbare Tür betritt man die Sakristei des Tempietto. Die hier gezeigten abgelösten Fresken stammen aus dem Hauptraum des Tempietto. Ein Lünetten-Fresko zeigt Szenen mit Adam und Eva, 12. Jh. Das Kreuzigungsfresko an der linken Wand entstand im späten 14. Jh.

Tempietto Longobardo

Okt.–März tgl. 9.30–12.30, 15–17, Fei 9.30–12.30, 14.30–18 Uhr, April–Sept. tgl. 9.30–12.30, 15–18.30, Fei 9.30–13, 15–19.30 Uhr

Innenraum des Tempietto

Das anschließende **Oratorium des Tempietto** besteht aus dem Presbyterium (dem Altarraum, in den man zunächst eintritt), von dem man in eine quadratische ›Aula‹ blickt. Einzigartig ist die **Stuckausstattung** des Tempietto, zu der es in der gesamten westlichen Kunst keinen Vergleich gibt. Sie umzog ursprünglich alle drei Wände der Aula. Nahezu vollständig erhalten blieb sie nur an der Eingangswand im Westen. Eine Dekoration aus Weinranken und Ornamenten umgibt das Portal und fand an den Seiten seine Entsprechung. Im Vergleich zur Dekoration des Taufbeckens des Callixtus ist sie ungewöhnlich plastisch und naturalistisch. In den blütenartigen Dekorationsformen der Friese sind Reste eingesetzter Glaskugeln erkennbar (ähnliche Formen – in allerdings viel gröberer Handschrift – finden sich auch in der Kirche von San Salvatore in Brescia). Die sechs überlängten und in lange Gewänder gehüllten weiblichen Gestalten aus Kalkstuck haben Nimbusse, womit zu dieser Zeit nicht nur Heilige ausgezeichnet wurden. Die äußeren vier mit kostbaren, spätantiken Gewändern halten Kreuze und Kronen vor der Brust, was sie eindeutig als Märtyrerinnen kennzeichnet. Ihr Blick ist unbewegt in den Raum gerichtet. Die direkt neben der Fensternische stehenden Frauen tragen ein antikes Gewand, die Palla, die seit dem Mittelalter gewöhnlich geistlichen Frauen oder Heiligen vorbehalten blieb. Diese Frauen weisen im Gestus der Anbetung auf die reich bekrönte Fensteröffnung in der Mitte: Sie begrüßen das einst einfallende Licht als Symbol Christi.

Politische Bedeutung

Im Tempietto erreicht die Übernahme antiken Formengutes in der frühmittelalterlichen Kunst einen Höhepunkt. Man baute eine Wölbung, schuf vollfigürliche Figuren, naturnahen Dekor und eine für die Spätantike typische Farbigkeit. Dass diese Renaissance auch eine politische Bedeutung haben könnte, legen u.a. die Fragmente der leider nicht mehr zu deutenden Inschrift über dem heutigen Zugang: Sie ist in weißen Lettern auf purpurnem Grund gehalten, einer Farbe, die dem Kaiser in Byzanz vorbehalten war. Der Tempietto ist als bewusst imperialer Raum zu deuten, mit dem die politisch geforderte Souveränität demonstriert werden sollte.

Die original erhaltene Stuckdekoration der Westwand überfängt die ursprüngliche Eingangstür und rahmt in einem breiten, reich ornamentierten Bogen ein bemaltes Lünettenfeld. Der Bogen besteht aus zwei von Perlschnüren gesäumten Bändern, dem Weinrankenfries, und einem äußeren Ring von stilisierten Blüten. Dass der Rankenfries mit seinen recht naturalistisch wiedergegebenen Trauben und Blättern nicht der Wand aufliegt, sondern unterhöhlt ist, schafft die besondere Wirkung. Unterhalb des Bogens setzt sich die Dekoration in Säulen fort, die allerdings durch das Chorgestühl verdeckt sind. Das zeittypische (nicht nur langobardische) Flechtwerk am Türsturz findet sich auch an der Innenseite des Bogens

Weitere Figuren an den beiden anderen Wänden sind schon im Mittelalter verloren gegangen. In ihrer Aufreihung und in ihrem hoheitsvollen Stehen oder Schreiten erinnern die Frauen an Mosaikdarstellungen in Ravenna (San Vitale). Auffallend ist, dass nur die außen stehenden Frauen die Kronen mit verhüllten Händen halten, doch verwirrt dieser Wechsel auch im Vergleich zu Ravenna. Sämtliche Stuckarbeiten – die Figuren wie auch die Ornamentik – muss man sich farbig gefasst vorstellen. Hinzu kamen in den unteren Wandabschnitten Marmorverkleidungen (erhalten u. a. an der südlichen Presbyteriumswand). Die blauen Mosaikflächen der drei Gewölbetonnen des Presbyteriums trugen wohl goldene Sterne aus Stuck, deren eiserne Befestigungen als schwarze Flecken erhalten blieben. In der Verbindung von Marmorverkleidung, Malerei, farbigem Stuck und Gewölbemosaiken präsentierte sich dieser Raum in kostbarster Pracht, in einem Licht- und Farbenspiel, wie man es von ravennatischen Bauten, etwa dem Baptisterium der Orthodoxen, kennt.

Gleichzeitig mit der Stuckdekoration entstanden die meisten **Fresken.** Das Lünettenfresko über dem Westportal zeigt den jugendlichen Christus mit den Erzengeln Michael und Gabriel. Reste in der Lünette der Südseite lassen die Muttergottes mit Kind und Engel erkennen. Die gemalten Figuren der zweiten Zone sind Soldatenheilige und ein Bischof.

Das **Presbyterium** wird durch sechs Stützen in drei tonnengewölbte Schiffe gegliedert. Man entdeckt zahlreiche Spolien: Aus römischer Zeit (2. Jh. n. Chr.) stammen die als Kapitelle genutzten Konsolstücke über den beiden Vierkantstützen sowie die ornamental geschmückten Teile des Architravs. Die Blattwerkkapitelle der Säulen hingegen und auch die Kapitelle der schlanken Stützen des Chorbalkens sind eng verwandt mit denen des Callixtus-Taufbeckens im Museo Diocesano, das man aufgrund einer Inschrift um 750 datiert. Der Chorbalken behielt zum Teil noch seine ursprüngliche Bemalung.

Das **Chorgestühl** ist eine seltene, qualitätvolle Arbeit aus der Zeit um 1370, bei der man an eine süddeutsche oder aber venezianische Werkstatt denkt. Ähnliche Schmuckformen finden sich am Dogenpalast.

Zur Bedeutung und Entstehungszeit des Tempietto

Die **kunsthistorische Forschung** beschäftigt sich bereits seit dem 19. Jh. mit dem Tempietto, doch blieben bis heute wesentliche Fragen zur ursprünglichen Bestimmung und zum Auftraggeber ungelöst. Zur Stuckplastik wurde auf Parallelen in byzantinischen Werken in syrisch-palästinensischem Gebiet hingewiesen, zur Malerei finden sich Vergleichsbeispiele u. a. in den von Papst Paul I. (757–767) gestifteten Fresken in Santa Maria Antiqua in Rom. Von erheblichem Interesse ist die Frage der Datierung. Sie könnte klären, ob es sich überhaupt um ein Werk aus langobardischer Zeit handelt (das dann die karolingische Hofkunst beeinflusste) und dieses zu Recht *Tempietto longobardo* genannt wird, oder ob es bereits ein Werk aus karolingischer Zeit ist. Der Baubefund hat gezeigt, dass Stuck, Fresken und Marmorverkleidung gleichzeitig entstanden sein müssen, wohl unmittelbar nach Beendigung des Rohbaus. Für eine Datierung in die Mitte des 8. Jh. – also zur Zeit der Langobardenherrschaft (wie sie vor allem die norwegischen Forscher L'Orange und Torop vertraten) – sprechen die Säulenkapitelle des Presbyteriums, die aus der gleichen Werkstatt sein müssen wie die Kapitelle des zwischen 737 und 756 entstandenen Callixtus-Taufbeckens im Museo Diocesano. Gegen eine Datierung in karolingische Zeit (um 800–810) spricht die Tatsache, dass Cividale damals schon seine Bedeutung verloren hatte, und somit kein Auftraggeber mehr für die Ausgestaltung eines so kostbaren Raums vorhanden war.

Da der benachbarte Klosterkomplex aus einer Schenkung des ursprünglichen Palastbereiches hervorging, ist die Zugehörigkeit des Tempietto zum Hof naheliegend. Er entstand höchstwahrscheinlich in der letzten Phase der Herrschaft der Langobarden, als sie die Oberhoheit des Kaisers in Byzanz nicht mehr anerkannten und beispielsweise auch das Münzrecht für sich beanspruchten.

Die Stuckfiguren stellen das einzige erhaltene Beispiel vollplastischen Gestaltens für mehrere Jahrhunderte dar. Die beiden mittleren, das Licht begrüßenden Frauen lösen sich in ihrer Drehung zum Fenster weit aus der Wand. In ihrer dienenden Funktion und in ihrer Kleidung sind sie die unbedeutendsten Gestalten und haben dennoch die stärkste plastische Ausgestaltung. Bei den Heiligen dagegen ist diese

Königlicher Auftrag

Mit Sicherheit konnte der außergewöhnlich prachtvolle Bau des Tempietto nur in königlichem Auftrag entstehen. Tatsächlich wurde er auf ›königlichem‹ Gelände errichtet, in dem etwas niedriger gelegenen Stadtteil Valle, wo der Palast des Gastalden stand. So war der Tempietto entweder eine zum Gastaldenpalast gehörende Kapelle, oder er diente als Oratorium für das angrenzende Nonnenkloster (das erstmals 830 erwähnt wurde). Auf das 13. Jh. geht die Überlieferung zurück, nach der Oratorium und Kloster durch die langobardische Königin Piltrudis gestiftet worden sein sollen.

bereits zurückgenommen. Christus, Maria und die Erzengel erscheinen nur zeichenhaft und flach in Freskenmalerei, so auch an der einstigen Hauptseite über dem Altar. Ein Christus in Stuck war wohl unvorstellbar. Der Raum diente wahrscheinlich dem stark zunehmenden Reliquienkult: Dafür sprechen die zahlreichen Darstellungen von Märtyrern. In dieser Funktion war der Raum Bestandteil des höfischen Baukomplexes, d.h. der arianischen Tauf- und Hofkirche sowie des Palastes.

Vom Tempietto Longobardo zur Kirche San Francesco

Man verlässt den Tempietto über einen Weg hoch über dem Natisone und gelangt auf einen Platz, der einst außerhalb der älteren mittelalterlichen Stadtmauern lag. Gegenüber befindet sich die schmuckvolle gotische Kirche **SS. Pietro e Biagio (7)** mit Fassadenfresken von 1506–08 (Portal 1488). Das reich ausgestattete Innere kann leider nur selten besichtigt werden. Folgt man links den moderneren Mauern des Klosterkomplexes, gelangt man an ein mittelalterliches Stadttor, die **Porta Patriarcale (8);** es ist in eine Häuserzeile eingebaut, vor der noch der alte Graben ablesbar blieb. An der Innenseite sind noch zwei gotische Biforien erhalten. Dahinter sind links die ältesten Teile der Klostermauern mit wohl noch frühmittelalterlichen Resten zu sehen. Unser Rundgang führt weiter durch die ehemalige **Porta Romana,** ein römisches Stadttor, das heute von Häusern überbaut und kaum mehr als solches zu erkennen ist.

Vor einem ungewöhnlich gut erhaltenen mittelalterlichen Haus geht es rechts ab zur Stretta di Santa Maria di Corte, an deren Ende die Via Patriarcato abgeht. Gleich an der Ecke steht etwas zurückversetzt das Kirchlein **Santa Maria di Corte,** an dessen Stelle sich früher wahrscheinlich die Hofkapelle der langobardischen Herzöge, später auch der Patriarchen befand. Romanisch ist noch der Glockenturm, die Fassade ist aus dem 17. Jh.

Der nun folgenden Piazza Garibaldi schließt sich die Piazza San Giovanni mit der Kirche **San Giovanni in Xenodochio** aus dem 19. Jh., die nur zu Hochzeiten geöffnet wird, an. Der ungewöhnliche Name leitet sich von einem ehemaligen Pilgerheim (lat. *xenodochium*) aus der Zeit der Langobarden ab.

Ein kurzer Durchgang verbindet die Piazza Garibaldi mit der großen **Piazza Paolo Diacono.** Dieser belebte Platz mit L-förmigem Grundriss ist ein beliebter Treffpunkt; der Besucher wird hier gerne dem Leben zwischen Cafés und Arkaden zusehen. An diesem Platz soll der langobardische Geschichtsschreiber Paulus Diaconus (s. S. 52) geboren sein. Eine kleine Tafel an einem Haus aus dem 15. Jh. (mit sechs gotischen Spitzbogenfenstern) macht darauf aufmerksam.

Über den Corso Mazzini (er entspricht dem römischen Decumanus maximus) erreicht man die Via Cavour. An der Ecke befindet sich der

Palazzo Levrini-Stringher aus dem 16. Jh. mit Fresken christlicher und mythologischer Thematik in fiktiver Marmorrahmung, wohl von Marco Bello, einem Schüler von Giovanni Bellini, 1515–20. Zu erkennen sind u. a. »Taten des Herkules«, »Venus mit den drei Grazien« und »Pyramus und Thisbe«.

Die Via Rubeis rechts führt zum südlichen Stadttor des unter den Patriarchen errichteten Mauerrings, der **Porta Arsenale Veneto,** 14. und 15. Jh. Direkt dahinter steht die kleine Kirche **San Pietro ai Volti,** der eine Kapelle des 11. Jh. vorausging: am Hauptaltar »Christus erscheint den Heiligen Rochus und Sebastian« von Palma dem Jüngeren, 1607.

Von den **römischen Thermen,** nach denen die nahe kleine Piazzetta delle Terme Romane benannt ist, haben sich nur geringe Reste (u. a. Hypokausten) erhalten. An der Piazza Foro Giulio Cesare steht noch ein (stark restaurierter) Wohnturm aus dem Mittelalter, in dem die Adelsfamilien Varmo und Della Torre residierten.

Nach den Prinzipien mittelitalienischer Bettelordensgotik entstand ab 1285 die Kirche **San Francesco (9;** Abb. s. S. 206). Vollendet wurde sie im 14. Jh. Die schlichte Fassade schmückt ein großes Rundfenster. Der hohe, lang gestreckte Innenraum mit dem erneuerten offenen Dachstuhl, einem kurzen Querhaus und drei Apsiden entspricht dem Schema der Bettelordenskirchen. Die Wände waren wie üblich durchgehend mit Fresken bedeckt. Erhalten blieben Fresken aus der Mitte des 14. Jh. und dem frühen 16. Jh. Bemerkenswert die »Kreuzigung« im Zentrum der Apsis sowie »Christus in der Mandorla«, »Thronende Madonna« und »Verkündigung« im rechten Querschiff, alle wohl von Meistern der Schule von Rimini, erste Hälfte des 14. Jh. Die Szenen »Anbetung der Magier« und »Grablegung« werden der Schule des Altichiero Altichieri aus Padua zugeschrieben. In der Sakristei Fresken des 14. Jh., zudem Malereien vom Comasker Giulio Quaglio, 1693.

Schräg gegenüber der Kirche ist die Fassade des **Palazzo Pontotti Brosadola** aus dem 18. Jh. zu sehen. Drei Rundbogenfenster mit Balustrade markieren die Mitte, entsprechend sind drei weitere Fenster im Mezzaningeschoss darübergesetzt. Der im Treppenhaus und im großen Saal reich mit Fresken ausgestattete Palast kann auf Anfrage besichtigt werden.

San Francesco

Vom Franziskanerkloster blieb nur die Kirche San Francesco erhalten. Ein Brand im Jahr 1917 verursachte schwere Schäden an der Kirche, die Erdbebenkatastrophe von 1976 tat ein Übriges, um umfangreiche Restaurierungsarbeiten notwendig werden zu lassen. Der klar gegliederte Außenbau ist in seiner Ostpartie hoch aufgerichtet und ragt mit seinem Campanile stolz über dem Ufer des Natisone auf.

Am Natisone

Bevor man die Besichtigung Cividales mit dem Überschreiten der Teufelsbrücke abschließt, sollte man das **Keltische Hypogäum (10)** besuchen, ein unterirdisches Gewölbe, das von den Römern und auch noch von den Langobarden als Kerker benutzt wurde. Die höhlenartige Anlage ist K-förmig bis zu einer Tiefe, wie sie etwa der des Natisone entspricht, in die Felsen gehauen worden. Zwischen kleinen Nischen, Stützpfeilern und zellenartigen Räumen ragen dem Besucher seltsam anmutende Köpfe entgegen. Vielleicht sind sie ein Hinweis

Keltisches Hypogäum

Via Monastero Maggiore, 4
Den Schlüssel erhält man in der Bar All'Ipogeo oder bei der Touristeninformation schräg gegenüber vom Dom.

auf keltische Grabkultur, eine genauere Klärung der Bestimmung der Höhle steht noch aus.

Bei dem berühmten **Ponte del Diavolo,** der ›Teufelsbrücke‹, fühlt man sich an Sujets romantischer Maler erinnert. Von der Stretta San Martino am anderen Ufer des Flusses aus hat man einen schönen Blick auf die Brücke: Durch zwei weite Bögen strömt das Wasser des Natisone, der hier knapp die Hälfte seines Weges bis zum Zusammentreffen mit dem Isonzo hinter sich hat. In Ocker- und Rottönen gestrichene Häuser reihen sich am Ufer, dazwischen ragt links der Turm von San Francesco auf.

Bis heute hat die Brücke, die wahrscheinlich schon unter den Römern Teil einer wichtigen Straße war, mehrere Restaurierungen erfahren. Bei den Kämpfen im Oktober 1917 wurde sie von den abrückenden Italienern zerstört und danach in der heutigen Betonvariante wiederaufgebaut.

Reisen & Genießen

Hotels

Stadtnah und ruhig wohnt man auf einem Hügel in der Locanda al Castello. Es handelt sich bei dieser Unterkunft jedoch nicht um eine wirkliche Burg, wie der Name suggeriert, sondern um ein als eine Burg verkleidetes Gebäude, das sich die Jesuiten im 19. Jh. für ihren Sommeraufenthalt im historisierenden Stil errichteten. Seit Jahrzehnten wird die ›Burg‹ nun als Hotel genutzt. Das angeschlossene Restaurant bewahrt die Gäste davor, zum Abendessen noch einmal in die Stadt fahren zu müssen. An warmen Tagen wird auch im Garten gespeist.

Locanda al Castello
Via del Castello, 12
33043 Cividale del Friuli
Tel. 04 32 73 32 42
www.alcastello.net
DZ 150 €

Im alten Stadtzentrum gibt es nur ein einziges Hotel, die Locanda al Pomo d'Oro mit rustikal eingerichteten Zimmern und einem guten Restaurant.

Locanda al Pomo d'Oro
Piazzetta S. Giovanni, 20
Tel. 04 32 73 14 89
www.alpomodoro.com
DZ 80 €

Restaurants

Gleich mehrere Restaurants laden in Cividale zu Gerichten der lokalen friulanischen Küche ein. Man genießt dazu die Weine der Colli Orientali, die zu den besten Weinen Italiens zählen. Die Sortenvielzahl dieses Gebiets ist durch keine andere Weinregion zu übertreffen.

Dem Bacchus huldigt die Taverna Di Bacco im Ortszentrum. Hier sitzt man unter den Gewölben eines ehemaligen Klosters oder im Innenhof und verwöhnt den Gaumen mit typischen Käsesorten der Gegend oder hausgemachten Süßspeisen (So abends und Mo geschl.).

Al Monastero – La Taverna Di Bacco
Via Ristori, 9
Tel. 04 32 70 08 08
mittlere Preisklasse

Umgebung von Cividale

In Richtung Udine

Zwischen Cividale und Udine findet man einige der interessantesten Villen des Friaul. Die Villa mit dem schönsten Garten *all'italiana* (angelegt im späten 19. Jh.) liegt östlich von Moimacco in der Ortschaft Bottenicco (kurz vor Cividale): Die **Villa de' Claricini** wurde wohl noch vor 1670 erbaut, der Garten ist normalerweise stets zugänglich.

Die **Villa De Puppi** in Moimacco zeigt zur Gartenseite hin eine palladianische Front mit vier ionischen Halbsäulen und einem Dreiecksgiebel. Das Piano nobile liegt im Erdgeschoss: ein Hinweis auf die Errichtung im 18. Jh.

In der rechten Nebenkapelle (mit gesondertem Eingang) der Pfarrkirche von **Remanzacco** wird ein bedeutender Schnitzaltar gehütet, den man leider nur durch zwei winzige Fenster betrachten kann. Giovanni Martini (um 1470–1535) schuf ihn 1510–15 für die Votivkirche Santo Stefano. Im Aufbau, in den Zierformen und der Figurenbildung ist er ähnlich dem Altar in Prodolone (s. S. 317). Vom ehemaligen Hochaltar der Pfarrkirche hängen hoch im Chor vier Heiligentafeln von Bernardino Blaceo (1567).

Die Villa de' Claricini in Bottenicco besitzt einen der schönsten Gärten ›all'italiana‹

Rocca Bernarda

Für die Fahrt in die südlichen, zwischen den Flüssen Natisone und Iudrio gelegenen Hügel der **Colli Orientali** nimmt man in Cividale die Straße 356 Richtung Cormons (das zur Provinz Gorizia gehört und daher auf S. 293 beschrieben wird).

Über Spessa führt die Straße in die Nähe der **Rocca Bernarda,** die mit ihren vier runden Türmen auf einem Hügel thront (keine Innenbesichtigung). Erst 1567, zur Zeit der venezianischen Herrschaft, erbauten die Grafen Valvason-Maniago diesen Landsitz. Rocca bedeutet zwar soviel wie Burg oder Feste, im Grunde genommen handelt es sich aber um die Sonderform einer Villa, der die Wehrtürme wie ein nostalgischer Dekor beigegeben wurden, und die kaum einer Belagerung standgehalten hätte. Dennoch hat die Stadt Cividale beim Dogen Protest angemeldet: Sie fühle sich durch eine solch wehrhafte Anlage vor den Toren der Stadt bedroht, was natürlich angesichts der dünnen Türmchen nicht überzeugte. Ähnliche Beispiele nur um des Anscheins willen leicht befestigter Villen aus der Zeit der veneziani-

Lohnende Ausflüge

Von Cividale aus lassen sich drei landschaftlich schöne Ausflüge unternehmen: Richtung Cormons in den südlichen Teil der Colli Orientali, eine Fahrt zur Wallfahrtskirche Castelmonte und in die Täler des Natisone sowie eine Fahrt auf der Weinstraße nach Faédis und Umgebung (Richtung Tarcento), s. folgende Seiten.

schen Herrschaft kennen wir aus dem Veneto (Castello Roncade, Castello Thiene) und häufiger noch aus dem Friaul, wo der alte Feudaladel seine Familientradition durch Zitate der Burgarchitektur (Zinnen, Wehrtürme, Zugbrücken etc.) zum Ausdruck bringen wollte.

Die baulichen Qualitäten der Rocca Bernarda zeigen sich in ihrer doppelbödigen Widersprüchlichkeit – einerseits die äußere Hülle einer Trutzburg, andererseits eine Villa, die sich durch Wohnlichkeit auszeichnet und (wie keine zweite im Friaul) sich zur Landschaft hin öffnet. Die Gestaltung in großzügigen Dimensionen und zugleich ländlicher Einfachheit lässt die Frage nach dem Architekten stellen. Eine mündliche Überlieferung nennt den aus dem Raffael-Kreis hervorgegangenen Giovanni da Udine, was jedoch angesichts seiner schwächeren Werke bei diesem genialen Entwurf bezweifelt werden muss.

Die Villa hat häufig die Besitzer gewechselt. Die Grafen Valvason-Maniago nannten die Villa nach ihrem Sohn Bernado ›Rocca Bernarda‹. Es folgten die Antonini, die Maraschi und (seit 1905) die Perusini. Nach Ermordung des Grafen Perusini (1977) kam die Villa durch testamentarische Verfügung in Besitz des Malteserritter-Ordens, der die für ihren Picolit bekannte Weinkellerei fortführt, die die Perusini zu hohem Ansehen gebracht haben.

Die von außen höchst wirkungsvolle ›Burg‹ Rocca Bernarda ist in ihrer einfach scheinenden Form von ungewöhnlicher architektonischer Qualität. Es handelt sich nicht um eine Vierflügelanlage, sondern um zwei im rechten Winkel zueinander stehende Gebäude, die eine Terrasse umschließen. Diese Terrasse entstand durch Aufschüttung des Hofes auf der Höhe des Erdgeschosses, der als Lager für die berühmten Weine diente

Abbazia di Rosazzo

Großartige Aussicht
Auf keinen Fall sollte man versäumen, auf den Belvedere der Klosteranlage zu treten, um von hier aus die großartige Aussicht auf die weinbepflanzten Hügel zu genießen.

Inmitten von Weinbergen liegt auch die ehemalige Abbazia di Rosazzo. **Monasterium Rosarum,** ›Rosen-Kloster‹, hieß die Abtei im Mittelalter in Anspielung auf die hier wachsenden wilden Rosen.

Vertraut man einem 1319 verfassten Nekrolog, wurde das Kloster unter dem Patriarchen Sigehard (1068–77) nach der Regel des Augustinus gegründet. Zum ersten Mal erwähnt wurde die Abtei jedenfalls 1084. Sie stand unter dem Schutz der Eppensteiner aus Kärnten. Und aus Kärnten, aus der Abtei von Millstatt, kamen 1091 auch die ersten Benediktinermönche. Das Rosen-Kloster stand in großem Ansehen und wurde häufig mit Schenkungen bedacht. Im Parlament der Patria del Friuli nahm der Abt die höchste Stellung unter allen anderen Äbten des Friaul ein.

Ab dem 14. Jh. stellt sich die Geschichte der Abtei kaum anders dar als die einer Burg. Sie wurde befestigt und musste immer wieder Angriffe abwehren. Sie hatte sich gegen die österreichischen Herzöge (nach 1361) ebenso zu behaupten wie gegen Udine (1386). Mehrmals, in den Jahren 1323, 1334 und 1389, wurde sie in Brand gesetzt. 1422 gelang es dem Patriarchen von Aquileia mit Hilfe von 4000 bewaffneten Ungarn, das Kloster (zusammen mit der Burg von Manzano) einzunehmen. Die schlimmsten Angriffe erlebte die Abtei während des Krieges zwischen der Liga von Cambrai und Venedig, als die deutschen Truppen des Herzogs von Brunswick sie 1509 plünderten und nahezu vollständig zerstörten. Auf Wunsch des Kommendaturabtes, des Bischofs Giovanni Matteo von Verona, wurden Kirche und Kloster ab 1533 wiederaufgebaut und erneut befestigt. Ein Maler aus Verona, Francesco Torbido (›Il Moro‹), stattete die Kirche um 1535 mit Fresken aus.

Rundgang

Rechts neben dem **Kapitelsaal** mit schönem Gewölbe liegt das **Refektorium,** ein kleiner, kapellenartiger Raum, an dessen Stirnwand das schönste Fresko der Abtei erhalten ist. Die Kreuzigungsszene ist in einem düsteren, sehr theatralischen Kolorit gehalten, und sowohl der Hintergrund wie die Figuren sind von hoher Qualität. Obwohl diese Malereien die **Fresken in der Kirche** an Wirkung weit übertreffen, stammen sie vielleicht ebenfalls von dem stark von Giorgione beeinflussten Francesco Torbido. Wegen der Qualitätsunterschiede wurde aber auch sein Schwager Battista dell'Angelo als Autor diskutiert; auch sie sind wohl um 1535 entstanden.

Einen zwiespältigen Eindruck hinterlassen die jüngsten Restaurierungen der letzten Jahre. Die Steinsichtigkeit der Wände mag heutigem ästhetischen Empfinden entsprechen, korrekterweise gehörten sie aber verputzt. Die Terrassen der Klosteranlage mit ihren barocken Statuen, ebenso auch die villenartigen Fassaden erklären sich daraus, dass die Klostergebäude seit dem 18. Jh. Sommerresidenz der Bischöfe von Udine waren.

Im Gewände eines Fensters des Kapitelsaals in der Abbazia von Rosazzo entdeckte man bei den Restaurierungen Anfang der 1990er-Jahre Fresken aus dem 14. Jh.

Villen bei Manzano

Bei **Dolegnano** (rechts am Ortsende Richtung Manzano) erbauten die Grafen von Trient im späten 17. Jh. eine große Villenanlage, die für die neuen Strömungen in der Architektur der Region typisch ist: Das Zentrum der **Villa Trento** bildet zwar noch immer ein venezianisch beeinflusster Kubus, doch ist dieser mit seitlichen Flügeln zu der breitgelagerten Fassade eines barocken Landschlosses erweitert, das im Inneren zu Appartements im Stil der Zeit aufgeteilt wurde. Der Hof davor wird allerdings noch immer von Wirtschaftsgebäuden flankiert, und die Anlage findet in dem großen, von einer Zinnenmauer umschlossenen Garten auf der anderen Seite der Straße eine wirkungsvolle Erweiterung. Bezeichnend das Verhältnis der Achsen: Während Villa, Hof und Garten achsial aufeinander bezogen sind, kreuzt die Straße diese Hauptachse im rechten Winkel, was im Spätbarock einerseits ein beliebtes Instrument war, von der repräsentativen Auffahrtsallee wegzukommen und stattdessen eine intimere Anbindung an die Umgebung zu schaffen, während dies andererseits auch noch in der Tradition der venezianischen Villa steht, die stets eher zufällig seitlich einer Straße liegt.

Villa Trento bei Dolegnano. Der Eingangsbereich ist inzwischen so zugewachsen, dass die Villa von außen kaum noch einsehbar ist

Die kleine Kirche **San Giusto** (mit Vorhalle und Glockensegel) in **San Giovanni al Natisone** geht auf das 15. Jh. zurück. Die **Villa De Brandis** (mit großem, von Mauern umgebenen, öffentlich zugänglichen Park) im Zentrum des Ortes wurde 1722 begonnen. Sie gehört der Gemeinde und wird gelegentlich für Ausstellungen benutzt.

Das reinste Beispiel einer venezianischen Villa im Friaul verkörpert die **Villa Piccoli** in **Soleschiano** (auf der Straße von Manzano nach Percoto links abbiegen nach San Lorenzo, dem Wegweiser ›Ristorante Borgo‹ folgend). Hier entspricht nicht nur die Anordnung, sondern auch die Form der rundbogigen Fenster dem venezianischen Typus, wie er auf der Terraferma, aber auch bei den Stadtpalästen Venedigs üblich ist. Der Baublock ist zudem von kubischer Gestalt. Nur der mittlere Teil wächst aus dem Block heraus und wird von einem Dreiecksgiebel gekrönt. Typisch auch die freie Lage in einem weitläufigen Garten ohne Ehrenhof, der nichts mit der Anlage in Dolegnano gemeinsam hat. Lediglich rechts wird der Kubus durch ein zurückversetztes Nebengebäude flankiert, das aufgrund seiner Struktur wahrscheinlich ein älteres Herrenhaus darstellt. Ungewöhnlich ist nur das Fehlen seitlicher Wirtschaftsgebäude, doch scheint hier erst durch den

Villa De Marchi-Ottelio in Buttrio

Aufkauf eines gegenüberliegenden Hofes eine Landwirtschaft hinzugekommen zu sein.

Wer an den Anfängen des Villenbaus interessiert ist, findet bei **Manzano** (ca. 1,5 km nördlich des Ortszentrums) ein frühes Beispiel aus der Zeit um 1500: die leider verwahrloste **Villa Manzano** (auch Castello Sdricca genannt) mit massivem, ursprünglich höherem Verteidigungsturm und einer nach 1509 hinzugefügten Loggia.

Schwierig aufzufinden ist die im späten 17. Jh. erbaute **Villa De Marchi-Ottelio** bei Buttrio (vom Ortszentrum aus zunächst dem Wegweiser für den Nachtclub Conte di Montecristo folgen), die in ihrer lang gestreckten Form einen im Friaul häufigen Typus, der sich aus dem Bauernhaus entwickelt hat, repräsentiert. Im Erdgeschoss der Villa wurde früher Wein gepresst und gekeltert, im Keller wurde (und wird noch heute) Wein gelagert, das Piano nobile diente dem vorübergehenden Aufenthalt der Besitzer, das Dachgeschoss zum Trocknen von Trauben und anderen Ernteerträgen.

Besser erhalten als die frühe Villa Manzano ist eine namenlose **Villa** aus dem frühen 16. Jh. in **Camino bei Buttrio,** die ebenfalls mit einem Turm (der wohl als Taubenschlag diente) und einer fünfbogigen Loggia ausgestattet ist.

Castelmonte

Castelmonte liegt auf einer einsamen Anhöhe von 618 m, kurz vor der Grenze nach Slowenien. Von Cividale aus erreicht man den berühmten **Wallfahrtsort** über eine mit Kapellen gesäumte Straße, die immer wieder herrliche Blicke in das umgebende Hügelland bietet. Alljährlich ziehen große Pilgerscharen aus dem Friaul, aus Kärnten und dem früheren Krain zu der Madonnenstatue, die am 8. September 1479 hier aufgestellt wurde. Die sitzende Madonna mit Kind ist im ›weichen Stil‹ der internationalen Gotik gearbeitet (erste Hälfte des 15. Jh.) und wird ob ihrer Schönheit gerühmt, obgleich sie durch Kronen und spätere Fassungen entstellt ist.

Urkundlich belegt ist ein Marienheiligtum in Castelmonte seit 1175. Wegen Grabungsfunden, zu denen ein römischer Ziegelfußboden (spätestens aus dem 6. Jh.) gehört, geht man heute davon aus, dass Castelmonte eine der ersten Wallfahrtsstätten Oberitaliens war und darüber hinaus eines der ersten Marienheiligtümer nach dem Konzil von Ephesos (431) überhaupt.

Im 13. und 14. Jh. wuchs seine Beliebtheit, als die Päpste Innozenz IV. (1243–54) und Urban VI. (1378–89) den Pilgern großzügige Ablässe gewährten. Die exponierte Lage führte jedoch immer wieder zu Belagerungen, z. B. durch die Ungarn, die 1419 Teile der Anlage zerstörten. Aus Furcht vor den Türken musste die Wallfahrtsstätte 1478 befestigt werden. Doch kam es nie zu wirklich schweren Zerstörungen, denn das Kloster war keine Abtei, die eine eigene Machtpolitik verfolgte, sondern es war einem Kloster in Cividale direkt unterstellt.

Santuario Beata Vergine di Castelmonte

www.santuario castelmonte.it Mo–Sa 7.30–12, 14.30–18, So/Fei 7.30–18 Uhr

Das Marienheiligtum von Castelmonte ist eine der populärsten Wallfahrtsstätten Oberitaliens

In den Jahren 1511 und 1513 beschädigten Erdbeben die Befestigungsanlagen. Neben wenigen Mönchen lebten hier früher Bauern, Handwerker und Wirte, um die Pilgerströme zu versorgen. Seit 1913 haben Kapuziner die Wallfahrtskirche übernommen.

Der Kirchenbau geht auf das 16. und 17. Jh. zurück, wurde jedoch mehrfach verändert, auch im neoromanischen Stil. Groß ist die Zahl der z. T. volkskundlich sehr interessanten Votivbilder, die sich im Laufe der Jahrhunderte angesammelt haben.

Felsenkapelle San Giovanni in Antro

Eine kurvenreiche Straße mit schönen Aussichten führt von Castelmonte über Jainich, wo sich alte Bauernhäuser erhalten haben, und San Leonardo in das Tal des Erbezzo, einer der Zuflüsse des Natisone. Bei San Pietro al Natisone (das bis 1867 San Piero degli Slavi hieß) steht an der Straße nach Cividale rechts die kleine gotische Kirche **San Quirino** (1493). In entgegengesetzter Richtung führt die Hauptstraße weiter in das Natisone-Tal (Richtung Slowenien).

Um zur **Felsenkapelle San Giovanni** in **Antro** zu gelangen, biegt man hinter Tiglio links ab und fährt bei der Straßengabelung rechts hoch zur Ortschaft Antro. Nach einem ebenen Fußweg sind über 100 Stufen zur Felsenkapelle hochzusteigen. Die Kapelle entstand 1477 am Eingang einer natürlichen Grotte, wobei für die Wände und das Gewölbe weitgehend das natürliche Felsgestein verwendet wurde. Nur für die Eingangswand, die Chorkapelle und die Sakristei wurden Mauern hochgezogen. Baumeister war der Slowene Andrea da Skofia Loka. Seit Vorzeiten wurde die Grotte bewohnt. Man fand Knochenreste des Höhlenbären *(Ursus spelaeus)* und römische Tonziegel.

San Giovanni
Sonntagnachmittag geöffnet, ansonsten Schlüssel im Dorf erfragen.
Tel. 04 32 7 60 20

Zurück bis zur erwähnten Straßengabelung geht es rechts Richtung Biacis. Bald nach dem Dorf, vor dem Brunnen, führt rechts eine kleine Straße zu **San Giacomo,** einer besonders schön gelegenen ländlichen Kapelle. In der Vorhalle wird eine Steintafel mit nicht entzifferbaren Schriftzeichen aufbewahrt. Diese Tafel diente als Tisch, an dem sich im Mittelalter Familienvorstände versammelten.

Straße der Burgen nach Tarcento

Von landschaftlichem und kulturgeschichtlichem Reiz ist die Fahrt auf der ›Straße der Burgen‹ von Cividale nach Tarcento. Sie führt in den nördlichen Teil des Weinbaugebietes der **Colli Orientali** (s. S. 64). Wer genügend Zeit für einige Abstecher und kleine Wanderungen auf die Anhöhen aufbringt und nicht immer allzu große Erwartungen an den Rang der Monumente stellt, kann Burgen, bau- und kulturgeschichtlich interessante Villen und zahlreiche bescheidene Votivkirchen kennenlernen.

Zur Votivkirche **San Rocco** biegt man bei **Campeglio** rechts in die Via San Michele Richtung Raschiacco ab. Rechter Hand führt ein zunächst asphaltierter Weg, die Via Castellano, hinauf zur kleinen spätgotischen Kirche, wohl aus dem 15. Jh.: ein schlichter, unverputzter Bau aus Haustein mit offener Vorhalle und Glockenstuhl. Im Inneren öffnet sich hinter dem spitzen Chorbogen eine quadratische Chorkapelle mit einfachem Kreuzgewölbe. In der Nähe der Kirche finden sich die spärlichen Reste des **Castello Soffumbergo,** der Burg der Soffumbergo, die ursprünglich Scharfenberg hießen. 1242 ging die Burg in Besitz der Patriarchen von Aquileia über, die sie gern als Sommerfrische nutzten; zeitweise fungierte die Feste auch als Münze des Patriarchenstaates.

Von **Faédis** aus, einem der wichtigsten Weinorte der Colli Orientali, sind zwei Votivkirchen zu besichtigen: San Pietro degli Slavi und Madonna di Zucco. Vom Hauptplatz von Faédis biegt man rechts ab, fährt sofort danach Richtung Montefosca. Die nach 200–300 m rechts

Ein schönes Sterngewölbe schmückt den Chor der Kapelle San Pietro degli Slavi

abbiegende Straße Borgo San Pietro führt zur ehemaligen Friedhofskirche **San Pietro degli Slavi.** Sie ist seit 1319 bezeugt, wurde jedoch im 15. Jh. vollständig erneuert. Der Schnitzaltar von Giovanni Martini, 1522, wurde aus Sicherheitsgründen ausgelagert.

Zur Kirche **Madonna di Zucco** fährt man von Faédis zunächst auf dieselbe Straße, folgt dann bald links einem Wegweiser für den Fußweg zur Kirche (ca. 15–20 Min.). Man hält sich zunächst links, überquert eine Fahrstraße, nimmt bei der Wegscheide den rechten Weg. Unweit der Kirche liegt das Castello di Zucco, noch höher gelegen dann das Castello di Cucagna.

An der Straße von Faédis Richtung Attimis – Tarcento erhebt sich hoch am Hang das **Castello Partistagno** (die Zufahrtsstraße zweigt bei Borgo Faris ab). Als ein bemerkenswertes Beispiel eines friulanischen Adelssitzes wurde die Burg nach dem Erdbeben von 1976 aufwendig renoviert. Hochmittelalterlicher Kern der Anlage war der heute etwas niedrigere Turm, der ursprünglich sicherlich als Wohnturm diente. Seine eher bescheidenen Dimensionen entsprechen den beschränkten Möglichkeiten der damaligen Zeit. Um ihn herum gab es eine Ringmauer, vielleicht noch aus Holz, sowie einfache Wirtschaftsgebäude.

Der um 1400 entstandene gotische Palas wurde unterhalb des alten Turms angelegt. Dieser überragt als Statussymbol somit weiterhin alles und bringt die Gesamtanlage eindrucksvoll zur Geltung. Die Lage am Hang lässt sich ausschließlich mit der optischen Wirkung erklären; für die Verteidigung war sie jedenfalls von Nachteil, denn von den ungesicherten Höhen darüber war ein Angriff leicht möglich. An jeder Stelle der Ebene wäre die Burg sicherer gewesen, doch längst nicht so imposant in ihrer Erscheinung. So verliert der so mächtig erscheinende Palast von seiner Wirkung, wenn man ihn aus der Nähe betrachtet. Als Stadthaus hätte er jedenfalls nicht von sich reden gemacht.

Ein drittes **Wohnhaus der Familie Partistagno** hat sich in **Belvedere** bei Povoletto, südwestlich von Faédis zwischen Masure di Sotto (hier die elegante Villa Mangilli aus dem 18. Jh.) und Salt, erhalten. Vom typisch hochmittelalterlichen Wohnturm und dem spätmittelalterlichen Palas zog die Familie in der zweiten Hälfte des 15. Jh. in ein Haus in der Ebene, das sich mit einer spätgotischen Trifore venezianischer Stadtpaläste schmückt und dennoch als breitgelagerter, wenig tiefer Baukörper in friulanischer Tradition steht. Das im Vergleich zu späteren Villen winzige Haus hat man anscheinend als groß empfunden, denn man nannte es und nennt es noch immer die Domus magna. Die im Innern erhaltenen Fresken aus der Bauzeit sind ein schönes Beispiel für die Raumausstattung einer Zeit zwischen Rittertum und Humanismus (Besichtigung über den der Villa angeschlossenen Agriturismo).

San Pietro degli Slavi und Madonna di Zucco

Schlüssel für beide Kirchen erhältlich bei Herrn Ubaldo in der Via Castello, 28

Für speziell an Villenbau Interessierte sei auf die **Villa Partistagno** bei **Ronchis di Faédis** verwiesen. Hier wurde der alte Typus einer Portikusvilla mit Eckrisaliten mit neuen formalen Mitteln des 16. Jh. realisiert. Der zwischen den ›Türmen‹ eingespannte, doppelgeschossige Portikus wird von einem Dreiecksgiebel gekrönt. In Ronchis steht auch die Villa Cataruzzi aus dem 18. Jh.

Oberhalb von Attimis haben sich die Reste von zwei mittelalterlichen, zwischen 1250 und 1270 begonnenen Burgen der Grafen Attimis (auch Grafen Attems genannt) erhalten. Die Weiterfahrt geht über den Pass von Montecroce (267 m) zunächst zum Weinort **Nimis,** wo gleich am Anfang des Ortes linker Hand die im 12. Jh. erbaute, im 14. Jh. vergrößerte und veränderte **Pieve Santi Gervasio e Protasio** steht, deren Gründung auf das 7. Jh. zurückgeht. Wie der Grundriss auf einer Steinplatte beim Taufbecken veranschaulicht, entspricht das Mittelschiff der Breite des langobardischen Baus. Die abgelösten und wieder an ursprünglicher Stelle angebrachten Fresken (darunter auch Votivfresken) sind zumeist aus dem 14. und 15. Jh. Die schönen Fresken mit Engeln und Propheten unter den Bögen entstanden im 17. Jh. In der Hauptchorkapelle ein Mosaik von 1964. Dann erreicht man das Städtchen Tarcento, wo allerdings nur noch wenig an einstige Schönheit erinnert.

Reisen & Genießen

Hotels und Restaurants

Ein modernes Hotel liegt an der Staatsstraße SS 56, die Manzano mit Cormons verbindet. Ambitioniert und sympathisch ist das gute Restaurant mit regionalen Gerichten und garantiert frischem Fisch.

Hotel Campiello
Via Nazionale, 40
33048 San Giovanni al Natisone
Tel. 04 32 75 79 10
www.ristorantecampiello.it
DZ 130–140 €

Das Natisone-Tal aufwärts fahrend gelangt man zu einer Ortschaft mit einem ähnlich klingenden Namen. In San Pietro al Natisone befindet sich eines der wenigen Hotels im Tal. Zu dem Hotel Natisone gehören außerdem eine modern eingerichtete Ferienhäuserreihe und eine Pizzeria.

Hotel Natisone
Via Tiglio, 35
33049 San Pietro al Natisone
Tel. 04 32 70 90 64
www.hotelnatisone.com
DZ 75 €

Eine ruhige, doch etwas abseits gelegene Unterkunft bietet Zimmer im Wirtschaftstrakt der Villa Piccoli (s. S. 236). Das Hotel Il Borgo hat überraschenderweise nur einen Stern, dennoch hat jedes Zimmer ein Bad, zu dem eine Treppe hochführt. In dem Restaurant, das eine ausgezeichnete Küche bietet, sitzt man am offenen Kamin in anheimelndem Ambiente. (Mo und Di geschl.)

Hotel Il Borgo
Via Soleschiano, 24
Ortsteil Soleschiano
33044 Manzano
Tel. 04 32 75 41 19
www.albergoilborgo.com
DZ 60–80 €

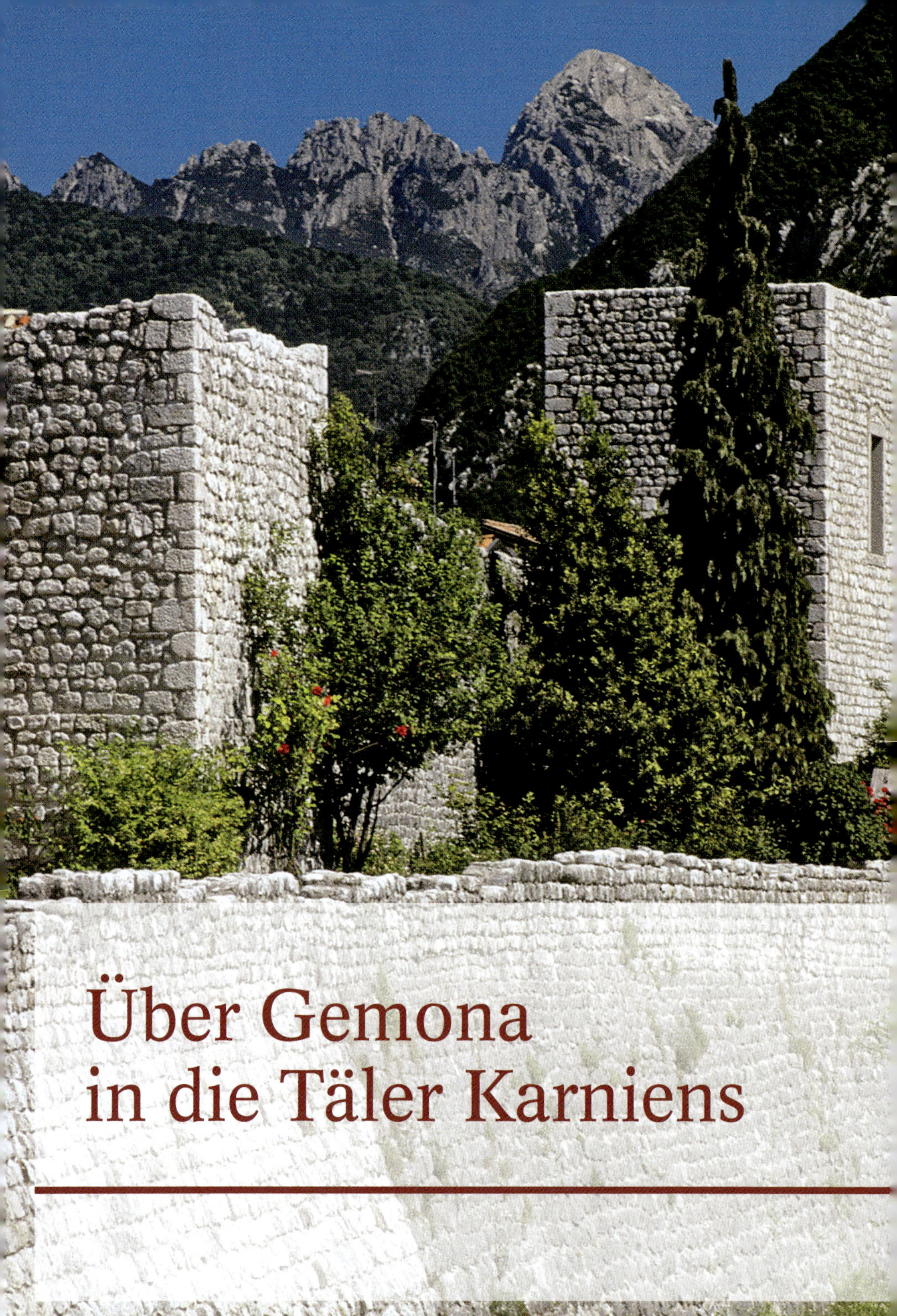

Über Gemona in die Täler Karniens

Gemona

Karte Täler Karniens S. 256

Über Gemona in die Täler Karniens

Besonders sehenswert: Gemona, Venzone

Gemona gehört zu den Städten des Friaul, die bei den Erdbeben von 1976 am stärksten getroffen wurden. Zwar hielt der alte Ortskern mit dem Dom, dem Kommunalpalast und der Burg dem Beben etwas besser stand als in Venzone, doch auch hier stürzten das rechte Seitenschiff des Domes und der Campanile ein. Sehr bald nach der Katastrophe begannen die Aufbauarbeiten, und bereits Ende der 1980er-Jahre waren Stadt und Dom weitgehend wiederhergestellt. Wenngleich viel von der Bausubstanz erneuert werden musste, gelang es den Architekten mit modernen Materialien wie z. B. Stahlbeton, zumindest wieder eine Vorstellung vom mittelalterlichen Ortsbild zu geben. Als man die Spuren der Zerstörung beseitigte, ging viel von der Atmosphäre des historisch Gewachsenen verloren. Dies – neben der Hügellage – mag ein Grund dafür sein, dass die Bewohner das neue Gemona weniger akzeptierten und Neubauten in der Ebene vorzogen.

Gemona wurde in erhöhter Lage am Rande des weiten Tagliamento-Tales erbaut, kurz hinter dem Durchbruch des Flusses in die Ebene. Der durch Gemona führenden antiken Straße, der Via Augusta, folgt die heutige Staatsstraße 13. Wie Venzone war Gemona im Mittelalter eine wichtige Zollstation für den Güterverkehr mit dem Norden. Kaufleute, die Gemona passierten, waren verpflichtet, sich für eine Nacht hier aufzuhalten und ihre Waren abzuladen. Damit besaß Gemona das sogenannte Niederlagrecht (›niederlach‹). Dieses war aber auch dem nur 13 km entfernten Venzone (s. S. 248) zugestanden worden: Grund genug für eine dauernde Rivalität. Sie wurde dadurch noch verstärkt, dass beiden Städten auch das Recht zugesprochen wurde, Wochenmarkt abzuhalten: Gemona 1184, Venzone 1252. Wie Venzone erlangte auch Gemona kommunale Selbstverwaltung mit eigenen Statuten und Sitz im Parlament der Patria del Friuli (1189). Der Landesherr, der Patriarch von Aquileia, beschränkte sich auf die Bestellung eines Capitano, der die Exekutivgewalt hatte. Mit etwa 5000 Einwohnern zählte Gemona im Mittelalter zu den bedeutendsten Orten des Friaul. In der ›Magnifica Comunitas Gemonae‹ ließen sich florentinische, lombardische und auch jüdische Kaufleute und Bankiers nieder.

Gemona ★

Besonders sehenswert: Dom Santa Maria Assunta

Touristeninformation
Piazza del Municipio, 5
Tel. 04 32 98 14 41
www.gemonaweb.it

Während Venzone erst um 1000 geschichtlich auftritt, war Gemona schon eine römische Ortschaft (*vicus*) an der Via Iulia Augusta. Wie Paulus Diaconus berichtet, zählte das Castrum Gemonae zu den sieben befestigten Orten zur Zeit der Langobardenherrschaft.

Dom Santa Maria Assunta

Am Fuße des Berges Glemina liegt der Dom Santa Maria Assunta, der seinen Beinamen Santa Maria della Pieve von einem kleineren, einschiffigen Vorgängerbau beibehielt. Wie man seit den Wiederherstellungsarbeiten nach dem Erdbeben weiß, wurde die Kirche in etwas

◁ Ansicht der Stadtmauer und der Porta San Genesio von Venzone

Detail der Fassade des Doms von Gemona. Das Thema der Galerie ist die Anbetung der Könige. Das Kind, dem die Anbetung gilt, sitzt auf dem Schoß der Muttergottes unter der höheren Mittelarkade. Dabei nimmt Maria – die Titelheilige der Kirche – die Mitte der Fassade ein. Unter den Arkaden der rechten Seite der hl. Joseph und die Könige, denen ein Engel den Weg weist, links die Könige in der Anbetung und ihre drei Pferde mit einem Reitknecht

kleinerer Gestalt etwa im 12. Jh. erbaut, 1280–90 vergrößert und mit einer neuen Fassade versehen, sodass sie am Pfingstfest 1337 durch den Bischof von Parenzo (Istrien) erneut geweiht werden konnte. Vier Jahre später wurde der Bau des Campanile in Angriff genommen (1341–69), der beim Beben 1976 eingestürzt war. Den Eingang zum Vorplatz markieren zwei Obelisken, die von romanischen (wohl vom Portal des Vorgängerbaus stammenden) Telamonen getragen werden. In der Stützmauer des Vorplatzes sind zwei römische Grabreliefs von Ehepaaren eingelassen. Sie stammen aus dem 3. bzw. 5. Jh. n. Chr. und zeugen von der römischen Besiedlung Gemonas.

Santa Maria Assunta

tgl. 8.30–12, 14.30–18 Uhr, im Sommer bis 20 Uhr

Fassade

Eine Inschrift, links über dem Hauptportal, nennt das Jahr 1290 und den Meister Johannes: ANNO DOMINI MILESIMO CCLXXXX QUOD MAG. JOHANNES FECIT HOC OPUS. Vermutlich hat dieser Meister die gesamte Fassade gestaltet. Es handelte sich um eine Schaufassade, die größer ist als der Querschnitt der drei Schiffe. Doch wurde diese Fassade 1825 durch den Udineser Architekten Valentino Presani abgetragen und neu gestaltet. Das Untergeschoss wurde durch Pilaster unterteilt, unter den Gesimsen wurden Bogenfriese angebracht, Bildwerke und architektonische Elemente entfernt bzw. versetzt. Sogar die Position der Rundfenster wurde verändert.

Die aus dem Norden einreisenden Kaufleute sahen schon aus einiger Entfernung ihren **Schutzpatron,** den hl. Christophorus. Wie üblich wird der Riese, der das Christuskind trägt, überlebensgroß dargestellt. Hier erreicht er eine Höhe von etwa 7 m. Geschaffen wurde die kostbar gewandete Figur von einem Meister namens Giovanni Griglio im Jahr 1331.

Für italienische Kirchenfassaden ungewöhnlich ist die **Galerie** über dem Mittelschiffportal. Sie erinnert an die Königsgalerien französischer Kathedralen. Der französischen Gotik sind auch Details wie die Dreipassbögen und die dünnen Säulchen verpflichtet. Anders als in Frankreich sind hier allerdings keine alttestamentarischen Könige dargestellt. Dennoch handelt es sich um eine Art Königsgalerie, denn das Thema ist die Anbetung der Heiligen Drei Könige, d. h. die Epiphanie, die Erscheinung Christi vor den Magiern als den Repräsentanten der Welt. Den auffallend plastisch gearbeiteten Skulpturen ist eine gewisse Volkstümlichkeit eigen. Sie werden ebenfalls Griglio, dem ›Meister des hl. Christophorus‹, zugeschrieben. Reste der alten Bemalung blieben erhalten. Der Fries unter der Galerie mit Ranken und Apostelköpfen wurde erst 1825 vom Presbyterium hierher versetzt.

Auf der linken Seite der Fassade erscheint der thronende Christus in einer Nische (vor 1280). Links davon der Erzengel Michael als Seelenwäger, rechts die Märtyrerin Katharina (mit Inschrift). Die beiden Reliefs darüber, wohl vom Meister Johannes um 1280–93 geschaffen, wurden ebenfalls erst 1825 hierher versetzt. Sie zeigen die thronende Muttergottes mit Kind und zwei Heiligen sowie die Kreuzigung Christi.

Fassade des Doms von Gemona im 18. Jh., Kupferstich aus G. G. Liruti, »Notizie di Gemona ...«, Venedig 1771

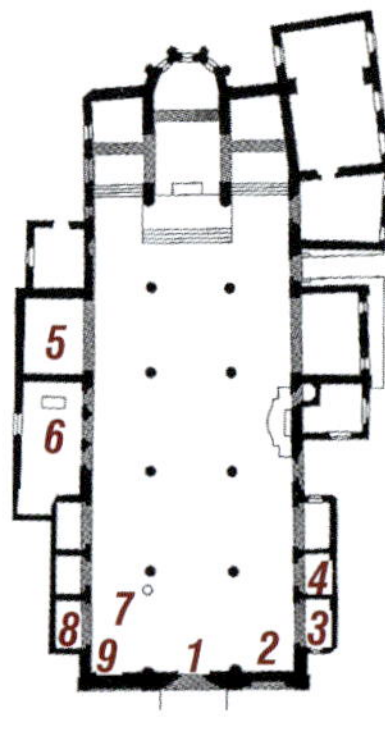

Dom von Gemona, Grundriss

1 Bemalte Orgelflügel von Giovanni Battista Grassi, 1575–77
2 Altarretabel von Moranzone, 1391
3 Holzkruzifix aus dem frühen 15. Jh.
4 Vesperbild (Pietà), 15. Jh.
5 »Thronende Muttergottes mit Heiligen« von Melchior Widmar, 17. Jh.
6 Römischer Grabaltar und Fragment eines Sandsteinkruzifixes
7 »Glocke Dantes«
8 Altarbild »Anbetung der Heiligen Drei Könige«, venezianisch, 16. Jh.
9 »Hl. Christophorus«, Freskenfragment des frühen 13. Jh.

Das große gotische Radfenster gehört zu den reichsten seiner Art in Italien. In zwei Kränzen überschneiden sich profilierte und ornamentierte Spitzbögen, was auch in einem räumlichen Vor und Zurück zum Ausdruck kommt. In der feinen Steinmetzarbeit stehen das Radfenster und die Königsgalerie in auffälligem Gegensatz zum kompakten, romanisch wirkenden Quaderwerk der Fassadenwand. Geschaffen wurde das Radfenster 1334–36 von einem Meister namens Buzeta, wohl nicht ohne Kenntnis lombardischer Vorbilder.

Das Relief im **Tympanon** des Portals zeigt den thronenden Christus als Weltenrichter mit seinen Passionswerkzeugen. Maria und Johannes der Täufer leisten Fürbitte für die Auferstehenden. Diese – noch in Leichentücher gehüllt – haben sich aus den Gräbern erhoben und wenden sich ebenfalls bittend Christus zu. Das Relief ist älter als die übrigen Fassadenskulpturen. Es stammt wohl von der Vorgängerkirche und ist vor 1280 entstanden. Seitlich der Archivolte, über den Portalpfosten, erkennt man die Apostel Petrus und Paulus. Die auf der Fassade stehenden freiplastischen Figuren vom Meister Johannes stellten ursprünglich Allegorien dar, später hat man sie in Engel umgewandelt, indem man ihnen Metallflügel gab.

Innenraum

Das Innere wurde mehrfach verändert, zuletzt im 19. Jh., als die Kapitelle des dreischiffigen Langhauses erneuert wurden (wohl nach originalen Vorbildern). Ursprünglich handelte es sich um eine Basilika mit offenem Dachstuhl und sieben Stützenpaaren. 1457–70 wurde das Langhaus (unter der Leitung von Elias und Bertrand aus Lugano) umgebaut. Dabei wurden die sieben quadratischen Pfeilerpaare durch fünf Rundpfeilerpaare ersetzt und die Seitenschiffmauern erhöht (die Position der ursprünglichen Pfeiler ist aus der Lage der Fensterachsen ablesbar). Schließlich wurde noch das gesamte Langhaus mit einem Kreuzrippengewölbe versehen. Die Kuppel über dem Presbyterium und auch die jetzige Form der Hauptapsis bestehen seit 1428–29.

Beim Rundgang durch das Dominnere bemerkt man über dem Eingangsportal bemalte **Orgelflügel (1)** mit der »Himmelfahrt Mariens«, gemalt 1575–77 von Giovanni Battista Grassi aus Udine. Zur selben Orgel gehören auch die im vorderen Teil des rechten Seitenschiffs hängenden Leinwandbilder von G. B. Grassi mit der »Vision des Ezechiel« und »Himmelfahrt des Elias in einem Feuerwagen«. An der Westwand steht heute ein hölzernes **Altarretabel (2)** mit 33 Reliefs (Szenen aus dem Alten und Neuen Testament), die 1391 der Venezianer Moranzone schnitzte (1600 durch Brand beschädigt).

Die erste Kapelle rechts ist den Opfern des Erdbebens von 1976 geweiht. Das **Holzkruzifix (3)** des frühen 15. Jh. wurde nach dem Beben schwer beschädigt in den Trümmern gefunden. In der folgenden Kapelle ein **Vesperbild (4;** Pietà) des 15. Jh. Das Altarbild **»Thronende Muttergottes mit Heiligen« (5)** in der fünften Kapelle links malte Mitte des 17. Jh. der Schweizer Melchior Widmar in Gemona.

Als Altarmensa der vierten Kapelle wurde ein römischer **Grabaltar (6)** verwendet. So finden sich auf der Vorder- und Rückseite je ein Delphin, auf dem ein geflügelter Genius reitet. Im auffallenden Gegensatz dazu stehen die grob ausgeführten Taufszenen, die etwa im 12. Jh. an den Schmalseiten hinzugefügt wurden, als der Sarkophag als Taufbecken diente. Dahinter, an der Wand: Fragment eines Sandsteinkruzifixes, wohl von Meister Johannes, um 1290 (vom Außenbau der Sakristei, wo jetzt eine Kopie zu sehen ist).

An der 1423 gegossenen **»Glocke Dantes« (7)** findet sich die erste Terzine des letzten Gesanges der »Divina Commedia«. Das **Freskenfragment (9)** mit dem hl. Christophorus aus dem frühen 13. Jh. wurde erst nach dem Erdbeben von 1976 unter späterem Verputz entdeckt.

Das 2007 eröffnete **Museum des Domschatzes** (an der rechten Seite des Doms) zeigt u.a. eine große Monstranz des Nicolò Lionello aus Udine, der auch als Architekt, u. a. der nach ihm benannten Loggia in Udine, wirkte.

Über eine Außentreppe gelangt man in die sogenannte **Krypta.** In Wirklichkeit handelt es sich um zwei ältere, miteinander verbundene Kapellen, die vom Dom überbaut wurden. Sie sind Erzengel Michael und Johannes dem Täufer geweiht. Die Freskenbemalung mit den beiden Kreuzigungsszenen stammt aus dem 14. Jh.

Palazzo del Comune

Bartolomeo de Caprileis entwarf den 1502 errichteten Palazzo del Comune, das Rathaus. Wegen dessen Beinamens Boton wird dieser Palast auch Palazzo Boton genannt. Der Udineser Architekt entschied sich für Formen der venezianischen Frührenaissance, behielt dabei aber das traditionelle Schema der oberitalienischen Kommunalpaläste bei: im Untergeschoss die Loggia für Versammlungen, Kundgebungen und Zeremonien, im Obergeschoss, das hier bemerkenswert niedrig ausfiel, der Saal für die Ratsversammlungen. Die Fenster sind nach dem Vorbild venezianischer Paläste angeordnet: im Zentrum eine Dreiergruppe mit Balkon, begleitet auf beiden Seiten von schmalen Rundbogenfenstern. Auffallen muss, dass das Erdgeschoss an der rechten Seite nicht wie links mit einem Pfeiler, sondern mit einer Säule abgeschlossen wird. Daraus ließe sich folgern, dass der Palast ursprünglich breiter geplant war. Dem widerspricht jedoch die streng symmetrische Anordnung des Obergeschosses. Vielleicht hatte der Baumeister mit dem Einsatz dieser Säule lediglich Vorsorge treffen wollen für eine eventuelle spätere Erweiterung.

Verheerend waren die Schäden des Erdbebens von 1976 vor allem in den äußeren Stadtbezirken. Die Kirche San Giovanni in Brolo wurde fast gänzlich zerstört. Von Santa Maria delle Grazie blieben nur das Portal und die Zugangstreppe stehen. Diese beiden Kirchen wurden nicht wieder aufgebaut. Die Burg von Gemona wurde ebenson weitgehend zerstört, befindet sich aber in einem langsamen Wiederaufbau.

Venzone

Venzone ★
Besonders sehenswert: Dom Sant'Andrea Apostolo

Wer heute das schmucke, belebte Städtchen besucht, kann sich kaum vorstellen, dass Venzone bei den beiden Erdbeben in Mai und September 1976 fast vollständig zerstört wurde. Aufrecht, wenn auch schwer beschädigt, stand danach allein noch der Kommunalpalast; dieser jedoch war bereits bei einem Bombenangriff am Ende des Zweiten Weltkriegs vollständig zerstört und in den 1950er-Jahren neu errichtet worden. Der Dom und die übrige Stadt bildeten dagegen nach dem Septemberbeben ein einziges Trümmerfeld. Kaum jemand hätte damals geglaubt, dass die mittelalterliche Stadt einmal wiedererstehen und der Wiederaufbau viel vom alten Ambiente zurückbringen könnte. Bei einer Umfrage, die Anfang der 1990er-Jahre von der Europäischen Union und der Zeitschrift »Airone« initiiert wurde, wählte man Venzone unter den kleineren Orten Italiens aus, in denen »das Leben angenehm« sei (»dove vivere è bello«). Dabei gab es noch 1980 keine Einigkeit darüber, ob Venzone überhaupt wiederaufgebaut werden sollte oder ob ein neues Venzone an anderer Stelle entstehen sollte.

Der schließlich durchgeführte Wiederaufbau gelang nur deshalb so überzeugend, weil man äußerst sorgfältig zu Werk ging. Man achtete darauf, dass jeder Stein möglichst an seine ursprüngliche Stelle zurückkehrte. Beim Gang durch Venzone wird man daher sehr häufig auf den Stein gemalte Nummern bemerken.

Niederlagrecht

Die Schlüsselposition im transalpinen Verkehr wusste das mittelalterliche Venzone bzw. dessen Feudalherren zu nutzen, indem von jedem durchreisenden Kaufmann Zoll verlangt wurde, und zwar in Ausübung des ›Niederlagrechtes‹: Dieses verpflichtete alle durchreisenden Kaufleute, in Venzone zu übernachten und ihre Waren umzuladen. Um zu verhindern, dass die Stadt umfahren wird, errichtete man Burgen an beiden Seiten des Tagliamento-Ufers.

Nähert man sich der Stadt von Süden, erkennt man sofort ihre besondere Lage. Venzone wurde dort erbaut, wo der Tagliamento die Voralpen durchbricht, um in das hier trichterförmig zulaufende ›moränische Amphitheater‹ zu treten. Der transalpine Verkehr – sowohl über den Plöckenpass als auch über Tarvisio durch den Canal del Ferro – führt über Venzone, wo die Karnischen und Julischen Voralpen zusammenstoßen, sodass man von einer ›Enge‹ oder ›Klause‹ sprechen kann. Venzone wurde daher auch ›Chiave delle Friuli‹ (Schlüssel des Friaul) genannt.

Die Rechte an der Klause Venzone hatte einst Kaiser Otto III. 1001 den Patriarchen verliehen. In der betreffenden Urkunde wird der Ortsname zum ersten Male erwähnt. Die Patriarchen übertrugen die Rechte auf Venzone nach 1214 den Herren von Mels. Diese wiederum gewährten der Stadt 1252 das Marktrecht und umgaben sie mit einem Mauerring. Doch der ›Schlüssel des Friaul‹ und die damit verbundenen Zolleinnahmen waren so begehrt, dass sich 1288 die Herzöge von Kärnten des Ortes bemächtigten.

Aber die Besitzer wechselten weiter. Vorübergehend hatten die Grafen von Görz (1323–36) und die Herzöge von Österreich (1351–65) Venzone in Besitz. 1381 erlangte die Stadt ihre Selbstverwaltung (wenn auch *de jure* immer noch den Patriarchen unterstellt), um 1420 mit dem Friaul der Republik Venedig angegliedert zu werden. – Man besichtigt den kleinen, übersichtlichen Ort gewöhnlich von Norden her, denn außerhalb der Stadtmauer gibt es einen größeren Parkplatz.

Rundgang

Die Hauptstraße (Via Roma, auch Via Nazionale genannt) führt zur zentralen Piazza Libertà. Sie wird beherrscht vom **Palazzo Comunale,** errichtet zwischen 1390 und 1410. Im Erdgeschoss öffnen sich schwere, rundbogige Pfeilerarkaden zur Loggia. In den Ratssaal des Obergeschosses führt eine Außentreppe hinauf. Diese wurde ebenso wie auch der Uhrturm erst 1505 unter der Herrschaft Venedigs errichtet. Man beachte die unterschiedlichen Fensterformen: die ursprünglichen, gotischen Biforien mit Dreipassbögen (wie sie in der Toscana verbreitet sind), und die nach einem Brand 1576 hinzuge-

Venzones Palazzo Comunale verkörpert den Typus des oberitalienischen Kommunalpalastes: ein zweigeschossiger Bau mit offener Loggia im Erdgeschoss und einem großen Ratssaal im Obergeschoss

fügten Renaissancefenster mit Dreiecksgiebeln. Der Markuslöwe am Turm wurde 1543 angebracht. Von einem Fresko Amalteos in der Loggia (1582) blieben nur Reste erhalten.

Der **Brunnen** wurde 1878 errichtet und wie alle übrigen Bauwerke Venzones nach den beiden Erdbeben von 1976 rekonstruiert. An der rechten Längsseite der Piazza, dem Kommunalpalast gegenüber, steht der **Palazzo Radiussi** mit venezianischen Fensterformen gotischen Typs und einem mächtigen Portal aus dem 18. Jh. Eine Passage führt in den großen Innenhof des Häuserblocks.

Folgt man wenige Schritte der Via San Giovanni steht man vor den Ruinen der Kirche **San Giovanni,** die noch nicht wiederaufgebaut wurde. Es war ein einschiffiger Bau mit drei Chorkapellen nach dem Typus der Bettelordenskirchen, errichtet Mitte des 14. Jh. Das dazugehörige Klostergebäude, ein Augustinerkonvent, stammt im wesentlichen aus dem 17. Jh. Auf der anderen Seite vom Hauptplatz führt die Via Santa Caterina zur **Porta San Genesio,** einem charakteristischen Torturm des frühen 14. Jh. Er gehört zu den Stadtmauern, die durch den Herzog von Kärnten wiederaufgebaut wurden, nachdem sie 1309 durch die Truppen des Patriarchen zerstört worden waren. Als eines der ersten Gebäude wurde dieses Tor nach den Erdbeben von 1976 durch das Denkmalamt rekonstruiert.

Der hl. Petrus auf der linken Archivolte des nördlichen Seitenportals des Doms von Venzone. Er steht auf dem gestürzten Kaiser Nero, rechts gegenüber entspricht diesem Paar der hl. Andreas und der Statthalter von Patras, Aegeas. Hier wird der Triumph über die Verfolger evoziert, die zugleich das überwundene Heiden- und Judentum verkörpern

Dom Sant'Andrea Apostolo

Wieder zurück auf die Piazza Libertà führt die Via Roma zum Dom Sant'Andrea Apostolo, der bei den Erdbeben 1976 weitgehend zerstört worden war. 1988 begann der Wiederaufbau, der 1995 so weit abgeschlossen war, dass der Dom am 6. August 1995 erstmals für den Gottesdienst geöffnet werden konnte. Der Besucher erkennt sehr schnell, welche Mauerteile nach den Beben noch aufrecht standen: Ein schmales Bleiband markiert die Linie, über der die wiederaufgebauten Teile beginnen.

Der Dom entstand in **zwei Bauphasen.** Der älteste Teil, das Längsschiff, stammt noch vom Vorgängerbau, den 1251 der damalige Lehnsherr Glizoio von Mels errichten ließ. Um 1300 wurde dann der Bau erhöht und um das Querschiff und die Choranlage erweitert, sodass er seine heutige Gestalt auf kreuzförmigem Grundriss erhielt. Dieser Dom wurde 1334 durch den Patriarchen Bertrand de Saint-Geniès geweiht und in den folgenden Jahrhunderten um drei Seitenkapellen erweitert. Von den beiden Türmen in den Ecken zwischen Chorbau und Querschiff wurde nur der nördliche aufgeführt.

Der Dom besitzt drei reich ausgestattete **Portale.** Ihre Schmuckformen zeigten noch romanisches Formengut. Das besonders aufwendig gestaltete, der Stadt zugewandte nördliche Seitenportal trägt die Inschrift: ANNO D(OMI)NI MILL(ESIMO) CCCVIII MAG(ISTE)R JOH(ANNE)S FECIT HOC OPUS (›Meister Johannes schuf dieses Werk im Jahre des Herrn 1308‹). Es war derselbe Meister Johannes, der auch am Dom zu Gemona seine Signatur hinterließ und wahrscheinlich auch für die Erweiterung des Doms von Venzone verantwortlich war. Das Tympanonrelief zeigt Christus in der Mandorla als Weltenrichter, umgeben von den vier apokalyptischen Wesen, die mit den Symbolen der Evangelisten bezeichnet werden. Links und rechts sind die Apostel Petrus und Andreas zu sehen. Auf den beiden Giebelschrägen stand vor dem Erdbeben eine plastische Gruppe der Verkündigung. Bald sollen Kopien diese Gruppe ersetzen, ebenso wie auch die Kreuzigungsgruppe (mit Maria und Johannes) über dem oberen Giebel und weitere freistehende Statuen über den anderen Portalvorbauten und den Strebepfeilern der Chorkapellen.

Am Vorbau über dem Hauptportal fand sich ein weiterer Meistername: SCACO ME FECIT. Das Tympanonrelief zeigte eine Kreuzigungsszene. Das qualitätvolle Werk hat die Erdstöße unbeschädigt überstanden, doch wurde es 1983 durch ein absichtlich gelegtes Feuer in der Dombauhütte schwer beschädigt. Es soll im Innern des Doms aufgestellt und am Portal durch eine Kopie ersetzt werden. Am Südportal ziert ein Relief der »Krönung Mariens« das Tympanon.

Wiederaufbau des Doms

Beim Wiederaufbau des Doms wurde für jeden einzelnen Stein neben einer fotografischen Dokumentation ein Katalog erstellt, in dem sämtliche Maße, jede Unebenheit, die genaue Lage im Trümmerhaufen, Wetterspuren etc. minutiös vermerkt sind. Auf Grundlage all dieser Daten wurde mit Hilfe von Computern schließlich die Rekonstruktion angegangen.

Innenraum

Betritt man das Innere, steht man in einem einschiffigen Kirchenraum mit einem stark ausladenden Querschiff, mit Seitenkapellen und drei Chorkapellen. Diese sind kreuzrippengewölbt und schließen nicht flach wie in Mittelitalien, sondern polygonal (mit fünf Seiten eines Zwölfecks) wie auch im Veneto üblich. Längs- und Querschiff des Laienraumes haben hingegen einen offenen Dachstuhl. Nicht ausgewogen ist das Verhältnis der Längsschiffbreite zu den drei Chorkapellen. Das noch von der Vorgängerkirche stammende Längsschiff hat weder die Breite der Hauptchorkapelle noch die der drei Chorkapellen zusammen. So enden die mächtigen Schwibbögen, die das Langhaus über die Seitenschiffe hinweg fortsetzen, unschön über den Eingangsbögen der Nebenchorkapellen.

Im Langhaus lassen sich an den Fensterformen die beiden erwähnten Bauphasen ablesen. Zuunterst extrem schmale, schießschartenartige romanische Fenster (in der Laibung des zweiten Fensters das Fresko eines Betenden), in höherer Zone dann gotische Fensterformen.

Trotz des vollständigen Einsturzes der Kirche blieben mehrere Werke der Ausstattung erhalten, wenn auch zum Teil nur fragmentarisch. An der rechten Langhauswand soll eine mehrfigurige Gruppe der **»Beweinung Christi« (1)** aus farbig gefasstem Holz aufgestellt werden. Um 1530–50 dürfte die Gruppe in einer süddeutschen Werkstatt entstanden sein. Sie zeigt stark in den Raum greifende, bewegte Gewandfalten, wie sie nördlich der Alpen zeittypisch sind, aber auch regelmäßige, zu stereometrischen Formen tendierende Kopfformen, die nicht unbeeinflusst sind von oberitalienischer Skulptur. W. Körte sah in ihr eine Arbeit aus dem Umkreis des Landshuter Leinberger, G. Marchetti lokalisierte die Gruppe ins Schwäbische.

Dom von Venzone, Grundriss

1 Beweinung Christi
2 Vesperbild
3 Friulanisches Holzkruzifix, 1. Hälfte 15. Jh.
4 Marmorziborium, 16. Jh.
5 Fresken, um 1340–50

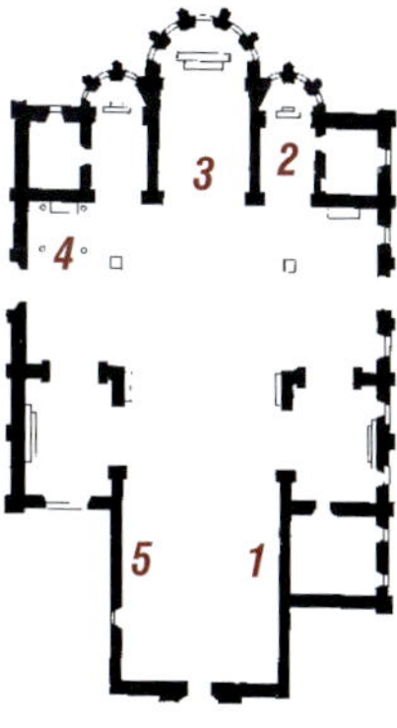

Für die Sakristei ist eine Klimaanlage vorgesehen, um Holzbildwerke (u. a. eine aus der Kirche San Giorgio stammende sitzende Madonna mit Kind aus dem Umkreis des Domenico da Tolmezzo) und liturgische Gewänder zeigen zu können.

In der rechten Chorkapelle steht über dem Altar wie vor dem Erdbeben ein **Vesperbild** (Pietà) des frühen 15. Jh. **(2).** Es handelt sich um ein bedeutendes, farbig gefasstes Sandsteinwerk deutscher Herkunft, von dem man im Steinschutt nur einzelne Teile gefunden hat. Nach der Bergung wurden die Köpfe Mariens und Christi jedoch entwendet und mussten durch Nachbildungen ersetzt werden.

Die Konsolen des Rippengewölbes der Hauptchorkapelle wie auch des Chorbogens sind als Engel und menschliche Gestalten ausgebildet. Steinmetzen aus der Werkstatt des Meisters Johannes dürften die Telamone ausgeführt haben. Über dem Altar der Hauptchorkapelle hängt ein **Holzkruzifix (3)** friulanischer Schule aus der ersten Hälfte des 15. Jh.

An der linken Langhauswand wurden zwei abgelöste **Fresken (5)** angebracht, die man 1970 in der linken Chorkapelle entdeckte. Das eine zeigt die Trinität in Form des Gnadenstuhles (Gottvater, der gekreuzigte Jesus und der hl. Geist in Gestalt der Taube), das andere zeigt den hl. Georg als Drachentöter in Gegenwart der Prinzessin; daneben die thronende Muttergottes mit Kind (deren Gesichter leider nicht erhalten blieben). Ein lokaler Meister dürfte die Fresken bald nach der Erweiterung des Doms, etwa 1340–50, gemalt haben.

Tolmezzo

Bei Tolmezzo öffnen sich die beiden wichtigsten Täler der Karnischen Alpen, das Tal des But und das Tagliamento-Tal. Von diesen Tälern zweigen wiederum alle anderen karnischen Täler ab. So ist Tolmezzo der verkehrstechnische Mittelpunkt der Karnischen Alpen, auch wenn es an deren Rand liegt, und konnte sich zum wirtschaftlichen und kulturellen Zentrum Karniens entwickeln.

Seit der Zeit um 1000 n. Chr. war Tolmezzo im Besitz der Patriarchen von Aquileia. Ein wichtiges Datum in der Stadtgeschichte ist das Jahr 1258, als Patriarch Gregorio da Montelongo der Gemeinde das Marktrecht für ganz Karnien zusprach und hier seine Burg errichtete. Der Ort erhielt 1275 vom Patriarchen die Stadtrechte und wurde bald darauf durch einen Mauerring geschützt. 1356 bestätigte der Patriarch Tolmezzo als führenden Ort Karniens, der seine Priviligien auch unter venezianischer Herrschaft (seit 1420) beibehalten konnte. Einen gewissen wirtschaftlichen Aufschwung erfuhr die Stadt im 18. Jh., als Jacopo Linussio eine Tuchfabrik gründete.

Bei den beiden Erdbeben von 1976 erlitt auch Tolmezzo schwere Schäden, die jedoch von den Besuchern kaum noch wahrgenommen werden, so vorbildlich ist der Ort wieder instandgesetzt worden.

Fremdenverkehrsamt
Piazza XX Settembre, 9
Tel. 04 33 4 48 98
info.tolmezzo@turismo.fvg.it

Rundgang

Man kann Tolmezzo bequem zu Fuß durchwandern, die charakteristischen Laubengänge erlauben dies auch bei schlechtem Wetter. Wir beginnen den Rundgang bei der Piazza Domenico da Tolmezzo, auf der Wochenmarkt abgehalten wird. Das schlichte Stadttor, die **Porta del Sotto,** stammt aus dem 15. Jh. Die Pläne werden Domenico da Tolmezzo zugeschrieben, der außer als Maler auch als Architekt wirkte. Das Sträßchen hinter dem Tor führt uns zur Piazza Mazzini (die eigentlich nur eine Straßenerweiterung ist). An der linken Platzseite (Nr. 11–12) blieb ein Haus aus dem 15. Jh. erhalten: die im gotisch-venezianischen Stil erbaute **Casa Janesi** mit zwei Biforien im Obergeschoss. Die Janesi weilten als Vertreter Venedigs lange in Spanien.

Schräg gegenüber befindet sich die Kirche **Santa Caterina,** ein Bau aus dem 18. Jh. Von Pomponio Amalteo, dem aus San Vito del Tagliamento stammenden Schüler Pordenones, ist das Altarbild mit der »Mystischen Hochzeit der hl. Katharina« (1537), bei der außer Katharina auch die Heiligen Lucia und Apollonia um den Thron Mariens stehen. Dominierend sind die Farben Grün und Orange. Der gedrängte Bildaufbau mit den weit gewandeten Figuren ist typisch für Amalteo. Die beiden Predella-Szenen zeigen, wie der Henker vergeblich versucht, Katharina durch das Schwert zu töten, und wie die Heilige dann den Märtyrertod auf dem Rad findet.

Bei der Kirche beginnt bereits die **Via Roma,** die als Verlängerung der Via Ermacora im Mittelalter den einzig befahrbaren Weg durch die Stadt bildete. Heute flankieren liebevoll gestaltete Fassaden mit Laubengängen die Straße. Das Haus Nr. 27 links war ehemals ein Konvent, von dem noch ein kleines, in die Fassade eingemeißeltes Christusmonogramm von 1484 zeugt.

Seit jeher ist die ›Piazza Grande‹, die heutige **Piazza XX Settembre,** das Zentrum der Stadt. Links neben dem Dom sieht man den schlichten Palazzo del Tribunale, ehemals der Familienpalast der Tolmezzaner Familie Garzolini, mit einem Wappen der früheren Kommune von Tolmezzo. Hier beginnt die parallel zur Via Roma verlaufende Via Renato del Din mit der auf das 16. Jh. zurückgehenden Casa Gortani (Haus Nr. 6) und – schräg gegenüber – dem Palazzo Frisacco aus dem 18. Jh.

Etwas zurückversetzt an der Piazza XX Settembre steht der **Dom San Martino.** Er wurde 1750–1764 durch den bekanntesten Friulaner Architekten, Domenico Schiavi, errichtet. Erst 1931 wurde die an palladianische Vorbilder angelehnte Fassade vollendet. Großzügig gestaltet ist der Innenraum, ein Saalraum, dessen Seiten von einer rhythmischen Travéefolge gegliedert sind und dem ein tiefer Altarraum angeschlossen ist.

Die beiden ersten Altarbilder rechts und das zweite Altarbild links sind von dem Venezianer Pietro Antonio Novelli. Das zweite Altarbild rechts zeigt die »Enthauptung des hl. Hilarius«, 1791. Der römische Legionär Hilarius erlitt 362 sein Martyrium unter Kaiser Julia-

Schule von Tolmezzo

Bekannt wurde das Alpenstädtchen durch die »Schule von Tolmezzo«. Dazu zählt man Maler wie Gianfrancesco da Tolmezzo, Bildhauer wie Domenico und Giovanni da Tolmezzo oder Giovanni Martini. Diesen Künstlern kam eine wichtige Mittlerfunktion zwischen alpenländischer Spätgotik und den Neuerungen der italienischen Renaissance zu.

Karnischer Webstuhl des 18. Jh. im Museo Carnico delle Arti Popolari. Das Bergland Karnien konnte durch seine Abgeschiedenheit viele alte Traditionen bewahren. Neben komplett eingerichteten Zimmern oder Küchen gibt es Trachten, Werkzeuge und Kleinkunstarbeiten, die das Museum zu einem der bedeutendsten volkskundlichen Museen Europas machen

nus Apostata. Seine Reliquien gelangten 1791 aus den römischen Katakomben nach Tolmezzo und wurden unter diesem Altar beigesetzt. Nach dem zweiten Altar, über der Seitentür hinter Glas ein Holzkruzifix des 16. Jh.

Am dritten Altar rechts »Madonna mit Kind, den Heiligen Franziskus, Hieronymus und Antonius sowie den Seelen des Fegefeuers« von Gaspare Diziani, etwa 1735–40. Charakteristisch für den in Belluno (Veneto) geborenen Diziani, der vor allem von Sebastiano Ricci beeinflusst wurde, sind die betont plastischen, in ruhiger Pinselführung gemalten Figuren, die gleichzeitig zu einer lebhaften Szenerie gefügt sind. Beachtenswert auch die Altararchitektur mit weißen und rosafarbenen Marmorsäulchen und Engeln.

Der von der Familie Linussio aus Venedig nach Tolmezzo geholte Hauptaltar zeigt ein Bild des Venezianers Francesco Fontebasso, »Madonna mit Kind und den Heiligen Martin und Karl Borromäus«, 1763. Fontebasso war ein weiterer Schüler Sebastiano Riccis und übernahm dessen Werkstatt nach seinem Tod. Später wandte Fontebasso sich

Tiepolo zu und entwickelte einen etwas gefälligeren Stil, der sich durch nervösen Pinselstrich und plastisch herausgearbeitete Figuren bei fast greller Beleuchtung auszeichnet.

An beiden Längsseiten des Kirchenraums, oberhalb der Gesimse der Kapellen, hängen Leinwandgemälde mit den zwölf Aposteln von Nicola Grassi, 1731–32. Der 1682 in Zuglio (Karnien) geborene Maler zählt zu den friulanischen Künstlern, die es in Venedig zu Ansehen brachten. Grassi wurde von mehreren Malern beeinflusst: von Sebastiano Ricci, Piazzetta, Tiepolo und Pittoni. Die Apostelbilder entstanden im Auftrag des Textilfabrikanten Linussio.

Rechts vom Dom geht die von Bogengängen begleitete **Via Cavour** ab, die den Domplatz mit der Piazza Garibaldi verbindet. Dort an der Ecke rechts, Nr. 11–12, die **Casa De Gleria** mit einem Wappen der Familie Torriani (Adler über vier Türmen).

Der im 18. Jh. errichtete (und im 19. Jh. erneuerte) **Palazzo Campeis** mit seiner breiten, schlichten, rhythmisch gegliederten Front ist Sitz des **Museo Carnico delle Arti Popolari ›Michele Gortani‹**. Das 30 kleine Räume umfassende Museum gibt einen guten Überblick über die Volkskunst und Kultur Karniens vom 14. bis zum 19. Jh. Alle Stücke wurden von dem unermüdlichen Sammler Michele Gortani (1883–1966) seit den 1920er-Jahren zusammengetragen, um das Leben und die Arbeitswelt der karnischen Bevölkerung zu dokumentieren.

Südlich des Zentrums von Tolmezzo, an der Via Pio Paschini, erinnern zwei Seitenflügel der spätbarocken Villa des Fabrikanten Jacopo Linussio an dessen ehemalige Tuchfabrik (heute eine Kaserne). Links von der Anlage befindet sich das kleine **Oratorium Santa Maria dell'Annunziata** von 1747, das den Gefallenen der Kriege geweiht ist.

Museo Carnico delle Arti Popolari Michele Gortani
Via della Vittoria, 2
www.museo carnico.it
Di–So (im Aug. tgl.) 9–13, 15–18 Uhr

Reisen & Genießen

Hotels

Im Zentrum von Tolmezzo wurde nach längerer Restaurierung 2003 das traditionelle Hotel Roma wiedereröffnet, leider jedoch nicht das Hotelrestaurant, das lange Zeit den Ruf eines der besten im Friaul hatte.

Hotel Roma
Piazza XX Settembre, 14
33028 Tolmezzo
Tel. 04 33 46 80 31
www.albergoromatolmezzo.it
DZ 100 €

In den von den Erdbeben 1976 zerstörten und wiederaufgebauten Städten Gemona und Venzone mangelt es an besonderen Hotels. Hotel Willy ist ein funktionelles und modernes Haus im Neubauviertel von Gemona.

Hotel Willy
Via Bariglaria, 164
33013 Gemona
Tel. 04 32 98 17 33
www.hotelwilly.com
DZ 80 €

Alpentäler nördlich von Tolmezzo

Tolmezzo ist idealer Ausgangspunkt für Exkursionen durch Karnien, von hier aus lassen sich die zahlreichen Täler, die hier meist Canali (statt Valli) heißen, bequem in Tagestouren erschließen. Wem genügend Zeit zur Verfügung steht, wird für jedes Tal einen ganzen Tag einplanen, schon wegen der landschaftlichen Schönheit. Wir haben drei Besichtigungstouren zusammengestellt, die sich nach Belieben verlängern, verkürzen oder miteinander verbinden lassen.

Wer bei seinen Fahrten in die Dörfer Paularo, Ovaro oder Comeglians kommt, um nur drei Beispiele zu nennen, steht immer wieder verwundert vor stattlichen Häusern, die ganz offensichtlich keine Bauernhäuser, sondern zum Teil sehr prächtige **Paläste** sind. Ihre Besitzer waren oft aus Venedig stammende Familien, die durch Holzhandel reich geworden waren. Holz war früher der wichtigste Rohstoff, als Brennmaterial, Baumaterial und zur Herstellung vieler Gebrauchsgegenstände. Nach der Rodung der Wälder in der Ebene ging man immer höher hinauf in die Täler der Alpen, weshalb man in ganz entlegenen Hochlagen plötzlich herrschaftliche Häuser aus dem 17. Jh. antrifft.

Diese Häuser haben eine ganz **eigene Typologie:** Zumeist besitzen sie einen zentralen, flach gewölbten Eingangsraum, in dessen Verlängerung eine oft ebenfalls gewölbte, zweiläufige Treppe folgt. Diese Häuser erinnern in ihrer kubischen Gestalt oft an venezianische Villen, haben mit diesen aber nichts gemeinsam, außer ihrer wohl rein zufälligen Ähnlichkeit in der äußeren Form. Die größte Besonderheit der alpinen Herrenhäuser und ihr verbindendes Merkmal über den

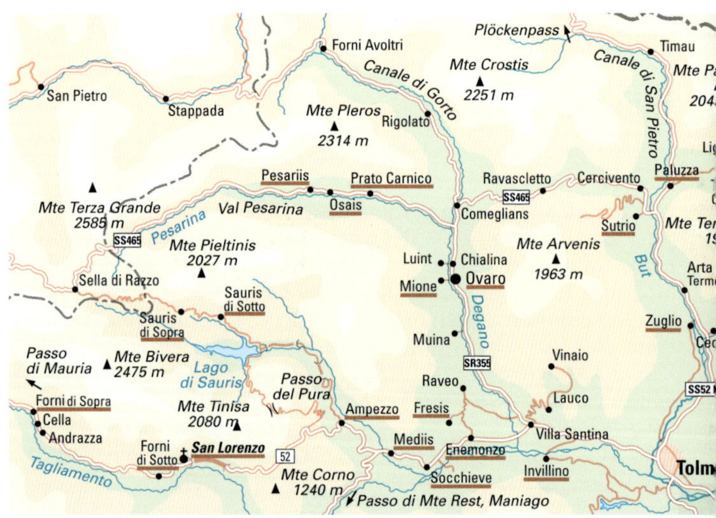

ganzen Alpenraum hinweg ist die Vorliebe für offene Lauben, Arkaden oder ganze Arkadenhöfe, wie man sie bei venezianischen Villen als Loggien merkwürdigerweise nicht baute. Im Kontrast aus gedrungener Verschlossenheit der nur wenig durchfensterten Fassaden und dieser großzügigen Öffnung zum Umland liegt der besondere Reiz dieser Häuser, die zu den großen kulturellen Schätzen Karniens gehören.

Museo Archeologico Julium Carnicum

Palazzo Tommasi Leschiutta
Via Giulio Cesare, 19
Juni–Sept. Di–So (Okt.–Mai nur Fr–So) 9–12 und 15–18 Uhr

Pieve San Pietro di Carnia

nur n. V.,
Tel. 04 33 9 20 18

Canale d'Incaroio und Canale di San Pietro

Der Ort **Zuglio** geht auf das römische Forum Iulium Carnicum zurück. Eine keltische Siedlung auf dem nahen Hügel San Pietro wurde um 50 v. Chr. römisch. Die Stadt wurde bald in die Ebene verlegt und zu einer *colonia* ernannt. Ihr Territorium reichte bis Tarvisio, ins Cadore und hinunter bis Spilimbergo. Die Stadt erhielt einen Bischofssitz, der beim Einfall der Langobarden auf den Hügel San Pietro verlegt wurde. Im Ortskern ist in zwei Häusern aus dem 16. Jh. das **Museo Archeologico Julium Carnicum** eingerichtet. Im Bereich der Ausgrabungen sind die Überreste des einstigen Forums aus claudischer Zeit (41–54 n. Chr.) zu beachten. Stufen und Säulenstümpfe künden von einer 38,50 x 75 m großen Anlage mit einem tetrastylen Tempel im Nordwesten und einer zweischiffigen Basilika im Südosten. Während in einer tieferen Erdschicht Spuren einer vorrömischen Straße erkennbar sind, verweisen andere Überreste auf die frühe römische Siedlung mit Häusern und Thermen.

Auf einem Hügel oberhalb Zuglios steht die älteste Kirche Karniens, die **Pieve San Pietro di Carnia** (ca. 3,4 km vom Forum). Bis ins Jahr

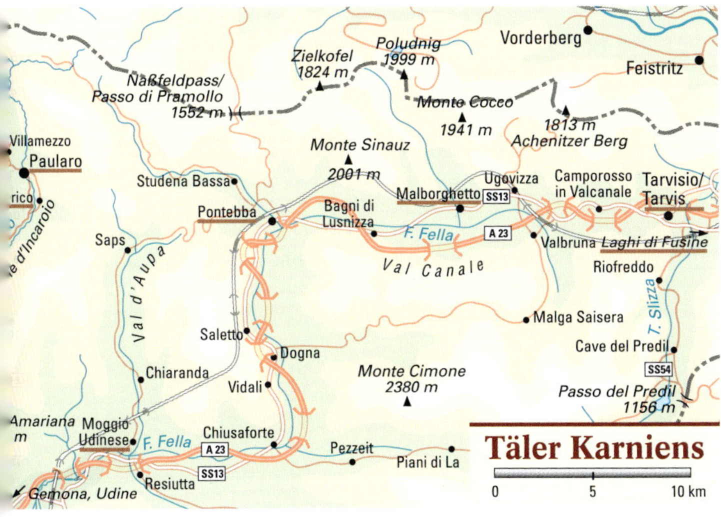

737 blieb der Bischof von Zuglio, der vor den Langobarden Zuflucht gesucht hatte, hier oben, um dann seinen Sitz nach Cividale zu verlegen. Der heutige Kirchenbau geht auf das Jahr 1312 zurück, wobei nur mehr wenige Details aus dieser Zeit stammen. Da ihn die Erdbeben 1976 stark beschädigt hatten, waren umfangreiche Restaurierungen nötig.

Die Vorhalle besitzt ein romanisches Biforium. Vieles, wie das Seitenportal von 1551 oder die Strebepfeiler aus dem 16. Jh., wurde später hinzugefügt. Das Presbyterium und das zweischiffige Langhaus mit Netzgewölbe, um 1500. Der Schnitzaltar mit reichem gotischen Dekor ist von Domenico da Tolmezzo, 1494. Die 18 Holzfiguren dieses bedeutenden Altars wurden 1981 gestohlen, ebenso die Figuren des Altars des hl. Antonius Abbas an der linken Wand. Von den Holzbildwerken blieb nur die zu einem anderen Altar gehörende Petrus-Figur (um 1460) zurück. Rechts vom Chor führt eine Treppe zur Sakristei mit Fresken von Giulio Urbanis, 1582. Vom kleinen Friedhof hat man einen schönen Ausblick in das Tal.

Von Zuglio fährt man auf der Hauptstraße ein Stück Richtung Tolmezzo, bis bei Cedarchis eine schmale Straße in das enge und von steilen, bewaldeten Hängen begleitete Tal des Chiarzo, genannt **Canale d'Incaroio,** abzweigt. Sie ist der ›Ring um den Berg Tersadia‹, eine kurvige und abwechslungsreiche Straße mit herrlichen Ausblicken auf den Chiarzo, die kleinen Orte des Tales und den über 2000 m hohen Monte Sernio im Osten.

Von der Kirche **Santa Maria Maggiore** in **Dierico** blieb bei dem Erdbeben 1976 nur die Apsis aus dem 16. Jh. verschont, der Rest des neogotischen Zentralbaus wurde inzwischen wiederhergestellt. Prunkstück der Kirche ist der Renaissancealtar des Bergamasken Antonio Tironi (etwa 1470–1528) mit geschnitzten und vergoldeten Figuren von 1522. In der unteren Nischenreihe: Madonna mit Kind, umgeben von Johannes dem Täufer und dem hl. Leonhard (links) sowie dem Apostel Petrus und dem Erzengel Michael. Darüber flankieren den hl. Georg im Drachenkampf links Papst Urban und der hl. Florian, rechts die Heiligen Vitus und Mauritius. Den oberen Abschluss bildet der Auferstandene Christus zwischen den Heiligen Katharina und Apollonia sowie Barbara und Lucia. Reich variiert sind die Körperhaltungen der Figuren. Die Behandlung des Sujets und eine durchaus sichere Hand bei den Proportionen, die zusammen bereits auf die Prinzipien der Renaissance verweisen, heben Tirones Arbeit deutlich von den Werken friulanischer Schnitzer seiner Zeit ab. Charakteristisch sind die überraschend individuellen Gesichtszüge, etwa bei der Madonna.

Santa Maria Maggiore

Falls die Kirche in Dierico geschlossen ist, kann man im Pfarrhaus gegenüber anfragen.

Die Fresken der Apsis gehen auf den ursprünglichen Bau des 16. Jh. zurück, sind aber übersät von den Spuren einer späteren Putzschicht. Der Maler Giulio Urbanis aus San Daniele war hier tätig, wahrscheinlich 1598. Dargestellt sind Propheten, Heilige, Kirchenväter, Evangelisten, die Verkündigung und die nur schlecht erkennbare Geburt Christi.

Schnitzaltar von Antonio Tironi (1522) in der Kirche Santa Maria Maggiore in Dierico

Am Ende des Tales schmiegt sich der wohl auch schon zu keltischer Zeit besiedelte und vom hier noch jungen Chiarzo durchflossene Ort **Paularo** in eine Hügellandschaft ein. Schon von weitem erkennbar ragt auf einer Anhöhe die Kirche **San Vito** auf. Sie wurde 1745 von Domenico Schiavi aus Tolmezzo errichtet und 1850 mit einem Säulenportikus erweitert durch Giovanni Battista Bassi. Überraschend in diesem kleineren Gebirgsort wirken die stattlichen Paläste mit ihren auffallend kleinen Fenstern. Im Zentrum, direkt an der Brücke über den Chiarzo, steht der mächtige, über quadratischem Grundriss erbaute, weiß verputzte Palazzo Mocenigo Linussio Fabbiani aus dem 18. Jh., wohl vom Tolmezzaner Architekten Domenico Schiavi. Hinter der Brücke gleich links führt ein Sträßchen hinauf zum Palazzo Calice Screm, einem der schönsten Paläste ganz Karniens. 1591 ließ die Familie Calice diesen Bau vollendeter Proportionen, dessen einziger Schmuck seine Fenster und Portale sind, mit einem von Bogengängen gegliederten Hof (auf der Rückseite einsehbar) errichten.

Über die engen und steilen Gassen des Ortsteils Villafuori (das Sträßchen zurück und dann links den Berg hinauf, bald wieder links hoch) gelangt man zu dem mächtigen, streng gegliederten **Palazzo Calice Valesio** auf L-förmigem Grundriss des 18. Jh. Links vom massiven Eingangsportal kann man einen Blick auf die Rückseiten des Palazzo werfen.

Palazzo Calice Valesio

Die Innenbesichtigung ist nur im Juli und Aug. Mi, Sa und So 16 Uhr mit Führung möglich.

Detail des Schnitzaltars von Antonio Tironi in Paluzza

Über das idyllisch gelegene, stille Treppo Carnico gelangt man nach **Paluzza** mit seinen zum Teil noch erhaltenen alten Häusern. Der Ort liegt am Zusammenfluss des But mit dem Pontaiba. Nahe der Hauptstraße steht links die Kirche **Santa Maria,** ein 1924 neu konzipierter Bau, bei dem die Apsis des Vorgängerbaus aus dem 15. Jh. als Kapelle einbezogen wurde (die erste des rechten Seitenschiffs). Hier haben sich die ursprünglichen Fresken von Giuseppe Furnio erhalten, der 1555 für diesen Auftrag von seinem Heimatort San Vito al Tagliamento nach Paluzza gekommen war. Bedeutender ist der Schnitzaltar des Antonio Tironi (der auch den Altar von Dierico fertigte), entstanden 1508–10. Ganz unten thront in der Mitte der hl. Petrus, zu seinen Seiten Johannes der Täufer und der hl. Daniel, darüber die betende Muttergottes mit Kind, die von den Heiligen Paulus und Nikolaus flankiert wird. Den oberen Abschluss bildet der den Drachen tötende hl. Georg zwischen den Heiligen Hieronymus und Florian. Das Werk zeigt noch deutlich spätgotische Anklänge in der Ornamentik der Altararchitektur, dem rahmenden Blattwerk und auch in der Gewandbehandlung. Gleichzeitig versucht Tironi, sich den klassischen Figurenproportionen der Renaissance anzunähern und entsprechend der neuen Kunstrichtung real wirkende, rundbogige Nischenräume für die Heiligen zu schaffen.

Der **Canale di San Pietro,** das Tal des But, ist wesentlich breiter als das Chiarzo-Tal. Seinen Namen erhielt er wegen seiner Lage quasi im rechten Winkel zur Alpenkette, wodurch ein Kreuz gebildet wird, das man mit dem Petruskreuz in Verbindung brachte.

Wer den But hinauf einige Kilometer Richtung Norden fährt, stößt in **Timau** auf eine deutsche Sprachinsel, wie es sie auch noch in Sauris, nördlich des Val di Socchieve, gibt (s. S. 267).

Nur wenige Kilometer von Paluzza entfernt liegt jenseits des Flusses einer der ältesten Orte Karniens, **Sutrio.** Die Kirche **Sant'Ulderico,** bei der nur einer der zwei vorgesehenen, schlanken Glockentürme vollendet wurde, hat 1778–83 der in Karnien aktive Domenico Schiavi erbaut. Der hohe Saalraum im Inneren wurde zum Teil von dem Venezianer Pietro Antonio Novelli freskiert, der 1789 – im Jahr der französischen Revolution – für diese Arbeit nach Sutrio kam. Sie zeigen im Presbyterium »Jesus unter den Schriftgelehrten« und »Präsentation Jesu im Tempel«, in den Zwickeln die Evangelisten, an der Decke des Hauptraumes »Jesus erscheint den Jüngern«, in den kleinen begleitenden Feldern »Moses vor dem brennenden Dornbusch« und »Himmelfahrt des Elias«. Bei dem Fresko in der Lünette an der Innenwand der Fassade war der Sohn Novellis, Francesco, Mitausführender. Dargestellt ist »Die Schlacht am Lechfeld« (10. August 955), bei der der hl. Ulrich die Stadt Augsburg vor den Ungarn rettete.

Sant'Ulderico

Mo–Fr meist erst ab 19, Sa ab 16 Uhr, So zur Messe

Von hier aus kann man nun die knapp 8 km bis nach Tolmezzo zurückfahren, oder über die Staatsstraße 465 (durch die Val Calda) nach Comeglians weiterfahren und die Reise dann durch die Val Pesarina fortsetzen.

Canale di Gorto und Val Pesarina

Der Canale di Gorto ist das Tal des Flusses Degano, das darum auch Val del Degano genannt wird. Der Degano mündet bei Villa Santina in den Tagliamento. Bevor man in das Degano-Tal abbiegt, kommt man an **Invillino** vorbei, wo man nicht unbedingt anhalten muss, denn der berühmte Schnitzaltar wird seit dem Erdbeben 1976 im Museum des Udineser Palazzo Patriarcale aufbewahrt.

Oberhalb des Ortes liegt eine **Ausgrabungsstelle,** die in den 80er-Jahren des 20. Jh. für großes Aufsehen gesorgt hat: Auf diesem Hügel lag nämlich das von Paulus Diaconus erwähnte Castrum, das aufgrund seiner Lage das festeste des Landes gewesen sein soll und als einziges beim Awareneinfall nicht zerstört wurde. Die Grabungen brachten ein bemerkenswertes Ergebnis: Man fand eine spätantike Siedlung mit Werkstätten und Fernhandelsspuren, doch keinerlei Hinweise auf Befestigungen oder die Anwesenheit von gotischen, byzantinischen oder langobardischen Kriegern. Der Hügel lieferte damit den schon erwarteten Nachweis, dass es im spätrömischen Reich kein zentral organisiertes Befestigungssystem gegeben hatte und dass folglich im Mittelalter keine Burgen auf römischen Kastellresten begründet werden konnten. Bis heute sichtbar sind lediglich die frühmittelalterlichen Grundmauern von zwei Kirchen.

Hausaltar in einem karnischen Dorf

Landschaftlich reizvoll ist die Schlucht zwischen Lauco und Vinaio, die **Forra della Vindaia,** zu der von Villa Santina aus eine ca. 8 km lange Serpentinenstraße hochführt.

In **Ovaro,** im Ortsteil Cella, steht auf einem Hügel die **Pieve Santa Maria di Gorto** (auf der Hauptstraße aus Richtung Muina gegenüber der Bar Stuo links in die Via Langagna abbiegen, die über eine schmale Brücke über den Degano zur Kirche führt). Im Bereich der Apsis wurden Fresken aus dem frühen 13. Jh. freigelegt, die noch zur Vorgängerkirche gehörten. Von hier hat man einen schönen Blick über das Tal mit dem Flüsschen Degano. Das Holzbildwerk des hl. Martin mit dem Bettler schuf Domenico da Tolmezzo um 1500 (aus San Martino in Ovara).

Oberhalb von Ovaro liegen die Dörfer Luint und Mione, in denen sich zwei besonders schöne Herrenhäuser erhalten haben. In **Luint** liegt das breite Haus am Dorfplatz, doch zeigt es eine eher schlichte Fassade, bei der lediglich die schönen Tore auffallen. Besonders schön ist aber die Rückseite, die auch von der Straße gut zu sehen ist: Hier ist ein aufwendig terrassierter Garten erhalten, wie er im Barock bei vielen Häusern im Alpenbereich entstand, selbst wenn hier von der Bepflanzung nichts mehr übrig ist. Aber das mächtige Haus mit seinem bunten Dach vor der herrlichen Alpenkulisse ist ein wunderschöner Anblick und macht verständlich, warum so viele Familien hier oben nicht nur Geld verdienten, sondern sich auch längere Zeit aufhielten.

Ganz ungewöhnlich und im ganzen Land berühmt ist das ›Haus der 100 Fenster‹, der Palast der Familie Micoli-Toscana in **Mione** aus

Blick auf Mione mit dem Palast der Familie Micoli-Toscana, der leicht an seinem grünen Dach zu erkennen ist

dem späten 18. Jh. Es handelt sich um einen typischen karnischen Kubus, der in der Hauptfassade die üblichen zwei Mittelfenster zeigt. Die Fassade weist zudem eine klassizistische Pilastergliederung auf. Das ungewöhnlichste Element des Hauses ist sein grünes Zeltdach, dessen glasierte Ziegel dem ganzen Bau etwas Unwirkliches verleihen. Vor dem Haus liegt ein quadratischer Vorgarten, der das Zentrum der perfekt erhaltenen Anlage mit ihren seitlichen Wirtschaftsgebäuden bildet. Auf der Weiterfahrt durchfährt man das kleine Chialina, in dem noch einige Häuser aus dem 18. Jh. stehen.

San Canciano Martire

Zum Besuch der Kirche wende man sich an Pfarrer Don Ruzzero (7–8 Uhr oder abends). Tel. 04 33 6 92 50

Prato Carnico in der Val Pesarina empfängt den Besucher gleich am Ortseingang mit einem schief stehenden Turm, dem Glockenturm der ehemaligen Pfarrkirche aus dem 15. Jh. Die heutige Kirche **San Canciano Martire** steht rechter Hand etwas erhöht. Sie ist ein Bau des 19. Jh., der drei Altäre aus früheren Jahrhunderten birgt. Das

Prunkstück, ein bemalter und vergoldeter Schnitzaltar von 1534, den Michael Parth aus Bruneck in Tirol (um 1475–1551) fertigte, ist aus Sicherheitsgründen nun vorübergehend in der Kirche San Leonardo in Osais (s. unten) aufgestellt. Die drei stehenden Schreinfiguren stellen die drei Märtyrer von Aquileia, Cantius, Cantianus und Cantianilla, dar, die Schutzheiligen von Prato Carnico. Auf den Innenflügeln Reliefs mit den Heiligen Petrus und Paulus. Die kleine Szene darunter zeigt die »Geburt Christi« sowie Johannes den Täufer und Johannes den Evangelisten.

Michael Parth wirkte wie Antonio Tironi und Giovanni Martini in der Zeit des Übergangs zwischen Spätgotik und Renaissance. Weitere Arbeiten von ihm finden sich in drei anderen Orten Karniens: in Sauris di Sotto, Sauris di Sopra und Mediis. Charakteristisch für seinen Stil sind die oft gedrungenen, in schwere Stoffbahnen gehüllten Figuren, in Prato Carnico mit auffallend symmetrischer Schrittstellung und schematisch behandeltem Untergewand bei den Schreinfiguren.

Bei den anderen Heiligenfiguren der Reliefs fällt die unterschiedliche Proportionierung durch größere Körper und kleinere Köpfe auf, ebenso auch die keck den Boden berührenden Gewandzipfel. Ein zweiter Altar in der Kirche (rechts vom Presbyterium) wird der Schule von Tolmezzo und dem Kreis um Giovanni Martini zugeschrieben. Die Arbeit aus der Zeit um die Mitte des 16. Jh. zeigt die drei Heiligen Fabian, Sebastian und Rochus, darüber eine Verkündigungsszene.

Zur Kirche **San Leonardo** in **Osais** geht kurz nach dem Ortseingang links ein Sträßchen ab. Eine Einfahrt vorher steht links das Haus der Familie Solari, bei der man den Schlüssel bekommt. Die Kirche geht auf das Jahr 1391 zurück, die Weihe war erst 1497. Als man Mitte des 18. Jh. die Errichtung eines neuen Gotteshauses beschloss, wurde die Apsis der Vorgängerkirche in die Planung einbezogen. Diesem Umstand haben wir es zu verdanken, dass die Fresken von Pietro Fuluto da Tolmezzo aus dem Jahr 1506 erhalten geblieben sind. Dieses erste uns bekannte Werk des Meisters entstand in enger Anlehnung an die qualitätvollen Fresken in der Kirche San Martino in Socchieve, die Gianfrancesco da Tolmezzo schuf. Wenn die Fresken in Osais qualitativ auch nicht an Gianfrancescos Arbeiten heranreichen, so vermitteln sie doch deutlich das Bemühen des Malers, landschaftliche Eindrücke der grünen Hügel oder steilen, karstigen Schluchten wiederzugeben.

Die Lünetten über den Heiligenfiguren füllen – bis auf die Verkündigungsszene ganz rechts – Szenen aus dem Leben des hl. Leonhard. Im Netzgewölbe zwischen Sonne und Mond als Schlusssteinen der ›Segnende Christus‹, umgeben von Heiligen, den vier Kirchenvätern und Evangelisten. Vor allem bei der Darstellung der Kirchenväter ist die Nähe zu den Fresken in Socchieve besonders augenfällig. Im Langhaus der Kirche steht links ein Altar des 16. Jh. in Form einer Kirchenfassade mit einer Einfassung aus dem 17. Jh. Die kleinteilig verzierte und üppig ausstaffierte Arbeit in provinziell-groteskem Stil stammt von Girolamo Comuzzo. Das Holztriptychon aus dem spä-

Val Pesarina

Die Val Pesarina oder Valle San Canciano läuft parallel zu den Karnischen Dolomiten, die hier mit dem über 2314 m hohen Monte Pleros einen ihrer höchsten Gipfel haben. Das schmale Bett des Pesarina windet sich durch ein abwechslungsreiches und reizvolles Tal. Der typischen Architektur mit Häusern, deren Erdgeschoss gemauert ist, die Obergeschosse jedoch aus Holz gezimmert, begegnet man vor allem in den Orten am Ende des Tals.

Madonna mit Kind, Detail vom Schnitzaltar des Antonio Tironi in der Kirche San Leonardo, Osais

Casa Bruseschi
Nr. 37, den Schlüssel erhält man bei Herrn Licio Cleva im dritten Haus neben der Kirche.

ten 16. Jh. schuf Giovanni Antonio Agostini. Die gemalten Figuren des Georg und Blasius flankieren einen in Holz geschnitzten hl. Valentinus, darüber eine kleine Verkündigung und Gottvater. Die drei kleinen Predella-Szenen sind leider meistens zugedeckt.

Der Altar rechts ist eine Arbeit von Antonio Tironi aus Bergamo, dessen Altäre wir bereits aus Dierico und Paluzza (im Canale d'Incaroio) kennen. Oben die Heiligen Andreas, Leonhard und Gallus, unten Petrus und Johannes der Täufer neben der Madonna mit Kind. Bei diesem letzten Werk Tironis aus dem Jahre 1528 sind die Renaissanceprinzipien wie rechteckige Nischen für die Figuren, Ranken- und Groteskenschmuck, sogar verkröpftes Gebälk, klassische Proportionen und nicht zuletzt porträthafte Gesichter (sehr schön das der Madonna) selbstverständlich geworden.

Ein Ort von besonderer Atmosphäre ist **Pesariis** mit den wenigen, engen Gassen und seinen nach dem Erdbeben 1976 größtenteils vorbildlich restaurierten typischen Häusern. Die Berge im Hintergrund und das Tal des Pesarina zu Füßen geben einen perfekt inszeniert wirkenden Rahmen dazu ab.

Die **Casa Bruseschi** war bis 1962 das Wohnhaus der Besitzerin. Nach ihrem Tod ging das Haus in den Besitz der Pfarrei über, die ein kleines Museum daraus gemacht hat: In den niedrigen Räumen, die von der Küche bis in das Schlafzimmer noch mit alten Möbeln ausgestattet sind, kann man einen ungewöhnlichen Eindruck von lokaler Wohnkultur über die Jahrhunderte hinweg erhalten. In der Pfarrkirche aus dem 19. Jh. befinden sich am Hauptaltar die Marmorfiguren der Titelheiligen Jakob und Philippus, geschaffen 1753 von Lorenzo Stefanatti. Die Figuren mit ihrem ein wenig affektiert wirkenden Hüftschwung flankieren ein Marmortabernakel mit einer kleinen Christusfigur.

Val di Socchieve

Während dieser Fahrt begleitet man auf der zweiten Hälfte der Strecke den Oberlauf des Tagliamento, der einen weiten Bogen südlich um den Monte Corno macht. Der Abstecher nach Sauris führt über verschlungene Bergsträßchen zu zwei deutschen Sprachinseln und dem künstlichen See von Sauris. In Forni di Sopra endet die Fahrt auf einer Höhe von über 900 m.

In **Enemonzo,** an dem kleinen Platz, der sich rechts direkt vor dem Anfang des Sträßchens Richtung Colza und Fresis öffnet, hat sich ein Jugendstilhaus von 1910 erhalten. Eine gewundene Straße führt von hieraus bergauf, bis man nach einer Weile rechts an der kleinen Kirche **San Giorgio** aus dem 15. Jh. vorbeifährt (Schlüssel beim Pfarrer). Der Schnitzaltar mit dem Drachenkampf des hl. Georg ist eine Arbeit aus der zweiten Hälfte des 16. Jh., wohl aus der Werkstatt des Udinesen Francesco Floreani (um 1515–93). Die Apsis wurde 1515 unter anderem von Pietro Fuluto (den wir schon von Osais her kennen) freskiert, die Szenen zeigen am Triumphbogen die »Verkündigung« sowie Apostelfiguren, Kirchenväter und Heilige.

Im nahen **Fresis** kann man einen Blick in die Kirche **Santa Giuliana** werfen, deren Campanile die älteste Glocke des Friaul birgt (von 1358). In der heute als Sakristei genutzten ehemaligen Apsis eines Vorgängerbaus haben sich Fresken von Giulio Urbanis aus dem Jahre 1588 erhalten. Dargestellt sind die Kirchenväter, Propheten, Evangelisten und Heilige sowie eine schöne »Kreuzigung« und »Verkündigung«. Der vergoldete Hochaltar aus Holz stammt aus dem Jahre 1624, die Malereien wurden später hinzugefügt.

Höhepunkt einer Kunstreise durch die Val di Socchieve ist eine Besichtigung der kleinen Pfarrkirche von **Socchieve.** Das im 15. Jh. erbaute Gotteshaus **San Martino** ist mit seinem Portikus und der einfachen Fassade mit Glockenstuhl trotz der Veränderungen im 17. und 18. Jh. ein typisches Beispiel für die zahlreichen schlichten karnischen Kirchen am Rande der kleinen Ortschaften. Die Besonderheit der Kirche von Socchieve liegt in der Qualität ihrer Fresken. Wir stehen hier vor einem Hauptwerk des Gianfrancesco da Tolmezzo, des ersten eigentlichen Renaissancemalers des Friaul.

San Martino

Für die Besichtigung der Kapelle empfiehlt es sich, rechtzeitig die Küsterin anzurufen, die gerne aufschließt, Tel. 043 38 07 44.

In der Pfarrkirche San Martino von Socchieve malte Gianfrancesco da Tolmezzo sowohl die Fresken als auch die Altartafeln

Der in Socchieve geborene Künstler malte 1493 die verschiedenen Szenen und Figuren, die sich seit der Restaurierung Ende der 1980er-Jahre in hervorragendem Zustand befinden. Am Triumphbogen »Verkündigung« und die Heiligen Sebastian links und Rochus rechts. Unter den Märtyrerinnen, die die Laibung des Bogens schmücken, links die Inschrift des Künstlers mit dem Entstehungsjahr. Entlang der Wände des Altarraums die zwölf Apostel mit dem segnenden Christus (links) und zwei kleinere Szenen, der »Verkündigung« (am Chorbogen) und der »Geburt Christi« (rechts vom Fenster). Die Kappen des Kreuzgratgewölbes, dessen Grate Blätter mit verschiedenen Obstranken zieren, füllen die vier Kirchenväter vor kulissenartigen Aufbauten mit liebevoll dargestellten Details wie etwa aufgeschlagenen Büchern oder geöffneten Schreibpulten mit Tauchkerzen sitzend. Im Gemeinderaum links eine Gnadenstuhldarstellung, rechts »Hl. Martin mit den Bettlern«.

Gianfrancesco wurde zunächst durch die Malerei von Florenz und des Veneto, speziell die Malerschule Paduas, geprägt. Sein später stark linearer Stil verleiht den Figuren klare, manchmal etwas harte Umrisse, wie man sie etwa von älteren Arbeiten der Vivarini aus Murano kennt. Eine besondere Intensität des Ausdrucks geht dabei mit betonter Plastizität der Dargestellten einher. Erst am Ende seines Schaffens können wir Gianfrancescos Bemühen um eine weichere Oberflächenbehandlung wahrnehmen (etwa in Forni di Sopra). In Socchieve zeigt sich eine große Erzählfreude, die in dichten und mit Detailgenauigkeit geschilderten Szenen umgesetzt wird. Sie findet ihren Höhepunkt in der ein Jahr später ausgeführten Apsismalerei in der Pfarrkirche von Provesano. Den Kirchenpatron, den hl. Martin, wählte Gianfrancesco auch als zentrale Figur für den 1511 geschaffenen Altar, dessen Rahmung der Meister nach seinem plötzlichen Pesttod nicht mehr vollenden konnte. Der hl. Martin, der einem Armen soeben ein Stück seines Gewandes gereicht hat, ist seitlich von den Heiligen Sebastian und Rochus und oben von der Madonna mit Kind umgeben. Zu beachten sind auch einige Freskenreste aus romanischer Zeit, z. T. in der Sockelzone des Altarraumes, die aufgrund einer Inschrift in der Sakristei auf 1098 datiert werden.

Kurz hinter Socchieve erreicht man **Mediis,** einen kleinen Ort mit nur wenigen Sträßchen und Resten eines alten Mauerrings. Am Ende der Hauptstraße steht links die kleine Kirche **San Biagio** aus dem 16. Jh. mit einem Portikus aus dem 18. Jh. Im Inneren entdeckt man einen weiteren Altar von Michael Parth aus Bruneck, entstanden wohl um 1545.

San Biagio
Schlüssel für die Kirche erhält man nach Anruf bei Frau Fides, Tel. 043 38 03 65.

Mit dem etwa zehn Jahre früher geschaffenen Hauptwerk Parths in Prato Carnico lassen sich Maßwerk und Ornamentik vergleichen (wenngleich der Altar jetzt nicht durch ein Gesprenge, sondern durch ein Gebälk abgeschlossen wird). Ähnlich konzipiert wie in Prato Carnico sind auch die Heiligengestalten der Reliefflügel (Antonius Abbas und Mauritius). Gedrungener dagegen, von ganz anderer Gewandbehandlung, zudem lebensnaher Physiognomie und freierer Körperhaltung sind die Schreinfiguren (Muttergottes mit Kind zwischen dem hl. Blasius und dem hl. Florian). Auffallen muss der parallele, wie gekämmt wirkende Faltenverlauf der Umhänge, besonders aber – bei Maria und dem hl. Blasius – die bewegt-freie ›malerische‹ Faltenbehandlung bei den Untergewändern, die den Boden berühren. So hat man an einen anderen Meister gedacht, der die Schreinfiguren schuf. Wahrscheinlicher ist jedoch, dass Michael Parth in diesen Figuren erneute Erfahrungen mit süddeutscher Skulptur und Malerei im Kreis der Donauschule zum Ausdruck brachte. Die Schreinfiguren vertreten nicht nur eine spätere Stilstufe, sie sind von hoher Qualität in der Ausführung. Die Predella zeigt eine Pietà (Christus als Schmerzensmann, umgeben von Maria und Johannes). Im Gewölbe des Chores kann man noch (schlecht erhaltene) Fresken aus dem 15. Jh. erkennen.

Ampezzo wird im Jahr 762 erstmals in den Quellen genannt, nämlich als ›Gabe‹ an das Kloster von Sesto al Reghena (s. S. 309). Der in einer bewaldeten Hochebene liegende Ort weist noch einige typische karnische Häuser mit Holzbalkonen auf. In der Kirche San Daniele Profeta (erbaut ab 1762) im Hauptschiff nahe dem Eingang zwei hölzerne Barockaltäre von dem Venzonesen Giovanni Saidero.

Ein etwas längerer Abstecher führt direkt von Ampezzo rechter Hand hinauf zum **Lago di Sauris**, einem der größten Stauseen Karniens, der der Elektrizitätsversorgung dient. Auf 1212 m Höhe befindet sich das Örtchen **Sauris di Sotto**, eine deutsche Sprachinsel ähn-

In der Val di Socchieve bei Ampezzo

Saurischer Dialekt

Der in Sauris gesprochene Dialekt leitet sich nicht vom Neuhochdeutschen, sondern vom Mittelhochdeutschen ab. Auch für Deutschsprachige ist er daher nur teilweise verständlich, z. B. der Satz: ›Maina tochter ist junk.‹ Das Saurische hat Einflüsse aus dem Friulanischen, Italienischen und den Dialekten Kärntens sowie der Steiermark aufgenommen. U. a. hat es die Diphtonge beibehalten: ›groas‹ (groß), ›liecht‹ (Licht). Das neuhochdeutsche ›b‹ lautet im Saurischen ›p‹, z. B. ›i pin‹ (ich bin) oder ›prueder‹ (Bruder). Dem deutschen ›w‹ dagegen entspricht das saurische ›b‹: ›bolt‹ (Wald), ›bait‹ (weit).

lich Timau im Canale di San Pietro. In der im Laufe der Jahrhunderte mehrmals veränderten Wallfahrtskirche Sant'Osvaldo, deren Ursprung bis 1361 zurückreicht, wird als Reliquie der Daumen des hl. Oswald verehrt. Der sehenswerte Flügelaltar ist ein Werk des Tirolers Nikolaus von Bruneck von 1524, der mit Michael Parth zusammenarbeitete. Im geöffneten Schrein des Heiligen Oswald, Petrus und Paulus, die Reliefs der geöffneten Flügel zeigen »Verkündigung«, »Heimsuchung«, »Geburt Christi« und »Flucht nach Ägypten«. In der Predella eine Pietà, auf der Außenseite der Flügel Reliefs mit Heiligenfiguren.

Im noch höher, nämlich auf 1400 m, gelegenen **Sauris di Sopra,** einer weiteren deutschen Sprachinsel, findet sich ein eher für das Cadore denn für Karnien typischer Haustypus, für den die überwiegende Verwendung von Holz und die langen Balkone charakteristisch sind. In der im gotischen Stil erbauten (später mehrmals veränderten) Pfarrkirche **San Lorenzo** verdient ein weiterer Flügelaltar von Michael Parth Beachtung. Der Altar trägt dreimal das Datum 1551 und die Initialen M. P. und ist damit das letzte erhaltene Werk Michael Parths. Im Schrein stehen nicht mehr drei Heiligengestalten, wie bei den früheren Altären des Tiroler Bildhauers in Prato Carnico (1534) und Mediis (um 1545). Der Schrein wird jetzt von einer einzigen Szene, dem »Letzten Abendmahl«, eingenommen (so sinnvoll dieses Thema über der Altarmensa auch sein mag, kommt es doch nur selten zur Darstellung). Weitere Passionsszenen (Einzug in Jerusalem, Christus am Ölberg) finden sich an den geöffneten Außenflügeln. Die Außenseiten zeigen die »Verkündigung«. Die Schreinfiguren der Predella blieben nicht erhalten. Die beiden gemalten Darstellungen zeigen »Mannalese« (das Thema der Speisung aufnehmend) und die »Errichtung der ehernen Schlange« (Thema Heilung).

Wieder zurück nach Ampezzo, biegt man rechts ab Richtung Forni di Sotto. Nach einigen Kilometern erreicht man den Passo della Morte, kurz danach sieht man direkt an der Straße rechts die Kirche **San Lorenzo** aus dem 15. Jh. Gianfrancesco da Tolmezzo schuf die Fresken im (durch die Fenster einsehbaren) Inneren 1492, also ein Jahr vor dem Freskenzyklus in Socchieve. In der kleinen Apsis Apostel, Kirchenväter, Evangelisten und Propheten sowie das »Martyrium des hl. Laurentius«. Am Triumphbogen »Verkündigung«, darunter Heilige, auf der Bogeninnenseite das »Martyrium des hl. Sebastian«. Im Hauptraum links »Thronende Madonna mit Kind«. Der Name des Künstlers und das Entstehungsdatum der Fresken werden in zentraler Position (unter dem Fenster) von einem kleinen Kind gezeigt, das dem Betrachter auf einem gemalten Blatt Papier den Text der Signatur hinhält.

San Lorenzo

Schlüssel gibt es beim Sakristan, Haus Nr. 18, an der zur Kirche führenden Straße.

San Floriano

Besichtigung So nach der Messe um 10.30 und Mi 16–17 Uhr

In **Forni di Sotto** ist der größte Teil des Kulturguts durch Erdbeben zerstört oder in andere Orte gebracht worden. In der Pfarrkirche haben sich als sehenswerte Arbeiten rechts und links vom rechten Seiteneingang nur das geschnitzte Altarretabel mit den Heiligen Laurentius und Oswald aus dem 16. Jh. und eine spätgotische Madonna mit Kind erhalten.

In **Andrazza,** das verwaltungsmäßig zu Forni di Sopra gehört, birgt die kleine Kirche Santi Vito, Modesto e Crescenzo von 1626 ein Triptychon aus dem 17. Jh. mit drei in Holz gearbeiteten Figuren der Titelheiligen (Schlüssel in der Bar gegenüber).

In **Forni di Sopra** gibt es noch einmal Wandmalerei des Gianfrancesco da Tolmezzo zu sehen. Im Ortsteil Cella in der Kirche **San Floriano** aus dem 15. Jh. schuf der Künstler einen großen Freskenzyklus mit dem hl. Florian, den zwölf Aposteln, Heiligen und Märtyrerinnen sowie im Gewölbe Kirchenväter und Propheten. Es findet sich das Datum 17. April 1500. Teile der Ausmalung entstanden unter Mithilfe von weniger begabten Künstlern, etwa die Figur des hl. Valentin (links im Hauptraum) von Giampietro da San Vito, frühes 16. Jh. Verglichen mit den früheren Malereien Gianfrancescos kann man in San Floriano einen Einfluss durch das Spätwerk der venezianischen Maler Vivarini erkennen. Der Pinselstrich ist weicher, die Behandlung von Gewändern und Figuren fließender. Bei dem bekannten ikonografischen Schema, das wie schon bei früheren Bauten auch hier wieder Gewölbe und Wand gliedert, spürt man weniger Strenge in der Anordnung der Figuren, dafür aber eine ruhigere Hand bei deren Darstellung. Von Andrea Bellunello stammt der Altar des hl. Florian von 1480, eines der besten Werke des Malers, für den in kräftige Farben getauchte Figuren mit auffallend direktem Blick bei leicht geneigtem Kopf charakteristisch sind.

Fresko von Gianfrancesco da Tolmezzo in der Kirche San Floriano in Forni di Sopra

In der **Pfarrkirche** gegenüber, erbaut 1833–41, steht ein Altar Domenicos da Tolmezzo, um 1500. Die zentrale Madonna mit Kind ist wohl von Girolamo Comuzzo, 1646. Das Kirchlein **San Giacomo** im Ortsteil Vico besitzt noch ein bescheidenes gotisches Portal mit Verzierungen, daneben sind Freskenreste andeutungsweise erkennbar.

Nordosten: Val Canale – Canal del Ferro

Mit Rücksicht auf die zahlreichen Reisenden, die über die Tauernautobahn und Tarvisio ins Friaul gelangen, beginnen wir in diesem Tal die Besichtigung von Tarvisio aus.

Das hochgelegene **Tal von Tarvisio,** von Chiusaforte bis zur heutigen österreichischen Grenze, gehört historisch und kulturell zu Kärnten und kam erst nach dem Ersten Weltkrieg zu Italien. Hier spricht die Bevölkerung einen Kärntner Dialekt, die Bauernhäuser haben andere Formen, und die typischen breiten Dächer sind nicht mehr mit den italienischen Ziegeln gedeckt. Die Kirchtürme haben österreichische Hauben und die Dörfer ganz andere Strukturen. Wer sich für kulturelle Unterschiede interessiert, sollte offenen Auges von Chiusaforte über die alte Grenze fahren, die sich durch kilometerlange, unbewohnte Schluchten bemerkbar macht, während es auf der anderen Seite keine geografischen Grenzen mehr nach Kärnten gibt. In Chiusaforte gab es jahrhundertelang eine venezianische Festung, die den Eingang ins Friaul kontrollierte und ihn jederzeit sperren konnte.

Tarvisio

In Tarvisio treffen drei wichtige Straßenachsen aus Friaul, Kärnten und Slowenien zusammen. Der heute als Wintersportzentrum bekannte Ort führt seinen Namen gerne auf eine keltische Volksgruppe zurück, die Taurisker, die sich in den ersten Jahrhunderten nach Christus hier niedergelassen hatten.

Auch auf der ehemals österreichischen Seite sind Festungsbauten erhalten geblieben, wie die von Napoleon ausgebaute Anlage oberhalb von Malborghetto.

Wenige Kilometer hinter der österreichisch-italienischen Grenze liegt auf einer Anhöhe **Tarvisio** (Tarvis). Ab dem 11. Jh. war der Ort für Jahrhunderte dem Bamberger Domkapitel unterstellt. Der Bamberger Bischof gestattete den Tarvisianern 1456 zum ersten Mal einen jährlich abgehaltenen Markt, der heute noch als Messe durchgeführt wird. Seine Blütezeit hatte Tarvisio im 15. Jh. durch die Herstellung von Eisen. Das über den Suizza auf den Fella und dann Richtung Süden verschiffte Eisen gab auch dem Canal del Ferro (ital. *ferro* = Eisen) seinen Namen.

In der älteren verwinkelten Unterstadt, **Tarvisio Basso,** hat sich die kleine Kirche Madonna di Loreto aus dem 17. Jh. mit einigen Barockaltären erhalten. In **Tarvisio Alto,** der Oberstadt, befindet sich die 1445 begonnene und 1976 stark vom Erdbeben betroffene Kirche Santi Pietro e Paolo. Reste eines Christophorus sind an der Fassade erkennbar. Bei der Erweiterung der Kirche zur Piazza hin (um 1959) wurden die Fresken entdeckt, die heute im Inneren aufbewahrt werden. In der Apsis links Szenen aus dem Leben Mariae und Jesu, 15. Jh. Von 1562 stammen die weiteren Fresken mit dem ›Jüngsten Gericht‹ sowie (an der Wand gegenüber) »Jesus mit den Kindern« und »Kaiser Karl V. zu Pferd« (der 1532 in Tarvisio war). Zu beachten ist die Ähnlichkeit dieses Freskos mit Tizians Reiterbildnis Karls V., das 1548 entstand. Der Hochaltar ist eine barocke Arbeit, das Gestühl stammt aus einer deutschen Werkstatt, Ende 16. Jh. Drei römische Grabstelen befinden sich hinter der Apsis der Kirche, deren Glockenturm in nordischer Manier ein Zwiebelturm krönt.

Von den Befestigungsmauern Tarvisios aus dem 15. Jh. haben sich außer einem Mauerabschnitt zwei Türme erhalten, deren einer – achteckig – zu einem Baptisterium umgewandelt wurde. Davor und in unmittelbarer Nähe zur Hauptstraße verweist ein dreiseitiger Grabstein mit feinen Flachreliefs (»Kreuzigung«, »Trinität« und »Verkündigung«) auf römischen Ursprung.

Ein lohnender Abstecher führt in den Naturpark der **Laghi di Fusine** (Weissenfelser Seen), zu zwei auf über 900 m Höhe gelegenen Seen vor herrlicher Bergkulisse und dichtem Mischwald (auf der Landstraße Nr. 54 Richtung Fusine, dann rechts den Wegweisern nach).

Im Dorf **Malborghetto** hat sich auch ein sehr schönes Herrenhaus erhalten, das nochmals typisch für die Architektur der Täler ist: Die venezianische Familie Canal erbaute hier im 16. Jh. ein Haus, das bis heute Palazzo Veneziano genannt wird, selbst wenn kein Besucher den Bau als venezianische Architektur bezeichnen würde. Immerhin hat er im Inneren sogar den durchgehenden Mittelsaal, dafür aber an der Rückseite, und damit nach Süden, die beliebte Loggia alpiner Herkunft.

An einem weiten Bogen des Fella und am Übergang des Canal del Ferro in die engere Val Canale liegt **Pontebba.** Der Ort war wohl schon in der Bronzezeit eine kleine Siedlung, die Römer machten ihn dann im 2. Jh. zu einer Zollstation zwischen Illyrien und Italien. Bis 1919 bildete der mitten durch den Ort laufende Pontafler Bach (Torrente Pontebbana) die Grenze zwischen Italien und Österreich. Daher wurde im Ersten Weltkrieg der gesamte Ort zerbombt. Gleich nach der Unterführung der Bahngleise rechts sieht man links den **Palazzo Municipale,** einen kompakten, wuchtigen Bau mit Portikus von 1920, gebaut nach Plänen des Venezianers Carlo Contarini aus dem Jahre 1672, weshalb ein Markuslöwe die Fassade ziert.

»Auferstehung Christi«, Detail des Flügelaltars aus der Kirche Santa Maria Maggiore in Pontebba. Der Altar ist der erste und größte seiner Art im Friaul. Möglicherweise entstand er für eine Villacher Kirche, denn er hatte eine wichtige Vorbildfunktion, wie man aufgrund von Nachfolgearbeiten in verschiedenen österreichischen und süddeutschen Kirchen schließen kann

Die gotische Kirche **Santa Maria Maggiore** (zunächst ein Stück die Hauptstraße entlang, dann links) wurde 1504 errichtet und 1935 restauriert. Das Netzgewölbe der ersten beiden westlichen Joche und einige Joche der Seitenschiffe sind noch ursprünglich. Von Palma dem Jüngeren stammt das Bild in der Kapelle des linken Seitenschiffs, »Madonna mit den Heiligen Rochus und Sebastian«, 1616 mit barocker Rahmung von 1624. Gegenüber im rechten Seitenschiff eine »Madonna auf den Wolken« von Antonio Morocutti.

Prunkstück der Kirche ist der Flügelaltar im Chorraum, ein 1517 datiertes Meisterwerk, das einer Villacher Werkstatt zugeschrieben wird. Als Meisternamen wurden Sigismund Wolfgang Haller und Lienhard Astl genannt. Über den vier Kirchenvätern in der Predella unten sieht man im geöffneten Zustand die figurenreichen Szenen mit der »Krönung Mariens« im Schrein, »Geburt« und »Auferstehung Christi« am linken Flügel und »Anbetung Christi« und »Tod Mariens« am rechten Flügel. Den oberen Abschluss bildet ein Gesprenge mit Maria, den Heiligen Ulrich und Erasmus, Sebastian und Rochus, zwei Engeln sowie zuoberst dem Auferstandenen Christus. Die lichtdurchfluteten Falten der Gewänder sind im Parallelfaltenstil des frühen 16. Jh. gestaltet. In ihrer feinen Schwingung nehmen sie die Plastizität der Figuren zurück, ja scheinen in der »Krönung Mariens« die Gestalten in einen immateriellen, überirdischen Bereich zu rücken. Auch in geschlossenem Zustand zeigt sich die Qualität des Altars in den vier im Stil der Donauschule gemalten Tafeln »Verkündigung«, »Heimsuchung«, »Flucht nach Ägypten« und »Pfingsten«.

Das flussabwärts in der Valle d'Aupa gelegene **Moggio Udinese** war eine römische Gründung, entwickelte sich aber erst im 11. Jh. zu Füßen einer zwischen 1084 und 1086 gegründeten Abtei (die 1771 aufgehoben wurde). Der malerisch auf einem Hügel über dem Tal des Fella gelegene, erhöhte Ortsteil ist **Moggio Alto.** Hier befindet sich die Abtei von San Gallo bzw. der wiedererrichtete Rest der ehemaligen Klosterbauten, die das Erdbeben 1976 dem Boden gleich gemacht hatte.

Aus den Jahren 1757–63 stammt die restaurierte, ehemals nach Plänen des Udinesen Luca Andrioli dem Jüngeren errichtete Kirche mit barockem Saalraum, einem Hochaltar von 1717 und Fresken im Altarraum von Leonardo Rigo, 1893, die aus der Abteigeschichte erzählen. Orgel und Kronleuchter stammen aus dem 18. Jh. Durch eine Tür rechts vor dem Altarraum gelangt man in einen Kapellenraum mit einem in Nussbaum gearbeiteten Christus am Kreuz, geschaffen 1466. Rechts der Kirche führt der Weg hinab zum unterhalb der Kirche gelegenen Kloster, das heute von Klarissen bewohnt wird, und dem von modernen Konventsgebäuden umbauten Kreuzgang von 1548.

Kloster Moggio

Das Ansehen des Klosters von Moggio war im 14. Jh. auf seinem Höhepunkt, sein Einfluss reichte damals bis weit über den Canal del Ferro hinaus. Zu den berühmtesten Äbten gehört der hl. Karl Borromäus (1561–66).

Der trutzige Turm der Kirche gegenüber ist ein Überbleibsel der zerstörten Burg und seiner ehemaligen Befestigungsanlagen. Auf der Anhöhe über der Abteikirche sieht man den Turm des Kirchleins Santo Spirito (erbaut im 16. Jh., erneuert im 18. Jh.). Auf der kleinen Piazza unweit der Kirche steht noch ein Pranger mit der Inschrift ›supplicio di mal fattori, 1653‹ (Qual den Übeltätern, 1653).

Reisen & Genießen

Hotels

Im Zentrum von Sauris di Sotto liegt das Hotel Morgenleit mit einem hervorragenden angeschlossenen Restaurant. Die Terrasse davor bietet eine wunderbare Aussicht auf den Lago di Sauris.

Hotel Morgenleit
Piazzale Morgenleit, 59
33020 Sauris di Sotto
Tel. 043 38 61 66
alberghi.carnia.org/morgenleit
DZ 60–75 €

In der Umgebung von Sauris di Sotto, in der kleinen Ortschaft Lateis, findet man eine gemütliche Unterkunft, das Riglarhaus der Familie Schneider mit Restaurant.

Riglarhaus
Via Lateis, 3
33020 Sauris, Ortschaft Lateis
Tel. 043 38 60 13
alberghi.carnia.org/riglar
DZ 72 €

Zum Erkunden der Täler Karniens eignet sich das Hotel Salon in Piano d'Arta im Canale di San Pietro. Bekannt ist das familiär geführte Restaurant für eine verfeinerte karnische Küche, die uns auch nach einem einwöchigen Aufenthalt nicht enttäuschte.

Hotel Salon
Via Peresson, 70
33020 Piano d'Arta
Tel. 043 39 20 03
www.albergosalon.it
DZ 60 €

Im Tal Valcalca, das den Canale di Gorto mit dem Canale di San Pietro verbindet, findet man in Ravascletto das Hotel La Perla, ein typisch alpenländisches Hotel mit Restaurant und einem Wellnessbereich.

Hotel La Perla
Via S. Spirito, 43
33020 Ravascletto
Tel. 043 36 60 39
www.hotellaperla-carnia.it
DZ 40–46 €

Restaurants

Das neuere Restaurant La Miniera in der Ortschaft Villa Santina im Canale di Gorto serviert beste karnische Küche. (So abends und Mo geschl.)

La Miniera
Via Dante, 17
33029 Villa Santina
Tel. 04 33 75 05 58
obere Preisklasse

Ebenfalls in Villa Santina, im Zentrum der Ortschaft, bemüht sich der Besitzer persönlich um eine authentische karnische Küche. Zu den Soufflés, Fasanenpasteten, Agnolotti und anderen Köstlichkeiten verwendet er, entsprechend der Jahreszeit, Wildkräuter und Pilze. Und dies in einem gemütlichen rustikalen Lokal. (Mo geschl.)

Vecchia Osteria Cimenti
Via Cesare Battisti, 1
33029 Villa Santina
Tel. 04 33 75 04 91
mittlere Preisklasse

In Sauris di Sotto befindet sich in einem alten Palais des 18. Jh. ein Gasthaus mit ausgezeichneter Küche. Unbedingt kosten sollte man den hauchzarten Schinken. (Mi geschl., außer im Sommer und frühen Herbst)

Alla Pace
Via Roma, 38
33020 Sauris di Sotto
Tel. 04 33 8 60 10
untere bis mittlere Preisklasse

Pordenone und seine Provinz

Pordenone

Cityplan Pordenone S. 276
Karte Umgebung von Pordenone S. 285

Kommt man aus dem östlichen Friaul nach Pordenone, könnte man glauben, bereits in einer Stadt des Veneto zu sein. Venezianisch geprägt sind die Paläste mit ihren Rundbogenfenstern und ihren Laubengängen. Um so mehr überrascht es, wenn man erfährt, dass Pordenone jahrhundertelang in österreichischem Besitz war.

Pordenone und seine Provinz

Besonders sehenswert: Pordenone, Provesano, Spilimbergo, Abbazia Santa Maria in Sylvis, San Vito al Tagliamente

Geschichte

Eine Sonderrolle innerhalb des Friaul spielte schon das alte **Portus Naonis,** das Hafenstädtchen am Noncello. Es war in langobardischer Zeit als königlicher Hof (*curtis regia*) direkt dem König unterstellt und damit unabhängig vom Herzogtum des Friaul. Seit dem 9. Jh. war Portus Naonis mit seinem Territorium (das bis Zoppola, San Quirino, Valle und Fiume Piccolo reichte) in Besitz verschiedener Feudalherren: der Bischöfe von Padua, der Herzöge von Bayern (952–976), der Herzöge von Kärnten (976–983), der Familien Eppenstein, Spanheim und der Babenberger. Die Burg der Feudalherren, bzw. ihres Stellvertreters, des Burgvogts, lag etwa 2 km flussaufwärts, im heutigen Vorort Torre. Erst 1276 wurde eine zweite Burg in Pordenone erbaut. Nach dem Aussterben der Babenberger erhielten 1278 die Habsburger das Territorium von Pordenone, die es bis 1508 behielten. Porzenau, wie der Ort jetzt hieß, war damit eine österreichische Enklave inmitten des Patriarchenstaates. Während der Kriege zwischen Venedig und Kaiser Maximilian I. eroberten 1508 die Venezianer das Städtchen und gaben es anschließend dem siegreichen Feldherrn Bartolomeo d'Aviano zum Lehen. Mit dem Tode dessen Sohnes Livius fiel es jedoch an die Republik Venedig zurück.

Pordenone ★

Besonders sehenswert: Corso Vittorio Emanuele, Palazzo Comunale, Dom

Das Stadtbild Pordenones wurde vor allem im 14. Jh. geprägt. Als bedeutender Verkehrsknotenpunkt zwischen dem friulanischen Hinterland und dem Veneto, vor allem aber in seiner Funktion als Brückenkopf zwischen Österreich und der Adria entwickelte sich das Städtchen zu einem aufstrebenden **Handelszentrum** in der friulanischen Ebene. Der wirtschaftliche Erfolg zog eine wachsende Zahl von Bewohnern und den Bau neuer Paläste und Kirchen nach sich. Zweimal musste die Stadtmauer erweitert werden, um neue Viertel in das Stadtgefüge einzuschließen: zunächst das Gebiet um den Corso Vittorio Emanuele, dann das daran anschließende Gebiet bis zur Piazza San Giovanni Bosco.

Touristeninformation

Via Damiani, 2/C, Tel. 04 34 52 03 81, www.comune.pordenone.it

Bereits 1291 hatte Pordenone seine Statuten erhalten, 1314 wurde es von den Habsburgern offiziell zur **Stadt** ernannt. Seine besondere Stellung wurde auch von den Venezianern im 16. Jh. erkannt, die hier einen eigenen Provveditore (Gouverneur) einsetzten, wodurch Pordenone vom Statthalter in Udine unabhängig war. So blieb der Stadt ihre Eigenständigkeit in großem Maße erhalten. Durch den großzügigen,

◁ Uhrturm am Palazzo Comunale von Pordenone

von Napoleon begonnenen Ausbau eines neuen Straßennetzes im Friaul (darunter die heutige Nationalstraße Nr. 13, die ›Pontebbana‹) und auch der Eisenbahnlinien verlor der Hafen Pordenones im 19. Jh. endgültig seine Bedeutung. Stattdessen begann eine industrielle Entwicklung (vor allem Tuche und Elektrogeräte), sodass man bereits 1928 vom ›Manchester des Friaul‹ sprach, dem in den 60er-Jahren ein weiterer Aufschwung vergönnt war. Das 1968 zur Provinzhauptstadt aufgestiegene Zentrum ist heute einer der wohlhabendsten Orte des Friaul.

Pordenone

1 *Museo Civico d'Arte*
2 *Palazzo Comunale*
3 *Dom San Marco*
4 *SS. Trinità*
5 *Museo Civico delle Scienze*
6 *San Franceso*
7 *Burg*
8 *Santa Maria degli Angeli*

Paläste am Corso Vittorio Emanuele II

Ein Rundgang durch den alten Kern dieser modernen Stadt, die mit zahlreichen Einkaufsmöglichkeiten lockt, führt hauptsächlich entlang der alten Hauptstraße, des Corso. Ausgangspunkt ist die Piazza Cavour. Der schmale, gewundene Corso Vittorio Emanuele II (die frühere Contrada Maggiore) gehört zu den reizvollsten Straßenzügen des Friaul.

Am Anfang des Corso hat sich das Beispiel eines mittelalterlichen Palazzo des 13. Jh. erhalten, die **Casa Simoni** (rechts, Nr. 10B). Charakteristisch sind die beiden Fensteröffnungen mit geschweiften Bögen über einem weiten Bogen im Erdgeschoss. Wie bei weiteren Pa-

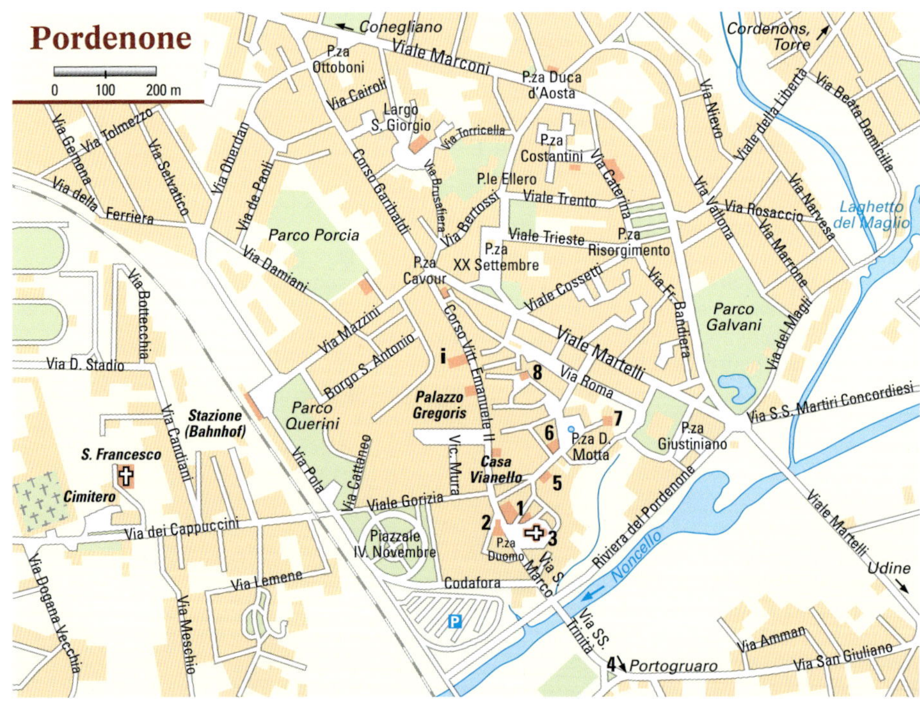

lazzi des Corso ist die ehemalige farbenfrohe Freskenmalerei leider nur mehr schlecht erkennbar. Die **Casa Odozzili-Rossi** (links, Nr. 17) wurde im 14. Jh. erbaut. Hier schmücken die wiederum mit geschweiften Bögen gestalteten Biforienfenster aufwendige Rahmungen. Wesentlich später, nämlich im ausgehenden 16. Jh., entstand gegenüber der **Palazzo Policreti-della Torre** (rechts, Nr. 16). Im pittoresken Innenhof kann man einen Blick auf Reste der mittelalterlichen Stadtmauer werfen.

Etwas weiter, auf der rechten Straßenseite, schließt sich das einstige **Teatro Concordia-Sociale** (Palazzo Ellero) aus dem Jahre 1831 an (Nr. 20). Der Architekt Giovanni Battista Bassi schuf die klassizistische Kolonnadenfront. Die **Casa Pittini** (links, Nr. 21L) ist wieder ein älterer Bau aus dem 14. Jh., dessen geometrische Fassadenmalerei noch schwach erkennbar ist. Der **Palazzo Gregoris** gegenüber (rechts, Nr. 44) wurde im Jahre 1684 von Domenico Rossi und Giuseppe Sardi erbaut und gehört zu den gelungensten Beispielen friulanischer Palastarchitektur des 17. Jh. Kein Bauwerk zeigt die besondere Stellung Pordenones klarer: Seine prächtige Fassade ist voller venezianischer Architekturelemente, beginnend mit dem Baumaterial, dem weißen Stein von Istrien, über die Fassadengliederung mittels horizontaler Steinbänder bis zu den Details von Fenstern, Balkonen oder Schlusssteinen. Nur die weiten Arkaden erscheinen als eine Konzession an die Umgebung. Die gedrückt proportionierten Rundbogenfenster erklären sich daraus, dass die Fassade einem anders strukturierten Baukörper des 16. Jh. vorgeblendet wurde. Ein Blick in den ansprechenden Arkadenhof bestätigt, dass es sich weniger um einen venezianisch, als um einen alpin geprägten Palast handelt. Solche Hofarkaden wie auch das angeschlossene offene Treppenhaus wird man in Ljubljana, dem alten Laibach, nicht aber in Venedig finden. Aber so ist die ganze Stadt: Die venezianische Mode erfasste Ende des 17. Jh. die ursprünglich friulanische Bevölkerung, die mit ihrer Sprache auch die Architektur wechselte, um sich zumindest den Anschein echter Venezianer zu geben.

Wiederum auf der linken Seite befindet sich der **Palazzo Torossi** (Nr. 39), eine späte Arbeit aus dem 18. und 19. Jh. mit elegant-aufwendig gestaltetem Serliana-Fenster in der Fassadenmitte. Daneben sieht man den **Palazzo Cattaneo** aus dem 16. Jh. (links, Nr. 41), dessen Architekt sich deutlich an venezianische Vorbilder anlehnte (man denke etwa an den Palazzo Mocenigo am Canal Grande).

Noch einmal auf der anderen Straßenseite führt der Weg zur **Casa Mantica** (rechts, Nr. 52 C), ebenfalls aus dem 16. Jh. Die Fresken von der Hand Pordenones sind leider fast verblasst. Der anschließende Bau ist der **Palazzetto Cattaneo** (rechts, Nr. 54) aus dem 18. Jh., dessen originale Freskenmalerei sich ein wenig besser erhalten hat. Sehr dekorativ ist der die Fassade durchziehende Fries mit sich überschneidenden Bögen.

Gegenüber steht die **Casa Vianello** (einst Palazzo dei Capitani) aus dem 14. Jh. (links, Nr. 45), die zwischen den gotischen Fenstern Fres-

Der Corso

... ist seit dem Mittelalter das Herz der Stadt. In den schattigen Laubengängen der ehemals von reichen Bürgern und Adel bewohnten Palazzi reihen sich heute elegante Geschäfte aneinander. In den vergangenen Jahren wurden einige der zum Teil arg verfallenen Bauten restauriert.

Museo Civico d'Arte
Palazzo Ricchieri Corso Vittorio Emanuele II, 51 www.comune. pordenone.it/ comune/strutture/ museoarte März–Sept. Di–Sa 15.30–19.30, So 10–13 und 15.30–19.30 Uhr; Okt.–Febr. Di–Sa 15–19, So 10–13 und 15–19 Uhr

ken mit geometrischen Mustern in Rot-, Grün- und Gelbtönen schmücken. Schräg gegenüber befindet sich der weiß verputzte **Palazzo Montereale-Mantica** (rechts, Nr. 56) aus dem 18. Jh.

Museo Civico d'Arte und Palazzo Comunale

Der im 15. Jh. errichtete und später mehrmals umgebaute Palazzo Ricchieri (links, Nr. 51) beherbergt das **Museo Civico d'Arte (1),** das Städtische Kunstmuseum. Die Fassade zieren kräftige kleine Balkone vor den zentralen Fenstern. Die ursprünglichen gotischen Fensterrahmen wurden – so weit noch vorhanden – freigelegt.

Der Rundgang beginnt im zweiten Obergeschoss. Man sieht zunächst eine Sammlung von Reliquiaren aus der Schatzkammer des Domes von Pordenone, darunter qualitätvolle Arbeiten des 15. Jh., u. a. ein vergoldetes Silberreliquiar in Form eines gotischen Kirchengebäudes mit vier Türmen. Zum Domschatz gehört auch das Kopfreliquiar aus Silber des 13. oder 14. Jh. Zu den Bildwerken in Holz zählt

Palazzo Comunale in Pordenone, Gesamtansicht der Fassade

eine farbig gefasste »Sitzende Muttergottes mit Kind«, ein Spätwerk von Andrea Bellunello, um 1490–94. Hervorzuheben ist auch ein aus Valeriano stammender Schnitzaltar (1509) von Giovanni Mioni da Tolmezzo (möglicherweise unter Verwendung von Figuren in der oberen Reihe seines Vaters Domenico da Tolmezzo). Die Predella zeigt die Trinität zusammen mit den Auftraggebern, den Mitgliedern der Bruderschaft Santa Maria dei Battuti, aus deren Kirche in Valeriano das Altarwerk stammt. Der »Thronende hl. Nikolaus« ist ein Werk von Bartolomeo dall'Occhio, 1503.

Zum wertvollsten Besitz zählen Gemälde von Giovanni Antonio da Pordenone: u. a. die »Pala di San Gottardo« (eine Sacra conversazione mit dem hl. Gotthard zwischen den beiden Pestheiligen Sebastian und Rochus), 1525, sowie die stark an den jungen Tizian erinnernde Szene aus der Kreuzlegende, die »Auffindung des hl. Kreuzes durch Kaiserin Helena«, um 1512–14, deren gedrehten Figuren man die Arbeit nach Gliederpuppen noch ansieht. Vom Taufbecken in Pordenone stammen die Tafeln aus dem Leben Johannes' des Täufers (Geburt, Predigt, Taufe Christi, Gastmahl des Herodes), um 1434. Nicht von Pordenone ist dagegen das 1840 abgelöste Fresko »Ländlicher Tanz« aus dem Palazzo Rorario, dem angeblichen Wohnhaus des Malers. Besondere Beachtung verdient eine Altartafel der »Verkündigung« von Gerolamo Savoldo, der aus Brescia nach Venedig kam und dort von Tizian beeinflusst wurde.

Der markante Campanile des Doms ist eines der Wahrzeichen von Pordenone

Das gesamte letzte Stück des Corso wird optisch vom **Palazzo Comunale (2)** dominiert, dessen Fassade eine reizvolle Kulisse am Ende der Straße bildet. Der kompakte, kubusartige Baukörper mit offener Loggia entstand zwischen 1291 und 1365 mit gotischen Stilmitteln zunächst ohne den Uhrturm, der erst um 1542 nach venezianischem Vorbild (Uhrturm an der Piazza San Marco) hinzugefügt wurde. Die Pläne hierfür zeichnete der Maler und Schüler Pordenones, Pomponio Amalteo. Das eigenwillige Äußere des Palazzo charakterisieren elegante Bogen- und Fensteröffnungen. Den Abschluss der Fassade bilden zwei relativ große Tabernakelaufsätze. Zusammen mit dem mächtigen Uhrturm und der geschwungenen Dachsilhouette ergibt sich so ein reizvolles Wechselspiel aus Wanddekor und Öffnungen, aus Licht- und Schatteneffekten.

Dom San Marco

In unmittelbarer Nähe erhebt sich an der Piazza Duomo mit zahlreichen Renaissancehäusern der **Dom San Marco (3).** In seiner heutigen Erscheinung ist er das Ergebnis mehrerer Umbauten, die auf den ersten spätgotischen Kirchenbau folgten (Ende 14. bis Mitte 15. Jh. unter Einbeziehung von Bauresten des 13. Jh.). Der in romanisch-gotischer Formensprache gehaltene **Campanile** (1219–1417) gehört zu den schönsten Italiens. In seiner klaren Gestalt mit dem kantigen Unterbau, dem 1616–21 hinzugefügten oktogonalen Aufsatz und dem

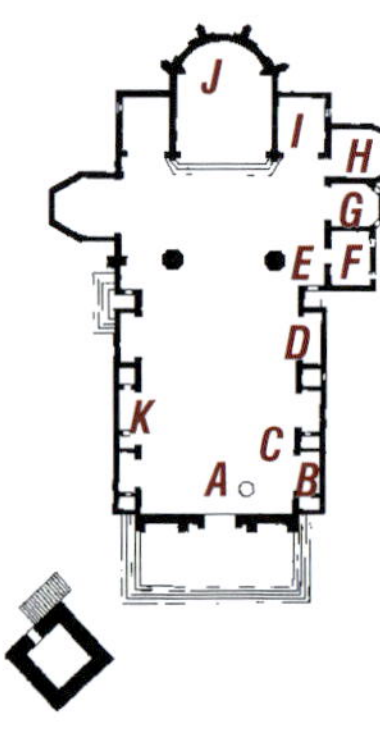

Dom von Pordenone, Grundriss

A Weihwasserbecken von Pilacorte, 1511 (1506?)
B »Mater Misericordiae« von Pordenone
C Heiligenfresken, 14. Jh.
D Altarbild mit Heiligen von Marcello Fogolino, um 1523
E Fresken von Pordenone
F Cappella Mantica
G Cappella Santi Pietro e Paolo
H Sakristei
I Cappella San Nicolò
J Altarbild von Pordenone
K ›Hl. Hieronymus‹ von Domenico Tintoretto, um 1595

eleganten Dekor der schmalen Triforien und der schmückenden Bogenfriese bildet er ein stilvolles Wahrzeichen Pordenones, das sich bei einem Spaziergang durch die Straßen der Stadt in immer wieder neuer Perspektive erleben lässt. Die unvollendete **Fassade** des Doms erhielt um 1840 ihr jetziges Aussehen. Das fein ziselierte Portal mit der Christusfigur von Antonio Pilacorte, dem Bildhauer aus der Gegend von Lugano, ist die einzige Umsetzung eines Plans, den Pilacorte 1501 selbst für die Domfassade entworfen hatte.

Das **Innere** bildet ein im 19. Jh. gestalteter, dreijochiger Saalraum, an den sich ein überkuppeltes Joch mit kurzen Querarmen in Gestalt von Kapellen und die Apsis anschließen. Zwischen Kuppelraum und Apsis vermitteln schräg gestellte, offene kleine Joche.

Das Bild der **»Mater Misericordiae« (B)** von Giovanni Antonio da Pordenone wurde zwischen 1515 und 1518 gemalt und ist das Hauptwerk aus der frühen Schaffenszeit des Malers. Es entstand im Auftrag des im Bild dargestellten Stifters, eines Bürgers von Pordenone. Schon bald nach der Fertigstellung lobten die Zeitgenossen die satt leuchtenden Farben, die heute – nach der letzten Restaurierung – wieder zum Vorschein gekommen sind. Auf Kritik stieß dagegen – bis heute übrigens – die Anordnung der Figuren und ihr Verhältnis zur Landschaft. Tatsächlich gibt es keinen Übergang zwischen den Figuren im Vordergrund und dem Hügelland, das die Hintergrundkulisse bildet. Die ihren Mantel in der Art einer Schutzmantelmadonna über den Stifterfigürchen ausbreitende Muttergottes steht zwar zwischen den beiden Heiligen Christophorus und Joseph (beide mit dem Christuskind!), bildet jedoch anschaulich nicht die Mitte. Dafür ist sie zu zurückhaltend neben Joseph, der den Betrachter keck aus seinen schmalen Augen anvisiert und ihm das Kind in virtuoser Verkürzung hinhält, und neben Christophorus, dem voranschreitenden und sich heftig drehenden Riesen. Zu verschieden sind die Charaktere der drei Gestalten, als dass ein stimmungsvoller Einklang im Sinne der »Sacra conversazione« eines Bellini entstehen könnte. Ohne kompositorische Verbindung, isoliert fast wie in einem Triptychon, nur ein wenig sich überschneidend, stehen die drei Figuren nebeneinander. Wird die Muttergottes in einem realistischen Größenverhältnis zu den sie flankierenden Heiligen gezeigt, so überrascht das Größenverhältnis der winzigen Stifterfigürchen zur Madonna. Dort herrscht wieder ein altertümlicher Bedeutungsmaßstab. Zeitgemäß, an den ältesten Werken eines Tizian orientiert, ist die Landschaft im Hintergrund. Verbindung zwischen den heterogenen Figuren und dieser Landschaft stiftet das Licht, das Atmosphärische. Die Farben sind – wie im Werk Pordenones kein zweites Mal – von seltener Leuchtkraft, und so zählt dieses Altarblatt trotz offenkundiger Mängel zu den stärksten Werken des Friulaner Malers.

Am rechten Kuppelpfeiler haben sich **Fresken (E)** von Pordenone erhalten: Der hl. Rochus entstand wohl 1515–18. Hoch ragt die Figur vor einer Säulenordnung auf, durch Pilgerstab, Reisebeutel, Pestwunde und Heiligenschein gekennzeichnet. Jedoch spricht die Figur den Betrachter auch ganz profan auf sinnliche Weise an: Leuchtend sind die

»Mater Misericordiae«, Ausschnitt des Altarbilds von Giovanni Antonio da Pordenone im Dom, 1515–18

Farben von Hemd und Mantel, gut gebaut ist der stattliche Körper, eher lasziv verweist die Linke auf die Wunde am Oberschenkel. Schön und markant ist das Antlitz des geneigten Kopfes mit Blick direkt auf den Betrachter. Man hat in diesem Bild ein Selbstporträt des Malers gesehen (s. S. 55).

Der rechts anschließend dargestellte Nothelfer, der hl. Erasmus, entstand einige Jahre zuvor, um 1512–14. Der Bischof von Antiochia erlitt sein Martyrium, indem ihm seine Eingeweide mittels einer (hier dargestellten) Winde aus dem Körper gezogen wurden. Nicht wie üblich im Bischofsornat wird Erasmus gezeigt. Spürbar ist vielmehr das Interesse Pordenones an der Darstellung des nackten Körpers und dem Einsatz von Licht und Schatten. Etwas gekünstelt wirkt die Haltung mit dem seltsam tänzelnden Schritt. Die folgende Madonna mit Kind wird ebenfalls Pordenone zugeschrieben, als Entstehungszeitraum nennt man die Jahre vor 1506.

In der **Cappella Mantica (F)** malte Pomponio Amalteo, ein Schüler Pordenones, im Jahre 1565 das Altarbild »Flucht nach Ägypten«. Charakteristisch für die Malweise Amalteos ist unter anderem die Neigung zu ungewöhnlichen Farbschattierungen oder extremen Bewegungen seiner Figuren. Beides ist besonders gut an der Madonna nachvollziehbar. Die Freskenausmalung der Kapelle stammt von einem weiteren Schüler Pordenones, Giovanni Maria Zaffoni, genannt Calderari, 1554–55. An der Decke, in den Lünetten und an den Wänden Szenen aus dem Marienleben und der Kindheit Christi. Die teilweise ungelenk gestalteten Fresken zeigen zumeist in dicke Draperien gehüllte Figuren. Über dem »Abendmahl« (linke Wand, links unten) eine Stadtansicht von Pordenone.

In der anschließenden **Cappella Santi Pietro e Paolo (G)** blieben Wandfresken aus dem 14. Jh. erhalten. Die Malereien der Lünetten des 15. Jh. zeigen phantasievolle Stadtansichten. Das Taufbecken schuf 1506 Antonio Pilacorte. Die von Pordenone gemalten Szenen aus dem Leben Johannes' des Täufers kamen ins Museo Civico und sind hier durch Kopien ersetzt.

In der **Sakristei (H)** kann man an der hinteren Wand ein 1503 datiertes volkstümliches Fresko der »Christi Himmelfahrt« sehen.

In der **Cappella San Nicolò (I)** blieben Fresken der vier Kirchenväter im Gewölbe und Szenen aus dem Leben des hl. Nikolaus erhalten. Gemalt hat sie wahrscheinlich Dario da Treviso (auch Dario da Pordenone genannt), vor 1459.

Das 1535 begonnene, unvollendet gebliebene **Altarbild (J)** »Christus und die Heiligen Markus, Sebastian, Johannes der Täufer, Hieronymus und Papst Alexander« ist ein weiteres Werk Pordenones. Das Marmortabernakel mit Engeln schuf Giuseppe Bernardi, 1764. Dahinter eine große Holzskulptur des auferstandenen Christus von 1634.

Rund um die Piazza della Motta

Von der Via San Marco aus gelangt man über eine Brücke über den Noncello zur Kirche **Santissima Trinità (4).** Der über einem achteckigen Grundriss errichtete Renaissancebau von 1550 ist an romanischen Vorbildern orientiert und mit gotischen Details ausgestattet. Im dem nur selten zugänglichen Inneren ein Freskenzyklus des Calderari aus dem Jahr 1555.

Zurück zum Corso, bis zur östlich abzweigenden kleinen Via Castello, führt der Spaziergang weiter bis zur Via della Motta. Gleich linker Hand (Nr. 7) befindet sich der **Palazzo Mantica** aus dem 16. Jh., dessen verblasstes Fresko »Urteil des Paris« Pordenone zugeschrieben wird. Etwas weiter steht rechts der restaurierte Palazzo Pisciutta

(Nr. 16), der Sitz des **Museo Civico delle Scienze (5).** Außer der naturwissenschaftlichen Sammmlung sind in diesem Museum provisorisch Fragmente einer Wandmalerei aus einer römischen Villa im Stadtteil Torre ausgestellt. Die Fragmente können als Darstellung einer Amazonenschlacht gedeutet werden.

Dem Museum schräg gegenüber steht der Palazzo Prata-Ferro aus dem 16. Jh., daneben die ehemalige Kirche **San Francesco (6),** gegründet 1416, die zusammen mit dem angeschlossenen Kreuzgang heute als Ausstellungsraum dient. Hinter der Piazza della Motta erhebt sich die 1276 von Philipp Ulrich von Kärnten errichtete **Burg (7),** das seit 1883 als Gefängnis diente.

Auf dem Weg zurück zum Corso Vittorio Emanuele II kann man noch einen Abstecher zur Kirche **Santa Maria degli Angeli (8)** vornehmen, die auch Chiesa del Cristo genannt wird (von der Piazza della Motta aus vorbei am Palazzo del Monte di Pietà, dem früheren Leihhaus, jetzt Städtische Bibliothek). Den 1309 errichteten Bau schmücken außen zwei fein ornamentierte Renaissanceportale. Das des Haupteingangs von 1510 mit Madonnenfigur und Engeln stammt aus der Werkstatt des Pilacorte (Seitenportal von 1551).

Durch die schmale Via del Cristo wieder am Corso und zurück zur Piazza Cavour erblickt man den mächtigen **Palazzo Baldini** (an der Ecke Piazza Cavour/Corso Garibaldi) aus dem 17. Jh. Im selben Jahrhundert wurde der Straßenzug des Corso Garibaldi angelegt, an dem noch einige weitere barocke Paläste erhalten sind.

Museo Civico delle Scienze

Via della Motta, 16 März–Sept. Di–Sa 15.30–19.30, So 10–13 und 15.30–19.30 Uhr; Okt.–Febr. Di–Sa 15–19, So 10–13 und 15–19 Uhr

Reisen & Genießen

Hotel

Eine relativ preiswerte Unterkunft in dem gepflegten Best Western Park Hotel findet man im Zentrum von Pordenone.

Best Western Park Hotel Park
Via Mazzini, 43
Tel. 043 42 79 01
33170 Pordenone
www.parkhotelpordenone.it
DZ 84 €

Restaurants

Wer eine kreative, fantasievolle Küche zu schätzen weiß, sollte die Fahrt zu einem der besten Restaurants des Friaul nicht scheuen. La Primula Antica ist in Relation zur Qualität nicht überteuert. Angeschlossen sind ein Hotel und die volkstümliche Osteria alle nazioni. (So abends und Mo geschl.)

La Primula Antica
Via San Rocco, 47
33080 San Quirino
Tel. 043 49 10 05
www.ristorantelaprimula.it
obere Preisklasse

In den überwölbten Gemäuern eines Konventsgebäudes des 13. Jh. werden traditionelle Gerichte serviert.

Vecia Osteria del Moro
Via Castello, 2
Tel. 043 42 74 01
www.laveciaosteriadelmoro.it
untere bis mittlere Preisklasse

Umgebung von Pordenone

Die zahlreichen kleinen Ortschaften rund um Pordenone lassen sich in einer Rundfahrt oder in mehreren Etappen besichtigen. Dabei wird Pordenone in zwei großen Bögen umfahren. Sehenswert sind vor allem Spilimbergo mit seinem Dom, die ottonische Abteikirche Santa Maria in Sylvis von Sesto al Reghena und das Stadtbild von Sacile. Entlang des Tagliamento finden sich zahlreiche kleinere, mit Fresken ausgestattete, doch nicht immer leicht zugängliche Kirchen, von denen die von Valvasone, Provesano und Prodolone besonders empfohlen seien.

Torre und Zoppola

Pordenones nordöstlichen Vorort **Torre** erreicht man über den Viale della Libertà. Im Ortskern angekommen, fährt man am Ende rechts und dann wieder rechts (dort Hinweisschild ›Castello‹). Die Ortschaft war bereits in vorrömischer und römischer Zeit besiedelt. Bereits 1950 durchgeführte Grabungen haben Reste einer römischen Villa des 2. Jh. zum Vorschein gebracht. Die abgenommenen Wandmalereien sind zur Zeit im Museo Civico delle Scienze von Pordenone ausgestellt (s. S. 282).

Eine Nekropole des 2. und 3. Jh. erstreckte sich von der Via Vittorio Veneto bis in den Innenbereich des Kastells, das die Grafen von Porcia in rechteckiger Form (und nicht in runder, wie sonst im Lande üblich) errichteten. Die Burg ist seit längerer Zeit unzugänglich, in ihr soll demnächst das Museo Archeologico del Friuli Occidentale eingerichtet werden.

Nahebei steht die Pfarrkirche **Santi Ilario e Taziano** mit einem Altarbild von Pordenone, »Madonna mit den Heiligen Antonius, Johannes dem Täufer, Hilarius und Tatianus«, um 1520. Im Vergleich zu dem früheren Bild der Sacra Conversazione in Vallenoncello

Burg von Zoppola

(s. S. 307) vermisst man hier die Intensität im Ausdruck der Figuren. Zudem driftet die Gesamtkomposition trotz der massiven (und reichlich düsteren) Architektur im Hintergrund seitlich auseinander und erhält durch die Haltung des Jesuskindes, in dessen Beinchen sich zwei Bewegungsachsen im Bild kreuzen, einen zwanghaften Akzent. Weihwasserbecken und Taufstein schuf Giovanni Antonio Pilacorte, 1532–33.

Eine der eindrucksvollsten Burganlagen des Friaul steht in **Zoppola** nur wenig östlich von Pordenone: Über rechteckigem Grundriss erhebt sich eine Burganlage italienischen Typus', der früher als römisches Erbe angesehen und als Kastelltypus bezeichnet wurde. Heute ist man jedoch eher geneigt, diesen auch im Norden ab 1300 verbreiteten Typus als Spätform anzusehen. Die Burg entstand in der Tat sehr spät, in der Mitte des 14. Jh., als der Herzog von Österreich als Feudalherr von Pordenone und Zoppola eine Burg zum Schutz seiner Besitzungen errichten ließ. Dieser Kernbau ist in der rechten Hälfte der Anlage zu vermuten. Anfang des 15. Jh. wurde sie Besitz des Patriarchen Panciera, der Burg und Herrschaft seinen Neffen abtrat, deren Nachfahren diese noch heute besitzen. Er selbst begann bereits mit dem Ausbau der Anlage, die an mittelitalienische Stadtpaläste und Rathäuser erinnert, was wohl von der stadtsässigen Patrizierfamilie bewusst gewünscht war.

Es handelt sich um eine Vierflügelanlage, die in der Mitte der Hauptfassade von einem hohen Turm überragt war, der leider nach dem Erdbeben 1976 abgetragen werden musste. Im Hof sind noch Fresken des 16. Jh. erhalten, die an den bemalten Palast in Spilimbergo erinnern und auch die Dekorationen der Fassade weisen den Bau eher ins 16. Jh.: so der typische Fassadenabschluss unter dem Dach mit seiner dichten Folge von Rechteckfenstern, die den Eindruck von Zinnen und Wehrgang erwecken. Gut erhalten ist das Vorfeld der Burg mit seinen Wassergräben und -brücken, den Bauernhäusern des 15. Jh. (mit Fenstern in Renaissanceformen) sowie der großen Familienkapelle rechts der Hauptfassade.

Valvasone

Touristeninformation

Via Erasmo, 1
Tel. 04 34 89 88 98
www.comune.valvasone.pn.it
Hier erhält man auch Informationen zur Besichtigung der Burg.

Mit seinen gut erhaltenen Häusern, den Laubengängen, der zum Teil noch stehenden Stadtmauer und der nach den Erdbebenschäden von 1976 im Wiederaufbau befindlichen Burg konnte sich Valvasone sein Ortsbild bewahren, das charakteristisch ist für das venezianisch beeinflusste westliche Friaul. Die **Burg** ist im Grunde eine Aneinanderreihung von Palästen, die sich über den Grundmauern der alten, fast kreisrunden Ringmauer erheben. Während die Hofseiten einen geschlossenen Fassadenring bilden, stehen die Außenseiten auf unterschiedlichen Ringen, weshalb die Bauten mal mehr und mal weniger vorspringen. Erbaut wurde die Burg zwischen 1252 und 1292 durch den Patriarchen von Aquileia Gregorio da Montelongo. Nach

Zerstörung durch die Truppen Rudolfs IV. von Österreich im Jahre 1363 wurde es ab 1518 erneuert. Es beherbergte Napoleon I., auch waren hier die Päpste Gregor XII. (1409) und Pius VI. zu Gast. Im größten Palast hat sich neben bedeutenden Freskenresten des 15. Jh. auch ein kleines Theater aus dem 18. Jh. erhalten.

Die Pfarrkirche **Santissimo Corpo di Cristo** wurde Ende des 19. Jh. im neogotischen Stil erneuert (Fassade, Fensterfüllungen). Sie birgt die einzige gut erhaltene venezianische Orgel des 16. Jh. Wenn auch mehrfach restauriert, ist sie noch heute bespielbar. Gebaut wurde das Instrument 1532–38 in Venedig durch Vincenzo de Columbi. Für die Bemalung der Flügel und der Tribüne verpflichtete man 1535 Pordenone, der bei seinem Tod im Jahre 1539 die Arbeit unvollendet hinterließ, sodass sie von seinem Schüler und Schwiegersohn Amalteo ab 1549 zu Ende geführt wurde (in Anlehnung an Pordenones Orgelflügel in Spilimbergo). Von Pordenone stammt wohl die Idee der Gesamtgestaltung, zumindest für die »Mannalese«. Die etwas ungelenken Figuren und gewollt originelle Details lassen auf die Hand Amalteos schließen, von diesem stammen wohl auch »Opfer des Isaak« und »Opfer des Melchisedech« der Innenseiten. Am Orgelkasten Szenen aus dem Leben Jesu von Amalteo. Das schlecht erhaltene Altarbild »Heilige Katharina von Alexandria« (1701) in der rechten Seitenapsis ist von dem Comasken Giulio Quaglio. Die expressiven Flachreliefs des Antependiums mit Lebensszenen der Heiligen werden Francesco Penso, genannt il Cabianca, zugeschrieben.

Burg von Valvasone

Fresken, Pietro da Vicenza zugeschrieben, in der Kirche Santi Pietro e Paolo von Valvasone

An der Hauptstraße des Ortes liegt die ehemalige Hospitalkirche **Santi Pietro e Paolo,** an der linken Wand des Langhauses und an der rechten Chorwand um 1500 mit Fresken ausgestattet, die Pietro da Vicenza (1467–1527) zugeschrieben wurden. Das Kreuzigungsfresko an der Eingangswand stammt aus dem 14. Jh. Von guter Qualität sind die Holzskulpturen der Heiligen Paulus und Antonius Abbas aus dem frühen 16. Jh., die um ein Kruzifix angeordnet wurden. Auf der Orgeltribüne steht ein venezianisches Positiv aus dem 17. Jh. Direkt gegenüber der Kirche befindet sich das Renaissancehaus Casa Fortuni mit einem ungewöhnlichen ›steinernen‹ Vorhang im Mezzaningeschoss.

Die kleine Kirche **Santi Filippo e Giacomo** im nahen **Arzenutto** wurde im 14. Jh. anstelle einer seit dem Hochmittelalter genutzten Grab- und Pilgerstätte errichtet. Der heutige, erweiterte Bau ist von 1469. Fresken aus dem späten 14. Jh. haben sich an den Langhauswänden erhalten (Votivfresken links, rechts u. a. eine Szene mit einem Gehängten). Von Andrea Bellunello ist die »Madonna zwischen Sebastian, Rochus und zwei Engeln«, 1480 (rechts vor der Apsis). Die Apsisfresken sind ein Werk von Giampietro da San Vito (1515) im volkstümlichen Renaissancestil mit einigen fortschrittlichen Elementen, etwa bei der Architektur. Neben dem »Jüngsten Gericht« an der Hauptchorwand und der »Kreuztragung« zwei Szenen aus dem Leben des hl. Philippus, der gekreuzigt wurde. Gegenüber: »Auferstehung Christi« und Szenen aus dem Leben des hl. Jakobus.

Santi Filippo e Giacomo

Schlüssel erhält man in Arzenutto im Haus schräg gegenüber, neben dem Waffen- und Sportgeschäft.

Der kleine Ort **San Martino al Tagliamento** besitzt in seiner Pfarrkirche heute zwei qualitätvolle Arbeiten, die aus dem Kirchlein des nahen Arzenutto stammen. Links der Schnitzaltar mit der Madonna und den Heiligen Philippus und Jakobus aus dem Umkreis des Domenico da Tolmezzo (um 1500). An der Wand gegenüber »Madonna mit Kind« in einem Holzschrein, spätes 15. Jh. Am Hochaltar ein Hauptwerk des Pordenone-Schülers Pomponio Amalteos »Christus in der Glorie mit den Heiligen Martin, Stephan und Johannes dem Täufer«, 1549. In lebhaften Farben sind die Heiligen in das Bild gesetzt, doch ohne überzeugende Gesamtgestaltung. An der Eingangsinnenwand wurde die Sinopie für das Chorfresko in Arzenutto angebracht. An der linken Außenwand der Kirche ein Renaissanceportal von 1508. Daneben ein noch relativ gut erhaltenes Fresko eines hl. Christophorus von Pordenone.

Reisen & Genießen

Hotel

Einladende Unterkunft, ausgezeichnetes Essen und sehr große Weinauswahl bietet im Zentrum von Valvasone das Gasthaus Alla Scala. Die zehn Zimmer sind unterschiedlich eingerichtet, z. B. für Reisende mit Handicap oder mit einer Kochnische.

Alla Scala
Via Cesare Battisti, 7
33098 Valvasone
Tel. 04 34 89 95 52
www.albergoallascala.com
DZ 80–105 €

Restaurant

In einem familiären Ambiente werden in dem Restaurant von Carla Tosolini täglich wechselnde Gerichte zubereitet. (Di geschl.)

La Torre
Piazza Castello, 11
Tel. 04 34 89 88 02
mittlere Preisklasse

Provesano

Provesano ★

Einer der schönsten Freskenzyklen des Gianfrancesco da Tolmezzo findet sich in der Pfarrkirche **San Leonardo** von Provesano (nahe der Hauptstraße; fast immer zugänglich). Sie wurde im späten 15. Jh. errichtet, im 18. und 19. Jh. umgebaut. Gianfrancesco da Tolmezzo, der Lehrer Pordenones, hat 1496 die Chorwand und das gesamte Presbyterium ausgemalt. Zentrale Szene ist die »Kreuzigung Christi«. Einige Motive weisen darauf hin, dass Gianfrancesco direkt oder indirekt Kenntnis von nordischen Malern hatte.

Kreuzigungsfresko in San Leonardo

In den Gewölbekappen sind – wie es im Friaul fast die Regel ist – Kirchenväter und Propheten dargestellt, an den Seitenwänden finden sich Szenen aus der Passion Christi, für die der Maler zum Teil Kupferstiche von Martin Schongauer benutzte. Unterhalb der Passionsszenen an der Altarwand und rechten Seitenwand Darstellungen der Hölle und des Paradieses (mit der Paradiespforte, durch die Petrus die frommen Seelen einlässt). Am rechten Triumphbogenpfeiler ein Fresko »Hl. Sebastian« (mit Inschrift), am linken Pfeiler »Hl. Rochus«. An der Chorwand rechts wurden 1513 Votivfresken der Muttergottes mit dem hl. Rochus und dem hl. Sebastian angebracht. Das Taufbecken ist von Pilacorte, 1497, von demselben Meister wohl auch das Weihwasserbecken.

Spilimbergo

Spilimbergo ★

Besonders sehenswert: Dom Santa Maria Assunta

Touristeninformation

Piazza Castello, 7/A
Tel. 04 27 22 74
www.prospilimbergo.org

Castello

Zugänglich sind der Palazzo Tadea, der als Rathaus dient, sowie der Palazzo Dipinto, in dem sich das Restaurant La Torre befindet.

Mit seinem Dom und seiner Burg zählt Spilimbergo zu den bedeutendsten unter den kleineren Orten des Friaul. Das wie auf einer Aussichtsterrasse auf dem westlichen Hochufer des Tagliamento erbaute Städtchen erhielt seinen Namen nach der Feudalfamilie der Spengenberg (italianisiert: Spilimbergo), die seit dem frühen 12. Jh. hier Burg und Ländereien besaß. In diesem Fall leitet sich also nicht der Familienname vom Ortsnamen ab, sondern, wie nicht selten im Friaul, die aus Bayern oder Kärnten eingewanderten Spengenbergs behielten ihren alten Familiennamen bei und übertrugen ihn auf Burg und Ortschaft. Wahrscheinlich kamen die Spengenbergs mit Patriarch Ulrich I. (1085–1121) ins Friaul. Ein ›Castrum de Spengenberg‹ wird jedenfalls in einem Dokument von 1120 genannt. Die den Spengenbergs als Feudalbesitz überlassene Burg gehörte zuvor wahrscheinlich der Familie Eppenstein, die im 12. Jh. hier Güter besaß.

Mit dem Tode Walterpertoldos II. um 1291 erlosch die Hauptlinie der Spengenbergs. Die Tochter Walterpertoldos vermählte sich mit Giovanni di Zuccola, und so bildete sich die Linie Spilimbergo-Zuccola. Die Besitztümer und die damit verbundene Rechtsprechung dieser Familie beschränkten sich nicht auf Spilimbergo. Sie übte ihre Herrschaft u. a. auch auf Solimbergo, Trusso, Valvasone und Zuccola aus. Burg und Ortschaft wurden immer wieder umkämpft, 1305 vom Grafen von Görz erobert, bis schließlich Spilimbergo 1420 unter die

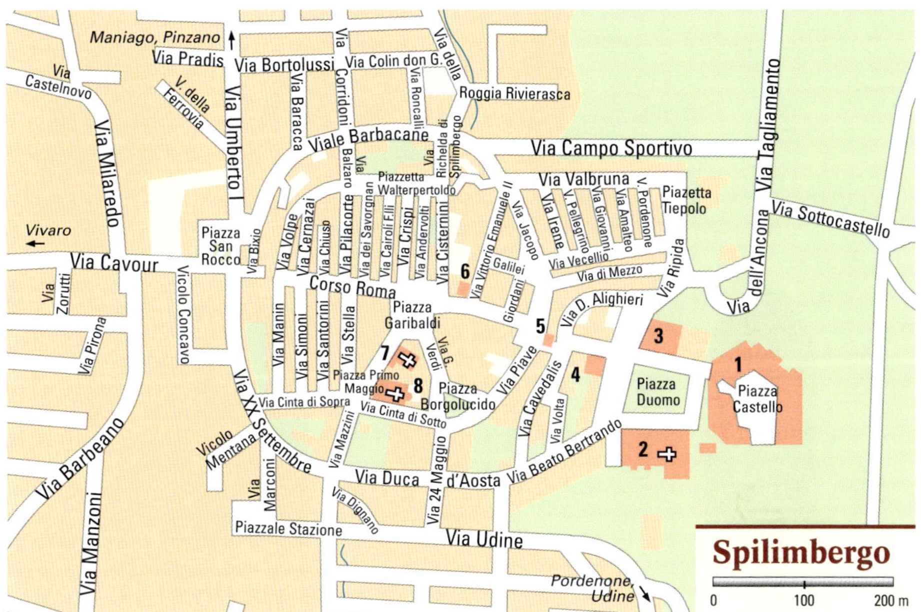

Herrschaft von Venedig kam. Doch konnte die Familie Spilimbergo-Zuccola weiterhin Hof halten. Zu ihren Gästen zählte Kaiser Karl V., der ihr den Titel eines Pfalzgrafen verlieh.

Nicht nur die Burg selbst war mit Wehrmauern befestigt, sondern auch der borgo, der Vorort, in dem Markt gehalten und Seide produziert wurde, dessen Bewohner jedoch hauptsächlich Bauern und Hirten waren.

Spilimbergo

1 Kastell
2 Dom Santa Maria Assunta
3 Palazzo della Loggia
4 Loggia del Daziario
5 Torre Orientale
6 Palazzo Monaco
7 San Giovanni Battista
8 Santi Giuseppe e Pantalone

Burg

Die ringförmige, von einem tiefen Graben umgebene **Burg (1)** betritt man über eine steinerne Brücke, die im 19. Jh. die ehemalige Zugbrücke ersetzte. Die mittelalterliche Burg fiel dem verheerenden Erdbeben von 1511 und einem folgenden Volksaufstand zum Opfer. So blieb außer der ringförmigen Anlage nur wenig von der älteren Bausubstanz erhalten. Die meisten Paläste wurden nach 1511 neu errichtet. Abgesehen von einer schmerzlichen Lücke im Süden reihen sich Gebäude aus der Zeit der Gotik und der Renaissance bruchlos aneinander. So hat man weniger den Eindruck von einer Burg als den von einer Schlossanlage.

Linker Hand sieht man zunächst den streng gegliederten **Palazzo Tadea,** 1566, einen schlichten Renaissancepalast mit schmückender Serliana über dem Eingangsportal. Im Inneren ein großer Saal mit Stuckdekoration aus dem 16. Jh. Im rechten Winkel dazu steht der

Fassade des Palazzo Dipinto der Burg von Spilimbergo. Zu den bekannten Persönlichkeiten, die in diesem Palast lebten, gehört Irene da Spilimbergo, angeblich Lieblingsschülerin Tizians. Kaiser Karl V. übernachtete in diesem Palast 1532 ebenso wie nach ihm 1574 Heinrich III. von Frankreich

Palazzo Spilimbergo-Ciriani-Furlan mit Steinmetzarbeiten (Kandelaber) am Renaissanceportal. Im Inneren gemalter Fries des Raffael-Schülers Giovanni da Udine, um 1542. Daran anschließend der Palazzetto Troilo, erste Hälfte des 16. Jh., der bis etwa 1970 als Gefängnis diente.

Den Höhepunkt bildet der **Palazzo Dipinto,** der ›bemalte Palast‹, dessen locker gruppierte Spitzbogen- und Renaissancefenster mit der relativ gut erhaltenen Freskenbemalung eine harmonische Verbindung eingehen. Der Palast überstand als einziger die Angriffe von 1511 und zeigt daher noch Freskenschmuck aus dem 15. Jh. Es ist die reichste Palastfassade, die sich im Friaul erhalten hat. Die Fresken werden dem 1469–75 in Spilimbergo tätigen Andrea Bellunello (geboren in Belluno um 1430, gestorben in San Vito al Tagliamento 1494) zugeschrieben. Sie zeigen neben rein dekorativer Malerei Personifikationen von theologischen und weltlichen Tugenden (von links Medaillons mit Justitia, Fortitudo, Prudentia, Temperantia) und Reitknechte mit ihren Pferden. Die Steinmetzarbeiten stammen wohl von Pilacorte. Eine Urkunde spricht von diesem Palast als dem ›neuen Palast des Walterpertoldo‹.

Dom Santa Maria Assunta

Die Geschichte des **Doms (2)** reicht in das 13. Jh. zurück. Bischof Fulcherius von Concordia hatte 1284 den Herren von Spilimbergo, den Spengenbergs, nahegelegt, der Jungfrau Maria eine Kirche zu errichten. Walterpertoldo II. von Spengenberg stiftete daraufhin das Gelände nahe der Burg, auf dem noch im selben Jahr der Grundstein des heutigen Doms gelegt wurde. Dieser sollte eines der bedeutendsten gotischen Bauwerke des Friaul werden.

Man begann die Bauarbeiten mit den östlichen Teilen: zunächst mit den Chorkapellen und der mehrräumigen Krypta, in der die Familienangehörigen der Spengenbergs ihre Grablege finden sollten. Im Jahr 1359 erwähnen die Urkunden eine Weihe des Hauptaltars. Erst 1370 war der Campanile vollendet. Am **Außenbau** sind die älteren östlichen Teile durch Lisenen gegliedert. Einzigen Schmuck der späteren Bauabschnitte bilden die in der Höhe des Abschlussgesimses umlaufenden Dreipass- und Spitzbogenfriese. An der **Westfassade** überrascht der ungewöhnliche Einsatz von sieben Riesenoculi, von denen zwei inzwischen zugemauert wurden.

Betrachtet man den **Grundriss,** fällt auf, dass Ostteile und Langhaus nicht auf einer Achse liegen. Der Grund hierfür ist wohl in der Lage des Glockenturms zu suchen, der auf den Fundamenten eines ehemaligen Wachturms der nahen Burg steht. Möglicherweise hängt auch die Achsenverschiebung mit Schwierigkeiten des Geländes zusammen, das auf der Südseite der Kirche steil abfällt.

Blickfang der Nordseite des Doms bildet das harmonische Ensemble der 1376 geschaffenen **Porta Moresca** mit dem dreibogigen Vordach darüber. Die Steinmetzarbeiten wurden laut Inschrift von Zenone da Campione durchgeführt, einem Meister, der später auch am

Ansicht des Doms von Spilimbergo

Die Porta Moresca des Doms von Spilimbergo

Mailänder Dom tätig war. Fein gearbeitete Archivolten umfangen das Tympanon. Unter einer »Marienkrönung« sind vier kleinere Szenen dargestellt: »Verkündigungsengel«, das »Mystische Lamm«, »Verkündigungsmadonna« und »Johannes der Täufer«. Von den Wappen über dem Portal ist das vierte von rechts das der Herren von Spilimbergo (Spilimbergo-Zuccola).

Innenraum des Doms

Hohe und weit gespannte Spitzbogenarkaden verleihen dem Innenraum eine fast hallenartige Wirkung. Alle drei Schiffe tragen einen offenen Dachstuhl, der nur an der Südseite durchfenstert ist. Die

Pfeiler, auf denen die Arkaden ruhen, sind unterschiedlich gestaltet und zeugen von verschiedenen Planungsphasen: Zunächst hatte man eine Basilika mit offenem Dachstuhl geplant und entsprechend im Osten – wie heute noch erkennbar – ein einfaches Pfeilerpaar errichtet. Gegen Mitte des 14. Jh. wurden die Pläne jedoch ehrgeiziger, man strebte für das Langhaus nun ein Kreuzrippengewölbe an und blendete daher den Pfeilern Halbsäulen vor. Diese sollten die für das Gewölbe nötigen Dienste tragen. Zu einem Gewölbe ist es wohl aus Geldmangel doch nicht gekommen. So sind die Halbsäulenvorlagen der Pfeiler ›unbeschäftigt‹, und die mächtigen Stützen des kleeblattförmigen Grundrisses wirken unter den eher dünnen Obergadenwänden für den Raumeindruck zu wuchtig.

Das Gehäuse und die bemalten Flügel der **Orgel (A)** zählen zu den wenigen in Italien erhaltenen Beispielen des frühen 16. Jh. 1514/15 gaben die Familie der Spengenbergs und der Rat der Stadt diese große, reich ausgestattete Orgel in Auftrag. Venturino da Venezia fertigte 1515 das hölzerne Gehäuse. Knapp 10 Jahre später, 1524–25, bemalte G. A. da Pordenone die Flügel. Erst zwischen 1979 und 1981 wurden die an verschiedenen Orten bewahrten Einzeltafeln restauriert und wieder ihrer ursprünglichen Bestimmung zugeführt. Das Orgelwerk ging zwar im 16. Jh. verloren, doch versuchte der Orgelbauer Zanin 1981 eine Rekonstruktion.

Die großen Tafeln der Orgel waren die ersten Arbeiten Pordenones nach seiner Rückkehr aus Cremona. Im geschlossenen Zustand war eine »Himmelfahrt Mariens« zu erkennen, jetzt an der Wand gegenüber aufgehängt. Öffnete man die Flügel, zeigte sich – wie noch heute – links »Der Sturz des Magiers Simon durch Petrus«, rechts »Die Bekehrung des Saulus«. Die Bilder sind ganz auf Weitsicht angelegt, d. h. nur in angemessener Entfernung kommt Pordenones Fähigkeit, Szenen eindringlich und effektvoll zu gestalten, richtig zur Geltung. Den Rahmen des Geschehens bildet jeweils eine bühnenhafte Architekturkulisse, deren Perspektivenkonstruktion Räumlichkeit suggeriert. In und auch vor der Architektur sehen wir die in starker Verkürzung gezeigten Figuren.

Der linke Flügel zeigt den Zauberer Simon, der die Menge verführt, indem er sich mit Hilfe des Teufels in die Lüfte hebt. Doch Petrus bewirkt seinen Sturz. In der Komposition und einzelnen Figuren hat sich Pordenone mit Tizians »Assunta« von 1518 (Venedig, Frari-Kirche) auseinandergesetzt. Die nach oben blickenden Gestalten, besonders der beschwörend den Arm erhebende Petrus, erinnern an die Apostel der Assunta. Wie dort sind die menschlichen Figuren zugleich Träger von imaginären Bewegungsrichtungen. Hier jedoch handelt es sich trotz ähnlicher kompositioneller Mittel um ein gänzlich anderes Thema: nicht um feierliches Emporgehobenwerden und Zurschaustellung einer Kultfigur, sondern um einen Sturz. Die gegeneinander gerichteten Figuren des fallenden Simon und des erregt nach oben weisenden Petrus bilden einen spannungsvollen, das Bild beherrschenden Kontrast. Paulus (im Vordergrund rechts) gewinnt Präsenz

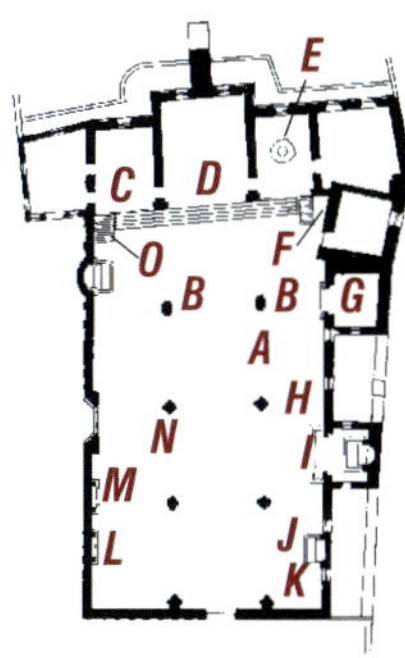

Dom von Spilimbergo, Grundriss

- A Orgel mit Malereien von Pordenone, 1524–25
- B Ambonen von Pilacorte, 1486–89
- C Linke Chorkapelle, Fresko von 1350
- D Hauptchorkapelle mit Fresken aus dem 14. Jh.
- E Taufbecken von Pilacorte, 1492
- F »Hl. Christophorus«, Fresko vom Ende des 14. Jh.
- G Cappella della Madonna del Rosario
- H Abgelöstes Fresko »Feldlager des Holofernes«, 1350
- I Cappella della Madonna del Carmine
- J »Hl. Bernhard und Heilige«, Jacopo Palma d. J., 1622
- K »Flucht nach Ägypten«, 1535–50
- L Altaraufbau
- M Abgelöstes Fresko »Johannes der Täufer«
- N Weihwasserbecken
- O Zugang zur Krypta

weniger durch Bewegung als durch stärkere Farbigkeit. Kaiser Nero, für dessen Profil ein römisches Münzbild Vorbild war, wirkt dagegen wie ein fernes Zitat der Antike.

Der Sturz ist auch Thema auf dem rechten Flügel. Er zeigt die Bekehrung des Saulus. »Unterwegs aber, als er sich bereits Damaskus näherte, geschah es, dass ihn plötzlich ein Licht vom Himmel umstrahlte. Er stürzte zu Boden und hörte, wie eine Stimme zu ihm sagte: Saul, Saul, warum verfolgst du mich?« (Apg. 9,3–4). Hier führt der Sturz nicht wie links zur Vernichtung, sondern zur Erkenntnis und Umkehr. Auch in dieser Komposition ist die Bewegung ein bestimmendes Element. In einer räumlichen Diagonale drängen Pferde und Reiter aus dem Hintergrund über die rahmende Architektur und die anschauliche vordere Bildebene hinaus, dem Betrachter entgegen. Saulus wird von einem scharfen Lichtstrahl getroffen und geblendet. Es ist die Wucht der Botschaft, die ihn zum Sturz bringen wird. Wie im linken Flügel verweisen die gestalterischen Mittel auf Tizian, besonders das durch Brauntöne und die intensiven Farben einiger Gewandteile bestimmte Kolorit.

Fünf kleinere, schlecht erhaltene Szenen zeigen »Geburt der Jungfrau«, »Eheschließung«, »Anbetung der Könige«, »Flucht nach Ägypten«, »Jesus bei den Schriftgelehrten«. An den Propheten David und Daniel war die Werkstatt Pordenones nicht unerheblich beteiligt.

Zwei schlichte, aber wohlproportionierte **Ambonen mit Engelsfiguren (B)** stehen bei zwei Pfeilern des Mittelschiffs. Sie wurden von Giovanni Antonio Pilacorte zwischen 1486 und 1489 geschaffen.

In der **linken Chorkapelle (C)** sieht man an der rechten Wand das 1350 datierte Fresko »Christus in der Mandorla«, umgeben von Engeln, »Geburt Christi«, »Reise der hl. drei Könige« sowie »Anbetung der Könige«. Das Fresko zuunterst zeigt »Jakobus und den erhängten Sohn des Pilgers«.

In der **Hauptchorkapelle (D)** stand bis 1929 ein Chorgestühl (das sich heute in Santi Giuseppe e Pantaleone befindet). Es schützte die Fresken der unteren Reihe, die deshalb besser erhalten sind. Rechte Wand: Szenen aus dem Alten Testament, beginnend oben links mit der Erschaffung Adams und Evas. Es folgen: Vertreibung aus dem Paradies, Kain bei der Feldarbeit (auf dem zerstörten Teil: Adam als Viehzüchter), Kain tötet Abel, und Gott fragt Kain nach Abel, Lamech tötet Kain, Noah verlässt die Arche und Dankesopfer, das Opfer Isaaks, die Israeliten in der Wüste, die Einnahme von Jericho, David tötet Goliath, Joab tötet Abschalom.

Untere Reihe: Tobias und Sara reiten nach Ninive, Susanna im Bade. Das letzte Fresko dieses Zyklus mit dem Feldlager des Holofernes wurde abgelöst und ist jetzt an der rechten **Seitenschiffwand (H)** zu sehen. Das nach der Ablösung zum Vorschein gekommene ältere Fresko zeigt vermutlich König Salomon.

Linke Wand: Szenen aus dem Leben Jesu (von der Geburt bis zur Kreuztragung). Zwischen den Fenstern: Kreuzigung Christi, darüber

»Susanna im Bade«, Fresko in der Hauptchorkapelle des Doms, gemalt um 1350

Fragmente einer älteren Krönung Mariens. Links und rechts der beiden Fenster: Verkündigung an Maria und zwei hl. Bischöfe (das rechte Bischofsfresko gehört zu einem früheren Zyklus).

Die stilistischen Unterschiede zwischen den einzelnen Freskenszenen sind beträchtlich. Eine gewisse Volkstümlichkeit ist allen eigen. Doch fällt auf, dass die Szenen der unteren Reihe sich durch eine etwas verfeinerte Malkultur und Eleganz auszeichnen. Der Name des Künstlers ist für die um 1350 entstandenen Fresken der beiden Chorkapellen nicht überliefert. Es dürfte sich um einen Meister handeln, der die Fresken zusammen mit Gehilfen ausführte. Dieser Meister war wahrscheinlich 1348–49 Mitarbeiter des Vitale da Bologna im Dom zu Udine. In der Forschung wurde zuletzt versucht, ihn als Cristoforo da Bologna zu identifizieren.

In der rechten Chorkapelle steht ein **Taufbecken (E)** von Pilacorte, 1492, mit modernem Bronzedeckel. Es war ursprünglich im hinteren Teil des linken Seitenschiffes aufgestellt. An der linken Wand: »Taufe Christi« von einem unbekannten Meister in der Nachfolge Tintorettos und Veroneses, zweite Hälfte des 16. Jh.

Das Altarbild mit der »Darstellung Jesu im Tempel« in der **Cappella della Madonna del Rosario (G)** schuf Giovanni Martini 1503. Wie in der Frührenaissance üblich, stehen die Figuren aufrecht in einem klar gegliederten, schlichten architektonischen Raum. Giovanni Martini, der vorwiegend als Schnitzer arbeitete, lehnt sich hier deutlich an Giovanni Bellini und Cima da Conegliano an. Es gelingt ihm durchaus, den Figuren Individualität zu verleihen, er erreicht jedoch nicht den sicheren Umgang seiner Vorbilder mit der Perspektive und den Größenverhältnissen der Personen untereinander. Beengend wirkt die Architektur auf die handelnden Personen. Die 15 kleinen, um das Altarbild gruppierten Rosenkranzbilder schuf 1616–27 der damals 70-jährige Gaspare Navarese.

Die **Cappella della Madonna del Carmine (I)** wurde 1498 durch den Lombarden Giovanni Antonio Pilacorte aus Carona gestaltet. Hinter einer Balustrade mit vier Engelsbüsten öffnet sich ein reich verzierter Bogen, der von zwei Engeln auf Voluten und der Figur Christi bekrönt wird. Von der ehemals polychromen Bemalung des Marmors zeugen nur noch Farbspuren. Pilacorte, der bedeutendste im Friaul wirkende lombardische Künstler, war stark beeinflusst durch die berühmte Steinmetzfamilie der Lombardi, allen voran durch Tullio Lombardo, deren Hauptwerke in Venedig stehen. In der Plastizität seiner leicht geschwungenen und leise bewegten Figuren, in der angestrebten Weichheit im Ausdruck zeigt sich die Stärke Pilacortes; gleichzeitig wird aber auch der qualitative Unterschied zu den Werken eines Tullio Lombardo deutlich in der Härte der Ausführung, der oft etwas schwerfälligen Gestaltung oder auch den teils grob aufgetragenen Ornamenten. Beim Ausbau der Kapelle 1905 wurde die ebenfalls von Pilacorte stammende Nische samt Umrahmung aus der Sakristei hierher versetzt. Neben dem typischen ornamentalen Zierwerk sieht man auf dem Sockel Flachreliefs mit biblischen Szenen (David und Goliath, Samson und die Philister), deren einfache Ausführung auf einen Mitarbeiter Pilacortes schließen lässt.

Rechts von dieser Kapelle hängen die beiden Zwickeltafeln der von Pordenone bemalten Orgel; dargestellt sind zwei Schildträger. Das Bild am folgenden **Seitenaltar (J),** »Hl. Bernhard erscheint den Heiligen Katharina von Alexandria, Franziskus, Lucia, Antonius von Padua und Apollonia«, ist ein Spätwerk von Jacopo Palma d. J., 1622. An der Fassadeninnenwand sieht man eine **»Flucht nach Ägypten« (K)** von einem Nachfolger Pordenones, gemalt etwa 1535–50. Das Fresko wurde Giuseppe Maria Zaffoni, genannt Calderari, und auch Girolamo Stefanelli zugeschrieben.

Der **Altaraufbau (L)** am ersten Seitenaltar links wird Giovanni Antonio Pilacorte zugeschrieben. Das 1665 datierte Altarblatt »Martyrium des hl. Andreas« schuf der Augsburger Joseph Heintz, der hier flämische Erzählfreude und einen an Ribera orientierten Verismus mit venezianischen Farb- und Lichteffekten vereint.

Vor dem linken Seiteneingang befindet sich das abgelöste Fresko **»Johannes der Täufer« (M)** mit betont grafisch wiedergegebenen gotischen Gewandfalten. Es lässt an Simone Martini denken, ist aber wohl erst im späten 14. Jh. entstanden.

Weihwasserbecken im Dom, um 1466 (oben); Thronender Bischof, Fresko der 2. Hälfte des 14. Jh. in der Domkrypta

Das **Weihwasserbecken (N)** ist wahrscheinlich identisch mit dem Becken, für das ein Bildhauer namens Giorgio (›Zorzi‹) 1466 bezahlt wurde. Mit diesem wohlproportionierten Becken wurde im Friaul das in der Renaissance so beliebte Motiv der Putten eingeführt, die sich die Hände reichen, lesen oder Instrumente spielen. Es dürfte sich bereits um eines der ersten Werke eines lombardischen Bildhauers handeln. Der Einfluss der lombardischen Kunst mit ihrer großen Zierfreude war bis Mitte des 16. Jh. im Veneto und im Friaul von Bedeutung. Hier ist die Schmuckfreude allerdings noch nicht so ausgeprägt wie bei den späteren Arbeiten eines Pilacorte, Benedetto degli Astori oder Carlo da Carona.

Die **Krypta (O)** besteht aus vier Räumen, deren größter dreischiffig ist. Im ersten Hauptraum links steht heute der Sarkophag für den 1385 verstorbenen Walterpertoldo II. di Zuccola. Rechts vom Zugang zum mittleren Raum der Freskenrest eines thronenden Bischofs, zweite Hälfte des 14. Jahrhunderts. Im dritten Kryptenraum: »Thronender Antonius Abbas«, wohl zweite Hälfte des 14. Jh.

Im vierten, südlichsten Kryptenraum steht ein Marmoraltar für den hl. Leonhard, den laut Inschrift Paolo di Spilimbergo 1472 in Erfüllung eines Gelöbnisses nach der Befreiung aus türkischer Gefangenschaft in Auftrag gab. Über den Figuren Johannes' des Täufers, des hl. Leonhard und des hl. Nikolaus ist eine Pietà dargestellt. Der zweigeteilte Aufbau war untypisch für friulanische Arbeiten. Im Versuch, die Figuren (vor allem im Ausdruck der Gesichter) realitätsnah wiederzugeben, wird lombardischer Einfluss ebenso deutlich wie im dekorativen Beiwerk etwa der Voluten (die bei friulanischen Schnitzaltären des 16. Jh. häufig wiederaufgegriffen wurden).

Von der Piazza Duomo zur Piazza Primo Maggio

Dem Seitenportal des Domes gegenüber steht der gotische **Palazzo della Loggia (3),** auch schlicht ›Pergola‹ genannt. Er entstand im 14. Jh. nach venezianischem Vorbild. In der Mitte des Piano nobile findet sich die typische Fenstergruppe mit gotischen Dreipassbögen. Der Palast diente im 19. Jh. als Theater. Seit 1950/51 ist er Sitz der Kommunalverwaltung von Spilimbergo. Schräg gegenüber die ebenfalls gotische **Loggia del Daziario (4)** mit Portikus und Biforien aus dem 13. Jh. (1910 restauriert). Am Beginn des Corso Roma nahe dem Domplatz steht das ehemalige Stadttor der ersten Stadtanlage, die **Torre Orientale (5)** von 1304. Die große Uhr wurde 1811 hinzugefügt. Geht man durch das Tor, sieht man die Casa Dipinta, ein mit Fresken bemaltes Haus des 16. Jh. Die Freskenthemen entstammen den Sagen des Herakles, u. a. der Kentaur Nesseus und Deinaeira, Herakles und der nemeische Löwe. Es folgen Renaissancepaläste mit gotischen Dreipassbögen, darunter der mit Fresken bemalte **Palazzo Monaco (6)** aus dem 16. Jh.

Die Kirche **San Giovanni Battista (7),** auch Chiesa dei Fratri genannt (Schlüssel in der Canonica), wurde 1346–61 von der Confraternità dei Battuti errichtet, nachdem sie die Kirche Santi Giuseppe e Pantaleone den Augustiner-Eremiten überlassen hatten. Die Kirche wurde um 1740 völlig barockisiert, die Umgestaltung der Fassade erfolgte 1875. Im Inneren Deckenfresken von Giuseppe Buzzi, 1746, nach Entwürfen Giovanni Battista Tiepolos für den Dom von San Daniele: Im Hochaltarraum Kreuzigungsfresko eines nordisch beeinflussten Meisters des 15. Jh. Der dramatische Stil mit zum Teil überzogenem Ausdruck ist der Art eines Tommaso da Modena oder Vitale da Bologna nachempfunden.

Santi Giuseppe e Pantaleone (8), auch Chiesa dei Battuti genannt, wurde schon 1326 von der Confraternità dei Battuti als Hospitalkirche gegründet. Doch bereits 1340 wurde sie den Augustiner-Eremiten überlassen, die eine Erweiterung in Auftrag gaben. Umgestaltet wurde sie 1541 und 1839. Nach Restaurierungsarbeiten 1959–61 präsentiert sich die Kirche heute wieder in ihrer gotischen Anlage: ein einschiffiger Raum mit offenem Dachstuhl und drei kreuzrippengewölbten Chorkapellen.

In der rechten Chorkapelle befindet sich heute das für den Dom gearbeitete qualitätvolle Chorgestühl von Marco Cozzi aus Vicenza. Es entstand in nur zwei Jahren, 1475–77. Das riesige Schnitzwerk ähnelt dem 1468 für die venezianische Kirche Santa Maria Gloriosa dei Frari geschaffene Gestühl desselben Meisters. Ungewöhnlich für das Friaul ist die Dekoration der hinteren Sitzplätze mit geschnitzten Reliefbüsten von Heiligen, von Christus und Maria, ebenso auch die darunter angebrachten feinen Intarsienarbeiten mit Stadt- und Häuseransichten.

Reisen & Genießen

Restaurants in Spilimbergo

Das Restaurant La Torre befindet sich im Palazzo Dipinto der Burg von Spilimbergo. In seinen schönen Räumen genießt man die kreativ zubereiteten Gerichte. (So abends und Mo geschl.)

La Torre
Piazza Castello
Tel. 042 75 05 55
www.ristorantelatorre.net
obere Preisklasse

Wer in Spilimbergo eine typische Osteria mit Schenke und Speiseraum sucht, ist in der Osteria da Afro an der richtigen Adresse. Der Wirt Danilo Martina, der sich für die Erhaltung der Osterien als soziale Zentren einsetzt, bietet traditionelle, jahreszeitlich wechselnde Gerichte an. Der Osteria ist außerdem ein Hotel mit acht komfortablen Zimmern angeschlossen. (So geschl.)

Osteria da Afro
Via Umberto I, 14
Tel. 04 27 22 64
www.osteriadaafro.it
mittlere Preisklasse

Von Tauriano nach Travesio

In der Kirche **San Nicolò** von **Tauriano** befinden sich zum Teil gut erhaltene Chorfresken von Giovanni Pietro da Spilimbergo, 1502, mit Szenen aus dem Leben Jesu und des hl. Nikolaus, mit Kirchenvätern, Propheten und Evangelisten. Im Gemeinderaum links ein 1627 von den Bewohnern Taurianos gestiftetes Votivbild mit der Bitte um Befreiung von einer Wolfsplage, »Madonna mit Kind und hl. Anna«.

In **Baseglia** steht die Kirche **Santa Croce** mit einem großen Christophorus-Fresko des 16. Jh. an der Fassade (neben dem seitlichen Eingangsportal) und einigen wichtigen Fresken Pomponio Amalteos im Inneren. Der Schüler Pordenones gestaltete hier ab 1544 den Chor mit Szenen aus der Passion Christi und der Kreuzeslegende (an den Wänden), mit Kirchenvätern, Sibyllen, Evangelisten und Propheten (an der Decke), einer Verkündigung (am Triumphbogen) und mit allegorischen Figuren. Die Raumgestaltung wirkt hier überzeugender als in vielen anderen Arbeiten des Malers.

In der Pfarrkirche **San Lorenzo** in **Vacile** malte der junge Giovanni A. da Pordenone etwa 1506–10 den Chor aus. Im Kreuzgratgewölbe:

San Lorenzo in Vacile

Die Kirche liegt etwas versteckt im östlichen Ortsteil. Schlüssel erhält man im Pfarramt, Hauptstraße Nr. 9.

»Christus wird an das Kreuz genagelt«, Fresko von Pomponio Amalteo in der Kirche Santa Croce in Baseglia. Charakteristisch sind die exzessive Fülle an Figuren, die Amalteo durch originelle realitätsnahe Details aufzulockern versteht, und die zum Teil sogar porträthaften Köpfe

Fresko des jungen Pordenone in Vacile

»Auferstandener Christus zwischen Evangelisten, Kirchenvätern und Propheten«. An den Wänden (zum Teil nur mehr schlecht erkennbar) »Martyrien der Heiligen Sebastian und Laurentius«, »Laurentius und die Armen«, »Auferstehung Christi«, »Apostel und Madonna mit Kind«. In der Laibung des Triumphbogens Heilige mit ihren Märtyrersymbolen. An der Seitenwand rechts »Hl. Rochus«. Am Triumphbogen eine Sinopie der »Verkündigung«. Die Fresken gehören zu den frühesten erhaltenen Arbeiten Pordenones, entstanden bald nach dem Fresko in Valeriano (s. unten).

Pordenone zeigt hier bereits sein wachsendes Interesse an Volumen und Bewegung der Figuren, wie man in den Szenen des Chorgewölbes gut erkennen kann. Wenn auch die Gesamtgestaltung thematisch und kompositionell nicht neu ist, setzt doch der Maler z. B. die Kirchenväter auf Wolken – statt hinter ›schwebende‹ Schreibpulte und schafft somit eine neue, ›realistischere‹ Szenerie (man vergleiche die etwas älteren Arbeiten von Pellegrino da San Daniele in Sant'Antonio Abate in San Daniele). Die stilistischen Unterschiede bei den Kirchenvätern haben in der Forschung die Frage nach einer Arbeitsunterbrechung aufgeworfen. Auch die beiden Szenen mit den flügellosen Engeln und Putten sind möglicherweise später entstanden. Das Taufbecken ist von 1525.

Auf der Fahrt durch **Lestans** sieht man an der Hauptstraße die im 16. Jh. erbaute, im 18. Jh. veränderte Villa Savorgnan. Die Pfarrkirche Santa Maria besitzt noch Portale von 1504 und 1520. Im Chor kann man einen Freskenzyklus von Pomponio Amalteo sehen, der 1535–51 entstand und in einigen Szenen die Mitarbeit Pordenones vermuten lässt (etwa beim Lautenspieler links).

Martyriumsszene des hl. Sebastian in San Martino, Pinzano al Tagliamento

Der schön gewachsene Sebastian der Martyriumsszene, der nichts von den Pfeilen zu spüren scheint, die ihn durchbohren, steht ganz in der Tradition der venezianischen Sebastiansdarstellungen. Pordenones Interesse an der malerischen Darstellung der unterschiedlichen Qualitäten von nackter Haut, Gewändern und metallener Rüstung ist bei diesem Fresko in Pinzano deutlich erkennbar.

Die Pfarrkirche **Santo Stefano** in **Valeriano** birgt rechts vom Chor das früheste belegte Fresko Pordenones im gemalten Triptychon »Erzengel Michael und die Heiligen Valerianus und Johannes der Täufer«, 1506. Die unter Arkaden stehenden Figuren wirken ein wenig zu groß für den sie umgebenden Raum (wie oft bei Pordenone). Auffällig ist bereits die Vorliebe für Details. Eine frühe Meisterleistung ist der hl. Valerianus links in seiner zarten Schönheit mit dem verinnerlichten und doch sprechenden Blick. Das Portal der Kirche schuf Carlo da Corona, 1508.

Knapp 20 Jahre später kehrte Pordenone nach Valeriano zurück, um 1524 die Fassade des gegenüberliegenden Kirchleins Santa Maria dei Battuti zu freskieren (heute fast ganz zerstört). Um 1527 malte er dann die »Christi Geburt« im Inneren der Kirche, die erhalten blieb. Bei aller Fülle und Dichte an Figuren und Motiven wirkt das Bild vor allem durch die andächtige Stimmung der Heiligen, die sich um das graziös emporblickende Jesuskind gruppiert haben. Ausdrucksstark ist die Sprache der Hände. Die stürmisch herabfliegenden Engel oben bzw. die erzählerischen Szenen im Mittel- und Hintergrund bilden einen reizvollen Kontrast. Das schlecht erhaltene Fresko mit der »Flucht nach Ägypten« rechts stammt ebenfalls von Pordenone, 1524. Die übrigen Fresken sind zum Großteil aus dem 14. Jh.

Etwa gleichzeitig war Pordenone auch in **Pinzano al Tagliamento** tätig und malte hier in der Pfarrkirche **San Martino** eine (schlecht erhaltene) »Thronende Madonna mit Kind« sowie die (nur zum Teil erhaltenen) Szenen in der Kapelle des hl. Sebastian, darunter die Martyriumsszene (s. S. 302). Von Giovanni Antonio Guardi (1699–1760), dem älteren Bruder Francesco Guardis, ist das 1745 entstandene Bild »Hl. Antonius in der Glorie«. Beachtenswert außerdem ein Kruzifix aus dem 18. Jh. in der Art des Andrea Brustolon.

Auch in **Travesio,** in der Pfarrkirche **San Pietro Apostolo** auf einer Anhöhe, sind im Chor frühe Fresken von Pordenone erhalten, die 1516 bzw. 1525–26 geschaffen wurden. Die frühere Arbeit an der Chordecke mit »Petrus, der zu Musik und Gesang der Engelschöre in die himmlischen Sphären einzieht«, zeigt Pordenones Experimentierfreude mit perspektivischen Verkürzungen (die freilich nicht immer gelangen). In den Lünetten Szenen aus dem Leben Petri, darunter der »Sturz des Simon Magus«, darüber Szenen aus dem Alten Testament. Die Fresken der Wände mit weiteren Begebenheiten aus dem Leben Petri entstanden nach Pordenones Meisterwerken in Cremona und Spilimbergo und lassen die größere Sicherheit des Künstlers in der Komposition, bei der Perspektive und den Proportionen spüren. Von Pomponio Amalteo ist die »Rosenkranzmadonna mit den Heiligen Sebastian, Rochus und Antonius Abbas«. Erstlingswerk des Bildhauers Pilacorte war das ehemalige Hauptportal der Kirche (1484), heute innen vor der Sakristei zu sehen. Taufbecken von 1485–90, ebenfalls von Pilacorte.

San Pietro Apostolo in Travesio

Schlüssel erhält man beim Asilo einige Häuser nach der Kirche an der Hauptstraße.

Maniago

In dem kleinen, von den Karnischen Voralpen geschützten Städtchen Maniago werden seit dem Mittelalter Metallgegenstände, heute insbesondere Messer, hergestellt. Ortszentrum ist die erstaunlich große Piazza Italia mit einer 1845 vollendeten Brunnenanlage. Rund um den Platz reihen sich die vornehmsten Paläste. Hervorzuheben ist der im 16. Jh. begonnene **Palazzo Faella** an der Schmalseite. Rechts davon steht die **Loggia Comunale** mit den drei großen Arkadenbögen. Die Freskenmalerei »Madonna mit Kind in der Glorie und die Heiligen Antonius von Padua und Flavius« sowie darunter »Die Republik Venedig« schuf Osvaldo Gortanutti um 1673.

Links an einer der Längsseiten des Platzes steht der große **Palazzo Attimis-Maniago** mit 15 Fensterachsen und einem bossiertem Portal. Er wurde im 16. Jh. als Feudalresidenz der Familie Maniago errichtet, damals umgeben nur von wenigen Häusern eines Dorfes, das erst im 19. Jh. zu dem Städtchen jetziger Größe wuchs. So ist heute kaum noch zu erkennen, dass es sich eigentlich um eine Villa handelte, zu der auch eine Kapelle, ein Pferdestall, Wirtschaftsgebäude und ein Park gehörten, der demnächst für die Öffentlichkeit geöffnet werden soll. Der Palazzo ist durch eine Toreinfahrt und eine Loggia mit einem zweiten Palast verbunden, dessen Fassade ein geflügelter

Der Löwe als Wappentier Venedigs am Palazzo Attimis-Maniago, der nach sorgfältiger Restaurierung und Einrichtung eines Hotels seit 2006 zugänglich ist. Sehenswert sind das große Treppenhaus und der prächtige Festsaal mit seinen qualitätvollen Stuckdekorationen

Maniago, Ortsansicht mit dem Palazzo Attimis-Maniago

Löwe und das Wappen des Grafen von Maniago zieren, ein Werk Pomponio Amalteos. Links vom Palazzo der 1411 begonnene, im 18. Jh. umgebaute Rundbau des Oratoriums Santa Maria Immacolata (›Oratorium der unbefleckten Maria‹).

Der in unmittelbarer Nähe zur Piazza befindliche **Dom San Mauro** geht in seinen Ursprüngen auf das 10. Jh. zurück, womit er die älteste Pfarrkirche der einstigen Diözese Concordia ist. Der heutige Bau stammt jedoch von 1488. Im 16. Jh. wurden die Seitenschiffkapellen hinzugefügt. An der schlicht verputzten Fassade kommt die schöne feingliedrige Rose des Rundfensters über den spitzbogig zulaufenden Portalarchivolten besonders gut zur Geltung (vgl. die ähnlichen Rundfenster des Doms von Muggia und von Sant'Antonio Abate in San Daniele, die aus aus derselben Werkstatt kommen). Die daneben und darüber angebrachten kleinen Figuren sind noch vom romanischen Vorgängerbau. Das einschiffige Innere schließt ein schmuckvoller hölzerner Dachstuhl, während die drei Chorkapellen eingewölbt sind.

Gleich links nach dem Eingang »Trinität und der hl. Antonius von Padua« von Isaak Fischer aus Augsburg, 1668. Das 1549 datierte Weihwasserbecken stammt aus der Schule des Pilacorte, 1549. Nach der ersten Kapelle ein Triptychon, dessen Tafeln der »Heiligen Lucia und Apollonia« und der »Himmelfahrt Mariens« von Giovanni de Cramariis etwa 1490–1500 gemalt wurden, während die Holzskulptur der

»Muttergottes mit Kind« dem internationalen Stil der Gotik angehört und wohl aus der Zeit um 1400 stammt. Das Altarbild in der rechten Chorkapelle mit »Christus in der Glorie und Heiligen« (mit einer Darstellung der Burg von Maniago) sowie Szenen aus dem Leben Johannes des Täufers in der Predella sind von Pomponio Amalteos, 1558.

Sante Maria e Giuliana in Castello di Aviano

Schlüssel erhält man im Pfarrhaus, der Pfarrer begleitet die Besucher.

Castello di Aviano

Auf einer Anhöhe südwestlich von Aviano liegt der kleine Ort Castello di Aviano, der rund um seinen mittelalterlichen Ortskern drei Kirchen besitzt. Die ehemalige, 1432 nach Zerstörungen wiedererrichtete Burg war von einer annähernd quadratischen Mauer umgeben, von der nur noch Reste blieben. Erhalten hat sich auch das Kirchlein **Sante Maria e Giuliana,** dessen Fassade der Vincentiner Baumeister Vincenzo Scamozzi 1583 gestaltete, die Skulpturen schuf Agostino Rubini 1590. In der Krypta ein Vesperbild aus dem Salzburger Umkreis, 15. Jh. Unterhalb und südlich der Burganlage steht die heutige Friedhofskirche Santa Giuliana, 13.–16. Jh. Im Inneren ein schlecht erhaltener Freskenzyklus zum Teil aus dem späten 13. Jh.

Nahe dem nördlichen Ortsausgang am Ende des eine Mauer entlangführenden Weges die Kirche San Gregorio, die Gianfrancesco da Tolmezzo um 1497 mit qualitätvollen Fresken ausschmückte. Erhalten haben sich acht Szenen aus der Passion Christi.

Sacile

Mit seinen venezianisch beeinflussten Palästen und Laubengängen zählt Sacile zu den reizvollsten Städtchen des Friaul. In einer Schleife des Livenza gelegen, kam es 1077 in Besitz der Patriarchen, die es als westlichen Grenzort ihres Staates ausbauten.

Auf der zentralen **Piazza del Popolo** steht der Palazzo Comunale mit einer Loggia im Erdgeschoss. Man sieht es dem noblen Palast aus dem 14. Jh. kaum an, dass er 1483 und 1543 mehrmals grundlegend verändert wurde. Unter den Palästen der gegenüberliegenden Platzseite zeichnet sich der schmale Palazzo De Zanchis-Fabio aus dem 16. Jh. durch Reste von Freskenbemalung aus.

An der nordöstlichen Einfahrtsstraße liegt gleich hinter der Livenza-Brücke der im 15. Jh. begonnene, im 16. Jh. umgestaltete **Palazzo Flagini-Biglia** mit Innenhof. Er ist der repräsentativste Palazzo Saciles und beherbergte bei ihrer Durchreise Kaiser Friedrich III. (1452), Kaiser Karl V., König Heinrich III. von Frankreich, Papst Pius VI. und schließlich Napoleon Bonaparte. Heute sind in dem Palast die Städtische Bibliothek und das Museo Civico untergebracht.

Von der Piazza del Popolo führt eine Seitenstraße, die Via della Pietà, zur Kirche **Madonna della Pietà,** einem 1510 errichteten Zentralbau über sechseckigem Grundriss, dessen Vorhalle über einem

Grabinschrift im Dom San Nicolò

Eine bemerkenswerte Grabinschrift an der Innenfassade des Doms gilt dem Sohn des türkischen Sultans Murad II., David, der 1454 in Sacile starb. David war zum Thronnachfolger bestimmt, hatte sich aber zum Christentum bekannt und musste daher in den Westen fliehen.

Arm des Livenza erbaut wurde. Am Altar eine Pietà, ein Vesperbild aus Sandstein aus der ersten Hälfte des 15. Jh., wohl nicht deutschen Ursprungs, wahrscheinlich aber nach nordischen Vorbildern von einem Bildhauer des Friaul geschaffen.

Der **Dom San Nicolò** wurde 1481–96 errichtet. Die Frührenaissancefassade zeichnet sich durch feingliedrige Pilastergliederung, schmale Rundbogenfenster und Viertelkreise aus, die den Übergang von den Seitenschiffen zum erhöhten Mittelschiff bilden. Sie folgt darin venezianischen Vorbildern Mauro Codussis (z. B. San Michele in Isola), wurde allerdings im 19. und 20. Jh. verändert. Dem venezianischen Typus folgt auch der 1568–82 errichtete Campanile. Im Inneren werden die Mittelschiffmauern von spitzbogigen Scheidbögen auf Säulen getragen. Alle drei Schiffe schließt ein offener Dachstuhl ab. Die Altarbilder sind u. a. von Palma dem Jüngeren und Francesco da Bassano, einem der Söhne des Jacopo da Bassano. Die Freskenausmalung im Chorbereich erfolgte erst 1946 durch Pino Casarini (1897–1972), der auch die Bronzetüren entwarf.

Links vom Dom steht der über einen Vorhof erreichbare **Palazzo Carli** aus dem frühen 16. Jh. (Haus Nr. 8), der nach dem Schema größerer venezianischer Paläste erbaut wurde. Zwei Piani nobili, jedes mit vierbogiger Fenstergruppe, sind auf der Terraferma eher die Ausnahme. Weiter links (Haus Nr. 4) steht der im 16. Jh. begonnene Palazzo Ovi-Gobbi, dessen Piano nobile eine Serliana schmückt. Er behielt im Inneren eine Fresken- und Stuckausstattung des 18. Jh. Zur Piazza del Popolo zurück, am Palazzo Ettore aus dem 17. Jh. vorbei, der heute der Gemeindeverwaltung dient, dann über eine Brücke befindet man sich in der Via Garibaldi und kommt zur entweihten Kirche **San Gregorio,** in der sich ein 1519 datiertes Fresko des hl. Jakob erhalten hat.

Reisen & Genießen

Hotels und Restaurants in Sacile

Hoher Komfort erwartet die Gäste im Hotel Due Leoni im Zentrum von Sacile.

Due Leoni
Piazza del Popolo, 24
33077 Sacile
Tel. 04 34 78 81 11
www.hoteldueleoni.com
DZ 105 €

Eine bereits venezianisch geprägte Küche, vor allem auch Fisch und saisonbedingte Gerichte mit Pilzen und Wild, genießt man in dem angenehmen Ambiente oder im schönen Innenhof des Restaurants Il Pedrocchino in Sacile. Das Haus hält auch stillvoll eingerichtete Hotelzimmer bereit. (So abends, Mo und im August geschl.)

Il Pedrocchino
Piazza IV Novembre, 4
33077 Sacile
Tel. 043 47 00 34
www.ilpedrocchino.it
obere Preisklasse

Von Porcia bis Villanova

In **Porcia** steht das aus verschiedenen Bauteilen zusammengefügte, von einem Mauerring umgebene Schloss der Familie Porcia. Am ältesten ist der massive Turm in der Mitte. Links schließt sich ein mehrfach umgebauter Teil an, rechts der 1610 von Tommaso di Francesco Contino begonnene Neubau, für dessen Hauptfassade die in Venedig beliebte Pietra d'Istria verwendet wurde. Dieser Trakt war ursprünglich eineinhalb Stockwerke höher und reichte bis zum Abschluss des Turms. Wenn die Porcia keine zeitgemäße Veneto-Villa bauten, sondern den alten Teil mit dem Turmbau beibehielten, so geschah das in Betonung der Familientradition als kaiserliche Grafen, auch gegenüber der venezianischen Familie Correr, die im nahen Rorai Piccolo eine Villa venezianischen Typs erbaute. Zur Anlage gehörte auch der Borgo, von dessen Mauern noch ein Tor erhalten blieb. Das heutige Zentrum des Dorfes wurde durch die Straße vom Herrenhaus getrennt, wodurch der ursprüngliche Zusammenhang aufgelöst wurde.

Auf dem Weg nach Rorai Piccolo kann man in der neugotischen Pfarrkirche von **Rorai Grande** an der Decke einer Seitenkapelle (dem ehemaligen Chor des Vorgängerbaus) ein weiteres Werk Pordenones betrachten: die 1516 begonnenen, 1521 von Marcello Fogolino vollendeten Marienszenen.

Die Villa Correr-Dolfin in **Rorai Piccolo** ist sowohl von der architektonischen Form des Herrenhauses (kubische Gestalt, Fensterformen, Anordnung der Fenster, Betonung der Horizontalen durch Gesimsstreifen) als auch in ihrer Anlage mit Park, repräsentativem Portal und Barchessen ein charakteristisches Beispiel einer Veneto-Villa im westlichen Friaul. Das Halbgeschoss über dem Kranzgesims ist erst im 18. Jh. aufgesetzt worden. Die Kapelle ist hier wenig glücklich mit der rechten Barchesse und der vorgebauten Loggia verbunden. Die Villa lässt sich nur vage ins 17. Jh. datieren. Vollendet war sie spätestens 1686. Der Architekt ist unbekannt, vermutet wurden Andrea Tironi oder Antonio Gaspari. Seit dem 18. Jh. ist die Villa nicht mehr bewohnt (keine Besichtigung).

Vallenoncello besitzt in der Pfarrkirche Santi Ruperto e Leonardo über dem Hochaltar eines der frühesten Gemälde Giovanni A. da Pordenones: »Madonna mit den Heiligen Sebastian, Rupert, Leonhard und Rochus«, um 1515. Mit sicherer Hand sind die Figuren vor eine illusionistische Ruinenarchitektur gesetzt, die auf den nach rechts aus der Mittelachse verschobenen Fluchtpunkt verweist. Durch variierende Körperhaltungen und Blickrichtungen werden die Heiligen unterschiedlich charakterisiert und gleichzeitig der eher stillen Grundstimmung eingeordnet, die noch ein wenig an Giorgione erinnert. Speziell auch die Gewandfarben der Madonna mit dem – ungewöhnlichen – dunklen Grünton lassen an Giorgiones Castelfranco-Madonna denken. Deren poetische Stimmung blieb Pordenone jedoch fremd. Bei seinen Gestalten herrscht stets

Das Altarbild von Pordenone in der Pfarrkirche von Vallenoncello

eine deutliche Bodenständigkeit vor. Das Fresko »Anbetung der Hirten« links in einer Nische des Langhauses malte wohl Calderari 1530.

Ein qualitätvolles, wenn auch wenig spektakuläres Freskenwerk Pordenones findet sich im Chor der Kirche Sant'Odorico von **Villanova** mit dem üblichen Repertoire der Chorbemalungen: Kirchenvätern, Propheten, Evangelisten und einige Passionszenen.

Die um 1700 erbaute Villa Marini-Cattaneo von Villanova ist ein weiteres Beispiel einer Veneto-Villa im westlichen Friaul. Der zentrale Baukörper wird von zwei niedrigeren Trakten begleitet, die zusätzlich zurückversetzt sind.

Abbazia Santa Maria in Sylvis

Abbazia Santa Maria in Sylvis ★

Die einst mächtigste Abtei im westlichen Friaul ist heute noch – auch wenn die Kreuzgänge und andere Gebäudeteile nicht mehr erhalten sind – eine unbedingt sehenswerte, befestigte Klosteranlage. Sie entstand an einem Ort römischen Ursprungs. Davon zeugen zahlreiche Fundstücke, aber auch der ursprüngliche Ortsname Sextus in sylvis, der darauf hinweist, dass die Ortschaft am sechsten römischen Meilenstein (gerechnet von Concordia aus) und in einem Wald lag (in sylvis). Aus Sextus wurde dann italienisch Sesto. Reghena ist der Name des Flusses, der einst um die Verteidigungsmauern der Abtei floss.

Abbazia Santa Maria in Sylvis
bei Sesto al Reghena
tgl. 9–12 und 15–18.30 (im Winter bis 17.30) Uhr

Geschichte

Gegründet wurde das Benediktinerkloster durch die Langobardenfürsten Marco, Erfo und Anto (Söhne des Herzogs Peter und seiner Frau Piltrudis) um 741. Sie statteten das Kloster mit reichem Besitz aus – mit über 50 Dörfern und befestigten Ortschaften, die sich auf das Friaul, das Veneto und Istrien verteilten (eine in Nonantola bewahrte Urkunde von 762 bestätigt diese Stiftung). Kaiser Lothar, König Berengar und andere haben diese Rechte anerkannt und die Besitztümer zum Teil vermehrt. Die Blütezeit dauerte bis ins 14. Jh. 1440 fiel die Abtei an die Republik Venedig und wurde Geistlichen (meist Kardinälen) des venezianischen Patriziats als Kommende überlassen: Die Würdenträger erhielten die Einkünfte, ohne Residenzpflicht zu haben, da sie von der geistlichen Leitung entbunden waren. Der erste Kommendatarabt war Kardinal Pietro Barbo (Patriarch von Venedig und später Papst Paul II.). Zu seinen Nachfolgern zählten Mitglieder der Familien Grimani, Badoer, Corner etc.

Die Benediktiner wurden von anderen Ordensgemeinschaften abgelöst – von Augustinern, Dominikanern, Franziskanern, zuletzt Vallombrosanern. Ab 1768 übte ein weltlicher Priester die Seelsorge aus, 1786 war die Zeit der Kommendataräbte zu Ende, im folgenden Jahr wurde das Gebäude mit allen Rechten versteigert. Seit 1921 führt die Pfarrei wieder den Titel »Abbazia«.

Inneres der Klosteranlage

Man betritt die Klosteranlage durch einen **Torturm,** der auf das 10. oder 11. Jh. zurückgeht. Er blieb als einziger von den ursprünglich sieben Verteidigungstürmen erhalten (das freskierte Wappen des Kommendatarabtes Giovanni Grimani, der den Turm 1521 restaurieren ließ, wurde 1541 erneuert). Vor sich sieht man den romanischen Bau der **Klosterkanzlei** und den **Campanile** des 11. Jh., der gleichzeitig als Wachturm diente. Das Mauerwerk ist – wie häufig im Küstengebiet der oberen Adria – mit hohen Blendarkaden aufgelockert.

Rechter Hand liegt die **Abtresidenz** des 16. Jh., die heute als Rathaus dient. Dazwischen sieht man die aus verschiedenen Bauteilen

Eingangsturm der Abtei von Sesto al Reghena

zusammengesetzte Eingangsfront vom Vestibül, durch das man in das Atrium und schließlich in die Kirche gelangt (vgl. Grundriss S. 312). Die **Loggia** links mit den drei hohen Arkaden ist ins 11. oder 12. Jh. zu datieren, noch älter ist die Außentreppe (wohl 8. Jh.). Sie führt zu einem großen Saal, in dem einst Pilger übernachteten und zu dem auch eine Michaelskapelle gehört.

Bei den rundbogigen Dreierfenstern des 10. oder 11. Jh. wurden zum Teil ältere Kapitelle aus langobardischer Zeit wiederverwendet. Das Fresko über dem Portal zum **Vestibül** zeigt den Erzengel Gabriel (in einer Lünette, die zum Vorgängerportal gehörte), rechts daneben den hl. Benedikt (beide Fresken wohl aus dem 12. Jh.). An der Seitenwand der Loggia: »Thronende Madonna zwischen Johannes dem

Täufer und Petrus« (14. Jh.). Die Themen der Fresken im Inneren der Loggia sind dem Rolandslied entnommen (entstanden zwischen 1312 und 1320).

Die Wände des Vestibüls wurden 1460–90 fast vollständig mit Fresken ausgemalt, u. a. den vielfigurigen Szenen nach Dantes »Divina Commedia« mit Paradies und Hölle. An der Eingangswand erscheint Erzengel Michael mit Schwert und Waage, den Attributen des Richters. Diese Fresken wurden Antonio da Firenze zugeschrieben, stehen jedenfalls in einer von Fra Angelico und Benozzo Gozzoli ausgehenden Tradition.

Ein weiteres Fresko des 16. Jh. zeigt die »Muttergottes mit Kind zwischen Johannes dem Täufer und dem hl. Petrus«. Rechts eine Kapelle mit Fresko. Der nun folgende Raum, das Atrium, ist durch Pfeiler bzw. die noch ursprünglich erhaltenen Pfeilerarkaden in drei Schiffe unterteilt. An der Wand zur Kirche ein Fresko »Begegnung zwischen Lebenden und Toten« (um 1350) aus dem »Triumph des Todes«, ähnlich wie im Campo Santo zu Pisa. Links und rechts vom Portal zur Kirche die Fresken »Der ungläubige Thomas«, »Die Heiligen Augustinus und Ambrosius«. In den Seitenschiffen des Atriums sowie in einem links abgehenden weiteren Raum finden sich eine Sammlung von Steinarbeiten (Kapitelle, Fragmente, u. a. aus langobarischer Zeit) sowie abgelöste Fresken (u. a. hl. Benedikt, 14. Jh.).

Abteikirche

Der nun folgende **Kirchenraum** ist ein ottonischer Bau aus der Zeit um die Jahrtausendwende. Vom Typus her handelt es sich um eine Basilika, bei der Pfeiler und Säulen alternieren (Stützenwechsel). Die Säulen sind aus Rotmarmor mit meist erneuerten Kapitellen. Auffallend hoch sitzen die Obergadenfenster. Die das Mittelschiff von den Seitenschiffen trennenden Scheidbögen sind einfach gestuft, den gesamten Kirchenraum bedeckt ein offener Dachstuhl. Mönchschor und Presbyterium liegen erhöht über einer Krypta. Spitzbogige Arkaden sondern eine Vierung aus, welche die Höhe des nicht ausladenden Querschiffes noch weiter überragt. Das turmartig Hochragende kommt vor allem auch im Außenbau zur Geltung. Es ist ein Charakteristikum der ottonischen Baukunst und lässt an Kirchenbauten nördlich der Alpen denken. Andererseits gewinnt man in der Raumdisposition von Sesto, vor allem in den drei nebeneinanderliegenden, fast gleich großen Chorkapellen, eine Vorstellung von dem nicht mehr erhaltenen Desiderius-Bau (1066–90) von Montecassino (Peter Tigler).

Sämtliche Wandflächen erhielten **Freskenbemalung,** die jedoch zum großen Teil verlorenging. Bei früheren Restaurierungen wurden die Farben teilweise aufgefrischt. Das Fresko am ersten Pfeiler rechts, »Otto und Hagalberta«, entstand Mitte des 14. Jh. Die meisten der erhaltenen Fresken finden sich im Chor. Sie stammen von zwei Meistern, die beide Mitarbeiter Giottos waren, und einigen Gehilfen. Sie dürften 1324–36 ausgeführt worden sein, also noch zu Lebzeiten Giot-

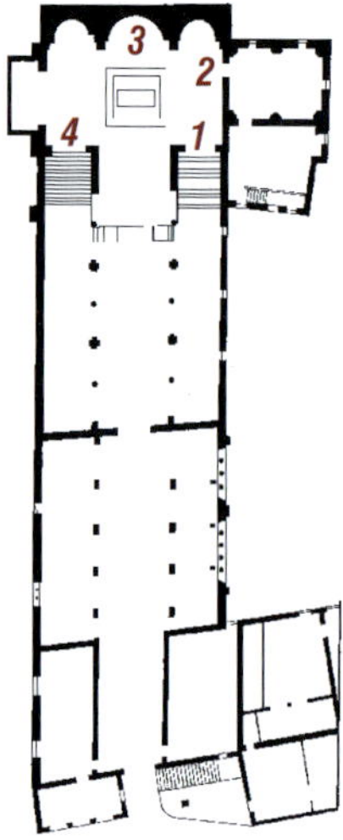

Abteikirche Santa Maria in Sylvis, Grundriss

Fresken im Presbyterium von 1324–36:
1 Fresko »Lahmenheilung«
2 Fresken mit Szenen aus dem Leben des hl. Petrus und »Lignum Vitae« des hl. Bonaventura
3 Fresken mit Szenen aus den Marienleben und Heilige
4 »Himmelfahrt des Evangelisten Johannes«

tos. Unter den Fresken an den Langhauswänden des Mönchschores seien hervorgehoben: »Hl. Benedikt bestärkt die Armen«, »Hl. Benedikt unterweist die Mönche« (links).

Die Fresken im Presbyterium sind folgende: Rechts sieht man zunächst eine **»Lahmenheilung« (1):** Vor dem schönen Tor des Tempels bittet ein Lahmer Petrus und Johannes um ein Almosen. Mit den Worten »Silber und Gold habe ich nicht, aber was ich habe, gebe ich dir…« richtet Petrus den Lahmen auf (Apg. 3,1). »Petrus erweckt in Joppe die Witwe Tabitha zum Leben«.

An der rechten Seitenwand ist oben links zu sehen »Jesus überreicht Petrus die Schlüssel«, »Petrus übergibt die Schlüssel Linus, seinem Nachfolger im Papstamt«. Rechts davon »Nero verurteilt Petrus und Paulus zum Tode«, darunter »Martyrium des hl. Petrus und Brand von Rom«. Rechts befindet sich das **Lignum Vitae** des hl. Bonaventura. Über der rechten Apsis ein sehr schlecht erhaltenes Fresko mit der »Errettung Petri auf dem Wasser« **(2).**

In der Kalotte der **Hauptapsis (3)** folgen die Szenen »Krönung Mariens«, darunter »Verkündigung an die Hirten« und »Geburt Christi«. In den Nischen und in den Vierpässen wurden Heiligengestalten freskiert. Parallel zum Fresko der Lahmenheilung ist links über dem Treppenaufgang die »Himmelfahrt des Evangelisten Johannes« zu sehen. In der Vierung schließen sich fragmentarisch erhaltene Szenen aus dem Leben des hl. Benedikt (u. a. »Begräbnis des Heiligen«, »Der Mönch Romanus bringt dem Heiligen Nahrung«), Szenen aus den Leben Mariens und des Evangelisten Johannes an.

Trotz des schlechten Erhaltungszustandes der Fresken lassen sich unter den ausführenden Malern zwei **Hauptmeister** und einige Gehilfen unterscheiden. Der Meister, der das »Lignum Vitae« malte, zählte wahrscheinlich zu den Mitarbeitern Giottos in der Scrovegni-Kapelle in Padua. Unter allen Giotto-Schülern war er wohl derjenige, der in der Qualität der Ausführung dem Florentiner Meister am nächsten kam. Er begnügte sich jedenfalls nicht nur damit, Giottos Errungenschaften, den Tiefenraum oder plastische Figurenbildung, aufzugreifen. Ihn zeichnet auch Giottos Wirklichkeitssinn aus (wie in dem Körper Christi des *Lignum Vitae*) und auch dessen Ausdrucksgehalt (wie etwa der Hinwendung des hl. Bonaventura im selben Fresko). Von diesem ›Meister des Lignum vitae‹ stammen auch die Fresken in der Hauptapsis, die beiden erwähnten Benedikt-Fresken im Langhausteil des Chores sowie das »Martyrium des Petrus«. Die zweite Malerpersönlichkeit ist härter in der Linienführung, die Gestalten sind schlanker proportioniert. Von diesem Maler sind die meisten Fresken in der Vierung, u. a. »Das Begräbnis des hl. Benedikt«. Er wird daher ›Meister der Benediktszenen‹ genannt. Von ihm dürfte u. a. auch die Szene mit der Schlüsselübergabe an Petrus und Linus stammen.

Die **Krypta** entspricht in den Außenmauern dem Presbyterium, ist jedoch wie üblich in zahlreiche kreuzgewölbte Einheiten unterteilt. Sie wurde im 19. Jh. sehr frei rekonstruiert. Säulen, die Kapitelle und das Gewölbe sind neu. Vom originalen Zustand blieben lediglich meh-

»Verkündigung«, Relief in der Krypta der Abteikirche, frühes 14. Jh.

rere Basen sowie die Sitzbänke entlang der Wände erhalten. Sehenswert sind drei Ausstattungsstücke: Der Sarkophag der hl. Anastasia, die 304 unter Diokletian das Martyrium erlitt. Der Sarkophag ist aus griechischem Marmor und war ursprünglich ein Bischofsthron, entstanden wohl in der Mitte des 8. Jh. unter dem Einfluss gleichzeitiger Reliefs in Syrien. Das Marmorrelief der Verkündigung (links) ist eine qualitätvolle Arbeit aus dem frühen 14. Jh., wahrscheinlich von einem oberitalienischen Meister. Im rechten Teil der Krypta: ein Vesperbild aus Sandstein (Pietà) aus der ersten Hälfte des 15. Jh. Es zählt zu den zahlreichen Vesperbildern, die aus dem Donaugebiet ins Friaul, nach Slowenien und Kärnten gelangten. Im Vergleich zu anderen Vesperbildern (z. B. im Dom von Aquileia) sitzt die Muttergottes hier fast frontal. Ihr Blick ist ernst in die Ferne gerichtet. Der Körper Christi ragt wenig über den rechten Arm der Mutter hinaus.

Cordovado

Der Ortsname von Cordovado gibt uns den Hinweis auf eine Besiedlung in römischer Zeit. Er leitet sich nämlich ab von lateinisch *curte* (›Hof‹) und *vadum* (›Furt‹). Unweit des an der Via Augusta gelegenen Hofes gab es denn auch in der Tat eine Furt in einem Nebenarm des Tagliamento. Um das Jahr 1000 wurde die mittelalterliche Ortschaft von den Bischöfen von Concordia befestigt. Etwa drei Jahrhunderte lang war sie Sommersitz der Bischöfe, zugleich Sitz ihres Gastalden, der die Rechtsprechung ausübte.

Außerhalb der Ortschaft liegt die Wallfahrtskirche **Madonna delle Grazie,** erbaut 1600–03 über achteckigem Grundriss. Aus der Mitte des 17. Jh. stammt die prachtvolle geschnitzte Holzdecke. Aus derselben Zeit ist auch die übrige Ausstattung, zu der die Fresken von Antonio Carneo mit Heiligen und Propheten gehören. Rechts neben der Kirche liegen die Paläste der Cecchini.

Gut erhalten ist das typisch italienische **Castrum** als kleines Wehrdorf mit herrschaftlichen Häusern und zwei Wohntürmen.

Auf der einen Seite der **Palazzo Agricola** aus dem 17. Jh. mit einer Loggia im Erdgeschoss und Rundbogenfenstern und Triforium im Obergeschoss. Die Hauptfassade des Palastes weist zum Borgo. Links in einer Gartenanlage die **Villa Attimis,** von Federico Attimis in der zweiten Hälfte des 17. Jh. anstelle des baufälligen bischöflichen Gastaldenpalastes erbaut. Sie ist ein weiteres Beispiel einer typischen Veneto-Villa, ausgezeichnet durch kubische Formgebung und durch die zentrale Gruppe der gekoppelten Rundbogenfenster. Die Villa ist heute im Besitz der Grafen Piccolomini.

Die Pfarrkirche Santo Stefano (15. Jh.) des nahen Ortes **Gleris** trägt an der Fassade ein riesiges Fresko des hl. Christophorus von Pomponio Amalteo. Die Fresken im Inneren werden Bellunello zugeschrieben (Ende 15. Jh.).

San Vito al Tagliamento

San Vito al Tagliamento ★

Mit ihrem einheitlichen Stadtbild gehört San Vito al Tagliamento zu den schönsten Orten des Landes und ist mit der Kirche Santa Maria dei Battuti und dem Patriarchenpalast ein lohnendes Ausflugsziel. Die Stadt verdankt ihre Gründung dem Wunsch der Patriarchen, die Herrschaft im Südwesten der Region zu sichern.

Wohl im 11. Jh. entstand in der südwestlichen Ecke der heutigen Stadt der erste Kern: ein landesherrliches Castrum mit Wohnturm, Wohn- und Wirtschaftsgebäuden und der Kirche Santa Maria in Castello (in der heutigen Gestalt 14. Jh.). Noch im 13. Jh. wurde das Castrum zur Stadt erweitert, wobei die Hauptstraße platzartig gestaltet wurde. So entstand ein ideales Beispiel einer mittelalterlichen Planstadt auf quadratischem Grundriss mit vier runden Ecktürmen und vier Toren, von denen drei erhalten blieben. Die Hauptstraßen verlaufen von Tor zu Tor, sind aber im Sinne mittelalterlicher Stadtplanung leicht gekurvt angelegt, um Spannung zu erzeugen.

Der Ort blieb in der gesamten Zeit venezianischer Herrschaft im Besitz der Patriarchen, die im Bereich des alten Castello über einen großen Palast verfügten. Schon seit dem 15. Jh. war allerdings die Familie Altan die bestimmende Kraft am Ort; wahrscheinlich wurden ihre Mitglieder von den Patriarchen als Statthalter eingesetzt. Sie errichteten mehrere, noch heute erhaltene Paläste. Den besten Eindruck von der mittelalterlichen Verteidigungsanlage erhält man von Südosten; hier ist auch noch ein Rest des Wassergrabens erhalten.

Rundgang

Durch das schön restaurierte östliche Tor, die **Torre San Nicolò,** gelangt man ins Ortszentrum. Direkt dahinter liegt der mustergültig hergerichtete Kloster- und Hospizbereich der Battuti-Bruderschaft. An der rechten Seite folgt die Kirche **Santa Maria dei Battuti.** Die noch spätgotische Fassade wurde wohl von lombardischen Meistern mit reicher Terrakottadekoration ausgeführt (Portal 1493). Dahinter erwartet den Besucher der wohl bedeutendste Kirchenraum der Spätrenaissance im Friaul. Die alle Wände umfassende, hervorragend erhaltene, von Vasari gelobte **Freskendekoration** von 1545 verwandelt den Raum in ein einzigartiges und ungewöhnlich frühes Beispiel theatralisch-barocker Rauminszenierung. Der Besucher steht in einem schlichten Gemeinderaum mit aufgemalter, Marmor fingierender Wandgliederung wie in Santa Maria dei Miracoli in Venedig und wird Augenzeuge einer Himmelfahrt Marias, die im Kapellenraum selbst stattzufinden scheint. Die Jünger erscheinen hinter dem Altar um den Sarkophag versammelt, doch treten die beiden äußeren aus dem Bildraum heraus in den realen Altarraum. Die Grenzen zwischen Bild und Wirklichkeit werden aufgehoben. Die echte Tür rechts wird links als gemalte wiederholt. Maria erscheint in einem anderen Teil des Raumes bereits in der Kuppel bei Gottvater, der inmitten brausender Engel mit Schwung herunterfährt. An den Wänden Szenen der Mariengeschichte. Das originale Altarbild ist durch einen unpassenden Barockaltar ersetzt worden. Das ursprüngliche Bildthema müsste eine »Geburt Christi« gewesen sein.

Auffallend ist bei den Marienszenen die Vielfalt der stilistischen Einflüsse: Neben italienischen Vorbildern der Spätrenaissance, wie die gedrehte Figur in der Szene mit der Brautwerbung an der linken Wand des rechten unteren Streifens finden sich auch niederländische Elemente in der »Verkündigung« oder im Stall der »Anbetung der Könige«. Kupferstiche von Albrecht Dürer bildeten die Vorlage für die Landschaften mit Burgen der rechten Seite, während in der Figur des Eselsführers bei der Flucht nach Ägypten römischer Manierismus anklingt. Die Maria auf dem Esel ist dagegen von frühbarocker Fülle und Bewegung. Ihre Schönheit wird lediglich durch die künstlerische Schwäche Pomponio Amalteos gemindert.

Touristeninformation

In der Touristeninformation von San Vito al Tagliamento in der Loggia am Hauptplatz kann man nach den Besichtigungsmöglichkeiten des mittelalterlichen Patriarchenpalastes, des Stadttheaters sowie der Kirche Santa Maria dei Battuti (falls diese geschlossen sein sollte) fragen.

Museo della Vita Contadina

Via Altan, 47
Mo–Sa 9–13 Uhr

Für den Zyklus lag ein Auftrag an Pordenone vor. Wie weit er diesen verfolgte, bevor er ihn an den Schüler und Schwiegersohn Pomponio Amalteo abtrat, ist unklar. Entwurfskizzen von der Hand Pordenones sind erhalten, wurden allerdings verändert ausgeführt. In vielen Details ist aber das Vorbild Pordenones noch lebendig, besonders im Gottvater und den brausenden Engeln. Auf jeden Fall vom Meister selbst wird das hochmoderne Konzept des Raumes und seiner Bilder stammen. In der raumübergreifenden Gestaltung entspricht es Pordenones Meisterwerken in Treviso, Piacenza, Cremona und Cortemaggiore.

Der **Dom Santi Vito, Crescenzio e Modesto** wurde 1754–52 neu errichtet. Vom Vorgängerbau ist nur der 1491 vollendete Campanile erhalten. Aus der Entstehungszeit stammen die Seitenaltäre und die meisten Altargemälde. Aus der Vorgängerkirche übernommen wurden die von Pomponio Amalteo bemalten Orgelflügel (1566) und das Triptychon von Bellunello. Der in der Tradition der Vivarini verwurzelte Maler wirkte in San Vito und verstarb hier 1494. Das »Martyrium des Petrus von Verona« (nach dem ersten Altar rechts) ist eine Kopie des berühmten, verbrannten Werkes von Tizian.

Vom großen Platz vor dem Dom biegt man rechts in die Via Altan ab, die alte Querachse, die im Süden an einem Stadttor mit einem Palais der Altan endet, in dem das lokale Heimatmuseum, das **Museo della Vita Contadina,** untergebracht ist. Die Straße markierte die östliche Grenze der älteren Burg, die man durch eine kleine Gasse etwa in der Mitte der Via Altan erreicht (Calle Rinaldis). An der nun folgenden Via Marconi liegt rechts die kleine Kirche **Santa Maria in Castello** mit ausgezeichneten Fresken des 14. Jh. Der **Patriarchenpalast** ist von der Familie Altan erheblich erweitert worden und wurde mit ausgezeichneten Fresken, vor allem von Bellunello, ausgestattet. Er ist ein hervorragendes Beispiel eines großen, repräsentativen landesherrlichen Palastes des Späten Mittelalters. Die nur fragmentarisch erhaltenen Fresken erreichen ihren Höhepunkt in den Darstellungen der Constanze di Altaville. Die Innenräume und das theaterhaft angelegte Treppenhaus wurden bis in den Barock immer wieder verändert. Der Patriarch residierte damals bereits in einem Palast etwas weiter südlich, den die Venezianer bei der Auflösung des Patriarchates bis auf die Grundmauern abreißen ließen, um die Erinnerung an das ihnen verhasste Patriarchat zu tilgen.

Zurück am Hauptplatz steht an der Ecke links die Loggia, das alte Rathaus, in dessen Obergeschoss im 18. Jh. ein Theater eingebaut wurde. Gegenüber ist die dekorative Front eines weiteren Palais der Familie Altan erhalten (ausgezeichnete Fassadenmalerei von Bellunello um 1480). Den Abschluss des Platzes bildet das nach dem Patriarchen Raimondo della Torre benannte Stadttor; es wurde allerdings im 19. Jh. bis zur Unkenntlichkeit verändert.

Auf der rechten Seite des Platzes steht – hinter einem orientalisch anmutenden Vorgarten des 19. Jh. – der **Palazzo Altan-Rota** (heute Rathaus): ein Beispiel venezianischer Palastarchitektur aus dem 15. Jh. (Innenausstattung 18. Jh.). Es handelt sich im Grunde um eine *villa* *suburbana*, ein Gebäude, das sowohl Stadtpalais als auch Landhaus mit Gutsbetrieb war, dessen Wirtschaftsgebäude direkt an der Stadtmauer lagen und zum Teil gut erhalten sind.

Prodolone

Im nahen ›Vorort‹ Prodolone lohnt der Besuch der kleinen Renaissancekirche **Santa Maria delle Grazie,** sowohl wegen der **Fresken** im Chor als auch wegen des Schnitzaltares von Giovanni Martini. Die Chorfresken mit Szenen aus dem Leben Marias, mit Engeln, Evangelisten, Heiligen, Sibyllen, Aposteln, Propheten und Kirchenvätern, schuf um 1538 Pomponio Amalteo, der in diesem Werk noch stark unter dem Einfluss Pordenones steht.

Den **Schnitzaltar** schuf Giovanni Martini um 1515. In zwei Nischenreihen übereinander sind um die Madonna mit Kind und den auferstandenen Christus acht Heiligengestalten angeordnet. Vier weitere Heilige stehen auf dem Abschlussgesims. Fein differenziert sind die Physiognomien der heiligen Gestalten, traditionell ist die Gewandbehandlung. An der linken Langhauswand ein Fresko einer »Schutzmantelmadonna« von Andrea Bellunello, um 1470.

In Santa Maria delle Grazie in Pordolone

Wenn auch von kleineren Ausmaßen als sein späterer Altar in Mortegliano (1525), zählt das Retabel von Giovanni Martini zu den qualitätvollsten im Friaul. Für die Altararchitektur (ähnlich wie die von Remanzacco) kommt das Formenrepertoire des schmuckvollen Renaissancestiles eines Tullio Lombardo und Mauro Codussi zum Einsatz: so die mit Grotesken geschmückten Pilaster und sogar das Serlio-Motiv.

Casarsa della Delizia

In dem modernen Städtchen Casarsa della Delizia wuchs Pasolini auf. Folgt man der Hauptstraße, die die heutige, den Ort zerschneidende Staatsstraße quert, Richtung Norden, so erreicht man gleich links, noch vor dem großen Platz mit seinen Geschäften und Cafés und deutlich vor der Pfarrkirche das **Centro Studi Pier Paolo Pasolini,** das in der Casa Colussi, eingerichtet wurde, wo Pasolini seine Kindheit und Jugend verbrachte. Der Besucher bekommt einen guten Überblick über das Werk, das in Pasolinis Schaffenszeit im Friaul entstand. Die von ihm eigenhändig gestalteten Flugblätter zeugen von seinen politischen Aktivitäten. Zu sehen sind außerdem der Raum, in dem Pasolini mit Freunden seine friulanische Akademie betrieb, sowie Beispiele für seine Betätigung als Maler und Dichter friulanischer Lyrik, dazu auch Fotos aus seinem Leben (s. S. 60)

Im südlich gelegenen Dörfchen **Versuta** arbeitete Pasolini während des Krieges als Lehrer. Man kann sich ausmalen, wie er seine Griechischstunden im Garten neben der kleinen **Chiesa di Sant'Antonio Abate** hielt. Im Inneren der Kapelle befinden sich einige der ungewöhnlichsten und schönsten Fresken des Friaul. Die Dekoration der Decke zeigt Engel von einer Schönheit wie sie Masolino in seiner besten Zeit erreichte, in einer hellen, überirdischen Belichtung. Wer der geniale Urheber dieser Fresken ist, bleibt ebenso ungewiss wie die Zeit ihrer Entstehung. Deutlich schwächer sind die späteren Bilder darunter, die eine typische Dekoration der Zeit um 1500 darstellen.

Santa Maria delle Grazie in Pordolone

Schlüssel zur Kirche erhält man bei der im grün verputzten, von Bäumen umgebenen Haus wohnenden Familie.

Centro Studi Pier Paolo Pasolini Casarsa

Via G. Pasolini, 4
Casarsa della Delizia
www.centrostudi pierpaolopasolini
Unterschiedliche Öffnungszeiten je nach Ausstellung

Gorizia und seine Provinz

Gorizia

Cityplan Gorizia S. 320
Karte Zwischen Gorizia und Triest S. 332

Gorizia, heute eine unbedeutende Grenzstadt zu Slowenien, dürfte manchen noch unter dem Namen Görz bekannt sein. Mit nur wenigen Unterbrechungen gehörte die Stadt über vier Jahrhunderte, 1500–1918, mit ihrer Umgebung den Habsburgern, war also mit Österreich verbunden. Doch sollte nicht übersehen werden, dass die Stadt sich gerade dadurch auszeichnet, dass sie – ähnlich wie Triest – durch drei Kulturen geprägt wurde: die deutsch-österreichische, die slowenische und italienisch-venezianische.

Gorizia und seine Provinz

Besonders sehenswert: Gradisca d'Isonzo

Geschichte

Im frühen 12. Jh. war die Stadt in der Hand eines Geschlechtes unbekannter bayerischer Herkunft, das auch in Lurngau und Pustertal Besitztümer hatte. Es wurde seit 1122 ›Grafen von Görz‹ genannt und stand wahrscheinlich in Lehensabhängigkeit zum Patriarchen von Aquileia. Die Grafen von Görz wurden jedenfalls als Advokaten der Patriarchen bezeichnet (1125), sie vertraten die Kirche militärisch und übten auch die Rechtsprechung aus. Doch waren sie alles andere als getreue Stellvertreter, oft vertraten sie skrupellos ihre eigene Sache. So wurden die Beziehungen mit der Zeit schwierig, und es kam zu offenen Auseinandersetzungen, bei denen mindestens zwei Patriarchen ihr Leben verloren. Die Patriarchen haben die Übergriffe und Einmischungen zuletzt stillschweigend geduldet, auch wenn sie nie die Ansprüche der Görzer Grafen anerkannten.

Fremdenverkehrsamt
Corso Italia, 9
Gorizia
Tel. 04 81 53 57 64
info.gorizia@turismo.fvg.it

Deren Besitztümer waren weit verstreut. Sie umfassten zeitweise auch die Grafschaft von Tirol, das Herzogtum Kärnten, Krain, teilweise sogar Istrien. Sie hatten das Recht zu eigener Münzprägung und waren verwandtschaftlich mit den großen deutschen Fürstenhäusern verbunden. Den Höhepunkt ihrer Macht erlangten sie unter Graf Heinrich II. (1304–23), der seine Herrschaft auch über Treviso und Padua ausdehnen konnte. Doch gingen nach seinem frühen Tod die neu erworbenen Besitzungen verloren, darüber hinaus fielen die Tiroler und Kärntner Ländereien an die Habsburger. Später, 1374, mussten dann auch die Ansprüche auf Istrien aufgegeben werden.

Als sich die Republik Venedig 1420 den Patriarchenstaat einverleibte, erhob sie auch Anspruch auf die Grafschaft Görz, und zwar mit der Begründung, Venedig sei nunmehr Rechtsnachfolgerin der Patriarchen, und diese hätten den Görzer Grafen die Lehensrechte verliehen. Diese beharrten jedoch auf ihren Rechten als Landesherren. Es kam zu einem Kompromiss, indem Graf Heinrich 1424 in Venedig den Treueeid gegenüber der Serenissima leistete. Als dann am 12. April 1500 der letzte Graf von Görz, Leonhard, starb, fiel der Besitz nicht etwa an Venedig, sondern aufgrund eines von Leonhard 1490 öffentlich geäußerten Willens an das Haus Habsburg. Dessen

◁ Der Collio von Gorizia ist ein berühmtes altes Weinbaugebiet: Schloss Spessa

ungeachtet erhob Venedig Ansprüche: Das war einer der Gründe für den 1508 ausgebrochenen Krieg der Markusrepublik mit dem Habsburgerkaiser Maximilian I., der sich mit den Königen von Frankreich, Spanien und England zur Liga von Cambrai verbündete. Während des Krieges, der bis 1514 dauerte, kam die Stadt für kurze Zeit in den Besitz Venedigs, fiel dann jedoch zurück an das Haus Habsburg. Der Fluss Iudrio bildete seitdem die Grenze zwischen dem habsburgischen Territorium und der Republik Venedig.

Seit dem 16. Jh. entwickelte sich Görz zu einem bedeutenden Handelsplatz, in dem sich österreichische Adelsfamilien niederließen. Ihre Glanzzeit erlebte die Stadt im 18. Jh. Nach Auflösung des Patriarchats von Aquileia, 1751, wurde Görz (wie auch Udine) Sitz eines Erzbischofs. Im Ersten Weltkrieg waren die Stadt und der nahe Karst einer der Hauptkriegsschauplätze, an denen die zwölf Schlachten am Isonzo ausgetragen wurden.

Seit 1918 ist Gorizia italienisch, jenseits der neuen Grenze gründeten die Jugoslawen nach 1945 Nova Gorica, das heute zu Slowenien gehört. Von den Italienern wurde die vom Krieg stark beschädigte Stadt wiederaufgebaut und zugleich als Ort des heldenhaften Kampfes um die Befreiung einer italienischen Region stilisiert. Die Betonung der *Italianità,* des italienischen Elementes, wurde der kulturellen Vielfalt der Stadt jedoch kaum gerecht. Schließlich bestanden hier vier Sprachen nebeneinander: Amtssprache war Deutsch, das auch die Muttersprache des Adels und von Teilen des Bürgertums

Gorizia

1 *Museo di Storia e Arte*
2 *Santo Spirito*
3 *Kastell*
4 *Dom*
5 *Fontana del Nettuno*
6 *Sant'Ignazio*
7 *Palazzo Attems / Museo Provinciale*
8 *Palazzo Attems-Santa Croce*

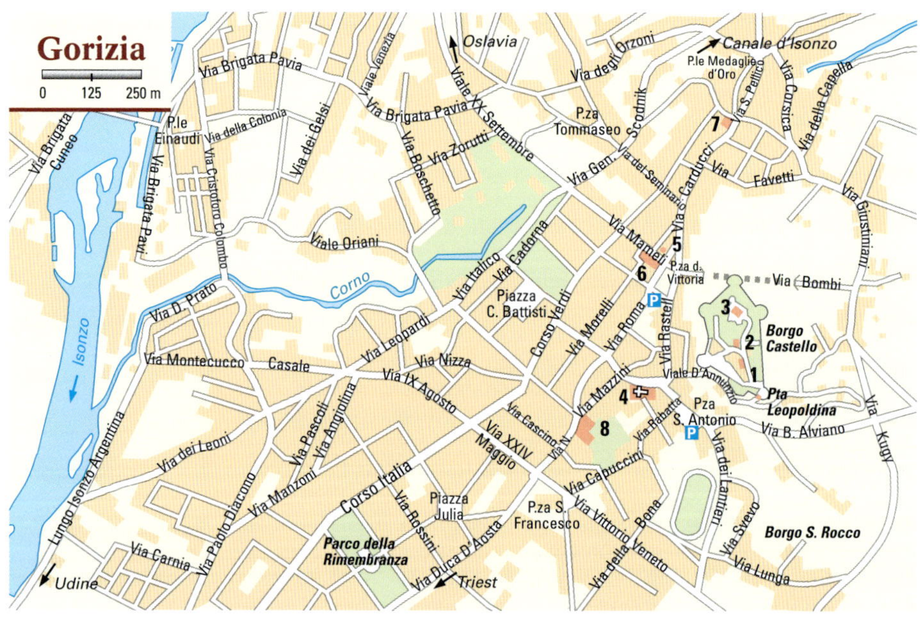

war. Der größere Teil des Bürgertums sprach Italienisch, das auch Gerichtssprache war, die Arbeiter und Bauern sprachen dagegen Slowenisch oder Friulanisch.

So bedeutete das Jahr 1918 in Görz wie in Triest den Beginn einer kulturellen Verarmung, was der Wiederaufbau der Stadt exemplarisch widerspiegelt: An die Stelle der alten Görzer Architektur mit ihrer Assimilation unterschiedlichster Elemente trat nun eine klassizistisch-italische Architektur des Faschismus, der zum Teil auch erhaltene Bauten weichen mussten, weil sie einfach zu österreichisch waren (z. B. das alte Theater). Durch den Wiederaufbau litt das historische Stadtbild in erheblichem Maße. Gerade im Zentrum, zwischen Dom und Sant'Ignazio, ist das Fehlen alter Bausubstanz auffällig. Auf der anderen Seite aber findet sich reichlich Anschauungsmaterial für die moderne Architektur des Faschismus – zum Teil von durchaus hoher Originalität.

Nach dem Zweiten Weltkrieg befand sich die Stadt plötzlich in einem toten Winkel. Einen Großteil ihres Territoriums verlor sie an Jugoslawien, dazu ihr Hinterland und wichtige Straßenverbindungen durch die Täler von Isonzo und Vipacco (ital. Vipava, deutsch Wippach), ja sogar die Bahnstation der Eisenbahnlinie Triest-Klagenfurt. Zwar brachte die Öffnung des Eisernen Vorhangs eine Belebung des Handels, jedoch ohne dass es bisher zu einem größeren Aufschwung kam.

Stadtbild

Gorizias Stadtbild hat heute seine Geschlossenheit verloren. Mussolini ließ viel von der historischen Bausubstanz abreißen und durch Neubauten ersetzen, um das österreichische Erbe zu überdecken. Dies gilt vor allem für die Oberstadt, deren dicht bebaute Gassen nach 1919 beseitigt wurden, um eine moderne, hygienisch einwandfreie Umgebung zu schaffen, die mit ›italienischer Vegetation‹ bepflanzt wurde, um für die ›venezianische‹ Burg einen würdevollen Rahmen zu schaffen.

Rundgang

Ein Besuch in Gorizia sollte sich nicht nur auf die Zeugnisse einstiger Pracht beschränken, auf die stillen Gassen mit ihren Bürgerhäusern, die Kirchen und die stolzen Adelspaläste. Die Stadt bietet die besondere Gelegenheit, eine geschichtliche Entwicklung wahrzunehmen, die jahrhundertelang – bis zum Ersten Weltkrieg – von einem fruchtbaren Nebeneinander unterschiedlicher Kulturen geprägt war, dann aber durch eine nationalistische Ideologie abgelöst wurde, die auch Kunstdenkmäler der Vergangenheit zur Legitimation ihrer Ziele benutzte und nicht davor zurückschreckte, sie zu verfälschen.

Borgo Castello

Man beginnt die Besichtigung der Stadt am zweckmäßigsten mit der Burg und dem oberen Teil der Altstadt (Hinweisschild ›Castello‹, dort gute Parkmöglichkeiten). Die Oberstadt ist praktisch identisch mit dem Borgo Castello, der von Befestigungsanlagen umschlossen ist. Das Zugangstor zu dieser Oberstadt wurde 1660 für den Einzug von Kaiser Leopold I. architektonisch ausgestaltet und wird daher Porta Leopoldina genannt. Neben dem Doppeladler finden sich auch die Wappen der Grafschaft Görz (links) und des kaiserlichen Hauptmanns Ernst Graf von Herberstein. Auf der zur Burg führenden Straße sieht

man rechter Hand (Nr. 13) das 1475 datierte Haus der Rassauer im spätgotischen venezianischen Stil. Auf der gegenüberliegenden Seite steht u. a. das Haus des Simon Taxis, errichtet nach dessen Ernennung zum Postmeister 1545, das als Wohn- und Amtsgebäude diente. Die Familie der Thurn und Taxis hatte bekanntlich im gesamten deutschen Reichsgebiet und in den spanischen Niederlanden das Postmonopol inne.

Museo di Storia e Arte
Museo della Grande Guerra
Borgo Castello, 13
www.grandeguerrafvg.org
Di–So 9–19 Uhr

Castello
April–Sept. Di–So 9.30–13, 15–19.30, Okt.–März Di–So 9.30–17.30 Uhr

Im anschließenden Palast der Grafen Formentini aus dem 17. Jh. ist das **Museo di Storia e Arte (1)** untergebracht. Das kleine, sehenswerte Museum vereinigt archäologische, kunsthandwerkliche und ethnologische Sammlungen sowie Dokumente zur Geschichte von Görz und dem östlichen Friaul. Eine volkskundliche Abteilung zeigt im Untergeschoss u. a. eine hölzerne Zwirnmaschine aus dem 18. Jh., eine Friulaner Küche mit dem charakteristischen *fogolar* sowie Handwerksgerät von Schmieden, Schreinern, Schustern und Hutmachern.

Das **Museo della Grande Guerra** im nächsten Gebäude ist dem Ersten Weltkrieg gewidmet, insbesondere den Kämpfen zwischen Italien und Österreich am Isonzo. Der Krieg wird in dieser Schau nicht nur unter politischen und strategischen, sondern auch unter sozialen Aspekten vor Augen geführt. Der Besucher gewinnt Eindrücke vom Ausharren der Soldaten in den Schützengräben am Isonzo und im

Blick auf das Kastell von Gorizia

Karst, von den Leiden der Zivilbevölkerung, die sich in den Kellern verbunkerte.

Die kleine Kirche **Santo Spirito (2)** wurde nach 1398 im Auftrage der Brüder Michele und Giovanni Rabatta erbaut. Am Portalvorbau finden sich außer den Familienwappen die Stifterfiguren von Michele Rabatta und seiner Gemahlin, Maria Bella Castelpagano. Die Figuren wurden später in eine Verkündigungsgruppe umgearbeitet. Das Kruzifix rechts vom Portal ist die Kopie eines Werks aus dem frühen 16. Jh., das jetzt im Museo di Storia e Arte ausgestellt ist. Bemerkenswert sind die kleinen erkerartigen Vorbauten an der rechten Seitenwand; man bemerkt ein sternförmiges Rippengewölbe, wie es sich häufig in Karnien, aber auch in Kärnten findet.

Die **Burg (3)** geht auf die Grafen von Görz zurück, die hier seit dem 12. Jh. residierten. Mit dem Aussterben der Grafen von Görz fiel die Burg an die Habsburger, und Kaiser Maximlian ließ sie sofort ausbauen, um das Erbe gegen den Zugriff der Venezianer zu schützen. Damals entstand der zweite Mauerring mit den mächtigen Rundtürmen, die bereits an Bastionen erinnern, Anlagen, die schon zum Gebrauch von Kanonen errichtet wurden. Trotz dieses Ausbaus fielen Burg und Stadt 1508 in venezianische Hände, und die neuen Herren ergänzten die Festungsarbeiten durch eine rechteckige Bastion ober-

Römische Reste

Nach dem Ersten Weltkrieg plante man zuerst, wie in Triest, den Abriss der ganzen Burg, um die Reste der römischen Stadt darunter freizulegen, was in die Mussolini-Ideologie von der Wiederaufrichtung des römischen Reiches gepasst hätte. Grabungen bestätigten allerdings, was die Dokumente überliefert hatten, dass nämlich Gorizia nur eine unbefestigte bäuerliche Siedlung (eine ›villa‹) war. Den einzigen römischen Stein fand man daher auch außerhalb der Stadt und brachte ihn auf die Burg, in deren Hof er noch steht. Irreführend ist auch die Beschilderung an der Nordseite der Burg, wo Mauern eines römischen Turms vorgeführt werden, die in Wirklichkeit Teil des ursprünglichen Eingangs im Hochmittelalter waren.

halb der Zufahrtsstraße, neben der Porta Leopoldina. Nach 1509 saß in der Burg der Stadtkommandant, und der Bau erhielt moderne Fenster, wurde verputzt und in Details wohl auch verändert, der alte Mauerring der Kernburg aber blieb immer erhalten.

Bei den Kämpfen um Görz im Ersten Weltkrieg erlitt die Burg schwere Schäden. Bei den aufwendigen Wiederherstellungsarbeiten der Jahre 1932–37 versuchte man dann, den Zustand zur Zeit der Grafen von Görz und besonders während der kurzen venezianischen Herrschaft zu rekonstruieren. Von der alten Burg war jedoch seit mehr als vier Jahrhunderten nur wenig erhalten geblieben. Die scheinbar authentischen Bauten und ihre neu geschaffenen Innenräume sind daher sowohl in zahlreichen Details wie auch in der Gesamterscheinung das Ergebnis einer sehr freien, romantisch-faschistischen Rekonstruktion.

Mit dem Markuslöwen über dem **Burgtor** wollte man 1919 an die (kurze) venezianische Herrschaft (die nur 13 Monate dauerte) erinnern. Der Löwe ohne Einbindung in Tafeln findet in dieser Form und in dieser beträchtlichen Größe in Venedig und auf der Terraferma keine Entsprechung. Wahrscheinlich handelt es sich um eine Fälschung. Wäre er authentisch, hätte die Bibel des Löwen – wie in Kriegszeiten üblich – geschlossen sein müssen. Angeblich ist das Werkstück bereits 1509 aus Venedig angeliefert worden, zur Aufstellung sei es aber nicht mehr gekommen, da Görz inzwischen wieder an die Habsburger gefallen war.

Im **Hof der Burg** hat sich das Fundament eines mächtigen Turms auf trapezoidem Grundriss erhalten. Der Turm, der im 15. Jh. abgetragen wurde, war zusammen mit der teilweise heute noch sichtbaren Ringmauer und dem nicht eindeutig lokalisierbaren Palas der älteste Kern der Anlage. Das rekonstruierte zinnenbekrönte Gebäude mit den erneuerten romanischen Biforien im Westen (durch das man den Hof betreten hat) wird als Palazzo dei Conti bezeichnet, ohne dass gesichert ist, ob er tatsächlich der Palas war. Problematisch sind jedenfalls die Art der Mauerung und die geringe Wandstärke im Obergeschoss. Gegenüber steht der ›Palast der Landstände‹ (Palazzo degli Stati Provinciali), der im 15. Jh. erneuert wurde. Er war möglicherweise der ursprüngliche Palas und Sitz der gräflichen Verwaltung, war aber auch Versammlungsort der Stände, also der geistlichen, adligen und bürgerlichen Standesvertreter aus dem Gebiet der Grafschaft. Der Rundgang führt durch beide Gebäude, die aus einer romantischen Vorstellung vom Burgleben mit Gegenständen verschiedener Zeiten (Möbel, Gemälde, Skulpturen) dekoriert sind. Die Küche wäre jedenfalls für die Hofhaltung eines bedeutenden Landesherren viel zu klein gewesen, und der Saal der Grafen ist völlig überdimensioniert. Im Obergeschoss finden sich u. a. eine kleine Kapelle mit schöner Holzdecke und der frei erfundene Saal der Landstände.

Ein Besuch der Burg lohnt sich vor allem wegen der **Ausblicke,** die sich von den Mauern, Türmen und den Palastfenstern bieten. In östlicher Richtung blickt man über die vor der Bahnlinie verlaufende

Stadtgrenze hinüber ins slowenische Nova Gorica und zum Franziskanerkloster Castagnavizza (Kostanjevica), in dem König Karl X. von Frankreich und Mitglieder seiner Familie begraben liegen. Im Hintergrund die slowenischen Hügel mit der Hochebene von Tarnova und dem Wippach-Tal. Im Südosten und Süden schließt sich der Hügelzug des Karstes an (Monte Terstelj, 643 m). Im Westen überblickt man die Stadt und den Isonzo, im Norden das Hügelgebiet des Collio mit dem Kalvarienberg, dem Kriegerdenkmal von Oslavia (1938), das für 57 200 Gefallene die letzte Ruhestätte wurde, aber auch San Floriano del Collio (s. S. 330) und die Wallfahrtskirche des Monte Santo im slowenischen Teil des Collio.

Unterstadt

Der von der Burg und der Oberstadt herabführende Weg, der Viale D'Annunzio, mündet in den zentralen Platz der Unterstadt, die heutige **Piazza Cavour,** auf der seit 1250 Wochenmarkt gehalten wird. Auf den Marktplatz und die wenigen umstehenden Häuser wurde erst 1455 das ursprünglich (seit 1307) auf die Oberstadt beschränkte Stadtrecht ausgedehnt. Das Gebäude der Quästur an der Südwestseite der Piazza ist ein umgebauter Palast des 16. Jh., in dem seit jener Zeit die Landstände tagten, die sich zuvor auf der Burg versammelt hatten.

Die südöstlich davon gelegene **Piazza Sant'Antonio** ist aus einem Franziskanerkonvent hervorgegangen, der während der napoleonischen Herrschaft aufgelöst wurde. Die Gebäude wurden 1817 größtenteils abgerissen, nachdem die Fratres 1811 in das Karmeliterkloster von Castagnavizza in Nova Gorica übergesiedelt waren. Die Arkaden der Piazza gehörten zum großen Kreuzgang. Die Cappella Sant'Antonio errichtete man dem Franziskanerprediger Antonius von Padua erst 1823–25 als Ersatz für die abgerissene Kirche.

Die Arkaden gehören heute zu dem links anschließenden **Palazzo Lantieri,** dem größten Adelspalast der Stadt, der sich aus mehreren Gebäuden zusammensetzt. Ältester Bestandteil ist der im Hof stehende Torturm, der früher den Eingang in die Stadt bewachte. Diesen erhielt die Familie Lantieri als klassisches Torlehen, um das herum sich allmählich weitere Bauten gruppierten. Noch von den Grafen von Görz wurde das gegenüberliegende Gebäude mit seinen Arkaden erbaut, dann folgte im 16. Jh. das sogenannte Schönhaus, das interessante Fresken im Erdgeschoss und einen riesigen Keller darunter aufweist. Den Hof schließt seitlich ein langer Wohnbau aus dem 16. Jh. ab. Kernstück der Anlage aber ist der mächtige Block mit einem ungewöhnlich offenen Treppenaufgang in der Durchfahrt und riesigen, reich ausgestatteten Räumen, die ein besonders lebendiges Stück der Stadtgeschichte bewahren. Papst Pius VI., Metastasio, Goldoni, Casanova und auch die Malerin Rosalba Carriera waren hier zu Gast.

Gegenüber dem Arkadenhof der Piazza steht der **Palazzo Strassoldo,** der auf das 15. Jh. zurückgeht. 1836 fand hier Karl X., der exilierte König von Frankreich, mit seiner Familie Unterkunft.

Palazzo Lantieri

Piazza S. Antonio, 6, Gruppen können den Palast auf Anfrage beim Consorzio Castelli besichtigen. Tel. 04 32 28 85 88, www.consorzio castelli.it (vgl. S. 389)

Palazzo Strassoldo

Nach einer aufwendigen Restaurierung des Palazzo Strassoldo wurde darin ein Hotel eingerichtet. Die dekorierten Innenräume können auf Anfrage besichtigt werden (s. S. 389).

Unser Rundgang in der Unterstadt führt im Wesentlichen entlang der historischen Hauptachse. Diese verläuft von der Piazza Sant'Antonio und Piazza Cavour über die Via Rastello zur Piazza della Vittoria und weiter zur Piazza de Amicis.

Das einzige bedeutende Gebäude abseits dieser Achse ist der **Dom (4),** dessen Fassade zur Via Colombini liegt. Als die Stadt 1752 Sitz eines Erzbischofs wurde, kam es nicht zum Bau eines repräsentativen Domes, man erhob vielmehr die Pfarrkirche Santi Ilario e Taziano zur Kathedrale. Bei den Kämpfen im Ersten Weltkrieg erlitt der Bau schwere Schäden. Beim Wiederaufbau erhielt er eine italienisch-klassizistische Hülle, indem venezianische Architekturmotive des 16. Jh. im Stil der Mussolini-Ära variiert wurden. Man beachte vor allem den kleinen Anbau an der linken Flanke, bei dem von Donatello inspirierte Putten im dekorativen Rahmen der Hochrenaissance dem faschistischen Ideal der Werktätigkeit huldigen und entsprechend muskulös ausfielen. Die bis heute nicht entfernte Inschrift von 1928 besagt, der Duce Mussolini wünsche, den altehrwürdigen, von der Furie des Krieges zerstörten Tempel in neuem Glanz »als ewiges Denkmal italischer Kunst« wiedererstehen zu lassen.

Ganz im Gegensatz zu dieser Inschrift entpuppt sich das **Innere** (eine dreischiffige Anlage mit Emporen über den Seitenschiffen und einer großen Chorkapelle) als ein ganz und gar unitalienischer Bau. Man hat den Eindruck, in einem Kirchenraum des Alpengebietes zu stehen. Dazu tragen die reichen Stuckarbeiten des frühen 18. Jh. ebenso bei wie die stämmigen toscanischen Säulen und reichen gotischen Rippengewölbe im Chor. Das rechte Seitenschiff verlängert sich in die **Cappella Sant'Acazio,** eine gotische, ursprünglich freistehende Kapelle mit einem Netzgewölbe. Bereits im 14. Jh. errichtet, ist die Kapelle älter als der übrige Dom. Die spätgotischen Gewölbefresken mit der Trinität, den Evangelistensymbolen und musizierenden Engeln dürften am Ende des 15. Jh. von einem aus den gräflichen Besitzungen Tirol oder Kärnten eingewanderten Künstler gemalt worden sein.

Auch die mit einem gotischen Sterngewölbe geschmückte **Chorkapelle** (das Presbyterium) war ursprünglich eine kleinere selbstständige Kirche. Erst im 15. Jh. wurde das zunächst einschiffige Langhaus als Verlängerung dieser Kapelle hinzugefügt. Zu einem dreischiffigen Ausbau kam es dann 1682. Die Pläne dazu lieferte Felice Lorenzo Maiti aus Bergamo.

Älter noch als die beiden erwähnten Kapellen ist die auf das 13. Jh. zurückgehende **Cappella Sant'Anna** (links vom Chor), die später barockisiert wurde. Ein Grabstein erinnert an den letzten Grafen von Görz, Leonhard, der 1500 auf seinen Besitzungen in Bruck bei Lienz verstarb und dort auch begraben liegt. Unter den Werken der Ausstattung des Langhauses sei die Kanzel hervorgehoben, die 1711 vermutlich von Giovanni Battista Pacassi, dem Vater des Architekten Nikolaus Pacassi, oder aber von Pasquale Lazzarini gefertigt wurde.

Kirchenschatz

Für die Besichtigung des Kirchenschatzes des Doms im Dom anfragen

Zum **Kirchenschatz** des Doms gehört ein Teil des Schatzes von Aquileia. Er kam nach Görz, nachdem 1751 das Patriarchat von Aqui-

Netzgewölbe im Chor des Doms von Gorizia

leia aufgelöst wurde und die Erzbistümer von Görz und Udine gegründet wurden. Dabei teilte man den Kirchenschatz von Aquileia unter die neuen Diözesen auf (der Udineser Teil wurde 1810 gestohlen). Eines der bedeutendsten Stücke ist der hölzerne Bischofsstab (*Pastorale*), der älteste seiner Art, vielleicht aus der Zeit des Bischofs Poppo (1019–42). Nach der Legende soll der hl. Petrus den Stab dem hl. Hermagoras übergeben haben. Der Deckel eines Evangeliars wird ins 12. Jh. datiert. Unter den vier silbernen Reliquienbüsten findet sich die Büste des hl. Hermagoras, ein bedeutendes, 1340 datiertes Werk Friulaner Goldschmiedekunst. Erwähnt sei auch ein Vortragekreuz des 14. Jh. (*Crocefisso dei Prinicipi*). Der Schatz von Görz wurde durch Schenkungen von Kaiserin Maria Theresia und König Karl X. von Frankreich bereichert.

Zur Piazza della Vittoria führt die mit Laubengängen gesäumte **Via Rastelle,** die alte Hauptstraße der Ortschaft. Ihr Name weist auf eine Poststation hin. Ein Großteil der Häuser stammt aus dem 15. und 16. Jh. Gleich an der Ecke links steht das inschriftlich 1441 datierte Haus Volker. In Haus Nr. 61 (mit typischem Innenhof) übernachtete 1519 Kaiser Karl V.

Die **Piazza della Vittoria** liegt bereits außerhalb des ältesten Ortskernes. Sie war der Ort der Jahrmärkte und Volksfeste (in dieser Hinsicht entspricht er der Piazza Primo Maggio in Udine und dem Prato delle Valle in Padua). Der römisch anmutende Barockbrunnen, die **Fontana del Nettuno (5),** wurde 1756 nach Entwürfen des Görzer Architekten Nikolaus (Nicolò) Pacassi durch den Bildhauer M. Chierighin ausgeführt. Die Ignatius-Säule wurde 1658 errichtet, doch musste die Statue des Heiligen im 18. Jh. erneuert werden.

Palazzo Attems in Gorizia. Einen Anklang an venezianische Architektur erkennt man in den Fenstern der Eckrisalite. Sie sind mit einem Balkon ausgestattet, hochgestreckt und mit einem runden Abschluss versehen, der allerdings kaum wie ein Fremdkörper wirkt: Er bezieht sich einerseits auf das Mittelfenster der Serliana, andererseits auf das Rund der Segmentbogengiebel, die sämtliche Fenster der Hauptgeschosses nobilitieren. Pacassi hat sich bemüht, in dieser Fassade Elemente des späten, bereits klassizistisch geprägten österreichischen Barock mit Gestaltungsprinzipien der Renaissance eines Sansovino und Palladio zu verbinden, wie sie sich im Veneto bis in das 18. Jh. hinein hielten

Das architektonisch bedeutendste Bauwerk in Görz dürfte die Jesuitenkirche **Sant'Ignazio (6)** sein. Sie wurde 1654 begonnen, doch stürzte sehr bald ein Teil des Mauerwerks ein, sodass der Bau nach 1655 praktisch neu errichtet wurde und erst 1680 so weit vollendet war, dass Gottesdienst abgehalten werden konnte. Die Doppelturmfassade wurde 1721–23 nach Plänen des österreichischen Jesuitenpaters, Malers und Architekten Christoph Tausch errichtet. Mit ihren beiden Türmen und vor allem den zwiebelförmigen Hauben erinnert sie an süddeutsche oder österreichische Architektur, wenngleich die strenge Gliederung mit durchlaufenden Gebälken nicht ohne Kenntnis römischer Fassaden von Tauschs Lehrer Andrea Pozzo möglich war. Der Innenraum erinnert wiederum an Kirchen nördlich der Alpen, denn er ist als Wandpfeilerkirche (mit Emporen und tiefen Seitenkapellen) ausgebildet. Die flach schließende Chorwand trägt eine riesige illusionistische Architekturdarstellung, sodass sich die Wand zu einer halbrunden Apsis zu öffnen scheint. Christoph Tausch, der Architekt der Fassade, schuf dieses großformatige Fresko von 1721 mit der »Glorie des hl. Ignatius von Loyola«, das nach Beschädigungen im Ersten Weltkrieg 1931/32 restauriert wurde. Die vier Statuen beiderseits des Hochaltartabernakels sind Arbeiten von Pasquale Lazzarini aus dem Jahre 1716. Die Altäre der Seitenkapellen sind nicht zum Mittelschiff hin gerichtet, sondern – wie nördlich der Alpen üblich – nach Westen, in Richtung des Eintretenden.

Weiter nördlich, in der Via dell'Arcivescovado, liegt rechts der **Palazzo Arcivescovile,** der erzbischöfliche Palast, der auf das späte 16. Jh. zurückgeht und ursprünglich den Cobenzl gehörte. Die anschließende Kapelle wurde 1746 erbaut.

Der **Palazzo Attems (7),** das bedeutendste profane Bauwerk in Görz, wurde 1732–45 für Graf Attems-Petzenstein errichtet. Architekt war wiederum Nikolaus Pacassi, der Schöpfer des Neptunbrunnens. Pacassi wurde später Wiener Hofarchitekt und vollendete Schloss Schönbrunn. Die lang gestreckte Fassade wird in fünf Abschnitte gegliedert, von denen der mittlere und die beiden äußeren als Risalite vorspringen und von Balustraden erhöht werden, die mit Statuen und Steinvasen besetzt sind. Der mittlere Abschnitt wird zusätzlich durch ein weiteres Stockwerk betont. Man beachte, welch reiches Instrumentarium Pacassi hier ausschöpft, um die verschiedenen Fassadenteile zu variieren, ohne dabei das Gesamtbild aus dem Auge zu verlieren. So finden sich nur im ersten, dritten und fünften Abschnitt (also den Risaliten) Fugen. Unterschiedlich ausgeführt sind auch die vertikalen Gliederungselemente, wobei Pacassi auf den Einsatz von Säulen verzichtete. Nur im Mittelrisalit gibt es ausgebildete Flachpilaster mit Basen, Kapitellen und Gebälk, die als Kolossalpilaster zwei Geschosse zusammenfassen. Das Portal wird durch Einsatz von Haustein verstärkt, die Fenster darüber verbinden sich zu einer Serliana, wodurch die Mittelachse betont wird.

Im Palastgarten steht heute ein weiterer Brunnen des Nikolaus Pacassi. Sein ursprünglicher Standort war vor dem Palast. Im Hauptsaal des Piano nobile malte der Görzer Antonio Paroli das Deckenfresko »Olympische Götter«. Der Palast ist Sitz des Provinzialmuseums und einer Bibliothek.

Ein weiterer von Nikolaus Pacassi entworfener Palast liegt an der Via Mazzini: Es ist der **Palazzo Attems-Santa Croce (8),** in dem heute die Stadtverwaltung untergebracht ist. Der Palast wurde jedoch im frühen 19. Jh. u. a. an der Fassade umgestaltet. Original sind noch das Treppenhaus und die hintere Loggia. Der Straßenzug Corso Italia–Corso Verdi ist vor allem durch Fassaden des Historismus und des Jugendstils geprägt.

Sant'Ignazio

tgl. 8–12 und 15–19 Uhr

Palazzo Attems

Piazza De Amicis, 2
Di–So 9–19 Uhr

Palazzo Attems-Santa Croce

Mo–Fr 8.45–12, Mo, Mi auch 16.30–17.30 Uhr

Reisen & Genießen

Hotel

Das Grand Hotel Entourage in dem stattlichen, aufwendig restaurierten Palazzo Strassoldo aus dem 16. Jh. bietet komfortable Zimmer und Suiten.

Grand Hotel Entourage
Piazza S. Antonio, 2
34170 Gorizia
Tel. 04 81 55 02 35
www.entouragegorizia.com
DZ 160–200 €

Einkaufen

In der Verlagsbuchhandlung Libreria Editrice Goriziana findet man eine große Auswahl antiquarischer Bücher.

Libreria Editirce Goriziana
Corso G. Verdi, 67
Tel. 048 13 37 76
www.libreriaeditricegoriziana.com

Umgebung von Gorizia

Fahrten in der Provinz Gorizia erschließen bemerkenswert schöne Landschaften und sind darüber hinaus von besonderem historischen Interesse. Sie führen in die Hügel des Collio, auf den Karst und natürlich zum Festungsstädtchen Gradisca. Eine Fahrt auf den Karst ist vor allem im Herbst lohnend, wenn sich die Flora intensiv rot verfärbt. Der Karst ist ein karges Hochplateau aus Kalkstein, dessen italienischer Teil sich vom Isonzo bis nach Triest hinzieht. Zwischen Gorizia und Monfalcone fällt das Plateau allmählich ab, an der istrischen Küste stürzt es steil ins Meer. Die Kalksteinkruste ist sehr porös. Durch auslaugendes Sickerwasser bildeten sich Mulden, die charakteristischen trichterförmigen Dolinen und auch Höhlen.

Collio bei Gorizia

Landschaft des Collio

Der Name Collio lässt an die renommierten Collio-Weine denken, und so wird man in dieses Hügelgebiet wohl kaum allein wegen der Kunstwerke fahren, die tatsächlich nicht sonderlich bedeutend sind. Durch den Weinbau tritt die Struktur der Hügel klar hervor – daher gehören der Collio wie auch die nördlich sich anschließenden Colli Orientali zu den besonders eindrucksvollen Landschaftsbildern des Friaul.

Zur Provinz Gorizia gehört der westliche Teil des Collio, den man offiziell Collio Goriziano nennt. Das Wort Collio ist eine unglückliche italienische Übersetzung der friulanischen Bezeichnung *I Cuei* (›die Hügel‹). In der Tat handelt es sich nicht um einen einzigen Hügel, sondern um ein ausgedehntes Hügelland, dessen weitaus größerer Teil heute zu Slowenien gehört.

Sehr schön gelegen ist **San Floriano del Collio** (276 m). Bei dem Dorf handelt es sich um ein für diese Gegend typisches Castrum im alten Sinne, also um eine befestigte Siedlung, wie sie auf der slowenischen Seite Tabor genannt wird. Hier gab es nie eine mittelalterliche Burg, die mit Feudalrechten ausgestattet war. Allerdings hatten hier mehrere adlige Familien Wohnrecht, weshalb sie Paläste errichteten. Übriggeblieben ist heute nur der vom Erdbeben schwer getroffene Bau der Familie Formentini, der nach zum Teil modernem Wiederaufbau heute als Hotel und Restaurant genutzt wird.

Man sollte es nicht versäumen, über die Grenze in den slowenischen Teil des Collio zu fahren, der landschaftlich schöner ist als die italienische Seite. Höhepunkte einer Besichtigung sind das herrlich gelegene **Smartno** (ital. San Martino), ein gut befestigtes Dorf, das im 17. Jh. noch einer monatelangen Belagerung standhielt und das mit seinen Rundtürmen, Toren und alten Häusern das malerische Herz des Collio ist. Unterhalb liegt in Vipolže das mächtige Schloss der Grafen Thurn, das eine Fassade ganz manieristischer Konzeption aufweist: Die durchfensterte Hauptseite zum Berg und zum Dorf wird von zwei schweren Bastionen flankiert, die nur formal den Schutz des Hauses verkünden können. Die Rückseite zum Tal zeigt lediglich einen kleinen Wirtschaftshof, der trotz der herrlichen Aussicht keine Fenster vom Hauptgebäude aus erkennen lässt. Zudem wurde nichts unternommen, um diese strategisch bedeutendere Seite mit Bastionen zu schützen.

Museo del Vino

Via Oslavia, 5
San Floriano del Collio
tgl. 8–17 Uhr, nur nach Anmeldung,
Tel. 04 81 88 41 31

Blick auf Smartno, eines der schönsten Dörfer des Collio

In **Dobrovo** schließlich steht die schöne, nur leider überrestaurierte Villa oder **Burg der Grafen Colloredo,** eine Vierturmanlage, deren ebenfalls bloß rhetorische Wehrhaftigkeit nicht nur aus der Lage der zahllosen malerischen Schießscharten zu erkennen ist. Vielmehr handelt es sich im Grundriss um eine perfekte venezianische Villa mit Mittelsaal, seitlicher Wendepodesttreppe und vier Salonen, die nach außen hin nur mit vier zierlichen Türmen wirkungsvoll-feudal dekoriert wurde. Folgt man von hier aus der Straße Richtung Corno di Rosazzo, findet man den einzigen offenen Grenzübergang dieser Seite.

Cormons

Cormons ist das wirtschaftliche Zentrum des Collio. Man sieht es den Kirchen und den stattlichen Weingütern an, dass der Ort eine lange österreichische Geschichte hatte. In römischer Zeit war Cormons – dies ist dokumentarisch gesichert – ein *castrum,* eine befestigte Miliärkolonie. Das Castrum wird gewöhnlich auf dem Monte Quarin (247 m) lokalisiert, wo heute die Ruinen einer mittelalterlichen Ringburg stehen. Doch haben die Römer ihre Lager nie auf schwer zugänglichen Höhen, sondern stets in der Ebene erbaut, um schneller angreifen zu können. Als dann die Patriarchen von Aqui-

Burg der Grafen Colloredo

Die Burg ist über das darin eingerichtete Restaurant zugänglich.

leia 628–737 im Castrum Cormons Zuflucht suchten, dürfte es sich um eben dieses, in seinen Mauern wohl noch weitgehend intakte römische Militärlager gehandelt haben, von dem aus sich vermutlich noch die Langobarden gegen die eindringenden Awaren verteidigt hatten. Es ist kaum vorstellbar, dass sich der Patriarch auf dem Monte Quarin niederließ, denn Hochburgen kannte man weder in der römischen Antike noch im frühen Mittelalter. Seit der zweiten Hälfte des 13. Jh. gehörte die Ortschaft am Fuße des Berges den Grafen von Görz, die auf dem Monte Quarin die erwähnte Burg errichteten. Diese ähnelt – wenn auch kleiner dimensioniert – in ihrer kreisrunden Form jener von Monfalcone und dürfte daher wie diese um 1300 entstanden sein.

Mehr als vier Jahrhunderte – von 1497 bis zum Ersten Weltkrieg – gehörte Cormons mit kurzen Unterbrechungen zu Österreich. Bis heute wird in Cormons die Erinnerung an die österreichische Zeit wachgehalten, und man feiert alljährlich – am 18. August – in Trachten den Geburtstag von Kaiser Franz Joseph. So steht denn auch auf der zentralen **Piazza Libertà** das 1903 errichtete, nach dem Ersten Weltkrieg demolierte, nach dem Zweiten Weltkrieg wiederaufgestellte Denkmal für den Habsburgerkaiser Maximilian I., das der Wiener Bildhauer Edmund Hofmann entwarf.

Die an derselben Piazza liegende Wallfahrtskirche **Santa Caterina** (Rosa Mistica) wurde 1776–78 von Carlo Corbellini, einem Baumeister aus Brescia, errichtet. Mit ihren österreichisch wirkenden Zwiebeltürmen erinnert die Doppelturmfassade an die fünf Jahrzehnte jüngere Fassade von Sant'Ignazio in Gorizia, wenn auch bescheidener konzipiert und zurückhaltender in der plastischen Artikulation.

Eine breite Freitreppe führt zum 1737–70 erneuerten **Dom Sant' Adalberto,** der aus einem einzigen, von Seitenkapellen begleiteten Schiff besteht. In der Sakristei wird die Holzskulptur einer sitzenden Madonna mit Kind aufbewahrt, eine qualitätvolle Arbeit von Domenico da Tolmezzo von 1489, die zu einem nicht erhaltenen Schnitzaltar in der Kirche Santa Maria gehörte (s. u.).

Zu den Resten der **Burg** führt die von der Via San Giovanni abzweigende Via Monte, eine Panoramastraße. Linker Hand sieht man zunächst die kleine gotische Kirche San Giovanni Battista mit einem Fresko von 1498. Die Straße führt dann weiter zur Wallfahrtskirche Beata Vergine del Soccorso (auf Friulanisch Madone de l'Ajut) von 1636. Geht oder fährt man unterhalb des Berges die Via San Giovanni in westlicher Richtung, trifft man nach dem Hotel Felcaro rechter Hand auf die etwas versteckt liegende Kirche Santa Maria (auch Sant'Apollonia genannt) mit Fresken des 16. Jh. Von hier aus sieht man schon die weiter nördlich, hoch auf dem Hügel gelegene Kirche San Giorgio von Brazzano. Sie wurde im 16. Jh. begonnen, im 19. Jh. weitgehend erneuert.

Reisen & Genießen

Hotels

Das Hotel Felcaro, das sich in schönster Umgebung am Rande der Weinberge befindet, bietet Zimmer in einem ehemaligen Jagdhaus des 19. Jh. und Miniappartements in modernen Erweiterungsbauten. In den Sommermonaten steht ein Pool zur Verfügung und im Restaurant erwartet die Gäste eine seit Jahrzehnten wenig veränderte bodenständige Küche, vor allem Wildgerichte.

Hotel Felcaro

Via San Giovanni, 45
34071 Cormons
Tel. 048 16 02 14
www.hotelfelcaro.it
DZ 110–125 €

Wer Ruhe und Entspannung im einsamen Grenzgebiet zu Slowenien auf einem Collio-Hügel sucht, dabei einzelne kleine

Häuser einem Hotel vorzieht, dennoch wahlweise den Hotelservice beanspruchen will, dessen Wahl dürfte auf den seit mehreren Generationen geführten Familienbetrieb La Subida fallen, wo überdies eine außergewöhnliche friulanisch-slowenische Küche angeboten wird. Die Professionalität und Herzlichkeit von Joško und Loredana Sirk erfreut gewiss alle Gäste.
La Subida
Località Monte, 22
34071 Cormons
Tel. 048 16 05 31
www.lasubida.it
Ferienhaus 90–140 €

Eine bescheidenere und bedeutend preiswertere Unterkunft mit nur fünf behaglich eingerichteten Zimmern ist Tana dei Ghiri am Rande desselben Collio-Hügels, des Monte Quarin, mit Ausblick auf die Ebene.
Tana dei Ghiri
Località Monte, 40
34071 Cormons
Tel. 048 16 19 51
www.tanadeighiri.gooditaly.net
DZ 62 €

Restaurants

Ideal für ein festliches Essen ist das Castello di Trussio dell'Aquila d'Oro, eines der vornehmsten Restaurants des Friaul. Es liegt in einem hoch über dem Judrio gelegenen Schloss. An warmen Tagen wird auch auf der Terrasse bedient. (So und Mo, teilweise im Jan. und Aug. geschl.)
Castello di Trussio dell'Aquila d'Oro
Località Ruttars, 11
34070 Dolegna del Collio
Tel. 048 16 12 55
obere Preisklasse

Zu den anspruchsvollsten Restaurants im Gebiet des Collio zählt Al Giardinetto. Wer eine der österreichisch-slowenischen Tradition verpflichtete und zugleich kreative Küche genießen möchte, ist hier am richtigen Ort. Besonders angenehm sitzt man an warmen Abenden auf der Gartenterrasse. (Mo und Di geschl.)
Al Giardinetto
Via Matteotti, 54
34071 Cormons
Tel. 048 16 02 57
mittlere bis obere Preisklasse

Preiswert und gut isst man in der familiären Trattoria Al Piave in der Ortschaft Corona südlich von Cormons. (Di geschl.)
Al Piave
Via Cormons, 6
34070 Mariano del Friuli, Ortschaft Corona
Tel. 048 16 90 03
mittlere Preisklasse

Wein

Die meisten Weinanbauer des Friaul freuen sich auf Besucher (möglichst nach Voranmeldung). In der Enoteca di Cormons kann man nahezu alle Weine des Collio und des Isonzo glasweise verkosten und dabei die Namen und Adressen der Produzenten erfahren. (tgl. 11–22 Uhr, Di geschl.)
Enoteca di Cormons
Piazza 24 Maggio, 21
Palazzo Locatelli
34071 Cormons
Tel. 04 81 63 03 71
www.enotecacormons.com

Schinken

Eine Schinkenspezialität, die von Kennern besonders geschätzt wird, kommt aus dem Collio – der ein Jahr lang luftgetrocknete oder auch geräucherte Schinken (ital. *speck*), den Lorenzo D'Osvaldo in Cormons erzeugt. Die Produktion ist auf 1500 Schinken begrenzt. Entsprechend schwierig und kostspielig ist es, einen solchen Schinken zu erwerben.
Prosciuttificio Lorenzo D'Osvaldo
Via Dante, 40
34071 Cormons

Gradisca d'Isonzo

Cityplan Gradisca d'Isonzo S. 336

Gradisca ist eine Festungsstadt der Renaissance. Erbaut wurde sie ab 1479 durch die Venezianer, die auf diese Weise die Markusrepublik gegen Angriffe aus dem Osten, vor allem von den Türken, schützen wollten. Gradisca wurde errichtet, ohne dass man sich auf eine frühere Wehranlage stützen konnte. Es ist eine *ex novo* gebildete Festungsstadt, entstanden an einem der neuralgischen Punkte des östlichen Oberitalien, dort, wo der Vipava (die Wippach) in den Isonzo mündet. Dieses Tal war eine der wenigen Einfallsmöglichkeiten aus dem Osten.

Gradisca d'Isonzo ★

Geschichte

Nachdem 1472 die Türken überraschend in das Friaul eingefallen waren, versuchte Venedig der Gefahr eines erneuten Einfalls zunächst durch einen Limes – eine Kette von Burgen, die durch Pallisaden verbunden waren – einzudämmen, bis man von dieser altertümlichen Idee abkam und sich auf den Bau von zunächst zwei kleinen Festungen konzentrierte. Die südliche der beiden Festungen ist in erweiterter Form im sogenannten **Castello di Gradisca** (einer Zitadelle) erhalten. Von der zweiten finden sich nur noch Reste. Sie lag im Norden der Stadt, wo ein zweiter Felsen aus der Ebene herausragt. Die Bauarbeiten waren noch nicht beendet, als Venedig sich entschloss, eine einzige, dafür aber städtisch erweiterte Festung auszubauen. In der Geschichte der Planung ist somit die Entstehung der modernen Festung nachzuvollziehen, weshalb Gradisca eine für ganz Europa wegweisende Bedeutung hat, weit mehr noch als das nur unter formalen Gesichtspunkten bedeutende Palmanova, das über 100 Jahre später entstand.

Man nannte die neue Festung zunächst nicht Gradisca, sondern Emopoli, und zwar nach dem venezianischen Statthalter Giovanni Emo, auf den das ursprüngliche Konzept der beiden Zitadellen zurückgeht. Zu der neuen Festungsstadt gehörte außer der Festung auf der südlichen Erhebung, dem *collisello,* wo der Kommandant und der Anführer der Fußtruppen ihren Wohnsitz hatten und wo das Waffen- und Munitionsarsenal lag, auch die Wohnsiedlung für die Besatzung und ihre Familien. Die Mauern mussten bereits 1497–1511 verstärkt werden, um sie der Durchschlagskraft der neuen Kanonen anzupassen. Kaiser Maximilian und seine Verbündeten der Liga von Cambrai zwangen 1508 Venedig, Gradisca den Habsburgern zu überlassen. Vergeblich versuchte Venedig im Krieg von Gradisca (1616–17), die Feste zurückzuerlangen.

Eine Glanzzeit erlebte die Stadt im späten 17. und im 18. Jh., nachdem Kaiser Ferdinand III. 1647 den Ort, der der Grafschaft Görz angeschlossen war, an die Familie Eggenberg aus der Steiermark verkauft hatte. Damals wurden die Festungsstadt und die umgebenden Ländereien zu einem kleinen **selbstständigen Fürstentum,** das eigene

Der Name Gradisca

Das Gebiet um das langobardische Castrum Farra d'Isonzo überließ Kaiser Otto I. im Jahre 967 dem Patriarchen von Aquileia. Zu den Ländereien gehörte auch der Weiler Gradisca mit slawischen und lateinsprachigen Familien. Die Anwesenheit slawischer Familien spricht dafür, dass der Name Gradisca slawisch ist (›befestigter Ort‹), was freilich nicht unbestritten blieb.

Gradisca d'Isonzo

1 Palazzo De Fin-Patuna
2 Palazzo Strassoldo
3 Palazzo Torriani
4 Palazzo del Capitano
5 Dom
6 Loggia dei Mercanti
7 Casa dei Provveditori Veneti
8 Monte di Pietà
9 Häuser aus der Entstehungszeit Gradiscas
10 Porta Nuova
11 Porta del Soccorso

Stadtstruktur

Beim Blick auf den Plan fällt die klare, aber nicht geometrisch exakte Anlage der Festungsstadt mit ihren vier Längs- und vier Querachsen auf. Nur im nördlichen Bereich fehlt das städtische Straßensystem, da hier die Reste der abgetragenen zweiten Festung des 16. Jh. liegen. Früher gab es Verordnungen, nach denen die Straßen stets geräumt sein mussten, um Aufmärsche des Militärs nicht zu behindern.

Münzen prägte und den Familien der Umgebung günstige Voraussetzungen bot, sich niederzulassen. So bekam der Ort eine Anzahl von Palästen, die in keinem Verhältnis zu seiner Größe und Bedeutung stehen. Der Vertrag mit den Eggenbergs sah vor, dass beim Erlöschen der männlichen Linie das Fürstentum zurück an das Haus Habsburg falle, wie es 1717 dann auch tatsächlich geschah. Gradisca wurde wieder habsburgisch und 1754 erneut der Grafschaft Görz einverleibt. Während der Herrschaft der Eggenberg – und insbesondere unter dem Festungskommandanten Ulrich Thurn (Ulderico della Torre) – entwickelte sich Gradisca zu einer kleinen **Barockstadt.** Damals entstanden repräsentative Gebäude wie der Palast der Thurn (Palazzo Torriani), der Monte di Pietà (Leihhaus) und die Loggia dei Mercanti. Für einen gewissen Wohlstand sorgten die Zucht von Seidenraupen und eine Teppichmanufaktur. Einige besonders schöne Stücke aus ihrer Produktion gelangten – wohl durch Napoleon – nach Notre-Dame von Paris.

Die unregelmäßig verlaufende **Stadtmauer** ist noch weitgehend erhalten. Nur im Westen wurde im 19. Jh. ein Teil der Mauer abgetragen, um wenigstens hier den Bürgern die Stadt zu öffnen und mit einer Parkanlage zu verbinden. Heute kommt man durch diese Mauerlücke in den Ort. Der ursprüngliche Zugang war die Porta Nuova im Norden zwischen den Ecktürmen ›della Campana‹ und ›San Giorgio‹. Daneben gab es noch einen Notausgang zum Isonzo hin, die Porta del Soccorso.

Bereits in den Jahren 1479–83 entstanden etwa 90 Häuser, die Venedig für 20 Jahre und länger den Bewohnern zur Miete überließ. Sie sind von der Form und vom Material her sehr einfach gebaut und durften auch die Höhe der Stadtmauern nicht überschreiten. Andererseits gab es genug Platz, denn in jedem der Häuser sollten auch acht Pferde untergebracht werden. Bei drei Häusern der Via Battisti blieb das ursprüngliche Aussehen bewahrt.

Rundgang durch die Stadt

Bei einem Gang durch Gradisca fallen zahlreiche stattliche **Adelspaläste** auf, die in ihrer Verschiedenartigkeit auf unterschiedliche kulturelle Einflüsse zurückgehen und darin ein Spiegelbild des kulturellen Reichtums der Görzer Gegend sind. Man findet an Karnien erinnernde gewölbte Einfahrten und Arkadenhöfe, aber auch Paläste venezianischen Typs mit durchgehenden Mittelsälen im Piano nobile. Einige der wichtigsten Paläste liegen an der Via Ciotti: Der im 16. Jh. begonnene **Palazzo De Fin-Patuna (1),** dessen Fassade später im spätbarock-mitteleuropäischen Stil umgestaltet wurde, der **Palazzo Strassoldo (2)** und der repräsentative **Palazzo Torriani (3).** Letzterer wurde

Der Mittelteil des Palazzo Torriani ist ein Beispiel für das Nachwirken Palladios im ›barocken‹ 17. Jh. Später bewohnte Eugène de Beauharnais, Schwiegersohn Napoleons und Vizekönig Italiens, zeitweise den Palast. Heute ist er Sitz der Stadtverwaltung und der Galleria Regionale d'Arte Contemporanea Spazzapan (mit Gemälden von Spazzapan und anderen friulanischen Künstlern)

Palazzo Torriani

Galleria Regionale d'Arte Contemporanea Spazzapan
Via Battisti, 1
Di–So 10.30–12.30 und 16–20 Uhr

Museo Civico Gradiscano

Via Bergamas, 30
Besuch nur auf Anfrage möglich, Tel. 04 81 96 79 15

ab 1644 für die Familie Thurn (ital. Della Torre) erbaut, zu der auch der 1665 zum Stadt- und Festungskommandanten ernannte Franz Ulrich Thurn gehörte. Dieser ließ den Palast nach Ankauf eines Nachbargrundstückes erweitern. Der Name des Architekten konnte nicht ermittelt werden. Der Mittelteil, gestaltet in Form einer antiken Tempelfront, ist ein Beispiel für das Nachwirken Palladios im ›barocken‹ 17. Jh. Im eigenartigen Kontrast zur Pilaster- und Giebelarchitektur steht das Portal mit kräftigen, mit Bändern verstärkten Säulen und gesprengtem Giebel. Mit ähnlichen Mitteln arbeitete der Architekt auch beim Mitteltrakt der Hofseite (sichtbar von der Via Bergamas). Hier findet sich eine doppelgeschossige palladianische Loggia mit manieristischen Extravaganzen bei den Säulenbändern und -ringen.

Die **Zitadelle,** 1471 nach Plänen von Enrico Gallo begonnen, besteht aus mehreren Gebäuden rund um den ehemaligen **Palazzo del Capitano (4),** die jetzt als Wohnhäuser dienen.

Der **Dom Santi Pietro e Paolo (5)** wurde 1756 als dreischiffiger Bau erneuert. Die einschiffige Vorgängerkirche und der jetzige Bau hießen bis 1789 San Salvatore, ein Hinweis, dass es sich wohl um eine langobardische Gründung handelt. Die Fassade erhielt der Dom erst 1752 durch Paolino Zuliani. Wie in zahlreichen Kirchen des Veneto ist auch hier eine palladianische Tempelfront mit Doppelsäulen auf hohem Sockel und Giebel eingesetzt. Das dreischiffige Innere erhielt seine Ausstattung größtenteils im 18. Jh. Der marmorne Hochaltar ist ein Werk des Leonardo Pacassi (1690). Das figurenreiche Gemälde der »Auferstehung« ist aus der zweiten Hälfte des 16. Jh.; es wurde Pomponio Amalteo und auch Pomponio Secante zugeschrieben. Die Cappella Torriani besitzt einen Stuckdekor vom Ende des 17. Jh. Das Grabmonument nimmt einen nördlich der Alpen verbreiteten Typus auf. Es ehrt den 1557 verstorbenen Nicolo della Torre, der 30 Jahre Capitano von Gradisca war.

Die **Loggia dei Mercanti (6)** in der Via C. Battisti ist stilistisch verwandt mit dem Palazzo Torriani. In der Loggia ist ein Lapidarium untergebracht. Im benachbarten Haus wurde das **Museo Civico Gradiscano** eingerichtet, das zwar keine bedeutenden Exponate besitzt, doch sehr anschaulich die Geschichte von Gradisca dokumentiert.

Unter den weiteren Palästen Gradiscas sei der **Monte di Pietà (8),** das im 17. Jh. erbaute Leihhaus, erwähnt. Die auf das 15. Jh. zurückgehende **Casa dei Provveditori Veneti (7)** war angeblich Sitz der venezianischen Gouverneure. Heute findet sich in dem Gebäude eine auf Friulaner Weine spezialisierte Enothek (s. S. 339).

Der Weg führt vorbei an einigen **Häusern aus der Entstehungszeit (9)** hinaus zur **Porta Nuova (10).** Der schöne Innenhof lässt bereits an die Torhöfe von Palmanova denken; er ist hier jedoch noch Bestandteil eines Adelspalastes und damit eines mittelalterlichen Torlehens, was nochmals die besondere Stellung Gradiscas am Beginn des modernen Festungsbaus veranschaulicht. Nach außen hin weist das Tor eine unvollendete Triumphbogenfassade auf, die heute noch durch einen Doppeladler geziert wird, an dem ein Gegner der Habsburger vergeblich versuchte, die Spuren der Geschichte auszumeißeln. Das Tor ist Bestandteil des jüngsten Abschnitts der Ummauerung, der mit den beiden Eckbastionen über der unvollendeten und abgetragenen zweiten, nach dem Kommandanten Emo benannten Festung errichtet wurde.

Schauplätze des Ersten Weltkriegs

Bei klarem Wetter bietet eine Fahrt auf den **Monte San Michele** im Osten grandiose Ausblicke und konfrontiert den Reisenden zugleich mit den Schauplätzen des Ersten Weltkriegs. Bei den Schlachten am Isonzo hatten sich Österreicher und Italiener in das Karstgestein eingegraben, wo sie in einem langen Stellungskrieg extremer Hitze und Kälte ausgesetzt waren. Fast eine Million Soldaten musste am Isonzo ihr Leben lassen. Allein auf dem Friedhof von **Redipuglia** ruhen an die 100 000 Gefallene der III. Armee Italiens. Im Kriegerdenkmal von **Oslavia** (jenseits des Isonzo, im Collio) wurden die Gebeine von 52 000 Gefallenen gesammelt, die zunächst auf anderen Friedhöfen auf jugoslawischem Gebiet bestattet worden waren. Ein Ehrenmonument, das 1950 den Gefallenen aller Kriege geweiht wurde, ist die **Ara Pacis** bei Medea (nordwestlich von Gradisca). Das Monument enthält Erde aller Soldatenfriedhöfe.

Reisen & Genießen

Hotel

Nahe dem Stadtzentrum befindet sich das zweckmäßig eingerichtete, moderne Hotel Franz.

Hotel Franz
Viale Trieste, 45
34072 Gradisca d'Isonzo
Tel. 048 19 92 11
www.hotelfranz.it
DZ 89–100 €

Restaurant

Östlich von Gradisca, in der Ortschaft San Michele del Carso befindet sich eine seit fünf Generationen von derselben Familie geführte sympathische Trattoria mit slowenisch-friulanischer Küche. (geöffnet Mi–Fr abends, Sa und So mittags und abends)

Devetak
Via Brezici, 22
Località San Michele del Carso
34070 Savogna d'Isonzo
Tel. 04 81 88 24 88
www.devetak.com
obere Preisklasse

Wein

Eine Auswahl der besten Weine der gesamten Region verkostet man in der Enoteca Serenissima in der Casa dei Provveditori Veneti. (Di–So 10.30–14 und 16.30–22.30 Uhr)

Enoteca Serenissima
Via Battisti 26
34072 Gradisca d'Isonzo
Tel. 048 19 95 98
www.gradiscaturismo.it

Triest und Umgebung

Triest

Cityplan Triest hintere Umschlagklappe Karte Zwischen Gorizia und Triest S. 332

Triest und Umgebung
Besonders sehenswert: Triest, Castello di Miramare, Duino

Triest ist eine Stadt im »Grenzgebiet der Kulturen«, wie es der triestinische Schriftsteller Claudio Magris einmal ausgedrückt hat. In der Stadt am Adriatischen Meer begegneten sich österreichischer, italienischer und slawischer Geist, und sie spiegelt noch heute diese unterschiedlichen, aus der Geschichte hervorgegangenen Facetten wieder. Sie fungiert als **Hauptstadt** einer politischen Region, deren größerer Teil, das Friaul, ganz anderen Charakters ist. Triest ist eine zum Wasser orientierte Hafenstadt und zugleich dem Karst abgerungenes Lebenszentrum. Für die einen liegt die Stadt in »einem toten Winkel Italiens«, für andere ist sie die »Drehbühne zwischen der Italienischen Halbinsel und dem Balkan«.

Triest ★★
Besonders sehenswert: Piazza dell'Unità, Dom San Giusto, Museo Civico Revoltella, Teatro Verdi, Palazzo Carciotti

Widersprüche prägen das Bild Triests: Einerseits ist es eine Stadt, auf deren Straßen und Plätzen man eine leise Melancholie verspürt, stille Erinnerungen an jene Zeiten, als die Kaffeehauskultur der k. u. k. Monarchie blühte und das literarische Leben von Namen und Persönlichkeiten wie Italo Svevo, James Joyce oder Umberto Sabe gezeichnet wurde; andererseits eine Stadt, die sich einst großen Wohlstand und noch größeres Selbstbewusstsein erkämpfte, deren Stadtviertel ganz nach rationalen Gesichtspunkten angelegt und deren Hafenanlagen zu größter Effizienz ausgebaut wurden.

Das Besondere Triests erschließt sich dem Besucher nicht auf Anhieb. Triest ist am wenigsten nur eine Kunststadt mit einer Reihe absolvierbarer Sehenswürdigkeiten. Es ist jedoch ebensowenig nur ein Handels- und Hafenzentrum, eine Stadt der Industrie, der Finanzen, der Forschung und Verwaltung. Widersprüchlich und oft irritierend ist in Triest vor allem die Diskrepanz zwischen der Großzügigkeit der Stadtplanung, dem Anspruch, den die Architektur erhebt, und der jetzigen Bedeutung dieser Stadt. Ein Schlüssel zu ihrem Verständnis ist der gleichzeitige Blick auf die Vergangenheit und die Zukunftsperspektiven. Triest ist eine überalterte Stadt, die von ihrer Geschichte zehrt und gleichzeitig mit neuer Hoffnung wachsam auf die politischen Entwicklungen in den Nachbarländern Slowenien und Kroatien schaut.

Fremdenverkehrsamt
Piazza dell'Unità d'Italia, 4b
Tel. 04 03 47 83 12
www.triestetourismo.it
www.retecivica.trieste.it

Geschichte

Im Hochmittelalter war die Stadt eine typisch italienische Kommune, geografisch allerdings nicht zur Apenninhalbinsel gehörig, sondern zur Balkanhalbinsel. Abgesehen von kurzen Unterbrechungen war sie jedoch jahrhundertelang, 1382–1918, mit Österreich verbunden und verdankte im 18. und 19. Jh. dem österreichischen Kaiserhaus ihren unvergleichlichen Aufstieg zur Handels- und Finanzmetropole. Bis dahin war Triest ein Städtchen mit nicht mehr als 5000 Einwohnern gewesen, das einst bei den Habsburgern Schutz vor dem übermächtigen Venedig suchen musste.

◁ Canal Grande mit der Kirche Sant' Antonio Nuovo von Peter Nobile

Ursprünge der Stadt

Die Ursprünge liegen auf dem **Stadthügel** des hl. Justus, dem Colle di San Giusto. Als die Römer ab 177 v. Chr. von Aquileia aus Feldzüge nach Istrien unternahmen, erhielten sie Unterstützung durch Bewohner einer Ortschaft namens **Tergeste,** des ersten Orts in Illyrien, im Gebiet der Histrer. Den Namen Tergeste, der wahrscheinlich ›Markt‹ bedeutet und aus dem Trieste wurde, behielten die Römer bei, als sie in der Mitte des 1. Jh. hier eine Militärkolonie ansiedelten. Tergeste entwickelte sich zu einer beachtlichen Stadt, die durch einen Hafen Zugang zum Meer hatte, die ab 33 v. Chr. durch Mauern geschützt wurde und zur Zeit Kaiser Trajans (98–117 n. Chr.) eine Basilika und ein Theater erhielt. Nach dem Niedergang des Römerreiches ereilte Tergeste das Schicksal der anderen Städte im Osten Italiens. Es wurde nacheinander von Ostgoten (489–539), Byzantinern (539–751), für kurze Zeit auch von den Langobarden besetzt (751–774). Als Karl der Große 774 das Langobardenreich eroberte, kam auch Triest in die Hand der Frankenherrscher. Durch Lothar, Sohn und Mitregent des italienischen Nationalkönigs Hugo, erhielten die Bischöfe die weltlichen Herrschaftsrechte über die Stadt und das Landgebiet.

Die **freie Kommune** entwickelte sich vergleichsweise spät, erst im 13. Jh. Die Macht des Bischofs war so gefestigt, dass die Bürger keine andere Möglichkeit sahen, als ihm die Rechte über die Stadt abzukaufen (1236). Der nunmehr freien Kommune waren in der neuen Entfaltung des Handels durch ihre wirtschaftlichen Konkurrenten jedoch Grenzen gesetzt. Dies waren die Patriarchen von Aquileia, die Grafen von Görz, vor allem aber Venedig, das die Kontrolle über Schifffahrt und Häfen der gesamten Adria beanspruchte. So verlangte Venedig 1202 *fidelitas* von den Triestinern. Damit war gemeint: Abgabefreiheit für die hier ansässigen venezianischen Kaufleute und Tributzahlung. Es kam zu mehreren Kriegen mit der Markusrepublik; 1368 wurde Triest schließlich für zwölf Jahre durch die Venezianer besetzt. Erst die vereinten Kräfte der Genuesen und des Patriarchen von Aquileia konnten die venezianische Besatzung zum Abzug zwingen.

Triest unter den Habsburgern

Die Triestiner erkannten, dass sie nicht länger ohne eine Schutzmacht auskamen und unterstellten sich 1382 dem Habsburger Herzog Leopold, der bereits die Steiermark, Kärnten, Krain und Tirol besaß (und dessen Enkel, Kaiser Friedrich III., diese Länder und Triest mit Nieder- und Oberösterreich verbinden konnte). Das bedeutete, dass man von nun an zur Tributzahlung an die Habsburger verpflichtet war und der kommunale Podestà durch einen vom Herzog ernannten Capitano ersetzt wurde. Bis zum Jahr 1918 blieb Triest – von kurzen Unterbrechungen zur Zeit der Liga von Cambrai (1508–14) und den Besetzungen Napoleons abgesehen – mit den Habsburgern verbunden.

Ruine des römischen Theaters von Triest

Eine neue Periode der Stadt begann im Jahre 1719, als der Habsburger Kaiser Karl VI. (1711–40) Triest zusammen mit Fiume zum **Freihafen** erklärte. Die Stadt, die bisher vom Verkauf von Wein, Öl und Salz gelebt hatte, erfuhr einen Aufschwung sondergleichen, zog Arbeiter, Seeleute, Kaufleute und Unternehmer an. Die zunächst auf 4000–5000 geschätzte Zahl der Bewohner vergrößerte sich bis zum Ende des 18. Jh. auf 24 000. Ende des 19. Jh. zählte Triest 176 000, 1914 gar 235 000 Einwohner.

Schon bald nach der Eröffnung des Freihafens musste mit der **Erweiterung der Stadt** begonnen werden. Karls Tochter und Nachfolgerin, Kaiserin Maria Theresia (1740–80), veranlasste den Ausbau des Hafens: Sie ließ die Molen Santa Teresa (jetzt Fratelli Bandiera) und San Carlo (jetzt Audace) anlegen, die alten Stadtmauern abreißen und ein neues Stadtviertel erbauen, den nach ihr benannten **Borgo Teresiano** (Theresien-Stadt) auf den zugeschütteten, früher außerhalb der Stadtmauern gelegenen Salinen. Als Erstes wurde die hinter der Börse beginnende Fläche zwischen der Altstadt und dem Canal Grande angegangen. Erst 1777 gab es Pläne für das Gebiet jenseits des Kanals bis zum Torrente, dem Verlauf der heutigen Via Ghega und eines Teils der Via Carducci.

Die Planer gaben anfangs nur die allgemeine Viertelgestaltung vor, die ein geometrisches System aus mehreren schnurgeraden, sich rechtwinklig kreuzenden Straßenachsen mit großen Häuserblöcken vorsah. Mehrere Kanäle sollten das Viertel durchziehen. Doch wurde le-

Ansicht des Hafens von Triest im 19. Jh.

diglich der **Canal Grande,** der bereits existierte, verbreitert und vertieft, damit Schiffe anlegen konnten. Er entwickelte sich zusammen mit der Piazza Ponte Rossa (benannt nach einer einst rot bemalten Brücke) zum repräsentativen Mittelpunkt des Borgo. Für die neu zu erstellenden Bauten dieses Viertels legten die Stadtplaner genauere Richtlinien fest. Sie entwickelten zwei Haustypen, die als Standard für Wohn- und Geschäftshäuser übernommen wurden. Der frühere Typus bestand aus hohen Magazinräumen im Erdgeschoss, Wohnungen im ersten Stock und einem Dachgeschoss. Beim zweiten, höheren Typus waren dagegen zwei Stockwerke für Wohnungen vorgesehen. Dass die Besiedlung des Borgo insgesamt nur sehr schleppend voranging, lag vor allem an der nur langsam fortschreitenden Zuschüttung der Salinen. Es fehlte immer wieder an Arbeitskräften für die Trockenlegung eines so großen Gebietes. Keineswegs mangelte es an Bauinteressenten, denn diese wurden von der Regierung durch finanzielle Erleichterungen unterstützt. Zu den weiteren Baumaßnahmen Maria Theresias zählte die Errichtung von Verwaltungsgebäuden, von Lagerhäusern, eines Lazaretts, einer Börse, einer Wasserleitung sowie der Anlage von Straßen nach Istrien (1775) und nach Wien (1780).

Die Theresien-Vorstadt war noch nicht beendet, als bereits ein zweiter Stadtteil geplant wurde: der sich im Süden an die Altstadt anschließende **Borgo Giuseppino** (Josephs-Stadt), benannt nach Maria Theresias Sohn, Kaiser Joseph II. (1765–90). Das Zentrum dieses Viertels ist die Piazza Venezia. Eine dritte Vorstadt wurde noch im 18. Jh. nordöstlich des Colle San Giusto (ab Via Carducci) begonnen: der **Borgo Franceschino,** den man nach der ehemals hier befindlichen Zollgrenze meist Barriera Vecchia nennt. Die Via Cesare Battisti, die aus einem zugeschütteten Flussbett entstand, ist ihre repräsentative Straße.

Die Eroberungszüge Napoleons, die das Ende der Republik Venedig herbeiführten, machten vor dem österreichischen Triest nicht halt. Zwischen 1797 und 1813 wurde die Stadt dreimal hintereinander von französischen Truppen besetzt: 1797, 1805–06, 1809–13. Die dritte Besetzung führte zu einer Lähmung des Handels. Als 1814 die Herrschaft erneut an die Habsburger fiel, wurden diese von der Bevölkerung mit Freude aufgenommen. Doch gab es schon damals Verfechter politischer Autonomie (Domenico Rossetti und sein Kreis). Erneut setzte ein wirtschaftlicher Aufschwung ein, der über 100 Jahre, bis zum Ersten Weltkrieg, andauern sollte. Der Hafen übernahm einen Großteil des Warenverkehrs von Venedig, er musste mehrfach erweitert werden und entwickelte sich zu einem der wichtigsten Umschlagplätze des Mittelmeers. Nach dem Bau des zweiten Hafens (am Ufer von Sant'Andrea südlich des Zentrums) entstanden eine Eisenhütte, eine Ölraffinerie, Maschinenfabriken und Werften. Aber auch große Versicherungsgesellschaften wurden gegründet: die Assicurazioni Generali (1831), die Riune Adriatica di Sicurità (1838) und Lloyd Austriaco (1833), die 1836 in eine Schifffahrtsgesellschaft umgewandelt wurde und seit 1918 Lloyd Triestino heißt.

Wichtige Impulse gaben die Eröffnung der Eisenbahnlinie Wien–Triest (1857) und der Bau des Suez-Kanals (1858–69), an dem Triestiner Kaufleute beteiligt waren. Das 19. Jh. war für Triest auch die große Zeit der Baukunst. Es entstanden die öffentlichen und privaten Paläste, die der Stadt bis heute ein unverwechselbares Gepräge geben. Einige der schönsten Gebäude im klassizistischen Stil – das Teatro Verdi und der Palazzo Carciotti von Matthäus Pertsch, die Börse von Antonio Molari – wurden in den Jahren der französischen Besetzungen errichtet und waren nicht unbeeinflusst vom französischen Klassizismus. Es folgten die Bauten von Peter Nobile (Accademia di Commercio e Nautica, 1816, Casa Constanzi, 1817, San Antonio Nuovo, 1825).

Die zweite Hälfte des 19. Jh. war wie überall in Europa durch den Historismus geprägt. Bezeichnenderweise wirkten neben einheimischen auch Wiener und Berliner Architekten in Triest, u. a. auch bei den Palästen der Piazza Unità. Die Vergrößerung dieser alten Piazza und ihre Öffnung zum Meer zählt zu den großen städtebaulichen Leistungen des 19. Jh.

Guglielmo Oberdan

Nach Guglielmo Oberdan sind noch heute zahlreiche Straßen und Plätze in ganz Italien benannt. Der junge Triestiner plante ein Attentat auf Kaiser Franz Joseph, der 1882 nach Triest gekommen war, um die 500-jährige Zugehörigkeit der Stadt zu den Habsburgern zu feiern. Doch der Plan wurde aufgedeckt, der Täter hingerichtet. Die Patrioten hatten ihren Märtyrer, den sie – wie nach ihnen die Faschisten des 20. Jh. – zu einem Nationalhelden stilisierten (R. Lill).

Triest wird italienisch

Trotz des Aufschwungs, der nicht enden wollenden Gründerzeitstimmung, erhoben sich bald antiösterreichische Stimmen, die sich auf die italienische Vergangenheit, auf die *italianità* beriefen. Wie auch Trient galt Triest als *terra irredenta,* ein von der Fremdherrschaft ›zu erlösendes‹ Gebiet. Zu den Irredentisten, die sich an Mazzini und Garibaldi orientierten, zählte unter anderen Guglielmo Oberdan, jener junge Triestiner, der durch sein gescheitertes Attentat auf Kaiser Franz Joseph berühmt werden sollte.

Die Spannungen zwischen der österreichischen Oberschicht und dem Großteil der Bevölkerung, die sich auf Grund ihrer Sprache, dem vom Venezianischen abgeleiteten Triestiner Dialekt, als Italiener fühlte, waren durch kulturpolitische Versäumnisse verstärkt worden. Der Wiener Hof gründete zwar Kaufmanns-, Schifffahrts- und Ingenieurakademien, aber keine Universität und kein italienisches Gymnasium (ein solches wurde 1842 durch die Kommune gegründet). Um ein Gegengewicht gegen die italienische Mehrheit zu schaffen, versuchte Österreich zudem, den slawischen Bevölkerungsanteil zu verstärken.

Als Triest nach dem Ersten Weltkrieg durch den Versailler Vertrag zusammen mit Istrien an Italien fiel, erfüllte sich für viele ein lang gehegter Wunsch; doch bald folgte ein böses Erwachen. Der Hafen verlor das riesige Hinterland der Donaumonarchie. Der wirtschaftliche Niedergang war unvermeidlich. Die Faschisten Mussolinis versuchten am Ende, die Mehrvölkerstadt in eine rein italienische Stadt zu verwandeln, indem sie der slawischen Bevölkerung sogar den Gebrauch ihrer Muttersprache verboten. Als Italien nach dem Zusammenbruch 1943 unter deutsche Herrschaft kam, bauten die Nationalsozialisten ausgerechnet in der Vielvölkerstadt Triest das einzige Konzentrationslager auf italienischem Boden. Furchtbar war die Rache der jugoslawischen Partisanen Titos, als sie 1945 in den berüchtigten ›40 Tagen‹ Triest okkupierten.

1947 wurde der größte Teil der istrischen Halbinsel jugoslawisch. Nur Triest und den Küstenstrich unterstellte man als Zone A einer englisch-amerikanischen Verwaltung. Durch das Londoner Memorandum von 1954 kam diese Zone dann zu Italien. Triest war jetzt durch den Eisernen Vorhang von seinem Hinterland abgetrennt. Zwar blieb der Hafen in Betrieb, vor allem für Rohstoffe, Rohöl, Kaffee und Südfrüchte, er wurde in den 1960er-Jahren sogar weiter ausgebaut und modernisiert, doch erlangte er seine einstige Bedeutung nie wieder. Der größte Konkurrent war nun der Hafen von Rijeka (das frühere Fiume). Selbst die Ansiedlung neuer Industriezweige brachte wenig positive Impulse. Erst der Zusammenbruch der kommunistischen Welt und die Öffnung der Grenzen veränderten die Situation. So gibt es inzwischen wieder Hoffnung auf wirtschaftlichen Aufschwung. Durch die Veränderungen des politischen Umfeldes sieht eine jüngere Generation im Zusammenleben verschiedener Bevölkerungsgruppen eine Chance für eine neue kulturelle Identität. Man besinnt sich auf den Habsburger Vielvölkerstaat, auf eine Zeit, als in Triest italienische, österreichische, slowenische und jüdische Bewohner in einer wahrhaft kosmopolitischen Stadt zusammenlebten.

Piazza dell'Unità d'Italia

Das heutige Zentrum von Triest liegt in der Unterstadt. Ausgehend von der Piazza dell'Unità führt der Rundgang zunächst durch einen Teil der Altstadt auf den Colle di San Giusto mit römischen Überresten und der Kathedrale. Danach folgt die Besichtigung der architektonisch und städtebaulich interessanten Stadtviertel des 18. und 19. Jh., der Josephs-Vorstadt und der Theresien-Vorstadt. Dann schließen sich noch einige Besichtigungspunkte in den äußeren Stadtbezirken an (Cityplan s. hintere Umschlaginnenklappe).

Die **Piazza dell'Unità d'Italia** ist das Herz Triests. Hier flanieren die Triestiner oder treffen sich bei einem Kaffee im berühmten Caffè degli Specchi. Als die Triestiner im Mittelalter das Zentrum ihrer Stadt vom Hügel San Giusto hierher verlegten, schütteten sie für ihren neuen Marktplatz das alte römische Hafenbecken zu. Jahrhundertelang war die Piazza etwa um die Hälfte kleiner als heute und zum Meer hin geschlossen. Im frühen 19. Jh. riss man dann nach und nach fast alle älteren Bauten nieder: die Loggia des alten Rathauses ebenso wie das Theater, den Uhrturm, das Gefängnis, auch die sogenannte Locanda Grande, in der der Archäologe Johann Joachim Winckelmann am 8. Juni 1768 ermordet wurde. Der Planung des Platzes geopfert wurde schließlich auch die Kirche San Pietro. Erst der Abriss dieser Bauten schuf Raum für das neue Forum und die Reihe der Repräsentationsbauten, die bis zum Ende des 19. Jh. auf der Piazza emporwuchsen.

Bei der Betrachtung der Paläste lassen sich einige Entwicklungsschritte verfolgen, die die Architektur Triests seit dem späten 18. Jh.

Der monumentale Palazzo del Lloyd Triestino an der Piazza dell'Unità zeugt von der großen Zeit Triests im 19. Jh.

vollzog: von dem noch barocknahen klassizistischen Übergangsstil (Palazzo Pitteri) des späten 18. Jh. bis hin zu den historisierenden Monumentalbauten um 1900.

Das älteste Gebäude, entstanden 1780 noch vor den großen Veränderungen, ist der **Palazzo Pitteri,** dessen Pläne Ulderico Moro zugeschrieben werden (vom Ufer aus betrachtet auf der rechten Seite das hintere Gebäude). Das Fassadenschema mit einem Risalit und einer Kolossalordnung im Zentrum über rustiziertem Erdgeschoss zeugt von der Kenntnis von Barockbauten in Wien und andernorts. Was jedoch fehlt, ist die Dynamik jener älteren Bauten. Der plastische Dekor ist hier stark reduziert. Das barocke Gehabe weicht einem nüchternen Tonfall, der bereits den Klassizismus ankündet.

Die breite **Casa Stratti** (heute Assicurazioni Generali, auf der gegenüberliegenden Platzseite) gehört bereits zur späten Phase des Triestiner Klassizismus. Sie wurde 1839 von Alessandro Buttazzoni errichtet. Damals eröffnete im Erdgeschoss auch das berühmte, heute völlig renovierte Caffè degli Specchi seine Pforten. Die schlichte, aber elegante Fassade wird – wie damals üblich in Triest – von Lisenen gegliedert und mit kleinen Balkonen geschmückt (s. S. 369).

An der Gestaltung der neuen Piazza war der Triestiner Architekt Giuseppe Bruni entscheidend beteiligt. Von ihm stammt auch der fünfachsige **Palazzo Modello** von 1870, der als Locanda bestimmt war (rechts neben der Casa Stratti). Der Name Palazzo Modello bedeutet nichts anderes als ›Modellpalast‹, man kann dem entnehmen, welche Rolle dem Palazzo zugedacht war: Er sollte anderen Architekten Vorbild sein für das neue Stadtbild. Bruni war bestrebt, ein dem Ort entsprechendes repräsentatives Bauwerk zu erstellen. In der Häufung von Architekturzitaten, im Einsatz von Stilelementen verschiedenster Epochen ist dieser Palazzo ein charakteristisches Beispiel für den eklektischen Historismus. Die neue Architekturgeneration fühlte sich nicht mehr – wie im Klassizismus – allein der klassischen Antike und der italienischen Renaissance verpflichtet, sondern auch mittelalterlichen Stilen und dem Barock.

Von Bruni stammt auch der **Palazzo Comunale,** das Rathaus, das die Schmalseite des Platzes nicht zuletzt durch seinen Turm gewissermaßen zur Schauseite des Platzes machte. Damit leistete Bruni den entscheidenden Beitrag zur Umorientierung der Piazza in Ost-Westrichtung und Öffnung zum Meer hin. Auch dieser Bau ist ein Beispiel historisierenden Stils, die Pläne dafür wurden ab 1872 verwirklicht. Hier prägt die Fassade ein recht kräftiges Relief mit eng gereihten Fenstern, Rundbögen und Halbsäulen, die eine intensive Licht-Schatten-Wirkung hervorrufen. Für dieses eklektische Werk sind die Vorbilder weit gestreut (u. a. Pavillon Turgot des Louvre), die Fensterformen gehen zum Teil von venezianischer Palastarchitektur aus (etwa Scuola Grande di San Rocco). Etwa gleichzeitig, um 1872, entstand das heutige **Hotel Duchi d'Aosta** (einst Hotel Vanoli, rechte Platzseite, neben Palazzo Pitteri) von Eugenio Geiringer, ein Bau mit französischen Stileigenschaften.

Als ›Bühnenvorhang‹ oder auch ›Krokant-Fassade‹ bespöttelten die Triestiner diese von ihnen wenig geliebte Schauwand des Palazzo Comunale, an dessen Mittelturm die Stadt einst als Zeichen ihrer Sympathie für Italien ebensolche Glockenspieler auftreten ließ wie am berühmten Uhrenturm an der Piazza di San Marco in Venedig. Wer auf der Piazza dell'Unità d'Italia einen Platz mit mediterranem Flair erwartet, wird enttäuscht. Auf dem weiten, 16 000 m² großen, zur Meeresseite hin offenen Platz schaffen monumentale Bauten aus Klassizismus und Historismus eine Atmosphäre nobler Repräsentanz. Statt warmer Sonnenecken erwartet den Besucher die berühmt-berüchtigte steife Brise der Bora, die kräftig vom Karstgebirge herunterweht

Zu den spätesten Bauten gehört der mächtige **Palazzo del Lloyd Triestino,** 1883 vom Österreicher Heinrich Ferstel entworfen, dem Architekten der neogotischen Wiener Votivkirche, der sich hier an klassizistischen Vorbildern orientierte (rechts vom Hotel Duchi d'Aosta). Ebenso der gegenüberstehende monumentale, für Triestiner Verhältnisse ungewöhnlich farbige **Palazzo del Governo,** der Regierungspalast aus den Jahren 1901–05. Bei beiden Palästen zählt entschieden Baumasse vor Originalität.

Belebende Elemente auf der Piazza sind zunächst die Ehrensäule für Karl VI., vor dem Palazzo Pitteri, die anlässlich des Besuchs des Kaisers 1728 entstand. Der figurenreiche **Brunnen** daneben ist den vier bis dahin bekannten Kontinenten mit ihren Flüssen gewidmet, er ist ein Werk von Francesco Mazzoleni aus Bergamo, 1750. Die Fahnenmasten auf der Piazza wurden 1933 zu Ehren der Gefallenen des Ersten Weltkrieges errichtet.

Zum römischen Theater

Durch den Palazzo Comunale an der Piazza dell'Unità führt eine Passage, hinter der sich die Altstadt von Triest öffnet. Bevor man sich aufmacht, durch die kleinen Gassen der Umgebung zu spazieren, fällt der Blick auf die **Casa Constanzi** an der Ecke Piazza Piccola, Via della Muda Vecchia. Das schmale, noch vor 1800 entstandene Eckhaus, das durch seine besondere Lage gleich drei Fassaden erhielt, trägt die Handschrift des aus dem Tessin stammenden Architekten Peter Nobile (1774–1854, s. S. 57). Bei der Casa Constanzi gliederte Nobile die Hauptfront durch ungleichmäßig breite Fenster. Rundbögen, kantige Rahmenmotive und die Betonung der Mitte mit Halbsäulen und einem Eisenbalkon dienen als belebende Elemente, ohne jedoch als reine Zierde verstanden werden zu wollen. Die Kapitelle sind dabei noch nicht – wie so häufig bei Nobile – an griechischen oder römischen Vorbildern orientiert, sondern nehmen Bezug auf theoretische Schriften des 16. Jh.

Geschichte und Gegenwart

Die Bedeutung der Ruinen des römischen Theaters für die zeitgenössische Politik erkennt man am ehesten, wenn man sie im Zusammenhang mit dem gegenüberstehenden Gebäude sieht, das im Grunde wie ein modernes Kulissengebäude aufgebaut ist; durch diesen Bau vollendete das ›neue Reich‹ die alte Anlage. Sehenswert dort die Galerie im Erdgeschoss, wo sich die faschistischen Wandmalereien ungestört erhalten haben.

Linker Hand geht es nun weiter hinein in die wenigen erhaltenen Gassen der ehemaligen Triestiner Altstadt. Typisch sind die Via dei Rettori und die anschließende Piazza Vecchia sowie die parallel verlaufende enge Via Beccherie (eine der Grenzen des ehemaligen Ghettos) mit ihren alten Fassaden. An der Via del Teatro Romano liegt das **Römische Theater.** Der einst außerhalb der Stadtmauern und am Meeresufer gelegene Bau entstand unter Kaiser Trajan (98–117) und bot etwa 6000 Personen Platz. Wahrscheinlich zerstörten die Langobarden 568 das Theater. Die Reste waren unter der mittelalterlichen Stadtmauer und Häusern verborgen. Um sie wieder zutage zu bringen, wurde 1938 ein ganzes Wohnviertel abgerissen (Abb. s. S. 343).

Diese Ausgrabungen waren Teil des großen Stadtumbaus unter Mussolini, mit dem durch die Freilegung römischer Ruinen die Kontinuität des neuen faschistischen Reichs demonstriert und gleichzeitig die Zugehörigkeit von Triest zum römischen Reich und damit zu Italien unter Beweis gestellt werden sollte. Eine derart politisch motivierte Form der Denkmalpflege konnte natürlich an den mittelalterlichen Teilen der Stadt kein Interesse haben, die etwa in der Zeit entstanden, als sich die Bürger freiwillig dem Herzog von Österreich unterstellten. Ein heutiger Besucher sollte diese Zusammenhänge bedenken, wenn er vor eine solche Ausgrabungsstätte tritt, die eben nicht zufällig ein tiefes Loch ins Stadtgefüge gerissen hat.

Erkennbar ist die halbkreisförmige *cavea,* die Zuschauerbühne mit ihren ursprünglich mit Stein verkleideten Sitzreihen. Wie üblich trennen Treppen die Sitze in vier keilförmige Sektoren (*cunei*), während zwei horizontal verlaufende Gänge die Ränge trennen. Den oberen Abschluss bildete ein Säulengang. Von der Bühnenschauwand (*scenae frons*) und einer dahinter liegenden Wandelhalle blieben nur Reste erhalten. Zehn der Figurenstatuen von der Bühnenwand werden im Museo Civico di Storia e d'Arte (s. S. 359) aufbewahrt. Gleich neben dem Theater ist der Aufgang zum selten geöffneten **Museo Archeologico.**

Neben dem Museum führt der Weg über die Via Battaglia hinauf auf den Colle di San Giusto. Man kommt vorbei an einem um 1362 erbauten Turm (Torre Cucherna), der von der mittelalterlichen Stadtmauer stehen blieb. Von hier folgt man rechts weiter den verwinkelten Treppengängen den Berg hinauf. Am Ende der Via dell'Asilo hat man von einer Terrasse einen schönen Panoramablick über die Stadt, wie er sich weiter oben und auch von der Burg aus nicht mehr bietet.

Colle di San Giusto

Auf dem Hügel des Stadtheiligen Justus liegen die Ursprünge der antiken Stadt Tergeste. Ausgehend von den ersten römischen Bauten hier oben ließ Kaiser Augustus 33 v. Chr. an den Hängen des Hügels

Die Ruine der römischen Basilika vor den Mauern des Castello di San Giusto

Stadtmauern errichten, die bis zum einstigen Hafen hinunterreichten. Vor der Kulisse der überwiegend aus dem 16. Jh. stammenden Burg zeugen Säulenstümpfe vom römischen Forum. Daneben steht die Kathedrale San Giusto, die Fragmente religiöser Kultbauten aus mehreren Jahrhunderten in sich vereint. Doch schon beim Denkmal für die Gefallenen des Ersten Weltkriegs vor der römischen Basilika wird deutlich, dass auch der Burgberg von San Giusto alles andere als eine ›normale‹ archäologische Ausgrabungsstätte ist, sondern vielmehr den Höhepunkt des Umbauprogramms der Mussolini-Ära darstellt.

Im Zentrum steht die große **Römische Basilika** mit ihren spärlichen Resten antiker Steine, die durch sehr viele Kopien und Ergänzungen zu einer quasi-authentischen Ruine aufgewertet wurden (Abb. S. 351). Flankiert wird sie von einer Zypressenallee als klassischer, durch und durch italienischer Hintergrund, und dies alles ist ausgerichtet auf das Heldendenkmal, wo natürlich antikische Helden mit antiken Waffen in antiken Posen, allerdings mit faschistischer Härte und Brutalität, über einem Sockel stehen, der den ewigen Ruhm dieser Kämpfer verkündet. Rechts davon findet man über halbrundem Grundriss eine Inschrift, die den ideologischen Zusammenhang erklärt. »Rom ist hier auf Eurem Hügel und über Eurem Meer, ist hier in den Jahrhunderten, die waren, und in jenen, die sein werden, ist hier mit seinen Gesetzen, seinen Waffen und seinem König.«

Bereichert wird diese Anlage noch von dem Altar, auf dem die siegreichen Waffen des Ersten Weltkrieges über der befreiten Stadt geweiht wurden, und am Abgang zur Stadt hängt das eingemeißelte Gedicht von Carducci über das ›unerlöste‹ Triest, das zeigt, wie tief diese Denkweisen bereits in den Anfängen der Risorgimento-Bewegung verwurzelt waren.

Angesichts dieser Umstände spielt es im Grunde gar keine Rolle, nach der historischen Richtigkeit der Rekonstruktion der Basilika zu fragen, die mit einer Länge von 88 m die Ausmaße jener von Aquileia aufweist, was für die kleine römische Stadt viel zu groß erscheint. Was der Besucher hier sieht, kann nur als ›Gesamtkunstwerk‹ der 1930er-Jahre richtig eingeordnet werden.

Eine lange und von vielen Zerstörungen und Wiederaufbauten gekennzeichnete Entstehungsgeschichte ging dem heutigen Komplex des **Castello di San Giusto** voran. Man nimmt an, dass sich an dieser Stelle bereits ein vorgeschichtlicher Castelliere befunden hat, jener bronzezeitliche Typus einer Fluchtburg, der für die Kulturen um 2000 v. Chr. im ganzen nordöstlichen Italien häufig nachweisbar ist. Im Mittelalter folgte dann eine Festung, von der man in den Quellen zum ersten Mal 1253 hört. Als die Venezianer dann Triest besetzten, wurde der Vorgängerbau gestürmt und eine neue, weitaus größere Bastion errichtet. Das war 1371. Auch diese Befestigung währte nicht lange, die Triestiner selbst legten sie bald in Schutt und Asche. Danach ordnete erst der Habsburgerkaiser Friedrich III. den Bau einer Burg an, allerdings auf Kosten der Bevölkerung. Aus dieser Zeit, 1470–71, stammt der älteste erhaltene Trakt mit dem L-förmigen Turm und dem lang ge-

Museo del Castello di S. Giusto

Armeria

Lapidario Tergestino

Tel. 040 30 93 62
Di–So 9–13 Uhr

streckten Gebäude, in dem sich die **Waffensammlung** *(Armeria)* befindet. Venezianer und Österreicher stellten den Bau bis 1630 fertig.

In der Bastion Lalio wurde 2001 ein **Lapidarium** *(Lapidario Tergestino)* eröffnet. Es beherbergt die wertvolleren Stücke, die zuvor im Orto Lapidario (S. 359) der Witterung ausgesetzt waren: antike römischen Skulpturen, Inschriften, Reliefs und Architekturfragmente aus Triest und Umgebung.

Dom San Giusto

Der Dom San Giusto, die Kathedrale von Triest mit ihrem trutzigen Campanile, hat eine interessante **Baugeschichte.** Auf dem Areal der Kirche stand ein Gebäude, das man zunächst für einen Tempel hielt, heute jedoch als ein ausgedehntes **Propyläum** aus dem 1. Jh. n. Chr. ansieht (vom Typus des Altars von Pergamon). Reste davon kann man u. a. noch am 1337 begonnenen (später leicht veränderten) **Campanile** entdecken: Teile des Konsolgesimses, darüber Reliefs von römi-

Fassade des Doms von Triest. Lohnend ist der Aufstieg auf den Campanile. Man hat einen beeindruckenden Rundblick über die ganze Stadt, den Hafen und die Küste bis nach Istrien und kann im Inneren des Campanile die am Originalstandort erhaltenen Gebälkstücke und Pilaster vom römischen Propyläum sehen

Römische Grabstele, wieder verwertet als Türpfosten des Doms

schen Grabplatten sowie ein Gebälk mit zugehörigem Rankenfries sind außen am Campanile eingemauert, dazu eine Säule in der Ecke zwischen Fassade und Turm. Vier weitere Säulen, ein Stück Wand, ein Gebälkstück und ein Relief finden sich im Inneren des Campanile und sind zum Teil von außen durch die Gitter einsehbar. Am Campanile findet sich ferner in einer Ädikula mit gotischem Spitzbogen eine Figur des 14. Jh.: »Hl. Justus mit Palmzweig und dem Kirchenmodell«.

Einen Teil des römischen Propyläums einnehmend, entstand in der zweiten Hälfte des 5. Jh. der erste christliche Kultbau: eine große, dreischiffige Basilika. Da diese Kirche – wohl unter den Langobarden – im 6. Jh. völlig zerstört wurde, hat sich von ihr außer einem Stück Mosaikfußboden und einigen Fundamenten nichts erhalten.

Die **Fassade** der Kathedrale mit dem schönen, großen Radfenster ist aus dem 14. Jh. Für die beiden Türpfosten des Hauptportals spaltete man eine römische Grabstele. Eines der dargestellten Familienmitglieder, Tullia Barbia (rechts unten), erfuhr dabei die Umwandlung in den hl. Sergius. Die weiter oberhalb an der Fassade angebrachten Büsten (von 1882) zeigen drei Bischöfe Triests, darunter Enea Silvio Piccolomini (links), der spätere Papst Pius II., der 1447–50 Bischof von Triest war. Links davon eine Inschrifttafel der Renaissance und das Wappen des Enea Piccolomini.

Betritt man den **Innenraum** von San Giusto, glaubt man zunächst in einer ›gewöhnlichen‹ fünfschiffigen Basilika zu stehen. Schon nach wenigen Schritten sieht man jedoch, dass es sich nicht um einen einheitlichen, in einem Zuge entstandenen Raum handelt. Die jetzige Basilika entstand durch Zusammenfassung zweier getrennter, doch nebeneinanderstehender Kirchen. Es waren eine der Maria Assunta geweihte dreischiffige Basilika (wohl aus dem 11. Jh.) und rechts daneben eine Gedächtniskapelle (Martyrium) für den hl. Justus in Form eines Zentralbaus nach byzantinischer Art (aus dem 11. oder 12. Jh.): Freistehende Säulen tragen die Kuppelkonstruktion, bei der Trompen vom Quadrat zum Rund der Kuppel vermitteln, die mit ähnlichen Blendarkaden wie die Apsis ausgestattet ist. Von den vier tonnengewölbten Kreuzarmen blieben zwei erhalten. Diese Kreuzkuppelkirche wurde bald in einen dreischiffigen Längsbau umgewandelt, indem zwei Joche angefügt wurden. Damit standen nun zwei dreischiffige Kirchen in geringem Abstand nebeneinander. Der entscheidende Umbau im 14. Jh. beruhte auf einer simplen Idee: Man hängte der rechten Kirche noch einmal zwei Joche an, bis sie die Länge der Marienbasilika erreichte. Danach wurde ihre linke Außenwand abgerissen, ebenso die rechte Außenwand der Marienbasilika, sowie ein neuer Dachstuhl über den Zwischenraum und die ehemaligen Seitenschiffe gesetzt. So entstand ein neues, breites Mittelschiff, abgeschlossen mit einer großen Apsis. Es erhielt einen (1905 erneuerten) Dachstuhl in Form eines Schiffsrumpfes, wie er im Veneto verbreitet ist. Die zu diesem Mittelschiff gehörenden Seitenschiffe bestehen demnach aus Teilen der einstmals selbstständigen Basiliken Santa Maria

Innenraum des Doms, Blick zur Apsis der Basilika Santa Maria Assunta mit den Goldmosaiken ▷

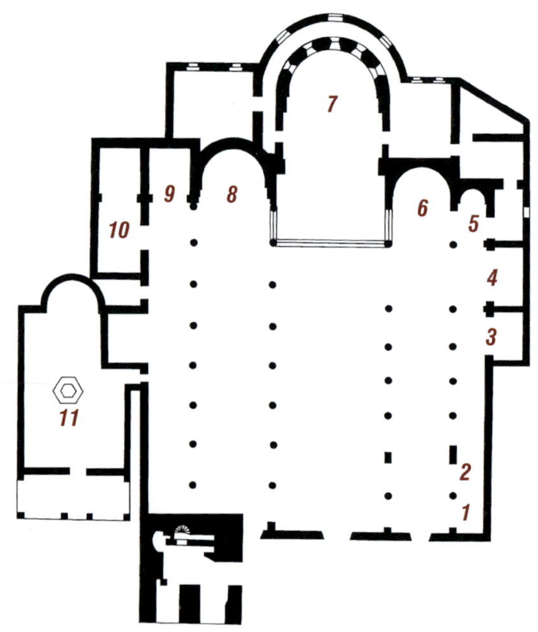

Dom San Giusto, Grundriss

1 Weihwasserbecken aus Pola und Taufbecken des 14. Jh.
2 »Muttergottes mit Kind«, roh gearbeitetes Relief des 14. Jh.
3 Kapelle San Servolo
4 Bourbonen-Kapelle
5 Apsis des hl. Apollinaris
6 Apsis der Gedächtniskapelle des hl. Justus
7 Heutige Hauptapsis, Chor
8 Apsis der Basilika Santa Maria Assunta
9 Altar mit Vesperbild (Pietà) des 15. Jh.
10 Kapelle von 1364 mit Reliquienschreinaltar und Kruzifixen des 13. und 14. Jh.
11 Baptisterium des hl. Johannes des Täufers

Assunta (links) und der dreischiffigen Kirche rechts (die aus dem Martyrium des hl. Justus hervorgegangen war).

Entsprechend ungewöhnlich ist denn auch das Raumerlebnis der neuen fünfschiffigen Anlage, die dem hl. Justus geweiht wurde. Steht man im ehemaligen Mittelschiff der Marienbasilika (also dem heutigen großen nördlichen Seitenschiff), wirkt es durchaus noch als ein autonomes Mittelschiff, an dessen rechter Hochschiffwand die romanischen Fenster erhalten blieben. Der ausgewogene, kastenartige Raum mit den gleichmäßig schwingenden, freskierten Rundbögen, kunstvoll skulptierten korinthisierenden Kapitellen und dem noch originalen offenen Dachstuhl gibt sich so würdevoll, dass man nur schwer seine jetzige Funktion als Seitenschiff annehmen will. Ähnlich ist die Situation in den heutigen südlichen Seitenschiffen. Hier gehen das überkuppelte Joch und die beiden halbrunden Apsiden im äußeren Seitenschiff noch auf den Ursprungsbau der Gedächtniskapelle des hl. Justus zurück. Die aufeinander abgestimmten Proportionen dieser Raumeinheiten mit ihrem eleganten Dekor aus vorgeblendeten Rundbögen und Fresken verweisen immer noch unübersehbar auf einen einst in sich abgeschlossenen Baukörper.

Das **Weihwasserbecken (1)** in Form eines römischen Kapitells stammt aus dem nahen Pola. Daneben das Taufbecken mit einem sechseckigen Unterbau aus dem 14. Jh., der einen hölzernen Aufbau in Barockimitation trägt.

Die **Kapelle San Servolo (3)** wurde 1421 angebaut und birgt die Reliquien des Triestiner Heiligen. Rechts ein Bildwerk hoher Qualität: »Beweinung Christ«, im verfeinerten weichen Stil der ersten Hälfte des 15. Jh. aus deutsch-österreichischem Umkreis.

In der anschließenden **Bourbonen-Kapelle (4)** steht rechts der Sarkophag des Triestiner Märtyrers Apollinaris. Links Grabmal für den Grafen Marzio Strassoldo, der 1710–23 kaiserlicher Statthalter in Triest war. In den Boden eingelassen sind Grabplatten für die (in der Krypta darunter) begrabenen Fürsten aus dem spanischen Haus der Bourbon-Anjou, die im 19. Jh. in Triest im Exil lebten. Noch 1975 wurde der in Wien verstorbene Erzherzog Don Francisco José Carlos von Habsburg-Lothringen und Bourbon hier bestattet.

In der **Apsis des hl. Apollinaris (5)** sieht man nur mehr schlecht erkennbare Freskenreste, u. a. mit Szenen aus dem Leben des Heiligen. Rechts vor der Apsis eine freskierte Apollinaris-Figur, die sich einst anstelle des kleinen romanischen Fensters befand. Am Pfeiler links neben der Apsis eine romanische Madonna mit Kind (14. Jh.).

Die ehemalige Hauptapsis der **Gedächtniskapelle des hl. Justus (6)** zeigt Fresken mit Szenen aus dem Leben des Heiligen, wohl aus dem 13. Jh. Aus dem frühen 13. Jh. stammt das Mosaik »Christus zwischen den Heiligen Justus und Servolus«. Im Sarkophag unter der Mensa ruhen die Gebeine des Titelheiligen.

Die Bodenmosaikreste vor den Stufen der **heutigen Hauptapsis (7)** des Doms stammen noch vom frühchristlichen Bau aus dem 5. Jh. Der originale Chor mit einem Fresko wurde 1843 zerstört, 1932 jedoch rekonstruiert und mit dem Mosaik »Krönung Mariens« ausgestattet.

Links neben dem Chor befindet sich die **Apsis der Basilika Santa Maria Assunta (8).** Ein bedeutendes Werk ist das im frühen 12. Jh. entstandene Mosaik (1950 restauriert). Es ist stilistisch vergleichbar mit den Mosaiken von San Marco in Venedig und dem Dom von Torcello und wie diese unter byzantinischem Einfluss entstanden. Dargestellt ist in der Kalotte die thronende Muttergottes mit dem Kind zwischen den Erzengeln Michael und Gabriel. Im Streifen darunter stehen die zwölf Apostel. Das Fenster im rechten Teil zwischen den Aposteln wurde erst 1438 geöffnet. Der Apostel Simon musste daher in Schrägansicht erneuert werden. Man beachte die andere Schrittstellung und die andere Faltengebung.

Detail des Marien-Mosaiks aus dem frühen 12. Jh.

In der folgenden **Kapelle von 1364 (10)** werden rechts hinter dem schmuckvollen Eisengitter von 1650 ein Reliquienschreinaltar mit bemalten Seitenflügeln und der Kirchenschatz bewahrt. Interessant ist das freistehende, versilberte und teilweise vergoldete Kruzifix der Bruderschaft der Battuti, 13. Jh. Ein kleineres, ebenfalls mit Goldblech beschlagenes Kruzifix ist von 1383. Die Stifterin, Alda de'Giuliani, kniet zu Füßen des Gekreuzigten. In der linken Vitrine eine byzantinische Maria-lactans-Ikone und eine eiserne Hellebarde auf gotischem Piedestal: angeblich die Stoßwaffe des hl. Sergius, die zum Stadtwappen von Triest wurde. Links im Hintergrund eine Standarte mit ganzfigu-

»Beweinung Christi«, farbig gefasstes Vesperbild aus Sandstein im Dom, erste Hälfte 15. Jh.

rigem Bildnis des hl. Justus – eine byzantinische Malerei auf Seide, erste Hälfte des 13. Jh. An der rechten Wand Fresko aus dem 15. Jh: »Der 90-jährige Antonius Abbas besucht den Eremiten Paulus«.

Noch im Kirchenraum über dem Eingang zur **Taufkirche des hl. Johannes' des Täufers (11)** sieht man eine »Sacra Conversazione« von Benedetto Carpaccio, 1540. Das Innere des Baptisteriums wurde vor einigen Jahren dem ursprünglichen Zustand von 1380 angeglichen, wozu der offene Dachstuhl und die halbrunde Apsis gehörten. Das sechseckige Taufbecken stammt noch aus dem 9. Jh., das Holzkruzifix rechts an der Wand aus dem 14. Jh. (mit späterer Malerei). An der linken Wand abgenommene Fresken von einem unbekannten Maler des Veneto oder der Emilia, dem ›Meister von San Giusto‹, der auch in Aquileia tätig war. Die Fresken wurden in der ehemaligen Hauptapsis der **Gedächtniskapelle des hl. Justus (6)** abgelöst, um die darunter befindlichen älteren Malereien sichtbar zu machen. Dargestellt sind Szenen aus dem Leben des hl. Justus. In den Lünettenfeldern von links: Prozess des Justus vor dem Präfekten – Einkerkerung – (verlorene Martyriumsszene) – Ertränkung im Meer. In den unteren Bildfeldern: Justus sagt im Traum dem Presbyter Sebastian, dass Justus' Leichnam am Strand zu finden sei – Auffindung des Leichnams an der Riva Grumula – Aufbahrung des Heiligen – Begräbnis.

Auf der Piazza nahe dem Campanile von San Giusto steht seit 1843 eine venezianische Säule von 1560, die ursprünglich die Piazza dell'Unità in der Unterstadt zierte.

Südlich des Doms

Das Kirchlein **San Michele al Carnale** aus dem 15. Jh. ist ein schlichter Bau mit spitzbogigen Fensteröffnungen, der bis 1829 als Friedhofskapelle diente. Für die Säulen der Krypta (mit drei Tonnengewölben) wurden römische Kapitelle wiederverwendet.

An der Piazza della Cattedrale 3 befindet sich der Zugang zum **Museo Civico di Storia ed Arte.** Das auf das 19. Jh. zurückgehende Museum zeigt Funde aus Triest und Umgebung. Die Ausstellungsstücke erstrecken sich von der Vor- und Frühgeschichte (Kultur der *castellieri*, s. S. 20), der Römerzeit bis zum Mittelalter. Daneben findet man griechische Vasen aus Tarent und Zypern, eine kleine ägyptische Sammlung, Zeugnisse der Maya-Kultur und Werke aus Gandhara im heutigen Grenzgebiet zwischen Afghanistan und Pakistan. Zu den wichtigsten Exponaten gehören die Statuen vom römischen Theater am Fuße des Hügels. Benennbar sind Apollo, Athene, Venus, Äskulap und Hygeia, die Göttin der Gesundheit.

Vom Museum aus erhält man Zugang zum **Orto Lapidario** mit den verbliebenen Architekturfragmenten und Steinarbeiten. In einem Tempietto befindet sich ein Kenotaph von Antonio Bosa, Schüler Canovas, für Johann Joachim Winckelmann, der 1768 in Triest ermordet wurde. Die Büsten zeigen Pietro Kandler und Domenico Rossetti, die sich für die Errichtung des Grabmals eingesetzt hatten.

Museo Civico di Storia ed Arte

Orto Lapidario

Piazza della Cattedrale, 1
Tel. 04 04 36 31
Di–So 9–13 Uhr

Santa Maria Maggiore

Von der Piazza Cattedrale führt die steile Via della Cattedrale bergab und macht eine scharfe Rechtskurve. Am Ende des Sträßchens steht man gleich vor der Seitenfront der Kirche Santa Maria Maggiore. Deren Hauptfassade zeigt zur gewaltigen modernen Treppenanlage, die beim Bau der Via del Teatro Romano in der Mussolini-Ära entstand. Diese Straße sollte ›Ordnung‹ ins mittelalterliche Gewirr bringen, um das neu ergrabene Theater wirkungsvoll zur Geltung zu bringen. Leider ging dadurch die Einbindung von Santa Maria in das Stadtbild verloren.

Der Grundstein des mächtigen Barockbaus, dem auch ein Jesuitenkloster angeschlossen war, wurde im Jahr 1627 gelegt. Erst 1682 fand die Weihe statt. Als Architekt gilt in der neueren Forschung der Jesuitenpater Giacomo Brianai. Die monumentale Hauptfassade ist aber wahrscheinlich ein Werk des Andrea Pozzo (1647–1709), der, ebenfalls dem Jesuitenorden angehörend, durch seine Perspektivmalerei und seine Entwürfe zu römischen Barockkirchen bekannt wurde. Wenn die Fassade trotz ihrer Qualitäten unausgeglichen wirkt, so mag das damit zusammenhängen, dass Pozzo wohl eine Doppelturmfassade geplant hatte. Mit zwei Seitentürmen nämlich gäbe es zu dem gesprengten Giebel, der dominierenden mittleren Fenster-

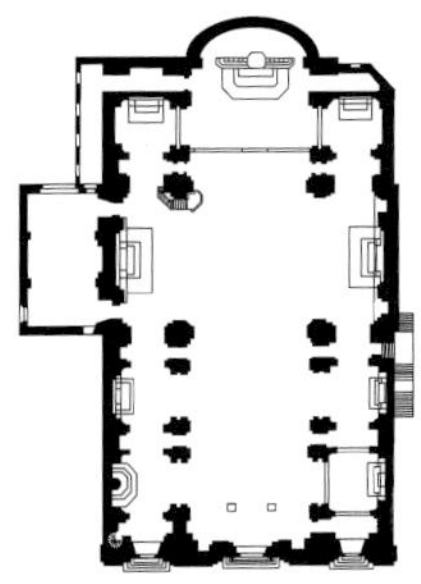

Grundriss von Santa Maria Maggiore

achse und den stärker hervortretenden inneren Doppelpilastern entschiedene Gegenakzente an den Seiten und zudem eine Bewegungsrichtung nach oben. In der jetzigen Ausführung dominiert allzu sehr das Untergeschoss mit seiner reichen Pilastergliederung.

Im Inneren erwartet den Besucher ein Raum, der sich – wie viele Jesuitenkirchen des 17. Jh. – an das berühmte römische Vorbild Il Gesù (zweite Hälfte des 16. Jh.) anlehnt. Typisch dafür sind das geräumige, überwölbte Langschiff sowie der hohe Kuppelraum mit knappen Querräumen und anschließendem Presbyterium. Auch wenn sich die Kapellen zu Seitenschiffen öffnen, bleibt die dominierende Wirkung des Mittelschiffs erhalten. Wie in Il Gesù wurden die Wände durch Pilaster gegliedert, doch umfasst die Pilasterordnung hier zusätzlich ein Emporengeschoss. Die Kuppel war ursprünglich aus Holz und besaß einen durchfensterten Tambour, der nach einem Brand nicht mehr erneuert wurde. Bekanntestes Ausstattungsstück der Kirche ist das 1841 den Jesuiten geschenkte Madonnenbild »Refugium der Sünder« aus dem Umkreis Sassoferratos (1609–87) in der rechten Seitenapsis. Im linken Querschiff ein dem Francesco Maffei (1600–60) zugeschriebenes Bild, »Christus erscheint dem hl. Ignatius«.

San Silvestro

Nahe Santa Maria Maggiore befindet sich die ins 11. oder 12. Jh. zu datierende Kirche San Silvestro, für die 1332 eine Weihe bezeugt ist. Nach San Giusto ist diese Kirche das vielleicht bedeutendste Gotteshaus im mittelalterlichen Triest, wenngleich bescheideneren Ausmaßes. Die Kirche ist dem Papst Silvester geweiht. Während der Auseinandersetzungen zwischen Kaiser und Papst bedeutete das Patrozinium des hl. Silvester eine Proklamation zugunsten einer freien, vom Kaiser unabhängigen Kirche. Hatte doch Kaiser Konstantin, als er nach Konstantinopel zog, dem hl. Silvester alle Rechte über Rom und die Kirche übertragen. So findet sich sein Patrozinium bei zahlreichen Kirchengründungen des 11. und 12. Jh., auch außerhalb Italiens.

Die **Eingangsfassade** schmückt ein gotisches Radfenster. Der Bau erhielt in den 1920er-Jahren seine romanische Gestalt weitgehend zurück, die durch barocke Umbauten völlig verändert worden war. Das Innere ist ein rechteckiger apsisloser Raum, der durch sechs Säulen und Arkaden in drei Schiffe unterteilt wird, ohne dass das Mittelschiff eigene Fenster erhielt. Nur die Chorpartie wurde gewölbt. Diese Art Pseudobasilika oder Staffelhalle ist zu dieser Zeit typisch für die obere Adria. Die Kapitelle zeigen eine schlichte, kubische Form.

Nach der Überlieferung wurde die Kirche San Silvestro an der Stelle erbaut, an der 256 die beiden Jungfrauen Eufemia und Tecla ihren Märtyrertod erlitten. Neueren Untersuchungen zufolge handelte es sich allerdings um Euphemia von Chalkedon und Thekla von Iconium, zwei Heilige, die auch in Aquileia verehrt wurden. Irgendwann hat die Legende beide zu Triestinerinnen gemacht.

Vom Arco di Riccardo zum Museo Civico del Mare

Wer unserem Rundgang weiter folgen möchte, gelangt nun über die Piazza Cipriano der Via della Cattedral folgend zum **Arco di Riccardo.** Dieser Bogen wird als ein Tor der ehemaligen römischen Stadtmauer angesehen, die Augustus 33 v. Chr. errichten ließ. Die zu Beginn dieses Jahrhunderts freigelegten Teile zeigen einen wohlproportionierten Aufbau, doch steckt der Rest größtenteils noch in der anschließenden Hauswand. Erhalten blieben die groben Pflastersteine der einst zum römischen Forum hinaufführenden Straße. Für den Namen ›Riccardo‹ konnte keine einleuchtende Erklärung gefunden werden. Vielleicht bezieht er sich auf Cardo, den römischen Straßenzug, der hier begann.

Wendet man sich nun bergabwärts, stößt man in unmittelbarer Nähe auf die Piazza Barbacan und sieht zwischen zwei spitz aufeinander zulaufenden Straßen die berühmte **Casa Panzera.** 1818 erstellte Matthäus Pertsch (1774–1834) die Pläne für diesen schwierigen Bauplatz,

Schmuckfries an der Casa Panzera, dem ausgefallensten Beispiel der klassizistischen Architektur von Triest

Basilica Paleocristiana

In der Via Madonna del Mare 11 sind die Reste einer rechteckigen frühchristlichen Kirchenanlage des 4. oder frühen 5. Jh. zu besichtigen, die im 6. Jh. von einem 30 m langen Kirchenraum mit polygonaler Apsis und Querschiff überbaut wurden (Mi 10–12 Uhr).

James Joyce und Italo Svevo

In derselben Straße Nr. 13 können Literaturinteressierte die beiden Museen zum Leben und Werk von James Joyce und Italo Svevo besichtigen (beide Mo–Sa 9–13, Do bis 19 Uhr).

Museo Revoltella – Galleria d'Arte Moderna

Via Diaz, 27
www.museo revoltella.it
Mi–Mo 9–18 Uhr

auf dem einstmals ein Turm stand. Pertsch, der einer deutschstämmigen, nach Triest eingewanderten Familie entstammte, war neben Peter Nobile der tonangebende Architekt im Triest des Klassizismus. Die Rotonda Panzera, wie man den Palast auch nennt, wurde von dem Kaufmann Pompeo dei Panzera in Auftrag gegeben. Sie ist das ausgefallenste Beispiel klassizistischer Architektur in Triest. Pertschs gekonnter Umgang mit den bereits für seine früheren Bauten (Palazzo Carciotti, Teatro Verdi) typischen Elementen – rustiziertes Erdgeschoss, Kolossalsäulenordnung und horizontale Fensterbekrönungen – hat hier ein Meisterwerk der Szenerie hervorgebracht. In größter Selbstverständlichkeit tritt die Schauseite der Casa mit dem Schmuckfries bogenförmig hervor. Ionische Dreiviertelsäulen in großer Ordnung und der figürliche Schmuck erzeugen ein nobles Flair.

Folgt man der Via Felice Venezian abwärts, sieht man an der Ecke zur Via Cavana links die **Casa Pepeu** (Via Cavana Nr. 10), ein Bau von 1804 von F. Bolzano. Kannelierte Pilaster und dekorativ gerahmte Fensteröffnungen sorgen für eine überreich verzierte Fassade, die sich von den klassizistischen Arbeiten eines Pertsch oder Nobile deutlich abhebt. Biegt man rechts in die Via Cavana ein, ist man in einem weiteren Altstadtviertel um die Piazza Cavana angelangt, das bereits im Mittelalter von Bedeutung war.

Der Via Cavana stadtauswärts folgend, entfernt man sich vom alten Stadtkern und gelangt in die Vorstadt, die in einer zweiten Stadterweiterung Ende des 18. Jh. angelegt und nach Kaiser Joseph II., unter dem die Bauarbeiten 1780 begannen, **Borgo Giuseppino** (Josephs-Stadt) genannt wurde. An der Piazza Hortis steht auf der linken Seite, nach der Kirche San Antonio Vecchio, ein klassizistischer Palast, der 1817 als **Accademia di Commercio e Nautica** nach Plänen von Peter Nobile erbaut wurde und heute zwei Einrichtungen beherbergt: In der Stadtbibliothek werden zahlreiche Inkunabeln und auch Archivmaterial, darunter die Stadtstatuten von 1318, aufbewahrt, im Naturgeschichtlichen Museum u. a. Exponate der Pflanzenwelt des Karsts.

Durch die halb rechts abbiegende Via Torino erreicht man die Piazza Venezia, das Zentrum des Borgo Giuseppina, und das **Museo Revoltella** (zwischen Via Diaz und Via Cadorna). Das Museum geht auf eine 1869 erfolgte Stiftung durch den Kaufmann Pasquale Revoltella (1795–1868) zurück. Für seinen 1852–58 im historisierenden Stil errichteten Palast verpflichtete er den renommierten Berliner Architekten Friedrich Hitzig, einen Schüler Schinkels, den Bildhauer Pietro Magni (u. a. Marmorgruppen der »Nymphe Aurisina«, »Durchbruch des Suez-Kanals«) sowie mehrere Maler (u. a. den Porträtmaler Tito Agujari). Der Palast ist ein Schaustück für die Häuser reicher Unternehmer um die Jahrhundertwende und heute Repräsentationsgebäude der Kommune sowie Ausstellungsraum für Kunst des 19. und 20. Jh. Für den Ausbau der Abteilung für zeitgenössische Kunst in den angrenzenden Palazzi wurde in den 1960er-Jahren einer der bedeutendsten Museumsarchitekten des 20. Jh. gewonnen: der Venezianer

Carlo Scarpa. Ausgestellt sind hier Kunstwerke u. a. von Carrà, De Chirico, Guttuso, Vedova und Canova. Während des Rundgangs durch die Palasträume lernt man zahlreiche wenig bekannte italienische Maler des 19. Jh. kennen.

Wieder zurück über die Via Torino und rechts in die Via Filiberto abbiegend, erreicht man den Largo Papa Giovanni XXIII und das **Civico Museo Sartorio.** Man besucht einen Stadtpalast, der auf eine Villa des 18. Jh. zurückgeht und 1820–38 von Nikolaus Pertsch (dem Sohn des Matthäus Pertsch) mit Stilelementen des Klassizismus versehen wurde. Die Kunstsammlung umfasst u. a. venezianische Gemälde des 18. Jh. von Tiepolo, Piazzetta, Guardi etc., zahlreiche Zeichnungen von Tiepolo, aber auch ältere Kunstwerke (u. a. Triptychon der hl. Klara, 1328–30, aus einem Klarissenkonvent in Triest). Dem Museum gegenüber steht der klassizistische **Palazzo Vivante** von Battista Baldi.

Civico Museo Sartorio

Largo Papa Giovanni XXIII, 1
Di–So 9–13 Uhr

Civico Museo del Mare

Via Campo Marzio, 5
Di–So 9–13 Uhr

Auf dem Colle San Vito, in einem alten Park an der Via dell'Università, steht die **Villa Necker.** Sie ist ein Beispiel für den französischen Klassizismus in Triest (noch vor der Blüte des typischen Triestiner Klassizismus eines Matthäus Pertsch und Peter Nobile). Erbaut wurde sie um 1790 durch den Baumeister Giacomo Marchini, der sich auf Pläne eines französischen Architekten, wahrscheinlich von Champion, stützte. Charakteristische Stilmerkmale sind die Pilaster ohne Kapitelle und der halbkreisförmige Portikus vor dem Portal. Gebaut wurde die Villa für den syrischen Bankier Antonio Cassis Faraone. Nach dem 1822 hier geborenen Prinzen Girolamo Bonaparte wird die Villa auch Principe Bonaparte genannt. An derselben Straße, Via dell'Università 5, der **Palazzo Artelli,** eine Kopie der Cà Rezzonico in Venedig, von Giorgio Polli. Haus Nr. 7 ist der **Palazzo dell'Università Vecchia.**

Pasquale Revoltella

Pasquale Revoltella, der Stifter des Museo Civico, wuchs in einfachen Verhältnissen in Venedig auf. In Triest zählte er zu den erfolgreichsten Industriellen des 19. Jh. Er stiftete die Accademia di Commercio, legte den Grundstein zur Universität, setzte sich für den Bau des Suez-Kanals ein und wurde Vizepräsident der internationalen Suez-Gesellschaft.

Ein etwas längerer Fußweg durch ein vornehmes Viertel Triests führt hinauf zum **Palazzo Economo** (Piazza Libertà, Salita al Promontorio), erbaut 1840 in der Art eines Stadtpalastes durch Valentino Presani. Heute beherbergt er eine Galerie für Antike Kunst. Wer sich hingegen für Schiffbau und Hafenanlagen interessiert, sollte noch das **Museo Civico del Mare** besuchen.

In die nordöstlichen Stadtviertel

Ein zweiter Besichtigungsgang führt von der Piazza dell'Unità aus über die Piazza della Borsa ein Stück den Hafen entlang und weiter in die beiden Stadtviertel, die als erste und dritte Stadterweiterung Triests im 18. Jh. entstanden.

Auf dem Weg zur Theresien-Vorstadt, die hinter der Piazza della Borsa beginnt, verlässt man zunächst die Piazza dell'Unità in nordöstlicher Richtung. Nach wenigen Schritten steht man vor dem **Teatro Verdi,** einem der schönsten klassizistischen Bauten der Stadt. 1801 wurde das Theater feierlich eröffnet. Die Fassade ist eine Arbeit des

Museo Civico Teatrale Carlo Schmidl
Via Rossini, 4
Di und So 9–13 Uhr

Deutschen Matthäus Pertsch, der damit sein Erstlingswerk in Triest lieferte. Über einem breit lagernden, hohen, rustizierten Erdgeschoss liegen zwei Obergeschosse. Diese werden von einer Kolossalordnung zusammengefasst, während leichte Risalite und Dreiviertelsäulen die breite Front zur Mitte hin betonen. Dort befindet sich auch die massive Vorhalle. Eine Figurengruppe über dem Dachgesims (Apoll und die Musen der tragischen und lyrischen Kunst) und die beiden Nischenfiguren (Pluto und Mars) im Sockelgeschoss tragen zur Auflockerung bei.

Die Ähnlichkeit mit der Fassade der Mailänder Scala von Piermarini, dem Lehrer Pertschs, ist unübersehbar. Sie steht allerdings nicht hinter ihrem Vorbild zurück. Pertschs Fassade ist in der Gesamtwirkung zurückhaltender, doch nicht weniger souverän in der Gliederung der breiten Front mit Hilfe der ionischen Kolossalordnung und sensibel eingesetzter Risalite. Typisch für Pertsch ist bereits bei diesem Frühwerk der klare Umgang mit deutlich formulierten einzelnen Elementen vor einem massiven Baukörper. Bevor es zur Erstellung der Pläne kam, wurde ein Wettbewerb ausgeschrieben, den Giovanni Antonio Selva, der Architekt des Teatro La Fenice in Venedig, gewann. Doch erstellte Pertsch schließlich den Außenbau und überarbeitete Selvas Pläne für den Innenbau (der 1885 verändert wurde). Das Gebäude beherbergt das **Museo Civico Teatrale,** ein durch den Musikverleger Carlo Schmidl gegründetes, 1924 eröffnetes Theatermuseum.

Dem Theater gegenüber liegt der sogenannte **Tergesteo** mit einer *Galleria* als Einkaufszentrum. Er wurde 1840–42 nach Plänen Francesco Bruyns ausgeführt, der Entwürfe von Pizzala und Buttazzoni verwendete. Die ursprünglich nach oben abschließende Glas-Eisen-Konstruktion ist aus feuertechnischen Gründen heute stark verändert. Am Außenbau herrschen noch die strengen klassizistischen Formen vor.

Tergesteo
»Schönster Schmuck und höchster Ruhm für die Stadt« sollte der Tergesteo sein (so hieß es in der Festschrift zur Eröffnung). Die kreuzförmige Passage mit zahlreichen Läden an überdachten Wandelgängen war die zweite, die in Italien nach der von Mailand verwirklicht wurde (in Paris entstanden die ersten Passagen etwa 50 Jahre früher).

Die unregelmäßige Piazza della Borsa, nach der Zuschüttung eines alten Kanals entstanden, bietet dem Betrachter einige interessante Fassaden, darunter die 1905 von Max Fabiani im Jugendstil erbaute Casa Bartoli (Haus Nr. 7, der Börse gegenüber). Wichtigstes Bauwerk ist jedoch die alte Börse, die **Borsa Vecchia,** vollendet um 1805. Sie ist heute Sitz der Handelskammer. Die Börse wurde auf einem Teil des Geländes errichtet, das durch Abriss der mittelalterlichen Stadtmauer frei geworden war. Den Wettbewerb um die Bauplanung gewann Antonio Molari gegen Matthäus Pertsch. Dessen Entwurf zeigt auf dem trapezoiden Grundstück einen kompakten Bau, dessen Fassade ein viersäuliger Portikus mit Tympanon vorgesetzt ist. Geschmückt ist der Bau mit Figurenfriesen und Skulpturen von Canova-Schülern. Die Ehrensäule auf der Piazza mit der Bronzestatue Kaiser Leopolds I. (z. Zt. entfernt) wurde 1673 errichtet.

Borgo Teresiano

Nördlich der Piazza della Borsa beginnt bereits der Borgo Teresiano. An der Piazzetta Tommaseo liegt das renommierte Caffè Tommaseo, Treffpunkt italienischer Patrioten um 1848. Der Rundgang führt wei-

Die Borsa Vecchia, 1805 im klassizistischen Stil errichtet; beim Entwurf setzte sich Antonio Molari gegen Matthäus Pertsch durch

ter zur Kirche **San Nicolò dei Greci,** einer 1786 errichteten griechisch-orthodoxen Kirche, die im Außenbau 1818 von Matthäus Pertsch verändert wurde. Pertsch fügte im Sinne des Klassizismus der Fassade einen von Pilastern getragenen Dreiecksgiebel hinzu und gab den Türmen die fast barock anmutende (und an die Salzburger Kollegienkirche erinnernde) Gestalt.

Ein Stück weiter den Hafen entlang und die Riva III Novembre hinauf steht man dann vor dem **Palazzo Carciotti.** Dieses riesige Gebäude, das sich ein gutes Stück den Canal Grande entlangzieht, ließ der griechische Kaufmann Demetrio Carciotti 1806 erbauen. Als Architekten wählte er Matthäus Pertsch, der bereits die Fassade des Teatro Verdi geplant hatte. Mit dem Palazzo Carciotti gelang Pertsch eine der großen Leistungen des Triestiner Klassizismus. Das unterste der drei hohen Geschosse bildet durch seine Rustizierung eine anschaulich solide Basis. Während sich an den langen Seitenfassaden ungehindert der Rhythmus von Fenstern und Eingängen entfalten kann, konzentriert sich der Schmuck des Palastes auf die Hauptfront zur Meerseite hin. Klarheit, Ausgewogenheit und beherrschte Strenge bestimmen den Eindruck. Hier sind der Fassade sechs ionische Säulen wie Zierstücke über einem Vorbau des Erdgeschosses vorgestellt. Das von den Säulen getragene Gebälk mit Balustrade und sechs Statuen (des Canova-Schülers Antonio Bosa) bildet einen dekorreichen Abschluss, der noch von der hohen Tambourkuppel überragt wird. Zu-

Fassade des Palazzo Carciotti, entworfen von Matthias Pertsch im Jahr 1806

sammen mit dem Säulenvorbau ist die Kuppel kraftvoll genug, der ansonsten dominierenden Horizontale entgegenzuwirken. Zu dem durchaus ungewöhnlichen Element der Kuppel an einem profanen Palast dürfte Pertsch durch Bauten Palladios, Scamozzis und ihrer Nachfolger angeregt worden sein. Im Kuppelsaal mit ionischen Säulenpaaren und reicher klassizistischer Dekoration hat sich einer der schönsten klassizistischen Räume Triests erhalten.

Einen Höhepunkt dieses Spaziergangs bildet zweifellos der Blick über den Canal Grande zur Kirche Sant'Antonio Nuovo (s. Abb. S. 340), die so breit ist wie der Kanal, der ursprünglich bis zu den Stufen der Kirche führte. Hier sind Paläste, eine Kirche und eine Wasserstraße derart wirkungsvoll in Szene gesetzt, dass man dieses Ensemble zu den schönsten Beispielen klassizistischer Stadtplanung zählen möchte. Rechter Hand erkennt man den mächtigen, 1861–69 errichteten Bau der Kirche San Spiridione (oder degli Schiavoni). Der an byzantinischen Vorbildern orientierte, im Stil des Historismus errichtete Bau der serbisch-orthodoxen Gläubigen schafft ein gewisses orientalisches Flair.

Die Pläne für die am Ende des Kanals gelegene Kirche **Sant'Antonio Nuovo** lieferte Peter Nobile 1808; mit den Bauarbeiten begann man 1823. In schönster Ausgewogenheit ist bei diesem Bau ein kubischer Block mit einer Säulenvorhalle und einer Kuppel verbunden. Nobiles langjährige römische Studien zeigen hier ihren Niederschlag.

Das Vorbild des Pantheon, aber auch der Einfluss des strengen Stils eines Scamozzi sind offensichtlich. Noch wirkungsvoller muss der Blick auf Sant'Antonio gewesen sein, als der Kanal direkt bis vor die Kirche reichte.

Der Innenraum von Sant'Antonio ist – anders als man erwarten möchte – kein Zentralraum, sondern ein Longitudinalbau. Vor und hinter dem mittleren Kuppeljoch liegt je ein kreuzgratgewölbtes Joch. Die Vorbilder für diese Raumwirkung sind in der römischen Thermenarchitektur, aber auch im Museo Chiaramonti des Vatikan zu suchen. Die ionische Ordnung des Portikus wird in den der Wand vorgestellten Säulen aufgegriffen. Der Brunnen vor der Kirche auf der Piazza stammt von Giovanni Battista Mazzoleni, 1751.

Museo Morpurgo de Nilma
Via Imbriani, 5
Di und So 9–13 Uhr

Sinagoga
Via San Francesco
www.triestebraica.it/sinagoga
Mo–Do 10–11 Uhr, 45-minütige Führungen So 10, 11 und 12 Uhr,

Borgo Franceschino

Die Piazza Goldoni, eine belebte Kreuzung mehrerer Straßen, führt hinüber in die letzte große Stadterweiterung, den **Borgo Franceschino.** Nordwestlich der Piazza Goldoni, im **Museo Morpurgo de Nilma** in der Via Imbriani 5, bietet sich noch die Gelegenheit, eine bürgerliche Wohnung des späten 19. Jh. zu besichtigen.

Die Hauptachsen der Franz-Vorstadt, die gegen Ende des 19. Jh. angelegt wurde, sind die breite Via Carducci, die aus einem zugeschütteten Wasserlauf entstand, sowie die davon abzweigenden Via Battisti und Via XX Settembre (an der entlang einst das römische, aber auch ein unter Kaiserin Maria-Theresia angelegtes Aquädukt verlief). In der Via Battisti 18 lohnt ein Abstecher in das **Caffè San Marco,** in dem sich einst die literarischen Größen und Künstler der Stadt trafen. Das Café besitzt noch die (renovierte) Ausstattung aus der Zeit vor dem Ersten Weltkrieg.

Die große **Synagoge** in der Via San Francesco Nr. 19 wurde 1912 vollendet und steht als Zeichen für die über lange Zeit bedeutende jüdische Gemeinschaf Triests.

Reisen & Genießen

Hotels

Das 1873 gegründete Grand Hotel Duchi d'Aosta befindet sich in bester Lage an der Piazza dell'Unità d'Italia und zählt zu den renommiertesten Hotels der ganzen Region.

Grand Hotel Duchi d'Aosta
Piazza dell'Unità d'Italia, 2/1
34121 Trieste
Tel. 04 07 60 00 11
www.duchi.eu
DZ 188–240 €

In einem Gebäude von 1770, direkt neben der Kirche San Nicolò dei Greci, wurde das Hotel James Joyce mit nur 12 einfachen und

doch geschmackvollen Zimmern eingerichtet.
Hotel James Joyce
Via dei Cavazzeni, 7
34121 Trieste
Tel. 040 31 10 23
www.hoteljamesjoyce.com
DZ 80–110 €

Eine preisgünstige Unterkunft, noch nahe dem Zentrum, im Borgo Teresiano, ist das familiäre Hotel Alabarda mit akkurat eingerichteten Zimmern und üblichem Standard.
Hotel Alabarda
Via Valdirivo, 22
34132 Trieste
Tel. 040 63 02 69
www.hotelalabarda.it
DZ 60–80 €

Restaurants

Scabar ist eines der besten Fischrestaurants der Region und befindet sich auf einem der Karsthügel von Triest. Auf der Terrasse mit Blick auf die Stadt genießt man die kulinarischen Kreationen von Ami Scabar. Das renovierte Lokal eignet sich für Reisende mit Handicap. (Mo geschl.)
Ristorante Scabar
Erta di Sant'Anna, 63
(bei Via Brigata Casale)
Tel. 040 81 03 68
www.scabar.it
obere Preisklasse

Direkt beim Passagierhafen erwartet Feinschmecker das ebenfalls auf Fisch spezialisierte Restaurant Al Bagatto, das aus einer einfachen Osteria hervorging. (So geschl.)
Al Bagatto
Via L. Cadorna, 7
Tel. 040 30 17 71
www.albagatto.it
obere Preisklasse

In der sympathischen Trattoria Ai Fiori werden typische Triestiner Gerichte, insbesondere Fisch serviert. (So und Mo geschl.)
Ai Fiori
Piazza Hortis, 7
Tel. 040 30 06 33
www.aifiori.com
mittlere Preisklasse

Das Lokal Antica Trattoria Suban, wo man im Sommer unter einer Pergola speisen kann, ist seit 1865 in fünfter Generation im Familienbesitz. Zu den Spezialitäten gehören Jota (slowenischer Eintopf, bestehend aus Sauerkraut, Kartoffeln und Bohnen), Kalbshachse, Gulasch, Bratkartoffeln, Palatschinken mit Basilikum und weitere typische Karstgerichte. (Mo mittags und Di, zeitweise im Jan. und Aug. geschl.)
Antica Trattoria Suban
Via Comici, 2
Tel. 04 05 43 68
www.suban.it
mittlere Preisklasse

Eine Empfehlung für Fischfreunde: Im Viertel San Giacomo, nahe der Piazza Garibaldi, befindet sich das Restaurant La Bottega di Trimalcione, das ausschließlich Hauptgerichte mit Fisch und Meerestieren auf der Speisekarte hat und außerdem bekannt ist für seine ausgezeichneten Fischvorspeisen. (So und Mo geschl.)
La Bottega di Trimalcione
Via della Guardia, 15/b
Tel 040 36 97 99
www.trimalcione.ts.it
mittlere Preisklasse

Um in den Genuss von frischem, schmackhaft zubereiteten Fisch zu kommen, muss man nicht unbedingt tief ins Portemonnaie greifen. In dem urigen Triestiner Fischlokal Antipastoteca di Mare alla Voliga isst man sehr gut und preisgünstig. (So abends und Mo geschl.)

Antipastoteca di Mare alla Voliga
Via della Fornace, 1
Tel. 040 30 96 06
www.antipastotecadimare.it
mittlere Preisklasse

Gran Malabar ist eine bekannte Weinbar nahe der Piazza Goldoni, die außer Weinen des Friaul und des Karst auch slowenische und internationale Weine anbietet. Jeden Freitagabend findet eine mit Speisen kombinierte Weinverkostung statt. (tgl. geöffnet)
Gran Malabar
Piazza San Giovanni, 6
Tel. 040 63 62 26
untere Preisklasse

In den ›Buffets‹ in Triest, im Dialekt *bifé*, kann man typische Gerichte der österreichisch-ungarischen Küche in einer ungezwungenen Atmosphäre am Tresen oder am Tisch zu sich nehmen. Zu den bekanntesten *buffet triestini* zählt Da Giovanni im Borgo Teresiano, wo u. a. auch Trippa angeboten wird. (So geschl.)
Da Giovanni
Via San Lazzaro, 14
Tel. 040 63 93 96
www.trattoriadagiovanni.com
untere Preisklasse

Kaffeehäuser

Triest ist berühmt für seine wienerisch geprägten Kaffeehäuser. Das Café Tommaseo besteht seit 1830 und ist somit das älteste in Triest.
Caffè Tommaseo
Piazza Tommaseo, 4/c
Tel. 040 36 26 66

Ein weiteres historisches Kaffeehaus besteht seit der Eröffnung der Galerie des Tergesteo im Jahre 1863.
Caffè Tergesteo
Piazza della Borsa, 15
Tel. 040 36 58 12

Zu den Cafés, in denen Literaten wie Rilke oder Joyce verkehrten und auch arbeiteten, zählt das 1837 gegründete, mehrfach renovierte ›Café der Spiegel‹ in dem Palazzo Stratti. (tgl. geöffnet)
Caffè degli Specchi
Piazza dell'Unità d'Italia, 7
Tel. 040 36 57 77

Das 1914 eröffnete Caffè San Marco im Borgo Franceschino ist auch heute ein lebendiges Literatencafé. Unter den hier Lesenden sieht man oft Claudio Magris an einem Ecktisch sitzen. Das Café ist dessen zweites Zuhause: Hier schreibt er und hier empfängt er auch Journalisten. (Mo geschl.)
Caffè San Marco
Via Battisti, 18
Tel. 040 36 35 38

Einkaufen

Gleich neben der Gran Malabar befindet sich die Drogerie Vittorio Toso, die seit 1906 fast unverändert geblieben und in dritter Generation in Familienbesitz ist. Der Besuch dieses Kaufladens gleicht einer Zeitreise in die Jahre vor dem Ersten Weltkrieg. Genau wie vor 100 Jahren verkauft Familie Toso Naturschwämme, Seifen, Lacke und Gewürze.
Drogheria Vittorio Toso
Piazza San Giovanni, 6
Tel. 040 63 62 88

Seltene antiquarische Bücher findet man in der 1914 gegründeten Libreria Umberto Saba. Hier schmückt man sich nicht nur mit dem Ansehen eines Dichters, das Antiquariat gehörte ihm tatsächlich einmal. (Mo geschl.)
Libreria Antiquaria Umberto Saba
Via San Nicolò, 30
Tel. 040 63 17 41

Karte Zwischen Gorizia und Triest s. S. 332

Umgebung von Triest

Faro della Vittoria
Strada Friuli, 141
Di, Fr 9–12 und 16–19, Mi, Do, Sa, So 16–19 Uhr

Grotta Gigante
Borgo Grotta Gigante, 42/A
Führungen: April–Sept. halbstdl. 10–18, Okt.–März stdl. 10–16 Uhr

Giardino Botanico Carsiana
Sgonico, 55
25. April–15. Okt. Di–Fr 10–13, Sa, So/Fei 10–13, 15–19 Uhr

Castello di Miramare
www.castello-miramare.it
April–Sept. tgl. 9–19, März und Okt. bis 18, Nov.–Febr. bis 17 Uhr; Park jeweils ab 8 Uhr

In nördlicher Richtung lohnt bei guter Sicht ein Ausflug zum **Faro della Vittoria,** dem 1927 in Erinnerung an gefallene Matrosen errichteten ›Leuchtturm des Sieges‹, der einen interessanten Rundblick bietet.

Drahtseilbahn und Autobus führen von Triest (Piazza Oberdan) hinauf nach **Villa Opicina** (mit dem Wagen verlässt man Triest über die Via Fabio Severo). Man erreicht zunächst bei Poggioreale den Obelisken (348 m, Blick auf Triest, besonders suggestiv bei Nacht). Ein Fußweg führt in 45 Min. zum Monte Grisa (334 m) mit der 1967 vollendeten Votivkirche und der Vedetta Italica, einem Aussichtsturm mit einzigartigem Rundblick. Die Fahrstraße führt weiter nach Villa Opicina.

Von hier aus lässt sich eine Fahrt in den Triester Karst anschließen. Ein Erlebnis besonderer Art ist der Besuch der riesigen Tropfsteinhöhle, der **Grotta Gigante,** bei Borgo Grotta Gigante. In **Rupingrande** befindet sich die Casa Carsica mit einer kunstgewerblichen Sammlung, Möbeln und folkloristischen Objekten aus dem Karstgebiet.

Die einmalige Vielfalt der Pflanzenwelt des Karstes kann man im **Orto Botanico Carsiana** bei Sgonico erleben, wo in einer Doline alle möglichen Standortfaktoren auf kleinstem Raum anzutreffen sind. Der Garten ist durch viele Schilder mit der Aufschrift ›Carsiana‹ und einem Blumensymbol ab der Autobahnausfahrt Sgonico ausgeschildert.

Landschaftlich reizvoll ist das Gebiet bei dem Ort **Monrupino,** über dem mit dem gleichnamigen Tabor das schönste erhaltene Beispiel dieser verbreiteten Wehranlage auf italienischer Seite liegt. Im Gegensatz zu einer Burg handelt es sich um lokale Befestigungen ohne die Residenz eines Feudalherren, oft kleine ummauerte Siedlungen, die aus der Tradition spätantiker Fluchtburgen entstanden. Der herrlich gelegene Tabor von Monrupino besitzt eine hervorragend geschützte Lage auf einem steilen Felsen. Mit nur geringem Aufwand konnte er in eine uneinnehmbare Festung verwandelt werden, die in der Zeit der Türkeneinfälle große Bedeutung hatte.

Ab dem 16. Jh. entwickelte sich die Anlage auch zu einem religiösen Zentrum; bis heute finden hier Wallfahrten der slowenischen Bevölkerung statt. Mittelpunkt dieses kulturellen Zentrums der slawischen Kultur in der Umgebung von Triest ist die große Kapelle, die um 1512 entstand und nur noch von unbedeutenden Wohnhäusern umgeben ist. Unterhalb der ummauerten Anlage findet man noch Reste der Trockenmauern, die den bronzezeitlichen Castelliere (s. S. 20, 352) schützten.

Castello di Miramare

Castello di Miramare ★

Das Castello di Miramare liegt pittoresk auf einer Landspitze unterhalb des Karstes. Von hier aus hat man die schönsten Ausblicke auf das adriatische Meer und die triestinische Küste, während ein großzügig angelegter Park mit italienisch terrassierten Gärten, exotischen Pflanzen, kleinen Seen und zahlreichen Skulpturen zu Spaziergängen einlädt.

Mit diesem romantischen Ort sind tragische Ereignisse verbunden. Der österreichische Erzherzog Ferdinand Maximilian Joseph von Habsburg (genannt Maximilian, 1832–67) hatte Mitte des 19. Jh. die

Luftansicht von Schloss Miramare, das Erzherzog Maximilian von Habsburg erbauen ließ

Maximilian von Habsburg

Erzherzog Maximilian von Habsburg, der 1864 mit Charlotte in Vera Cruz den Boden Mexikos betrat, wurde von Anfang an vom mexikanischen Volk abgelehnt und blieb bald ohne Unterstützung. So sah er sich zur Abdankung gezwungen. Dennoch wurde er durch die mexikanischen Republikaner gefangen genommen und am 19. Juni 1867 in Querétaro hingerichtet (ein Ereignis, das Manet in einem Gemälde darstellte). Seine Gemahlin kehrte für eine Weile in die erst nach 1870 fertiggestellte Residenz Miramare zurück. Vom Schicksal in den Wahnsinn getrieben starb sie 1927 in Belgien.

kleine Landspitze nördlich von Triest zum Wohnsitz für sich und seine Gemahlin Charlotte, eine belgische Prinzessin, erkoren. Als Oberkommandeur der österreichischen Kriegsmarine und jüngerer Bruder Kaiser Franz Josephs ließ der sensible, kultivierte Maximilian hier 1858 ein Schloss erbauen, das ganz seinem Geschmack entsprach. Nach den Plänen Carl Junker und unter der Bauleitung des Architekten Anton Hauser entstand ein Bau in einem historisierenden englisch-normannischen Stil.

Das **Innere** wurde prunkvoll ausgestattet. Noch während der Bauarbeiten, als erst das Erdgeschoss mit den Privatgemächern vollendet war, zog der ungeduldige Erzherzog mit Charlotte von dem als Übergangslösung erbauten Casteletto im Park ins neue Schloss »Miramare«. Diesen Namen hatte die Residenz in Anlehnung an *mirare* (›betrachten‹) und *mare* (›Meer‹) erhalten. Dem Erzherzog war nur eine kurze Zeitspanne an seinem Lieblingsort vergönnt, denn schon 1864 schiffte er sich nach Mexiko ein, wo er zum Kaiser ausgerufen worden war.

Nach der Nutzung als Wohnsitz für Amadeus von Savoyen und als Militärzentrale 1943–54 wurde die Anlage Museum. In den Sommermonaten wird die unglückliche Geschichte Maximilians im Park in Szene gesetzt. Ein Rundgang führt durch 21 Räume. Praktisch unverfälscht ist die eklektizistische Einrichtung des 19. Jh. erhalten. Im Erdgeschoss befinden sich die ehemaligen Privatgemächer des erzherzoglichen Paares. Die Saletta Novara, der Studierraum des Fürsten, ist den Räumlichkeiten auf dem gleichnamigen Schiff nachgebildet, auf dem Maximilian seine Marinelaufbahn begann. Im ersten Stock liegen die offiziellen Räume wie der (vom Erzherzog nie genutzte) Thronsaal mit einer aufwendigen Holzdecke.

Angesichts des hohen Aufwands, der für die gesamte Anlage getrieben wurde, erstaunt die zum Teil sehr simple Art der **Ausstattung,** die beispielsweise auf die Verwendung edler Hölzer verzichtete. Viele Räume sehen gar nicht nach kaiserlicher Residenz, sondern nach eher bürgerlichen Räumen der Gründerzeit aus. Manches erklärt sich wohl aus der Tatsache, dass der keineswegs maßlose Erzherzog den Bau privat finanzierte und von daher an Grenzen stieß, die König Ludwig II. auf Neuschwanstein nicht kennen wollte. So fielen dann auch die nach der Ernennung zum Kaiser von Mexiko ausgestatteten Räume prächtiger aus. Unbedingt sehenswert sind auch die Räume des zweiten Stocks, wo die Originaleinrichtung der Wohnung des Amadeus von Savoyen im Stil der 1930er-Jahre erhalten ist.

Duino

Duino ★

Die vorzügliche Erhaltung der Schlossanlage, der gepflegte Garten, die wundervolle landschaftliche Lage und die Bedeutung der illustren Bewohner und ihrer Gäste machen den Besuch in Duino zu einem Haupterlebnis einer Friaul-Reise.

In der alten Burg von Duino soll einst Dante als Gast des Grafen Ugone VI. geweilt haben. 1911/12 war Rainer Maria Rilke in der neuen Burg Gast der Prinzessin Marie von Thurn und Taxis und begann hier mit der Niederschrift der ersten drei der Duineser Elegien

Das Schloss gehörte einst einer Familie von Duino, kam 1472 über die Walsees in kaiserlichen Besitz und wurde von Burghauptleuten verwaltet und bewohnt. Die *capitani* aus dem Hause Hofer, die so stolz auf den Ahnenbildern in Duino erscheinen, fühlten sich offensichtlich bereits als Besitzer von Burg und Herrschaft. Durch Heirat einer Tochter des letzten Burghauptmanns kam das Schloss an die Grafen Thurn, die im benachbarten Sagrado Besitz und Schloss hat-

Castello di Duino
Tel. 04 20 81 20 www.castello diduino.it April–Mitte Okt. tgl. außer Di 9.30–17.30 (Mitte Okt.–Anfang Nov. bis 16 Uhr); Mitte Febr.–Ende März nur Sa/So 9–16 Uhr; Anfragen für Gruppenbesichtigung außerhalb dieser Zeiten n. V.

Sentiero Rilke
An Rilkes Aufenthalt auf Duino erinnert der Sentiero Rilke, der eindrucksvolle Wanderweg (1,7 km) hoch über der Küste von Duino nach Sistiana (zu erreichen von der Staatsstraße südöstlich von Duino aus, hinter dem United World College). Man mag sich bei dieser kleinen Wanderung an Caspar David Friedrichs Kreidefelsen auf Rügen erinnern und sieht zugleich die Küste Istriens und die Gipfel der Alpen.

ten. Ein Graf Thurn erwirbt das Schloss im 17. Jh. von Kaiser Leopold zu eigenem Besitz und lässt es gründlich renovieren. Im 19. Jh. kommt es durch Heirat in die Familie Hohenlohe-Waldenburg-Schillingsfürst, wird aber schon in der nächsten Generation in weiblicher Linie in die Ehe von Marie Hohenlohe mit dem Prinzen Alexander von Thurn und Taxis (aus der böhmischen Linie von Lautschin) eingebracht. In dieser Zeit weilten hier berühmte Dichter, wie Rilke, Hofmannsthal oder D'Annunzio, aber auch Musiker wie Liszt. Seit dem Ersten Weltkrieg trägt der Besitzer den italienischen Titel Principe della Torre e Tasso.

Man betritt die **Schlossanlage** durch den Torturm, hinter dem einst das von Mauern geschützte, der Burg unterstehende Dorf (Borgo) begann. Die heutige Ortschaft war bis in die jüngste Zeit unbebautes, kahles Vorfeld. Von dem alten Borgo haben sich nur die Kapelle rechts und wenige dahinter stehenden Häuser erhalten; die meisten Bauten sind im 19. Jh. großzügigen Gartenanlagen geopfert worden.

Der Weg vom Tor steigt leicht an und bringt die mächtige Schildmauer voll zur Geltung, deren uneinnehmbare Wirkung von dem über Eck gestellten Bergfried erhöht wird. Diese ganz auf Wirkung berechnete wehrhafte Ansicht ist charakteristisch für süddeutsche Burgen. In Italien stellt Duino das einzige Beispiel einer Schildmaueranlage dar.

Kurz vor der Mauer kann man links auf den Belvedere gelangen, der einen wunderbaren Blick auf das Schloss, die Küste und das Meer ermöglicht. Von hier wird der Sinn der Schildmauer besonders deutlich: Hinter ihr als einziger Befestigung war ein wohnliches Leben möglich, die Bauten öffnen sich, vom steilen Felsen bestens geschützt, in idealer Weise zur Landschaft und zum Meer.

Im alten **Burghof** hat man einen schönen Blick auf den Turm. Er soll zwar schon aus römischer Zeit stammen, doch ist dies auf Grund von Stellung und Bauweise unbedingt abzulehnen. Zwar gibt es ergrabene Reste einer antiken Siedlung, doch darauf nimmt die spätere Schlossanlage keinen Bezug. Im Gegenteil: Als man im Hohen Mittelalter eine erste Burg (die alte Burg) erbaute, wählte man als Bauplatz den kleineren, besser geschützten Felsen unterhalb des Schlosses. Ihre recht gut erhaltenen Reste vermitteln einen Eindruck von den sehr bescheidenen Verhältnissen hoch- mittelalterlicher Adelsburgen. Im noch sichtbaren Turm sind Reste der Kapelle erhalten, die dem Schloss zugewandten Bögen und Zinnenmauern dagegen sind romantische Ergänzungen.

Der **neue Bau** hat dagegen ungeheure Ausmaße und erinnert an landesherrliche Schlossanlagen. So muss unbedingt Hugo IV. von Duino als Bauherr der Schildmaueranlage angesehen werden, denn er stand in Diensten der Grafen von Görz und war vom Kaiser als Kapitän der Grafschaft Görz, der Herzogtümer Kärnten und Steiermark sowie von Pordenone und Treviso eingesetzt und somit Herr über ein sehr beachtliches Territorium. In seine Zeit, um 1340, fällt auch die erste urkundliche Nennung des neuen Schlosses.

Von den **Wohnbauten** ist wenig original erhalten, mittelalterliche Reste sind nicht erkennbar. Das Schloss wurde 1915 von italienischer Artillerie stark zerstört worden und doch konnte es in den 20er-Jahren nach altem Vorbild wieder aufgebaut werden, wobei die erneuerten Teile in Material und Form immer deutlich erkennbar bleiben. Zu den originalen Teile zählen die Räume um das barocke Treppenhaus, dessen ovale Treppe zwar gerne Palladio zugeschrieben wird, doch mit seiner barocken Raumwirkung aber sicher ins 17. Jh. gehört, als das Schloss durch die Familie Thurn einer grundsätzlichen Erneuerung unterzogen wurde.

Neben dem Rundgang durch die wohnlichen Innenräume ist der Gang auf die Schildmauer hinter dem Turm mit dem wundervollem Blick über Schloss und Meer besonders lohnend.

In **San Giovanni di Duino** steht die gotische Kirche San Giovanni, die nach der Zerstörung im Ersten Weltkrieg wiederaufgebaut wurde. Es finden sich Reste einer vormaligen frühchristlichen Basilika und ein Grab aus dem 11. Jh.

Südöstlich von Triest liegt die landschaftlich eindrucksvolle **Val Rosandra** (erreichbar von Bagnoli della Rosandra aus), wo sich inmitten des Karstgebietes Reste eines römischen Aquädukts erhalten haben.

Lipizzaner Gestüt

Bei der Fahrt nach Muggia lohnt ein Abstecher auf slowenisches Gebiet. Wenige Kilometer hinter der Grenze, an der Nebenstraße nach Sežana, liegt Lipica, wo man das berühmte Ursprungsgestüt der Lipizzaner besichtigen kann. Täglich finden dort Vorführungen statt.

Muggia

Im Süden von Triest liegt der Fischerort Muggia. Während Duino noch auf dem friulanischen Karst liegt, gehört Muggia bereits zu Istrien, als

Der Hafen von Muggia. Jeder Reisende spürt sofort, dass er in eine andere Welt gekommen ist: Muggia hat das für die gesamte östliche Adria bis nach Griechenland typische, in den Ort hineingeführte Hafenbecken und jene ganz eigentümliche Architektur, bei der sich venezianische Formen mit anderen – wohl auch griechisch-byzantinischen – Einflüssen mischen

letzter bei Italien verbliebener Ort der Halbinsel. Der Name der Stadt lässt sich aus dem Venezianischen ableiten und bedeutet ›Stein‹. Entstanden als römische Gründung, wuchs das alte, auf dem Monte San Michele gelegene Muggia im Mittelalter zu einem bedeutenden Zentrum heran, das ganz vom Meer lebte. Ab 931 war es den Patriarchen von Aquileia unterstellt, verbündete sich jedoch 1202 mit Venedig. Nachdem es im Krieg von Chioggia auf der Seite der Markusrepublik gekämpft hatte, folgte 1356 die grausame Rache der Genuesen, die das Städtchen völlig zerstörten – bis auf die Burg. Seither spielt sich das Leben unten am Hafen ab, im neuen Muggia, das aus einer kleinen Siedlung entstand, dem Borgo Lauro. Hier widerstand man erfolgreich späteren Angriffen, etwa von Triest oder Österreich (1511).

Das ›neue‹ Muggia zu Füßen des Monte San Michele ist noch ganz von einer Stadtmauer umschlossen, die 1420 von den Venezianern erweitert wurde. Von den ehemals neun Türmen und mehreren Toren existieren allerdings nur mehr ein einzelner Turm, die Porta Levante, und Überreste der Porta Ulderico.

Enge Gassen ziehen sich rund um die Hauptstraße Via Dante Alighieri mit zahlreichen charakteristischen Häusern. Gotische Fenster venezianischen Typs finden sich an den Fassaden der Häuser Nr. 25 (Casa Veneziana) und 32 in der Calle Oberdan.

An der zentralen Piazza Marconi steht der 1961–62 restaurierte **Dom Santi Giovanni e Paolo,** der 1467 unter venezianischer Herrschaft mit dem Gestein von Aurisina, der Pietra d'Istria, entstand. Im Zentrum des schönen Radfensters, das dem des Doms von Maniago und dem von Sant'Antonio in San Daniele ähnelt, ein Relief der Muttergottes mit Kind. Am Portaltympanon »Hl. Dreifaltigkeit mit den Heiligen Johannes und Paulus« (teilweise erneuert, dazu eine Ver-

Portaltympanon des Doms von Muggia: »Hl. Dreifaltigkeit mit den Heiligen Johannes und Paulus«

kündigungsgruppe an den Pfeilern des Throns). Die spätgotische Fassade endet in einem geschwungenen, dreipassförmigen Abschluss. Bei der Neugestaltung des Inneren im 18. Jh. wurde die Apsis des Vorgängerbaus aus dem 13. Jh. eingegliedert. Durch Restaurierungen konnte der Raum den Charakter des 12. Jh. weitgehend zurückgewinnen. Es ist eine äußerst schlichte Pseudobasilika mit ungestuften Rundbogenarkaden und offenem Dachstuhl, dessen drei Schiffe jeweils in einer Apsis enden. Die Freskenreste sind aus der Zeit 1444–67. Der Campanile mit seinem spitz zulaufenden Steindach entstand nach dem Vorbild des Doms von Grado.

Das Rathaus wurde zum letzten Mal 1934 wieder errichtet. Die Fassade mit dem Löwen, der ein geschlossenes Buch hält, ist Teil des 1444 entstandenen Palazzo dei Rettori.

Über den Corso Puccini geht es zurück zur Via Dante Alighieri. An deren Ende führen Stufen zur 1958 stark restaurierten Kirche **San Francesco** aus dem 15. Jh. Über dem Portal »Madonna mit Kind« aus derselben Zeit. Im Inneren, in einer Nische rechts, ein Vesperbild des 15. Jh.

Eine Fahrt hinauf nach **Muggia Vecchia** lohnt der schönen Aussicht wegen. Man fährt rechts um Muggia herum, Hinweisschild ›Santuario‹ (Autobus Linien 27 und 50). Hier besichtigt man die kleine Kirche **Santa Maria Assunta.** Der romanische, mehrfach veränderte Bau wurde wohl im 12. Jh. errichtet. Im dreischiffigen Inneren blieben ältere Chorschranken aus langobardischer oder karolingischer Zeit mit charakteristischen Kerbschnittornamenten erhalten. Den alten, zur Chorschranke gehörenden Ambo hat man auf Säulen gestellt und so in eine Kanzel umgewandelt. Fresken des 12. und 13. Jh. zeigen Szenen aus dem Leben Marias und Christi sowie Darstellungen der Muttergottes vom Typus Hodegetria und der Evangelisten. Volkstümlich sind die Martyriumsszenen der Heiligen Stephanus und Laurentius.

Reisen & Genießen

Hotel

Mit einem Hauch von Romantik wohnt man bei Duino direkt an der Küste. Alle sieben Zimmer des kleinen Hotels Alla Dama Bianca gewähren den Blick aufs Meer. Bei warmem Wetter genießt man auf der Terrasse Fisch und andere Köstlichkeiten des Hotelrestaurants.

Alla Dama Bianca
Duino Porto, 61/c
34013 Duino Aurisina
Tel. 040 20 84 70
www.alladamabianca.com
DZ 90 €

Glossar kunst- und kulturgeschichtlicher Begriffe

Ädikula (lat. *aedicula* = Tempelchen) Umrahmung in Form einer Tempelfront mit Säulen oder Pilastern und Giebel.
Ambo (griech. Erhöhung) oft steinernes Podium mit Lesepult in der altchristlichen Basilika (Vorläufer der Kanzel).
Antependium (lat. das Davorzuhängende) Verkleidung des Altartisches. Ursprünglich ein von der Mensa herabhängendes Tuch, später Metall-, Email- oder Steinarbeiten oder bemalte Tafeln.
Apsis, Apsiden (griech. Bogen, Rundung) im Kirchenbau Ausbuchtung mit halbkreisförmigem, später auch polygonalem Grundriss, meist an der Ostseite.

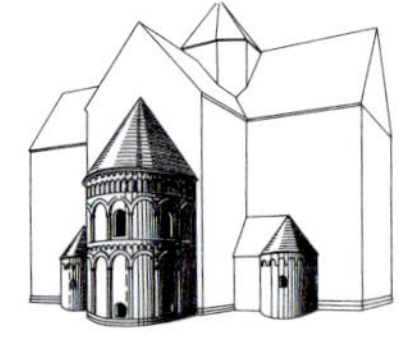
Apsis

Architrav (griech. Hauptbalken) der den Säulen oder Pilastern aufliegende waagerechte Balken, der den Oberbau trägt.
Arkade (lat. *arcus* = Bogen) der Säulen oder Pfeilern aufliegende Bogen. In der Mehrzahl eine fortlaufende Bogenstellung.
Attika Aufmauerung über dem Hauptgesims, oft als Geschoss ausgebildet.
Augustale Ehrenamt, das auch Freigelassene bekleiden konnten. Die Augustalen besorgten den Kult der römischen Kaiser.
Baldachin beweglicher Tragehimmel; in der Baukunst die feste Überdachung über Bischofsstuhl, Kanzel, Statuen (s. Ziborium).
Baptisterium Bezeichnung für die meist kleinere Taufkirche (meist ein Zentralbau) neben einer größeren Kirche, aber auch für das Taufbecken, in dem durch Untertauchen der Akt der Taufe vollzogen wurde.
Barchesse Die ursprünglich der Landwirtschaft dienenden Gebäude bei einer Villenanlage, später häufig als Wohnhaus genutzt.
Basilika (griech. Königshalle) in der nachantiken Baukunst ein von Kaiser Konstantin eingeführter Kirchenbautypus, der nach dem Vorbild der römischen Audienzhalle der Kaiser durch Säulen oder Pfeiler in drei oder mehr Schiffe gegliedert wird. Das mittlere Schiff ist erhöht und hat Fenster im Obergaden. Auch Titel, den der Heilige Stuhl Kirchen jeder Form verleiht.
Bettelordenskirche Ordenskirche besonders der Franziskaner und Dominikaner in Städten, von schlichter Architektur ohne Querschiff und Turm.
Bifore zweibogiges Fenster.
Blendbogen blinder, der Wand vorgelegter Bogen.
Borgo nicht befestigte Ortschaft (im Gegensatz zu castello), auch Vorstadt.
Bosse (ital. *bozza* = Entwurf, roh behauener Stein) Haustein, dessen Vorderseite nur sehr roh bearbeitet ist.
Campanile Glockenturm, in der Regel freistehend.
Cardo Nord-südlich verlaufende Hauptstraße römischer Städte und Lager (s. Decumanus).
Castello Befestigte Ortschaft, auch Feudalburg; nicht zu verwechseln mit *fortezza* (Festung, Zwingburg) oder *rocca* (Burg auf einem Felsen oder Berg).
Cella Im antiken Tempel der fensterlose Hauptraum zur Aufnahme des Kultbildes.

Clipeus In römischer Kunst Rundschild oder Rundmedaillon aus Stein mit dem Brustbild des Verstorbenen.
Cocciopesto Bodenbelag aus zermahlenem Ziegel vermischt mit Steinbruch.
Codex (lat. Holzklotz) seit etwa dem 4. Jh. Bezeichnung für Handschriften aus einzelnen, miteinander verbundenen Pergamentblättern, zuvor für kleine, beschriebene Holztäfelchen.
Confessio (lat. Bekenntnis) in der Baukunst Begriff für Ruhestätte (bzw. des Vorraums dazu) eines Märtyrers oder Heiligen.
Decumanus Ost-westlich verlaufende Hauptstraße römischer Städte und Lager (s. Cardo).
Diakonikon In der frühchristlichen Kirche südlich der Apsis gelegener Umkleideraum für Diakone (die Gehilfen des Bischofs). Auf der anderen Seite lag die Prothesis.
Dienst Stab, der die Gurte und Rippen des Gewölbes trägt.
Duoviri Oberste Magistrate in römischen Kolonialstädten.
Eklektizismus Stilrichtung im 19. Jh., die durch die Kombination von Elementen (Motiven, Bauformen) aller bekannten Stile gekennzeichnet ist, wodurch man ein jeweils neues, ›perfektes‹ Werk zu schaffen anstrebte.
Entasis (griech.) Schwellung des Säulenschaftes.
Exedra (griech. abgelegener Sitz) in der Antike halbrunde oder eckige Nische mit Sitzen. Später Bezeichnung für Apsis oder ähnliche Raumerweiterung.
Fibel Mit einem Bügel versehene, oft verzierte Nadel zum Zusammenhalten eines Gewandes.
Fresko (ital. *al fresco*) Wandmalerei auf dem noch feuchten Putz aus Kalkmörtel *(intonaco)*. Dic Farbpigmente verbinden sich mit dem Putz und trocknen mit diesem. Malt man auf getrockneten Putz, spricht man von Secco-Malerei *(al secco)*. Nur soviel Putz wird aufgetragen, wie an einem Tag bemalt werden kann. Fresken können von der Wand abgelöst und auf einem neuen Bildträger angebracht werden.
Gastald Hoher Verwaltungsbeamter in den Langobardenstädten, als ›Gastwalter‹ ursprünglich für die Unterbringung der Krieger und ihrer Familien zuständig.
Gebälk Pfeilern oder Pilastern aufliegende waagerechte Balken.
Gemme Schmuckstein mit vertiefter figürlicher Darstellung (im Gegensatz zur Kamee).
Gesprengter Giebel Seit dem Manierismus beliebte Form des Giebelabschlusses mit aufgebrochenem Mittelteil (z. B. über Portalen, aber auch an Fassaden).
Graffito (ital. *graffiare* = kratzen) Technik, bei der verschiedenfarbige Putzschichten übereinander aufgetragen werden. Dort, wo die hellere Oberschicht abgekratzt wird, tritt die dunklere Unterschicht als ›Zeichnung‹ hervor.
Grisaille (frz. *gris* = grau) Malerei in Grautönen mit feinen Abstufungen von hell und dunkel, in allen Techniken üblich.
Groteske Ursprünglich römisches Ornamentmotiv aus Rankenwerk mit eingefügten Menschen- und Tierfiguren, Früchten, Blättern, Trophäen und Architekturelementen. Wiederentdeckt am Ende des 15. Jh. in Räumen der Römerzeit (so der *Domus aurea* des Nero), die man, da sie unterirdisch lagen, Grotten nannte.
Gurt Bogen, der die Gewölbejoche voneinander trennt.

Hallenkirche

Halle Im Kirchenbau versteht man unter Halle einen Typus, dessen Schiffe (im Gegensatz zur Basilika) gleich hoch sind.

Hängekuppel Kuppel mit überleitenden Pendentifs zwischen dem kleineren, eingeschriebenen Grundquadrat und dem größeren Fußkreis der Kuppel.

Historismus Stilströmung, die auf vorhergehende Stile zurückgreift, s. Eklektizismus.

Hypogäum (griech. *hypo* = unter, *gaia* = Erde) Unterirdische Grabkammer.

Hypokausten Warmluftheizung in antiken Bauten.

Ikonographie (griech. Bildbeschreibung) Zweig der Kunstgeschichte, der sich mit der Deutung von Bildgegenständen beschäftigt.

Ikonostase (griech. *ikonostasis* = Bilderwand) in orthodoxen Kirchen die zwischen Chor und Gemeinderaum eingestellte Wand, die mit Ikonen geschmückt ist.

Inkrustation Einlegearbeit aus verschiedenen Steinsorten.

Intarsie Einlegearbeit in Holz.

Internationaler Stil der Gotik Bezeichnung für den um 1400 in Europa verbreiteten Stil, auch »weicher Stil« genannt.

Lisene

Joch Gewölbeabschnitt, auch französisch Travée genannt.

Kalotte (franz. Käppchen) gedrückter Kugelabschnitt.

Kämpfer Oberste Steinlage einer Stütze, die einen Bogen oder ein Gewölbe trägt. Auch Bezeichnung für das Zwischenkapitell (Kämpferaufsatz) zwischen dem Säulenkapitell und dem Bogenkapitell.

Kanneluren Senkrechte Auskehlungen eines Säulenschaftes.

Kenotaph (griech. leeres Grab) Grabmal für einen Toten, der an anderer Stelle beigesetzt wurde.

Klassizismus Stilrichtung (ca. 1770–1830), die sich als Gegenbewegung zu Barock und Rokoko entwickelte. Man nahm sich antike Kunstwerke zum Vorbild, strebte jedoch im Gegensatz zum Historismus eine Erneuerung der Kunst im Sinne antiker Ideale an. Eine klare, ›reine‹ Form, die ins Monumentale gesteigert wird, strenge Gliederungen, blockhafte Baukörper und knapper Dekor kennzeichnen die Baukunst. Der im 20. Jh. wieder aufgegriffene Gedanke des Klassizismus wird als Neoklassizismus bezeichnet; der italienische Begriff *Neoclassico* steht jedoch für beide Entwicklungen.

Kompositkapitell Kapitell mit ionischen und korinthischen Elementen (Voluten, Akanthusblattwerk), s. Säulenordnung.

Krypta (griech. *kryptein* = verbergen) unterirdischer Kirchenraum, der sich aus Grab- und Reliquienkapellen entwickelt hat.

Laibung Innere Mauerfläche bei Wandöffnungen.

Lapidarium Sammlung von Skulpturfragmenten und Steininschriften.

Laterne Runder oder polygonaler Zierturm auf einer Kuppel.

Lisene gemauerter vertikaler Zierstreifen zur Gliederung einer Wand. Im Unterschied zu Pilastern hat die Lisene keine Basis und kein Kapitell. Sie kann beliebig verlängert werden.

Loggia Offene Bogenhalle.

Lünette (franz. kleiner Mond) halbkreisförmiges Feld, vornehmlich über Türen, Fenstern oder dem Gebälk.

Mandorla Mandelförmiger Strahlenkranz (Aureole, Gloriole).

Manierismus Im 20. Jh. geprägter Begriff für die Kunst der Spätrenaissance (zwischen 1520 und 1600). Die Bezeichnung lässt sich zurückführen auf eine Äußerung des italienischen Kunstkritikers Giorgio Vasari, der den Stil seines Zeitgenossen Michelangelo als *maniera* bezeichnet hatte.

Martyrium Memorialbau zum Gedächtnis von Märtyrern und zur Aufbewahrung von Reliquien.

Maßwerk Ornament, das aus dem Maß, d. h. mit Hilfe eines Zirkels, konstruiert wurde, z. B. zur Unterteilung gotischer Fenster.

Mensa (lat. Tisch) Altarplatte.

Mezzanin (ital. *mezzo* = halb) Zwischengeschoss, das bei der Fassadengestaltung als Halbgeschoss in Erscheinung tritt.

Monolith (griech.) einzelner Steinblock, auch aus einem einzigen Stein errichteter Obelisk u. ä.

Municipium (lat.) zuerst autonome Gemeinde Latiums, später städtische Siedlung, deren Bürger das eingeschränkte römische Bürgerrecht besaßen (z. B. das Eherecht, nicht aber das Wahlrecht).

Narthex (griech.) Vorhalle frühchristlicher, byzantinischer oder mittelalterlicher Kirchen.

Nekropole (griech. Totenstadt) größere Begräbnisstätte.

Netzgewölbe Gewölbe, bei dem die Rippen ein über die Joche hinwegreichendes Netz bilden.

Obergaden (althochdeutsch *gaden* = einräumiges Haus) oberer Raumabschnitt des Mittelschiffs einer Basilika.

Oculus (lat.) Rundfenster.

Oktogon (griech.) Achteck.

Orantin Weibliche Gestalt in Bethaltung mit erhobenen Armen, oft zur Verkörperung des Gebets an sich.

Orchestra (griech.) im römischen Theater halbkreisförmiger Platz zwischen Schaubühne und Zuschauerraum.

Palla Rechteckiges Tuch, das in der Antike u. a. als Kleidungsstück für Frauen diente, Männer trugen entsprechend ein *pallium*.

Pass (= Zirkel) Kreisbogen des Maßwerks.

Pastophorien Bezeichnung für die beiden Räume Diakonikon und Prothesis in der frühchristlichen Basilika.

Pendentif Architektur-Element in Form eines sphärischen Dreiecks, das zwischen dem Quadrat des Unterbaus und dem Rund der Kuppel vermittelt.

Peristyl (griech.) Säulenhalle, die einen Hof (einen Vorhof oder Tempelhof) umgibt.

Piano nobile (ital.) Hauptgeschoss der Stadtpaläste und Villen.

Pietra d'Istria Wasserresistenter, weißer istrischer Marmor, der oft in Venedig verwendet wurde.

Pieve (von lat. *plebs* = Volk, Gemeinde) ursprünglich Bezeichnung für eine Gemeinde, später für die größere, dem Bischof unterstellte Pfarrkirche auf dem Land mit Taufstelle, Friedhof, oft auch einer Priesterschule.

Pilaster Flache Wandvorlage mit Basis und Kapitell.

Plattenrustika Fassadenverkleidung mit (echten oder imitierten) flachen Steinplatten.

Podestà (ital.) seit dem Mittelalter Stadtoberhaupt, dessen Amt mit umfassenden Rechten ausgestattet war.

Polygon (griech.) Vieleck.

Polyptychon Mehrteiliger Altaraufsatz, auch Flügelaltar.

Portego (ital. *portico* = Laubengang) Portikus in der *casa veneziana*, als *sala del portego* Bezeichnung des zentralen galerieartigen Saales im Obergeschoss derselben.

Portikus (lat. Halle) von Säulen getragener Eingangsvorbau (auch selbstständiges Bauwerk).

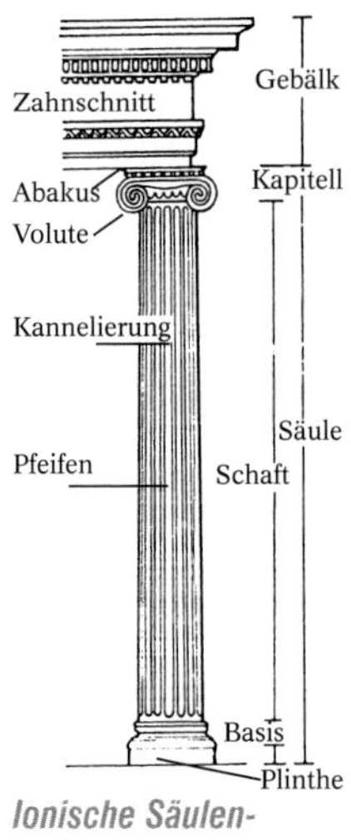

Ionische Säulenordnung

Predella Untere Zone eines Altaraufsatzes.
Presbyterium (griech. *presbytenon* = Rat der Ältesten) der den Geistlichen vorbehaltene Raumteil mit dem Hochaltar. Nicht immer, aber oft identisch mit dem Chor, dem Sitz des Klerus oder der Domherren bei Gottesdienst oder Chorgebet.
Propylon, Propyläen In der Antike monumentale Tor- und Treppenanlage eines geschlossenen Tempelbezirks oder Heiligtums.
Prothesis (griech. Totenaufbahrung) in byzantinischen Kirchenbauten der Raum neben dem Chor, der zur Vorbereitung des Messopfers dient.
Pseudobasilika Hallenkirche mit einem überhöhten Mittelschiff, wie es einer Basilika entspricht, aber ohne eigene Fensterreihe (auch als Staffelhalle bezeichnet).
Quattrocento (ital. vierhundert) das 15. Jh.; als Epochen- oder Stilbegriff nahezu identisch mit Frührenaissance.
Refektorium Speisesaal des Klosters.
Retabel (lat. *tabula* = Tafel) Ursprünglich eine Tafel über dem Altar (d. h. dem Tisch für das Messopfer), die sich zum Diptychon, zum Triptychon oder zum Polyptychon entwickelte.
Risalit (ital. *risaltare* = hervorspringen) ein in der ganzen Höhe einer Front hervorspringendes Bauelement, das der Gliederung von Fassaden dient.
Rocca (ital.) Burg auf einem Hügel oder Berg.
Rustika Roh behauene, bossierte Steine.
Saalkirche Einfacher Kirchenraum ohne Seitenschiffe.
Sacra conversazione (ital. Heilige Unterhaltung) Bezeichnung für die Darstellung der Madonna mit Heiligen in (gewöhnlich stummer) Zwiesprache.
Säulenordnung Architektur aus Säule und aufliegendem Gebälk. Die wichtigsten Säulenordnungen sind die dorische, ionische, korinthische und komposite.
Scenae frons (lat.) im römischen Theater Bühnenhaus bzw. Schauwand hinter der Bühne.
Scheidbogen Bogen, der ein Mittelschiffjoch vom Seitenschiffjoch trennt.
Schwibbogen Freigespannter Bogen zur Verstrebung zweier parallel stehender Mauern.
Serliana Fenster- oder Eingangsgruppe bei der zwei schmale Öffnungen eine mittlere, breite Bogenöffnung flankieren. Der Bogen liegt dabei als eigenes Bauglied auf den beiden seitlichen Architravstücken (im Gegensatz zum syrischen Bogen, bei dem Architrav und Bogen ein einziges Teil bilden).
Sinopie Originalgroßer Entwurf oder vorbereitende Zeichnung für ein Fresko auf dem Grundputz *(amccio).* Man verwendete dazu Kohle und rote Erdpigmente (*sinopia* nach der Herkunft aus der Stadt Sinope am Schwarzen Meer).
Spolie Wiederverwendetes Bauteil, oft von antiker Herkunft.
Staffelhalle s. Pseudobasilika.
Stola Im alten Rom und in Byzanz von Frauen getragenes Gewand mit Bortenzierde, später auch schärpenartiger, langer Stoffstreifen, den christliche Geistliche höherer Weihen tragen.
Strebepfeiler Pfeiler zur Verstärkung und zur Ableitung von Schubkräften.
Syrischer Bogen s. Serliana.
Tablinum Repräsentativer Wohnraum des römischen Hauses, in dem

u. a. die Ahnentafeln untergebracht wurden

Tabularium Das 78 v. Chr. erbaute Reichsarchiv in Rom am Forum Romanum (heute Unterbau des Senatorenpalastes), dessen Fassade mit Pfeilerarkaden, vorgeblendeten Säulen und Gebälk den Namen für das Tabularium- oder Theatermotiv gab.

Tambour (franz.) Unterbau einer Kuppel, meist zylinderförmig.

Telamon Männliche Steinfigur, die an Stelle einer Säule das Gebälk trägt; auch Atlant genannt.

Theatermotiv Der römischen Baukunst (Tabularium, Kolosseum) entlehnte Säulenbogenstellung, bei der Säulen und Gebälk als eine Art Relief den konstruktiv wirksamen Pfeilerarkaden vorgelegt sind.

Toga Bis in die Spätantike offizielles Staatsgewand der Römer, das von Nichtrömern nicht getragen werden durfte. Im Gegensatz zum *pallium* hatte die aus Wolle gefertigte Toga nur zwei Zipfel und war segmentbogenförmig geschnitten.

Tondo (ital.) Gemälde oder Relief von runder Form, besonders in der florentinischen Renaissance.

Tonne Gewölbe, dessen Querschnitt ein Halbkreis oder ein Kreissegment ist.

Toscanische Ordnung Sonderform der römisch-dorischen Ordnung mit Basis und meist ohne Kanneluren.

Travée Französische Bezeichnung für Joch oder ein abgeschlossenes Fassadenfeld.

Trecento (ital. dreihundert) kunstgeschichtlicher Begriff für das 14. Jh. in Italien.

Triclinium Speiseraum im antiken Haus, an dessen Wänden sich Klinen (Ruhelager, auch zum Essen benutzt) befanden.

Triforium (lat.) dreibogige Öffnung (Fenster, Tür); im weiteren Sinne Laufgang unter den Obergadenfenstern des romanischen und gotischen Kirchenbaus.

Triptychon Dreiteiliges Altarretabel; als Sonderform eine Mitteltafel mit zwei klappbaren Flügeln.

Triumphbogen In der Antike Bogen zu Ehren eines Kaisers oder Feldherrn. In mittelalterlichen Kirchen Bogen zwischen dem Mittelschiff des Langhauses bzw. der Vierung und dem Chor.

Trompe (franz.) trichterförmiger Gewölbeabschnitt; Gewölbezwickel, der einen mit der Öffnung nach unten zeigenden halben Hohlkegel bildet.

Tympanon (griech.) in der Architektur des Mittelalters und der Renaissance Bogenfeld über dem Portalsturz; beim griechischen Tempel das Giebelfeld, meist mit plastischem Schmuck.

Verkröpfung Das Herumführen von Gebälk oder Gesims um Säulen, Pfeiler oder Mauervorsprünge.

Vesperbild Überwiegend plastische Darstellung der trauernden Maria mit dem toten Christus. Deutsche Bezeichnung für Pietà, die auf die Gebetszeit der Vesper zurückzuführen ist, denn zu dieser Zeit erfolgte am Karfreitag die Kreuzabnahme.

Vierung Raumteil der Kirche, in dem sich Langhaus und Querhaus durchdringen.

Volute Spiralförmig gewundene Zierform, ursprünglich am ionischen Kapitell.

Ziborium Altarüberbau in Form eines Baldachins.

Triforium

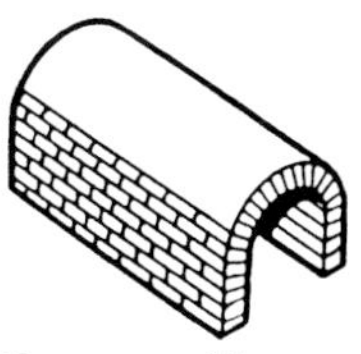

Tonnengewölbe

In der Küche der Trattoria Paradiso in Paradiso di Pocenia ▷

Reiseinformationen von A bis Z

Anreise

... mit dem Flugzeug

Friaul erreicht man über die Flughäfen in Venedig oder Triest. Nach Venedig gibt es Direktflüge von Berlin, Frankfurt, Stuttgart, Düsseldorf, München, Wien und Zürich. Vom Flughafen Marco Polo kommt man mit dem Bus nach Venedig-Mestre. Von dort fahren mehrmals täglich Züge nach Udine. Triest (Trieste-Ronchi dei Legionari) erreicht man von allen Flughäfen in Umsteigeverbindungen, von München aus auch direkt.

... mit dem Auto

Vom Westen her führt die normale Autobahnstrecke über Verona und Mestre nach Palmanova; dort abzweigend gelangt man nach Triest oder Udine. Bei Mestre kann man auch die Autobahn Richtung Vittorio Veneto nehmen und bei Conegliano dann über die Landstraße Richtung Sacile und Pordenone ins Friaul einfahren.

Von größtem landschaftlichen Reiz ist eine Anreise durchs Pustertal über Cortina d'Ampezzo. Von hier kommt man über den Mauria-Pass ins Tagliamento-Tal, erreicht als ersten größeren Ort Forni di Sopra und fährt dann weiter Richtung Tolmezzo. Weiter südlich führt vom mittleren Piave-Tal bei Longarone eine Straße über den Osvaldo-Pass nach Cimolais und dann weiter südlich zum sehr schön gelegenen See von Barcis, sodann weiter nach Maniago oder Pordenone.

Sehr zu empfehlen sind die schnellen, bequemen und landschaftlich abwechslungsreichen Anfahrten über Salzburg, Osttirol und Kärnten. Die mautpflichtige Tauernautobahn führt durch die untertunnelten Radstädter Tauern über Spittal und Villach nach Tarvisio und weiter nach Tolmezzo und Udine. Vom Rosenheimer Kreuz bis Udine beträgt die Entfernung dieser reinen Autobahnfahrt 380 km.

Rund 100 km kürzer ist die landschaftlich sehr schöne ›Vogelfluglinie‹ vom Rosenheimer Kreuz nach Udine: Bei Kufstein zweigt man von der Autobahn Richtung St. Johann in Tirol ab und fährt dann über Kitzbühl, Mittersil und durch den mautpflichtigen Felbertauerntunnel weiter über Lienz, den Gailbergsattel (932 m) und den nicht sonderlich schwierigen Plöckenpass (Passo Monte Croce) ins Friaul, zunächst in den karnischen Canal di S. Pietro. Trotz der geringeren Entfernung sollte man mit 1–2 Stunden mehr Fahrzeit rechnen als über die Tauernautobahn.

Statt den Plöckenpass kann man auch den Nassfeld-Pass (Passo di Pramallo) nehmen. Man zweigt dann bei Kötschach in östlicher Richtung ab. Pontebba ist bei dieser Variante der erste Ort im Friaul.

... mit der Bahn

Per Bahn erreicht man Friaul in Umsteigeverbindungen über Verona und Venedig-Mestre. Von Mestre verkehren Züge nach Udine. Oft ist es weniger zeitaufwendig, von Österreich und Deutschland aus über Villach nach Udine einzureisen. Von Villach kann man in Intercity-Bussen der Österreichischen Bundesbahn in ca. 4,5 Stunden Udine und von dort in italienischen Regionalzügen in ca. 1,5 Stunden Triest erreichen.

Ärztliche Versorgung

Die Europäische Krankenversicherungskarte (erhältlich bei der Krankenkasse) sollte man dabei haben. Empfehlenswert ist als Zusatz allerdings nach wie vor eine Auslandskrankenversicherung, die man für nicht allzu große Beträge in jedem Reisebüro abschließen kann. Dies sichert im Fall des Falles eine ärztliche Behandlung, bei der man den Arzt selbst auswählt, sowie in schweren Krankheitsfällen den Rücktransport ins Heimatland.

Apotheken sind am grünen Kreuz erkennbar, Notdienste sind wie bei uns angegeben. Die Medikamente entsprechen dem internationalen Standard, spezielle Mittel sollte man aber mitnehmen.

Auskunft/Internetadressen

Auskünfte, Prospekte und Hotelverzeichnisse sind erhältlich in den staatlichen und regionalen Fremdenverkehrsämtern. Örtliche Informationsstellen werden in den Kapiteln »Reiserouten durch Friaul« genannt.

Deutschland
Italienische Zentrale für Tourismus ENIT
Direktion für Deutschland, Österreich
und Schweiz
Barckhausstr. 10
60325 Frankfurt am Main
Tel. 069 23 74 34
Fax 069 23 28 94
frankfurt@enit.de
www.enit-italia.de

Österreich
Kärntnerring 4
1010 Wien
Tel. 01 505 16 39
Fax 01 505 02 48
delegation.wien@enit.at
www.enit.at

Schweiz
Uraniastr. 32
8001 Zürich
Tel. 043 466 40 40
Fax 043 466 40 41
info@enit.ch
www.enit.ch

Fremdenverkehrsorganisation
Zentrale regionale Fremdenverkehrsorganisation:
Agenzia Turismo Friuli Venezia Giulia
Piazza Manin 10 (località Passariano)
33033 Codroipo (UD)
Tel. 04 32 81 51 11
Fax 04 32 81 51 99

Internet
www.enit.it – Staatliches Italienisches Fremdenverkehrsamt (ENIT)
www.turismofvg.it – Offizielle Website für Tourismus in der gesamten Region
www.museifriuliveneziagiulia.it – Eine Website zu den Museen im Friaul

Autofahren

Geschwindigkeitsbeschränkung auf Autobahnen 130 km/h, auf Landstraßen 110 km/h, auf Ortsumgehungen 90 km/h, in Ortschaften 50 km/h.

Pannenhilfe
- Pannendienst des italienischen Automobilclubs ACI: Tel. 116
- Notruf des ADAC in Mailand: Tel. 02 66 15 91
- Auslandsnotruf des ADAC in München (mit Vorwahl von Italien aus): Tel. +49 89 22 22 22

Einkaufen

Allgemeine Öffnungszeiten der Geschäfte Di–Sa 8.30–12.30 und 15.30–19.30 Uhr.

Nach italienischem Gesetz muss für jeden Zahlungsvorgang eine Kassenquittung *(scontrino fiscale)* zum Ausweis der Mehrwertsteuer ausgestellt werden. Bei Unterlassung drohen Verkäufer und Kunden empfindliche Geldstrafen. Achtung: Häufig wird auch auf den Straßen kontrolliert, ob man eine Quittung für seine Einkäufe hat.

Märkte

Wochenmärkte
- Montag: Lignano, Palmanova, Tarvisio
- Dienstag: Codroipo, Gradisca, Marano, Tarvisio, Triest
- Mittwoch: Latisana, Pordenone, Ronchi, Tarvisio, Triest
- Donnerstag: Cervignano, Gorizia (alle zwei Wochen), Muggia, Tarvisio, Triest
- Freitag: Cormons, Gorizia, Monfalcone, Tarvisio, Triest
- Samstag: Cividale, Grado, Pordenone, Spilimbergo, Tarvisio, Trieste, Udine

Floh- und Antiquitätenmärkte
- 1. Sonntag im Monat: Udine (Piazza Matteotti/San Giacomo), Gorizia (Piazza Tommaseo), Gemona (Via Bini)
- 2. Sonntag im Monat: Sacile, Gorizia (Via San Giovanni)
- 3. Sonntag im Monat: Muggia, Triest (Altstadt)
- 4. Sonntag im Monat: Pordenone (Corso Vittorio Emmanuele), San Daniele

Einreise und Zoll

Deutsche, Österreicher und Schweizer benötigen zur Einreise nur einen gültigen Personalausweis.

Nach dem Schengener Abkommen können Angehörige der Mitgliedsländer auch ohne Visum länger als drei Monate im Land bleiben, müssen sich dann aber polizeilich melden.

Für das Auto braucht man eine grüne Versicherungskarte und, falls man nicht mit dem eigenen Pkw unterwegs ist, eine Vollmacht des Besitzers.

Im Rahmen der Bestimmungen des EU-Binnenmarktes können deutsche und österreichische Staatsbürger Waren für den persönlichen Gebrauch abgabenfrei über die Grenzen mitführen. Bei Tabakwaren und Alkoholika sind dies beispielsweise 800 Zigaretten, 10 l Spirituosen und 90 l Wein. Bei größeren Mengen gehen die Behörden von zollpflichtigem gewerblichen Export aus.

Reisende aus der Schweiz über 17 Jahre dürfen 200 Zigaretten oder 50 Zigarren oder 250 g Tabak, 2 l Wein, 1 l Spirituosen und für den persönlichen Gebrauch bestimmte Waren im Gesamtwert von 200 Franken aus Italien ausführen.

Feiertage

1. Januar – Neujahr
6. Januar – Heilige Drei Könige
Ostersonntag und -montag
25. April – Tag der Befreiung 1945
1. Mai – Tag der Arbeit
2. Juni – Tag der Republik
15. August – Mariä Himmelfahrt *(ferragosto)*
1. November – Allerheiligen
8. Dezember – Mariä Empfängnis
25. Dezember – 1. Weihnachtsfeiertag
26. Dezember – 2. Weihnachtsfeiertag

Feste und Veranstaltungen

Mai: In diesem Monat laden Friulaner Weinkellereien zum Tag der offenen Tür. In Pordenone gibt es im Mai eine internationale Pferdeschau.
Dritter Sonntag im Mai: In Zuglio *Bacio delle Croci,* bei dem traditionsgemäß die bunt geschmückten Kruzifixe der umliegenden Dörfer in einer Prozession um San Pietro versammelt werden.
Anfang Juni: In Arta Terme *Sagra* der Frühlingspilze.
Mitte bis Ende Juni: In Forni di Sopra *Sagra* der Frühlingskräuter. In Marano Lagunare (Udine) *Festa di San Vito* mit Prozession.
Juli: Konzerte in der Villa Manin (Passariano), in Sesto al Reghena und Aquileia. Mittelalterfest in Cividale.
August: In Gemona *Agosto medievale,* Spiele aus dem Mittelalter und *musica antiqua* sowie Umzug in historischen Gewändern. In Aviano und Piancavallo internationales Folklorefestival.
Dritter Sonntag im August: In Sacile Vogelschau, die seit 1274 Tradition ist. Am Sonntag nach dem 16. August »Kaisers Geburtstag« mit Trachtenumzug in Cormons.
Ende August: In San Daniele *Aria di Festa,* Festivitäten rund um Schinken und Wein.
Ende September: Mittelalterfest in Valvasone.
Anfang Oktober: *Friuli DOC,* Gastronomie- und Kulturfest in Udine.
Ende Oktober: *Sapori di Montasio* (Käsefest) in Codroipo, Kürbisfest in Venzone.

Geld

Beträge bis ca. 250 € kann man von den meisten Bankautomaten mit der EC-Karte in Verbindung mit der Geheimnummer abheben (auch mehrmals täglich). Es empfiehlt sich, außer der EC-Karte auch eine Kreditkarte mitzunehmen. Visa und Mastercard werden in Italien am meisten akzeptiert. EC-Sperr-Notruf: 0049 116 116, 0049 30 40 50 40 50; www.sperr-notruf.de.

Karten

Zu empfehlen ist die aktuelle Karte »Südtirol, Venetien, Friaul« von Marco Polo im Maßstab 1:300 000. Sie enthält eine Übersichtskarte zum Ausklappen, Entfernungstabelle, Ortsregister und sieben Citypläne sowie markierte landschaftlich schöne Strecken und Sehenswürdigkeiten.

Klima und Reisezeit

Frühling und Sommer sind in allen Mittelmeerländern die günstigten Jahreszeiten für Besichtigungen, doch bieten sich für das Friaul auch die regenarmen Sommermonate an, zumal man bei extrem heißen Tagen entweder in die Karnischen Alpen oder ans Meer ausweichen kann.

Zwischen Mitte Februar und Ostern herrscht meist ein wunderschönes strahlend-klares Sonnenwetter. Doch sollte man im Friaul stets auch mit Regen rechnen – besonders in Alpennähe –, auch wenn im Durchschnitt die Regentage seltener sind als beispielsweise in Kärnten oder gar in Süddeutschland.

Literaturtipps

Kunst- und Kulturgeschichte

Angelo Ara/Claudio Magris: Triest. Eine literarische Hauptstadt in Mitteleuropa, München 2005
Veit Heinichen/Ami Scabar: Triest. Oasen für die Sinne, München 2007
Erich Egg/Erich Hubala/Peter Tigler: Reclam Kunstführer. Südtirol, Trentino, Venezia Giulia, Friaul, Veneto. Kunstdenkmäler und Museen (Bd. 2/II), Stuttgart 1981
Christoph Ulmer: Die Villa im Friaul: Geschichte ihrer Funktionen und Formen, Wien u.a. 2009
Christoph Ulmer: Burgen im Friaul (Fotografien von Gianni d'Affara), Köln 1999
Christoph Ulmer: Villa Manin, Udine 2001
Richard Zürcher: Friaul und Istrien, München 1989

Belletristik

Ippolito Nievo: Bekenntnisse eines Italieners (1859), übersetzt von Barbara Kleiner, 2 Bde., Zürich 2005 (Die ältere Übersetzung von Charlotte Birnbaum erschien unter dem Titel »Pisana oder die Bekenntnisse eines Achtzigjährigen« und kann in Antiquariaten preiswert erworben werden.). Ippolito Nievos »Bekenntnisse« gelten als Jahrhundertbuch der italienischen Literatur. Darin beschreibt Nievo Italien am Vorabend der nationalen Einigung: zerklüftet in seinem politischen Wollen, hin- und hergerissen zwischen Tradition und Erneuerung. Schon während seiner Kindheit im Friaul und als Untertan der Markusrepublik hat der Romanheld Carlo Altoviti erfahren, dass einem Freiheit nicht geschenkt wird, dass nur der sie verdient, der um sie ringt und ihre Werte tapfer verteidigt.

Notruf

In ganz Italien gelten folgende Nummern:
Polizei und Unfallrettungsdienst: 113
Notarzt: 118

Öffnungszeiten

Beachten Sie, dass die Öffnungszeiten der Sehenswürdigkeiten in Italien ständig Änderungen unterworfen sind. Wir empfehlen, sich gleich nach der Ankunft nach den aktuellen Zeiten zu erkundigen.

Kirchen

In Italien sind Gotteshäuser häufig zwischen 12 und 16 Uhr geschlossen. Zum Besuch der Dorf- und Votivkirchen muss man sich zumeist um den Schlüssel bemühen, der oft im Pfarramt aufbewahrt wird. Oft sind bei kleinen Kirchen die Fenster offen, während die Tür verschlossen ist. Nützlich ist ein Fernglas, oft auch eine Taschenlampe.

Villen und Burgen

Von den meisten Villen und Burgen erhält man durch eine Außenbesichtigung bereits eine gute Vorstellung. Der Besuch der Innenräume ist jedoch nicht immer einfach. Außer den museal genutzten staatlichen Burgen von Udine, Gorizia und Triest, dem Schloss Miramare bei Triest und der Villa Manin in Passariano sind die interessantesten Schlösser noch in privater Hand, was den Charakter bewohnter Adelssitze zwar in einmaliger Weise bewahrt, der Besichtigung aber zumeist im Wege steht. In einigen Villen und Burgen sind Restaurants oder öffentliche Institutionen eingerichtet, was den Besuch erleichtert.

Für Gruppen (ab 20 Personen) empfiehlt es sich, Kontakt aufzunehmen mit dem **Consorzio per la Salvaguardia dei Castelli Storici del Friuli Venezia Giulia** (Tel. 04 32 28 85 88, info@consorziocastelli.it). Das Büro informiert über alle dem Verbund angehörigen Bauten (Burgen von Strassoldo, Villalta, Arcano, Cordovado, Zoppola, Brazzacco, Cassacco, Colloredo; die Villen von Flambruzzo, Montegnacco, Soleschiano und Tissano sowie den Palazzo Lantieri in Gorizia). Für die Burg von Villalta besteht für Gruppen aber auch die Möglichkeit, direkt Kontakt aufzunehmen.

Unbewohnte Burgen des Mittelalters, deren Besuch sich lohnt und die im Wesentlichen frei zugänglich sind, findet man in Castello di Aviano, Polcenigo und Toppo im Nordwesten; Cormons, Gronumbergo (nördlich Cividale), Monfalcone und Partistagno im Osten sowie Ragogna bei San Daniele.

Reisen mit Handicap

Italienische Hoteliers und Ferienhausanbieter sind gesetzlich verpflichtet, je nach Größe des Betriebs mindestens ein barrierefreies Zimmer bzw. eine Wohnung anzubieten. In den Städten werden mehr und mehr die Bordsteine abgesenkt, viele Museen ermöglichen Rollstuhlfahrern den Besuch über Rampen oder Aufzüge. (Informationen unter www.italiapertutti.it).

Weitere Informationen erhält man bei der Bundesarbeitsgemeinschaft der Clubs der Behinderten, Eupener Straße 5, 55131 Mainz, Tel. 06131 22 55 14, beim Verband aller Körperbehinderten Österreichs, Lützowgasse 24–28, 1014 Wien, Tel. 01 911 32 25, und beim Schweizerischen Invalidenverband, Postfach, 4600 Olten, Tel. 062 32 12 62.

Telefonieren

Für Auslandstelefonate sind Telefonkarten zu empfehlen, die in Tabakläden *(tabacchi)* und am Zeitungskiosk, oft auch in Bars, erhältlich sind. Vom Hotel aus zu telefonieren ist nicht so teuer wie beispielsweise in Deutschland (Aufschläge sind gesetzlich verboten).

In Italien ist die Ortsvorwahl fester Bestandteil der Telefonnummer. Die Null am Anfang der Nummer muss immer – auch bei Anrufen aus dem Ausland – gewählt werden. Sie entfällt jedoch bei Anrufen aus dem Ausland bei den Vorwahlnummern der Mobiltelefone sowie bei Notrufnummern und der Telefonauskunft, also bei allen Nummern, die mit einer ›1‹ beginnen.

Landesvorwahlen
Italien: 0039
Deutschland: 0049
Österreich: 0043
Schweiz: 0041

Telefonauskunft
Italien: 12
Ausland: 176

Unterkunft

Für den Besuch von Aquileia steht in Grado eine große Auswahl empfehlenswerter Häuser aller Kategorien zur Verfügung. Ein guter Ausgangspunkt, das Friaul aus der Mitte heraus zu erkunden, ist Udine. Für Triest schlagen wir zentral gelegene Hotels vor.

Autofahrer ziehen oft eine Unterkunft auf dem Land vor. Günstig und zugleich ruhig gelegene und zudem noch ansprechende Hotels sind jedoch selten. Besonders hervorzuheben sind in Tissano die Villa Agricola-Strassoldo (zwischen Udine und Palmanova, S. 169) und in Cividale die Locanda al Castello (S. 230).

Für die Täler Karniens bietet sich der Kurort Arta Terme als zentraler Standort an. In den größeren Ortschaften Karniens (z. B. Sauris di Sotto, Ravascletta) gibt es meist mehrere Unterkunftsmöglichkeiten. Dennoch sollte man rechtzeitig planen, denn Karnien ist ein ganzjährig beliebtes Ziel, sei es für Skiurlauber, Wanderfreunde oder Bergsteiger.

Campingplätze mit guter bis komfortabler Ausstattung gibt es u. a. in Grado, Sistiana und Triest. Die einzige Jugendherberge ist in Triest zu finden.

Zeitungen

Zwei regionale Tageszeitungen sind im Friaul verbreitet: »Gazzetino« und »Messagero Veneto«. In Triest erscheint »Piccolo«.

Register

Der Haupteintrag ist **fett** hervorgehoben

 Der Haupteintrag ist **fett** hervorgehoben

Verzeichnis der Karten und Grundrisse

Kartografie:
DuMont Reisekartografie, Fürstenfeldbruck

Abbildungsnachweis

Archiv für Kunst und Geschichte, Berlin: S. 186 (De Agostini Pict.Li)
Archive der Autoren: S. 36 (Miniatur des Elisabeth-Psalters), 39 (Siegel von Gorizia), 165 (Zeichung der Villa Emo, aus: Palladio, I quattro libri dell'architettura, II), 344 (Ansicht des Hafens von Triest)
Bildagentur Huber, Garmisch-Partenkirchen: Umschlagvorderseite, S. 68/69 (G. Simeone); 1 (Johanna Huber); 70, 126 (Fantuz Olimpio); 318 (Cogoli Franco); 384 (Scatà Stefano)
Gianni D'Affara, © Magnus Edizioni, Fagagna (Ud): S. 166, 183, 196, 199, 203, 204, 231, 233, 238, 244, 285, 287, 293, 303, 304, 310, 322/323, 331, 353, 371, 373
Gianni D'Affara: S. 168
DuMont Bildarchiv, Ostfildern: S. 340 (Ernst Wrba)
Laif, Köln: S. 8/9 (Hedda Eid)
Mauritius Images, Mittenwald: S. 170 (Richard Mayer)
Museo Carnico delle Arti Popolari ›Michele Gortan‹, Tolmezzo: S. 254
Picture alliance, Frankfurt: S. 242 (Rainer Hackenberg)
Ulmer, Christoph, Tissano: (Ud.) S. 262, 327, 343
Zimmermanns, Klaus, München: Vordere und hintere Umschlagklappe, S. 11, 13, 14, 19, 22, 23, 27, 29, 30, 40/41, 42, 46, 53, 56, 58, 59, 73, 75, 78, 80, 92, 96, 99, 101, 104, 105, 107, 108, 113, 115, 116, 118, 119, 121, 123, 131, 133, 137, 139, 143, 146, 149, 150, 153, 158, 160, 173, 176, 177, 180/181, 189, 191, 193, 201, 206, 211, 213, 214, 216, 218, 223, 226, 234, 235, 236, 240, 249, 250, 259, 260, 261, 263, 265, 267, 269, 271, 274, 278, 279, 281, 288, 290, 292, 294, 297, 299 (2x), 301, 302, 308, 313, 328, 337, 347, 349, 351, 354, 355, 357, 358, 361, 365, 366, 375, 376

Dem Verlag Edizioni Storti, Venedig, danken wir für die Abb. S. 98 (Rekonstruktion des Flusshafens von Aquileia), entnommen aus Aquileia antica, Gabriella Brumat Dellasorte, 1989-1990.
Aus Giuseppe Bergamini, Cristina Donazzolo Cristante, Udine illustrata. La città e il territorio in piante e vedute dal XV al XX secolo, Editoriale Programma, Istituto per l'Enciclopedia del Friuli-Venezia Giulia stammen die Stiche S. 33 (Planausschnitt von Aquileia, 1865), 172 (Palmanova, Plan, 1626), 245 (Gemona, Domfassade, 1771)

Quellennachweis

Zitat S. 44 aus: Ippolito Nievo. Bekenntnisse eines Italieners. Aus dem Italienischen übersetzt von Barbara Kleiner. © 2005 bei Manesse Verlag, Zürich, in der Verlagsgruppe Random House GmbH, München

Umschlagvorderseite: Villa Manin in Passariano
Vordere Umschlagklappe: Piazza Matteotti mit San Giacomo in Udine
Vordere Umschlagklappe innen: Übersichtskarte Friaul und Triest
Vignette: Mosaik im Dom von Aquileia, wahrscheinlich ein Mitglied der Stifterfamilie darstellend
Hintere Umschlagklappe: »Erscheinung des Engels vor Sarah«, Fresko von G. B. Tiepolo im Palazzo Patriarcale in Udine
Hintere Umschlagklappe innen: Cityplan Triest
Umschlagrückseite: Lagekarte; Burg von Duino an der Küste bei Triest; Grundriss des Doms von Aquileia; Fresken in der Kirche Santi Pietro e Paolo von Valvasone

Über die Autoren:
Dr. Klaus Zimmermanns ist Kunsthistoriker und lebt in München. Im DuMont Reiseverlag veröffentlichte er mehrere Kunst-Reiseführer (Toscana, Florenz, Umbrien, Venetien). Als eigener Veranstalter leitet er darüber hinaus Studienreisen und Seminare.
Dr. Andrea C. Theil promovierte über die Bildsprache des friulanischen Malers Pordenone. Als freischaffende Autorin, Lektorin und Übersetzerin hat sie sich auf italienische und spanische Kultur spezialisiert. Zurzeit arbeitet sie für die Roy Lichtenstein Foundation.
Dr. Christoph Ulmer promovierte über die Villen des Friaul und verfasste zahlreiche Publikationen zur Kunst des Friaul. Er war lange Beauftragter der Region zur Erhaltung der Villen und war Direktor der Villa Manin. Er unterrichtet an der Universität Klagenfurt und führt Studienreisen.

Bitte schreiben Sie uns, wenn sich etwas geändert hat!
Alle in diesem Buch enthaltenen Angaben wurden von den Autoren nach bestem Wissen erstellt und von ihnen und dem Verlag mit größtmöglicher Sorgfalt überprüft. Gleichwohl sind – wie wir im Sinne des Produkthaftungsrechts betonen müssen – inhaltliche Fehler nicht vollständig auszuschließen. Daher erfolgen die Angaben ohne jegliche Verpflichtung oder Garantie des Verlages oder der Autoren. Beide übernehmen keinerlei Verantwortung und Haftung für etwaige inhaltliche Unstimmigkeiten. Wir bitten dafür um Verständnis und werden Korrekturhinweise gerne aufgreifen:

DuMont Reiseverlag, Postfach 31 51, 73751 Ostfildern
E-Mail: info@dumontreise.de

6., aktualisierte Auflage 2012

Grafisches Konzept: Ralf Groschwitz, Hamburg
Printed in Polnad